四川省志

Sichuan Shengzhi

通信志

1986—2005

【第六十三卷】

四川省地方志编纂委员会 编

方志出版社
Publishing House of Local Records

图书在版编目（CIP）数据

四川省志. 通信志 ：1986－2005 / 四川省地方志编纂委员会编. — 北京 ：方志出版社，2020.3
ISBN 978-7-5144-4161-1

Ⅰ. ①四… Ⅱ. ①四… Ⅲ. ①四川－地方志②通信工业－概况－四川－1986－2005 Ⅳ. ①K297.1

中国版本图书馆CIP数据核字(2020)第071004号

四川省志·通信志(1986－2005)

编　　者：四川省地方志编纂委员会
责任编辑：刘　珊
出 版 者：方志出版社
地址　北京市朝阳区潘家园东里9号（国家方志馆4层）
邮编　100021
网址　http://www.fzph.org
发　　行：方志出版社图书经销中心
（010）67110500
经　　销：各地新华书店
印　　刷：成都现代印务有限公司
设计制作：成都龙腾天下文化传播有限公司
开　　本：889×1194　　1/16
彩插印张：2
正文印张：27
字　　数：721千字
版　　次：2020年3月第1版　2020年3月第1次印刷
印　　数：0001～2000册

ISBN 978-7-5144-4161-1　　定价：341.00元

领导关怀 LINGDAO GUANHUAI

1989年，邮电部副部长朱高峰（左一）在四川省邮电管理局局长张居平（左二）陪同下，到阿坝州邮电局检查指导工作

1992年12月，邮电部副部长宋直元（右二）在四川省人民政府副省长马麟（左三）陪同下检查指导四川邮电工作

1993年5月，邮电部部长杨泰芳（左二）检查指导四川邮电工作

1993年6月，邮电部副部长杨贤足（前排左二）检查指导南充地区邮电局工作

1994年5月，邮电部副部长刘平源（前排左一）检查指导阿坝州邮电局工作

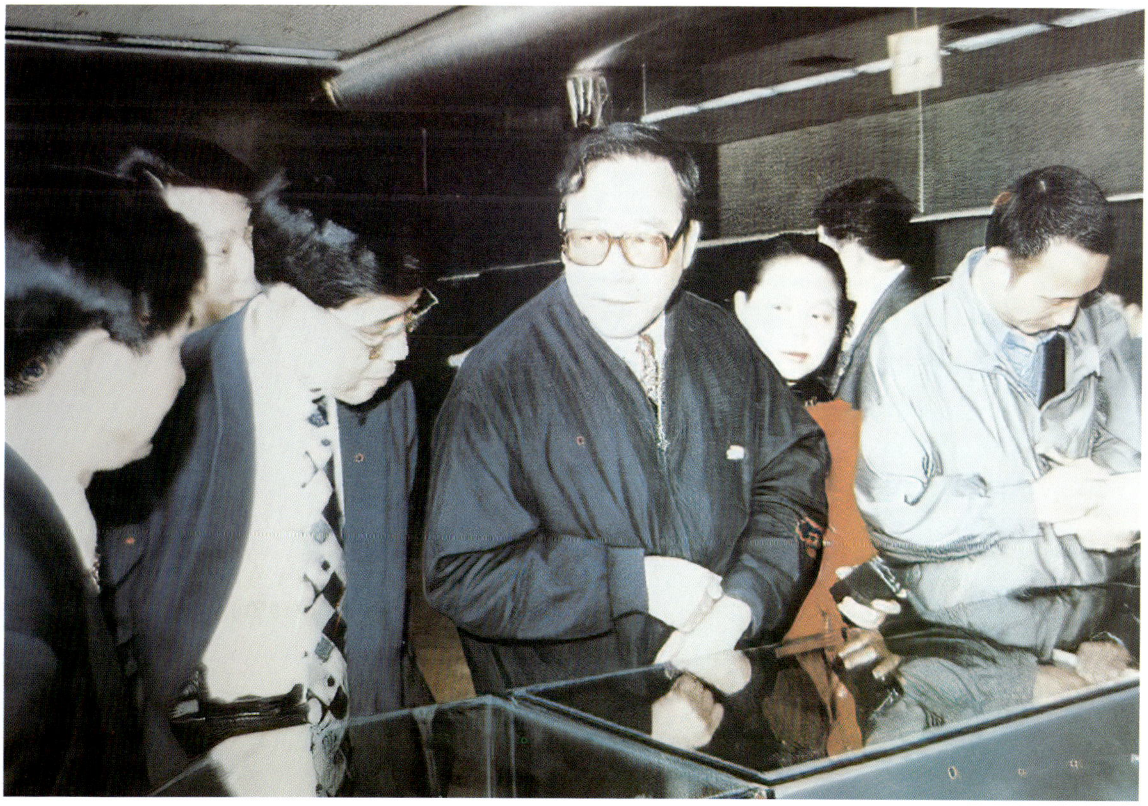

1996年4月，邮电部部长吴基传（左三）检查指导成都市电信局工作

1997年5月，邮电部副部长林金泉（右二）到凉山州西昌市邮电营业厅检查指导工作

2004年9月27日，信息产业部部长吴基传（中）到成都第二长途枢纽大楼检查指导工作

2005年5月18日，信息产业部副部长奚国华（右二）在中共四川省委副书记、中共四川省国有资产监督管理委员会党委书记甘道明（左二）陪同下，检查指导四川农村信息化工作

2005年11月10日，中国电信集团公司总经理王晓初（左一）到四川电信检查指导工作

1987年，四川省人民政府副省长马麟（前排左二）在可视电话试验现场

1989年1月，中共中央政治局委员、中共四川省委书记杨汝岱（前排中）通过静止图像可视电视与德阳会场通话，向全省邮电职工祝贺新年快乐

1989年8月，四川省人民政府副省长蒲海清（左七）看望四川邮政职工

1994年1月，四川省人民政府省长张皓若（中）在四川电信调研

1994年8月19日，四川省人民政府省长肖秧（中）检查指导四川省邮电管理局工作

1996年4月，四川省人民政府省长宋宝瑞（左一）与到四川检查指导工作的邮电部部长吴基传（右二）共商四川邮电通信发展大计

1997年2月，中共四川省委副书记、四川省信息化领导小组组长杨崇汇（前排左一）在四川电信了解网络通信技术

2000年5月，四川省人民政府副省长邹广严（左四）检查指导四川省邮电管理局无纸化办公

2003年1月31日，四川省人民政府省长张中伟（左一）检查指导四川电信成都分公司工作

2003年7月7日，中共四川省委书记张学忠（前排右二）到四川电信检查指导工作

2004年12月8日，四川省政协主席秦玉琴（左一）在四川移动“三州农村移动通信扶贫工程”启动仪式上为施工队员授旗

2005年2月，四川省人民政府副省长蒋巨峰（前排右二）参观四川电信信息化新农村建设展览

通信建设 TONGXIN JIANSHE

1998年，四川省市地州县邮电局长会议会场

1992年，四川省农村电话工作会议会场

1994年6月，四川省第二次通信建设工作会议会场

1989年12月20日，四川省数据通信网投产运行剪彩

1990年4月20日，四川省17城市引进西班牙程控交换机总签约仪式在成都举行

2004年12月8日，四川省“三州”农村移动通信扶贫工程全面启动，中共四川省委、四川省人大、四川省人民政府、四川省政协主要领导出席启动仪式

布放大对数管道电缆

井里电缆接续施工

机房设备安装

1987年，成都市开通第一个万门市话程控交换局割接现场

1992年6月30日，成都市3万门程控交换割接现场

分组交换机房

成都电信无线寻呼台

成都电信青羊区黄瓦街机房配线架施工

微波干线铁塔

成都卫星通信地球站

四川微波通信局811微波站

通往高原的长途光缆

移动基站覆盖着广袤的阿坝草原

移动通信设备安装

移动通信铁塔设备安装

四川省邮电管理局旧址

成都第二长途电信枢纽

成都电信人民东路营业厅

四川联通科华营业厅

微波机房遥测监控

成都卫星地球站主控机房

四川省邮电管理局网络管理中心大楼

2004年，四川移动新建成的成都高升桥枢纽大楼

通信运营 TONGXIN YUNYING

四川电信人工长途电话台工作人员工作情景

1991年，成都电信开通的磁卡公用电话

2005年8月，成都至东莞农民工亲情可视电话开通

1989年，四川省第一个电话信息服务台在成都开始运营

1996年，四川第一个网吧——成都天府网吧

1990年7月，四川省900兆蜂窝移动电话首批联网开通仪式

2001年，四川移动电话换网现场

互联网新业务演示

“全球眼”视频监控平台中心

街头IC卡公用电话

20世纪90年代，街头使用手机成为时尚

1999年，四川电信成都新都区分公司举行ADSL业务演示会

2005年8月12日，四川电信宽带用户超百万庆祝大会

1997年3月，四川电信“天府热线”——《成都之窗》网站开通仪式

乡镇营业点办理电信业务

在营业厅申请安装电话的人群

20世纪90年代中后期出现装机难，成都市民抢装电话

1999年10月，四川联通在科华北路营业厅开展免费送手机促销活动

四川电信第1000万个电话用户宣传电信业务活动

1991年5月，重庆移动电话销售现场

1989年3月15日，成都市电信局首届电信业务订货会剪彩仪式

20世纪90年代初，成都电信大门前市民排队购买电话卡

2005年3月，阿坝农业科普热线开通

1999年7月，在成都市郫县友爱乡建成四川移动电话第一村

1997年8月，程控电话开通后，凉山州普格县城各族人民群众跳起欢快的达体舞

乡亲们用卫星电话联系亲人

凉山州喜德县山村的彝族姑娘用上卫星电话

2001年，村民庆祝凉山州拖乌沟基站开通

通信服务 TONGXIN FUWU

成都电信员工到居民小区办理电信业务

四川电信蓝色服务快车

2004年10月，四川移动用户突破1000万户，移动员工进行服务宣誓

四川电信服务承诺宣传活动现场

四川电信成都分公司营业厅受理电话装机

四川电信10000号台席

2001年4月，成都电信人民东路营业厅获得信息产业部、共青团中央授予的“青年文明号”称号

四川移动营业厅为用户提供优质服务

四川省地方志编纂委员会成员

《四川省志（1986—2005）》
审核委员会成员

主　　任　王　宁

副 主 任　蔡　竞

委　　员　马小彬　冯宝运　何晓平　胡品生

王孝平　谭继和　陈世松　陈廷湘

《四川省志（1986—2005）》
总编、副总编

总　　编	陈建春			
副 总 编	赵　行	邓　瑜	陶利辉	熊　倩
	张兆法	高伟明	朱艳林	牛　淼

《四川省志·通信志（1986—2005）》
责任总编、责任编辑

责任总编	张兆法
责任编辑	陈婧妮

《四川省志·通信志（1986—2005）》
编纂委员会

（2015 年 2 月至 2019 年 12 月）

主　　　任　　邢海英

常务副主任　　任　云

副　主　任　　郑成渝　　马　奎　　黄　晨　　郭正平

《四川省志·通信志（1986—2005）》
编纂委员会

（2008 年 12 月至 2015 年 2 月）

《四川省志·通信志（1986—2005）》初评审查组成员

负 责 人	任　云	贺宏亮	
成　　员	张居平	邓琴甫	王　钢
	冉　伟	钱海燕	何　力
	陶　云	邓亚晖	周全安
	郭　欢	陈　阳	彭　薇
	唐倩怡	陈　凯	

《四川省志·通信志（1986—2005）》
总编室

（2015 年 2 月至 2019 年 12 月）

主　　编	贺宏亮
副 主 编	张　平　朱　江　陈　凯　华　勇　熊江华
总　　纂	熊江华
编　　辑	温培毅　甘信建　郭　欢　胡　涛　张　骥　陈　阳　徐凯旋　彭　薇　张文英　郑修莎　毕　云　刘丽娟

《四川省志·通信志（1986—2005）》
总编室

（2008年12月至2015年2月）

主　编	郑　蕾				
副主编	乔晓斌	贺宏亮			
委　员	周雪峰	赵艳琦	江力征	罗　平	
	蔡　强	蒋秀理			
编　辑	温培毅	甘信建	刘　行	张爱武	陈　桦
	彭　薇	汤声利	杨建乐	周新民	张福建
	杨绍清	张　雪	罗　粱	尹金凤	王秋兰
	唐咏华	程　莉	陈晓龙	周继浚	张晓斌
	郑　俐	罗　颖	胡　颖	李爱东	康　兰

《四川省志（1986—2005）》

凡　　例

一、本书编纂工作以马克思列宁主义、毛泽东思想、邓小平理论、“三个代表”重要思想、科学发展观、习近平新时代中国特色社会主义思想为指导，坚持辩证唯物主义和历史唯物主义的立场、观点和方法，全面客观地记述四川省行政区域内自然、政治、经济、文化和社会的历史与现状。

二、本书系中华人民共和国成立后首部《四川省志》续编，总名《四川省志（1986—2005）》，由总类、大事纪述、专志、人物、市（州）概况、附录共92卷构成。各分卷名称为《四川省志·××志（1986—2005）》或《四川省志·××志》（后者为特色志志名），设中英文目录。

三、本书上限一般起自1986年，下限一般截至2005年。对前志未设之分卷或篇章从事物发端写起；对前志漏载、误载的某些事项进行补载、更正；对前志记载后变化不大的某些事项进行简要复载；升格详载具有地方特色的某些事项。

四、本书记述的地域范围以1986—2005年四川省行政区划为准。

五、本书采用述、记、志、传、图、表、录等体裁，以志为主。

六、本书总类卷设序言、凡例、总述、卷目等，为各卷之首，全书之纲。关于自然环境、建置沿革、经济与社会历史发展状况等基本省情在总述中作简要复载或反映。各专志（分卷）根据社会分工和学科分类的实际，按“以类相从”或“突出地方特色”的原则设立，以篇、章、节横分类别，节、目以下纵述史实，立足反映四川省行政区域某一事物（事业、行业）断限期内历史与现状的全貌。人物志卷采用传、录、表诸种表述形式，坚持“生不立传”原则，在世人物的突出事迹以事系人载入相关分卷。人物传统一收入人物志。本书大事记以编年体为主，辅以纪事本末体。为完整记述一些重要事物，保存有价值史料，有些分卷设置了专记。

七、本书使用规范的现代语体文记述，行文严谨、朴实、简洁、流畅。使用规范汉字，用词概念准确，符合现代汉语语法规范。使用的标点符号、数字、计量单位等均按国家规定的统一标准书写。

八、本书使用公元纪年，各卷正文（除引文外）采用第三人称表述；行文涉及机构、会议、文件、职衔、地名等，均按当时称谓；除涉及人名、地名、纪年和简称等项采用括注外，其余采用页下脚注。

九、本书资料来源于文献、档案、报刊、书摘、口碑及实地调查等，所用资料均经各修志部门考证、核实。各分卷数据一般采用省统计局公布的数据，省统计局缺乏的，采用有关部门正式提供的数据。

十、各分卷图片分为前置图片和随文插图，随文插图和表格均以篇为单位依次排序编号；所用地图均以省测绘局审定的为准。

十一、各分卷需要特别说明的事项，均在各分卷的《编辑说明》中注明。

《四川省志·通信志（1986—2005）》
编 辑 说 明

一、本志系第一轮《四川省志·邮政电信志》续编。因体制改革，邮政、电信分别独立修志。本志上限起自1986年，下限断至2005年。为确保记述内容完整，个别史事适当上溯或下延。

二、本志记述的地域范围，以断限期内的四川省行政区域为准。1997年因重庆设为中央直辖市调整行政区划，原重庆市、万县市、涪陵市和黔江地区划出四川省，其划出前涉及的通信史实一并记入本志。

三、有关机构、法律名称，在行文中均直书其名，机构第一次出现时用全称，后用简称，如："中国电信集团四川省电信公司"简称"中国电信四川公司"，"中国移动通信集团四川有限公司"简称"中国移动四川公司"，"中国联合网络通信有限公司四川省分公司"简称"中国联通四川分公司"，"铁道通信信息有限责任公司四川分公司"简称"中国铁通四川分公司"，"中国网通集团四川省通信股份有限公司"简称"四川通信公司"。在同一篇章中，分述以上5家公司的内容以"四川电信""四川移动""四川联通""四川铁通""四川网通"的名称标注。阿坝藏族羌族自治州简称"阿坝州"，甘孜藏族自治州简称"甘孜州"，凉山彝族自治州简称"凉山州"。

四、本志使用的计量单位以国务院1984年2月公布的《中华人民共和国法定计量单位》为准。

五、本志使用的资料，主要由四川电信、四川移动、四川联通和四川铁通等运营公司提供；同时，查阅了四川省邮电管理局、四川省通信管理局馆藏档案资料。部分资料由四川省通信管理局相关处室和个人提供。本志使用的图片除署名外，均由本志编纂委员会提供，不再注明出处。文献辑存按发文时间先后排序。

目　　录

概　述 ……………………………………………… (1)

第一篇　通信建设

第一章　发展战略与扶持 ……………………………… (8)
　第一节　发展战略 ……………………………………… (8)
　第二节　政策扶持 ……………………………………… (12)

第二章　数据通信网工程 ……………………………… (15)
　第一节　数据通信网一期工程 ………………………… (15)
　第二节　数据通信网二期工程 ………………………… (17)
　第三节　数据通信网三期工程 ………………………… (19)
　第四节　数据通信网四期工程 ………………………… (21)

第三章　传输网 ………………………………………… (22)
　第一节　长途传输网 …………………………………… (22)
　第二节　本地传输网 …………………………………… (40)
　第三节　无线传输网 …………………………………… (44)

第四章 电报与固定电话网 …………………………………… (51)
第一节 电报网路 …………………………………… (51)
第二节 市内电话网 …………………………………… (53)
第三节 农村电话网 …………………………………… (61)
第四节 本地电话网 …………………………………… (68)
第五节 长途电话网 …………………………………… (76)

第五章 移动通信网 …………………………………… (83)
第一节 模拟移动电话网 …………………………………… (83)
第二节 数字移动通信网 …………………………………… (86)
第三节 无线寻呼网 …………………………………… (94)

第六章 数据通信网 …………………………………… (96)
第一节 基础数据网 …………………………………… (96)
第二节 移动数据网 …………………………………… (101)
第三节 其他运营公司数据网 …………………………………… (103)

第七章 互联网与承载网 …………………………………… (106)
第一节 互联网 …………………………………… (106)
第二节 IP 承载网 …………………………………… (110)
第三节 互联网数据中心 …………………………………… (113)

第八章 支撑网与管理信息系统 …………………………………… (114)
第一节 支撑网 …………………………………… (114)
第二节 管理信息系统 …………………………………… (121)

第九章 网络维护保障 …………………………………… (128)
第一节 网络维护体制 …………………………………… (128)
第二节 长途线路维护 …………………………………… (130)

第三节 机线设备整治 …… (131)
第四节 长途通信保障 …… (134)
第五节 本地网集中监控与维护 …… (135)
第六节 移动网络维护与优化 …… (137)

第十章 通信局房 …… (143)
第一节 四川电信局房 …… (143)
第二节 四川移动局房 …… (145)
第三节 四川联通局房 …… (146)

第十一章 民族地区与三峡库区通信 …… (147)
第一节 民族地区通信 …… (147)
第二节 三峡库区通信 …… (155)

第二篇 通信运营

第一章 固定通信业务 …… (158)
第一节 电 报 …… (158)
第二节 长途电话 …… (160)
第三节 市内电话 …… (162)
第四节 农村电话 …… (165)
第五节 无线市话 …… (166)
第六节 公用电话 …… (168)
第七节 固定通信增值业务 …… (174)

第二章 移动通信业务 …… (178)
第一节 无线寻呼业务 …… (178)
第二节 移动电话业务 …… (180)
第三节 移动数据业务 …… (191)

第三章 数据通信业务 …………………………………………（196）
第一节 传 真 …………………………………………（196）
第二节 基础数据业务 …………………………………………（197）
第三节 互联网接入业务 …………………………………………（201）
第四节 互联网应用业务 …………………………………………（204）
第五节 信息化建设 …………………………………………（212）

第四章 经营管理与服务 …………………………………………（219）
第一节 营销服务体系 …………………………………………（219）
第二节 市场营销 …………………………………………（224）
第三节 经营管理 …………………………………………（229）
第四节 通信服务 …………………………………………（236）

第三篇 教育、科研与学术

第一章 通信教育 …………………………………………（254）
第一节 学校教育 …………………………………………（254）
第二节 职工教育 …………………………………………（256）

第二章 通信科技 …………………………………………（263）
第一节 科研机制 …………………………………………（263）
第二节 科研成果及技术课题 …………………………………………（265）
第三节 科技成果应用与推广 …………………………………………（273）

第三章 学术工作 …………………………………………（275）
第一节 学术活动 …………………………………………（275）
第二节 学术刊物及网站 …………………………………………（278）

第四篇 法制建设与行业管理

第一章 法制建设 …………………………………………（280）
第一节 政策法规 …………………………………………（280）

第二节 法制宣传 …………………………………………………………………… (281)
第三节 执法队伍 …………………………………………………………………… (282)
第四节 行政审批 …………………………………………………………………… (283)
第五节 执法检查 …………………………………………………………………… (284)

第二章 行业管理 ……………………………………………………………………… (289)
第一节 电信经营许可管理 ………………………………………………………… (289)
第二节 通信网间互联互通 ………………………………………………………… (291)
第三节 通信行业自律 ……………………………………………………………… (295)
第四节 通信资费管理 ……………………………………………………………… (296)
第五节 码号资源管理 ……………………………………………………………… (301)
第六节 通信建设管理 ……………………………………………………………… (305)
第七节 职业技能鉴定 ……………………………………………………………… (309)
第八节 战备应急通信 ……………………………………………………………… (311)

第五篇 组织机构

第一章 管理机构 ……………………………………………………………………… (318)
第一节 四川省邮电管理局 ………………………………………………………… (318)
第二节 四川省通信管理局 ………………………………………………………… (321)

第二章 运营企业 ……………………………………………………………………… (324)
第一节 基础通信运营企业 ………………………………………………………… (324)
第二节 增值服务及其他企业 ……………………………………………………… (332)

第三章 事业单位及学会组织 ………………………………………………………… (335)
第一节 事业单位 …………………………………………………………………… (335)
第二节 学会组织 …………………………………………………………………… (338)

附　录

一、人物名录 …………………………………………………………（342）

二、大事记 …………………………………………………………（355）

三、文献辑存 …………………………………………………………（373）

四、参考文献 …………………………………………………………（405）

编后记 …………………………………………………………（406）

Contents

Outline ······ (1)

Part 1 Communication Construction ······ (7)

Chapter 1 Development Strategy and Support ······ (8)

Section 1 Development Strategy ······ (8)

Section 2 Policy Support ······ (12)

Chapter 2 Data Communication Network Projects ······ (15)

Section 1 First Stage Project of Data Communication Network ······ (15)

Section 2 Second Stage Project of Data Communication Network ······ (17)

Section 3 Third Stage Project of Data Communication Network ······ (19)

Section 4 Fourth Stage Project of Data Communication Network ······ (21)

Chapter 3 Transmission Networks ······ (22)

Section 1 Long-distance Transmission Network ······ (22)

Section 2 Local Transmission Network ······ (40)

Section 3 Wireless Transmission Network ······ (44)

Chapter 4 Telegraph and Landline Telephone Networks ······ (51)

Section 1 Telegraph Network ······ (51)

Section 2 Urban Telephone Network ······ (53)

Section 3 Rural Telephone Network ······ (61)

Section 4 Local Telephone Network ······ (68)

Section 5 Long-distance Telephone Network ······ (76)

Chapter 5 Mobile Communication Networks …… (83)
Section 1 Simulated Mobile Phone Network …… (83)
Section 2 Digital Mobile Communication Network …… (86)
Section 3 Wireless Paging Network …… (94)

Chapter 6 Data Communication Networks …… (96)
Section 1 Basic Data Network …… (96)
Section 2 Mobile Data Network …… (101)
Section 3 Data Network of Other Operating Companies …… (103)

Chapter 7 The Internet and the Carrier Network …… (106)
Section 1 Internet …… (106)
Section 2 IP Carrier Network …… (110)
Section 3 Internet Data Center …… (113)

Chapter 8 Support Network and Management Information System …… (114)
Section 1 Support Network …… (114)
Section 2 Management Information System …… (121)

Chapter 9 Network Maintenance and Security …… (128)
Section 1 Network Maintenance System …… (128)
Section 2 Long-distance Line Maintenance …… (130)
Section 3 Renovation of Line Facilities …… (131)
Section 4 Long-distance Communication Security …… (134)
Section 5 Centralized Monitoring and Maintenance of Local Networks …… (135)
Section 6 Maintenance and Optimization of Mobile Network …… (137)

Chapter 10 Communication Stations …… (143)
Section 1 Sichuan Telecom Communication Station …… (143)

Section 2 Sichuan Mobile Communication Station .... (145)
Section 3 Sichuan Unicom Communication Station .... (146)

Chapter 11 Communication in Ethnic Minority Areas and the Three Gorges Reservoir Area .... (147)
Section 1 Communication in Ethnic Minority Areas .... (147)
Section 2 Communication in the Three Gorges Reservoir Area .... (155)

Part 2 Communication Operation .... (157)

Chapter 1 Fixed Communication Services .... (158)
Section 1 Telegraph .... (158)
Section 2 Long-distance Call .... (160)
Section 3 Local Call .... (162)
Section 4 Rural Telephone System .... (165)
Section 5 Wireless Local Access System .... (166)
Section 6 Public Telephone .... (168)
Section 7 Fixed Communication Value-added Service .... (174)

Chapter 2 Mobile Communication Services .... (178)
Section 1 Wireless Paging Service .... (178)
Section 2 Mobile Phone Service .... (180)
Section 3 Mobile Data Service .... (191)

Chapter 3 Data Communication Services .... (196)
Section 1 Fax .... (196)
Section 2 Basic Data Service .... (197)
Section 3 Internet Access Service .... (2031
Section 4 Internet Application Service .... (204)

Section 5 Informatization Construction ······ (212)

Chapter 4 Management Control and Service ······ (219)

Section 1 Marketing Service System ······ (219)

Section 2 Marketing ······ (224)

Section 3 Management Control ······ (229)

Section 4 Communication Services ······ (236)

Part 3 Education, Scientific Research and Academic Research ······ (253)

Chapter 1 Communication Education ······ (254)

Section 1 School Education ······ (254)

Section 2 Staff Education ······ (256)

Chapter 2 Communication Science and Technology ······ (263)

Section 1 Scientific Research Mechanism ······ (263)

Section 2 Scientific Research Achievements and Technological Projects ······ (265)

Section 3 Application and Promotion of Scientific and Technological Achievements ······ (273)

Chapter 3 Academic Work ······ (275)

Section 1 Academic Activities ······ (275)

Section 2 Academic Publications and Websites ······ (278)

Part 4 Legal Construction and Industry Management ······ (279)

Chapter 1 Legal System Improvement ······ (280)

Section 1 Policies and Regulations ······ (280)

Section 2 Legal Publicity ······ (281)

Section 3 Law-enforcement Forces ······ (282)

Section 4 Administrative Examination and Approval .... (283)
Section 5 Law Enforcement Inspection .... (284)
Chapter 2 Industry Management .... (289)
Section 1 Management of Telecommunications Business License .... (289)
Section 2 Interconnection between Telecommunication Networks .... (291)
Section 3 Self-discipline of the Communication Industry .... (295)
Section 4 Management of Communication Charge .... (296)
Section 5 Management of Code and Number Resources .... (301)
Section 6 Management of Communication Construction .... (305)
Section 7 Occupational Skills Appraisal .... (309)
Section 8 Emergency Communication for Combat Readiness .... (311)

Part 5 Organization Structure .... (317)

Chapter 1 Management Organizations .... (318)
Section 1 Sichuan Provincial Postal Administration .... (318)
Section 2 Sichuan Provincial Communications Administration .... (321)

Chapter 2 Operating Enterprises .... (324)
Section 1 Basic Communication Operating Enterprises .... (324)
Section 2 Value-added Services and Other Enterprises .... (332)

Chapter 3 Institutions and Societies .... (335)
Section 1 Institutions .... (335)
Section 2 Societies .... (338)

Appendices .... (341)

1. List of Figures .... (342)

2. Chronicle of Major Events ········· (355)

3. Compilation of Documents ········· (373)

4. Bibliography ········· (405)

Editoral Notes ········· (406)

概　　述

1986—2005 年，伴随改革开放时代进程，四川通信行业立足全省实际，依靠政策，依靠地方各级党委、政府的大力支持，多渠道筹集建设资金，加快紧跟世界先进通信技术潮流，打破常规，分层次、高起点、跨越式发展，实现从人工向自动、模拟向数字、单一业务向多元化业务的嬗变，一跃成为全省国民经济基础性、先导性和战略性产业，为改善全省投资环境、加快全省国民经济信息化步伐、方便人民群众生活、建设经济强省、奠定中国西部通信枢纽地位，提供强有力的信息基础设施支撑。

一

改革开放初期，四川通信网络薄弱，装备落后，能力有限，供需矛盾突出，严重制约社会经济发展。为改变这一现状，四川邮电部门加快信息基础设施建设步伐。

1986 年起，四川邮电部门确立以成都、重庆为中心，实施“搭骨架，通经络”的通信发展战略。通信建设分“两步走”：5—7 年“搭骨架”。通过国家干线与省内数据通信网一、二、三期工程，建设以光缆为主、数字微波和卫星通信并用的干线网络。再用 5 年“通经络”。因地制宜，多层次、多手段、多路由地疏通省内通信网络，使省内通信网上规模、上水平。

1987—1989 年，四川省数据通信网一期工程投资 7460 万元，建成八城市间数字微波网络，引进程控电话设备，通信技术开始由模拟向数字转变。

1990—1993 年，四川省数据通信网二期工程投资 7. 1 亿元，建成“两线一中心”：成都—西昌—攀枝花光缆干线，成都—遂宁—南充—达川—万县数字微波干线，省网络管理中心；17 个城市引进 20 万门程控电话投产。四川从北到南、从东到西基本形成“十”字形的数字骨干电路，数字电路和程控电话覆盖 56 个城市。与此同时，成都卫星通信地球站于 1991 年建成；西安—成都国家一级通信光缆四川段 637 公里，投资 1. 24 亿元，穿秦岭、越巴山、跨江河、进平原，于 1993 年 11 月末提前建成，为四川沿途各县提供电路 1920 条，结束四川出口无数字电路的历史。通过这些工程，基本形成全省数字骨干线路框架，大大提升全省通信网络规模和技术层次。至 20 世纪 90 年代中期，四川省通信供需紧张的矛盾基本缓解，装电话难、打电话难的问题不复存在，四川通信业在全省基础设施各行业中率先甩掉“瓶颈”的帽子。

1994—1995 年，四川省数据通信网三期工程投资 61. 4 亿元，实现“三化”：县以上城市市话自动化，市（地、州）以上城市交换程控化，省至市（地、州）通信干线传输数字化，并建成省内网格形状数字传输干线网、省内公用数据分组交换网、移动通信网、公众无线寻呼网、少数民族地区卫星通信网“五网”。建成 34 条省内光缆干线，总长 3500 公里，与 4 条国家一级光缆干线成都—西安、成都—昆明、重庆—涪陵—黔江—武汉、成都—重庆—贵阳—福州—杭州联通。邮电公网完成从人工网向自动网的过渡，实现模拟技术向数字技术的转变。

至1995年末，四川省累计建成光缆线路14783.7皮长公里（其中，长途光缆5488皮长公里），光缆网络覆盖省内21个市（地、州）和148个县（市）；建成数字微波2237线路公里（5814波道公里）；各级卫星通信地球站11个；公用数据分组交换网覆盖全省17个市（地、州），89个县（市）；移动通信网覆盖21个市（地、州），116个县（市）；公众无线寻呼网建成44个基站，23个地区中心，33个县中心，并在20个市（地、州）联网，完成全省邮电通信“搭骨架、通经络”的战略任务。全省提前5年实现邮电部原定2000年主要通信能力比1980年翻三番的战略目标，公用网的规模能力、技术层次和服务水平发生质的飞跃。

1996年，四川省所有市（地、州）城市实现长途传输数字化、光缆化和交换程控化，并全部开通电视电话网。1997年初建成的公众多媒体信息网，3月向社会推出以“天府热线”为品牌的公众多媒体信息业务，经过两次扩容，已建立可同时容纳上千个电话拨号用户、120个专线用户和640个ISDN用户的上网接口，并联通省内20个市（地、州）。8月，位于四川大凉山腹地的普格县开通2000门程控电话和长途传输光缆，标志四川179个县以上城市全部实现电话程控化，四川通信事业进入一个崭新的阶段。随着普格县程控电话的开通，中国公用电话交换网总容量突破1亿门，全国县以上城市全部实现电话交换程控化。

至此，四川省基本建成由一级干线光缆、二级干线光缆和本地光缆组成的三级光缆网络架构。随后，四川省邮电管理局对全省通信建设实施战略性调整，将通信建设重点从全省范围的大规模长途传输网建设，转向以优化网络结构、提高网络整体运行效率、全面增强四川省综合通信能力为重点，进而夯实电信基础网，加快移动通信、宽带多媒体通信网建设，完善电信基础网、移动电话网的支撑网。

1997—2000年，四川省投资226亿元，完成数据通信网四期工程。在前三期基础上，对网络容量、技术层次和服务水平进行升级，建成“四网”（7号信令网、数字同步网、电信管理网和智能网），实现“四化”（传输交换数字化、业务种类多元化、网络管理智能化、电话业务普及化）。四川通信技术发展水平全面跟上全国和国际通信发展步伐，达到世界同期先进水平。第四期数据通信网工程完工后，历时15年的数据通信网工程结束，全省网络发展模式逐步转变为以省级电信公司和市（地、州）电信分公司为建设主体统筹建设，由省政府统筹规划、组织建设的电信网络大建设时代至此结束。

在通信网络建设中，四川省贯彻国家公用通信网“统一性、完整性、先进性”的原则，依靠科技进步，坚持高起点，广泛采用当时世界最先进的通信技术，跨越国际通信技术发展一般都会经历的两个传统阶段，即电话交换跨越纵横制阶段实现程控化、长途传输跨越同轴电缆阶段实现数字化和光缆传输，大大提高全省电信基础网的技术水平，为新业务的开发和应用奠定基础。在移动通信网建设中，一开始建设模拟网，随后决定建设当时国际最先进的GSM数字移动通信网，创建“全球通”品牌，确保移动网络适应用户迅猛发展的需求。在数据通信方面，从分组交换直到互联网，及时建设相应网络，紧跟业务和技术发展趋势，为信息业发展打下坚实基础。

至2000年末，四川省光缆总长度达42896公里；净增长途业务话路42606路（其中数字电路净增42571路）；长途自动交换机总容量达19万路端；累计建成18个C3扩大本地网，新增本地局用程控交换机容量163万门，局用交换机总容量达513万门（其中程控交换机容量511万门，占总容量的99.61%）四川省移动电话基站扩展到1900个、信道68917个，所有市（地、州）以上城市和122个县（市）开通移动电话，并与全国2005个城市和22个国家、地区实现联网漫游；分组交换网覆盖省内108个县以上城市，端口8003个；公用数字网覆盖99个县以上城市，端口11761个。

进入21世纪，四川通信业围绕全面建设小康社会的宏伟目标，根据中共中央推进信息化建设的决策，在良好的政策环境中，抓住西部大开发的绝佳机遇，加快产业发展步伐。2001—2005年，四川省通信业固定资产投资462.5亿元，主要投向基础传输、移动通信、无线市话、宽带业务和新业务，完善通信基础设施，扩大网络覆盖面，提高通信能力和技术水平，调整优化网络，实现由窄带网向宽带网、单一网向综合智能网的转变，网络运行质量大幅度提高。同时，网络技术装备水平居世界前列，技术业务创新能力明显增强，在第三代移动通信、光通信等领域取得突破性进展，一些新业务在世界上是原创的。四川电信按照中国电信集团公司的总体部署，实施建设重点转移，打造以宽带传输网、宽带多媒体网和ATM网为基础，宽带城域网为延伸的四川省宽带通信网；优化长途交换网络，发展PSTN长途语音技术，引入NGN、软交换网络；投资4亿元的成都第二长途电信枢纽建成并投入使用。

至2005年末，四川省光缆线路达20.3万公里，其中长途光缆3.6万公里；长途交换机容量61.69万路端，局用交换机容量2234.19万门；移动交换容量1910.64万户，互联网宽带接入端口191.91万个。

二

20世纪80年代前，百姓通信工具主要为书信、电报，电话业务主要为党政军服务。社会通话主要是从上至下的联系，横向联系较少，百姓需求少。80年代，固定电话开始进入家庭。这一时期，全省电信业务主要经营电报、长途电话、市内电话和农村电话。

1990年，四川第一部模拟移动电话开通后，全省移动电话以超常规、成倍数、跳跃式向前发展。1993年9月，全国省会城市的数据通信分组交换网（China PAC）投入运营后，四川开始发展分组交换业务，并在分组交换网上开发出各种增值业务。随后，逐步发展DDN（数字数据网）、帧中继（FR/ATM）等数字数据通信业务。1996年，四川电信互联网业务开始起步，主要经营窄带“163”“169”接入业务和互联网专线接入业务。随着宽带网络的大规模建设，帧中继和ATM业务相继推出，宽带业务成为社会消费热点，并有力推动社会信息化进程。DDN业务发展速度逐步放缓。

至1998年末，四川省数字移动电话开通17个市（地）、93个县（市），实现与部分国家和地区的自动联网漫游，四川省开通移动电话和无线寻呼的县（市）比重达75.7%和70.4%。同时，代表经济信息化趋势的数据通信业务和增值业务方兴未艾，以“天府热线”为品牌的计算机互联网用户达24965户，“168”“160”等信息服务台79个，全省China NET业务、帧中继业务、本地多媒体信息服务、“108”业务、“200”号业务、声讯服务等电信新业务在部分市（地、州）、县（市、区）投入运行，为社会提供大量信息咨询和网络技术支撑。

随着市场需求变化和全省本地电话网的建成，电信业务发生变化。无线市话业务的出现，铁路通信、卫星通信的补充，宽带业务、互联网业务、多媒体业务的开办，让人们有了更多的选择。高新技术在通信行业的运用，使固定通信迅速实现电信业务多元化、交换设备程控化、传送网光缆化。

21 世纪初，四川省通信业抓住通信需求迅猛发展的机遇，推动市场业务、网络、技术与服务质量协调发展，继续保持稳定、快速、健康发展的良好态势。电信业为经济社会全方位、多层次提供服务的能力增强，实现由初步适应向基本满足的转变。2001 年，四川省电话用户突破 1000 万户，并实现由人工向自动、模拟向数字、单一业务向多样化业务的转变。2002 年 4 月，省会成都本地网的 220 余万门固定电话（包括小灵通）号码由原来的 7 位数升至 8 位，成都市成为中国西部第一个电话升 8 位数的省会城市，通信能力居全国第十位。2003 年 7 月，四川省移动电话用户突破 1000 万户。同时，移动通信技术不断演进，从最初单一的语音通话到数据、多媒体服务，通信已渗透到社会生活的方方面面。短信业务成为增长最为迅速的增值业务，以每年翻番的速度持续增长，并由过去单纯的文字短信向集图像、声音于一体的多媒体短信发展，成为电信消费热点。

电信业的发展，使其在改革开放与现代化建设中的地位不断提高。在四川省经济结构调整和整体发展战略中，电信业作为现代服务业的重要领域，受到中共四川省委、四川省人民政府的高度重视；在信息化建设中，电信业以其为各行各业提供网络、技术、业务、系统集成等综合服务的能力，成为不可或缺的重要基础和骨干；在网络与信息安全管理中，电信监管部门和运营企业成为各级政府可以信赖的一支基本力量；在社会主义新农村建设中，农村通信、农村信息化建设被列为重要领域而大力推进。

2005 年，四川电信适应时代需求，开始从传统基础网络运营商向综合信息服务提供商转型，创新开发“号码百事通”等综合信息服务业务，拓展行业信息化建设领域。同时，在政务信息化、服务行业信息化、农村信息化建设等方面实现跨越式发展。

至年末，四川省电话用户总数 3271 万户，在全国排名第七位，其中固定电话用户 1584 万户，移动电话用户 1687 万户。四川省电话普及率由 1985 年的 0. 32% 提高到 37. 6%；互联网用户 306 万户，其中宽带上网用户 138 万户。以电信运营为龙头的产业链已形成并不断延伸，电信业成为推动信息化发展的骨干力量。

三

20 世纪 80 年代后期起，邮电部门“独家经营”的垄断市场开始被打破。面对竞争，四川邮电企业摒弃传统的经营模式，把注意力转向市场。1988 年，四川电视、报纸等媒体首次出现邮电业务广告，标志四川省邮电部门从内向型经营开始向外向型经营转变。各级邮电企业强化经营意识，将研究市场、分析市场、开展市场预测作为企业生产经营活动的重要内容。1990 年，四川省邮电业务总量完成 3. 53 亿元，邮电业务收入（不含重庆）3. 83 亿元，实现利润 11561 万元。

1991 年，四川省邮电管理局召开全省邮电部门第一次经营工作会议，决定对 8 项重点业务实行目标管理。1993 年，按照“以客户为中心，以市场为导向”的原则，企业开始配备营销人员，建立营销机构。1994 年，省局在完善企业经营责任制的过程中，决定将企业的经营成果、用户服务、市场开拓、业务发展和资金安全纳入考核范围，并与新增效益工资挂钩。至 1995 年末，四川省县以上邮电通信企业基本配备专兼职营销员，初步建成一支 969 人组成的营销队伍。

随着营销体制的建立，各电信企业根据各自特点研究市场、开发市场、培育市场，逐步从“等客上门”“以我为中心”的经营方式向“以客户为中心，以市场为导向”的方向转变。电信行业召开装机订货会、大用户座谈会，利用节假日、纪念日举办促销活动，结合新业务演示，在各大媒体上宣传移动电话、无线寻呼、磁卡电话、电子信箱、“200”号、“800”号、信息服务、分组交换、可视图文、用户传真、礼仪电报、鲜花电报和立等即发电报等电信新业务，拓展业务发展空间。邮电部门通过建立服务质量社会监督体系，制定相应的质量、服务标准，逐步将经营服务工作纳入规范化、制度化管理轨道。

至1995年末，四川省邮电业务总量达37.43亿元，较1990年增长9.6倍；邮电业务收入（不含重庆）50.27亿元，增长9.93倍。

1997年，结合四川邮电实际，四川省邮电管理局先后在全省开展“树邮电新风、创优质服务、争当岗位明星”和以规范服务、承诺服务为主要内容的“邮电服务年”活动，制定《四川省邮电服务质量等级标准》和《四川省邮电服务质量等级标准考核试行办法》，加强目标管理，健全做好服务工作的运行管理机制。四川省通信服务的整体水平一年上一个台阶，受到用户和社会舆论的普遍好评。至1998年末，四川省基本实现“邮电服务年”的10项目标，20个市（地、州）邮电局达到基础服务和规范服务标准，涌现一批省级文明服务“示范窗口”和服务标兵，社会对邮电服务的满意度达84分（满意率90%以上）。

21世纪引入竞争后，四川省电信企业以市场需求为导向，将竞争策略集中在业务创新和差异化竞争层面，提高竞争层次和能力。按照建立现代企业制度要求，在网络建设、业务开发、营销体系、资金运作、人力资源开发和风险控制等方面，逐步通过组织机构和管理体制的改革，理顺内部关系，建立统一运作、灵活高效的管理体系。通过推行服务规范，实行“首问负责制”“服务承诺制”“一次申告下岗”等制度，促进热点问题的解决、服务质量的改善和行风的好转。电信用户普遍感到困难的装机、移机、缴费、咨询等问题得到较好解决，基本满足用户日益个性化、多样化的通信需求；同时，电信资费整体水平明显下降，人民群众从电信发展中得到越来越多的实惠。

至2005年末，四川省通信业已发展成为国民经济中发展最快、综合效益最好的行业之一，对国民经济的贡献率逐年上升。四川省通信业增加值达145亿元，占全省GDP的比重为2%。四川省电信业务总量达439.2亿元；电信业务收入226.39亿元，比1986年的15992.6万元增长140.56倍。

四

1952年9月，四川省邮电管理局成立后，相继实行条块管理、政企合一、邮电合营、邮电分营的管理体制。20世纪80年代初期，四川邮电行业根据国家经济体制改革的要求，简政放权，实行局长负责制。90年代初，无线寻呼及部分增值电信业务放开。1996年2月，中国联合网络通信有限公司四川省分公司（简称四川联通）成立，在电信领域打破垄断，引入竞争。随后，四川省逐步推进并深化通信体制改革。

1998年，国务院开展空前规模的机构改革，在信息产业部统一部署下，四川邮电开始实施寻呼剥离、邮电分营、移动分离、政企分开等重大改革。9月，四川邮电将所属寻呼资产从邮电母体剥离，经过公司化、专业化改造，注册成立四川电信寻呼有限责任公司；12月组建四川省邮政局，实现邮电分营，适应市场竞争，成为四川通信业发展新的起点。

1999年7月28日，四川移动通信公司（简称四川移动）成立；2000年7月28日，中国电信集团四川省电信公司（简称四川电信）成立并开始公司化运作。公司化后的四川电信，在经历数次重大改革的阵痛后，面对企业多年受计划经济体制的束缚导致的政企不分、社会职能多、三产不规范等现状，坚持发展不动摇，相继实施推进以主辅主附分离、五项集中管理、三项制度改革、五项机制创新和内控制度建设为主的多项重大体制创新、改革，实现由政企合一的传统国有企业向现代企业转变，逐步建立起“以市场为导向、客户为中心、效益为目标”的现代企业运营模式。2001 年 2 月，铁道通信信息有限责任公司四川分公司（简称四川铁通）成立。2001 年 4 月 19 日，四川省通信管理局成立，同时撤销四川省邮电管理局，实现真正意义上的政企分开，打破通信业独家垄断的时代。2002 年 11 月，中国网通集团四川省通信股份有限公司（简称四川网通）成立；2003 年 3 月，中国卫星通信集团公司四川省分公司（简称四川卫通）成立。这些公司分别进入四川电信市场，建立独立的通信网络，实现与其他基础电信企业的互联互通，业务得到较快发展，市场逐步扩大。至此，四川省逐渐形成以电信运营商为核心，包括设备供应商、系统集成商、内容及服务提供商和用户在内的产业链，并形成电信、移动、联通、网通、铁通和卫通六大基础电信运营企业及多家增值电信企业相互竞争、共同发展的格局，主要通信业务都有两家以上运营商共同竞争。通过竞争，四川省通信整体实力增强，电信服务质量改善，资费价格水平下降，广大消费者得到实惠。

2002 年 7 月、2003 年 12 月，四川移动、四川电信在中国香港和美国纽约上市，实现向国际资本市场的成功跨越。2004 年 12 月，四川电信及时承接集团公司转型战略，坚持用科学发展观和转型战略统领全局，从业务、服务、网络、组织与人力资源等方面明确转型目标、实施路径和具体举措，稳步推进由传统基础网络运营商向综合信息服务提供商的战略转型。

五

经过 20 年的发展，四川通信业发生巨大变化，不仅是量的变化，全网的通信能力、技术层次、业务应用、服务能力等方面都发生质的飞跃。从“通信基本靠吼”到全省人民基本人均拥有 1 部手机，从为党政军服务到为社会经济发展服务、为信息化建设服务，从人工到自动、模拟到数字、语音业务到多元化业务，从政企不分到运营商独立上市，从计划经济转向市场驱动，四川通信业用 20 年时间取得巨大的成就，不仅从根本上扭转被动、落后局面，而且已经走在社会经济发展的前列，追赶上世界发达国家的通信发展步伐。

展望未来，全球信息化浪潮汹涌澎湃，正引领经济社会转型发展和生产生活方式深刻变革。身处变革时代的四川通信业，必须结合自身特点不断探索，继续在发展中改革，在改革中发展。

第一篇　通信建设

1986年起，四川省坚持“国家、企业、集体、个人一起上”的通信建设方针，启动全省有史投资最大的数据通信网工程，大胆采用程控交换、光纤通信和数字微波等新技术，建设省内重点区域的通信网络。光纤通信逐步替代架空明线、微波和同轴电缆，成为全省长途传输主体；全省电话交换实现从“摇把子”、步进制、纵横制到数字程控的跳跃发展。

随着西成渝（西安—成都—重庆）、汉渝（武汉—重庆）、渝筑昆（重庆—贵阳—昆明）三大微波长途干线和省内数字通信网一期微波干线的建成，四川省微波通信跨越由小容量国产落后设备向大容量进口先进设备过渡，由模拟传输向数字传输过渡，由有人值守维护向无人值守维护过渡的3个现代化微波通信重要阶段。成都卫星通信地球站建成后，长途电信传输开始由容量极小的明线模拟传输，向先进、容量大且数模兼容的微波、卫星通信传输发展。

第一章　发展战略与扶持

第一节　发展战略

1978年12月中共十一届三中全会后，全国工作重点转移到以经济建设为中心的轨道上，实行对内搞活经济和对外开放的政策。四川国民经济得到快速发展，城乡经济日益活跃，信息交流日趋频繁。与客观要求相比，全省邮电通信发展缓慢，通信能力和技术装备水平存在巨大差距。

1985年，四川省邮电管理局根据邮电部提出的，到2000年邮电业务总量和主要通信能力要在1980年基础上翻三番的战略目标，确定“七五”期间全省邮电通信能力、业务收入水平实现双翻番的近期发展计划。同时，制定到20世纪末四川邮电发展远景规划。为保证规划目标如期实现，确定“依靠政策，依靠技术进步，依靠社会各界支持”，分两步走的方案构想：第一步，先用5到7年时间“搭骨架”。建成成都到各市（地、州）以微波、卫星和光缆为主要手段的干线传输网和数字程控交换网。然后再用5年时间“通经络”，分层次、分期、分批地对市（地、州）以下的模拟通信网进行技术改造，同时建设县以下的农村通信网。规划方案得到各级政府的支持。

1986年，省邮电部门按照省政府领导提出的要以“高起点、高速度、大规模、超常规”的办法发展全省邮电通信的新思路，开始规划建设全省数据通信网。按照全省邮电发展战略设想，计划、建设部门从四川实际出发，把一、二期数据通信网工程作为“搭骨架”的重要内容，科学规划，统筹安排，突出重点，分步骤进行通信建设。先从成都、德阳和绵阳等经济较发达地区入手进行技术改造，再发展其他中等发达和不发达地区，逐步推进通信网建设；同时，紧跟世界先进通信技术，跨越常规技术发展阶段，采用程控交换、微波和光纤传输等世界先进通信技术，确保全省通信网的建设规模、技术层次和发展速度。

1月，全省第十九次邮电工作会议提出：“为了适应全省‘富民’‘升位’的需要，必须加快全省邮电建设。”其指导思想是：邮电事业的发展速度必须高于全省的经济发展速度；在通信事业发展上坚持以邮电为主，公用网和专用网并存；在资金来源上利用多种渠道广筹资金，搞活经营，提高自身积累能力；在邮电建设上以更新改造为主，引进部分先进设备和购买国外二手设备，改造省内二级干线和市内电话装备，提高通信能力；在技术政策上以长途通信及发展数字微波为主，适当发展光纤和电缆；市内通信以发展纵横制设备为主，适当引进程控设备；农村通信以一点多址无线、小微波、特高频等技术设备逐步改造通信网；县内通信逐步向市话、农话合一的方向发展。会后，全省邮电通信建设全面铺开。

1987年1月，全省邮电计划会议召开，明确“七五”期间邮电建设的重点：电信以电话，尤其以市话自动化为主，以数字微波通信建设为重点，围绕市话配套，达到20个市（地、州）长途自动半自动接续，40% 的县实现市话自动化。同时，改变传统的管理方法，把“七五”计划一次安排下达，由专业部门和基层企业自主安排。

1988 年 8 月，省邮电管理局经研究和论证，提出“七五”建设调整意见和“八五”“九五”发展初步设想等一揽子规划，确定立足当前，适应未来，抓住新技术应用，跳过技术常规发展阶段，分阶段、分步骤、分层次建设邮电通信业的发展战略。

1989 年，全省数据通信网一期工程完成后，邮电通信加快发展步伐，开始由盆地八城市发达地域向盆地周边欠发达地域延伸。2 月下旬，省邮电管理局结合全省实际，在全省第二十三次邮电工作会议上，提出全省邮电通信发展“搭骨架，通经络”的“两步走”战略，以期缩小各地通信发展差距，从根本上解决“通信难”的突出矛盾，提升四川电信综合实力。“两步走”的具体内容是：

第一步，用 3—5 年“搭骨架”，完善骨干通信网络。在电信传输方面，建成以微波、卫星和光缆传输为主的省际干线网络，重点建设成都—西安微波干线、成都—重庆—武汉微波干线、重庆—贵阳 300 路小同轴电缆、成都—攀枝花—昆明光缆，以及成都、重庆卫星通信地球站等 6 条出川通信干线；同时，在省内 8 个市（地）数字微波干线建成后，完成成都至广元、南充、涪陵和万县 4 条微波干线组网；1992 年前后，建成成都至雅安、西昌、攀枝花、遂宁、南充和达县 6 个市（地）光缆干线。在电话方面，建设以程控长途交换机为主的长途交换网，除已建成的成都、重庆、自贡程控长途交换局外，1989 年完成绵阳、德阳、内江、宜宾、泸州和乐山 6 个市程控长（话）市（话）合一交换机，1992 年完成广元、遂宁、南充、达县、涪陵、万县、雅安、西昌和攀枝花 9 个市（地）程控组网，1992 年前贷款引进 20 万门程控交换机。

第二步，用 5 年左右的时间“通经络”，重点完善和疏通省内市（地、州）到县的通信网络。逐步对全省明线改造换代，推广光缆通信系统和数字微波通信系统，建设和完善长途端局的自动、半自动通信网络设备功能，提高全省通信网综合通信能力。

12 月 20 日，第一次由省政府主持的四川邮电通信建设会议在成都召开。会议主要研究全省通信基础设施建设。副省长蒲海清在会上指出：“邮电通信是国民经济的基础，这次会议就是要研究全省通信这个基础设施。省政府下决心千方百计也要把邮电通信搞上去，为发展经济，为改善四川的投资环境创造良好的基础和条件。”他强调，省里过去出台的扶持邮电的政策要继续执行，各地在财政和各方面尽量给予支持，通过国家、地方和社会各方面的通力合作，在 5 年的时间内改变四川落后面貌，逐渐缩短与外省、与世界的差距。

图 1－1　1989 年 12 月 20 日，四川邮电通信建设会议召开，副省长蒲海清在会上讲话

这次会议通过省邮电管理局制定的《1989—2000 年四川邮电通信发展纲要》，确定“依靠政策，依靠技术进步，依靠社会各界支持”，按照“高起点、高速度、大规模、超常规”的办法发展四川邮

电建设的新思路和分两步走的战略：第一步，通过省数据通信网一、二期通信主干线建设，用5—7年时间“搭骨架”。第二步，再用5年时间“通经络”，分期、分批、分层次采用不同的有效技术手段，有线、无线相结合，建设省内农村电话通信网络。实现2000年全省通信发展目标，大约需要资金44.8亿元（其中外汇32211万美元）。资金解决发挥国家、地方、集体和个人方面的积极性，除国家干线由邮电部负责以外，省内干线由省负责。其中，市内电话（包括县城市话），按照谁使用谁投资，原则上主要采取向用户收取初装费、改制费、新业务开办费等办法集资建设；农村电话实行“以话养话”，由相关县（区）政府和邮电部门组织集体和用户集资建设。会后，全省数据通信网二期工程开始实施。

1991年，省邮电管理局根据中共四川省委、省政府提出到20世纪末“实现工农业总产值翻两番和奔小康、打基础”的战略目标，安排四川邮电通信“八五”计划主要指标，并按照《1989—2000年四川邮电通信发展纲要》总体布局，将基本建成以县城市话自动化为基础，以市（地、州）局长途自动交换为重点，省地长途大通路为骨干的四川长途自动通信网作为“八五”时期邮电建设的主攻目标。2月1—4日，四川省第二十五次邮电工作会议召开。会议提出全省其后10年发展方针及“八五”计划，努力实现通信发展的第二步战略目标，即翻三番、增实力、打基础。

图1-2　“八五”时期责任书、还贷协议签字仪式

1992年7月中旬，全省市（地、州）邮电局长工作会议提出加快四川通信发展的12条政策措施，并重新修订“八五”时期邮电发展规划，把原定到2000年邮电业务总量和主要通信能力在1980年基础上翻三番的目标提前到1995年实现，争取在90年代跃上新台阶。

1994年7月，四川省邮电通信“九五”发展规划出台，计划总投资达200亿元，全省电话普及率达5%。

1995年7月25—28日，全省市（地、州）邮电局长研讨会在都江堰市举行。会上研究省邮电管理局提交的“九五”计划和2010年规划，基本确定四川省邮电通信跨世纪发展的思路和目标，其中重点确定四川省通信网规模、技术服务水平等发展目标。随后，制定《四川省邮电通信发展“九五”计划和2010年远景目标》，明确“九五”时期的主要任务：加强科学管理，实现规模投入，迎接市场挑战，继续实施“高起点、新技术”发展战略，实现邮电通信上台阶，以确保四川经济发展上台阶。

12月29日，全省邮电工作电话会议召开，会议提出“九五”期间及2010年四川邮电发展目标和主要任务。“九五”期间，四川省邮电通信发展的主要任务是：采用“高起点、新技术”的发展战略，努力缩短与全国总体平均水平的差距，使邮电通信适应四川省经济和社会发展的需要，总投资232亿元，到2000年，邮电业务总量达108亿元，年均增长25.96%；邮电业务收入达120亿元，年均增长25.86%。电信要实现传输交换数字化、业务种类多元化、网络管理智能化、电话业务普及化；建成7号信令网、数字同步网、电信管理网，使电话交换机总容量达800万门，长途自动交换机容量达30万路端，全省电话普及率达5部/百人；提供长话电路15万条，分组交换网达8652个端口，数字数据网总容量达7768个端口，移动通信网信道总数达18260个，光缆线路达16090公里，微波线路达3760公里，卫星通信地球站达35个。

1997年重庆直辖后，四川邮电部门划出46个市（地）、县级邮电企业归重庆市邮政、电信管理局领导。四川省邮电管理局重新调整全省邮电通信布局、网络规模、发展水平，将“九五”时期四川邮电通信“上台阶”的总目标确定为：主要通信能力和业务收入在“八五”末的基础上翻两番，基本建成完整、统一、先进的通信网，努力缩短与全国邮电总体平均水平的差距，基本适应四川省国民经济发展和社会进步的需要。同时，确定“以市场需求为导向、发展为中心、改革为动力、服务为宗旨”的基本方针。

1998年，四川省邮电管理局贯彻中共中央、国务院关于加快交通、能源、通信等基础设施建设步伐的指示，决定在年初提出的全年75亿元建设投资的基础上，再增加20亿元，在条件允许情况下，力争增加25亿元，使全省邮电通信年度投资总额达95亿—100亿元。经调整后，四川邮电建设全年总体目标是：基本建成全省“信息高速公路”传输大平台，基本满足国民经济和社会服务信息化对通信的要求。

2月26—27日，四川省信息化工作领导小组在成都召开“98四川省电子信息产业工作会”，审定由省信息化工作领导小组提交的《四川省信息化建设“九五”规划和2010年远景目标（纲要）》。纲要提出四川省信息化工作的“九五”计划目标，其中通信目标是：到2000年，信息服务业营运收入达300亿元，电话普及率达5.8%（不含移动），移动电话用户达100万户，初步建成全省数字通信骨干网，建成覆盖全省市（地、州）的四川省公众多媒体通信网，金融、财政、工商、税务和外贸等领域初步实现信息化，选择合适的大中城市开展电话线、数据线、有线电视线“三线合一”试点等。

1999年1月25日，省邮电管理局召开全省电信计划建设会。会议分析全省网络能力，认为网络能力能够保证后续一段时间发展需求，全省传输骨干通信网已基本形成。随后，省邮电管理局对全省通信建设实施战略性调整，将通信建设重点从全省范围的大规模长途传输网建设，转向以优化网络结构，提高网络整体运行效率，全面增强全省综合通信能力为重点，夯实电信基础网，加快移动通信、宽带多媒体通信网建设，完善电信基础网、移动电话网的支撑网。

2000年5月，中共四川省委七届七次全会通过《关于抓住西部大开发机遇加快发展的意见》，把通信建设作为基础设施的主要组成部分，纳入西部大开发战略规划，提出信息网目标：以建设信息大通道、电话容量翻番、“三网”互联、电子商务四大工程为重点，加快信息网络建设。

11月，四川制定《关于加快发展电子信息产业的决定》和《四川省加快电子信息产业发展的若干政策意见》，将电子信息产业发展作为四川省“一号工程”。20日，中共四川省委、省政府在成都召开电子信息产业工作会议，提出建设西部“硅谷”，以信息化带动工业化，促进农业产业化，推进城市化，推动国民经济持续快速健康发展。

12月11日，中国电信四川公司成立后的首次全省电信工作会议在温江县召开。会议提出建立完善现代企业管理制度，在全面扭亏为盈的基础上，实施二次艰苦创业，推动四川电信持续、快速、健康发展，为国家实施西部大开发战略，为四川经济实现跨越式、追赶型发展提供支撑保障。

是年末，四川省数据通信网四期工程完工。经过15年建设，全省网络技术水平、网络运行质量和通信能力得到全面提升。同时，全省通信发展由重点区域逐步向边远城市、广大农村、少数民族区域延伸，推动全省经济和社会发展。此后，为适应市场化改革，全省网络发展模式逐步由省政府统筹规划、组织建设，改为以省级通信公司和市（地、州）通信分公司作为建设主体统筹建设。

2005年，省通信管理局在广泛征求电信运营企业意见的基础上，结合信息产业部电信业“十一五”规划纲要和四川实际，提出全省“十一五”期间电信业发展思路、战略目标、发展重点和实施途径，确定四川省2010年创建西部最强最优的电信业宏伟目标。省发改委组织召开专家评审会议，评审通过全省电信业“十一五”发展规划文本。

第二节 政策扶持

一、国家促进通信发展政策

1980年6月20日，邮电部、财政部和国家物价总局印发《关于对市内电话新装用户收取初装费的联合通知》，正式规定对市内电话新装用户可适当增收初装费，收取的资金用于市话建设。

1982年2月，国务院听取邮电部汇报后，决定对邮电实施优惠政策：邮电的利润只上缴10%，90%留给邮电使用；非贸易外汇收入上缴10%，90%留给邮电使用。1986年，国务院批准国家给邮电拨款改贷款的固定资产投资，只偿还10%的本息，豁免90%。这3项政策统称为“三个倒一九”。

1984年10月12日，国务院常务会议听取邮电部关于发展邮电事业的规划目标和“七五”计划安排的汇报后，形成第一个有6条要求的会议纪要。12月13日，中共中央书记处会议听取邮电部党组关于通过整党端正业务指导思想和邮电通信事业整改方案的汇报后，形成第二个有6条要求的会议纪要。两个“六条指示”，强调整个社会都要十分重视通信的建设，把它放在同能源、交通一样重要的位置，优先发展。

1985年9月，《中共中央关于制定国民经济和社会发展第七个五年计划的建议》明确提出：“地方通信工程，主要靠地方和群众集资兴办，国家给予必要的资助。”首次提出邮电建设“四个一起上”（国家、地方、集体、个人一起上），谁投资谁受益，多渠道积累资金，成为具有中国特色的电信普遍服务方式，对四川通信发展起到积极的推动作用。

1988年6月4—10日，邮电部在北京召开全国电信工作会议。国务院在会上明确提出加快邮电发展的“十六字”方针：统筹规划，条块结合，分层负责，联合建设。方针明确各级地方政府的职责、任务，把通信发展纳入当地经济和社会发展总体规划，在政策、财力和物力上给予倾斜和支持，加快通信建设的步伐。

二、地方政府对通信发展的支持

1986年，在国家关于严格控制投资规模、调整投资结构、保证重点建设、提高效益的政策规定出台之际，四川省政府当年向邮电投资1000万元，相关市（地、州）政府筹集600多万元支持通信工程建设。3月起，省政府批准邮电部门调整农村电话资费，新增收入用于农村电话的自我发展、自我改造；12 月 1 日起，规定各市（地、州）城市市内电话月租费按现行标准向上浮动 20%，用于发展市话建设。

1986—1987 年，重庆市地方各级政府为邮电建设集资 1184.5 万元，从各方面为邮电部门提供优惠政策和条件。地方政府在资金上主要支持市话通信、长途通信和部分农村电话，主要项目有：市话扩容改制 2 万门、500 线长途程控自动电话、大坪—上清寺三次群光纤通信工程、DD16 长途自动电话、8 个农村邮电支局等。优惠政策主要有：对农村电话利润实行“倒一九分成”办法，实现利润 90% 留归农村电话使用。为解决程控电话设备投资问题，重庆市政府批转邮电部门《引进五万门程控电话设备资金筹集办法》，使邮电部门每年筹集资金 550 万元，并一次性增收改制费 400 万元。

1987 年 3 月下旬，成都市政府批转《成都市邮电通信建设发展纲要》，提出要把成都市邮电通信项目纳入城市发展规划，列为城市基础设施项目。5 月，成都市政府在“七五”期间筹资 1 亿多元支持邮电建设，并制定 8 条优惠政策，在城市公用设施附加费、免交城市建设配套费、邮电通信建设配套资金、邮电通信建设专项贷款、企事业单位专用交换机等 8 个方面给予邮电事业优先发展的特权。

6 月上旬，南部县地方集资 40.4 万元，加上邮电部门的投资，解决该县市话扩容问题。合江县、旺苍县、美姑县和渠县等市（县）出台相应优惠政策和划拨资金，支持本地通信建设。

1988 年 6 月 28 日，省政府办公厅印发《四川省人民政府办公厅关于对长途电话、电报、给据邮件、印刷品等业务加收邮电建设附加费的通知》，决定全省从 1988 年 8 年 1 日起，对长途电话、电报、给据邮件、印刷品等业务适当加收邮电建设附加费。

邮电建设附加费作为四川省内邮电通讯发展的专项资金，由邮电部门收取。邮件、印刷品附加费由省邮电管理局统一掌握、使用；长话、电报附加费由省能源交通投资公司掌握，按照基金制办法管理，省邮电管理局提出项目计划，报省计经委批准使用。邮电建设附加费主要用于省内邮政和二级通讯干线建设，免征能源交通建设基金和营业税。省计经委、省能源交通投资公司和省邮电管理局可根据通知精神，制定具体收取、管理、使用办法。

重庆市加收邮电建设附加费的范围和标准，按四川省的统一规定执行，所收的邮电建设附加费，由重庆市管理使用，长话、电报附加费主要用于二级通讯干线的改造和建设。

7 月 20 日，省邮电管理局印发《关于贯彻省政府决定加收邮电建设附加费的实施办法》，明晰实施细则。经核算，新增的邮电建设附加费（含邮挂号、印刷、长途电话）按工业每元产值增支 0.0006 元，农业每元产值增支 0.0000043 元。全省党政机关团体和文教卫生增支总额 208 万元，各党政机关、文教卫生基层单位实际负担额度小，能被企事业单位用户所承受。由于涉及千家万户的平信不实行附加费，且全年平均增加支出的挂号、印刷邮件附加费每人不足 0.013 元，增支报话附加费每人不足 0.017 元，每人 1 年总的平均增支 0.03 元，相当于 1 盒火柴费用。邮电建设附加费的收取，为通信建设提供重要资金支持，对加快邮电通信发展起到重要作用。

是年，经省政府批准，陆续出台收取“超区投递费、邮电建设附加费”等政策，仅此两项全年可增收约 2000 万元，使邮电建设资金有比较稳定的保障。1979—1989 年，在各级地方政府支持下，全省各地筹集 1.2 亿元资金支持邮电建设。

1989 年初，成都市政府将邮电通信建设列入市政府目标管理，并确定“大投入、高产出”的发展之路。在日常工作中，成都市领导经常参加邮电通信部门召开的工作会议，及时帮助邮电部门解决困难，并要求市级有关部门尽量给予工作上的方便。4 月，市政府成立成都市邮电通信建设领导小组。领导小组每季度召开一次会议，专门研究协调邮电通信建设的有关问题，加强全市邮电通信建设的统筹规划和组织协调，督促落实邮电通信发展目标和任务。

1986—1990 年，在成都市各级政府的支持下，成都市市话交换设备容量净增 4.3 万门，郊县净增 1.77 万门，分别是 1985 年的 2.7 倍和 3.1 倍。在市话网内引入蜂窝式无线（移动）通信自动局、移动卫星通信地面站，敷设光缆 120 多公里；改造成都至西安、武汉、贵阳 3 条出口微波干线；各县拥有长话电路由平均 16.6 路增加到 37.5 路，建成市、区、县之间和区、县之间长途自动、半自动通信网；同时实现话路、报路和计算机联网运行。

是年，德阳市政府把建设本地通信网的工作提上政府议事日程，采取“分级筹款，分年投资，逐个进网”的办法。在 1992 年前，逐步实现该目标。决定市、县之间的传输资金由市集资解决；县城的改制、扩容资金由县财政或乡（镇）企业单位解决。资金的构成，由地方财政出一部分，给邮电以地方政策筹集一部分，用户筹集一部分，另外争取省上再投资一部分。德阳市本地通信网建设得以加快推进。

1992 年 7 月，省物价局、省邮电管理局联合印发《关于对长途电话、电报等业务收取的邮电建设附加费进行适当调整的通知》，同时出台《停止执行长话夜间、假日减半收费的通知》，以缓解“八五”期间邮电建设资金紧张的矛盾。

1996 年 4 月 23 日，四川省市（地、州）县邮电局长会议召开。邮电部部长吴基传、四川省人大常委会主任杨析综、省长宋宝瑞、省人大常委会副主任刘永寿、副省长邹广严等领导出席会议。副省长邹广严指出，四川省的“九五”和 2010 年发展目标，把发展通信列为经济建设的重点，明确要求通信建设要实行有线无线统筹规划，超前发展，在国民经济中率先实现现代化。为此，省委、省政府决定，“九五”期间扶持邮电的政策力度不变。

1997 年 1 月起，全省取消电话过线费等 9 种邮电附加费，各市（地、州）、县邮电局共取消收费 12 项、理顺 7 项。

2001 年 7 月 1 日起，根据财政部、信息产业部文件精神，四川电信取消市话初装费、农村电话初装费及附加在电话上征收的其他政府性基金项目。

第二章　数据通信网工程

第一节　数据通信网一期工程

1984年6月初，四川省省长蒋民宽指示省计经委尽快编制出全省通信网建设和改造“七五”规划。6月末，省政府指定成都电讯工程学院（今电子科技大学）、省邮电管理局、省国防科工办和省计经委等单位组成规划小组，负责规划初步方案。11月，形成维持模拟通信为主的讨论稿呈交省政府领导。省长蒋民宽指示：“搞通信规划要放开眼界，起点要高一点，技术要比较先进，至少到2000年也不落后。”随后，省政府指定成都电讯工程学院、省科技顾问团反复论证，决定在“七五”期间，给予通信发展优惠政策，筹集巨额投资，采用先进技术，建设四川省数据通信网，以满足电报、电话、数据通信，以及到2000年综合业务数字通信的需要。

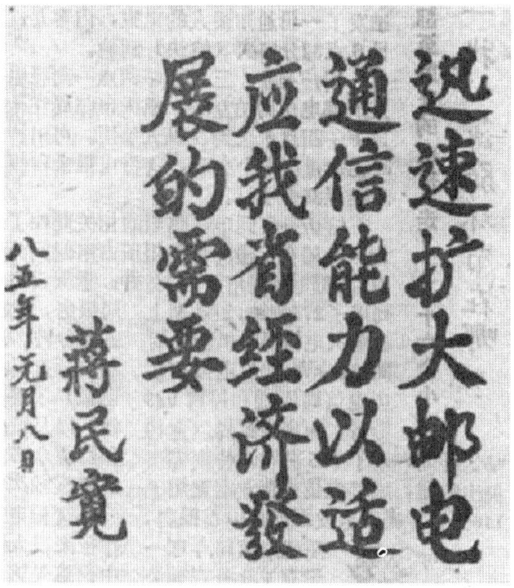

图1－3　四川省人民政府省长蒋民宽发展邮电通信的题词

1985年初，省科技顾问团受省政府委托，审议通过《四川省“七五”数据通信网可行性报告》，并提出电话通信要与数据通信同步建设的意见。随后，省政府请邮电部设计院承担数据通信网与电话通信网两个工程的可行性方案设计。9月12日，省计经委在成都召开会议，讨论《四川省数字微波通信工程可行性研究报告》《四川省内（六市）长市交换工程可行性研究报告》和邮电部设计院编制的《四川省数字微波通信工程和六城市长市交换机工程的分期实施方案》。与会31个单位的73名代表经审议一致认为：两个报告符合国家要求和四川实际，省邮电管理局提出的分期实施方案切实可行。

1986年1月12日，省计经委印发《关于省内数据通信网可行性报告、设计任务书及分期实施方案的批复》，正式批准工程立项。数据通信网工程结合实际分期建设。第一期工程，拟引进设备、建设三次群（或四次群）数字微波672.2公里，引进程控长市合一交换系统1500线、市话1.8万门，建设长途明线高频复用设备52套、成都数据通信机房5000平方米、自动转报设备512路等。第一期工程总投资控制在7466万元（其中，外汇额度1020万美元）以内。第一期工程从1986年起至1988年；3年建成，市话部分与长途部分同步建设，以充分发挥投资效益。

与此同时，四川省数据通信网领导小组成立，副省长马麟任组长，省计经委副主任袁景葵、省邮电管理局副局长任杰任副组长，成都、自贡、泸州、德阳、绵阳、内江、乐山和宜宾8个市（地）

人民政府、计经委和省计经委交通邮电处各1名负责人及省邮电管理局1名副总工程师为成员。2月，省邮电管理局成立四川省数据通信网工程办公室。省邮电管理局副总工程师王会卿任主任，向子曦、陆寿福、汪世成任副主任。领导小组负责解决和协调该工程中的重大问题，省数据通信网工程办公室具体负责日常工作。至此，中华人民共和国成立后四川省最大的通信建设项目——数据通信网工程开始实施。

数据通信网一期工程以建设成都、自贡、泸州、德阳、绵阳、内江、乐山和宜宾8个市（地）之间的数字微波网路、引进装备程控电话为主要内容，被省政府列为全省重点建设项目。省建设委员会委托省邮电管理局负责建设，工程所需资金由省、8个市（地）政府共同承担，并由省计经委负责资金筹集与落实。

为保证工程建设所需资金，省政府组织财政、银行、计经委和邮电管理局等部门组成筹资小组，由省和八市（地）共同筹集解决经费。省计经委、省财政厅和省外汇管理局等部门保证省政府承担的资金筹集和外汇拨付，并为有关市（地）调剂外汇额度。省政府决定，由省政府、地方政府投资的款额免还本息，建成后增加营收的部分不上缴，用于通信发展基金。各市（地、州）政府电话月租费按现行标准向上浮动20%。到1989年10月，全省筹集数据通信网工程建设资金7466万元、外汇额度580万美元，除个别市（地）外汇尚差部分外，均按筹集方案交清应承担的款项。

1986年12月24日，省邮电管理局经多次技术对标和商务谈判，与意大利特拉特拉公司签订引进数字微波设备的购置合同；六市（地）长市合一程控交换机购置合同也于1987年2月20日与上海贝尔电话设备制造有限公司签订。

1987年初，数据通信网一期工程全面开工。省邮电管理局建设班子开始选择落实微波站站址，进行电气测试，组织人员编制技术规范书。

1988年5月15日起，外商开始安装微波设备。8月，除成都、自贡两市已开通程控电话交换机外，德阳、绵阳、宜宾和内江4个市程控交换设备安装完毕，乐山、泸州两市程控交换设备开始安装；八市之间的微波数字电路有20个微波站联通，共安装17个站的铁塔和10个站的设备，配套的高压线路和直流电源设备大部分就绪。10月16日晨，德阳市3000门程控电话正式开通，长市机线设备搬迁割接完成，所有机器设备运转正常，通信畅通。

1989年4月2—27日，省数据通信网工程办公室在德阳市邮电局新建数据网上进行数据通信试验（成都—德阳），获得成功，设备正式进入试运行阶段。随后，成都、德阳、绵阳、内江、自贡、泸州、宜宾和乐山之间实现各种速率的同类计算机、计算机终端设备直接互联。

5月6日22时10分，泸州市3000门程控电话割接成功。随后，乐山、宜宾、内江和绵阳程控电话陆续开通。7月21—22日，成都市电信局S-1240长途程控交换设备1400线扩容工程完成联网测试，并投入试运行。至此，成都至德阳、乐山、自贡、泸州、宜宾、内江和绵阳7个城市共14个系统420条数字微波长途程控交换电路全部开通，并新增“173”长途电话立接业务。

12月17日，四川省数据通信网一期工程通过由邮电部电信总局、邮电部设计院、重庆邮电学院等16个单位的30余名专家和工程技术人员的验收，工程设计合理、技术先进、施工质量优良、各项技术指标达到国际标准。12月20日下午，邮电部部长宋直元、四川省副省长马麟为省数据通信网一期工程竣工剪彩。国内第一个区域性数据通信网正式投产运行，初步形成四川省现代化通信网络的骨架和模式。

图 1－4　1989 年 12 月 17 日，四川省数据通信网一期工程竣工验收会召开

数据通信网一期工程是省政府批准建设的一项运用现代化通信技术，首先改造、扩建全省八市（地）通信网的重点工程。工程实际投资 7266 万元（包括外汇额度 600 万美元），比工程预算投资 7466 万元节约近 200 万元。该工程为八市（地）建成数字微波传输电路 634 公里，微波站 21 座，总计 717120 话路公里；增加市内电话程控交换机容量 2 万门；装备长途自动交换机 4630 线；长途电路由 685 条增加到 3115 条，净增 2430 条。除主要用于电话通信，即开办长途电话、市内电话、公众电报、用户电报和传真等业务以外，还能提供 64Kbps 以下各种速率的计算机数据通信电路 314 条和 64 个联接八市（地）各种速率的数字终端设备端口，由此构成八市（地）之间的综合数据传输网，并通过成都市的国家数据集中器进入国家数据通信网。一期数据通信网工程使省内通信网开始从模拟通信向数字通信转变，通信技术发生质的飞跃。

12 月 20—22 日，省政府在成都首次召开四川省邮电通信建设会议，总结交流四川省第一期数据通信网工程建设经验，并讨论研究《1989—2000 年四川邮电通信发展纲要》，安排落实第二期工程的建设任务。同时，省政府表彰全省数据通信网一期工程先进单位 11 个，其中省邮电管理局、德阳市人民政府、泸州市人民政府、绵阳市人民政府、省数据通信网工程办公室、省计划经济委员会交通邮电处为“成绩特别突出”单位，自贡市人民政府、内江市人民政府、成都市人民政府、宜宾地区行署、乐山地区行署为“成绩显著”单位。

第二节　数据通信网二期工程

1990 年初，四川省开始实施数据通信网二期工程。该工程以建设“两线”“一中心”（“两线”：成都—西昌—攀枝花光缆、成都—遂宁—南充—达县—万县数字微波干线，“一中心”：省网络管理中心）、17 城市（广元、成都、涪陵、万县、达县、南充、内江、自贡、泸州、遂宁、雅安、西昌、绵阳、德阳、宜宾、乐山和攀枝花）20 万门程控电话为主要内容，属全省通信建设“搭骨架、通经络”发展战略的“搭骨架”工程，主要包括：

交换工程。引进西班牙西萨公司 S-1240 程控数字交换设备，建设成都、攀枝花、自贡、绵阳、泸州、乐山、内江、德阳、宜宾、涪陵、万县、达县、南充、遂宁、广元、雅安和西昌 17 个城市共 19 个程控电话单项工程，其容量为长途程控交换 7560 线（包括邮电部投资 1000 线），市内程控电话 18.8 万门；泸天化工厂 3000 门，攀钢 6000 门程控电话一并纳入工程统一建设。

传输工程。建设成都—雅安—西昌—攀枝花光缆通信系统，3 个数字段全长 715 公里；建设成都—遂宁—南充—达县传输通信系统，全长 505 公里。

主要项目：成都—雅安—西昌—攀枝花光缆、成都—达县—万县数字传输通信系统、17 城市程控交换 3 项工程。

数据通信网二期工程是四川省“八五”计划重点建设项目。交换工程以程控为主，投资 5.6 亿元人民币，其中引进设备全部利用外资借款 5767 万美元；国内配套 2.4 亿元人民币，主要用于机房修建和改造；电源、配线架、市话管理线等投资，由当地集资或自筹。传输工程以光缆为主，投资约 1 亿元人民币，外汇 600 万美元，主要由省能源交通基金和收取的报话附加费解决。外汇除邮电部补助部分外，由省政府统筹安排。

1991 年 12 月 5—6 日，在省计经委主持召开的四川省数据通信网二期工程会议上，落实各级建设管理责任，明确工程采用负责人制和工程项目管理责任制。省计经委成立四川省数据网络工程办公室，在省重点工程办公室、省计经委、省邮电管理局的领导下，负责 3 项工程的组织管理。各市（地、州）成立数据网络工程办公室，负责本地工程项目建设和组织管理。

1992 年 12 月 22 日，四川省邮电通信网络管理中心工程在省邮电管理局机关大院举行奠基仪式。省长助理邹广严在奠基仪式上代表省委、省政府表示祝贺。1993 年 2 月，工程正式动工。该工程是四川省数字通信网二期工程的重要组成部分，被列为省属重点工程，是为满足组建全省邮电通信网络管理 27 个子系统的需要和建立省邮电管理局直属 5 个生产系统而建设的，使各系统得以与北京全国网管中心联网，实现全国两级网络的管理体制。大楼的新建，为安装电话网络管理系统、网络传输设备监控系统提供条件，使省邮电管理局得以集中监控全省交换和传输设备的状况，统一管理全网运行。主楼地上 19 层，地下 2 层，建筑总高度 86.6 米。1994 年 8 月大楼封顶，1995 年 8 月主楼完工。1996 年 4 月 8 日，省邮电通信网络管理中心工程通过竣工验收。主楼、附楼决算建筑面积 23559 平方米，决算投资 9252.84 万元，工程被评为优良工程。

1993 年 12 月 31 日，绵阳市 7000 门程控电话割接开通，3 项工程提前 1 年投入运行。数据通信网二期工程实际完成成都—攀枝花 10—14 芯光缆 715 公里、6 芯光缆 150 公里，可提供电路 4292 条；建成成都—达县—万县数字微波干线 605 公里、支线 100 公里，开通 2460 条电路；新建、扩建 17 城市数字程控电话 195856 门，长途程控交换机 7860 路端。工程实际投资 6.7 亿元人民币，其中外汇 5300 万美元，利用外资 5000 万美元。

工程完工后，全省 23 个市（地、州）所在城市有 20 个城市实现交换程控化，200 个县以上城市实现市话自动化，其中 139 个城市进入长途直拨网，66 个城市开通国际长途。数据通信网二期工程与数据通信网一期工程一起，以传输干线和程控交换为重点，加快“搭骨架、通经络”的步伐。成都—攀枝花光缆与成都—达县—万县数字微波传输系统建成后，形成以成都为中心、横贯全省东西两翼的大容量通信主干线，并与数据通信网一期工程八城市数字微波干线和同期建成的西成光缆一起，构成联通全省 18 个地级城市的数字传输网络，加快四川省骨干通信网实现传输的数字化和交换的程控化。至此，全省光缆总长度达 2121 公里，局用交换机总容量 93 万门，程控交换机总容量 69 万门。一、二期数据通信网工程完成后，全省通信网从北到南、从东到西，基本形成“十”字形数字电路。

1994 年 6 月 13—15 日，省政府在成都金牛宾馆主持召开四川省第二次通信建设会议，总结全省二期数据通信网工程建设经验，表彰二期工程建设的先进单位和有功人员，安排落实三期数据通信网工程建设任务。

第三节　数据通信网三期工程

1994年1月18日，四川省第八届人民代表大会第二次会议召开，省长肖秧在《政府工作报告》中提出："为了改善投资环境、加快经济发展，全省要集中力量，加速交通、通信、能源等基础设施建设。通信方面，要积极开展第三期数网通信工程建设，继续发展光缆线路，大力增加程控电话，尽快建成全省移动通信和无线寻呼网，完善全省卫星地面站扩容。"会后，省计委、省邮电管理局向省政府递交报告，提出建设第三期数据通信网工程，计划从1994年开始，用两年或稍多一点时间，实现"三化"，建成"五网"，完成"1207"工程，全省电话普及率达2%。

"三化"是指县以上城市市话自动化，市（地、州）以上城市交换程控化，省到市（地、州）通信干线传输数字化。

"五网"包括省内格形数字传输干线网、省内公用数据分组交换网、移动通信网、少数民族地区卫星通信网和公众无线寻呼网。

"1207"工程是指新增程控交换机120万门，新增长途程控交换机7万路端，全省电话普及率达2%。其中，省会城市规划16%，力争20%；中等城市达8%，小城市达4%，农村达0.3%。

6月13—15日，省政府主持召开全省第二次通信建设工作会议。中共四川省委书记谢世杰在会上要求："利用邮电通信网络技术的优势，为建立统一的大市场服好务；利用邮电通信传递快捷的优势，为四川扩大开放、对外合作服好务；利用邮电通信网络覆盖面大的优势，为全省劳动力素质的提高服好务。"省邮电管理局副局长王会卿对数据通信网三期工程作出具体安排，工程全面启动。

到1996年1月，全省仅用两年时间提前超额完成第三期数据通信网工程，实现"三化、五网、1207工程"的建设任务。主要项目有：

县以上城市市话自动化：全省178个县、23个市（地、州）于1994年11月26日提前1年全部实现电话自动化。

省到市（地、州）通信干线传输数字化：成都到22个市（地、州）于1995年9月末全部开通数字传输电路。其中，甘孜州、阿坝州和黔江地区为卫星电路，其余为光纤电路。

市（地、州）以上城市交换程控化：到1993年12月末，马尔康、康定完成程控改制后，全省23个市（地、州）所在城市全部实现交换程控化。

省内格形数字传输网：全省建成"一环、二横、三纵"网格形数字传输网。到1995年，全省光缆累计达8790公里，超计划1790公里，完成原定任务的157%。新增数字微波线路569.5公里，累计达1740公里。形成成都—德阳—绵阳—遂宁—内江—自贡—乐山—雅安—成都的1个光缆环路，成都—遂宁—大竹—万县和雅安—乐山—内江—重庆—涪陵的两个光缆横路，广元—绵阳—德阳—成都—乐山、巴中—南部—遂宁—内江—自贡—宜宾、重庆—达川—万县的3个纵路。此外，在"一环二横三纵"格形传输网中，按照同步数字传输要求，采取交错、搭接方式沟通组建川西南、川西北、川中和川东共覆盖17个市（地）的4个SDH环网，开通速率为2.5Gbit/s的同步数字大通路。

省内公用数据分组交换网：到1995年，建成覆盖全省23个市（地、州）、132个县的分组交换网，共3844个端口。

省内移动通信网：到1995年，新建移动通信交换局16个、基站239个，提供信道7055个。

公众无线寻呼网：到1995年，实际提前建成44个基站、23个地区中心、33个县中心，并在20个市（地）联网。

少数民族地区卫星网：到1995年，实际新建10个卫星地球站，提供480条卫星电路。完成一期卫星通信网建设，开始筹建二期扩容工程。

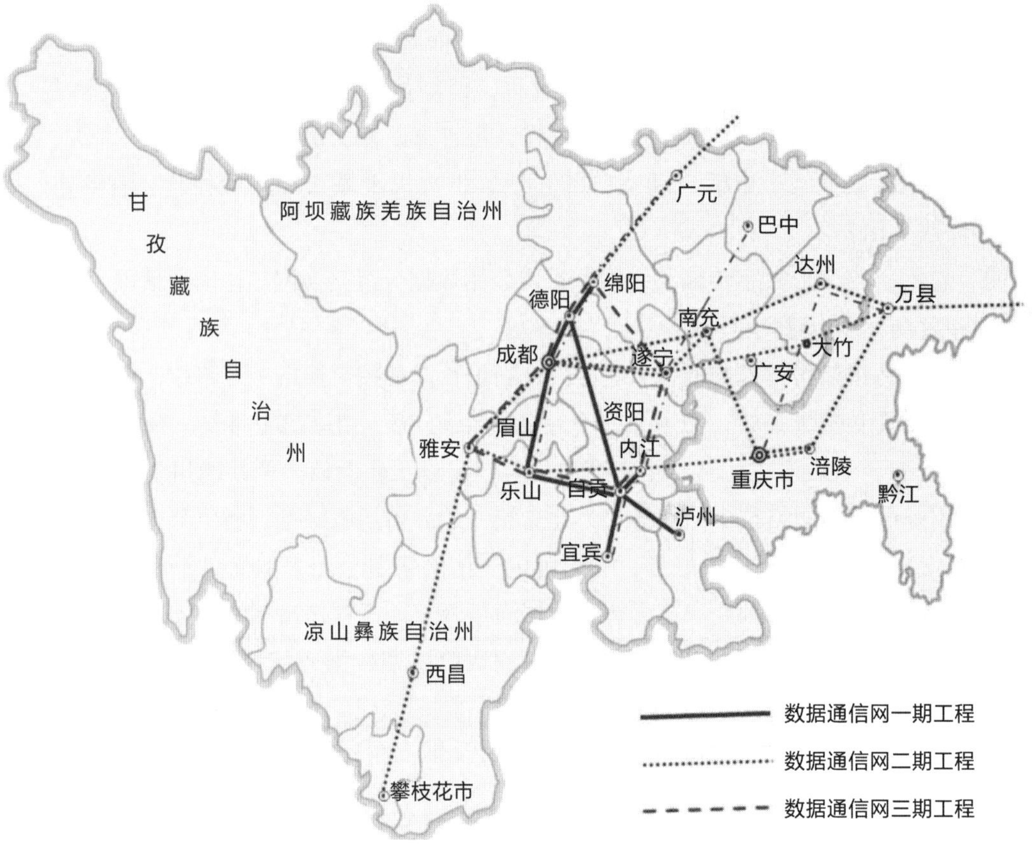

图1－5　四川数据通信网络建设示意图

数据通信网三期工程计划全省新增市话程控交换机120万门，两年实际新增175万门，超原计划1.46倍；计划新增长途程控交换机7万路端，实际完成10.5万路端，超原计划50%。

数据通信网三期工程计划投资42亿元，实际投资61.4亿元，地方政府筹集5亿元，国外贷款和银行贷款23.5亿元，其余主要靠邮电附加费、企业折旧费和贷款解决。工程完工后，全省长途传输数字化比重达96.5%，局用电话交换程控化比重达97.55%，全省初步建成以光缆为主、数字微波和卫星通信并用的多手段、多路由，通达全省全国的网格形通信网络。

1997年12月2日，省政府召开全省第三次邮电通信建设工作会议，总结第三期数据通信网工程建设成果，制定1997—2000年通信总体发展目标，部署第四期数据通信网工程建设任务。

第四节 数据通信网四期工程

1997年9月22—23日，省计委召集省邮电管理局等部门和部分专家，研究评审四川省“九五”计划及第四期数据通信网建设方案，并确定第四期数据通信网建设总目标：到2000年，四川省通信要基本适应国民经济发展和社会进步的需要，基本建成完整、统一、先进的通信网，努力缩短与全国邮电总体平均水平的差距，建成“四网”（7号信令网、数字同步网、电信管理网和智能网），实现“四化”（传输交换数字化、业务种类多元化、网络管理智能化、电话业务普及化），电信业务总量达128.34亿元，业务收入达110.73亿元；新增长途程控交换机8.4万路端；新增局交换机406万门，新发展电话用户416.7万户；全省话机总数629.6万部（含移动），其中新增话机423.2万部，电话普及率力争达7%，市话普及率达27.35%，农话普及率达1.25%，移动电话普及率达1.52%，主线普及率达5.31%；新增移动电话交换机量148.15万户，信道数达8.35万个，新发展移动电话用户111.14万户，无线寻呼用户220.52万户；新增数据通信端口15269个，分组交换网和数据网（DDN）通达市（县）达100%。

12月2日，省政府组织召开四川省第三次邮电通信建设工作会议，正式决定在“九五”计划后4年投资226亿元，建设第四期数据通信网工程，并与各市（地、州）的市长（专员、州长）签订建设责任书，落实工程建设任务，全面实施第四期数据通信网工程建设。

至2000年末，全省提前完成数据通信网四期各项指标。工程总投资超过220亿元。数据通信网四期工程的完工，全面提升全省网络技术水平，提高网络运行质量，加强网络能力，改变通信紧张局面。

图1－6 1997年12月2日，四川省第三次邮电通信建设工作会议召开

第三章 传输网

第一节 长途传输网

20 世纪 80 年代中后期，四川以明线和微波为主的长途传输技术由于传输容量小、维护困难、抗干扰能力弱等技术局限，加剧了长途通信的困难。光纤通信是利用光作为信息载体，以光纤作为传输的通信方式，具有传输容量大、中继距离长、抗电磁干扰强、保密性好、价格低廉等优点，较传统明线和电缆具有技术优势。四川紧跟电信技术发展步伐，开始光纤通信试点、建设，光纤通信逐步代替架空明线、微波和同轴电缆，成为全省长途通信传输的主体。

1989 年，在数据通信网一期工程盆地八城市之间的微波通信网建设完成后，为缓解省内长途通信紧张局面，根据“搭骨架、通经络”两步走战略和数据通信网二期工程的统一安排，四川加快省内长途通信网络建设。全省优先发展西南和川东两个区域的长途通信，成都—攀枝花光缆工程与成都—达县—万县数字微波干线在沿线各级政府的支持下得以快速建成，形成以成都为中心横贯四川东北、西南“两翼”的现代大容量通信主干线，标志全省长途传输干线改造工程全面启动。

1991 年，全省集中力量加快通信干线建设，扩展出省通道，西安—成都—重庆和武汉—重庆微波干线先后交付使用，成都卫星通信地球站建成投产，重庆—贵阳—昆明微波改造年内完成，出省电路紧张的矛盾得以缓解。

1992—1995 年，全省光纤数字通信进入大规模建设时期。一级干线主要以引进国外设备为主，二级干线以国产设备为主。一级干线、二级干线及在建的 PDH 光纤数字传输系统最高传输速率为 140M。数字通信逐步取代模拟通信，干线传输基本实现数字化。

至 1995 年末，全省累计建成光缆线路 14783.7 皮长公里（其中，长途光缆 5488 皮长公里），光缆网络覆盖全省 21 个市（地、州）和 148 个县（市）；建成数字微波 2237 公里（5814 波道光缆）。

1996—2000 年，邮电部实施西部发展战略，新建 17 条 2.2 万公里光缆干线（包括连接拉萨）和 11 座地球卫星站，加密干线网络，使每个省会城市有 1 条以上光缆通过，且有 1 座地球卫星站。

在邮电部统一部署下，四川省邮电管理局加快干线光缆传输的建设进度，逐步建成一级干线光缆、二级干线光缆和本地网光缆的三级网络架构。同时，新一代的 SDH 同步传输网在全省得到推广应用，大大提高长途通信网络的传输品质。至 1999 年 6 月，全省本地网光缆 48100 公里，加上一级干线、二级干线光缆，全省光缆总长度 55811 公里。至此，全省基本建成由一级干线光缆、二级干线光缆和本地网光缆组成的三级光缆网络架构。

2000 年末，全省长途光缆长度 11593 皮长公里，建设两期长途干线传输网，即省网一期 SDH 和省网二期 SDH 网络。

2002 年，全省光缆建设达 13.8 万皮长公里，净增 3 万多皮长公里。至年末，四川电信拥有长途光缆 1.20 万皮长公里、本地网光缆 6.21 万皮长公里，覆盖全省所有县（市）和 80% 以上的乡（镇）。

2003 年，全省光缆长度新增 0.7 万皮长公里，总长度 15.3 万皮长公里。至年末，四川电信光缆 10 万皮长公里。2004 年末，四川电信长途光缆 12414 皮长公里，本地网光缆 74119 皮长公里。至 2005 年末，全省长途光缆线路长度达 36245 公里。

1996—2005 年，全省光纤数字传输系统从 PDH 向技术更先进的 SDH 演进，SDH 开始大规模应用，PDH 逐步被 SDH 取代，在光传输上开始应用波分技术，模拟通信逐渐被淘汰。

1990—2005 年四川省长途光缆线路长度统计表

表 1－1　　单位：公里

年　度	长途光缆线路长度	年　度	长途光缆线路长度
1990	208	1998	7140
1991	233	1999	10131
1992	282	2000	15700
1993	1660	2001	21500
1994	3338	2002	23386
1995	5488	2003	25509
1996	8755	2004	33217
1997	5032	2005	36245

说明：资料来源四川省发改委、四川省统计局编辑出版的《四川经济社会发展 60 年》

一、四川省邮电管理局

一级干线建设　1986—1987 年，成都通往省外的电路全部是语音话路，均通过西安、重庆转接，并 1 条数计算，多数保持在个位数。成都一级干线为模拟传输，最大传输能力为成渝中同轴，可传输 1800 路语音，其余为铜线架空或铁线架空传输，每条铜线最大传输能力为 1 套高 12 路载波设备、1 套 12 路载波设备和 1 套 3 路载波设备，即可传输语音电路 27 条；铁线传输的最大能力为 3 路载波设备，即可传输语音电路 3 条。

1993 年起，邮电部在全国实施“八纵八横”光缆干线网①工程，拟用 10 年时间建设覆盖全国省

① 八条纵向光缆干线：第一纵：牡丹江—上海—广州，线路全长 5241 公里。第二纵：齐齐哈尔—北京—三亚，线路全长 5584 公里。第三纵：呼和浩特—太原—北海，线路全长 3969 公里。第四纵：哈尔滨—天津—上海，线路全长 3207 公里。第五纵：北京—九江—广州，线路全长 3147 公里。第六纵：呼和浩特—西安—昆明，线路全长 3944 公里。第七纵：兰州—西宁—拉萨，线路全长 2754 公里。第八纵：兰州—贵阳—南宁，线路全长 3228 公里。

八条横向光缆干线：第一横：天津—呼和浩特—兰州，线路全长 2218 公里。第二横：青岛—石家庄—银川，线路全长 2214 公里。第三横：上海—南京—西安，线路全长 1969 公里。第四横：连云港—乌鲁木齐—伊宁，线路全长 5056 公里。第五横：上海—武汉—重庆—成都，线路全长 3213 公里。第六横：杭州—长沙—成都，线路全长 3499 公里。第七横：上海—广州—昆明，线路全长 4788 公里。第八横：广州—南宁—昆明，线路全长 1860 公里。

会城市和地市以上城市骨干传输网络。

1997 年，全省一级干线成都—昆明、西安—成都—重庆、成都—兰州光缆开始施工建设。全省光缆线路长度 25996 公里，其中常态钢缆 5032 公里，数字微波线路 3297 公里，逐步建成以光缆为主体、数字微波和卫星通信为辅助手段的大容量数字干线传输网。

2000 年 10 月，广北昆成光缆干线竣工投产，标志全国历时 8 年，总长 8 万公里的“八横八纵”光缆干线网全部竣工投产，也标志四川境内一级干线建设告一段落，四川出省电路实现多路由承载和保护。四川相继建设成昆光缆、汉渝光缆、杭福贵成光缆、西渝成光缆、兰成光缆和广北昆成光缆 6 条国家一级干线光缆，与周边省（市）相连，打通四川东、南、北 3 个方向的出省通道。

成渝（成都—重庆）大通路电缆干线　1978 年，为配合成渝铁路的电气化改造，成都至重庆 1800 路中同轴电缆载波干线通信线路开始建设。该线路是中国 3 条大通路通信干线之“宁、汉、成”工程的一部分，由邮电部第一工程公司、四川省邮电通信建设公司、四川省长途电信线务总站及成都市电信局、重庆市电信局等单位分工负责。1982 年 7 月正式动工。干线工程自成都经内江至重庆，全程路由经过 11 个市（地）、县（市、区），敷设干线中同轴电缆 412 皮长公里、支线对称电缆 62 皮长公里，修建无人增音站 69 座、巡房 25 处，安装大通路载波设备 260 架（部）、12 路载波设备 45 架（部），完成投资总额 3900 万元。1983 年 12 月，成都至内江段竣工；1984 年末，全线竣工并设入试运行。1985 年 9 月 1 日，成渝大通路电缆干线正式开通。

干线建成投产后，增开电路 636 条，缓解成渝干线电路的紧张状况，沟通四川至云南、贵州的迂回电路。由于将明线改成电缆，电路传输质量大大提高，为沟通宁、汉、渝，加强四川与北京及全国各地的通信联络打下良好基础。

西成（西安—成都）光缆　该光缆是 20 世纪 90 年代初中国西南地区第一条大容量全数字光缆通信建设项目，也是四川首条国家级一级干线光缆，被列为国家重点项目和邮电部“八五”重点项目。

1991 年，邮电部作出干线建设“攻坚两翼”的战略部署，以快速缓解中国西部及东北通信紧张局面。8 月 10 日，国家计委同意邮电部《关于西安—成都光缆通信干线项目建议书》，正式启动西成光缆前期工作。在立项阶段，邮电部提出从西安经广元、绵阳、德阳到成都的西线方案和途经南江、巴中、南部等 8 县 1 市到成都的东线方案。

12 月 16 日，巴中、南江、仪陇、南部、盐亭、三台、中江和金堂 8 个县政府联合以《关于西（安）成（都）光缆通信干线工程从东线通过的请示》，向邮电部和国家计委申请实施西成光缆东线方案（即“八府上书”）。

1992 年 4 月 13 日，国家计委批复同意邮电部《关于西安—成都光缆通信干线工程可行性研究报告》，同意建设西安经咸阳、武功、佛坪、汉中、南江、巴中、南部至成都光缆干线 1090 公里，全程光缆干线采用 18 芯。7 月 14 日，邮电部印发《关于下达西安—成都光缆通信干线工程设计任务书的通知》，正式确定西安—成都光缆东线方案，并开始工程建设。

8 月 26 日，西成光缆工程在成都通过初步设计审查。9 月 28 日，光缆联合分段施工勘测工作完成，前期准备就绪。

1993 年 2 月 1 日，西成光缆及配套工程仪陇段开工。2 月 24 日，四川省政府召开“西成光缆通信干线建设协调会”，四川沿途五市（地）和八县政府主管领导、办公厅（室）、计经委、建委、城

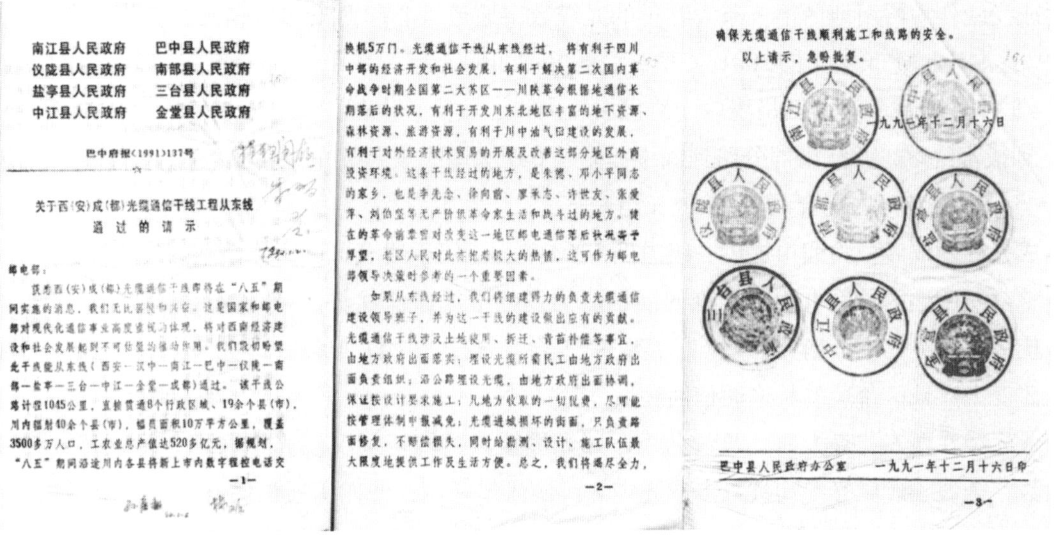

南江县人民政府　巴中县人民政府
仪陇县人民政府　南部县人民政府
盐亭县人民政府　三台县人民政府
中江县人民政府　金堂县人民政府

巴中府报〔1991〕137号

关于西(安)成(都)光缆通信干线工程从东线通过的请示

邮电部：

获悉西(安)成(都)光缆通信干线将在"八五"期间实施的消息，我们无比喜悦和兴奋。这是国家和邮电部对现代化通信事业高度重视的体现，将对西南经济建设和社会发展起到不可估量的推动作用。我们殷切盼望光干线能从东线(西安—汉中—南江—巴中—仪陇—南部—盐亭—三台—中江—金堂—成都)通过。该干线公路计程1045公里，直接贯通8个行政区域、19余个县(市)，川内辐射40余个县(市)，辐员面积10万平方公里，覆盖3500多万人口，工农业总产值达520多亿元，据规划，"八五"期间沿途川内各县将新上市内数字程控电话交

—1—

换机5万门。光缆通信干线从东线经过，将有利于四川中部的经济开发和社会发展，有利于解决第二次国内革命战争时期全国第二大苏区——川陕革命根据地通信长期落后的状况，有利于开发川东北地区丰富的地下资源、森林资源、旅游资源，有利于川中油气田建设的发展，有利于对外经济技术贸易的开展及改善这部分地区外商投资环境。这条干线经过的地方，是朱德、邓小平同志的家乡，也是李先念、徐向前、廖承志、许世友、张爱萍、刘伯坚等无产阶级革命家生活和战斗过的地方。健在的革命前辈曾对改变这一地区邮电通信落后状况寄予厚望，老区人民对此亦抱着极大的热情，这可作为邮电部领导决策时参考的一个重要因素。

如果从东线经过，我们将组建得力的负责光缆通信建设领导班子，并为这一干线的建设做出应有的贡献。光缆通信干线涉及土地使用、拆迁、青苗补偿等事宜，由地方政府出面落实；埋设光缆所需民工由地方政府出面负责组织；沿公路埋设光缆，由地方政府出面协调，保证按设计要求施工；凡地方收取的一切税费，尽可能按管理体制中报减免；光缆造成损坏的街面，只负责路面修复，不赔偿损失，同时给勘测、设计、施工队伍最大限度地提供工作及生活方便。总之，我们将竭尽全力，

—2—

确保光缆通信干线顺利施工和线路的安全。

以上请示，急盼批复。

一九九一年十二月十六日

巴中县人民政府办公室　一九九一年十二月十六日印

—3—

图 1－7　《关于西（安）成（都）光缆通信干线工程从东线通过的请示》印件

建、国土、交通、农业、林业和邮电等部门，以及邮电部、省级有关部门负责人，省交通战备领导小组办公室和4个施工单位、供货单位、维护部门参会，部署工程施工计划和实施。同时，工程所在地及沿线市（地）、县成立由政府分管领导任组长、相关单位负责人组成的工程建设领导小组，依据“统筹规划、条块结合、分层负责、联合建设”的方针，出台发展通信、筹集资金的政策和办法，多方筹集建设资金。

根据邮电部统一部署，对西成光缆各段建设作了分工：成都至中江（108公里）由四川省通信建设公司承建，中江至盐亭（112公里）由成都电信工程公司承建，盐亭至巴中（251公里）由中国通信建设第一工程局承建，巴中至沙河（57公里）、沙河至南江（28公里）、南江至上两（38公里）、上两至省界（38公里）由中国通信建设第四工程局承建。

8月，四川段基本完成光缆敷设任务。9月，设备安装调测工作进入最后阶段，全线各局站设备相继通光通电。12月28日，西成光缆通信工程（四川段）通过部、省两级组织的初验，比原计划提前半年。

1994年2月25日至6月15日，西成光缆工程进行全面试运行，并于9月22日在西安市通过国家计委组织的竣工验收。

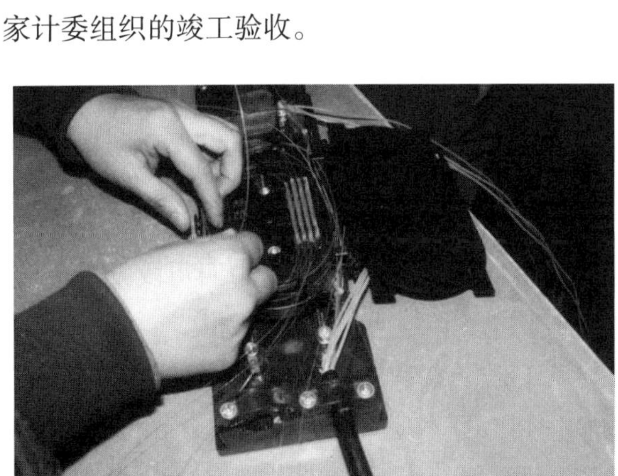

图 1－8　光缆接续

图 1－9　埋式光缆施工

西成光缆作为西南地区第一条大容量的光缆数字通道，北起西安市电信局，南至成都市电信局，途经19个县以上城市，全长1081公里，总投资2.46亿元（其中四川段1.238亿元）；全程敷设18芯光缆1036公里，其中四川境内途经巴中、南江、仪陇、南部、盐亭、三台、中江和金堂8个县（市），到成都终端，并从南部分路到阆中，全长637公里，安装光电端机站10个，新建中继站5个、1798平方米，安装国内配套设备43台（组）。

西成光缆建成后，为四川提供一级电路5760条、二级干线及区间电路3600条，从根本上缓解四川乃至整个西南地区长途电路出口难的问题。为发挥干线通信优势，带动沿线通信发展，四川随后建设重庆—达县—巴中、南充—南部、绵阳—三台、遂宁—中江4条省内二级干线光缆与西成光缆相连，改变上述地区落后的长途通信面貌。

西成光缆在西安与京太西、西兰乌、西郑光缆接口，转至京汉广光缆并与全国联网；在成都与成渝汉数字微波、成昆光缆和杭福贵成光缆、汉渝光缆联网，使四川通信网络通达全国。

成昆（成都—昆明）光缆　该光缆是呼和浩特—西安—昆明光缆的重要部分，经成都、雅安、西昌、攀枝花和楚雄至昆明，全程1169公里。1993年6月21日开工建设，11月30日建成投入试运行。四川境内光缆与成都—攀枝花光缆合建，同缆同路由，全线采用10芯单模光纤光缆；云南境内昆明至四川攀枝花省界段8个市（县），分别采用12、8、6芯光缆。该工程新建光缆52.5公里，新立杆43根，换杆63根，安装国产设备20台（组），安装光电端站、中继站19个，新建生产用房1368平方米，开通电路3840路。该光缆的建成，为四川走向东南亚、发展边境贸易提供大容量的信息通路。

1998年9月23日，成都—昆明架空光缆通信干线SDH扩容改造工程通过邮电部电信总局组织的竣工验收。

汉渝（武汉—重庆）SDH干线传输光缆　1994年10月开工建设，1996年12月27日在成都通过邮电部电信总局组织的竣工验收，正式投入运营。该工程是全国“八五”期间国家重点建设项目，也是邮电部“八五”期间拟建的22条光缆骨干网的重要组成部分，工程总投资3.38亿元人民币（其中外汇2087万美元）。该光缆连接四川、湖北两省，起自武汉、止于重庆，途经湖北、四川省16个市（地）、县，全长1272.7公里。四川境内经黔江、彭水、武隆、涪陵、长寿和江北到重庆，全长423公里。全程设局站27个，传输系统初期开通5个SDH系列的622Mb/s光纤数字传输系统，可提供终端电路24570条、转接电路48000条，是全国第一条承载大容量SDH传输系统的干线光缆。该光缆的建成投产为解决西南地区连接华中、华东、华北、华南地区通信，提供一条大容量高速率的出口电路，从根本上缓解西南地区出口电路紧张的局面。

杭福贵成（杭州—福州—贵阳—成都）光缆　该光缆分别东起杭州和福州，在南昌汇在一起，向西经长沙、怀化、贵阳和重庆，终抵成都。线路全长4300公里，四川境内全长613公里，其中成都—重庆段433公里，重庆—省界段180公里。工程总投资66576.18万元，其中四川段投资8395万元。

1995年4月，四川段工程正式开工，由成都通信建设工程局、邮电部通信建设第四工程局、成都军区驻渝某部共同承担四川、贵州段光缆工程建设。12月26日，光缆敷设、设备安装和全程调测完成，全线开通电路。1996年4月8—15日，四川省邮电管理局组织相关单位进行初验，并在试运行期间，陆续开出DDN、GSM、模拟B网、PCM和会议电视等业务。

1997 年 3 月 31 日至 4 月 1 日，邮电部在长沙市召开杭福贵成光缆通信干线工程竣工验收会。

1998 年 6 月 2 日，福杭贵成光缆干线扩容改造工程（四川段）通过初验。该工程引进爱立信公司 SDH 传输设备，开通 4 个 2.5Gb/s 传输系统，工程总投资 2940 万元人民币，其中外汇 224 万美元。

西渝成（西安—重庆—成都）光缆　1997 年 11 月开工建设，1998 年 10 月通过竣工验收。该光缆全长 1877 公里，连接陕西、四川、重庆 3 省（市），四川境内途经川陕界—达川—邻水—广安—南充—成都，与已建的西成光缆干线构成迂回路由。

兰成（兰州—成都）光缆　1998 年 3 月，开工建设；1999 年 8 月，四川境内的线路工程通过竣工验收。2000 年 2 月 25 日，正式交付使用。该工程敷设 30 芯光缆 1288 公里，其中四川境内 472 公里。

广北昆成（广州—北海—昆明—成都）光缆　1998 年 3 月，开工建设；6 月 30 日，全线完工；2000 年 10 月，通过竣工验收并交付使用。该光缆东起广州，途经北海、凭祥、开远、昆明、攀枝花和西昌等城市，西至成都，连接广东、广西、云南和四川 4 个省（自治区），属军民共建工程。光缆全长 4265 公里，其中四川段 1012 公里，是广南、南昆、成昆和南贵光缆干线的补充和加强。

二级干线建设　1985 年末，全省长途传输除成都—重庆、成都—乐山为电缆外，其余各市（地、州）、县均为明线，95% 的长途线路为架空明线，明线总长度 5 万对公里。成都二级干线均为模拟传输，最大传输能力为成都—乐山全塑对称电缆，可传输 60 路语音；其余为铜线架空或铁线架空传输。

1986 年起，四川电信按照“以光缆传输为主，微波、卫星为辅”的原则，建设长途传输网，形成以成都为中心，连接省内各市（地、州）的干线传输网。

1987 年，全省第一条数字传输二级干线成都—德阳—绵阳—广元投入运行，该干线引进意大利特拉特拉公司的设备，最大传输速率为 140M，同时开通 PCM 传输，改善三地通信状况。

1988 年，成都—灌县（今都江堰）二级干线投入试运行，该干线采用邮电部五所研发的数字传输设备，最高传输速率为 34M。

1994 年 10 月 14 日，南充—蓬安—营山和南充—西充—南部两项光缆工程通过验收，投入运行。加上阆中、仪陇两个市（县）搭载西安—成都光缆，南充所属各县（市）全部实现长途传输光缆化。

是年，采取成片推进、循序派生的办法，实施成都—内江、成都—广元光缆和成都经巴中、达川到重庆传输设备安装工程，以及覆盖 21 个市（地、州）共 22 条、3200 公里的光缆传输干线建设。11 月，成都—巴中—达州—重庆数字传输电路全线开通交付使用；成都—广元光缆于年末建成；成都—内江光缆已建成成都至简阳段。11 月，建成开通数字微波线路 220 公里，涪陵地区 5 个县（市）全部实现县到市的长途数字微波传输。随着全省境内 5 条一级、25 条二级数字传输干线的相继建成，基本实现现代通信“搭骨架”的任务。

1995 年，全省建成“一环二横三纵”的格形数字传输网。格形数字传输网新建光缆 5505 公里，累计达 8790 公里；新建数字微波线路 569.5 公里，累计达 1740 公里；建成成都经德阳、绵阳、遂宁、内江、自贡、乐山和雅安回到成都的光缆一环路，成都经遂宁、大竹至万县和雅安经乐山、内江、重庆至涪陵的两个光缆横路，广元经绵阳、德阳、成都至乐山、巴中经南部、遂宁、内江、自贡至宜宾及重庆经达川至万县的 3 个纵路。按照同步数字传输要求，采取交错、搭接方式沟通组建川西南、川西北、川中和川东 4 个覆盖 17 个市（地）的 SDH 环网同步数字大通路，开通速率为 2.5Gb/s。

9 月末，成都到 22 个市（地、州）全部开通数字传输电路，其中，甘孜、阿坝和黔江为卫星电路，其余为光纤电路。至年末，全省光缆覆盖 17 个市（地、州），光缆总长度 11858.78 皮长公里，其中长途光缆 5380.18 皮长公里，市话光缆 1089.6 皮长公里。省到市（地、州）通信干线全部实现传输数字化。

1991—1995 年，四川新建长途光缆 8790 公里，新建数字微波干线 5220 波道公里。四川电信建设大量的 PDH 传输系统，形成成都—绵阳—广元、成都—雅安—西昌—攀枝花、成都—乐山、成都—内江、内江—自贡—宜宾—泸州、成都—巴中—达川—重庆、成都—南充—达川—重庆等多条 PDH 电路系统。同时，四川省电信网完成人工网向自动网的过渡，实现模拟技术向数字技术的转变。全省长途传输数字化比重达 95.7%。

1996 年 12 月 20 日、29 日，成都—马尔康、雅安—康定光缆通信工程开通电路，成都—马尔康光缆通信工程投资 5000 万元，干线全长 399.47 公里，支线全长 331 公里，可提供长途数字电路 8480 条；雅安—康定通信光缆全长 142.8 公里。两条光缆建成，从根本上改变甘孜、阿坝两个民族自治州没有数字长途出口电路的局面。至此，全省所有市（地、州）级城市全部开通光纤通信系统，实现长途传输数字化、光纤化、交换程控化。经多年持续建设，全省光缆里程快速增长。1996 年，全省新增光缆 1270 公里。1997 年，全省新增光缆 3200 公里，其中长途光缆 1800 公里，全省光缆总长度 23000 公里。1998 年，全省新增长途光缆 7104 公里，本地网光缆 9178 公里，光缆总长度 39022 公里。

至 1998 年末，四川电信建成以光缆为主，数字微波和卫星通信综合利用，大容量、高可靠的骨干传输网。其中除甘孜州的 8 个边远少数民族县以外，全省 21 个市（地、州）的 142 个县全部建成光纤传输网络。每个市（地、州）有两个以上方向、平均 25 芯以上的光缆，构成大容量、高可靠的光纤传输网络。

2000 年 10 月 22 日，乡城—得荣光缆通信线路调测开通，甘孜州八县通信光缆工程竣工，标志全省县以上城市全部架通光缆，全省县级城市通信传输实现光纤数字化、程控交换自动化。至此，四川电信基本形成以光缆传输为主，微波、卫星为辅的长途传输网，以成都为中心，连接省内各市（州）的干线传输网得到完善。

“八五”“九五”期间，在国家一级干线光缆建设的同时，四川结合数据通信网工程总体规划，采取自主建设与国家一级干线光缆相结合的方式，先后建设成都—雅安、成都—乐山—西昌—攀枝花、成都—内江、成都—绵阳—广元、达县—巴中—广元、内江—自贡—宜宾—泸州、成都—马尔康、雅安—康定、九寨沟环线等多条省内二级干线光缆。

成都—灌县（都江堰）单模光缆 该光缆是全国“七五”计划 15 项攻关项目之一，四川省第一条用于长途通信的单模光缆。光缆由邮电部、四川省邮电管理局共同投资 239 万元，邮电部设计院设计，邮电部第五科研所及邮电部 505 厂提供设备，四川省通信建设公司承担施工任务。

1988 年 3 月 16 日正式开工，4 月下旬放缆，5 月完成 80% 杆路整修、布放吊线、清洗管道、穿放塑料管等工作，6 月末敷设完成，7 月 25 日投入运行。工程利用原有明线水泥杆路加挂 64 皮长公

图 1－10　成都—灌县（都江堰）34Mbit/s 光通信系统光端机

里的 6 芯光缆，开通 34Mbit/s 长波长单模光通信系统，即每秒能传送 3400 万个数码的数字信号，相当于 480 路电话的信息，可传输电话、数据和图象等。工程采用的设备除光纤进口外，成缆、光电端机、中继器和光电元件等均为国产。光缆敷设采用管道、直埋和架空 3 种方式，施工质量优良，在全国首次实现长途光缆远距离供电。此光缆缓解成都至灌县（都江堰）长途电路紧张状况，并为灌县（都江堰）国内卫星地面站提供中继电路，使川西北地区出省通信通过空中信道，直达北京、广州、西藏、内蒙古和新疆等地。

成都—灌县（都江堰）单模光缆建成开通后，随即试验光缆承载的 34Mbit/s 数字通信系统，获得成功。9 月 5—7 日，受国家计委委托，邮电部在成都对成都—灌县（都江堰）34Mbit/s 单模架空光通信系统实用化试验工程进行部级鉴定验收，认为该系统达到国内先进水平。

随后，以成都为中心，连接德阳、绵阳、自贡、内江、乐山、泸州和宜宾 7 个城市的 140Mbit/s、34Mbit/s 数字微波及 PCM 通信工程开始全面建设。1989 年 3 月竣工并投入使用，全省 PCM 建设由此全面铺开。

都江堰—理县长波长单模光缆　1988 年 9 月，省邮电管理局下达设计任务书，建设都江堰—理县 34Mbit/s 长波长单模光缆，作为成都—灌县（都江堰）光缆的延续。

图 1－11　都江堰—理县光缆通信杆路

1989 年 4 月 27 日开工；5 月末完成杆路部分，开始安装光电设备；12 月 16 日完成全线敷设。光缆途经都江堰、汶川和理县 3 个市（县），设 3 个有人维护段，是全省当时最长的一条光缆线路。光缆路由沿都江堰至理县公路架空敷设，全程架空光缆 133.778 皮长公里，直埋光缆 12.699 皮长公里，管道光缆 0.98 皮长公里。都江堰至漩口为 6 芯光缆，漩口至理县为 4 芯光缆。

1990 年 1 月，各站设备安装完成；3 月 29 日至 5 月 26 日，全程开通调试；6 月 26 日晚，正式割接投入使用。都江堰至理县开放 34Mbit/s 光系统 1 套（1 主 1 备），系统终期容量为 960 条话路，首期开通 240 路。全程设 6 个站，成都、都江堰、理县为终端站，汶川为分路站，映秀为中继站，漩口为分支站。

6 月 16—20 日，省邮电管理局在都江堰市召开竣工验收会议，同意工程竣工验收并被评为合格工程。该工程竣工使阿坝州出州长途电信传输技术达到20世纪80年代国际先进水平，阿坝州至成都长途通信的潜在通信能力增长12.6倍，全省由此进入光纤通信新时代。

成都—攀枝花光缆传输系统　该工程是四川省数据通信网二期工程中两大长距离数字通信工程之一，是成都—雅安—西昌—攀枝花明线通信技术改造工程，被省政府列为全省“八五”重点工程。

成都—攀枝花光缆沿原有一级明线杆路架空敷设，冰凌严重地带采用直埋敷设，途经15个县（市），飞跃横断山、大雪山东部边缘的河谷地带，横跨金沙江、雅砻江、安宁河等15条河流，是四川当时架设距离最长、容量最大的长途光缆通信传输工程，也是构成成都—昆明省际通信干线的先期工程。

图1－12　成都—攀枝花光缆示意图

1990年3月27日，省邮电管理局上报省计经委，提请建设成都—攀枝花光缆通信工程和成都—万县数字微波工程。5月12日，省计经委印发《关于成都—攀枝花光缆通信工程立项报告的批复》，同意对成都—攀枝花长途通信线路进行技术改造。7月，省邮电设计所完成《成都—攀枝花光缆通信工程可行性研究报告》及光缆全线初步勘察和工程建设可行性评估。

1991年2月10日，省计经委批复成都—攀枝花光缆通信工程设计任务书，同意该工程建设初步方案。3月23日，结合成都—昆明国家一级干线光缆的筹备情况，省邮电管理局请示邮电部：“成都—攀枝花线路属成都—昆明一级干线中的一部分，由于省内投资紧张，这次成都—攀枝花布放的光缆芯线数只考虑省内通信需要。鉴于成都—攀枝花段已占成都—昆明线路的80%，成都—攀枝花光缆工程中增加一级干线所需芯线数量，进行联合建设。我们建议部增加4—6芯，请部投资2500万元。”邮电部随后同意该报告，成都—攀枝花全线光缆芯数调整为10芯。

图1－13　在高山峡谷架设光缆

8月末，省计经委召开专门会议，审查通过成都—攀枝花光缆通信工程的初步设计。12月工程开工。

1992 年 2 月，签订设备引进合同；10 月中旬，开始安装设备。12 月中旬，完成线路施工建设，开始安装调测传输设备。12 月 31 日，成都—攀枝花光缆工程成都—西昌段传输设备投入运行。

1993 年 8 月 24 日，成都—攀枝花光缆通信工程通过竣工验收。至此，四川西部首条长途骨干光缆通信工程全线投入运行。

成都—攀枝花光缆工程全长 809 公里，以成都为起点，形成以成都为中心，向西南辐射的现代化大容量通信主干线。光缆自成都经温江、崇庆（今崇州市）、大邑、邛崃、名山、雅安、荥经、汉源、石棉、冕宁、西昌、德昌和米易至攀枝花，甸沙关段分支到会理。工程新建 10 芯光缆 813 公里，新建杆路 117 公里，安装光电端机、中继站 25 个，安装设备 96 台（组）；新建中继站房 5754 平方米，新建综合机房两个 4901 平方米；工程总投资 5461 万元。工程全线采用邮电部成都电缆厂生产的埋式和架空单模长波长光缆，并引进日本富士通光电设备，共提供 4380 条长途通信电路，其中成都—雅安开通 360 条电路，成都—西昌和成都—攀枝花各开通 480 条电路，为沿线 14 个县（区）各提供 120 条电路，使成都—攀枝花沿途各地的长途电路数骤增数十倍，极大缓解成都、雅安、凉山、攀枝花 4 个市（地、州）和 14 个县（区）长途通信紧张局面。

图 1－14　成都—攀枝花架空光缆杆路及光缆接头

成都—攀枝花光缆通信工程是雅安、西昌和攀枝花 3 个市利用西班牙混合贷款引进 S-1240 程控市话交换机 3.3 万门和长途 1100 线的配套项目，主要为成都—攀枝花沿线地区国民经济发展服务。

四川省 SDH 光传输系统工程　1994 年 5 月，省计委批复同意利用 1500 万美元国外贴息贷款建设省内 SDH 二级干线传输网。构建 4 个 2.5Gbit/s SDH 二纤双向复用段保护环，覆盖成都、德阳、绵阳、遂宁、内江、资阳、南充、广安、重庆、自贡、乐山、眉山、宜宾、泸州、涪陵、万县和达川 17 个市（地），可提供 2600 余条 2Mbit/s 电路。1995 年建成。重庆成立直辖市后调整网络，重庆所辖的 1 个环划出四川，环上的达川地区节点仍属四川。

1998 年 8 月 14 日，省邮电管理局与美国朗讯公司签订 SDH 二期工程设备合同，正式启动四川省 SDH 二期工程。工程总投资 9667.3 万元。1999 年 12 月末建成，2000 年 4 月通过省邮电管理局组织的初验，工程质量优良。该工程利用省二干光缆，分德阳、南充、成都和内江 4 个片区建设 9 个二纤双向复用段保护环，覆盖全省除攀枝花、凉山、甘孜州和阿坝州的 17 个市（地），光缆线路全长 3412 公里，在网内各市（地）间可提供约 15000 个 2Mbit/s 端口。提供长途 2M 电路 7644 个，其中 2457 个 2M 电路在各市（地）以 2M 接口落地，在成都以 155M 接口保留 39 个 155M 电路。省 SDH 二期工程的建成，完善了省内的干线网络结构，提高网络安全性。

成都—攀枝花 SDH 示范工程　1997 年 9 月 5 日，成都至攀枝花 SDH 示范工程在成都通过竣工验

图1－15 1997年9月5日，成都—攀枝花SDH示范工程设备出厂验收会召开

收。该工程是全国第一个国产SDH光通信系统光缆工程，全部采用中国首次研制成功并生产的622Mb/s、155Mb/s SDH光通信产品，由成都经西昌至攀枝花，全长715公里。该示范工程竣工投产，标志着国产SDH设备进入实用化阶段，打破国外对中国光通信传输技术和市场的垄断。

二、四川电信

2000年7月，中国电信四川公司成立，全省电信传输系统从PDH向SDH过渡，新建系统采用SDH设备，相继建成省网一、二期SDH传输系统工程，成都—攀枝花SDH传输系统工程，成都—康定—马尔康SDH传输系统工程，初步形成以SDH光缆传输系统为主，PDH光缆传输系统和数字微波为辅的干线网。同时，各市（州）本地网先后进行SDH传输系统建设。

四川电信省内2M中继电路主要承载在PDH和省网一期、二期SDH设备上。其中PDH设备提供2M中继电路922条。全省在省内传输干线上开放2Mb/s电路4961条，其中各市（州）至成都的电路4212条，区间电路749条。

传统的SDH自愈环，在建设初期，仅进行简单的电路交换，主要提供2M长话电路，不适合宽带数据业务的传输。随着Internet、多媒体技术的飞速发展、IP业务的迅猛增长，以及未来电信网、电视网、计算机网三网融合与发展，传统电信网络已不能满足客户的需要。随着波分（DWDM）技术的成熟并投入商用，波分复用技术开始大量应用到干线传输上。

2001年，四川电信按照“突出重点，补缺配套，效益优先，优化网络，为业务经营提供支撑”的原则，继续利用和挖掘现有PDH、SDH网络资源，适时更替和改造PDH设备，调整SDH网络结构，采用更先进的网络设备构建合理、调度灵活、高带宽的传送骨干网络平台，为宽带业务的接入提供高速、透明的传输网络。

在传输网建设方面，四川电信新建光缆5075路由公里，并建设覆盖全省21个市（州）的省宽带传输网络，构建两个32×10Gb/s DWDM环，3个10Gb/s SDH环、1个2.5Gb/s SDH环和1条10Gb/s SDH链路。在四川中南部发达地区建设先进的DWDM密集波分复用传输网络平台，在WDM平台上建设10Gb/s SDH系统，在欠发达和边远地区建设10/2.5Gb/s SDH系统。建成的传输网络是四川电信第一个覆盖全省的长途SDH网络。工程建成后，在市（州）到成都、内江局间可提供362条155Mb/s电路、48条2.5Gb/s电路。

至年末，四川电信本地网光缆36000芯公里，长途光缆16129芯公里，本地传输设备48653个2M，长途传输设备193个STM-1。

一级干线光缆146494芯公里，主要有兰成光缆，西成光缆，西渝光缆及其邻成支线，广昆成光缆，杭福贵成光缆，成昆架空光缆，雅攀架空光缆，长长中继、微波中继、卫星中继光缆。

二级干线光缆220722芯公里，本地网光缆2788890芯公里，全省光缆总长度3156106芯公里。

2002年，为加强本地网建设，优化网络结构，四川电信编写《传输网建设指导意见》，对传输

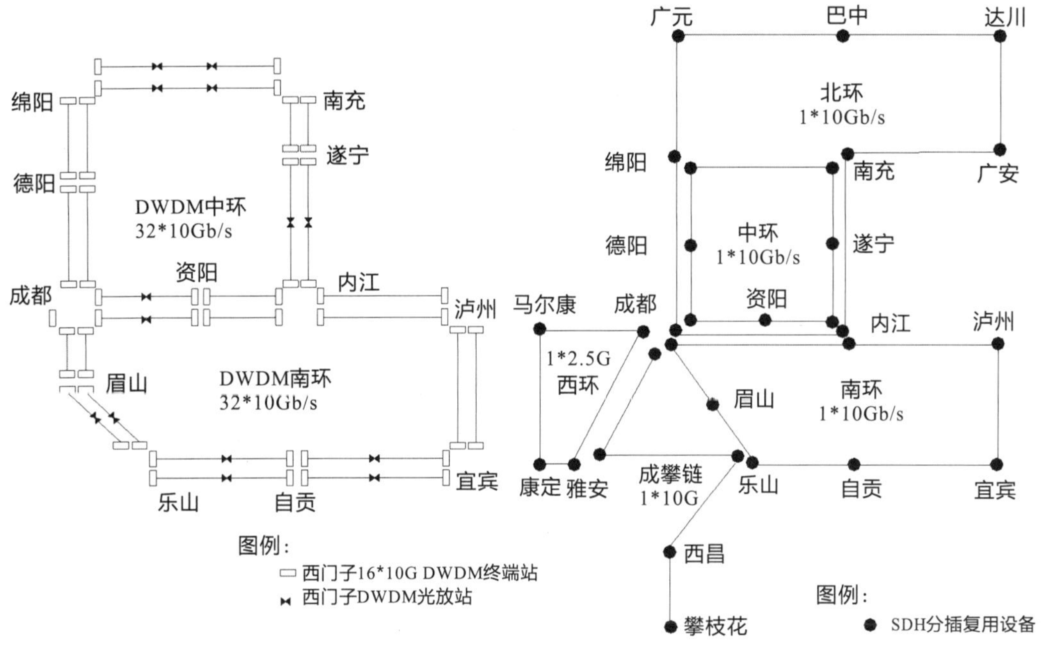

省内长途传输网DWDM波分平台现状图　　长途传输网SDH三期现状图

图 1－16　省网三期 WDM/SDH 传输网网络拓扑图

专业的网络建设提出规范、科学、跟得上新技术发展的建设原则和方向。至年末，四川电信新增光缆 37849 芯公里。省内一级干线有 5 条埋式光缆和 3 条长长中继、卫星中继及微波中继光缆，共 3353 皮长公里、90630 芯公里；一级干线数字微波 909 公里、7221 波道公里；省内二级干线光缆 8351 皮长公里，210324 芯公里；干线光缆路上管道长度 232 公里，主要是一级管道干线光缆，二级干线光缆除进出局部分，其余大部分为直埋；除阿坝州、甘孜州外，全省 19 个市（州）的城市均建成光传输环路。

2003 年 5 月，四川电信完成雅安—攀枝花一级干线光缆线路扩容改造工程。成都—昆明一级干线光缆工程雅安—攀枝花段原只有 1 条 10 芯架空光缆，已没有空余纤芯满足电信扩容需要。改造的雅安—攀枝花一级干线采用架空敷设方式，利用原长途杆路附挂光缆，在沿途经过的各城区段为管道方式。工程光纤芯数为 30 芯，其中中国电信一级干线 24 芯，中国电信四川公司二级干线 6 芯，整个光缆线路传输长度 593. 122 公里。其中雅安—九襄光缆线路工程 106. 635 公里，九襄—石棉段光缆线路工程 64. 096 公里，石棉—冕宁段光缆线路工程 110. 912 公里，冕宁—西昌段光缆线路工程 87. 344 公里，西昌—德昌段光缆线路工程 62. 985 公里，德昌—米易段光缆线路工程 85. 2 公里，米易—攀枝花段光缆线路工程 75. 95 公里。中国电信雅安—攀枝花光缆线路的建成和投产，改善了西南长途传输网的状况。

是年，四川电信新增长途传输光缆 6. 03 万芯公里。

2004 年，四川电信完成全省宽带传输网四期成都新华（一枢纽）至贝森（二枢纽）长途中继 64 芯管道光缆等工程，形成以新华（一枢纽）、贝森（二枢纽）两个节点为中心对全省各本地网双路由的覆盖。完成四川省大九环平武—川主寺二级干线光缆扩容建设工程，组建九环线 2. 5Gb/s SDH 复用段保护环，确保网络安全。

随着数据业务的迅速发展，10G等大颗粒业务出现，为更好地服务各数据、交换和无线业务的发展，保障所有业务的容量及安全，四川电信启动围绕成都新华、贝森两个核心节点进行网络优化调整的省宽带传输网四期扩容优化改造工程，并将贝森局纳入省内干线传输网中，工程覆盖全省21个市（州），新建3个40×10Gb/s DWDM环、1条乐山—攀枝花的40×10Gb/s DWDM链路、1条成都—雅安—西昌—攀枝花40×10Gb/s DWDM链路；长长中继环为成都新华—成都贝森—成都新华。在数据传输容量需求相对较小的阿坝州、甘孜州，以2.5G波分设备构建成都—马尔康—康定波分传输链。建成后的省网四期长途传输网络是四川电信第一个覆盖全省的WDM系统，从而提高四川电信长途传输网络WDM的覆盖率，提高网络的安全性，也为各种业务发展提供保障。

该工程建成后，提供各市（州）至成都新华、贝森的2.5G POS电路（光口）各48条，内江—贝森10 Gb/s通道1个，工程完成后新增至成都新华电路20条，至成都贝森电路19条。2.5Gb/s电路直接采用T-MUX技术在DWDM平台上开通。内江—贝森的电路用来转接原省网一至三期各市（州）开放至内江的电路，将其转接至贝森局。新建新华—贝森长长中继解决新华、贝森两个省内出口局电路。

四川电信长途传输网经过4期建设，网络结构日趋完善，网络资源也相对丰富。现有省内业务基本是以汇聚性为主，通路组织以成都和内江为中心进行。其中一、二期SDH环网主要是解决2M电路和部分155M电路；二期除到成都和内江有大量2M电路外，还有大量的区间2M电路；三期以解决宽带业务为主，波分平台提供各市（州）至成都、内江的2.5G速率电路，SDH 10G设备则提供各市（州）至成都、内江的155M电路（光口）；四期以解决宽带业务为主，波分平台提供各市（州）至成都新华、贝森的2.5G速率电路和内江至成都贝森的10G电路，以及成都新华、贝森之间的长长中继电路（2.5G和10G电路）。

2005年，四川电信明确二级干线光缆建设原则，即二级干线光缆路由无备用冗余纤芯、原光纤指标劣化、配合公路建设引起的迁改等情况下，可新建和扩容省二级干线长途光缆；同时提出二级干线光缆芯数确定原则，即经济发达地区建议选用48芯光缆；经济欠发达地区建议选用24—30芯光缆；对于使用量特别大的地区（如成都长长中继光缆）可考虑选用72芯及以上芯数光缆。

至年末，四川电信建成覆盖全省的光缆物理网、微波卫星网，有10条省际一级干线系统，即成都—昆明SDH、福州—杭州—贵阳—成都SDH、西安—成都数微SDH、西安—成都—重庆SDH、广州—北海—昆明—成都SDH、兰州—成都SDH、成都—重庆数微SDH、武汉—重庆—成都DWDM/SDH、西安—成都—重庆DWDM/SDH、中国电信高速环网西环DWDM/SDH，主要为2.5G SDH链路、10G SDH环、32G DWDM、40G DWDM，一级干线覆盖全省14个本地网。

省内二级干线系统主要有省SDH环网一期、二期，省宽带传输网，成都—攀枝花SDH，成都—马尔康—康定SDH，成都—巴中—达州—重庆PDH等，覆盖省内所有本地网，市（州）覆盖率为100%，县（市）覆盖率为75%。

四川省内一级干线有5条埋式光缆和3条长长中继、卫星中继及微波中继光缆，共3353皮长公里、90630芯公里；一级干线数字微波909公里、7221波道公里；省内二级干线光缆8351皮长公里、210324芯公里。

干线光缆管道长度232公里，主要是一级管道干线光缆，二级干线光缆除进出局部分，其余大部分为直埋。

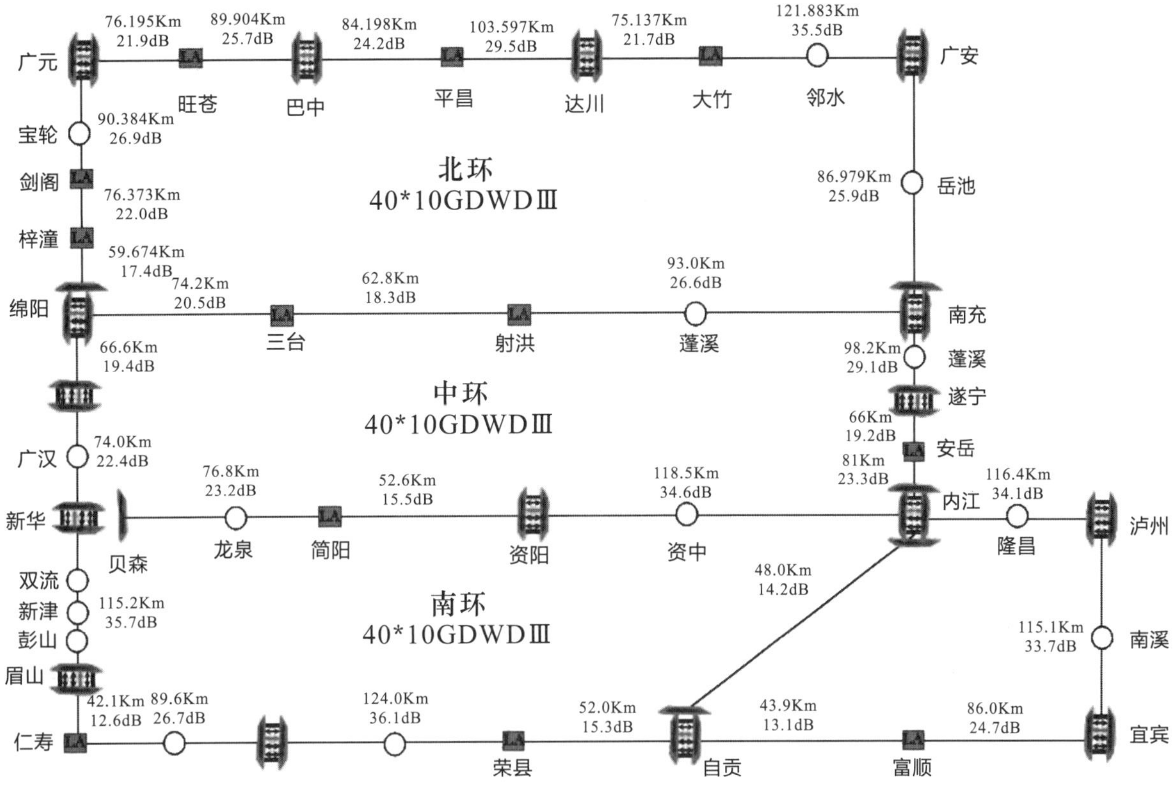

图 1－17 省网四期 WDM 传输网网络拓扑图（一）

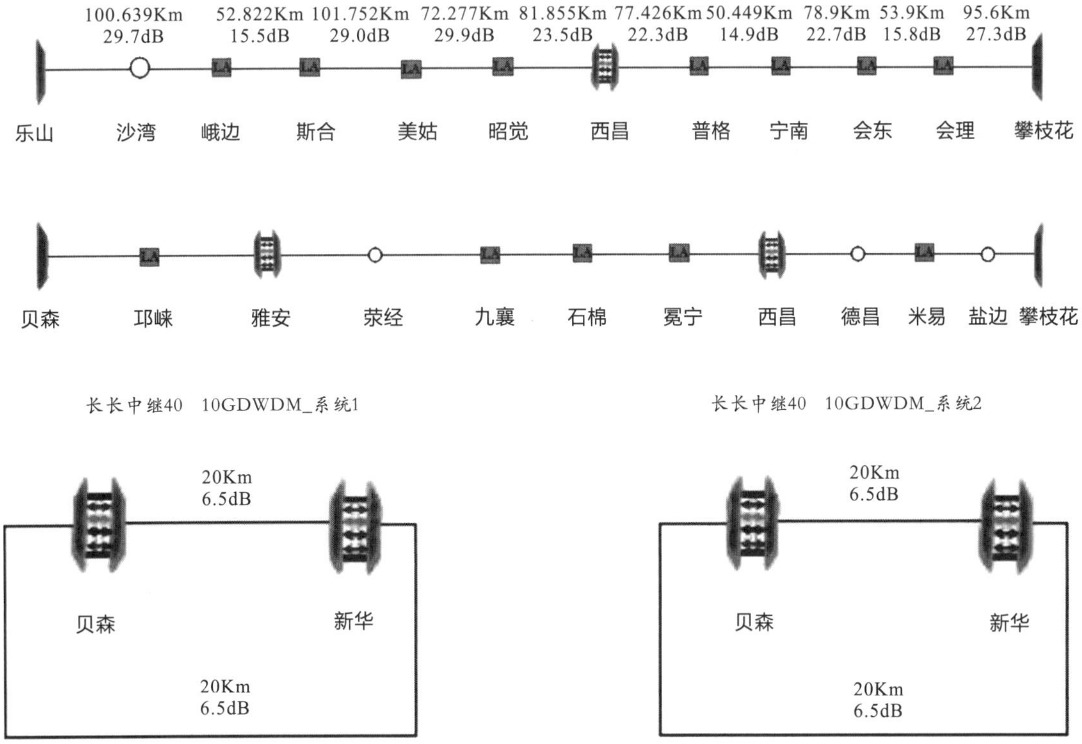

图 1－18 省网四期 WDM 传输网网络拓扑图（二）

2001—2005 年，四川电信的中继传输大部分市（州）本地网 SDH 传输网络已经成环，全省中继传输设备 2M 端口占用率为 53.24%，ATM（155M）端口占用率为 52.88%，155M 端口占用率为 75.34%。接入传输有 155M 设备 2225 套、622M 设备 1303 套、2.5G 设备 395 套、10G 设备 12 套、PDH 2M 端口 27878 个、SDH 2M 端口 155452 个，全省 2M 端口使用率为 52.18%。

2005 年末四川省省际长途传送网四川省省内段资源统计表

表 1－2

项　目		单　位	数　值
省际长途光缆线路	长度	皮长公里	3911.97
	纤芯长度	芯公里	93277.60
	已用纤芯长度	芯公里	24585.30
	纤芯利用率	%	24.76
省际长途 DWDM 系统	系统数	套	8.00
	已配置标准速率端口等效 2.5G 端口数	个	592.50
	已用标准速率端口等效 2.5G 端口数	个	307.50
	端口利用率	%	51.90
省际长途 SDH 系统	系统数	套	49.00

2005 年末四川省省内长途波分系统（DWDM）资源统计表

表 1－3

项　目	单　位	数　值
已配置波道等效带宽	等效 2.5G 波道	531513.40
已用波道等效带宽	等效 2.5G 波道	347414.50
带宽利用率	%	65.36
已配置标准速率端口等效 2.5G 端口数	个	3577.00
已用标准速率端口等效 2.5G 端口数	个	1779.00
端口利用率	%	49.73

三、四川移动

1999 年 7 月，中国移动四川公司成立时，除本地建成少量的小微波系统用于基地传输子系统外，主要租用中国电信的电路作为传输电路。

2002 年，四川移动完成省际光传送网西部传输系统工程，可提供 55 个 155M、2340 个 2M 省际传输电路，30 个 155M、2340 个 2M 长长中继转接电路，满足省际出口电路需求；完成四川移动光传送网一期工程，建成全省各市（州）光传送本地网和全省光传送网二级干线，二级干线光缆敷设工程和由两个核心环、1 个接入环组成的二级干线设备工程；实施成都和市（州）管道工程，在全省市（州）重要城镇铺设管道587管程公里。利用自建传输，解决全省41%的电路。全年在基站总数增加近30%的情况下，电路租费控制在3.26亿元，与上年持平。同时，建成全省数字同步网，为全省各类运营设备提供1340路时钟同步信号。

2003年，四川移动在全省实施传输网络扩容，新建光缆870皮长公里，主要解决乐山、德阳、广安、达州、甘孜、雅安、广元、眉山、攀枝花、凉山、内江、资阳、宜宾、绵阳、巴中和泸州16个市（州）170个基站的传输。其中雅安—康定传输工程的开通，使公司长途干线光缆覆盖全省21个市（州）。

2004年，四川移动投资1.29亿元，在绵阳、德阳、达州、南充、泸州、内江和凉山7个市（州）进行城域传输网的建设，新建传输节点225个、光缆线路2285公里、通信管道350孔公里；投资1.53亿元，分两批启动17个市（州）基站传输工程，解决575个基站传输节点接入，新建SDH传输设备448套、PDH设备90套、微波设备24套。共计新建光缆4591.5公里。

2005年，四川移动投资4.6亿元，用于全省传输网建设，其中续建工程30项，新建工程32项。全年新建光缆传输1.60万公里。

四、四川联通

1997年起，中国联通四川分公司在建设发展移动网时，同步建设独立、完善的光纤通信传输网络，利用DWDM、SDH、MSTP等技术设备形成满足多种业务接入的综合传输平台和环路，全省传输网络所有重要节点和所有A级大用户节点实现双路由环保护，安全可通率99%。

公司有一级、二级光缆干线0.7万公里和本地光缆线路5万公里，核心传输网主要以32波的光密集波分设备和10G/2.5G的SDH传输设备构成，通信传输容量除满足自身需要外，可提供客户出租和与其他电信基础运营商资源共享。

2000年，四川联通完成成都长途网二期扩容，容量7000路端。成都—西安、成都—重庆—武汉两条联通一级光缆干线全线开通。省内长途光缆干线2200公里（南北两个SDH自愈环），年末省内长途光缆3000公里，本地网光缆2.20万公里。

2001年8月21日，四川联通拥有“三权”（自主产权、维护权、路由权）的绵阳—南充二级长途光缆线路工程竣工。该线路全长254公里，敷设光缆两条（32芯）和40/50半硬管两根，新建两个中继站和两个端站（绵阳、南充）。

9月，四川联通成都—西昌二级干线扩容工程竣工。该工程总投资1.5亿元，其中包括新建绵阳—南充线、眉山—雅安线、成都—西昌线等工程建设及传输设备的升级扩容。扩容工程由法国阿尔卡特公司提供组网传输设备。工程涉及18个市（州）分公司。此次扩容工程完成后，由原有的传输容量为622Mb/s的南环和北环及155Mb/s的西环3个环路，形成中环、北环、西环和南环4个环路及成都至西昌的1条链路，实现由量变到质变的升级。传输容量达2.5Gb/s，其中中环和南环分别为16波的DWDM 2.5G系统，北环、西环及成都至西昌为SDH 2.5G系统。

至年末，四川联通建成省内长途二级干线光缆5000皮长公里、省际长途光缆1150皮长公里、本地光缆近3万皮长公里，覆盖省内除甘孜州以外的20个市（州），并形成3个622M、4.5个2.5G二级骨干传输环和14个155M本地传输环路，初步形成“四环（中环、南环、北环、西环）一链（成都至西昌）”的长途传输网络格局。

2002年，四川联通建成GSM传输网、CDMA传输网、PSTN传输网、综合接入网“四网合一”

的统一共享传输平台，整合网络资源。一级干线长途光缆新增430皮长公里，达到1537皮长公里；二级干线长途光缆达5000皮长公里；本地光缆新增3500皮长公里，达3万皮长公里。

2003年，四川联通全省二级干线光缆总长5800皮长公里，本地网线路总长4.50万皮长公里。

至2005年末，四川联通在全省光缆线路69786皮长公里，其中省际长途干线2764公里，省内长途干线5022公里，通达省内所有市（州）。国内长途电路2.5万路端，通达全国主要大中城市。

五、四川铁通

2001年2月，中国铁通四川分公司成立初，长途传输网络由宝成线、成渝线、成昆线和达成线4条铁路干线的光传输系统组成。是年，公司完成宝成线、成昆线、成渝线8芯综合光缆的整治，为西南环波分系统的开通作好准备。

2002年，四川铁通利用既有光缆开通西南环国干传输系统，为铁通的长途交换网提供长途通道。同时，城域网的基础建设也同步进行，开通成都市铁路环线光缆传输管道工程。该工程由通号通信信息集团上海有限公司承建，涉及成都60余公里，沿铁路东环和西环方向，从地理上构成环。是年，完成成都至内江的光缆工程，该工程包括三扳至简阳36芯、简阳至内江24芯光缆。

2003年，四川铁通开始启动省级干线传送网建设。新建省级干线传送网一期工程。宝成2.5G传输及接入网工程开通运行，为铁路信息化提供长途和站间电路资源。同时完成成都城域网一期工程建设，新建光缆584公里、管道399公里、数码大厦等31个2.5G传输节点，将成都所有区县及市内主要地域纳入2.5G传输系统中，建立一个基本完整、先进的电信传输系统网络。

2004年，四川铁通完成西南环市（州）环的优化拆分；各市（州）分公司城域网的建设同期进行，新建电缆5094公里、光缆704公里、管道491公里。

2005年，四川铁通省级干线二期传送网竣工投入运行。省级干线二期和西南环优化工程完成后，为铁通发展互联网业务提供稳定、可靠、大容量的长途电路。还完成成昆155M系统成都至燕岗区段传输及接入网系统的改造，新建组网方式为二纤双向复用段保护环的622M传输系统，包括成都、成都东、沙河堡、成都南、双流、公兴、花龙门、新津、回龙庵、青龙场、彭山、太和、眉山、鲜滩、思蒙、吴场、马村、乐山、双福、峨眉和燕岗21个节点，为成昆线铁路信息化建设提供长途和站间通道资源。

西南传输环 2001年，中国铁通集团公司投资建成西南传输环，是铁通骨干传输环之一。该环为32×2.5Gb/s DWDM传输环。在四川范围内包括成都—贵阳波分链、成都—昆明波分链、郑州—成都波分链和8个SDH环及1条成都至武汉的2.5G SDH链。西南传输环的开通提供西南各省会城市间的传输通道及省中心到各主要市（地）间的传输通道。西南环在四川铁通管内的站点（含光放站）有成都、广元、江油、绵阳、德阳、燕岗、西昌、攀枝花、彭山、柏村、甘洛、喜德、德昌、米易、简阳和资阳。

2002年，四川铁通开通的西南环在管内有西南环省间环节点7个，分别为大环1、大环2、北环1、北环2、南环2、中省环、成汉直通链，可提供2M端口819个、622M光口27个、155M光口120个、155M电口16个。市（州）环节点10个，分别为成都、绵阳、江油、广元、燕岗、西昌南和攀枝花等，可提供2M端口441个、155M光口28个、155M电口6个。

2004年，四川铁通完成西南环市（州）环的优化拆分，中环市（州）级环在四川分公司管内拆分为西南环、四川环2，包括成都、燕岗、西昌南和攀枝花4个节点，组网方式为二纤双向复用段保护环；北环市（州）级环在四川分公司管内拆分为西南环、川陕环，包括成都、绵阳、江油、广元、安康、万源、达州、广安和内江9个节点，组网方式为四纤双向复用段保护环。优化工程完成后，公司管内可提供2M端口1323个、155M光口69个、155M电口12个，为凉山、攀枝花、达州和广安本地网提供安全可靠的长途通道。

2005年，四川铁通完成西南环国干网DWDM系统和省间环的扩容。郑成波分链扩容3个波道，成贵波分链扩容3个波道，利用扩容波道开通部成2.5G互联网电路、汉成2.5G互联网电路和北环省间环3（包括成都、长沙、贵阳3个节点）、北环省间环4（包括郑州、西安、成都、重庆、贵阳、长沙和武汉7个节点）两套2.5G二纤复用段保护环传输系统。

省干传送网 四川铁通省级干线传送网包括“两环一链”。“两环”即南环和北环。北环自成都起，经德阳、绵阳、马角坝、广元、旺苍、巴中、南部、南充、遂宁、乐至和简阳后，回到成都。南环自成都起，经资阳、内江、泸州、江安、宜宾、自贡、荣县、乐山、燕岗和眉山后，回到成都。“一链”即成都经蒲江至雅安单链。省级干线传送网总投资6193万元，分两期建设。建设工期2002—2005年。

2002年，四川铁通省级干线传送网勘测设计由铁道第二勘察设计院担任。12月，省干传送网一期设计完成，并开工建设，年末成都—南充、乐山—燕岗传输网建设竣工投入使用，成都—德阳—广汉—什邡的传输网建设部分竣工，蒲江—雅安传输网开工建设。

2003年12月，省级干线一期竣工投入使用，系统采用2.5G传输设备，包括成都、绵竹、什邡、广汉、雅安、眉山、乐山、燕岗、资阳、简阳、乐至、遂宁、蓬溪、南充15个业务节点和蒲江1个中继节点，敷设广汉—什邡、德阳—绵竹、峨眉—乐山、蒲江—雅安、普济—乐坝共167公里光缆。省级干线一期2.5G传输系统可提供2M端口512个、155M光口18个；巴中至广元2.5G SDH传输系统可提供2M端口224个、155M光接口10个、以太网口40个。工程建成后，开通成都至资阳、眉山、乐山、雅安等本地网的长途中继，为在四川范围内开展公网业务提供前提条件。

2004年5月，铁道第二勘察设计院完成省级干线传送网二期设计。省级干线二期在省级干线一期建成的6条链的基础上，结合属地化管理后新增6个市（内江、宜宾、自贡、泸州、达州和广安）纳入本地传送网，整个工程覆盖成都、德阳、绵阳、广元、巴中、达州、广安、南充、遂宁、资阳、内江、泸州、宜宾、自贡、乐山和眉山16个市及部分县（市）。

2005年6月，省级干线二期传送网竣工投入使用。该网由两套2.5G四纤双向复用段保护环组成，其中北环由成都、德阳、绵阳、马角坝、广元、旺苍、巴中、南部、南充、遂宁、乐至和简阳12个节点组成，南环由成都、资阳、内江、泸州、江安、宜宾、自贡、荣县、乐山、燕岗和眉山11个节点组成，可提供2M端口1764个、155M光口100个、以太网口56个。

经过省级干线一、二期工程建设，在四川铁通管内形成两个SDH 2.5G传输环，其中北环为成都—德阳—绵阳—广元—巴中—南充—遂宁—成都7个ADM节点；南环为成都—资阳—内江—泸州—宜宾—自贡—乐山—燕岗—眉山—成都8个ADM节点，并形成成都—蒲江—雅安SDH2.5G传输链。

六、四川网通

2002年11月，中国网通集团四川省通信股份有限公司成立后，原中国电信集团公司划分过来30%的长途骨干网纤芯资源，通达全省14个市（州）所在地。至年末前，建成到成都的一级长途交换中心，全国骨干传输节点建至各市（州），数据网的全国骨干网节点建至成都、内江，同时完成省内本地电话网、多媒体数据网、各市（州）传输网、智能网和运营支撑系统等网络建设。

至年末，利用INET交换机在全省除甘孜州、阿坝州以外的19个市（州）建成综合交换节点（兼C3和GW、SSP及端汇局功能）。

2003年，四川网通在网络建设上，采用传统长途语音技术TDM，构建快速网络；以下一代网络新技术NGN作为四川通信网络的品牌，实现对多种网络的整合；各市（州）本地网以城域传送网为基础进行网点布局，建设具有综合业务功能的承载平台；交换按大容量、少局所设置；综合接入设备设置靠近用户，灵活应用接入技术实现对用户的综合接入。

第二节　本地传输网

一、四川电信

传输网作为实现数据、交换、无线等业务传递和输送的平台，在电信业务的发展过程中，发挥着举足轻重的作用。以光纤为传输媒质的SDH、WDM技术日趋成熟，并广泛得以运用。

本地传输网建设　1984年，根据邮电部科技局在成都推广应用光通信技术的要求，成都市电信局市话六分局至西郊分局5公里市话中继光通信工程（第一期）开始实施。这是四川省第一条国产化光纤系统的光通信线路。1985年12月，工程正式开始建设。工程由邮电部第五研究所负责系统设计、施工指导、系统调测开通等，并于1986年9月19日在成都通过设计会审。工程为二次群光系统工程，系统全部采用邮电部第五研究所自行设计生产、国内首次应用的钢绞式中心加层铝——聚乙烯粘接护层的6芯市话光缆，以及邮电部武汉研究院设计制造的二次群光端机。工程完工后，成都成为继广州、石家庄、哈尔滨和沙市之后第五个开通这种光端机的城市。1987年6月30日，工程验收合格。

1986年12月16日，国内第一条标准化、工程化的三次群（480路电话）PCM数字光纤通信系统在重庆大坪至上清寺并网开通使用，这是全国首个光纤三次群通信实验工程。

重庆大坪至上清寺5公里光纤通信系统由重庆市计委、市经委、市科委筹集135万元，市电信局筹集50万元共同兴建。工程采用电子工业部44所（重庆）生产光纤通信的心脏——激光器、探测器，邮电部重庆通信设备厂研制三次群光端机，重庆市电信局等单位进行光缆的敷设施工。整个工程，从研制光端机到通信系统定型开通使用，前后不到2年。

图1－19　1986年，重庆电信第一条光缆（大坪—上清寺）施工

1988年，成都本地第一条多模12芯光缆在太平街至西郊局间投入使用，同时在该条光缆开通成都本地网第一套34M国产PDH设备。成都本地网开始进入光纤数字传输时代。

1989年，成都第一套140M数字光纤传输PDH设备投入使用。此后，成都逐步在市话局间建设局间光缆和开通 PDH 传输设备，最高传输速率为 140M。至 1995 年，成都基本建成本地局间数字光纤传输网。

1996 年，全省各市（地、州）邮电局在建设二级干线光缆的同时，根据本地实际加快本地网光缆的建设进度。本地网光缆主要解决市（地、州）中心城市到县城、县城到乡（镇）的光缆传输问题。本地网光缆建设的加快，推动程控电话等电信新业务的普及，促进各地通信业务的快速发展，使现代化通信服务进一步向社区、郊区和农村延伸。1997 年，全省新建本地网光缆 4259 公里，光缆通达县（市）比重为 78.48%。

1999 年 2 月，成都电信开始建设成都市光纤物理网，主要供用户光纤进户接入使用。相继完成府河内外 10 个骨干环、32 个光环及 4 个核心层光环 54687.9 芯公里的光缆网建设。2000 年 5 月，成都市五城区光纤物理网建成。

2001 年，四川电信成都分公司引进 4 台 LambdaUnite 设备，配合朗讯的 WaveStar 系列设备搭建新的城域骨干网，成为国内第一家启用该设备的运营商。随后，本地传输网通过持续扩容，完善 SDH 传输市区骨干层、市区至郊县、关口局至汇接局、关口局至其他运营商关口局、长途和市话网间的高速通道。至年末，成都光纤物理网建成光缆 18.9 万芯公里，实现以端局和汇接局为目标局的核心汇聚层、骨干层光缆网络的搭建。

2002 年 4 月 10 日，四川电信成都分公司斥资 5000 万元建设的高速光通信网络正式开通。该系统形成一个覆盖整个成都市区的高速光通信网络，为成都地区日趋增长的语音和数据业务流量提供支持。该网络采用朗讯贝尔实验室最新研制的新一代光传输系统和交换机 LambdaUnite™多业务交换传输设备（MSS），这是该产品在中国的首次应用。朗讯和四川电信成都分公司于当天在成都举行成都电信 TDM 10G 传输网工程暨朗讯 LambdaUnite™MSS 在中国首次开通庆典仪式。

是年，四川电信成都分公司开始对太升北路局光纤物理网环“网格化”优化改造建设试点，将“网格化”思想融入光纤物理网的建设中，为电信“光进铜退”的总体思路及向全光网络演进奠定基础。至年末，全省本地网光缆 6.21 万皮长公里。

自 SDH 技术投入使用后，因其具有统一的接口标准、强大的网络管理及自愈保护倒换的功能而受到广大运营商的青睐。随着通信技术的发展，能够提供以太网和 ATM 业务的接入、处理、传送能力，并提供统一网管的多业务节点的 MSTP 技术在城域骨干层、汇聚层网络建设中得以广泛应用。

四川电信结合 3G 规划和宽带网络发展，在本地网建设上注重加强本地光纤线路资源的建设和网络优化调整；按照传输目标网规划，采用 MSTP 等传输技术基本实现本地传输网络结构优化和市到县的综合化、宽带化改造；在传输设备与光缆线路的建设上统筹考虑，使传输网络的投资效益和安全性达到最优。

至 2005 年末，全省本地传输网采用的有 PDH、SDH 技术，网络结构主要以 155Mb/s、622Mb/s、2.5Gb/s SDH（环、链相结合）、10Gb/s SDH（环、链相结合）为主，34Mb/s、140Mb/s PDH 与其并存的传输方式，还采用 DACS 4/1 等数字交叉设备。全省本地传输网总带宽为 232251×2M、2843×155M、418×2.5G 电路。

成都本地网由 764 套 SDH 设备组成 12 个核心层主环、88 个汇聚层子环和 7 个接入层子环，网络开通 2M 业务 87424 条、155M 业务 384 条，在网络规模和业务数量上，居国内前列。

2000—2005 年，四川电信在本地传输线路及设备上投资 18.63 亿元。

户线工程 户线工程是对分线盒到电话机一段电话线路进行统一建设和改造的专项工程。电话线路进入住宅和办公楼后，分线盒到电话机一段电话线穿放于敷设的管道（明管或暗管）中，该段线路的安全得到保护，减少该路段线路的障碍发生。

1995年5月，成都在全省最早实施户线工程。5月1日起，成都市电信局户线工程办公室与市规划局建筑管理处合署办公。至此，成都市民用与工业建筑必须把通信管线建设纳入设计方案，并接受户线工程办公室会审，方可领取由市规划局发放的建筑施工执照。为贯彻落实《成都市工业与民用建筑预埋通信管线设计标准》，成都市通信领导小组要求成都地区所有建筑、设计、房地产和企事业单位在建筑立项时，将通信管线与水电气同步纳入设计方案，解决电话线乱飞乱拉、影响城市容貌和装电话难的问题。“5·17”期间，成都市电信局推进“电话绿洲”——户线工程，为普及电话、电信业务，开发城市有线电视光纤网创造条件。9月28日，全省第一个由电信、广电部门联合建设的光纤电视、电话户线工程，在成都市肖家河小区投入使用。

图1－20 1995年5月，成都全面实施电话户线工程

1996年6月27日，乐山市政府召开新闻发布会，宣布5月起，全市开始实施户线工程。

至2000年，成都市新建房屋户线工程实施到位率99.8%。成都市电信局投资完成80%的旧楼房户线工程的整治改造，达到一户一线。同时，市政府印发《关于在我市郊区市县城镇新建房屋全面实施户线工程的通知》，规定各县（市、区）政府要把实施户线工程列入为群众办实事的一项重要工作，纳入政府工作目标考核内容。成都市在郊区市县城镇新建房屋全面实施户线工程，涌现一大批初步智能化的小区和大厦，户线工程在这些小区和大厦将信息技术和安全防范技术相结合，实现电话、电脑、电视三网入户，使信息高速公路更快地延伸到千家万户。随后，户线工程在全省多数城市开展起来。

5月17日，成都市政府召开电话户线工程实施5周年总结表彰大会，表彰一批先进单位和优良工程。此后，全省各地在做好电缆网络覆盖的同时，推广居民住宅、办公大楼“户线工程”建设，提升接入网络的通信质量，促进电信业务快速发展。

二、四川移动

四川移动从四川电信剥离出前，其本地网的基站接入和局间中继传输一直由当地电信公司提供。电信、移动分家后，四川移动在本地网层面未分到传输网络资源，业务开展全靠租用中国电信的本地传输电路维持。1999年7月，中国移动四川公司成立后，公司话务量、数据业务流量日渐增大，原租用传输电路已不能满足通信需求，遂开始自有移动本地传输网建设，并逐渐形成自己的网络。

2000年，四川移动实施省内本地网试点工程，建设凉山、达州和成都等传输本地网，建设光缆100余公里。是年，启动11个市（州）传送管道工程、本地网光缆传送工程建设，新增省内光缆

4 万芯公里、SDH 设备 100 套。同时，完成中国移动汇接网三期工程，一级信令汇接局信令链路 1184 条、E1 端口 600 个。

2001 年，成都本地传输网一期工程实施，建成通信管道 58.3 公里、380 孔公里，实现成都市区管道“零”的突破。

2002 年，四川移动光传送网一期工程竣工，仅用 1 年的时间完成全省 19 个市（州）及 105 个县的本地传输网建设，初步构建起四川移动光传送网络基础平台。该工程敷设本地网光缆 13963 皮长公里，安装开通 2030 套本地网传输设备；完成 1618 皮长公里的二级干线光缆敷设工程和由 2 个核心环、1 个接入环组成的二级干线设备工程。移动集团公司批复该工程投资约 15 亿元，实际投资控制在 12 亿元，节约投资 3 亿元。该工程完成后，解决全部局间中继传输和 2000 余个基站的传输问题，约占全省 4122 个基站的 50%，可退租用基站电路 6000 余条。

2003 年 4 月 10 日，成都城域传输网工程启动。该工程被成都市政府列为一级管理目标。11 月 28 日，工程完工。敷设光缆 726.87 皮长公里，安装设备 403 套。骨干层在府青、万年、新华、人东、西城、陕西横街、峨影、沙湾和青龙场 9 个节点间建成 1 个 32 波的城域波分+2.5G SDH 系统；汇聚层设置汇聚节点 37 个，建成 1 个 10G 核心汇聚环路和 9 个 2.5G 汇聚环路；接入层解决 366 个基站，43 个 155Mb/s 接入环路。同时，在城域网建成的基础上建设城域数据网，接入 270 个集团客户和 IP 话吧。

2004 年，四川移动投资 4000 万元，实施成都城域网二期工程，新建光缆 170 皮长公里，新建骨干层城域密集波分（OADM）设备 4 套，新建骨干层 SDH 2.5G 传输设备 20 套，扩建汇聚层部分节点上的设备，新建接入层 SDH 155Mb/s 传输设备 181 端和 PDH 传输设备 6 端，解决 187 个有业务需求和发展潜力的基站传输接入。成都城域网二期的建设，使传输骨干层、汇聚层、接入层的层次更加分明，容量、安全性进一步提高，基站接入、大客户接入、营业网点接入等互相渗透、相互融合，为公司开展数据、图像、多媒体业务奠定基础。

三、四川铁通

中国铁通四川分公司成立初，没有本地传输网。2002 年，成都本地传输网立项。该项目由铁道第二勘察设计院设计，总投资 3799 万元。12 月，开工建设，新建直埋或管道光缆 584 公里，新建或购买管道 399 公里，新建数码大厦等 31 个 SDH 2.5G 传输节点。

2003 年，成都本地传输网工程竣工投入使用。随后，在成都形成两个 SDH 2.5G 汇聚层传输环（其中市区环 1 个，有 6 个 ADM 节点；郊县环 1 个，有 12 个 ADM 节点）。两个市区 SDH 622M 接入层传输环和 9 个 SDH 622M（或 SDH 155M）传输链。

至 2005 年末，四川铁通在全省除甘孜州和阿坝州以外的 19 个市（州）建设本地传输网。各市（州）本地传输网以 SDH 2.5G 和 SDH 622M 传输环、SDH 622M/155M 传输链及 PDH 点对点传输为主。

第三节　无线传输网

一、微波通信网络

干线微波通信建设　1967 年 1 月，邮电部决定建设成都至重庆 60 路电子管微波电路，四川微波通信建设由此开始。到 1974 年 1 月，全省累计建成微波电路 3 条（成都—重庆、西安—南充—重庆、南充—成都），微波通信干线 1021.6 公里，固定资产 1714 万元，辖微波站 14 个，沟通北京至四川、贵州、云南和广西 4 个省（自治区），构成微波长途传输网路雏形。

20 世纪 70 年代末，全省采取技术改造，挖掘网络潜力，用 600 路微波设备开出 960 条电路，超负荷运转。

1984 年初，全省利用闲置多年的 304 微波电路为宜宾、泸州等地区传送中央电视台节目。12 月，试验开通成都至泸州微波话路，满足川南长话业务增长需要。

1985 年，自贡微波维护站设立，为自贡地区转送中央电视台和四川电视台节目。至年末，全省微波电路除传送电视、广播节目外，开出长途电话电路 300 路、电报电路 24 路，承担大量的长话、电报、相片和报纸传真等业务。

1986 年 8 月，成都—南充微波载波工程完工，缓解川北地区长途电话紧张状况。

1988 年末，全国第一个由地方集资兴建的微波数据通信网——四川省八市（地）微波数据通信网工程建成。该工程是“七五”期间四川省重点工程，总投资 7400 万元，于 1986 年 9 月 26 日动工。该工程建成开通后，使四川盆地内的成都、自贡、绵阳、德阳、乐山、泸州、宜宾和内江 8 个经济较发达的市（地）形成具有 80 年代先进水平的通信网络。

进入 20 世纪 90 年代，经过多年高投入、大发展，全省微波电路总数超过 2 万条，通信能力增强。随着西成渝（西安—成都—重庆）、汉渝（武汉—重庆）、渝筑昆（重庆—贵阳—昆明）三大微波长途干线和省内数字通信网一期干线的建成，全省微波通信跨越由小容量国产落后设备向大容量进口先进设备过渡，由模拟传输向数字传输过渡，由有人值守维护向无人值守维护过渡的三个现代化微波通信重要阶段。

1990 年，611、612、613、614 有人值守微波站撤销。

1992 年，全省投资 4823 万元建设省二期数字微波网，建成微波干线 560 公里，成都—遂宁—南充—达县—万县以及蓬溪、大竹、渠县、武胜、忠县等地开通 140Mb/s（1+1）数字微波。是年，61、62、63、67、68、69 微波站撤销。

1993 年，渝筑昆微波干线改造工程完成后，全省逐步停止微波长途干线建设。是年，全省微波电路超过 2100 公里，

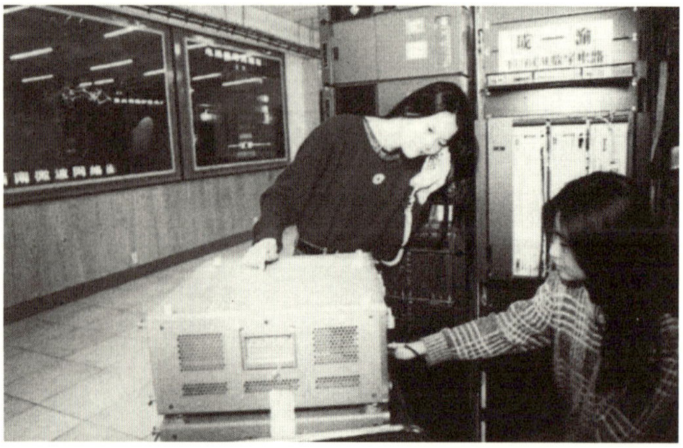

图 1－21　20 世纪 90 年代初的数字微波机房

电路19814条，其中省级干线微波电路1.32万条，省内数字微波电路6240条，卫星电路374条，承担全省约90%的国际、国内长途电话以及电报、数据传输、报纸与图文传真、广播与彩色电视等长途通信传输业务。全省微波通信企业固定资产1.10亿元，净增资产8000余万元。西成渝、汉渝、渝筑昆三大微波长途干线和省内数字通信网一期数字微波工程纵横全省，与成都卫星通信地球站构成连接全国各地及通往世界各地的通信大动脉。

1994年，65、66、610微波站撤销。随着长途光缆网建设，微波通信在干线传输的地位受技术局限逐渐被光纤通信取代。1995年2月，全省最后3个有人值守的微波站退役，结束四川模拟微波传输的历史，200多名常年值守在高山微波站的维护人员下山转岗。人员由地方邮电局安排，微波站机房、设备等归地方邮电局支配使用。

在建设光缆干线网的同时，建设省内数字微波干线网，作为光缆干线网的必要补充。全省全年新建数字微波线路350公里。至年末，全省微波线路1613.3线路公里，其中数字微波线路1019.3线路公里。

2003年7月31日，四川电信陆续关闭省网一期PDH数字微波干线电路；年末，关闭省网二期PDH数字微波干线电路，对PDH数字微波设备作报废处理。全省23个微波局站退网，包括：S605（绵阳）、S604（绵阳黄土梁）、S603（罗江县）、S602（德阳）、S623（资阳）、S622（威远）、S621（自贡）、S662（荣县）、S661（乐山）、S660（乐山）、S630（内江）、S631（内江）、S652（宜宾）、S651（宜宾）、S650（宜宾）、S642（泸县）、S641（泸县）、S640（泸州）、B9（蓬安）、B10（大竹）、B11（达州）、B12（达州）、B5（遂宁）。12月1日，北京—成都的模拟微波电视传送割接到数字电路。

2004年3月，四川电信根据中国电信集团安排，关闭一级干线模拟微波电路，干线设备退网，报废资产原值592万元。

2006年3月，四川电信停闭四川省一级干线微波系统，包括西成数字微波系统、成渝数字微波系统，在用业务调整开放至地面光缆系统。5月，四川省干线微波系统全部停闭，不再承载业务。四川电信对微波电源、铁塔、房屋等设施及全省公众电报设备等资源进行整合，全省调配使用；微波卫星工作人员，按照“属地就近为主，跨地区合理调配为辅”的原则，通过“双向选择，竞争上岗”分流到各市（州）分公司，其中成都23名、广元8名、南充9名。

重点微波工程建设　*汉渝（武汉—重庆）微波通信干线改造工程*　该工程系邮电部“七五”期间干线通信建设的重要项目，也是国家重点项目——宁汉光缆干线的重要组成部分。东起湖北武汉，西到重庆大坪，全长1053.5公里，可提供1800余条优质电路。总投资9975.5万元。其中四川部分自重庆经巴县、江北、长寿、涪陵，转垫江、忠县，通过万县进入湖北，途经3个市（地）、8个县，全长315.3公里。

图1－22　重庆市缙云山微波通信设备

1986年，邮电部批准建设方案，利用法国贷款，引进法国阿尔卡特公司生产的1800路电话/彩色电视模拟微波设备和相应的监控设备。四川省邮电管理局承担四川段的建设任务，邮电部第二工程公司和西安电信工程公司承担施工任务。

1988年初，初设和施工图设计完成。10月10—13日，邮电部在成都召开汉渝微波工程初设会审会议。认为邮电部设计院编制的《重庆至武汉微波通信工程初步设计》，符合邮电部下达的工程建设任务要求。

1989年初，工程开工。到1990年1月，完成10个微波站的土建任务，共建微波生产用房5190平方米，架设电力专线56.5公里，新修、整治公路28公里。4—12月，安装天线22面、馈线22条、微波设备130条架和全部配套设备，并完成微波、载波、电源设备的调测整治工作，开始电路试运行。12月，工程竣工。

1991年1月，工程通过初验，2月10日投入试运行。6月11—12日，四川、湖北两省和全国有关单位180余名代表在成都对汉渝微波干线工程进行竣工验收。汉渝微波工程建成投产，增加长途电路1800条、模拟微波285公里，对完善全国长途干线通信网，打通四川及西南地区的电路出口，缓解省内涪陵、万县、重庆等地的长话通信紧张状况具有重要作用。

西成渝（西安—成都—重庆）微波通信干线改造工程　1987年，经邮电部批准投资，开始实施。1988年8月5日，在成都通过初步设计。1990年9月，全线动工兴建。

该工程是邮电部“七五”重点建设项目，跨2省8市11县，共22个站，总长1036.6公里（其中西成段676.4公里，成渝段360.2公里）。四川段北起广元，经绵阳、德阳到成都，转金堂、三台，过射洪、南充，抵达重庆，全长633.6公里，建15个微波站。电路设备容量本期工程为1800路，微波通信设备主要从法国阿尔卡特公司引进，并优选国内配套设备，总投资7679万元（包括3340万法郎的外汇贷款），是中国当时引进的第一条法国模拟微波通信线路。四川段工程造价5358万元，分别由法国政府贷款和邮电部投资。邮电部设计院和四川省邮电设计所分别承担总体设计和土建单项工程设计，西安通信工程公司和沿线地方施工单位负责施工，四川省邮电管理局组织建设。

1990年末，设备安装完毕；1991年1月通过初验，2月开始试运行。该干线出西安、越秦岭、过剑门，经成都至重庆，南北纵横1000余公里，与汉渝微波干线一道在四川腹地组成一个大“V”形通信干线骨架。工程完工后，使四川出省电路扩大3倍，为电视、广播、传真和电话等提供1800余条优质电路。

渝筑昆（重庆—贵阳—昆明）微波通信干线改造工程　1991年6月，渝筑昆微波通信干线改造工程重庆站开工。该工程是邮电部通信建设重点工程，全长850公里，投资1724万元。建17个微波站，引进美国二手微波设备，由NEC公司生产的500型晶体管2400路无人值守模拟微波通信设备。电路容量为2400条模拟电路加1路彩色电视信道，电路长度82.935公里。12月投入使用。该干线是西南地区长途通信电路出口的重要通道，与其他微波干线相接，沟通成都、西安、北京、武汉和华东地区，以及广州、南宁等省会城市。此前建设的微波干线使用的是电子管600路微波设备，质量差、容量小，于2000年退网。

成都—达县—万县数字微波工程　该工程是四川省重点通信工程项目，主要解决川东片区长途通信难问题。成都—达县—万县沿线长途线路绝大部分是架空明线，干扰大、串杂音严重、通信质量差，长途电路严重不足。

1992年7月，根据省数据通信网二期工程统一安排，成都—达县—万县数字微波工程动工。工程自成都向东，经遂宁、南充，到大竹县云雾山后，分抵达县和万县，途经10个县（市），总投资

图 1－23　1992 年，成达万微波工程引进意大利设备签字仪式

6900 万元。工程采用意大利特拉特拉公司生产的数字微波设备，除能提供长话电路外，可传送电报、传真业务，满足用户对数据通信和可视电话业务的需要。10 月末，土建完工后，开始安装调测设备。

1993 年 6 月，全线设备开通电路，提前 1 年投产运行。成都—达县—万县数字微波工程新建数字微波干线 605 公里、6 条支线系统 100 公里；安装干线微波设备站 17 个、支线微波设备站 9 个，光电端站 3 个，其中金牛站设主监控站，南充站设次监控站，成都、南充、达县和万县设局内无人站，其余各站为无人值守中继站；新建公路 11 公里，外输电线路 19 公里，新建中继站房 7 个、1142 平方米，安装国内配套设备 84 台（组），可开通电路 1920 路。工程完工后，初步缓解成都—达县—万县沿线各地长途通信紧张状况。该工程与成都—攀枝花光缆工程形成以成都为中心、横贯四川东西“两翼”的现代化大容量通信主干线。

成渝（成都—重庆）数字微波扩容改造工程　1995 年 5 月 13 日开工建设，8 月初全线施工完成，10 月 10 日开通电路试运行。工程总投资 3400 万元，是国家一级通信干线中首条数字微波系统。该工程利用已有的省内数字微波干线和国家一级模拟微波干线路由扩建 10 个微波站，以及成都微波站至成都市电信局 20 公里 64 芯光纤中继通信系统，电路全程 349 公里，本期工程开通 3840 条长途话路和 180 条业务电路，远期可扩容至 1.40 万条长途话路。该工程被评为四川省“八五”技改优秀项目。

1996 年 5 月 18 日，工程通过邮电部组织的竣工验收，并于 5 月 25 日正式投产。

SDH 数字微波干线扩容改造工程　1996 年，西安—成都 155Mb/s×2（6+1）SDH 数字微波干线开工建设，四川段干线长 320 公里，建 8 个微波站，投资 7300 万元（含沟通成都市电信局的 20 公里 64 芯光纤中继通信系统）。1998 年 5 月，开通 22860 条电路。

1998 年 3 月，成都—重庆 155Mb/s×2（3+1）SDH 数字微波干线扩容改造工程开工，四川段建干线 282 公里、7 个微波站，投资 6400 万元，于 1999 年投入运行，提供长途电路 11520 条。

西安—成都、成都—重庆 SDH 数字微波干线投产后，使北京—西安—成都—重庆的 SDH 微波干线与重庆—武汉—上海、重庆—贵阳—昆明—南宁的 SDH 微波干线相互贯通，形成四川至中国西南、西北、中南、华东、华北和东北等地区的微波干线与光缆相互支撑、可靠的立体长途通信网络。

二、卫星通信网络

1972 年，中国开始建设国际卫星通信地球站，先后在北京和上海建设 4 个大型地球站，通过位于太平洋和印度洋上空的国际通信卫星，与近 30 个国家和地区建立卫星通信电路。

1984 年，邮电部开始在北京、乌鲁木齐、呼和浩特、拉萨和广州建设卫星通信地球站。1985 年，中国向国际卫星通信组织租用印度洋上空的卫星转发器。北京通过卫星与其他 4 个地方进行通信。至 1986 年 6 月，中国初步建成国内卫星通信网，并投入试运行，承担全国 85% 以上的电报、电话和数据等国际通信业务；同时承担全部国际电视传送业务。

成都卫星通信地球站 1988年3月20日，邮电部决定投资1650万元，建设成都卫星通信地球站，并下达新建成都地球站的任务。5月10日，四川省邮电管理局成立成都市卫星地球站工程办公室，负责工程实施、管理和协调。6月，邮电部北京设计院进场开始设计和前期准备。9月，工程开始建设。

图1－24 四川省第一座卫星通信地球站

成都卫星通信地球站位于灌县（今都江堰市）桐梓园，属全国六大区中心站之一，主要承担与中央站和各大区中心站及省内边远地区卫星地球站的通信联络。一期工程安装1副直径13米天线，工作于东经57°印度洋国际卫星。采用FDM/FM/FDMA通信方式，站内配置1条电话上行线和4条电话下行线设备，上行线载波容量本期为252路，远期具备发射4个载波系统的能力。进城中继采用140Mb/s 6芯架空光缆进入成都市电信局，光端机及仪表从国外引进，其余采用国产设备。

1991年3月，设备安装调测完成，并通过省级初验；6月，通过邮电部组织的竣工验收，开通成都至北京、广州、青岛、呼和浩特、乌鲁木齐和拉萨等城市120条卫星电路，四川卫星通信实现零的突破。成都卫星通信地球站建成后，打破长途电信传输几十年由容量低的明线模拟传输垄断的局面，先进的、大容量且数模兼容的微波、卫星通信传输得到发展。

1992年10月，成都卫星通信地球站被定为国家级要害单位，武警四川总队正式派武警守护。

1993年7月21日，根据邮电部通知，全国通信卫星地球站天线更换在东经115.5°的“中星五号”大容量通信卫星上，从此结束中国租用通信卫星的历史。7月21日，成都卫星通信局完成换星割接工作。

10月，邮电部投资1879.3万元，对成都卫星通信地球站进行IDR一期扩容。工程由中国通信建设总公司西安第二工程局负责施工，12月15日竣工。此次扩容工程将模拟通信更新为数字通信，为四川新增北京、上海、沈阳、哈尔滨、海口、西安、厦门和青岛8个方向卫星数字通信长途话路630路，使四川省的省际间卫星通信电路由372路增加到1002路。

是年，为解决西藏自治区沟通国内、国际长途电话问题，邮电部批准投资1088.7万元在成都卫星通信地球站建设西藏VSAT话音出口站，于次年9月建成，开通48路电路。

1994年，四川投资738.6万元，对成都卫星通信地球站电源设备进行扩容改造。此后，相继投资2797.8万元进行二、三、四期IDR扩容，新增电路2070路；投资1157万元进行西藏VSAT成都出口站扩容，新增电路11路；投资433万元进行3站（成都、拉萨、北京）改制，新增拉萨—成都IDR电路180路。

至1998年，成都卫星通信地球站投资达8736.6万元，承担通达北京、上海、广州等25个直辖市和省会城市3000多路卫星长途电路的传输业务和甘孜、阿坝、黔江、攀枝花等少数民族地区150路卫星电路及西藏VSAT成都出口站48路卫星电路的传输任务，并与北京、拉萨、广州、乌鲁木齐和上海卫星地球站一起，构成中国卫星通信网络。

重庆卫星通信地球站 1988年，经邮电部批准，重庆卫星通信地球站在南岸区黄桷垭龙井村动工。1992年12月5日，完成土建工程；1993年10月15日，开始设备安装；12月29日，完成国际、国内卫星入网验证和联网测试；1994年1月22日，投入试运行；8月，正式运行。

图1－25 1993年末建成的重庆卫星通信地球站

重庆卫星通信地球站一期工程总投资2417.7万元人民币（含外汇236.25万美元），开通重庆至北京、上海、广州、沈阳和青岛5个局向210路卫星电路。

1994年5月中旬至1995年4月1日，重庆卫星通信地球站投资320万元，完成二期扩容工程。1995年8月7日，完成全国卫星业务割接任务，开通乌鲁木齐、福州和武汉3个方向90路电路。

1997年8月、9月，重庆卫星通信地球站投资659.6万元、328.3万元，分别完成三、四期扩容工程，开通660路长途卫星电路（天津60路、石家庄60路、济南60路、银川120路、海口60路、厦门60路、太原60路、合肥120路、宜昌60路）。

少数民族地区长途卫星通信网 1990年3月，国务院秘书长罗干主持召开有国家计委、邮电部、四川省政府、四川省邮电管理局等部门负责人参加的会议，研究四川少数民族地区的通信等问题。

1992年末，四川省少数民族地区长途卫星通信网工程获准立项。工程总投资3172万元，首期建设成都、黔江、马尔康、康定、攀枝花、南坪（今九寨沟县）、甘孜、红原、理塘和巴塘10个卫星通信地球站，建设规模为中心站150路，地区站各60路，县级站各8路。工程资金分块切割，国家计委及邮电部补助1400万元，甘孜、阿坝和黔江政府各筹集100万元，攀枝花市政府自筹200万元，省少数民族开发资金750万元，其余550万元由邮电部门报话附加费解决。

1993年8月26日，省卫星通信工程办公室、省外贸进口公司与美国TIW系统公司代表正式签订时分多址卫星通信设备订货合同。

图1－26 南坪县邮电局卫星通信地球站

1994年3月起，覆盖甘孜、阿坝、黔江和攀枝花等少数民族地区的卫星长途通信网陆续建成并投入运行。本期建成1个成都中心站，开设150路电路；建设4个地区站，马尔康站开设63路电路，康定站开设64路电路，黔江和攀枝花站各开设60路电路；建设5个县级站（红原、南坪、甘孜、巴塘和理塘），各开设8路电路。11月7日，四川省少数民族地区卫星通信网成都中心站正式通过中国通信广播卫星公司的入网验证。

1995年7月29日，四川省少数民族地区卫星通信网二期工程可行性报告通过省计委主持的专家评审。此次工程拟建甘孜州、阿坝州共24个县级卫星站，并扩容成都、康定和马尔康3个站，新开电路500余路，全面解决两州长途通信问题。该期工程估算投资1.3亿元（含土建部分），资金来源渠道为省政府投资、民族发展基金、地方政府和邮电部门筹资。

至年末，全省建成少数民族地区卫星通信网，新建11个卫星地球站，提供480路卫星电路，为解决少数民族地区通信难问题打下基础。

1998年4月27日至5月12日，四川机动通信局在康定、石渠、白玉和色达4个点开通VAST卫星站7台，开通卫星电路14路，解决甘孜州高原少数民族地区的长途出口难问题。

第四章　电报与固定电话网

第一节　电报网路

一、四川电信

1886 年，由官商督办、上海电报总局承办，将电报线从汉口架入四川。到 1949 年，全省有载波电报机 5 部、电报电路 198 路（含无线电路），办理电报的局所 148 处。

1978 年，全省电报电路达 619 路。

1981 年 9 月 5 日，成都市电信局安装 100 门人工式用户电报交换机，在全省首次开放国内、国际用户电报业务。其国际用户电报业务经北京接转。与成都开通的国内用户电报直达电路有北京（4 条）、天津、上海、广州、汉口、西安、沈阳、昆明、大连和青岛共有电路 13 条。

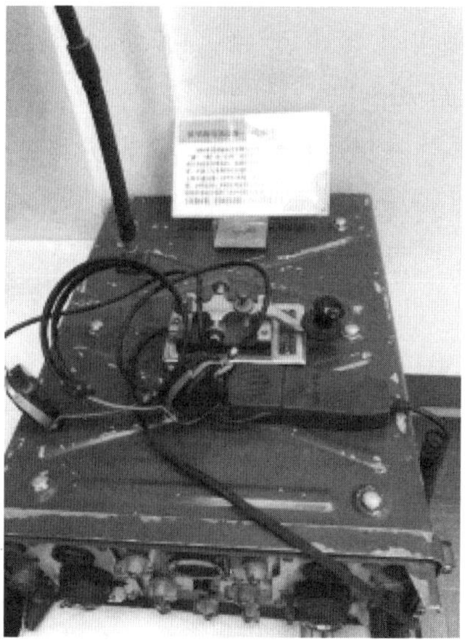

图 1－27　早期的电报机

1982 年 5 月 25 日，64 路自动转报系统在成都建成。其后，四川省邮电管理局贯彻“国家、地方、集体、个人一起上”的建设方针，全省电报通信网路得到快速发展。至 1985 年末，全省电报电路 559 路，电传机 1612 部（其中电子电传机 341 部），单位自动发报机 768 部。全省有 19 个市（地、州）局和 2 个县局装设全电子汉字电传机和译码机；除甘孜州、阿坝州属的 11 个县局以外，县（区）以上邮电局均装有电传机，全省电传电路占有线报路的比重达 53.67%。

1986 年 12 月，全省新开通成都—泸州、成都—达县ZB 319A 载报机各 1 套，成都—温江、成都—自贡、成都—德阳 8 路载报改开 16 路载报。为顺利开通成都 600 路 S-1240 程控自动交换设备，调整成都局 600 路 S-1240 程控长途交换设备通路组织方案。全省年末电报电路 790 路。

1987 年 12 月 21 日，成都市电信局经 5 个月的安装、调测和模拟实验，将 64 路转报系统升级为国内容量最大、技术最先进的 BJC-256 路微机转报系统，使成都电报通信能力扩大 3 倍，满足日益增长的电报需求。忙时处理电报能力由原 5000 份增加到 1.5 万份，为实现省内县以上电报自动转接创造条件。外地发到成都的电报由微机自动识别用户地址，直接转接到市内各个投递点投送；市区邮电所和外县邮电局收到的电报不再经中心报房或地区局人工处理，直接由电传机送入微机转报系统自动传发全国各地，使电报在局内的处理时间由原30分钟缩短到2分钟。

是年，全省拥有电报载波机479部、报路808路，有90个局进入自动转报网。

1988年3月，成都市电信局从瑞士哈斯拉公司引进的T203型1000线程控用户电报交换设备正式开通。4月29日，重庆开通全省第二套256路自动转报系统。随后，80多个县局直接进入自动交换网，125家通信企业进网；系统承担70%的电报交换量，用户电报交换机总量1512线。是年，成都、重庆开通1000线用户电报自动交换机，有用户441户，能与200多个国家和地区所有装有用户电报的城市用户通报，全省每年使用次数28万次以上。

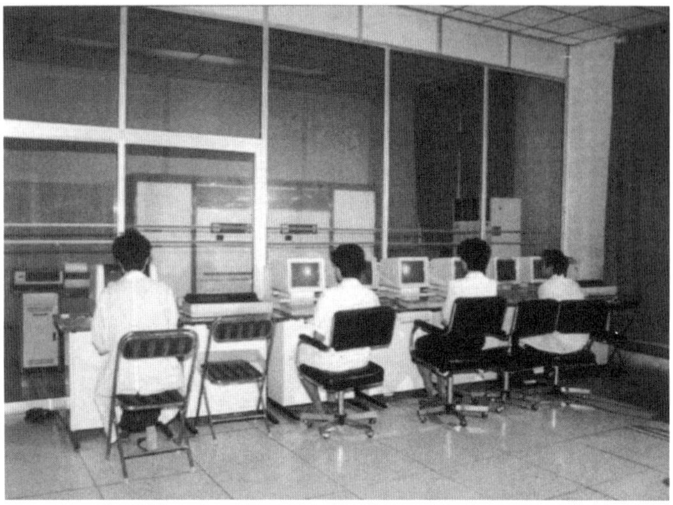

图1－28　256路自动转报机房

至年末，进入成渝256路微机转报系统的电路258路，其中省际一级报路51路，市（地、州）级以上报路36路，县（区）级报路117路，市内支局报路54路，自动转报网承担全省电报交换量的70%以上。

1989年，全省有载报机561部、电传打字机1715部，用户电报交换机总容量3024线。全省有150余个县局进入自动转报网，有151个市（地）、县（区）进入自动转报网。

1990年，全省有7个县局新入全国自动转报网，21个市（地、州）、140余个县进入全国自动转报网。全省业务报路总数达914路，电报设备（包括载报机、电传打字机、自动发报机、传真机）3072部，用户电报业务电路105路，用户电报出租电路233路。

至1991年末，全省县以上城市全部进入全国自动转报网。成都开通电报电路207路，最高日处理电报交换量14万余份，使成都和省内各邮电局报务用工量大幅减少，社会效益和经济效益明显。全省业务电报电路934路，用户电报业务电路111路，用户电报出租电路260路。

1992年4月24日零时，成都市电信局与上海电报局、石家庄市电信局共同研制、推广应用的64路计算机自动转报系统，在成都正式投入运营，实现电报转报自动化。是年，市（地、州）局分批加装分集器，增强公众电报网的可靠性。用户电报网在成渝两局建立交换中心，并在涪陵、泸州、达县3个地区开出用户电报集中器。至年末，全省用户电报交换机容量3024线，用户电报集中器448线。

1993年，电报分集器在西昌、康定、马尔康等9个市（地、州）、县安装投产试运行。全省除甘孜州9个县以外，县及县以上城市全部进入自动转报网。新增325个支局（所）完成传真机取代话传电话，全省达801个，占支局（所）的38.98%。全省用户电报集中器增加到608线。

2008年1月，成都电信公众电报分组服务器断电下线，终止服务，电报业务淡出通信行业。

二、四川铁通

四川铁通电报传真网络为铁路部门提供24小时收、发报服务，未开展公众电报业务。2000年，根据铁路运输生产的需要，更新为中软CTT-2000SW交换机设备，在成都、西昌分设电报交换机室。

在宝成线、成渝线、成昆线及成都枢纽设有成都铁路局、成都北、绵阳、广元、燕岗、西昌南、攀枝花、铁二局、资阳车站和江油10个电报所，开通智能电报终端，为铁路运输提供电报传递业务，满足铁路运输和安全生产的需要。

2001—2005年，四川铁通成都电报交换机为中软公司CTT-2000SW，满配容量为64路中继，实配32路中继。管内设10个电报所，有13台智能电报终端。2005年，撤除铁二局、资阳车站、江油3个电报所，少量电报业务通过传真电报方式完成。

第二节　市内电话网

一、网路建设

20世纪80年代，全省电话交换机使用全国5个厂家生产的10多种制式交换设备，种类繁多，严重影响系统间的互联互通和通话质量，增加设备维护和网络管理难度。各市（地、州）邮电局结合本地实际开始电话交换机改制，逐步由磁石式交换机、步进制交换机改制为纵横制交换机和程控交换机。

图1－29　磁石式电话人工市话接线台

1985年末，全省市话交换设备为纵横制、步进制，人工交换设备占全省市话设备的43%，市内电话总容量156041门，为1978年末的1.74倍，为1949年末的20.95倍。其中，自动电话88380门，市内电话线路明线9394对公里，电缆398277芯线对公里。全省20个市（地、州）局，除万县、达县、遂宁和康定4个局外，全部装用自动电话。成都、重庆两市的交换机总容量超过2万门。全省171个县局装用自动电话27个，自动电话设备中67%为较先进的纵横制交换机。电话普及率为0.32%。

1986年，全省市话交换机总容量169910门，比1980年增长60.2%。

1987年，全省新增市内电话交换机45000门，总容量211850门，其中自动154650门，占72.99%；新发展市话自动交换局20个，扩容3个。

1988年1月10日，重庆81局、35局、75局3个程控电话局历时半年时间相继投产放号，总容量为1万门数字程序控制的电话交换机全部开通，重庆市的市话交换容量增长42.6%，达32950门。全省市内电话交换机年末总容量249280门，其中自动交换机增加到202050门。在成都市电信局的示范下，全省市话自动交换的比重由1978年前41.7%上升到78%，其中程控达27%，有87个城市实现市话自动化，电话可直拨156个国家和地区。

1989年，全省市内电话交换机发展到27.1万门，其中自动交换机占83.9%。

1990年，全省市话放号25654号线、市话交换机总容量330890门，其中自动部分308050门，净增80400门。同时，对全省15个纵横制局加装复式计费设备，健全市话计费功能。

1986—1990年，针对通信供需矛盾，省邮电管理局坚持“因地制宜、有重点、分层次、多手段建设”的方针发展全省通信：对经济相对发达的地区，采用先进的技术装备，使其由传统的明线通信跳跃到数字通信，电话交换由步进制交换机改制为纵横制交换机，全面建设自动交换，同时在发达区域试点采用数字程控交换机；对不发达地区，除利用已有明线扩大能力外，引进部分国内外二手电话交换设备，由人工改为自动交换，少数地方发展一些人工磁石电话；对一般地区，采取提高明线复用的办法，挖掘潜力，扩大通信能力。由于全省通信发展不均衡，交换机制式多样，形成人工磁石式、步进制、纵横制和数字程控电话并存局面。

1991年，全省增加市内电话交换机容量12.7万门，增长32%，其中程控电话增加9.9万门。

1992年3月6日，成都西郊分局12000线程控电话交换机割接投产，成都市市内电话交换机总容量97800线（含2000线无线移动电话），居中国西部大城市之首。至年末，全省市话网建成146个自动交换机局，市话交换机容量净增164580门，总量606870门。

1993年，全省投产市话交换机30.17万门，净增25万门，其中程控交换设备33.89万门。

1994年，全省市内电话交换机新增66.9万门，总容量达145.9万门。

1999年1月22日，中国联通在成都开通市话一期工程，容量5万门。首期市话用户主要集中在成片住宅区，其中双楠小区1万余户。

至2005年末，全省市话交换设备容量发展到1197.84万门，交换机实装率为82%。

二、市话改制

新装设备 1973年5月1日，重庆市北碚区在全省首家开通1000门自动电话。

1986年，全省有关市（地、州）集资600余万元，15个县集资390余万元，发展自动电话。万县、忠县、开县、南川、垫江、资阳、简阳、大邑、广汉、三台和射洪11个市（县）筹集资金实现市内电话自动化。7月25日，乐山市邮电局纵横制3000门自动交换机开通使用，其市话交换机容量，除成都、重庆外，居全省市（地、州）邮电局之首。

1987年，江油、纳溪、江津和合江等工农业发展较快的县（市）均安装2000门以上的自动交换机；一些经济欠发达的县城因地制宜安装1000门以上的自动电话。

1988年1月10日，犍为县开通1000门自动电话，结束人工手摇电话的历史，部分区、乡、厂矿实现电话自动化。6月26日，重庆市李家沱区开通从日本引进的1000门车载式自动电话交换机，结束重庆市区最后一个人工市话局的历史。至此，重庆有7个市话分局的交换设备全部实现自动化。至年末，全省有市话自动化局80个，自动电话约占70%以上，达到20万门。

1986—1990年，全省市内电话先后引进和使用数字程控交换机，且采用国内生产的设备和国内外、省内外二手设备，对市话进行改造扩容。至1990年末，全省市话交换机容量发展到330890门，较1980年增长2.12倍，居全国第四位。程控电话交换机容量94566门，占市话交换机总容量的28%，低于全国平均水平，居全国第十二位。市话自动化县占63.6%，居全国第十八位，居西南、西北第二位。

全省有136个县以上城市实现市话自动化，市话自动的比重由1985年前的56.38%上升到92.2%，其中程控电话10万门，占总容量的34.1%。全省市话交换机总容量增至24.5万门，增长1.26倍。全省市话自动交换机容量6.8万门（其中，程控2.8万门）。全省电话机总数55.6万部，电话普及率0.52%，5年增长73.1%。

1991年7月上旬，康定电信枢纽暨1000门自动电话工程正式通过验收投入使用。至此，全省21个市（地、州）所在地全部实现电话自动化。

1992年，全省完成10个县局市话人工改自动，全省市话网自动化水平97.94%，其中程控占60%，全网话机普及率6.3‰。至1993年末，全省有200个县以上城市实现市话自动化。

1994年11月26日，北川县开通1000门程控电话，全省23个市（地、州）201个县以上城市全部实现电话自动化。

引进安装二手设备　20世纪80年代初，全省邮电部门立足通信网路实际，挖潜改造，努力缓解通信能力严重不足的矛盾。

1986年末，经省计经委批准，省邮电管理局引进第一批日立公司生产的5台二手C23SDE集装箱式纵横制交换机，分别安装在绵竹、安县、夹江、犍为和彭山，开始探索用二手设备发展通信。设备使用半年，技术成熟，稳定可靠，开通后未发生任何障碍，基本满足这些地区长途、市话、农话的通信需求。全省由此开始引进二手设备，作为解决“老、少、边”贫困地区通信需要的既快又省的办法。

1987年，绵竹等7个县邮电局引进北爱尔兰共和国的C23-SDE集装箱式纵横制交换机（二手设备），实现市内电话自动化。同时，全省有17个县邮电局多渠道筹集资金，完成市内电话人工改自动的改制扩容。泸州市邮电局从江苏省连云港市购进2套日本生产的NC-23纵横制集装箱交换机，并于次年开通纳溪、合江2个县2000门自动电话。随后，泸州市邮电局从新西兰引进2套日本生产的NC-23纵横制集装箱交换机，分别于1989年12月和1990年4月开通古蔺、叙永县1200门自动电话，实现全市市话自动化。4个县自动电话投资320万元，因二手设备具有投资省、见效快的特点，整个工程投资节约200万元。

1988年1月，省邮电管理局引进第二批日立公司生产的二手C23SDE集装箱式纵横制交换机15台，分别安装在奉节、丰都、平昌、渠县、万源、南江、平武、岳池、江安、南溪、乐至、青神、古蔺、叙永、康定和德昌16个县（市）邮电局。7月13日，攀枝花市邮电局自筹资金62万元，购进自贡局二手步进制交换设备3000门，分别在大渡口分局扩容2000门、河门口分局扩容1000门，年末竣工投产。8月，剑阁、旺苍、青川3个县邮电局安装二手史瑞乔交换机，每个局分别由原磁石交换机500门、500门和300门改制扩容至2000门。10月，乐山市开通数字程控电话交换机后，市邮电局利用二手设备在1年内开通8个县局自

图1－30　茂县纵横制交换机房

动电话。12 月，岳池县邮电局市话改制扩容自动电话交换机 1000 门。是年，全省新增市话自动交换机 4.88 万门。

1989 年 4 月，西昌市扩容纵横制交换机 1000 门，设备采用成都市 3 分局拆下来的 HJ-921 交换机 4000 门中的 1000 门，另 3000 门分别给兴文、汉源和南充县邮电局使用。是年，全省装有市话自动交换机的县（市）增加到 81 个，开通自动、半自动电路的市（地）、县（区）125 个。

1990 年初，绵竹县邮电局购买二手机电式自动交换机设备进行市话二次扩容。是年末，安岳县邮电局在市内电话改制时，购买绵竹县邮电局拆下来的二手 C23-100V 纵横制集装箱式交换机，这套设备被再次利用，成为全省利用二手设备的成功典型。

结合全省采用二手设备的经验，省邮电管理局认为："对经济不甚发达的地区通信建设，也不能搞一刀切，统统上二手设备，这毕竟只能是一种过渡手段，而不是最终目的。在经济条件相对较好，资金、技术、机房等条件具备的地区，作为过渡的市话改制项目，上纵横制、准程控等制式设备，是可行的。"依据这一原则，"七五"期间，省邮电管理局引进各种制式自动电话二手设备 4.62 万门，使 60 余个县实行市话改制建设，40 余个县甩掉"摇把子"，实现市话自动化，全省实现市话自动化的县增加到 130 余个。

1991 年初，省邮电管理局提出：必须发挥"八五"期间更换下来的机电制市话交换机作用，解决全省"老、少、边"地区市内电话自动化问题。成都电信 44 分局的 HJ-921 型 4000 门纵横制交换机拆下后，安排给高县 2000 门，昭觉、双流县各 1000 门；成都电信 55 分局的 HJ-921 型 4000 门纵横制交换机拆下后，安排给筠连县 2000 门，仁寿、冕宁县各 1000 门。5 月 12 日，省邮电管理局安排甘孜、南坪、盐边县安装日本产二手纵横制 800 门市话集装箱式交换机各 1 套。攀枝花市二滩水电站引进日本二手纵横制集装箱交换机 1 套，容量 800 门。是年，垫江、彭县、巴中、德昌、阆中、广安、岳池等县邮电局利用广东省和四川省内的二手设备分别进行市话改制扩容。

1992 年 3 月 26 日，省邮电管理局安排甘孜州的甘孜县、泸定县、理塘县、稻城县，凉山州的雷波县、喜德县、普格县、金阳县、布拖县、美姑县、宁南县、越西县，阿坝州的茂县共 13 个县邮电局安装日本 NTT 公司 C23 和 C22 市话集装箱式交换机二手设备各 1 套。是年，南川、平武、盐亭、新津、宣汉和长宁等县邮电局利用二手设备进行市话改制扩容。

三、电话交换技术

全省电话交换技术发展经历人工交换、自动交换（机电式）、电子式自动交换 3 个阶段。20 世纪 80 年代，程控数字电话交换机开始在世界普及，并成为当时电话交换的主要制式。1982 年，福州市引进使用全国第一台数字程控交换机，随后沿海和内地一些大中型城市进口并安装日本、瑞典、法国、南斯拉夫、西德、加拿大、美国和比利时等国家 9 种机型。

1983 年起，成都市、重庆市和自贡市邮电局在四川省率先开始引进程控交换机，开启全省数字程控交换的新时代。

成都市数字程控电话交换 1983 年，国家计委批准成都市引进市话万门程控交换机，规模为市话 1 万门，其中程控电话母局 8000 门、子局 2000 门，长途 600 线。随后，经邮电部同意，增加到 1400 线。这是成都市当时最大的市内电话通信工程，资金来源由省、市政府和邮电部投资 1100 万元，市局自筹 1300 万元。1985 年 11 月，设备引进合同签订。1989 年 7 月 21—22 日进行联网测试，并新增"173"长途电话立接业务。这是成都市首次采用程控交换制式的长途设备，扩容工程调试完成后，即进入试运行阶段。随后，开通成都至德阳、乐山、自贡、泸州、宜宾、内江和绵阳7个城市14个系统420条数字微波长途程控交换电路。四川省的通信数据网全部开通使用，使成都市的长途交换能力扩大2倍。

1986年12月30日，成都第一条长5公里的光缆敷设完成，为次年成都市开通万门程控电话提供大容量的局间传输中继线。

1987年1月，成都市电信局开通西郊2000门市话程控小型局。9月15日，市话万门程控交换机母局（六分局）8000门经1年多的安装调测开通。9月19日20时，完成原接进护城河内（二分局区域）的三、四、五分局594部电话改入程控六分局的割接。这1万门程控市话开通，解决成都市内全部装机申请需求，成都市中心拥有1万门的市话程控容量，居西南地区之首。

图1－31　成都8000门步进制市话交换机

图1－32　1987年，成都开通第一个万门市话程控交换机

1988年10月29日20时，成都市电信局新建二期市话扩容工程投入试运行，其中北郊分局的8000门程控开通后，将原3915户纵横制交换机用户割接到程控交换机。成都市计经委于1986年9月10日同意市话程控交换系统再扩容1.2万门，市电信局通过贷款和自筹资金3400万元，新建二期市话扩容工程，并于当年12月下旬与日本富士通公司签约，用调剂外汇引进日本富士通公司F-150型1.2万门程控电话交换系统。至1988年10月末，成都市市话容量由3.05万门增加到3.85万门。

图1－33　1989年，成都实现市内电话程控化

1991年10月14日19时，成都市电信局引进日本富士通公司的F150型6000门程控电话交换机，在南郊58局割接完毕，投入使用。至此，全市市内电话交换机容量达7万门。

1992年6月30日凌晨，成都市电信局市中区3万门市内程控电话开通试运行，原市内“2”字头机电式电话全部改为程控电话。3万门市内程控电话取代50年代安装的8000门步进制交换机，使成都成为全国第五个实现市内电话全部数字化的城市。至此，成都市内电话交换机总容量15万门，城区每百人拥有电话率达10%，居中国西部之首。

12月30日，新都县5000门程控电话开通，率先在成都市郊县实现长途传输光纤数字化、市话程控化、农话自动化，构成一个较为先进的本地通信网络。这项工程总投资1400余万元，建成26.5公里480路长途光缆、市内电话5000门数字程控交换机和43公里的农村180路光缆。

1993年2月21日零时，温江县邮电局割接开通“美台5号（5ESS）”程控交换机。这套设备主机系统由台商李恒隆赠送。4月8日，举行开通剪彩仪式。

1994年6月30日，蒲江县5000门程控电话割接开通。成都市12个郊区（县）全部实现市话交换程控化。12月20日，成都市电信局西城（2）624局引进比利时贝尔电话公司S-1240程控交换机3.8万门工程割接开通。至此，成都市全网电话总容量38万门。

重庆市数字程控电话交换 20世纪80年代中期，重庆市电信局作出在“七五”期间引进5万门程控电话、改造市内电话网的决策。

1984年，重庆市电信局投资368.56万美元与上海贝尔电话设备制造有限公司签订购买1万门S-1240程控市话交换机成套设备合同。1986年5月，工程开工。1987年6月20日，在大坪市话81分局安装的4000门开通，上清寺市话35分局和江北市话75分局各安装的3000门，分别于12月18日和26日开通联网运行。这是重庆市电信局第一次引进并开通程控电话，标志重庆电信市话交换设备由机电制向程控制的迈进。半年时间，重庆81局、35局、75局3个程控电话局相继放号，使重庆市话交换容量净增42.6%，达32950门。

1988年，重庆市电信局引进比利时的程控500线长途全自动电话交换设备与全国并网后，能直拨北京、广州、上海等14个方向的几十个大城市。该套设备能容纳2万余户用户，暂开通110线，容纳1500户用户。

1989年3月上旬，国家计委批复《重庆市引进5万门程控电话交换设备可行性研究报告》，同意重庆市引进瑞典爱立信通信有限公司AXE-10数字程控电话交换设备5万门及相应的传输和配套设备。该工程是重庆市当时发展市话通信规模最大、投资最多的一项工程。工程投资1亿元，其中瑞典政府贷款5600万元，重庆市地方筹资2700万元，邮电部门筹资1700万元。4月10日，重庆市引进5万门程控电话项目签约仪式在北京瑞典驻中国大使馆举行。此次引进的5万门程控电话，是瑞典投入中国西部的第一个项目。按照合同，最后确定由瑞典政府提供1400万美元无息贷款，由爱立信公司提供交换设备和相应的光纤传输及其他配套设备，在合同正式生效后22个月内全线开通。重庆市解放碑、沙坪坝、上清寺等13个地区的通信条件和通信能力得到较大的改善和提高，重庆市话装机容量净增1.4倍，达8.5万余门。

图1－34 1990年，重庆市第一个万门程控电话工程竣工验收会

1990年10日28日凌晨，重庆市电信局市话81分局扩容的6000门S-1240程控电话交换机割接成功，重庆市建成第一个万门程控电话局。

1991年4月15日，重庆市话五分局扩容5000门S-1240程控交换机割接开通。12月24日，市话20分局安装1.2万门瑞典生产的AXE-10型程控交换机投入使用。12月29日，市话四分局和市话六分局扩容，分别割接开通1.8万门和1.4万门AXE-10型程控交换机。至年末，重庆电信市话交换机容量从1985年的2.22万门，增加到11.18万门，增长4倍，市话交换机容量在全国33个大中城市中居第九位。其中程控交换机7.1万门，占交换机总容量的64%；机电式4.08万门，占36%。

1994年6月26日，潼南县6000门程控电话割接开通，标志重庆市9区12县（市）提前实现长、市电话交换程控化及基本实现重庆市郊区、县（市）局间传输数字化建设目标。

其他市（州）数字程控电话交换 四川在对全省传输网络进行改造的同时，加快全省电话交换网络的改造，满足社会需求。各市（地、州）、县邮电局以电话改制为中心，在邮电部、省内各级政府、省邮电管理局和社会各界支持下，依靠干部职工艰苦创业，用新技术改造全省电话网络，开始实施程控电话建设，加快交换设备的更新换代。

1985年1月23—24日，省计经委对自贡市邮电局引进程控电话交换系统工程初步设计进行审核，同意并批复设计。4月3日，自贡市政府与上海中比公司在四川国际经济技术贸易洽谈会上签约，引进上海贝尔公司S-1240程控电话交换系统，规模为市话7000门、长话200线。其中自贡母局采用市话5500门长市合一的程控交换机，长话200门；远端模块局沿滩局为300门，邓关局为200门，贡井分局为市话1000门。母局至贡井局、沿滩局、邓关局建设25线对的PCM电缆42皮长公里及相应的PCM再生中继器。工程总投资950万元，其中地方拨款300万元，其余650万元由邮电部门自筹。外汇额度194万美元，由地方解决。

1988年2月10日，自贡市邮电局7000门程控电话交换工程开通，设备运转正常。自贡市于1968年开通的3000门步进制交换机停用。工程投入使用后，自贡市话容量增长1.33倍，大大缓解打电话难的状况。9月29日，自贡市政府举行“自贡市建成万门程控电话”新闻发布会。10月，德阳市、乐山市相继开通程控电话。

1989年4月1—3日，四川省数据通信网二期工程的重要组成部分——17城市20万门程控电话工程的可行性研究报告通过省计经委组织的120名专家论证审查。工程主要包括引进程控市话交换机30万门。12月17日，数据通信网一期工程验收投产，为成都、德阳、绵阳、乐山、自贡、泸州和宜宾等8个市（地）增加市内电话程控交换机容量2万门。

1990年4月20日，四川省17城市引进西班牙程控电话签字仪式在成都举行。四川省利用西班牙政府混合贷款引进西班牙西萨公司程控电话19.3万门，长途7560线，总投资4990万美元，这是当时全国邮电系统最大的引进项目。

1991年12月18日，广元市8000门程控电话割接准备工作完成。10时整，割接指挥长黄绍林下达开始割接命令；随后，整个割接工作仅用近2个小时顺利结束。程控割接验收组组长王会卿宣布：“四川省第二期数据通信网17城市程控交换工程首家在广元市割接试运行。”该工程投资2140万元。12月22—24日，由省数据通信网办、省邮电管理局电信处、建设处、省通信建设公司、省邮电设计所、绵阳市邮电局和广元市邮电局组成的初验组对广元市邮电局程控电话工程进行初验测试，并通过验收。

至年末，全省程控电话由 1990 年的 9.45 万门增加到 19.15 万门，为自动电话交换机容量的 46.8%。电话机总数 54 万部，电话普及率由“七五”末的 0.52% 提高到 0.58%。

图 1－35　广元市开通程控交换纪念碑

1992 年 3 月 6 日，涪陵市 7000 门程控电话割接开通；3 月 14 日，万县市 8000 门程控电话开通；8 月 2 日，南充市 8000 门、南充县 2000 门程控电话割接开通；12 月 15 日，达县地区筹集 1100 余万割接开通万门程控电话。

1993 年 12 月 18 日，绵竹县 5000 门程控电话开通，全省第一个市话交换程控化、传输光纤化的地方现代通信网在德阳市建成。12 月 31 日，绵阳市 7000 门程控电话割接开通后，17 城市程控交换工程全部完工，标志中国内陆第一大省的骨干通信网实现程控交换的数字化。17 城市程控交换工程自 1991 年开始，先后建成并开通广元、涪陵、万县、成都、自贡、南充、遂宁、凉山、达县、泸州、乐山、德阳、雅安、内江、宜宾、攀枝花和绵阳 17 个城市 41 个局程控电话 192952 门，长途交换 7600 线。全省市话普及率及长途电路在 1989 年基础上分别翻一番和一番多，电话通信的技术装备大部分达到 80 年代国际先进水平。

1994 年初，乐山市邮电局新扩容 5000 门程控电话工程割接成功。全市有 9 个区（县）建成程控电话，市话交换机总容量 5.7 万门；17 个区（县）实现市话自动化。9 月 6 日，金阳县开通 1000 门数字程控电话，标志凉山州 17 个县（市）全部实现市内电话自动化。10 月 23 日，巴塘县割接开通 512 门程控电话交换机。至此，甘孜州 18 个县全部实现市话自动化。

11 月 26 日，北川县开通 1000 门程控电话，成为四川最后一个告别“摇把子”电话的县城。至此，全省 191 个县城全部实现市话自动化，电话总容量 131 万门，其中 95% 为程控电话，市话用户 82 万户。全省市内电话交换总容量 111.99 万门，其中程控交换机容量 102.45 万门。

1995 年，全省历经 5 年程控交换建设，基本实现市（地、州）城市程控交换改制、扩容，全部实现交换程控化。此后，全省程控交换建设重点从市（地、州）所在城市转向中小县城。

图 1－36　普格县 2000 门程控电话割接现场

1996 年，全省市话程控容量 78.9 万门。

1997 年 8 月 7 日，若尔盖县邮电局 1500 门程控电话交换机割接开通，阿坝州 13 个县的市内电话全部实现程控化。8 月27 日，普格县开通 2000 门程控电话和长途传输光缆，标志全省 179 个县以上城市全部实现电话程控化，程控电话交换机总容量由1990年的7.8万门，增加到275万门。全国城市电话普及率达到25%。普格县成为中国公用电信网电话交换机总容量突破1亿门的标志县。县以上城市全部实现电话程控化，标志四川电信交换技术完成由人工交换向自动交换，再向数字程控交换的演变，实现由模拟网向数字智能网的飞跃。

第三节　农村电话网

一、网络建设与改造

1985年，全省农话网路建设向农（话）、市（话）合一的方向发展，以一点多址无线通信、小微波、特高频等技术设备逐步改造农村电话通信网。同时，开展农话交换机改制（人工改机电）工作，征收改制费。至年末，全省农话交换点2464处（含公社经营的724处），已通电话的公社（乡）8570个，占公社总数的99.32%；生产大队（村）已通电话的比重达14.61%；全省农话交换机总容量11.6万门。自动和半自动交换机、半电子交换机、PCM数字通信设备、特高频设备等，陆续在农村电话通信网上开通使用。农村电话全部为磁石式电话。

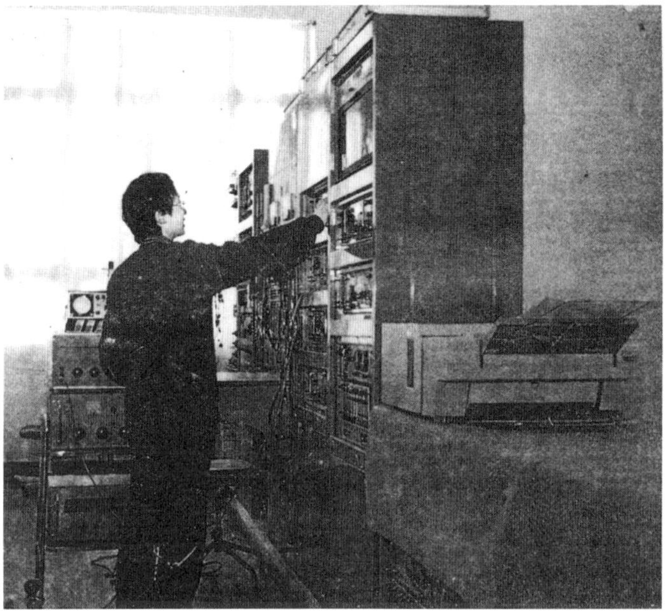

图1－37　农话载波通信机房

1986年，全省坚持“国家、企业、集体、个人一起上”的方针，加强农村通信设备的技术改造。一些县（市）政府采取拨款补助、用户集资、减免税收和政策优惠等措施，加快农话设备的更新改造和新技术的使用。在农话网改造中，广汉市在全国率先推出长话、市话和农话交换“三合一”改革，统一技术管理体制和设备制式、统一网路规划建设，解决长话、市话和农话条块分割的问题。1月19日，广汉市邮电局购进并开通长、市、农合一的交换设备，使农村电话由原三级人工交换改为一级自动交换，乡（镇）电话直接进入市话网和全国长途网，通信能力增长1—30倍。

绵阳市邮电局坚持“因地制宜，先普及再提高”的方针，分层次推进农村电话人工改自动建设。针对经济较为发达、经济条件一般、经济发展较为缓慢地区分别提出3种改制方案，促进业务大幅增长。改制前，18个端局、支局业务收入79.94万元；改制后业务收入176.73万元，增长1.21倍。全省第一个农村自动电话支局在市中区永兴区建成。在开通典礼时，绵阳市邮电局特邀安县花荄、三台西平、梓潼许州、盐亭玉龙等10多个集贸繁荣、经济条件较好、有改制要求的区（镇）长参加，以点带面，促进其他地区农话发展。

至年末，全省有农话交换点2279处，明线杆路59830杆公里，水泥杆占杆路总数的60.43%；

明线线路115300线对公里；电缆275398皮长公里，交换机总容量10.96万门，实装电话单机67105部。全省乡（镇）装电话单机7716部，占全省乡（镇）总数的98.8%。全省有农话电路51712条，其中，载波电路2578条，县至区（乡、镇）的中继电路4084条。

1987年，省、地、县安排598个农话基建大修改造项目，改造农话线路2777杆公里，铁线改铜线936对公里，不通电话的乡（镇）由100个降为43个。全省拥有农话中继电路6877条，使用6541条。农话用户52223户，农话交换点2601处。农话交换机容量128620门，已通电话的乡（镇）8543个，占乡（镇）总数的99.5%；通电话的行政村12267个，占总数的16.1%。

1988年6月，广汉市南兴镇在全省第一个开通乡（镇）级国内长途直拨电话，全镇有17户装上直拨电话。是年，全省农话中继电路增加到7390条（其中载波电路3584条），净增513条。全省县至乡（镇）的直达中继电路4950路，平均0.58路。农话交换点2706处，平均3.17个乡（镇）有1个交换点。交换设备总容量137066门，话机86560部，其中自动话机10773部。全省有17个农村支局实现电话自动化，容量3000余门。

1989年，全省有20个县（区）局和30个农村邮电支局实现电话自动化。至年末，全省拥有中继电路7346条（其中，载波电路3485条，无线电路193条），县至乡（镇）的直达电路5233条。交换设备总容量144377门，话机90825部，其中自动话机11771部，明线杆路总长63372杆公里、121723线对公里。

1990年4月28日，简阳县养马邮电支局的自动电话进入全国长途直拨电话大网，成为全省第一个进入全国自动大网的农村邮电支局。全省农话中继电路由1985年的5172条增加到6584条，增长27.3%。至年末，全省农村自动电话从1985年末的130门发展到12410门，增长近60倍，农话线路水泥杆比例由1985年的56%提高到75%，农村电话用户发展到69620户，400个邮电支局实现电话自动或半自动接续，有的乡（镇）或支局用户进入全国自动网，能拨通国际国内长途电话。农村电话交换机容量由1985年的11.6万门发展到14.97万门，增长27.3%；话机总数96663部，其中自动话机17820部。全省有8449个乡（镇）通电话，占乡（镇）总数的99%。

1986—1990年，全省统一规划，有重点、分期建设县（市）本地电话网。在农村通信建设中，广泛采用载波设备，推广特高频、小微波等使用技术。全省5年完成投资11551万元，其中农话自筹9145万元，占总投资的79.2%。5年完成2800余个工程项目，新建大修、改造明线杆路8819杆公里、18128对公里；新购局用机械设备1473架，更新载波机504套；新建邮电局房302处，总面积13473平方米。新建农话乡（镇）交换点323处，总数2563处。

1991年7月20日，绵阳市青义区300门程控自动电话正式开通投入使用，成为全省第一个实现长市农联网全自动双向通信的乡（镇）。10月，梓潼县筹资85万元，提前建成5个自动电话支局；盐亭县政府成立农村通信管理委员会，筹集60万元农话发展基金，完成富驿、玉龙、两河等区（镇）自动电话工程。绵阳市筹措资金630万元，建成开通5个农话端局、13个农话自动支局，自动交换机装机容量3650门，自动电话计费用户2380户。

是年，全省农村乡（镇）电话自动化步伐加快，全年完成人工改自动36处、7350门，安装自动小交换机155处，新增农话单机4824部，农话交换机总容量110931门，其中自动交换机容量20053门。

至年末，全省农话固定资产2.43亿元，有农话交换点2902处，线路11.8万对公里，交换机容量15.8万门，基本建成以县城为中心的农村电话网。全省通电话的乡（镇）98.9%，全省农话话机普及率每百人0.1部，低于全国0.29部的三分之二。全省农话通信基本是明线载波传输加人工交换方式，接续速度慢，通信质量低，“摇把子”电话比重达83.9%。

图1－38 90年代初的德格县农村电话交换点

1992年10月21日，都江堰市至崇义镇农话光缆工程割接开通，这是全省第一条农话光缆。光缆开通后，都江堰市崇义、土桥、天马3个乡（镇）的所有农村电话用户同时改制成功，并直接进入自动电话直拨网。

至年末，全省农村电话交换机自动交换点322处，自动交换机容量46593门，农话网自动化水平达28%。全省36.53%的乡（镇）装上农话交换机，已通电话的乡（镇）比重达98.7%；农话用户可直拨的乡（镇）比重达15.68%。

1993年，全省在农村通信建设方针上，树立大网观念，实行市话、农话统一组网和长话、市话、农话联网；并制定具体的技术标准和规范，明确农话发展应走“交换程控化、传输数字化”的路子，用户型交换机不准进网，在农话建设上要从大网出发，形成规模效益，避免重复建设。8月12日，眉山县太和镇农村电话端局改制工程割接开通，在乐山市建成首个全数字自动电话本地网。

1994年，全省农话交换机达29.5万门，农话自动交换点达740个。至1995年末，全省农村电话用户达18.9万户。

1998年，省邮电管理局适当调整鼓励农话发展的补贴政策，即从1997年的250元/部提高到300元/部。同时，从是年起，拟在3年内拿出3亿元作为发展农话的贴息资金，筹集10亿—16亿元用于增强农村电话通信能力的建设，由省局按规定贴息，市（地、州）局还本。至6月末，全省市话农话局用交换机容量达380万门，比1980年增长18.7倍，实际用户245万户，比1980年增长22倍。

11月5日，省邮电管理局与中国建设银行四川分行就发展四川省农村通信的5000万美元转贷仪式在成都举行。该合同利用西班牙政府的优惠混合贷款5000万美元，针对四川省广大农村地域辽阔、多山区的特点，引进法国阿尔卡特公司A9800一点多址数字微波和接入网设备。总计引进89个A9800系统、8万线用户线，解决全省16个市（地、州）的农村通信问题。

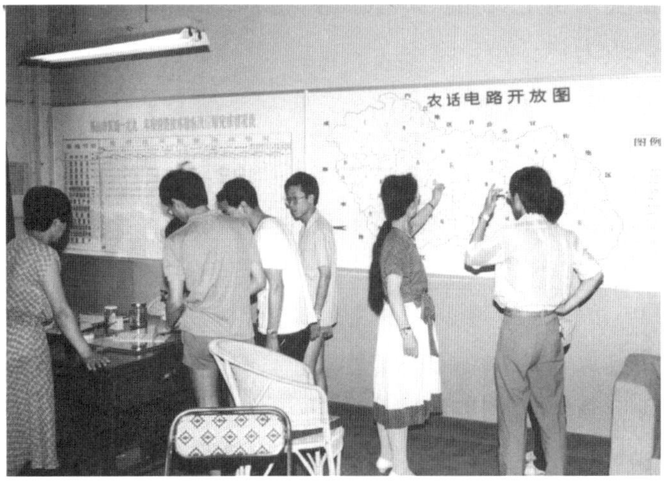

图1－39 乐山市邮电局研究农话网络建设

21世纪初，四川电信把阿尔卡特A9800微波通信设备、华为ETS 450无线接入系统等无线接入方式作为解决偏远农村通信的重要手段，与固定电话、小灵通互为补充，在全省偏远农村推广使用。2002 年，四川在用的 A9800/A9500 系统 40 套，用户约 9000 线。

2003 年，四川电信对 A9800/A9500 系统进行扩容、新建，在用的 A9800/A9500 系统 62 套，用户 19896 线，主要分布在凉山、泸州、遂宁、宜宾、广安、广元、乐山、眉山和雅安等地。同时，整合全省 A9800/A9500 闲置设备，新建铁塔 63 座。

为使农村通信网络建设更加规范和经济，在简阳、都江堰试点的基础上，参考外省的建设经验，四川电信组织、指导各市（州）分公司编制《农村通信建设规划》，按照制定的网络发展规划，结合当地经济发展情况，在网络优化调整的基础上，针对不同地区采取不同的发展策略，注重农村通信网络建设实装用户综合造价的折算，通过设备单线造价到用户单户造价的成本分析确定建设方案，加快农村通信网络建设。

6 月，在分析市场重点和促进收入增长最大动因的基础上，根据业务对收入的贡献大小及时调整投资预算。在不突破年度预算额度的前提下，调减农村通信的投资规模。

2004 年初，四川电信以“村通工程”为契机，向省通信管理局申请以 CDMA 450M 无线通信技术方案解决农村通信的问题。8 月，首先对广安市原有 1 个 450M 模拟无线接入站点进行系统改造试点。改造后的系统由无线接入控制器和农村接入单元组成，无线接入控制器以 V5 接口接入各本地网固定交换机，农村接入单元通过传输 2M 电路接入无线接入控制器，用户通过固定无线终端接入系统。试验证明，系统改造后频率利用率高、通话质量及覆盖范围理想。同时，四川电信完成全省 A9800/A9500 设备 38 个集中监控数据采集点的安装，集中监控系统正式运行，全年累计新增放号 1673 线。

是年，全省在用 A9800（A9500）62 套，基站 402 个，用户 19763 线，涉及 16 个市（州）、38 个县。全省 ETS450（TCL450）62 套，基站 97 个，用户 20251 线，分布在 12 家市（州）分公司。

至年末，四川电信采用有线杆路方式发展农村电话用户 372 万户，用户数比 2000 年翻了一番；同时，在全省 55017 个行政村中，有 48317 个村开通固定电话，覆盖率达 87.82%。

2005 年 5 月 18 日后，受频率限制，全省停止使用 450M 无线技术。随着通信技术的发展，村通系统陆续投入使用，A9800、ETS450 逐渐退网。“十五”期间（2001—2005 年），四川电信累计投入资金 30 余亿元用于农村通信。至 2005 年末，建成 355 个村通基站，无线容量 52.8 万户，实装用户 28.6 万户。

二、村通工程

1996 年 11 月 8 日，广汉市邮电局实施的重点项目——“村村通电话”工程（简称村通工程）竣工。至此，全市 260 个行政村全部开通程控电话，提前 1 年完成市政府下达的“村村通电话”的目标。

1997 年 8 月 28 日，“成都电话第一村”落户郫县友爱乡农科村，78 户人家安装 66 部电话。该村成为全省第一个正式命名的电话村。8 月 29 日，什邡市政府召开“村村通电话”工程竣工总结表彰大会。全市 19 个乡（镇）的 248 个行政村提前 3 个月开通程控电话，平均每个村装电话 4.6 部，农村电话普及率提高到 1.65%。在实施“村通工程”前，全市通电话的村 24 个，占总数的 18.14%，农村电话普及率 0.51%。为此，中共什邡市委、市政府将实现“村通工程”纳入农村奔小康目标的重要内容，并于 1996 年 9 月由市政府主持召开全市“村村通电话”工程建设工作会。整个

“村通工程”总投资2490万元，全市形成1个以C4局为汇接中心、6个C5程控端局为交换中心、光纤传输为骨干的环状农村通信网，覆盖全市所有农村。

1998年初，四川电信提出“四个上台阶”的总体发展目标，其中之一是在成都市“基本实现村村通电话”。4月14日，省邮电管理局召开生产经营分析会。截至3月末，全省郫县、温江、新津、青白江、德阳、广汉、绵竹和罗江等9个县（市、区）实现“村村通电话”的发展目标。德阳市在村通工程中，全市6个县（市、区）除中江县以外，实现“村村通电话”，成为全省村通工程进展最快的市。全省实现乡乡通电话的市（地、州）9个；在全省153个县（市、区）中，有9个县（市、区）实现“村村通电话”目标，占县（市、区）总数的5.88%；在全省4957个乡（镇）中，有4569个乡（镇）通电话，占乡（镇）总数的92.17%；54620个行政村中有13919个行政村通电话，占行政村总数的25.48%。

4—5月，郫县犀浦镇政府和郫县邮电局组织人员，利用小春前农闲时间突击施工，新建干线121公里，建成覆盖全镇18个村122个社的电话网络。10月，犀浦镇实现交换程控化、传输数字化、移动通信无缝覆盖，全镇8816户住户安装电话6354部，电话普及率72部/百户，达到国家电信总局颁布的电话镇标准。10月13日，省邮电管理局和成都市电信局在犀浦镇举行“四川第一电话镇”授牌仪式，犀浦镇党委书记俞越峰从省邮电管理局电信经营服务部主任阳双梅手中接过“四川第一电话镇”的牌匾，标志四川首个电话镇正式落户犀浦镇。

图1－40　1998年10月13日，“四川第一电话镇”授牌仪式

6月2日，眉山县召开通信建设工作会，启动村通工程。33个乡（镇）与县政府签订目标责任书，确保2000年前眉山县实现村村通电话。

是年，成都市电信局投资11亿元，新增、扩容郊县交换机（含接入网）22.03万门，使成都郊县交换机总容量达64万线；敷设成都郊县光缆30277.83芯公里，使光缆100%通达290余个乡（镇）。成都郊县全年发展电话用户155951户，其中农村电话用户40945户。双流、新都、新津、龙泉驿、青白江和邛崃100%实现村通电话（温江、郫县于1997年实现100%村通电话）。彭州、崇州、大邑和都江堰的村通电话率达90%以上。至年末，成都郊县4363个行政村中有4219个村通电话，占行政村总数的96.7%。

2003年10月，根据信息产业部关于调查农村通信现状的通知要求，省通信管理局组织四川电信、四川移动对省内农村通信现状进行调查。据四川电信统计：在全省54996个行政村中，既未通固定电话也未通移动电话的行政村9740个，占17.71%；在全省5047个乡（镇）中，既未通固定电话也未通移动电话的乡（镇）593个，占11.75%。未通电话的乡（镇）和行政村主要集中在“三州”少数民族地区和四川盆周山区。

2003 年 10 月四川省农村通信情况统计表

表 1－4　　单位：个、%

市（州）	乡镇总数	未通电话的乡镇数	未通电话的乡镇比例	行政村总数	未通电话的行政村数	未通电话的行政村比例
成都市	335	0	0.00	4554	148	3.25
自贡市	96	0	0.00	1464	10	0.68
攀枝花市	69	10	14.49	409	128	31.30
泸州市	144	0	0.00	2829	550	19.44
德阳市	161	0	0.00	1944	0	0.00
绵阳市	277	3	1.08	3447	321	9.31
广元市	257	31	12.06	2517	887	35.24
遂宁市	112	1	0.89	2209	159	7.20
内江市	111	0	0.00	2078	98	4.72
乐山市	225	8	3.56	2361	485	20.54
南充市	482	7	1.45	5793	237	4.09
宜宾市	204	0	0.00	2963	342	11.54
广安市	173	0	0.00	2886	188	6.51
达州市	389	16	4.11	3686	1455	39.47
巴中市	284	17	5.99	2347	598	25.48
雅安市	174	0	0.00	1110	101	9.10
眉山市	217	1	0.46	2340	99	4.23
资阳市	171	0	0.00	2822	383	13.57
阿坝州	225	100	44.44	1351	894	66.17
甘孜州	325	217	66.77	2163	1694	78.32
凉山州	616	182	29.55	3723	963	25.87
合　计	5047	593	11.75	54996	9740	17.71

说明：2003 年 10 月 23 日，中国电信四川公司统计

2003 年 10 月起，四川省部署开展甘孜、阿坝、凉山 3 个少数民族自治州农村乡（镇）通信扶贫工程，并协调相关部门制定和争取国土资源占用、电力引入、通信运营成本补贴分摊等优惠、扶持政策。全省未通电话的行政村近 1 万个，占全国总数的四分之一。根据四川地理、经济、人口等因素，省政府要求首先解决“三州”通电乡（镇）及其余市（州）所有未通电话乡（镇）的通信，再分期分批解决行政村通信问题。

2004 年 1 月 16 日，信息产业部印发《关于在部分省区开展村通工程试点工作的通知》，同时出台《农村通信普遍服务——村通工程实施方案》。3 月，信息产业部在四川、陕西和内蒙古等 5 个省（自治区）开展行政村通电话工程试点，解决广大农村地区通信问题，推动电信普遍服务。四川省由中国移动和中国卫星通信集团分别承担 6112 个和 132 个行政村的通信问题，实现每个试点行政村至少开通两部以上电话，其中至少 1 部为有人值守公用电话。

全省村通试点工作启动后，承担村通任务的四川移动、四川卫通成立村通工程建设领导小组和实施

部门，负责村通工作。前期投入大量的人力和时间，对全省21个市（州）、5046个乡（镇）和54801个行政村的通信情况进行详细摸底调查，并多次组织公司技术专家对村通工程选择的技术方式进行分析比较，制定解决村通工程的总体规划方案。同时，省通信管理局组织行业技术专家对“三州”的乡（镇）通信扶贫工程实施方案、建设和运行维护成本测算进行多次协商和论证，确立因地制宜地解决内地农村和“三州”乡（镇）通信的技术方式。

图1－41　四川移动在大山之间作业，解决农村通信困难

在实施村通过程中，四川移动对采用移动GSM边际网、固定无线接入、VSAT、Aces卫星电话等技术方案进行试验和分析比较，决定采用“以GSM边际网为主，VSAT卫星通信为辅，Aces卫星电话作为零星补充的组合技术方式”。四川卫通针对未通村地理位置偏远，气候条件差，电力、交通落后等特点，发挥卫星通信手段的优势，采用中国卫通“全球星”和Aces卫星移动电话实施村通工程。四川电信采用固定电话为主、450M无线固定电话为辅的技术方式开展村通建设。

3月29日下午，四川卫通在平武县水观乡观凤村、阔丰村，分别开通两部固定式“全球星”卫星电话，成为全国第一个开通试点行政村的公司。四川卫通为两村分别架设卫星天线，安装两部卫星电话。卫星电话国内长途电话费按0.7元/分钟、国际长途电话费按8元/分钟、港澳台电话费按2元/分钟标准收取。

9月25日，四川移动开通村通工程示范站，受到地方政府、当地村民欢迎。多数站点的公用电话出现村民排长队等待打电话的情景。据凉山州40个VSAT站的话务统计，忙时通话次数超过1000次，通话时长大于900分钟。

10月，全省启动“村村通电话”一期工程，确定“上山下乡、V5组网、100%固定终端”大原则，为在尽可能短的时间内迅速形成规模，站址选择严格执行与老ETS450系统共站建设。

至年末，全省投资1.64亿元完成村通工程试点首批402个未通电话行政村的通信任务，其中，四川移动完成344个行政村通信任务（含“三州”187个乡镇）；四川卫通完成58个行政村，达到村通目标任务的40%。四川电信解决1795个未通电话行政村的通信问题，结束“三州”地区30个乡（镇）85个村不通电话的历史，解决41万户农村用户的通信问题。

2005年3月，省通信管理局制定《关于加快推进我省未通电话行政村通信建设的意见》，成立四川省村通工程实施协调小组，负责协调村通工程建设实施阶段的计划方案、工程施工、资源共享、任务确认等。同时，要求在实施村通工程中建立村通目标备案制度，实行资源共享，避免重复建设，确保完成任务；建立工作联席会议制度，强化村通工程定期联系和争议协调机制。

5月18日，信息产业部在成都召开全国村通工程专题工作会议，总结2004年度村通工程整体开展情况，部署2005年村通工程任务，并就全面推进村通工程的主要措施和技术手段进行研讨。

8月，省政府印发《关于开展电话村通工程验收和“十一五”期间村通工程调查的通知》，要求各市（州）政府根据当地实际情况提出“十一五”期间解决未通村通信问题的需求计划。随后，省通信管理局委托地方政府开展村通考核验收，保证任务按时、按质、按量完成。11月末，蒲江县白云乡电话开通，成都市在中国西部率先实现村村通电话。至年末，全省累计解决7973个未通行政村的通信问题，超额完成信息产业部下达给四川省的6244个村通任务，使省内村通率达91%。其中，承担全省村通任务的四川移动、四川卫通分别完成6046个、132个村通任务，四川电信在没有承担村通任务的情况下积极推进村通工程，解决1795个未通电话行政村的通信建设任务。

第四节　本地电话网

本地电话网是指在同一个长途区号范围内，由若干市话、农话端局或由若干个市话、农话端局和汇接局及其局间中继线、长市中继线及用户线、话机所组成的网络。各地邮电局在通信发展过程中，以行政边界进行网络建设和业务区域划分，形成大小不一的本地电话网。本地电话网的建设基本以县（市）为单位进行。

一、本地电话网建设

四川电信　1989年1月20日，峨眉山市始建全省第一个C4（县级交换中心）本地通信网。建成后，峨眉山市到各区的农话、市话通信联络方便快捷，并进入全国长途自动网，实现长途直拨。随后，全省各地开始以县（市）为单位建设本地电话网。

1990年3月，乐山市投资160万元，建设全省第一个数模混合本地电话网——乐山—五通桥—沙湾通信联网工程。该工程是全省八市（地）数网工程的补充项目，采用光纤、数字微波传输方式，取代过去靠人工接续的模拟传输方式，并实现电话直拨。6月29日，工程竣工投产运营后通过省级鉴定。

1992年9月26日，荣县、富顺县程控电话割接开通，标志自贡市建成C3（地市级交换中心）扩大本地网，在全省率先实现县以上通信的全数字化。

1993年6月22日，都江堰市投资2200万元，开通光纤数字传输、全数字交换7000门程控电话本地通信网。这是全省第一个全数字化县级本地通信网。

1995年，江津市投资4708万元建成全数字电话通信本地网。该网总容量2.32万门（其中市话8000门、农话15200门），是四川省当时容量最大的县（市）级本地电话通信网。4月30日，德阳市投资2000万元建成C3扩大本地电话网，长途区号统一为“0838”。乐山市建成两个C3扩大本地电话网（乐山、眉山），长途区号统一为“0833”。

图1－42　乐山市加快扩大本地电话网建设

5月7日，省邮电管理局印发《关于加快以县城为中心县本地网建设的实施办法》，对县本地自动电话网建设中的组网指导思想、原则要求、技术条件及本地网C5端局设备选型等作出统一要求和规范。10月，成都市电信局配合成都市广播电视局，利用光纤网络传送有线电视节目，率先在成都高新区肖家河住宅小区开通 CATV 光纤电视系统，让市民看上图像清晰、频道丰富的光纤电视，实现电话“户线工程”和光纤电视系统同步建设。

是年，省邮电管理局、成都市电信局制定《成都扩大本地电话目标网规划》和《成都市本地电话网“九五”期间总体建设方案》，正式启动全省规模最大的本地电话网工程。此前，成都有 13 个县（市）本地电话网。其中，成都市内 5 区及龙泉驿、青白江两个远区组成的本地电话网由成都市电信局经营管理，使用“028”长途区号，其余 12 个本地电话网分属成都的 12 个郊县（区），使用 4 位数区号。12 月下旬，邮电部和四川省邮电管理局评审通过《成都扩大本地电话目标网规划》和《成都市本地电话网“九五”期间总体建设方案》，涉及硬件和软件两大系统工程。硬件设施方面，需要建设 3 条传输设备光缆工程、10 个交换工程和 18 项传输设备工程；软件设施方面，将改变市内 5 区交换机网络结构和性质，新建 4 个汇接局，增开成都汇接局至各郊县（市）的中继传输电路，全市所有交换系统数据需全部修改，一些交换系统的软件要改版。该工程是成都电话网络史上最大一次调整和优化。

至年末，全省有本地电话网 194 个，其中大城市本地网 2 个，中等城市本地网 16 个，小城市本地网 5 个，县本地网 171 个。

1996 年 3 月 10 日，南充市建成本地电话网；7 月 13 日，达川地区建成以达川市为中心的本地电话网，并进入全国大网投入使用。

9 月 21 日零时和 11 月 1 日 22 时，成都市电信局进行两次扩大本地电话网并网升位演习，取得成功。并网前，成都市电话用户上百万户，包括移动 A、B、G 三网用户，BP 机用户，郊县市话和农话，小交换机用户等。并网后，凡与电话网络有关的电信业务均发生重大变化。12 月 15 日，成都 C3 扩大本地电话网割接开通，全市 12 个郊县（市）电话并入成都本地电话网，统一使用“028”长途区号。至此，结束成都市行政区内郊县相互打电话拨长途区号的历史。

图 1－43 成都 C3 本地网开通新闻发布会现场

11 月 25 日，自贡市铸钢厂正式撤机并网。该厂原有 150 门供电式小交换机，实装住宅电话 87 部、办公电话 22 部，撤掉小交换机后全部并入自贡市本地电话网。自贡市邮电局对该厂撤机并网和新装电话实行优惠政策。

12 月 15 日，内江地区建成 C3 本地电话网，长途区号统一为“0832”。至年末，全省建成成都、德阳、自贡、南充、达川、乐山、内江、绵阳、遂宁、广元、泸州、宜宾和广安 13 个 C3 扩大本地电话网。

1997 年 12 月 6 日，攀枝花市、雅安地区和巴中地区建成 C3 扩大本地电话网，长途区号分别统一为“0812”“0835”“0827”。

是年，甘孜州各县（市）电话交换实现数字程控化，光缆线路逐步向各县（市）和农牧区乡

（镇）延伸，开始组建以康定市C3网为中心的甘孜州扩大本地电话网，凡开通光缆县（市）的市话网逐步进入C3本地网。

1998年，省邮电管理局印发《关于本地网建设若干问题的规定》，明确：本地电话网应遵循“大容量、少局所”的原则，各局一律不得随意增加端局。5000门以下的端局一律不得再建，新建5000门以上的端局必须报省局批准后方可建设；本地网的网络结构应由端局、汇接两级结构组成。系统容量的配置和网络结构要满足电话业务的需求，同时应考虑各种新业务的开发，以及支撑网的传输容量需求。

7月12日，凉山州建成以西昌市为中心的C3本地电话网，长途区号统一为“0834”。12月30日，马尔康县C3扩大本地电话网割接开通，阿坝州13个县全部进入本地电话网，长途区号统一为“0837”。

1999年4月28日，四川电信在成都开通IP电话实验网，业务接入码为17900。是年，全省建成C3本地网网管系统和6个局动力环境集中监控系统。

2000年10月，甘孜州18个县（市）话网进入C3本地网，实现在一个长途区号（0836）内采用统一封闭编号区的本地网组网编号目标。至此，全省完成扩大本地电话网建设，建成19个C3扩大本地网，交换机总容量889.8万门，固定电话用户558.24万户，局用交换机实装率为70.51%，接入网实装率为62.3%，县以上城市全部开通程控电话交换机，程控化比重达100%。建设长途交换机23个，长途交换机容量26.03万路端，长话业务电路9.24万路，长途交换设备能力增强，各市（地、州）、县均进入本地电话网。此后，随着固定电话市场逐步饱和，本地电话网的建设思路由适度超前发展调整为健康稳妥地发展固定电话网，加强网络结构优化，提高设备实装率，盘活存量，利用现有资源，挖潜增效。

2001年11月30日，信息产业部发布《关于企业专用电话网与公用电信网联网有关问题的通知》，就本地网范围内在3000门以上（含3000门）的企业专用网与公用网联网的有关问题作出规定。12月3日，四川电信与长城特殊钢（集团）有限责任公司在绵阳市签署资产转让协议，由四川电信出资3285万元，整体收购其内部通信网的全部资产。12月20日，四川电信与东方锅炉（集团）股份有限公司在“拆机并网”方面达成一致意见，由四川电信斥资百万元，整体收购东方锅炉通信网，通信网交换机容量5500门。12月29日，四川电信与泸天化（集团）有限公司签署资产转让暨通信合作协议，四川电信斥资千万元对网络容量5000门、拥有4600户用户的泸天化的通信资产进行收购和改造。

图1－44　2001年12月3日，长钢通信网络资产转让签字仪式

至2005年末，全省有21个本地电话网、交换网全面实现程控化、数字化，完成全网ISUP信令改造。本地网交换机主要制式有S1240、C&C08、5ESS、ZXJ10等。端口资源利用率从2000年的67%提升到78%。

四川联通　1997年3月，四川联通投资1.89亿元，在成都启动本地网试点项目一期建设；1998年3月31日，完成3万门市话交换机的安装、调试，实现网内开通。PSTN成都市话网引进国际最先进的“接入网”概念，全网局间传输和用户接入网全部采用光纤数字传输。四川联通组建的本地网，坚持高起点、新技术，着眼于21世纪的信息和多媒体通信，以宽带业务数据网（B-ISTN）、ATM异步转移模式、电话、电视、电脑三网合一及其他新业务为发展方向。1999年1月22日，PSTN市话本地网试点开通运行。

2002年，全省19个市（地、州）开始本地网二期工程建设，开通市话前置交换局19个，新增用户交换机24万门和局用交换机9.6万门，实现全省市话经营。

2004年，四川联通投资800余万元，实施市话三期扩容工程，增补用户交换机0.7万门，市话总容量达27.7万门。

至2005年末，四川联通市话交换机容量27.7万门。

四川铁通　2001年，四川铁通在既有网络基础上，通过网络改造和扩建，汇接局、端局及模块局增至75个，交换机容量16.5万线，长途交换机容量2万余线，覆盖全省20余个城市，完成城域网工程建设112项，弥补城市网络资源的不足。在铁路内部开通通达国内102个城市、国际60余个城市的长途IP电话。

四川铁通有本地电话交换局107个，网络覆盖全省所有经济发达地区及铁路沿线，固定本地电话网程控交换机总容量20.6万用户线、9万中继线。公网电话网通过本地汇接局实现与中国电信、中国联通和中国移动等电信运营商的互联互通。

是年，四川铁通建设交换网一、二期工程，针对铁通既有交换网进行扩容改造，新增成都、资阳、德阳、绵阳、广元、乐山、眉山、西昌和攀枝花9个市（州）的关口局交换机及端局、模块局，用户线总容量12.3万线。至年末，交换网一、二期开通后，实现四川铁通交换网在全省9个市（州）的覆盖，具备对社会放号的能力。

2002年，四川铁通交换网规模继续扩大，局用交换机新增端口18.87万个，局用交换机用户容量21.6万线。

2003年，四川铁通投资5313万元，新建交换机用户15万线，发展固话业务。9月，完成包成铁路专网电话由4位数升至5位。至此，管内铁路专网电话统一为5位数。至年末，本地交换网规模扩大，网络能力提高，提升了公司电信本地网络的覆盖和接入能力，使乐山、南充和绵阳等部分市城区网络覆盖地域达80%以上。局用交换机用户达24.56万线。

2004年，四川铁通基础网络已覆盖除甘孜州、阿坝州以外的19个市（州），各市（州）分公司根据市场需求立项，总投资8839.1万元，新增端局、模块局160个，扩容交换局51个，新增交换机用户32.76万线。

2005年，四川铁通各市（州）分公司根据市场需求立项，公司进行批复的交换网建设项目总投资1602.78万元，新建模块局62个，扩容交换局45个，在线新增交换机用户41万线。

1986—2005年四川省本地电话网建设发展情况统计表

表1－5

年 度	本地电话局用交换机容量（万门）	本地电话用户（万户）	年 度	本地电话局用交换机容量（万门）	本地电话用户（万户）
1986	—	16.0	1996	374	150.2
1987	—	18.0	1997	329	209.9
1988	—	20.0	1998	417	279.7
1989	—	24.0	1999	529	381.6
1990	47	25.0	2000	838	558.2
1991	60	28.0	2001	1013	883.8
1992	77	45.0	2002	1224	881.9
1993	104	65.0	2003	1387	1105.2
1994	181	102.0	2004	1748	1369.9
1995	275	155.0	2005	2235	1577.0

说明：资料来源四川省发改委、四川省统计局编辑出版的《四川经济社会发展60年》

二、无线市话

小灵通，学名PHS（Personal Handy-phone System），是一种无线本地电话技术，采用微蜂窝通信技术，在1880—1930MHz兆赫这个波段内运作，是固定网络的补充和延伸，也被称为无线市话。

2000年1月，宜宾市PHS网络开通。随后，四川电信开始发展小灵通，在部分市（州）部署小灵通网络。南充市电信局首期投资5000余万元，建成覆盖市辖3个区的城区移动市话系统，2月25日试运行。4月，广安市电信局作出在全市各县（市）城区投资建设无线市话的决策；6月1日，无线市话开通。至10月，南充、泸州、达川、凉山、广安、绵阳、眉山、成都双流、宜宾、遂宁和内江11个局陆续开通小灵通网络。

2001年，四川电信在德阳、乐山、攀枝花、自贡和资阳正式启动5市无线市话项目，总投资1.38亿元，建成500MW基站1264个、200MW基站555个、20MW基站250个、10MW基站391个，话音信道9073个，系统容量12.3万户，工程陆续在当年末及次年初建成开通。此前，由各市（州）各自建设。

12月6日，四川电信在成都市大面积部署小灵通网络。12月26日，成都市政府印发《成都市人民政府办公厅关于建设成都市无线市话系统有关问题的通知》，要求规划、市容、环保、供电和环境检测等相关部门给予支持和配合小灵通项目建设。是年末，四川电信正式启动成都市PHS网络一期建设，工程总投资2.10亿元，采用UT公司iPAS系统，以GW独立交换机方式组网，一期工程建设12套GW网关、1套D-GW数据网关、1套OSS运行支持系统、1套VAS增值业务平台、102套CSC基站控制器、126套RPC基站控制器、1318个500MW套基站、932个200MW套基站、924个10MW套基站，系统容量20万户，网络覆盖市区二环路内、14个郊县城区及成都双流国际机场等重要区域。该项目于次年3月建成并运行。

2002年4月，成都市小灵通二期工程启动，工程总投资2.45亿元，新建13个GW网关，2578个500MW基站，上层网容量76万户，无线容量45万户。二期扩容完成后，成都电信的小灵通网络系统上层网处理能力、无线交换容量得以提高。市区实现二环路内无缝覆盖和二环至三环路间重点区域覆盖，郊县城区的覆盖率提升到85%—95%。11月20日，投资3.9亿元，启动成都小灵通三期工程，建成上层网17个GW网关、4419个500MW基站，上层网容量100万户，无线容量80万户。

图1－45　小灵通基站

4月5日，绵阳市电信小灵通系统实现全面升级后，全市小灵通的通话质量和接续速度得以显著提高。系统从单模块发展到多个外围交换模块组网，覆盖范围从绵阳市城区发展到周边7个县，覆盖范围内的基站总数1000余个，小灵通信道完好率一直维持在85%以上。10月，绵阳市建成1套无线市话智能平台，包括1套SCP和1套SMP，负责向绵阳市、德阳市提供PHS预付费业务。

是年，广元、巴中和雅安市PHS系统相继建成开通，网络组织首次采用中兴IGW独立交换机组网，信令基于NO.7标准MAP协议。原采用中兴设备的绵阳、德阳、乐山、眉山和广安市PHS网络全面升级至IGW独立交换机组网方式。

2003年，宜宾、内江、遂宁、自贡、资阳和攀枝花市采用UT设备进行网络升级改造，从PAS系统升级到iPAS系统。2月，直接采用iPAS系统新建的阿坝州PHS网络正式开通。至此，全省21个市（州）全部开通PHS无线市话业务。

5月，四川省PHS无线市话增值业务一期工程实施，采用UT公司系统设备，新建两套接入服务器、7套数据旁路模块、7套用户管理系统，实现自贡、内江、资阳、遂宁、攀枝花、宜宾和阿坝7个市（州）接入成都PHS增值业务中心。

8月14日，成都市小灵通四期工程启动；9月12日，工程割接成功，开通基站8685个、CSC 392套、GW网关31套、上层网服务器1套、UPS电源1602套，完成室内分布系统60幢大楼。

9月，四川省PHS无线市话增值业务二期工程实施，新建中兴PHS短信中心1套，统一接入绵阳、德阳、乐山、眉山、广安、广元、巴中、雅安和甘孜IGW系统，提供30万户用户的短消息和30万户用户的盲区呼业务；新建短信综合互通网关1套，实现原有UT短消息中心、新建中兴短信中心、即将建设的固网短信中心的互通，并实现与上海、广州一级网关及其他运营商、CP的互通。

是年，四川网通在成都开始“大灵通”网络建设。“大灵通”是采用SCDMA技术的无线市话，其基站覆盖范围比小灵通大，可达3—5公里。较小灵通PHS技术，不易掉线，尤其在高速移动时可保证通话，资费采用固话的市话资费标准。

2004年3月，成都市小灵通五期工程启动，10月完工，新建GW网关2套、基站2775个，工程总投资1.5亿元。12月8日，投资2.5亿元，启动成都市小灵通六期工程，新建基站4997个。

8月，四川省PHS无线市话增值业务三期工程实施，采用福建富士通公司系统，新建PHS短信中心1套，统一接入泸州、南充、达州、凉山的朗讯PHS系统，系统处理能力为60万户用户，并通过短信综合互通网关实现与UT短消息中心、中兴短信中心和固网短信的互通，同时建设1套短信群发及人工台平台，满足各分公司短消息群发及通过10000号平台人工发送短信的业务需求。

是年，四川电信实施PHS网络智能化一期工程，对原PHS系统进行网络智能化改造，在成都、南充、泸州、达州和凉山各建设1套SG，并进行PHS话单采集、批价、结算、分发、预付费业务扣费等系统改造，提供约20万线的PHS网络智能化业务能力，实现不同市（州）分公司PHS网络间语音漫游联网。根据中国电信集团公司《PHS无线市话系统省内联网技术规范》的建议，PHS省内联网规范采用基于MAP协议的信令传输协议，结合四川各本地网现状，此次工程UT 8个市（州）iPAS系统之间通过四川省MPLS VPN网联网，中兴9个市（州）分公司系统内部、朗讯4个市（州）分公司系统内部及不同厂家系统之间通过7号信令网实现联网。

至年末，四川电信累计投资13亿元，完成成都市小灵通网络一至六期工程建设，成都市小灵通网络规模达GW 32个、DGW 1个、GSC设备737套、基站16358个，上层网容量180万户，无线容量150万户，实现成都市区、郊县县城及乡（镇）的全覆盖。

2005年，四川电信统一全省小灵通平台建设、产品开发、产品包装和市场推广，建立全省统一的计费平台和结算平台。是年，通过PHS机卡分离管理系统工程建设和九七系统改造工程，实现PHS机卡分离目标，为灵活运用终端补贴策略在应对市场竞争的同时控制补贴规模创造条件，为终端融合类产品、新的增值业务开发提供条件，满足客户对小灵通业务终端多样化、功能个性化、使用跨区化的市场需求，促进PHS业务的持续发展。

至年末，全省无线市话覆盖全省21个本地网，总容量8142276门。成都市小灵通网络历经7次大规模系统扩容，从最初20万户系统容量、覆盖范围仅限二环路以内区域，发展至系统容量180万户，形成成都本地网以内基本覆盖，外环路以内密集覆盖，14个郊区、县城及周边城区（包括主要风景区和部分重点乡镇）全覆盖的网络格局，并覆盖成都市所有高速公路沿线，在市区1000余个餐饮娱乐场所及大型超市、百货商场等公共场所，PHS网络实现全覆盖。

2000—2006年，全省投入51.3亿元，建成小灵通基站7万个、PHS信道38万个，小灵通PHS无线测接入容量656万线，实占容量412万线。2006年后，全省小灵通网络投资大幅压缩，小灵通进入产品衰退期。

2000—2005年四川省小灵通建设情况统计表

表1－6

项　目	2001年及以前	2002年	2003年	2004年	2005年
总投资（亿元）	6.13	9.89	9.57	13.40	8.43
小灵通网络投资	1.22	7.99	7.73	10.41	4.17

续表 1－6

项　目	2001 年及以前	2002 年	2003 年	2004 年	2005 年
小灵通无线网投资	1.04	6.79	6.57	8.85	3.54
小灵通核心网投资	0.18	1.20	1.16	1.56	0.63
由于用户增长带来的 PSTN 网络投资	1.22	7.99	7.00	6.26	1.32
汇接局投资	0.32	0.00	0.00	0.02	0.58
传输投资	4.59	1.90	1.84	2.97	3.68
形成能力					
基站总数量（万个）	—	—	3.58	4.82	6.07
信道总数量（万个）	—	—	21.04	27.19	35.57

三、基础电信网络智能化

2000 年，随着固定电话市场的逐渐饱和，本地电话网的建设思路从此前适度超前发展调整为健康稳妥地发展固定电话网，优化网络结构，提高设备实装率，盘活存量，利用现有资源挖潜增效。

在网络技术升级、进步方面，四川电信采取的战略：积极跟踪网络发展新技术，做好网络发展的统一规划，包括网络发展长期、中期和近期的滚动规划。

2005 年，全省统一建设软交换大客户业务平台，并在乐山市采用 NGN+SHLR 实施网络智能化工程，由软交换控制全网 60 余万户用户的呼叫接续，开通点对点视频、统一通信、点击拨号、Web800 等语音与数据结合的业务，同时大客户业务平台分流省内 30% 的 IP 长途话务。这两个试点项目迈出全省网络和业务转型的关键一步。试点结果证明，软交换系统作为电路交换机的替代技术，相关设备已基本具备商用条件；软交换业务与控制分离的架构在提供增值业务和大客户综合信息业务方面具有先天优势，点对点视频和多方视频会议等业务在小范围内基本可以商用。

是年，四川电信完成网络智能化改造，成为全国第一个全面完成网络智能化改造任务的省公司，提前 1 年完成集团公司目标任务。

网络智能化通过新建 1 对独立汇接局作为本地电话网交换和功能控制核心，端局呼叫全出局，增强业务的可控性及网络的开放性、灵活性；构造清晰的两级组网结构，形成“双汇接、双归属”的二级目标网络，提高网络安全性；实现网络扁平化。端局退化到接入层面，简化端局的维护，更好地实现网络集中维护，延长端局设备寿命。引入智能用户数据库 SHLR，实现用户属性和用户数据的集中管理，有效解决传统交换网络智能业务触发的技术瓶颈，增强网络对业务支持能力和可持续发展能力，同时为将来网络的融合奠定基础，实现移机不改号、来显加零、集团彩铃、电子售卡、智能公话、一号通、同振等新业务。

截至 6 月末，全省本地网交换机总容量 13189491 门，实装 9761695 门，本地交换机中继端口 68378 个，实占 46204 个，本地电话交换系统 362 个，其中汇接局兼关口局 33 个，端局 329 个，模块局 2021 个，接入网点 3372 个。整个交换网全面实现程控化、数字化，同时进行全网 ISUP 信令改造，全面提升网络的扩展性及新业务支撑能力。

2000—2005 年，全省本地网端口资源利用率从 67% 提升到 78% 。在提升服务能力和网络优化方面，进行全部端局联机采集改造，实现市话详单、实时计费，满足客户明明白白消费的需求，提升服务质量；通过网络智能化改造，对全省21个本地电话网结构进行调整，增强固网的灵活性，提升固网提供业务的能力。结合新技术与新业务引入，完成软交换建设的试点，为将来网络演进建设打下基础。

2000—2005年四川省本地网局用程控交换机总容量统计表

表1－7　　单位：门

项　目	2000年	2001年	2002年	2003年	2004年	2005年
端局（包括模块局）用户容量	6705732	7621766	6345288	8745776	8781839	9120871
接入网用户容量	1620224	2369698	1973814	2303476	2457896	2741354

说明：含窄带接入网及交换机模块

第五节　长途电话网

一、四川电信

长途电话网建设　民国十四年（1925年），以成都为中心，相继设置长途电话，连接附近县。长途线路多为架空铁线、铜线。至1985年末，全省有长途电话电路1977路。四川与全国各省（市、自治区）的省会（除台北、呼和浩特以外）及宜昌、深圳建立直达长途电路。省会到北京的直达长话电路65路；省会到各市（地、州）均开通直达电路，共1803路，电路平均14.6路；市（地、州）至县（市）电路平均5.1路。全省开通自动、半自动电路的局45个，有权自动拨号用户105户，15个城市进入全国长途自动交换网。

1985年后，全省各地加快长途程控交换网建设，先后建设成都经内江至重庆1800路中同轴电缆载波和重庆至贵阳300路小同轴电缆载波，加之北京经西安至成都、重庆、贵阳、昆明、南宁和广州600路、960路微波一级干线的建成，逐步形成以明线为主，电缆、微波、短波等多种通信手段组成，沟通全省城乡的通信网。省邮电科研和工业生产部门研制的一系列明线复用载波设备，使1对明线增加到51条电路，在原基础上增加电路2—3倍。

1986年，全省坚持“国家、企业、集体、个人一起上”的方针，多方筹集资金，加快邮电通信建设步伐，增强电信通信能力，提高网路水平。全省完成长途电信线路铁线改铜线874线对公里，增加长途通信设备电路333条；增加长途交换设备1147回线（路端），其中重庆、广汉局安装长途自动交换设备，万县等10个局安装长途半自动交换设备。至年末，全省长话电路2465条，比1980年增长66.4%。省至市（地、州）的平均电路由1978年的7.4条增加到15.6条，市（地、州）至县的平均电路由1978年的3.5条增加到5.3条。省内安装长途自动、半自动交换设备的局39个，其中15个局进入全国自动交换网，长途自动有权用户471户。全省共电长途交换机容量855门。

1987年1月，什邡县、新都县、双流县邮电局安装长途全自动设备，配置16路DD16型长途全自动对端1端、32路DD14型长途半自动对端1端、TX20型电子电传机1部及相应的配套仪表。温江县邮电局购置16路DD16型长途全自动对端1端、TX20型电子电传机1部。金堂县、大邑县、射洪县邮电局增装全自动对端设备：16 路 DD16 型长途全自动对端机 1 端，32 路 DD14 型半自动长途对端 1 端，T1000 型电子电传机 1 部，并解决长话自动移位所需的相应电路。3 月，双流县邮电局做好 HJ-921 型 1000 门纵横制自动电话交换机的安装准备，安装 JT03 长途交换机和 DD16 全自动长途交换机，以解决双流县长途通信。三台县、资阳县、中江县、盐亭县、江油县、简阳县、长宁县、安县、隆昌县、珙县、绵竹县和邛崃县邮电局配置长途电话全自动和半自动对端设备各 1 端，并解决开放长途全自动业务所需电路。7 月，对重庆至泸州、宜宾、江津、毕节的明线杆进行改迁：重庆至江津、永州至江津电路经由德感坝至江津的微波调通；重庆至昆明 3 路经由重庆 603 站调通；重庆至泸州、宜宾等电路经由内江调通。渝泸 202 机停开后，重庆端调 603 站对昆明开通，倒接渝昆 202；宜宾 202 开机后作报废处理，由重庆市邮政局安排使用；渝泸 312 机停开后另作安排。8 月，遂宁至蓬莱镇 ZZD-17 载波机设备安装完成。

1988 年，国产数字传输设备投入试运行，该设备由邮电部五所研发，最高传输速率为 34M，用于当时的二级干线成都—灌县（今都江堰）。至年末，全省有长途电话电路 3267 路，出租长途电话 617 路，省会至北京的长话电路增加到 72 路，省会至除黔江以外的 19 个市（地、州）均有直达电路。长话通信的接续方式由过去的迟接制向直接制（全自动）发展。全省长途自动电话交换设备 2404 路（其中程控 2372 路），有人工共电长途交换机 5225 门，磁石长途交换机 6104 门，长途载波电话端机 1279 部（架），其中 60 路以上设备 104 部（架）。全省有长途电信线路 14028 杆程公里，架空明线 49466 对公里，长途电缆线路 668.6 公里，电缆 894.2 皮长公里。德阳市在全省市（地、州）中第一个实现全市长话自动化。

1989 年 12 月 17 日，四川省数据通信网一期工程验收投产，为成都、德阳、绵阳、乐山、内江、自贡、泸州和宜宾八市（地）装备长途自动交换机 4630 线，八市（地）长途电路由 685 条增加到 3115 条，净增 2430 条，从根本上改善过去八城市及其之间电话装不上、打不通、通不好的状况。

是年，数字微波、光缆通信技术开始在长途传输中运用，长途交换采用数字程控自动交换。长途电话设备首次引入光通信设备，有电端机 2 部，设备总容量 960 路；光端机 3 端；光中继器 2 端；微波收发信机 190 部，净增 68 部；微波站 35 个，新增 20 个。

1990 年 8 月 1 日起，因成宜高 12、成绵、内自超 24 载波电不平稳，串扰大等问题影响网络质量，停开成绵 ZMC401、内自 ZMC401 超 12 四路、成宜 ZM303 高 12 路载波设备。11 月，安排崇庆、灌县进入长途自动网，并增开华阳至成都自动话路。原崇庆 ZM203 载波机更换为 ZZD43 宽带载波机。换下的 ZM203 崇庆端调到温江，开通成温 ZM203。

是年，全省长途电话业务电路发展到 112437 条，较 1980 年增长 4.1 倍；长话业务电路 5168 条，较 1980 年增长 2.48 倍；四川省会—北京电路 96 条，较 1980 年增长 4 倍；省会—市（地、州）电路平均 47.7 条，较 1980 年增长 4.6 倍。市（地、州）—县电路平均达 10 条，增长 1.7 倍。四川有 42 个县进入全国长途自动交换网，占总县数的 24.3%，在全国按进网县数居第八位，按进网比例居第十三位，居中国西南、西北第一位。

全年新增长途设备电路 2400 条，长途交换设备 2066 线，长话业务电路增加 571 路，总数达 5168 路，其中一级干线增加 232 路，二级干线增加 335 路。共电长途交换机容量 7592 门，长途对端设备容量 3832 路。长途自动交换机容量 4798 路，其中程控占 4702 路；长途电缆线路增加到 314.52 皮长公里，电缆总长度 629.04 皮长公里。全年完成长途线路大修改造 501 公里，增加明线载波设备电路184条，新增长途半自动对端设备928路端，新建长话全自动对端设备552路端；有22个城市新进入全国长话自动网，全省有77个县以上城市进入全国长途自动电话网。

1986—1990年，全省在发展数字微波、光纤通信等新技术的同时，通过对明线和老设备进行技术改造，增强通信能力。5年间，将7000多对公里公路铁线改为铜线，采用高12路、超12路载波设备，提高复用系数，扩大传输能力。同时，改造县局安装的HJ-921和其他符合进网的设备，通过加装DD16、DD14对设备，使60多个点进入全国自动电话网。

1994年6月5日，重庆市电信局长途交换设备扩容1万线工程割接成功，使重庆长途交换设备总容量达1.55万线，缓解重庆用户打长途难的状况。7月23日零时，成都市电信局新建第二长途交换局2万线长途电话割接开通。至此，成都市的长途交换容量3.10万线，长途通信能力增长近两倍。全省长途交换机新增5.05万路端，累计达9万路端，提供长途设备电路2.8万路。

1995年，全省新增长途交换机5万路端，新增长途设备电路4万路端、长途设备电路11.5万路、长话业务电路1.5万条。电话交换机总容量348.23万门。其中，局用电话交换机容量275.11万门，用户电话交换机容量73.12万门。长途自动交换机容量15.05万路端。长话业务电路48607路。局用电话交换机程控化比重达96.47%。

图1－46　1995年的成都市电信局长途交换机房

1997年，由于本地网建设，全省长途自动交换机容量减少1万路端，为17万路端。长途业务电路增加1447路，达56594路，数字化和自动化比重分别达99.2%和98.4%。全省电话交换机总容量突破400万门，达404万门。其中，局用交换机总容量350万门，程控化比重为99.4%。

1999年，西成渝光缆工程、全国智能网三期扩容工程四川部分验收投产，广昆成和成兰光缆工程相继完工并投入试运行。全省新建本地网光缆5000公里，新增长途交换机容量2万路端，达20万路端；新建长途传输电路20172个2M口，达3.35万个；新增局用交换机容量88万门，达600万门。

2000年，全省新增光缆传输线路2108公里，光缆总长度42896公里；净增长途业务话路42606路（其中，数字电路净增42571路）。四川电信长途及本地网光缆达51944皮长公里，合70.8万芯公里；长途业务电路18.9万路；长途自动交换机容量24万路端；局用交换机总容量670万门；长途数字终端复用设备容量157万路。

2002年，全省长途光缆1.20万皮长公里，交换机用户总容量1234万门，一个现代化的电信网正在逐步形成。

2004年，四川电信长途交换网全省设置24个长途交换局，其中成都设置4个长途局，其余市（州）各设置1个长途局，资阳、眉山、马尔康和康定为长市合一局。通过网络优化调整，严格遵循电路增闭原则，长途交换机端口利用较好，端口实占率88%，忙时电路利用率为39.9%。长途全自动电路从2000年初的8万条增加到124186条。

NGN DC1骨干长途网的建设是中国电信业务向NGN转型的标志。建设软交换叠加网络，对各省的省际长途业务量进行分流，分流省际长途业务总量的20%—30%，解决DC1层面交换机新建、扩容及部分DC1城市的长途单节点问题。同时为提供话音、数据、多媒体综合型业务、为固网与3G融合打下基础。

成都作为全国八大区中心之一，建设1对SS，控制四川、重庆、贵州、云南和西藏5个省（市、自治区）的TG，其中，四川TG与省内21个本地网汇接局开通长途电路，承接30%省际长途话务，有效解决本地网C3长途局单点、容量不足等问题，充分利用软交换长途局的能力，极大缓解省际长途资源紧张的状况，迈出长途网络演进的第一步。

至2005年末，全省新增长话业务电路49275条，总数141709条；长途自动交换净增138912路端，达399230路端；局用交换机达1233万门。全省长途端口总容量452435路端，端口实占率91.48%。

2000—2005年四川省长途电话交换网络端口利用情况统计表

表1－8　　　　　　　　　　　　　　　　　　　　　　　　　　　　单位：门、%

项　目	2000年	2001年	2002年	2003年	2004年	2005年
长途端口总容量	238330	288343	399349	480090	448041	452435
长途端口实占率	76.66	77.75	81.96	85.62	89.33	91.48

长途电话交换技术　1984年7月，全省开放长途自动拨号业务，当年长途交换机容量500回线。

1986年，全省各市（地、州）邮电局在交换机改制中新建和扩容各类型长途设备，主要采用JT-03型、JT-04型、JT-15型等长机设备。由于设备性能落后，以长途人工交换和长途半自动设备为主，设备容量小（多为15—100回线），通信能力有限。至11月，从成都可直拨除西藏、新疆、内蒙古以外的全国所有省会城市的电话；同时，自贡、宜宾、南充和西昌等14个城市开通长途自动拨号，马尔康、峨眉和广元等9个中小城市实行半自动拨号。

1987年1月5日，长途全自动直拨电话在重庆首次开通使用，此次投产的设备可放号200户用户，并与全国各大城市直接拨号通话。是年，成都市政府筹措建设资金1亿多元进行交换设备改制，制定8条政策在建设资金、建设用地、税费等方面支持全市通信建设。3月下旬，成都市政府副市长方家祥牵头市计委、经委、建委、财政局和规划办等部门共同研究邮电通信的发展建设，将邮电通信发展工程项目作为城市基础设施工程项目，由市计委、市建委和市财政局共同下达。

1989年7月22日，成都长途程控1400线工程竣工，工程总投资977万元。

至1990年末，成都、重庆等9个城市先后安装程控长途自动交换设备，加上部分DD16、DD18对端设备，有77个县以上城市进入全国长途自动交换网，其中13个城市能够与世界上180余个国家和地区直拨电话。

1991年4月27日，康定县邮电局长途交换和1000门自动电话同时割接开通，设备运转正常。至此，四川省21个市（地、州）所在地全部实现电话交换程控化。7月上旬，康定电信枢纽暨1000门自动电话工程正式通过验收。12月27日，都江堰市正式开通国际直拨电话，成为全省第一个直接进入国际长途网的县（市）。12 月 31 日，康定县邮电局开通国内长途直拨业务。至此，四川省市（地、州）所在地城市进入全国长途自动电话网。

长途电话网络改造与优化 1996 年 7 月 6 日零时，中国公用长途电话网第一个具有智能网业务交换点（SSP）功能的带负载交换局在成都市电信局长途局投入运行。

1998 年 8 月 7 日，四川电信智能网工程启动，年末建成。工程投资 2500 万元，分两期实施，第一期工程包括：在成都设置 1 个业务控制点（SCP）、1 个业务管理系统（SMS），改造绵阳、乐山、南充和内江的 C3 长途局为智能网业务交换点（SSP）；第二期工程包括：改造德阳、广元、巴中、遂宁、广安、达川、自贡、宜宾、泸州、雅安、凉山和攀枝花 12 个 C3 长途局为 SSP，在成都设立智能网业务生成环境。建设单位为省邮电管理局重点工程办。

1999 年 12 月 27 日，成都市电信局新建 2 万路端第三长途交换系统 TSH3 通过电信总局验收，投入试运行，成为西南地区容量最大、系统数最多的长途交换局。是年，全国智能网三期扩容工程（四川部分）完工并投入运行。

2002 年 12 月，四川电信成都 P3S/TSH4 交换机通过中国电信集团公司验收，并作为 DC1 入网运行。随后，四川电信启动成都长途电话交换网优化工作，以成都为重点，调整全省长途网络，减轻成都 TSH1、TSH2 交换机负荷，利用成都 P3S/TSH4 资源，优化全省长途网络结构，提高网络安全性。

图 1－47　成都市太升南路市话交换机房

2003 年 10 月，四川电信对成都长途交换机进行扩容。成都长途交换机 4 部，即 TSH1（3 万路端）、TSH2（3 万路端）、TSL3（2 万路端）、TSH4（4 万路端），其中 TSH1、TSH2、TSH4 为 DC1 平面高级局，主要承担省际话务转接；TSL3 为 DC2 平面低级局，承担省内话务转接。截至 8 月，4 部交换机设备端口占用率分别为 96.21%、99.72%、95.46% 和 51.9%。其中，TSH1 建于 1986 年，1996 年对其进行 E+J 改造，由于设备老化，故障频发，维护成本较高，存在网络安全隐患，且受软件版本限制，不能满足新业务发展要求，退网在即；TSH2 交换局位于成都市人民东路电信枢纽 4 楼，1994 年建成并投入使用，初期设计容量为 2 万路端，机型为 E 系列，1996 年扩容 1 万路端/SSP。成都 TSH1、TSH2 长途端口资源利用率基本达到饱和，成都新华长途枢纽楼与人民东路机房之间传输资源严重缺乏，无法继续增开电路，且两部 DC1 交换设备在同一物理位置，存在安全隐患。

2004 年，四川电信分 3 个阶段调整全省长途交换网络：第一阶段，实施 TSH4 扩容、南北网络调整前省际二级电路的调整，完成 TSH4 对西南区的全覆盖，先将开放在 TSH1 和 TSH2 上至南方 21 个省的省际二级电路割接至 TSH4 上；第二阶段：调整北方区域的网络，在成都 TSH2、TSH4 上开放至北方 10 个省中国电信长途交换机电路，并关闭 TSH1、TSH2 至北方 10 个省中国网通长途交换机电路；第三阶段：扩容完成后，对南方区域一级电路的调整，将成都 TSH1 上的省际一级长途电路割接至 TSH4。

4 月 12 日至 5 月 27 日，四川电信实施全省长途电话网第二阶段网络调整，将成都 TSH1 长途交换机上的省际、省内长途电路（网通北方电路除外）全部割接至成都 TSH4 长途交换机上，所有电路采用 ISUP 信令。网络调整后，成都长途交换网形成“两高一低”的组网方式，成都 TSH4 承担原成都 TSH1 上所有话务，使成都 TSH1 具备退网条件。8 月，在中国电信集团公司的统一组织下，四川电信将成都 TSH1 交换机上开放的南南、南北国际和省际电路全部割接至成都 TSH4 交换机上，其原承载的长途话务也改由 TSH4 交换机承担，原 TSH1 交换机上开放的所有业务割接到 TSH4/P3S 长途交换机上。11 月 29 日，运行 18 年之久的四川电信成都长途 TSH1 交换机关电退网。

2001—2005 年，全省长途交换网发展重心由网络建设转向网络优化，PSTN 仍是承载长途语音的最主要手段，并开始对 NGN、软交换网络的引入进行探索。

固网智能化改造　2005 年，四川电信实施固网智能化改造工程。9 月，在德阳、内江、达州和宜宾等 10 个市（州）实施固网智能化改造项目试点，挖掘网络潜力，提高新业务开发和个性化服务能力。首批选定固网彩铃、移机不改号、一号通、一呼同振等 10 余项新业务进行试验。随后，四川电信固网智能化改造在全省推开。通过固网智能化改造，有效解决网络问题，提升业务创新能力，改进服务质量，实现业务的即开即通，盘活资源，有效延长网络使用周期。

二、四川联通

1999 年 4 月 1 日，四川联通启动长途网一期工程，在成都建设 0.2 万路端长途交换机，开通联通“193”长途电话业务。2000 年，启动长途网二期工程，长途交换机扩容至 0.7 万路端。2001 年，经三期工程扩容，先后投资 0.3 亿元，全省拥有 2.5 万路端长途电话国际、国内交换能力，有 19 个市（州）开通“193”长途电话业务，“193”长途通达全国各地。至 2005 年末，四川联通长途交换机容量 2.5 万路端。

三、四川铁通

长途电话网络建设　2001 年，铁通长途网络建立，由全国 29 个省会、直辖市的一级交换点 DC1 组成，成都 DC1 具备 7 个大区核心 DC1，并成为西南地区核心 DC1，除承担本省长途汇接外，还承担重庆、贵州和云南长途汇接业务。成都长途局 DC1 位于成都网管中心长途机房，与省内成都、德阳、绵阳、燕岗、凉山、广元和攀枝花等本地网建立长途电路。

2002 年，成都长途局建立到雅安本地网的长途电路。

2003 年，成都长途局建立到南充、巴中、遂宁本地网的长途电路。由于对 6 个市（州）原属重庆分公司的本地网划归四川分公司，建立与内江、泸州、自贡、宜宾、达州和广安本地网的长途电路。

2004 年，铁通第二长途网开通，完成新建节点的互联，开通全国 23 个省会城市本地网、省内 19 个本地网、成都 DC1A、广州国际局直联中继电路，与成都 DC 1A 组成长途网双平面的网络结构，实现话务负荷分担铁通长途交换网由两个网络组成 A、B 平面，形成负荷分担、互为保护的网络结构，每个平面由全国 29 个省会、直辖市的一级交换点 DC1 组成。成都第一、第二 DC1 位于成都网管中心长途机房，两个 DC1 分别与省内 19 个本地网建立长途电路。成都 HSTP 分别与成都、乐山、眉山、攀枝花、凉山、绵阳、德阳、资阳和南充等本地网建立直联链路，实现语音与信令在网络上的分离。

2005 年，成都贝尔 DC1A 省干电路 60×2M 和 1×155M（光口）的中继电路扩容完成。成都华为 DC1B 完成省干电路 48×2M 和 1×155M（光口）的中继电路扩容。调整骨干电路 67×2M，扩容111×2M。

长途电话网优化 2004 年，四川铁通完成长途电话网优化，成都对省内各市（州）关口局设置两条直联链路作为 DC1 至 DC2 的链路保护；核心 DC1 至成都 HSTP A、B 平面分别有 1 条链路。省内 DC2 至 DC1 的直联链路中断，由 DC2 至 HSTP 的直联链路作为迂回路由进行保护；A、B 平面互为热备份，其中一个发生故障，另一个承担全部业务，不会发生业务中断现象，保证长途网安全。

第五章　移动通信网

第一节　模拟移动电话网

TACS 的英文全称是 Total Access Communications System，是一种全入网通信系统技术。该技术按照英国标准而设计的模拟式移动电话系统，其频率范围为 900MHz。

1986 年起，重庆无线电话公司相继在北培区缙云山、沙坪坝区中梁山、江北区猫儿石建立 3 个基地站和 1 个中心站，有效发射覆盖面积 3600 平方公里。在 1000 门无线电话中，有 500 门是移动的无线电话，可安装在汽车或有电源的任何地方，在有效的 3600 平方公里内，方便自如地拨打电话。另外 500 门是固定无线电话，有效使用面积 2400 平方公里。无线电话与市内电话并网，同时与巴县、江北、壁山、铜梁、合川、江津和北培等县（区）的长途市话联网。系统具有数据传输、传真等功能。

1987 年 12 月，重庆市上市销售 1000 门 450M 无线电话系统（俗称“二哥大”），四川无线电话业务开始起步。

1989 年 12 月，成都市电信局自筹资金 170 万美元，从瑞典爱立信公司引进公众移动电话系统。系统由移动交换局、机站和移动台组成，采用三级组网方式，单局、大区、多站制、大容量蜂窝状结构，可接入公众市话及长途电话网。初期建设 1 个无线基站、1 个移动电话交换中心、32 个无线信道、400 个移动台的移动通信系统。

1990 年 7 月 15 日，成都市移动电话系统（俗称“大哥大”）割接开通试运行，成为全省首个建成 900M 模拟移动电话的城市。首期工程容量为 2000 户，话音端口为 360 个的移动交换局，可服务用户 400—800 户，首先满足距离中心站 9—15 公里（持手机）、15—25 公里（车载台或便携机）、25—35 公里（固定台）服务半径内的用户需要。

图 1－48　1991 年 5 月 17 日，成都市 900M 无线移动电话二期扩容签字仪式现场

国家无线电管理委员会考虑到在一些中小城市不具备建设 900M 蜂窝移动通信网的实际情况，同意全国在中小城市和农村建设 450M 公众无线移动通信系统，开通移动通信业务，做好覆盖区域内的电话业务发展。随后，广元、绵阳和涪陵等市（地、州）邮电局陆续开通 450M 公众无线移动通信业务，解决农话通信。

1991 年 5 月 17 日，成都市举行移动电话首期工程最终验收和二期扩容签字仪式。成都市无线移动电话系统正式进入全国大网。此后，为满足用户需求，成都市电信局对移动电话中心基站进行扩容，由 32 个信道增加到 61 个，增加中继器，延伸通信距离，逐步完成二期、三期、四期工程，覆盖成都市中心 5 区 12 县绝大部分地区 10465 平方公里。

1992 年 1 月 9 日，重庆市引进瑞典爱立信公司 900M 公众移动电话网一期工程建成并投入试运行。该工程投资 2200 万元，建设项目包括 1 个移动电话交换局、5 个基站、72 个信道。工程于 1991 年初正式立项，5 月末签订引进设备合同。

9 月 21 日，涪陵市在全省首个开通 450MHz 模拟集群移动电话。这种不同于“大哥大”的模拟集群网，在 15 公里范围内能有效通信，价格不高，特别适宜中、小城市使用。至年末，全省有92 个城市建成 450M 移动电话，并逐步向郊区和重点乡（镇）延伸。成、渝两市 900M 移动电话扩充到 9 个基站、263 个信道。

1993 年初，省邮电管理局决定在全省建设 900M 模拟移动电话系统。出于竞争、价格和服务等因素考虑，省邮电管理局决定采用摩托罗拉设备在全省建设 900MHz A 频段模拟移动电话系统。同时，在移动通信发展策略上，全省以成都、重庆为中心向外扩张，再建几个市（地）交换中心向附近扩散，尽快联网漫游占领市场。

3 月 2 日，成都通发电信股份有限公司与美国休斯网路系统公司在成都举行协议签字仪式。由通发公司投资 1200 万美元引进 800M 数字式蜂窝无线电话系统，可开通 774 个信道，手机、座机容量 2.35 万门。系统分 3 期建设，第一期 5000 门于 11 月投产。

8 月 8 日，绵阳市 900M 移动电话（B 网）开通运行，成为继成都、重庆两大城市之后，全省率先开通 900M 移动电话的中等城市。绵阳市移动电话网分 3 期建设，第一期工程总投资 196 万美元、国内设备配套费 300 万元人民币。该工程在绵阳市建成 1 个移动交换局，其交换机总容量 7500 门，在绵阳市区、江油市和三台县各建 1 个基站，总信道 70 个，可容纳 2400 户用户。

9 月 19 日，德阳市 900M 移动电话开通。随后，乐山、内江、南充、达川、万县、攀枝花、广元、自贡、宜宾、泸州和涪陵等市（地、州）邮电局先后开通移动电话。

是年，绵阳市率先进行换频试点，成功将已建摩托罗拉系统由所占 B 频段调到 A 频段上。至年末，全省 900MHz 移动电话新增绵阳市、德阳市两个交换局，全省达 4 个交换局，新增基站 10 个，达 19 个；新增信道 153 个，达 429 个；450MHz 移动电话已审查 130 个城市，开办业务 90 多个。至此，四川移动通信系统初具规模。

1994 年，省邮电管理局开始在全省统筹建设 A 网。5 月 13 日，四川省 900M 模拟移动电话 A 网首批工程在乐山市率先开通。9 月 29 日，四川省 900M 蜂窝移动电话 A 网首批工程建成联网开通，实现除黔江片区和甘孜州、阿坝州以外的全省联网，是西南地区当时最大的移动通信网。工程总投资 4.7 亿元，共建 15 个移动交换局、105 个基站、1885 个信道，首批包括成都、乐山等 17 个市（地、州）、47 个县（市、区）共 10 个移动交换局和相应基站建设，并联网营运。11 月，工程第二批联网的重庆、广元等 6 个市（地）、17 个县（市、区）开通实现联网自动漫游。12 月，全省移动 A、B 两网实现各自的全国联网，并于次年 1 月开始全国移动电话联网试运行。

6 月 20 日零时，成都市电信局 900M 移动电话三期交换机扩容工程升级成功。该工程投资约 2 亿元，扩容后的无线基站由 5 个增加到 39 个，无线信道由 200 个增加到 1360 个，移动电话用户

4 万多户，直接覆盖成都市的 12 个市（县）180 平方公里的范围，实现与德阳市、重庆市移动电话自动漫游，并与次年建成的 900M 移动电话 B 网系统实现人工漫游。

是年，成都开通 B 网。随后，乐山、内江、攀枝花等市（地、州）开始建设模拟 A 网、B 网。

1995 年，绵阳市投资 2000 余万元，引进美国摩托罗拉公司 EMZ-2500G 型大容量移动电话交换机，更新当时在四川境内尚属最大容量的移动电话交换机，并新扩绵阳、江油基站，新建盐亭、梓潼、安县基站，使境内移动电话覆盖面达 70% 以上。

成都南方通用工程公司（四川南充发展公司）投资 1800 余万元，引进具有当时国际先进水平的数字无绳电话“天地通”工程（CT-2），在南充市开工。南充市“天地通”一期工程为 2 万门容量，通信覆盖南充市 12 平方公里。CT-2 是第二代数字无绳移动电话，适合中小城市经济规模及消费水平。

至年末，全省模拟移动 A、B 两网共建 17 个交换局（其中 A 网 12 个）、208 个基站（其中 A 网 117 个）、5891 个信道（其中 A 网 2400 个），容量 13.5 万户（其中 A 网 4.32 万户），拥有用户 12.3 万户；网络覆盖省内县以上城市 128 个，覆盖率 63.6%，实现 A、B 网互联并与全国联网自动漫游。

1996 年，全省 GSM 数字网建成后，形成数字与模拟混合的网络。1 月 17 日，四川省移动通信局投资 5 亿元，引进美国摩托罗拉公司 900M 模拟移动电话设备 A 网扩容签字仪式在成都举行。合同包括：再建 5 个 EMX 2500 交换机，新建 4 个交换局、84 个基站，扩容 95 个基站，共 3728 个信道，信道容量 8.6 万户。此次 A 网扩容完成后，全省移动电话 A 网基站 214 个、信道 6668 个，容量 15.4 万户。年内移动通信容量 41 万户。

是年，全省移动通信发展迅速，A 网新建基站 105 个，扩建基站 94 个，新增信道 3979 个。至此，全省移动通信 A 网达 21 个交换局、239 个基站、7159 个信道，覆盖全省除甘孜州以外的所有市（地、州）及 149 个县。

1997 年 1 月，马尔康县开通 900M A 网模拟移动电话。4 月 19 日零时，内江市投资 3500 万元，引进美国摩托罗拉模拟移动通信 EMX 2500E 交换机投入使用。此次扩容系 1996 年四川省移动电话 A 网紧急扩容工程内江交换区的 1 个单项工程，使用的主体设备 EMX 2500E 交换机含 6 个 CGM，初期有中继端口 108 个，处理话务量能力扩至每小时 12 万次，能处理用户 3 万户。10 月 28 日，康定市 A 网模拟移动电话系统开通试运行。至此，全省所有市（地、州）所在地城市开通模拟移动电话。

1998 年，德阳市拆除 A 网。全省 A、B 两网年末交换机容量 41.2 万线，基站 464 个，话音信道 15391 条，用户 255446 户，其中，B 网交换机容量 9 万线，基站 98 个，话音信道 15391 条，用户 74102 户；A 网建成 15 个移动交换局和 5 个虚拟局，交换机容量 32.2 万线，基站 366 个，话音信道 11540 条，用户 181344 户。

1999 年 7 月，中国移动四川公司成立，按照“合理配置网络资源，必须停止模拟 TACS 网一切规模扩容，只限于优化和腾频，逐步将 A、B 两个网合并为一个模拟网”的要求，停止模拟网扩容建设，优化已建成的模拟网，降低堵塞率，发挥现有通信设备的能力。同时，加快数字移动电话 GSM 网建设。为保证 GSM 网的频率需求，将模拟 A 网改频至 E-TACS 段。至年末，完成成都模拟 B 网退频和模拟 A 网移频，成都 A、B 两个模拟网合并为 1 个网。

2000 年 12 月 25 日，四川移动成立模拟网退网领导小组，在省公司市场经营部设立领导小组办公室，处理模拟网退网的日常工作。2001 年 1 月 1 日，全省模拟网无线系统关闭，退出服务。6 月

30 日，完成模拟网退出 E-TACS 频段工程，关闭全省模拟网交换机，退出服务，全省移动通信网络进入全数字时代。截至 12 月 12 日，除少数因停机造成无法转网的用户外，其他模拟网用户实现转网。12 月 31 日，关闭所有模拟网无线基站设备。为实现对退网用户半年呼转、3 个月录音通知的承诺，公司改由 GSM 网继续提供免费呼转功能。

2002 年 9 月 30 日，全省停止为模拟网转网用户提供免费呼转功能。至此，模拟网退网全部完成。模拟网关闭后，四川移动继续向模拟网用户提供呼叫转移服务，提供转网后号码查询服务。

第二节　数字移动通信网

一、GSM 数字移动通信网

20 世纪 80 年代末，欧洲研制出数字蜂窝移动通信网（Global System For Mobile Communication，简称 GSM，意为全球移动通信系统），是当时一种国际标准的数字移动通信系统，也是当时世界上最成熟、最先进的移动电话系统，国际上称“全球通”。

1995 年 4 月，北京市电信局率先在北京开通 GSM 系统。GSM 是中国电信因模拟 A、B 网受频率限制，大城市网容量接近饱和之际，在 900M 数字频段上开通的新系统。它较模拟“大哥大”系统，具有通信质量好，可提供中文短消息、语音信箱、传真及数据通信服务等先进功能的优势。随后，广东、上海、天津、河北等 15 个省（市）相继开通 GSM 系统，并于 1996 年 1 月 1 日启用统一网号“139”，实现上述省与省的联网自动漫游。

四川电信　1995 年 8 月，四川省邮电管理局决定投资 3.16 亿元人民币（其中外汇 2520 万美元），在全省建设四川 GSM 数字移动通信网。初期建设成都、重庆和内江数字移动交换局 3 个，无线基站 107 个，容纳移动用户 10 万户，网络主要覆盖成都、重庆、川西、川中和三峡等地区。11 月 23 日，省邮电管理局与邮电部杭州通信设备厂在成都签订引进摩托罗拉 GSM 系统合同，启动 GSM 专项建设。这项工程加上重庆引进的爱立信 GSM 系统项目，拟建成都、重庆、自贡 3 个交换局，共 606 个载频，116 个基站，4848 个信道，分布在全省 21 个市（地、州），特别在江油经成都至乐山、成都经重庆至巫山的人字形沿途各县设立基站。按照每个信道容纳 25—30 户用户计算，容量可达 14 万户。

图 1－49　广汉市向阳移动基站

1996 年 2 月 15 日凌晨，重庆市电信局引进瑞典爱立信 GSM 数字移动电话系统大坪中心基站开通并首呼成功，率先在四川及西南地区开通数字移动通信。该工程交换容量 6.5 万户，基站容量 2.3 万户，含 33 个基站、108 个载频、864 个信道。5 月 17 日，成都市电信局首次开通 G 网系统，实现移动电话从模拟到数字的突破。当年建成 G 网系统数字交换机 2 个，容量 8.8 万户；基站 111 个；信道 4832 个，容量 8632 个，用户容量 86976 户，放号 5.45 万户。

8月28日，四川数字移动电话GSM一期工程正式开通。工程开通126个基站，覆盖成都、重庆、绵阳、德阳、乐山、涪陵、达县和凉山等21个市（地、州）；覆盖绵阳至乐山公路沿线、成渝高速公路沿线和长江航道沿岸的涪陵、丰都至奉节、巫山等65个市（县）；工程实际投资2.4亿元，建成成都、重庆、自贡3个交换局、129个基站，系统容量637个载频，5096个信道，用户容量10万户。GSM网一期工程投产后，四川移动通信A、B、G网3网拥有交换局25个，基站509个，信道18355条，系统容量42.45万户，使全省移动电话信道数增加80%。移动电话容量达到全省电话总容量的1成以上，覆盖省内78.2%的市（县）城乡，并与国际国内联网，实现A、B、G网3网覆盖。全省GSM网初步建成，为“全球通”上市做好准备。

1997年7月12日零时，成都市电信局新建的15个数字移动通信基站割接开通，新增信道700个，可支持用户近2万户的移动通信。至此，成都市电信局在二环路内的市区建成数字移动通信基站53个。在成都使用数字“大哥大”的区内用户和漫游用户逾5万户。

9月23日，乐山市移动电话GSM割接开通。乐山市邮电局筹措资金近1亿元，新建“139”数字移动电话交换网1套，容量3.5万门，基站43个，信道1016个。至年末，全省移动电话新建、扩建622个基站（基站总数933个），新增信道13600个（信道总数28356个），移动电话覆盖全省市（地、州）以上城市和128个县（市、区），其中GSM数字网覆盖面扩大到18个市（地、州）及省内主要交通干线和部分经济发达乡（镇）。

1998年3月23日，省邮电管理局GSM移动通信扩容银团贷款7700万美元项目在成都签字。这是中国移动通信项目首次利用银团贷款，也是四川邮电有史以来最大的单笔美元贷款。此项目拟引进瑞典爱立信公司GSM数字通信交换设备及相关技术。项目建成后，全省将新增移动交换机容量27.9万户，全省移动交换机总容量达到41.9万户；新建基站470个，扩容118个，新增载频1971个，折合信道15768个。本次银团贷款总金额7700万美元，期限3年。

图1－50　1998年3月23日，四川省邮电管理局GSM移动通信项目7700万美元银团贷款签字仪式

4月，全省移动通信GSM网第六期扩容工程55个项目（总投资21亿元）经邮电部批准立项。8月31日，四川省邮电管理局与瑞典爱立信公司合作，投资2亿美元实施全省GSM网第六期扩容签字仪式在成都举行。

11月2日，成都市电信局召开成都G网建设会战表彰会。成都G网的通信规模和用户10个月翻一番多。成都市电信局于上年将原移动通信3个部门合并为成都移动通信局，实现移动通信规划、建设、维护一条龙管理。同时，投资数亿元开展以扩大G网通信能力，提高通信质量大会战。经10个月会战，成都市G网交换机容量由年初20万门扩大到52.5万门，交换局由3个增加到7个，新建基站75个，扩容基站80个。10月，G网接通率56%，比年初的31%提高25个百分点，新增

G 网用户 14 万户。

至年末，全省移动电话新增交换容量 67.9 万门，总容量 150.1 万门；新增基站 866 个，基站总数 1793 个；新增信道 34626 个，信道总数 63087 个；初步建成四川省移动通信实时计费结算网。

1999 年 4 月 1 日，四川电信移动网络覆盖全省 21 个市（地、州）的 156 个县（区），与全国 31 个省（市、自治区）实现国内自动漫游，与 40 余个国家和地区的 64 家运营商实现国际漫游。

7 月，中国移动四川公司成立，移动业务从电信分离，电信不再从事移动业务。

1996—1999 年，四川省 GSM 数字移动通信网经过 6 期扩容建设，建成以 1 对一级汇接局（TMSC1）、1 对二级汇接局（TMSC2）、1 对信号转接点（SPT）为上层网的省移动通信网。全网包括成都、内江、绵阳等 20 个移动业务本地网，有 1 对关口局（GMSC）、16 个 HLR、28 个 GSM 900 端局，全网交换容量 230 万户，基站 1839 个，载频 9637 个，话音信道容量 150 万个，覆盖全省除甘孜州、阿坝州以外的所有市（地、州），是四川移动通信网的主体。

1994—1998 年四川省移动电话能力建设情况统计表

表 1－9

年　度	交换机		基　站（个）	信　道	
	总数（个）	容量（万户）		总数（个）	容量（万户）
1994	11	7.9	96	2074	3.73
1995	14	16.0	164	4152	7.47
1996	22	48.4	408	15514	27.93
1997	30	82.2	933	28374	51.10
1998	41	150.1	1811	61543	110.78

说明：资料来源《四川邮电腾飞纪实》。1998 年的各类数据为预计数。所有数据不含重庆

四川移动　1999 年 7 月，中国移动四川公司成立，停止模拟移动电话网的扩容建设，加快 GSM 数字移动通信网建设。

2000 年，四川移动投资 30 亿元，实施 GSM 网七期扩容工程。3 月，开通甘孜州、阿坝州新建交换局。至此，全省 21 个市（州）全部开通数字移动电话业务。6 月 30 日，G 网七期扩容工程完成，新扩建基站 1541 个，新增话音信道 58752 个，新增交换容量 130 万户。随后，启动全省 G 网七期补点专项工程，新建基站 872 个，扩容基站 294 个。10 月 20 日、21 日，巴塘县和得荣县正式接入中国移动通信网络，全省 146 个县全部开通 GSM 网络，实现“县县通移动电话”。全省移动电话基站总数扩展到 1900 个，信道总计 68917 个，所有市（地、州）以上城市和 122 个县（市）开通移动电话，并与全国 2005 个城市及 22 个国家和地区实现联网漫游。全省 G 网话音接通率同比提高 5 个百分点，信道可用率提高 1.2 个百分点。

2001 年，四川移动启动 GSM 网 1800MHz 系统建设工程。6 月 8 日，资阳市开通全省第一个 GSM 1800M 系统。12 月 12 日，四川移动正式启动 GSM 网八期 900MHz 系统扩容工程。该工程由“移动小区、移动乡村、移动交通和移动热点”4 个专项工程组成，总投资 33 亿元，新扩建交换机 48 个、基站 3387 个，新增网络容量 300 万户，实现对全省重点城乡、景区和公路的网络全面覆盖。

至年末，资阳、自贡、德阳、达州、泸州和南充等10家分公司的GSM网1800M系统建设工程完成，成都开通4个MSC和1个HLR、131个GSM 1800M基站。全省新建交换机6个，扩容交换机19个，新增交换容量140.5万户；新建HLR 4个，扩容9个，用户容量新增149万户；新建基站582个，新增载频5634个。同时，全省完成G网七期补点工程遗留的231个基站。

2002年，四川移动继续实施GSM网1800MHz系统建设工程和GSM网八期900MHz系统扩容工程，全省网络能力继续大幅度增加。在交换能力方面，扩容MSC 6个，新扩建MSC 23个，升级MSC 17个，新增MSC容量202万户，交换容量累计达1044万户；在HLR能力方面，新扩建HLR 11个，新增HLR容量509.5万户，HLR容量累计达1052.5万户；在无线网络能力方面，新扩建BSC 90个、XCDR 71个，新扩建基站3321个，累计达5793个，新增载频11070个，累计达37549个。同时，随着GSM网900MHz系统八期扩容工程的完工，全省146个县以上城市市区，省委、省政府确定的907个重点小城镇，常住人口在1000人以上的农村人口密集区，实现100%有效覆盖；全省具备基本建站条件的29个国家级风景区和77个省级风景区，实现100%有效覆盖；成绵、成雅、成乐、成渝、内宜和隆纳等省内所有高速公路，省内二级以上公路沿线全程，国道、省级、地区间和县间公路沿线重点路段，省内铁路沿线、车站周边及重要航道，实现100%有效覆盖；基本消灭话务拥塞小区，乡（镇）覆盖得到明显改善。

2003年，四川移动完成GSM网八期扩容工程，优化全省G网上层网结构，完成成都基站建设任务和2个新建LSTP的投产及2个HSTP的改造，总计完成19个交换机的SSNC扩容，14个交换机的SSP扩容，9个交换机端口扩容，16个交换机POWER CP升级，3个交换机SR9.0版本升级，新增64K信令链路1734条，新增MSC容量84.25万户，新增HLR容量90万户；新建基站466个，扩容基站167个，搬迁基站85个，新增载频1999个。4月，省政府重点建设办公室对2002年度全省竣工投产的25项重点建设项目中的11项进行通报表彰。四川移动GSM网八期扩容工程成为受表彰的重点建设项目之一，四川移动成为被表彰的唯一一家通信运营商。四川移动全年完成固定资产投资27亿元，网络规模同比增长30%。GSM网络覆盖全省21个市（州）及所有县以上城市，省级重点乡（镇）覆盖率100%，热点地区覆盖率99%，城镇居民小区覆盖率98%，省内高速公路实现全程100%覆盖，省级以上风景区覆盖率92%。

2004年，四川移动开展GSM网建设工程，重点对现有网络进行优化、调整和资源整合。实施GSM网交换一期、二期工程，将全省6个西门子HLR交换机进行POWER CP升级，B1、B2扩容300个端口，扩容8个本地网爱立信交换机332个端口，新增10万户交换容量，新增160万户HLR放号容量。按照边际网概念，实施全省补点扩容工程，建成宏蜂窝基站286个，新增载频1626个，扩容宏蜂窝基站492个，新增载频805个，新建一体化基站294个，新增载频575个，共新增载频3006个。通过在成都地区实施高话务区工程，新建基站93个、直放站1个，搬迁基站1个，整改基站24个，新增载频686个，新增无线容量约35万户。

2005年，全省GSM网扩容建设启动，总投资23亿元，其中9亿元用于53项GSM网续建工程，14亿元用于57项GSM网新建工程。新建基站379个，扩容基站875个，新增载频3166个，新增无线容量140.6万户，新增交换容量380万户，新增HLR容量516万户。

四川联通 1996年2月，中国联通四川分公司成立，投资2.2亿元，开始GSM数字移动通信网一期工程建设，建成用户交换机容量3万门、基站41个。12月末，实现首期成都GSM网网内测试开通。

1997 年 3 月 18 日，中国联通 130 网在成都开通运营。随后，四川联通设立川北（绵阳）、川东（南充）、川南（宜宾）、乐山和攀西 5 家分公司，并在 5 市建立 130 GSM 交换点，在全省（除甘孜州、阿坝州以外）进行大规模的基站建设。

1998 年，四川联通投资 3.32 亿元，完成全省 GSM 二期扩容工程，新建用户交换机 6.5 万门，系统总容量 9.5 万门，基站 128 个，网络覆盖成都、德阳、绵阳和乐山 4 个中心城市和地区。

1999 年 8 月，四川联通投资 10.7 亿元，开始 GSM 三期工程建设，完成扩容用户交换机容量 26 万门的建设任务。经过 3 期扩容，GSM 网络用户交换机容量扩大到 35.5 万门，基站 494 个，在全省 17 个市（地）开通 GSM 业务。11 月，投资 10.47 亿元，启动 GSM 网四期工程建设，新增用户交换机容量 32.5 万门，达 68 万门，基站总数增加到 999 个，系统无线容量 69 万户，形成以成都为中心、以川南和川北两大区域光缆二级干线环为骨架的庞大的综合通信网。

图 1－51　1999 年 10 月 9 日，中国联通四川分公司 GSM 四期工程建设工作会议举行

是年，在成都建成全省 GSM 集中网管中心。全省建成 GSM 网双中心话音汇接局和信令节点，提升电话转接质量、接续速度和信息安全。

图 1－52　2001 年 5 月 25 日，中国联通四川分公司与爱立信公司 CDMA 一期 GSN 六期主设备合同签字仪式

2000 年 4 月，四川联通投资 16.58 亿元，开始 GSM 网五期工程建设，新增用户交换机容量 72.5 万门，系统交换容量达 157 万门，基站 2000 个，系统无线容量 159 万户，网络覆盖包括甘孜州、阿坝州在内的全省所有地区。四川联通 GSM 移动用户超过 100 万户。

2001 年 1 月，四川联通投资 23.81 亿元，开始 GSM 六期工程建设，新增用户交换容量 125.2 万门，系统交换容量达 282 万门。基站增加到 3401 个，系统无线容量达 285 万户。本期工程完成后，全网人口覆盖率 90%，面积覆盖率 45%。

2002 年，四川联通投资 2.02 亿元，开始 GSM 七期工程建设，新增用户交换容量 16.6 万门，系统交换容量达 373.3 万门，基站增加到 3665 个，系统无线容量达 362.6 万户。

2003 年，四川联通投资 2.06 亿元，开始 GSM 八期工程建设，新增用户交换容量 11.2 万门，系统交换容量达 384.5 万门，基站增加到 4020 个。

2004 年，四川联通投资 1.89 亿元，开始 GSM 九期工程建设，本期工程系统交换容量达 384.5 万门，基站增加到 4208 个，系统无线容量达 425 万户。

2005 年，四川联通投资 1.9 亿元，开始 GSM 十期工程建设，新增用户交换容量 25.9 万门，系统交换容量达 410 万门，基站增加到 4361 个，系统无线容量 480 万户。移动网络在城区覆盖率 97% 以上，郊区 94% 以上。移动网络在全省 21 个市（地、州）、县城覆盖率 100%，经济发达和重要乡（镇）覆盖率 99%，省级以上旅游名胜覆盖率 100%。

至年末，四川联通建成 GSM 交换机局 18 个，交换机容量 410 万门，基站总数 4361 个，无线网络容量 480 万户。

1996—2005 年，四川联通的 GSM 移动通信网经 10 期建设，建成 440.3 万户用户交换机和 4361 个宏基站，能支撑 420 万户用户的无线移动网络规模，并全面升级到可以进行无线上网、使用数据业务的 2.5G 时代 GPRS 网络，能提供高速、安全的无线数据业务，支持短消息、无线上网等移动增值业务的推广和普及。

1996—2005 年中国联通四川分公司 GSM 网主要通信能力统计表

表 1－10

项　　目	2001 年前	2002 年	2003 年	2004 年	2005 年
GSM 交换机局数（个）	13	17	18	18	18
GSM 交换机容量（万门）	282	373.3	384.5	384.5	410
GSM 基站总数（个）	3401	3665	4020	4208	4361
GSM 无线网络容量（万户）	285	362.6	389	425	480

二、CDMA 移动通信网

2001 年 5 月，四川联通启动 CDMA 网一期建设，采用 95A 技术标准，建成 72.5 万户用户交换容量和 1023 个基站、64 个直放站的通信网络。由于采用与 GSM 移动网资源共享的建设战略，四川联通 CDMA 一期工程建成基本覆盖全省大部分地区的第二个移动通信网络，交换机容量 75 万门，成都市区 CDMA-1X 实验网初步建成。

2002 年 1 月 8 日，CDMA“133”移动通信网以 1 个交换局覆盖多地区的方式在全省 21 个市（地、州）同步开通试运行。4 月 8 日，正式投入运营。四川联通 CDMA 网络容量 72.5 万门，建设基站 916 个，覆盖全省 21 个市（州）的人口密集区，重要交通干线、旅游区的覆盖率也有大幅度提高，覆盖的各城市之间实现自动漫游。经 3 个月试运营，发展一批优质的“133”客户，其数量在全国联通省级分公司中位居前列，且以行业客户、集团客户为主。

2003 年，为提升全省 CDMA 网络质量和为过渡到 3G 做好技术储备，以实现技术体制从 CDMA 95A 向 CDMA-1X 转移为主要目标，将成都及全省的 CDMA 95A 网络升级为承载高速移动数据业务的 CDMA-1X 网络，四川联通启动 CDMA 二期工程。工程设计替换原基站设备，新设备除改善话音通信质量外，同时具备无线上网等数据通信能力，为提高网络差异化竞争提供超强能力。二期工程完成后，全网升级为2.5G的1X网络，网络容量142.6万门，基站达1462个，交换局增加到11个，用户交换容量140.6万户。

2004年7月，四川联通CDMA网络三期工程完工，该工程投资22.8亿元，分两个阶段进行。第一阶段工程完成后用户交换容量173.8万门，基站3785个。随即展开第二阶段建设，使CDMA得以完善提高。工程完工后，用户交换局12个，用户交换机容量202.7万门，基站扩展到3785个，直放站扩展到1138个，无线网络容量333万户。同时，对已投入使用的CDMA网络进行整体优化，实现所有主城区、高速公路（含隧道）、主要交通干线、重要风景点的无缝覆盖，有效覆盖四川所辖96%的行政村。

2005年，四川联通投资3.8亿元，启动CDMA网络四期工程建设。工程完成后，网络用户0.7万户，基站4102个，无线网络容量378.5万户。

图1－53　2005年的四川联通基站

2001—2005年中国联通四川分公司CDMA网主要通信能力统计表

表1－11

项　目	2001年	2002年	2003年	2004年	2005年
CDMA交换机局数（个）	—	7	11	12	12
CDMA交换机容量（万门）	72.5	72.5	140.6	202.7	214.7
CDMA基站总数（个）	1203	1023	1461	3785	4102
CDMA无线网络容量（万户）	—	89.7	118	333	378.5

三、3G移动通信网

2004年，四川移动成立3G项目领导小组和3G培训、试验测试、业务研究及网络规划4个专业项目组，开展3G前期准备工作。搭建3G培训及试验网络平台，组织3G设备、业务、室内覆盖、终端和USIM卡的试验及测试。

2005年，四川移动投资2.7亿元，启动3G配套改造一期工程，实施新建和利旧1067个宏站配套改造、514个室内覆盖配套改造、汇聚层和接入层传输等工程。同时，公司3G建设办公室完成4个3G外场测试实验网组网建设，初步积累网络规划、建设、优化方面的经验，培养一批3G骨干力量。实现语音业务、可视电话、在线电视、多媒体业务及实验网间漫游等3G业务，完成2G数据业务在3G网络上的移植性实验，启动无线网测试、室内覆盖测试、业务与终端测试、工程配套测试、核心网测试、切换与共同组网测试等测试，完成全省目标网升级，实现小区重选、共同组网等测试。

四、移动智能网

1999 年 8 月 18 日，中国移动通信智能网一期（试验网）工程建成并投入运行，在成都设独立的业务交换点（SSP）1 个，网络容量 3 万户。

2000 年 5 月 14 日，移动通信智能网二期工程完成，在成都新建业务控制点（SCP）1 个，容量 64 万户，负责疏通四川省、重庆市、贵州省的移动智能网业务。业务交换点（SSP）扩容至30 万户。

7 月，按照集团公司的部署，四川移动启动智能网三期工程；10 月 29 日，顺利割接入网。该工程分别对全国骨干网成都业务控制点（SCP）、业务交换点（SSP）进行扩容，新建 5 个 SSP，新建 1 套SCP 及 1 套业务管理点（SMP）。其中新建成的 SMP，容量为 300 万户，用于管理四川省、重庆市、贵州省智能网业务。至此，四川省移动智能网“神州行”业务放号容量由 30 万户扩容至 170 万户，交换容量由 30 万户扩容至 153 万户，并可提供 8 万户容量的亲情号码业务。此外，在成都新建 1 套 200 万户容量的充值中心（VC）。

2001 年，四川移动实施智能网四期扩容工程，新增两套 SCP，容量 600 万户；新建 27 套 SMAP；新增 1 套 SMP，容量 750 万户；新增 1 套 VC，容量 750 万户；新增 400 万户放号能力，使智能网“神州行”预付费用户放号容量达 600 万户。同时，完成全球运营网上在网用户最多的智能网工程割接，开通全国单机容量最大的资阳 35 万门交换机。

图 1－54　2001 年，四川省移动智能网四期工程割接成功

2003 年，四川移动进行全省智能网五期扩容工程。在成都新建 3 套 SCP，新增 1360 CAPS 处理能力，使全省智能网系统达到 2960 CAPS 处理能力；新增 150 万户“神州行”放号容量，达到 630 万户有效“神州行”客户处理容量。

五、其他系统建设

语音信箱、短信系统　1999 年，四川移动在成都和内江分别设立语音信箱和短消息中心。其中成都语音信箱和短消息系统容量 15 万 BHSM，德阳、绵阳、广元利用这个实体局，分别设置虚拟局；内江语音信箱和短消息系统容量为 15 万 BHSM，自贡、泸州、宜宾、南充、遂宁、广安、达川、巴中、乐山、眉山、雅安、凉山和攀枝花利用内江实体局，分别设置虚拟局。

2001 年，四川移动完成全省短信息中心、语音信箱和全球呼系统三期工程。通过智能网四期扩容工程，短消息系统容量由 75 万 BHSM 扩容至 150 万 BHSM。

2002 年，四川移动实施短消息四期扩容工程，新建两套容量分别为 300 万 BHSM 的短消息中心，分片区承担点对点业务。12 月，成都府青短信中心割接入网。

2003 年 6 月，成都万年短信中心割接入网。

2004 年，四川移动启动点对点短信和梦网短信扩容。工程建成后，短消息容量由上年的 900 万 BHSM 增至 3000 万 BHSM，短信处理量达到每小时 3000 万条。

2005 年，四川移动短消息中心扩容工程完工后，点对点短信容量达 2360 万 BHSM，总容量 3560 万 BHSM。

彩信（MMS）系统 2005 年，四川移动实施多媒体消息业务中心一期工程，使 MMSC 硬件处理能力从 60 条/秒扩容至 140 条/秒，软件处理能力从 22 条/秒扩容至 60 条/秒，媒体消息缓存容量达 10 万条。

彩铃系统 2003 年，四川移动启动彩铃系统建设，将彩铃系统与 SCP、LSTP、B 局、BOSS 系统、移动互联网、短信网关系统相连，形成系统容量 5 万户。

2004 年，四川移动实施彩铃业务平台扩容工程，将现网内江、绵阳、德阳和乐山 4 个闲置的独立 SSP 改造成配置为 446E1/48link 的 1 对 B 局，专门承载新业务话务量，使彩铃容量增至 60 万户。

第三节 无线寻呼网

无线寻呼由无线寻呼台（中心站）、若干移动寻呼接收机（俗称 BP 机）及电话网构成，寻呼台与电话网连通，主要用于主叫用户寻呼被叫（在移动中或在其他场所）用户。无线寻呼提供人们在移动过程中建立通信联系的能力，给人们带来方便。

1985 年 3 月，成都市电信局与香港新达电脑科技公司签署购买寻呼机系统的合同，购买发射机 100W（主机）和 23W（备用机）各 1 部，编码器 2 部，寻呼机 1000 部，开始建设四川省第一套无线电传呼机系统，9 月投入使用，传呼半径 25 公里，投资 15 万元。系统在太升南路建立无线寻呼中心，设置 8 个人工寻呼席。

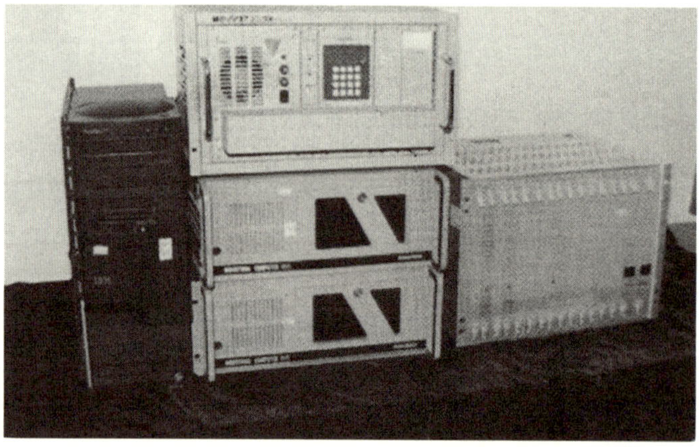

图 1－55 20 世纪 80 年代的无线寻呼设备

1987 年 4 月，重庆市电信局开通无线寻呼。

1989 年 5 月后，乐山、万县、涪陵、德阳、绵阳、内江和西昌开始建立无线寻呼台，业务接入号码全国统一为“126”。成都市电信局对无线寻呼系统进行扩容改造，启用北京金鑫公司的无线寻呼系统版本，人工寻呼台席增至 16 个。

1991 年 9 月，德阳市邮电局投资 60 余万元，在省内率先引进美国协和集团生产的中文无线寻呼系统。该系统是集最新汉字信息处理技术、集成电路技术、计算机技术及数字编码技术于一体的高科技产品，具有中文信息显示一目了然、信息传呼准确快捷的特点。1992 年 1 月 28 日，全省首个中文数字兼容的无线寻呼系统在德阳市开通。该系统与德阳市在网运行的数字寻呼系统融为一体，实现中文和数字兼容，可储存传呼信息 40 条、1200 字的传呼内容，寻呼服务半径 50 公里。7 月 7 日，全省放开长途“126”“127”特号，作为各地无线寻呼业务号码。10 月 9 日，乐山市开通乐山、沙湾、五通桥 3 市（区）无线寻呼本地网，并开始为用户提供服务。至年末，全省有 99 个城市开通无线寻呼系统。

图 1－56 无线寻呼自动台（127 台）

1993 年，西南最大的自动寻呼系统在成都建成开通。该系统为自动传呼和人工传呼兼容，具有数码汉字显示、语言留存等功能。自动传呼功能即用户拨打“126”台后，无需话务员转接，即能实现传呼。该系统建成后，可为 15 万户 BP 机用户提供服务。同时，该系统与无线移动电话实现自动联网，拨通移动电话后，若遇用户关机，则将信号自动转接到该用户的 BP 机上。

1995 年 9 月 25 日，四川省公共无线寻呼网自动（129）系统在成都、重庆、宜宾和自贡等 19 个市（地、州）实现省内联网。全省公众无线寻呼网建成 44 个基站、23 个地区中心、33 个县中心。

1997 年 5 月 17 日，全国 280M 无线寻呼骨干网投入试运行，无线寻呼开始全国联网。四川省同步启动“198/199”全国寻呼网工程准备工作。12 月 8 日，四川省“198/199”全国寻呼网工程合同签订，正式启动工程建设。新建德阳、绵阳、广元、达川、南充、遂宁、内江、泸州、自贡、宜宾、攀枝花、西昌、乐山 13 个实体寻呼区和巴中、广安、雅安 3 个虚拟寻呼区；新建 13 套自动寻呼及联网系统，新增容量 160 万户。

1998 年，在全国率先建成覆盖全省各市（地、州）和绝大多数县的“198”“199”无线高速寻呼系统，容量 180 万门。由电子科技大学通信信息公司与深圳卫星通信公司联合兴建的四川卫星寻呼公网在成都动工。该网为卫星寻呼单向覆盖网，可满足多路（FLEX 或 POCSAG）广播。租用的亚洲卫星公司二号卫星转发器可满足寻呼客户需要。

2003 年，四川铁通对寻呼系统进行技术改造，增加简易呼叫中心的功能。6 月，完成天龙台、武警台、联合台、四川电通台、德阳电通台、国利台等寻呼用户的兼并整合，并先后在成都皇冠假日饭店、西藏饭店、沃特酒店、绿洲酒店、天回镇水泥厂、都江堰电业局和成都喜来登酒店等地建设简易专业管理呼叫系统。

至 2005 年末，四川联通无线寻呼容量达 832 万户。

2006 年 7 月，随着移动通信技术的迅猛发展，全省最后一个寻呼用户转入移动网，联通寻呼网关闭。

第六章　数据通信网

第一节　基础数据网

一、分组交换网

分组交换数据网络（PSDN）技术起源于20世纪60年代末，是将用户终端设备发出信息按照一定长度的要求分割为若干数据，以此成为传输和交换单元，通过电信部门市话线路进入公用数据网后，以1200波特速率，传输、索取各种中英文信息。同时，能够开发电子信箱、可视图文、电子数据交换和数据库检索等业务。

1993年7月1日，中国公用分组交换数据网（China PAC）开放。该网的西南地区骨干网于6月11日在成都市电信局通过验收，并投入试运行。China PAC是邮电部门经营管理的全国性分组交换数据通信网。该网为不同速率、不同类型终端之间的通信及数据资源共享，提供较高质量的国际和国内数据通信业务。它的建成标志中国计算机通信的新起点。China PAC成都分网有264个端口，其中，A中继线部分64个端口，B用户线部分200个端口。主机处理能力满足10—15年的业务发展。

是年，全国第一个公用数据通信网——公用分组交换网（China PAC）建成并正式开通业务。该网由31个省（市、自治区）的节点机组成，统一安装加拿大北方电讯公司DPN－100型设备。China PAC由骨干网和省内网两级构成。骨干网以北京为国际出入口局，广州及南京为港澳出入口局。以北京、上海、沈阳、武汉、成都、西安、广州和南京8个城市为汇接中心。网络覆盖全国大部分地市级城市和部分县级城市，汇接中心采用全网状结构，其他接点采用不完全网状结构。四川省建成2个节点机，成都256线，重庆64线。

为满足社会对数据业务需求，配合全国新的分组交换数据网（HIPAC网）建设，省邮电管理局决定建立一个独立的、覆盖全省所有市（地、州）和多数县（市、区）的全省性公用分组交换数据通信网。这个网在成都、重庆、内江、南充设置枢纽节点交换机，其余市（地、州）设置接入交换机，在130个县（市、区）设置集中器，全网初期具有近600个中继接口和3000多个用户端口。

1994年9月2日，四川省分组数据通信网开始实施，项目投资1亿余元，采用加拿大北方电汛公司设备，是当时全国最大的分组数据通信网工程。

至1995年，全省23个市（地、州）、132个县的分组交换数据通信网络，全网有8652个端口，数字数据网总容量7768个端口。

1996年，全省建成开通市（地、州）以上会议电视网，可提供24个会议电视会场（1个主会场、23 个分会场）。

1997 年，公用分组交换网国家骨干网建设、骨干网扩容建设、省网建设和省网扩容建设相继完成，覆盖全省 20 个市（地、州）和 11 个县（区）135 个县以上城市，分组交换网新增端口 2068 个，达 7600 个。

1998 年，全省各地的网络用户通过 PSDN 拨号接入，根据使用 Modem 的不同，用户接入速率可达 9.6—33.6K。采用分组交换、DDN、帧中继等专线手段接入，速率 64K 至 2M。在互联网上实现文字、数据、图像的传输，动画、声音在良好的网络条件下也可在本网上实现，如远程医疗、教学等。

至 2000 年末，全省分组数据交换网覆盖省内 108 个县以上城市，端口 8003 个。

2003 年 12 月，四川省分组交换 X.25 网覆盖全省 21 个市（州）和所有区县（154 个区县），全省分组交换网络在用电路 796 条（含拨号用户）。网络采用三级结构，核心层由成都、内江、南充的 3 个 Passport 以 2M 的中继相连，汇聚层 21 个市（州）建立 DPN 100 交换机，AM/RM 以两条 256K 中继与 Passport 相连，接入层县局的 PAD 交换机以 64K 中继与当地 AM 交换机相连。端口总数 6021 个。

随着网络技术的演进更新，分组交换网相对于 ATM 网、DDN 网，速率较低，时延较大，业务逐渐萎缩。2004 年，全省完成分组交换网的转、退、并网改造。除成都以外，所有市（州）本地分组交换设备拆除。成都本地网只保留太平 PassPort 1 台、RM 两台，并在新华和太平各新建 1 台 AM，用于全省长途（省内或省际）分组业务电路的承载。

二、数字数据网

数字数据网 DDN（Digital Data Network）是利用数字传输通道（光纤、数字微波、卫星）和数字交叉复用节点组成的数字数据传输网，为用户提供各种速率的高质量数字专用电路及其他新业务，以满足用户多媒体通信和组建中高速计算机通信网的需要。

1993 年，中国公用数字骨干网（ChinaDDN）正式开通，通达全国地市以上城市及部分经济发达县城。随后，四川电信开始建设 DDN 网。在成都太平、水碾河、南郊、青羊和李家巷机房内各建 1 台 NET 公司的 IDNX90 机，通过传输提供的 2M 中继进行节点间互连，搭建起本地网络的主要架构。长途出口通过从国家骨干网设备的 2M 端口接到 IDNX90 机的 tmcp 板卡上，分时隙提供给客户使用。

随后，逐步在成都新华、西城、高新及工行、建行、农行等大客户处建起 IDNX90 机节点，在各郊县局和市内分局建设 IDNX20 机节点，达到不断扩大网络容量和范围的需要。在网络建设初期，客户多为银行、证券公司、政府机关和外国领事馆等，对信息传输的安全、保密和稳定性要求极高，而这些正是 DDN 网的特点和优势所在。

1994 年初，成都市电信局开通数字数据网，为用户出租永久或半永久的数字电路，并为公用分组网和各专业网提供传输网络。随后，DDN 网开始覆盖全省各市（地、州）所在地。省 DDN 网以成都、乐山、南充和内江作为核心层节点，其他市（地、州）节点以双路由方式与核心层节点相连，为网络畅通提供保障。

1995 年，邮电部决定建设全国公用数字网二期工程。除对一期工程的 21 个点及北京、上海、广州 3 个装有国际出入口局节点机扩容外，另在太原、呼和浩特、兰州、银川、乌鲁木齐、西宁、昆明、贵阳、拉萨和重庆 10 个城市增设节点机。二期工程完工后，全国 DDN 网一级干线在全国 31 个城市设立节点机，形成全国范围内（除台湾省以外）的一级干线 DDN 网。在 31 个节点中，北京、上海、广州、南京、西安、成都、武汉和沈阳8个大区中心的节点机为枢纽节点。四川建成省内数字数据网（DDN）1344个端口。

1996年，全省公用数字数据网通达省内114个县，端口容量4636个。

1997年5月末，全省DDN网络开通试运行，省内各市（地、州）均可使用DDN业务。11月28日，四川省DDN网一期扩容工程完成初验。是年，公用数字数据网国家骨干网、省网和省网扩容建设完成，覆盖全省19个市（地、州）和129个县（区），全网有端口6279个，其中用户端口5514个。四川省DDN网除能提供点到点的电路外，还能提供帧中继接入。

1998年，四川数字数据网二期扩容完成，新增端口2928个，端口总数9000余个。

1999年，四川电信引入NET公司的升级产品PROMINA系列，取代原IDNX70和部分IDNX90及IDNX20节点，提高网络可靠性，扩大网络规模。至年末，四川电信在21个市（地、州）建立规模较大的DDN网络，并扩展到各县，节点超过300个。除各县（市）外，各大银行、部分大单位和政府部门建立DDN节点机，包括四川电信多媒体通信在内的重要信息均在DDN网络内传送。

2000年，四川电信调整DDN网络架构，在网络核心层中采用NET公司更新的Promina 800系列进行组网，在接入层引进本地设备供应商迈普公司的MP 9400设备，逐步替换最初使用的台联、ascom等设备，实现设备远程网管。至年末，全省公用数字数据网端口11761个。

2001年，四川电信投资6838万元，新建DDN端口3050个，DDN节点数量超过350个。

至2002年6月末，经多年建设，DDN省网按照地域分为3个域，核心节点为成都、内江、乐山、南充和绵阳，覆盖全省所有市（州）及多数县城，并逐步向经济发达的乡（镇）延伸。是年起，四川电信开始优化DDN网络结构，保证各市（地、州）双核心点，并对所有DDN节点进行双（多）CPU、双（多）中继、双总线和双电源模块的优化，提高网络可靠性。四川电信投资3000万元，新建DDN端口4380个。基于全省DDN网络备件情况和网络优化的考虑，将阿坝电信DDN网（包括1个IDNX90节点和8个IDNX20节点）予以拆除，将IDNX90节点重新建立在广元电信，IDNX20节点作为备件。基于相同的考虑，2004年，四川电信拆除眉山和资阳的DDN网，拆下的设备作为备件。

2003年，四川电信投资1000万元，扩容DDN网络。2001—2003年，四川电信投资10838万元，对DDN进行扩容。全省DDN网络共有节点机1540个，其中N. E. T节点设备317个，DDN延伸节点设备1223个，覆盖全省所有市（县）。全省DDN网络的逻辑总端口5.10万个（其中物理端口35633个），总带宽4638M，其中省内骨干层带宽336M。DDN网络主要分4层：1. 核心层：成都（新华、高新、峨影、太平）、南充、乐山、绵阳和内江，主要为Promina 800（N. E. T设备）；2. 汇聚层：市（州）省网和本地网核心节点机主要为Promina 800和IDNX/90（N. E. T设备）；3. 接入层：主要为IDNX/20（N. E. T设备）；4. 延伸层：DDN延伸设备的主要供应商为华为、迈普，其次还有LOOP、佳讯、高鸿等。

2004年，四川电信重点解决DDN汇接层面的单点安全隐患，保障大客户专线电路的稳定运行。是年，四川电信拥有DDN端口56119个。

2005年3月，四川电信启动省ATM网整合DDN网暨扩容工程，共扩容32个155M端口，976个2M端口，增加用户接入能力，实现长途数据电路的ATM网承载，本地网层面实现接入交换机到本地DDN核心的双中继上连，消除核心单点隐患，提高大客户电路的运行质量。

进入21世纪后，DDN设备逐渐显示出电路带宽较低的劣势，在宽带网络成为主流的时代，电路最高速率仅2M的DDN网络逐渐不能满足用户需求，DDN网进入萎缩期，仅作为ATM网的接入网络。由于DDN网络具有稳定、安全的优势，同时覆盖范围广（有到区乡的DDN延伸设备），仍有部分用户乐于使用。

三、帧中继网

帧中继（Frame Relay）是一种用于连接计算机系统面向分组的通信方法，主要用于公共或专用网上的局域网互联及广域网连接。多数公共电信局提供帧中继服务，把它作为建立高性能的虚拟广域连接的一种途径。帧中继是进入带宽范围从56Kbps到1.544Mbps的广域分组交换网的用户接口。

四川省无单独的帧中继网，帧中继业务采用ATM网承载。国家骨干FR网在四川省仅有1个节点，由于剩余用户不同，同时ATM网也能承载FR业务。

1998年1月，省邮电管理局根据邮电部数据通信局组织的测试表明，中国公用帧中继宽带业务骨干网已具备试开条件，决定全省开放帧中继宽带业务。

四川省公用信息产业有限责任公司的帧中继节点是四川省唯一能够开放帧中继宽带业务的节点设备，在全省开放帧中继宽带业务电路需接入该机。帧中继业务未覆盖到的地区，利用本地或长途DDN网作为用户接入的延伸网络。

11月，帧中继骨干网成都节点和Chnia NET（163）成都节点搬迁至新华数据机房。

至2005年末，四川电信帧中继/ATM网端口容量为3891个，带宽60G。

四、异步传输模式网

异地传输模式网ATM（Asynchronous Transfer Mode）是一项数据传输技术，使用53字节固定长度的单元（称为信元）进行交换，具有25M、51M、155M、622M等不同的速率，支持VLAN（虚拟局域网）功能，可对网络进行灵活的管理和配置。

ATM适用于局域网和广域网，具有高速数据传输率和支持声音、数据、传真、实时视频、CD质量音频和图像等多种类型的通信。

1999年4月，成都市开始建设本地ATM试验网。随着ADSL业务兴起，ATM网络快速发展。2000年，四川电信采用英国马可尼公司设备组建ATM宽带多媒体网络。2001年，四川电信投资1712万元，在全省开始建设ATM本地网，主要选用马可尼公司的设备，形成ATM网络的核心层和接入层，各种基础数据业务和ADSL业务能就近接入网络，新增ATM网端口1508个。同时，集团公司选用北电的PASSPORT设备建设新的ATM网国家骨干成都节点，并在成都本地网的新华节点开通两条到骨干网155M的出口中继。成都ATM网络的层次结构在这一年基本搭建起，四川电信的基础数据和ADSL业务在此基础上快速发展。

2002年，四川电信投资1800万元，继续加大ATM网络建设，新增ATM端口1735个。

2003年，四川电信投资1500万元，对ATM网络进行扩容。至年末，全省ATM/FR网覆盖全省21个市（州）和成都12个郊县，网络节点38个，采用英国马可尼公司ASX、TNX、CP300系列交换机和华为8750交换机，其中成都配置4个交换容量为40G的ASX4000，以2.5G中继作全网状连接，作为核心层。其余节点配置交换容量为10G的TNX1100，分别以两条622M和155M中继与核心层相连，CP300作为帧中继接入设备与本地节点TNX1100以单条155M相连。华为8750交换容量

20G，作为本地 ADSL 汇聚设备与 TNX1100 以两条或 4 条 155M 相连。端口总数 3891 个。

2004 年，四川省 ATM 网络一期扩容新增 ADSL 端口 75 万线，其中 ATM 上行端口占 40%，约 30 万线端口。按 300 线新增 1 个端口，需新增 ATM155M 端口 1000 个，因 2003 年末已启动 250 个，故只需 750 个，分两期，一期扩容 500 个，200 元/个；二期工程扩容新增 ATM 155M 端口 250 个。至年末，四川电信拥有 ATM/帧中继端口 6565 个。

2005 年，中国电信集团公司选用北电的 PASSPORT 设备在成都第二长途枢纽楼建设 ATM 网国家骨干成都第二节点，并开通新的长途中继，使出省流量分布更为合理，在高速发展中保证客户的电路质量。四川电信 ATM 网络主要采用英国马可尼公司设备，骨干网由成都新华、高新、峨影、李家巷和太平街节点的 5 台 ASX4000 设备构成，其他 TNX1100 接入设备 66 台，其中成都市区 21 台，成都郊县 14 台，市（地、州）31 台。

ATM 网络采用两层结构，由核心层和汇聚层组成。

ATM 网核心层：四川省 ATM 核心层由成都新华、高新、峨影、李家巷和太平街 5 个节点构成，采用英国马可尼公司 ASX4000 设备，节点间采用 ATM STM-16 中继电路进行连接，负责全网高速中继传输及业务汇接，通过 155M 链路实现与国家骨干网的沟通。

ATM 网汇聚层：包括成都市、成都郊县及各市（州）节点。

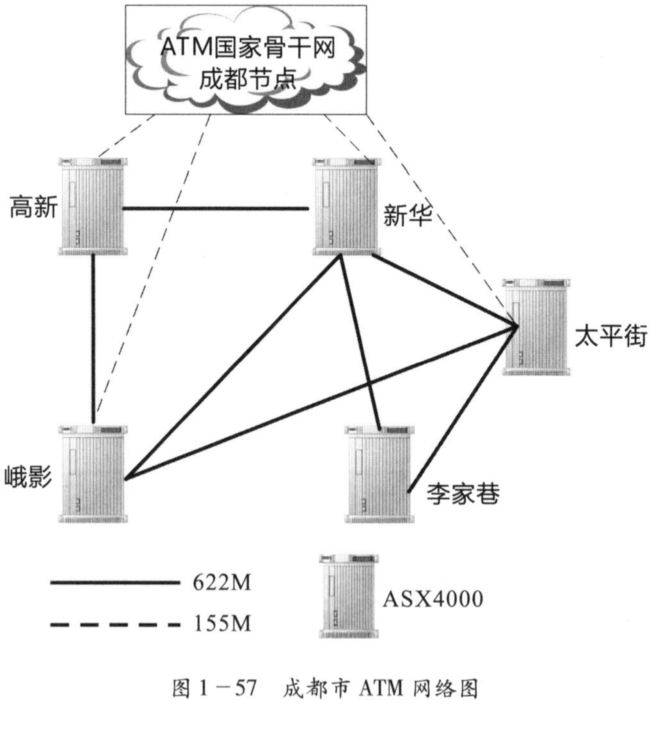

图 1－57 成都市 ATM 网络图

成都市 ATM 网络汇聚层采用英国马可尼公司的 TNX1100 设备。其中太平、新华、高新、李家巷和峨影 5 个节点通过 622M 双链路上行到两个核心节点 ATM 交换机，其余各节点通过 155M 双链路与两台核心层交换机分别互连。

ATM 网市（州）汇聚层包括绵阳、德阳、乐山、内江、泸州、自贡、宜宾、南充、攀枝花、眉山、广元、达州、广安、巴中、资阳、遂宁、雅安、凉山、甘孜和阿坝 20 个市（州）节点。各汇聚节点通过两条 155M 中继电路（甘孜州、阿坝州为 1 条）分别与两个不同的骨干节点连接，其中南充、内江、乐山、绵阳、德阳、宜宾、达州、眉山、自贡和泸州 10 个市汇聚节点有两台 TNX1100 设备，两台 TNX1100 设备通过 155M 链路相连，通过 1 台节点机经 155M 双上行到省核心的高新、新华节点的 ASX4000 设备。

随着时间发展和网络演进，全省 ATM 网络情况与建网初期相比，网络的规模及所承载的主要业务发生很大的改变。从早期主要承载 ADSL 汇聚和上连业务，逐渐演进为 VIP 用户网络，主要承载的帧中继业务快速发展，ATM 专线业务也稳步发展，同时 ATM 在作为 DDN 网络整合后的交换核心。

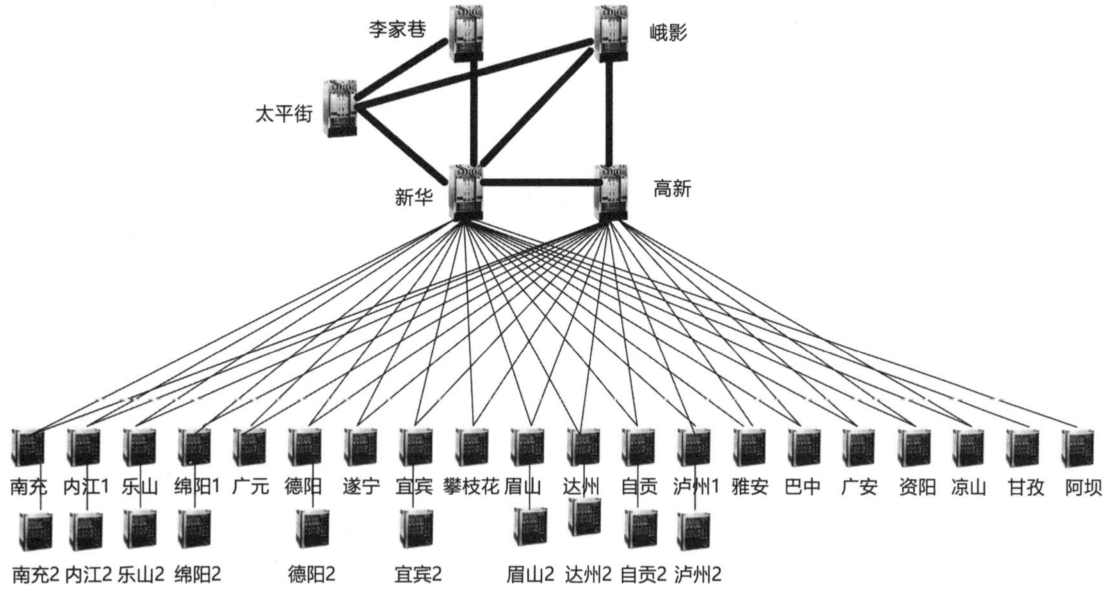

图 1－58　四川省市（州）ATM/FR 网络拓扑图

2000—2005 年四川电信基础数据网投资情况统计表

表 1－12　　单位：万元

项　目	2000 年	2001 年	2002 年	2003 年	2004 年	2005 年
金　额	24000	8700	4800	4700	3051	1234

2005 年末四川电信各基础数据网络通信能力统计表

表 1－13　　单位：个

网　络	节点数	端　口	带　宽	处理能力
X. 25	145	6021	23. 7508M	TP4954 通过量 10000pps、呼叫处理能力 278 次/s
DDN	1540	35633	4638M	16 个 E1/节点
ATM/FR	38	3891	60G	600G

第二节　移动数据网

一、移动分组数据网

通用无线分组业务（General Packet Radio Service），简称 GPRS，是一种基于 GSM 系统的无线分组交换技术，也是 GSM 向第三代移动通信过渡的技术，通常称为 2. 5 代技术。相对于 GSM 的电路交换数据传输方式，GPRS 采用的分组交换技术，是一种高速数据处理技术，具有实时在线、按量计费、快捷登录、高速传输、自如切换等优点。

2000年，中国移动通信集团公司批复同意中国移动通信GPRS网一期工程四川GPRS系统可行性研究报告和设计方案，其中设计批复总投资1397.60万元。11月，根据集团公司部署，启动中国移动通信GPRS网一期工程四川GPRS系统建设，对覆盖成都二环路以内现有网络进行GPRS升级，并新建GPRS核心网。在成都二环路以内和成都双流国际机场区域，对移动客户开放基于GPRS的WAP业务、手机+笔记本电脑上网业务。此项工程可满足2万户GPRS客户的业务接入需要。12月，四川移动在相继完成机房装修、电源等工程前期配套准备工作后，开工建设GPRS系统。

2001年1月，GPRS一期工程在全国16个省的25个城市建设GPRS网络。成都节点核心网络建设是一期工程建设的组成部分。中国移动通信GPRS网一期（四川）工程在成都新建1套GPRS核心网，并对现有GSM网络进行软件升级（核对）。5月，四川GPRS系统建设完工。工程包括现有网络升级、GPRS新增网元建设。其中网络升级部分对覆盖成都二环路以内和成都双流国际机场区域的25个BSC及BTS进行网络升级，增加PCU设备，对成都3个HLR进行GPRS网络升级；GPRS新增网元部分，新建服务GPRS支持节点SGSN、网关GPRS支持节点GGSN各1套，容量2万户客户；两套DNS，两套计费网关CG，1套OMC-G及局域网交换机、路由器和防火墙等。实际完成投资1332.91万元，其中主体设备投资1145.62万元，配套设备投资63.24万元，其他投资124.06万元。工程投资额控制在设计批复投资范围内。

7月，四川移动组织实施中国移动通信GPRS网二期工程四川GPRS核心网的建设。11月，工程完工。此期工程对成都新华19楼机房原摩托罗拉公司GSN核心网设备进行扩容，新增4万户GPRS客户容量，增加1套SGSN shelf、3个SGSN模块，增加1套OMC-G操作维护终端，增加24个Commhub以太网端口，将原防火墙由1台PIX520升级更换为两台PIX525，增加1台FR帧中继交换机。此期工程，对全省21个本地网进行现网升级，使其全部支持GPRS功能，涉及全省所有5263个BTS、20个HLR。同时，新扩建107个PCU，新建两个GGSN、3个SGSN（3个备份SGSN）、两个DNS、1套防火墙、1套CG、1套OMC-G，升级3个HLR。工程完工后，新增4万户客户容量，使GPRS网核心网容量由2万户增加到6万户，在全省县城以上城区及风景区基站实现GPRS全覆盖。在成都、绵阳、南充、德阳、乐山、眉山、达州、西昌、内江、资阳、自贡、宜宾和泸州13个市（州）提供GPRS放号业务，在雅安、广元、遂宁、广安、攀枝花、巴中、甘孜、阿坝8个市（州）提供GPRS用户漫游接入业务。

是年，四川移动开通GPRS网络，在原有的话务网中引入分组交换，形成话务、数据综合网。全省GPRS网络建成并投入使用，标志四川移动的GSM网络成功升级到2.5代。经过两期GPRS工程建设，在四川建成1套摩托罗拉核心网设备，放在成都新华电信枢纽大楼。

2003年，随着GPRS数据业务的迅猛发展，GPRS核心网的容量成为制约业务发展的瓶颈。3月，全省GPRS核心网容量告急，开始停止发展新客户。同时，客户普遍反映上网速度慢等诸多问题。为此，四川移动投资约1.1亿元，实施GPRS三期扩容工程，将客户容量增至80万户。该工程由核心网扩容、爱立信片区现网升级、摩托罗拉等片区现网升级3项子工程组成。其中核心网扩容工程包含成都摩托罗拉设备安装单项工程和爱立信设备安装单项工程。在摩托罗拉设备安装单项工程中，将核心网设备由成都新华电信枢纽大楼搬迁到万年场枢纽大楼机房，新建1个SGSN3.0、1个GGSN、1套CG、1套OMC-T、1套CW4MW数据网管，利用现有的两个GGSN、1个Commhub局域网交换机、两个PIX525防火墙和两个DNS，其附着客户容量50.9万户，有效客户容量10.805万户，负责省内摩托罗拉所辖的成都、泸州、宜宾、内江、自贡和资阳无线网覆盖区和华为所辖的甘孜州无线网覆盖区；爱立信设备安装单项工程，是在成都府青枢纽楼机房新建4台SGSN、两台GGSN、4台三层交换机Summit48i、4台Netscreen-500、两台DNS、1套HPOPENVIEW数据网管和1台BGw，其附着客户容量为29.1万户，有效客户容量为6.195万户，负责全省摩托罗拉和华为无线网覆盖区以外的其余地区无线网覆盖区。

是年，GPRS三期扩容工程完工。经过18批次割接，将全省143个PCU割接入网。核心网容量由8万户客户扩容至160万户，解决GPRS网络安全和大规模发展新客户的瓶颈问题；全省所有GSM小区均能开放GPRS，实现GPRS全覆盖；使全省21个市（州）所有HLR可开放的GPRS客户数达到HLR满容量。同时，完成25个市区GPRS紧急扩容基站，通过7次割接完成对成都地区所有BSS软件版本升级，增强GPRS的性能稳定性，解决T 5版本的LCF重启问题。经过GPRS三期工程建设，四川移动建成布局相对合理的GPRS系统，实现全网技术升级至2.5代。

二、CDMA-1X

2001—2005年，四川联通经过4期CDMA通信网建设，从95A技术标准成功过渡到2.75G时代的CDMA-1X技术标准，取得2G时代无线上网技术领先优势，支持“世界风”“神奇宝典”“掌中宽带”等品牌的市场竞争。

第三节 其他运营公司数据网

一、四川联通

1999年，四川联通投资8亿元，开始数据网建设。公司骨干数据网的网络容量为ATM/FR1732个端口，IP电话网关909个E1端口、8891个用户E1端口，城域网（ATM/IP）992/3416个端口。“165”互联网拨号服务器540个E1端口、698个专线用户接入端口和1092个宽带ADXL用户接口。

经多年拓展，四川联通建成基于ATM+IP平台承载统一的多业务网络平台，能提供包括IP话音、数据、互联网、多媒体业务在内的多种通信服务。功能强大的联通“宝视通”业务，支持可视电话互拨、可视电话与联通手机互拨，还可拨打国内国际固定电话、移动电话。

2000年，联通一期数据网工程覆盖成都、绵阳和德阳等10个市（州），IP电话建设160个E1端口，“165”接入114E1，长途交换2.5万路端。7月，四川联通开通“165”互联网业务。截至11月末市话本地网发展用户25581户。四川联通全年开通全国ATM骨干网9个节点。

2001年，四川联通投资2034.25万元，进行互联网二期工程建设，在一期8个节点的基础上，新建11个节点，在成都建成互联网数据中心，开展主机托管、虚拟主机、服务器出租及负载均衡等增值业务，可支持15万户用户。是年，成都市区CDMA-1X实验网初步建成，本地网电话交换机容量27万线，IP业务前置交换机容量3320个2M，“193”长途交换机容量7100路端，“165”互联网业务节点8个、接入端口104个，寻呼业务系统总容量767万户。GSM传输网、CDMA传输网、PSTN传输网、综合接入网“四网”合一的统一共享传输平台尚在建设中。

2003 年，四川联通本地网电话交换机新增新纪网容量10 万线，IP 前置交换机新增3000 个 E1 端口，“193”长途汇接交换机容量2.50万路端，“165”互联网节点19个，拨号服务器网络容量新增192 个 E1 端口。

2004 年，在数据本地网建设上，四川联通率先引进世界最先进的面向 NGN 下一代网络概念，全网局间传输和用户接入网全部采用光纤数字传输，承载世界先进的综合宽带数据业务，“165”互联网网络覆盖19个市（州）。

至2005 年末，四川联通提供高速、安全的无线数据业务，用户 50.59 万户，吞吐率为25.30Mbps。建成覆盖全省（除甘孜、阿坝州部分县区以外）19 个市（州）的长途、IP 业务网、互联网和本地 PSTN 网，其中互联网省级出口的流量近1000M。

2001—2005 年中国联通四川分公司数据网主要通信能力统计表

表1－14　　单位：个

项　　目	2001 年前	2002 年	2003 年	2004 年	2005 年
ATM/帧中继端口 2M 数量	22821	22821	22821	65201	65201
VoIP 服务器接入端口 2M 数量	534	534	734	779	909
互联网服务器接入端口 2M 数量	348	348	348	540	540
互联网专线接入端口 2M 数量	104	348	540	540	540
互联网 ADSL 接入端口 2M 数量	0	0	0	698	1092

二、四川铁通

宽带数据骨干网工程　2001 年 10 月，铁通集团公司开工建设宽带数据骨干网，在四川铁通管内设置成都、绵阳 2 个节点，分别安装 1 台 passport 15000 和 1 台 passport 型 ATM 交换机及附属设备。11 月，建成开通。是年，四川铁通在成都、乐山、绵阳和凉山建设开通窄带拨号接入服务器，面向社会公众提供窄带拨号上网业务。

2002 年，铁通集团公司建设开通互联网二期工程。该工程在成都建立 A 类节点，在绵阳、西昌和德阳建立 C 类节点。四川铁通进行互联网汇聚层和接入层的建设，在成都、德阳、资阳、乐山、攀枝花和凉山建成开通宽带接入服务器，在市内交换局建设作为接入层设备的 ADSL 局端设备，同时，搭建 ITellin 平台，完成互联网业务的认证、鉴权和计费工作。至此，四川铁通搭建完成互联网上网业务的网络架构，并正式面向社会公众提供基于 ADSL 技术的互联网宽带上网业务。

2003—2005 年，四川铁通逐步扩展数据网的覆盖城市，对全省数据网络进行优化调整，建设省干核心路由器、市（州）核心路由器、宽带接入服务器，并加大基于 ADSL 技术接入层的建设，形成省内数据网骨干层、汇聚层、接入层 3 层网络清晰的网络结构。

至2005 年末，四川铁通的数据通信网从覆盖少数城市到覆盖全省除甘孜州和阿坝州以外的19 个市（州），形成较为完善的数据通信网络。

宽带数据网络设备　2002 年 4 月初，四川铁通开始自建互联网省干网，省干网采用华为、CISCO 公司路由器，已覆盖成都、乐山、眉山、西昌、攀枝花、德阳、资阳、绵阳、宜宾、内江、自贡、泸州、广安、巴中、雅安、遂宁、广元和江油等19个市。省干网以华为NE80、NE40-8路由器为核心，为各市（州）提供20个155M互联网出口，并具有MPLS VPN接入能力。市（州）采用华为NE08、NE16、NE40路由器为核心，华为MA5200、MA5200F作接入服务器。

11月末，铁通集团公司建成覆盖全国的纯IP网络CRNET。CRNET按网络层次分为3层：核心骨干层、骨干层、接入层。核心骨干层全部采用CISCO12400系列以上的路由器，为全网状互联，最高互联带宽10G。骨干层采用1台12400系列路由器，为部分网状互联，互联带宽2.5G。接入层采用CISCO7206VXR或CISCO7304，为各市（州）提供宽带接入。CRNET覆盖全国190个城市191个节点。成都节点作为CRNET的核心骨干层节点，采用两台12416系统路由器，骨干出口带宽为两个2.5G，为省干网提供CRNET的路由交换。达州、绵阳、德阳、内江、西昌和泸州节点采用两台CISCO7206为核心，为城域网提供路由转发。CRNET提供全程全网的MPLS VPN，可在全国开展MPLS VPN接入。

2005年，铁通集团公司对CRNET进行扩容，增加乐山、自贡、宜宾、南充和攀枝花5个节点，采用两台CISCO7304为核心，为城域网提供路由转发。省干网增加1台新核心路由器CISCO12410，原省干网核心路由器NE80、NE40-8下移作汇聚。南充、遂宁新上华为NE40路由器各1台，用于替换原NE08。同时，四川铁通组织优化省干互联网，成都至市（州）分公司互联网通道调整为155M以上，且安排技术骨干编写流量监测软件，发现问题，及时处理。

第七章　互联网与承载网

第一节　互联网

国际互联网（Internetwork，简称 Internet），又称因特网，始于 1969 年的美国，是指将两台计算机或者两台以上的计算机终端、客户端、服务端通过计算机信息技术的手段互相联系起来，人们可与远在千里之外的朋友相互发送邮件、共同完成一项工作、共同娱乐的网络。

一、中国公用互联网

1995 年 1 月，邮电部分别在北京、上海开通 64K 专线，通过电话网、DDN 专线及 X.25 网等方式向社会提供 Internet 公众接入服务。8 月，四川省数据通信局成立。年末前，邮电部电信总局建设中国公用计算机互联网（ChinaNet）骨干网，将网络从北京、上海两个节点向各省会城市延伸。

1996 年，公用计算机互联网（ChinaNet）省网一期工程在成都、重庆、绵阳、德阳、攀枝花、南充和泸州 7 个市（地）设置接入节点，为全省用户提供服务。

至 2004 年，全省中国公用计算机互联网（ChinaNet）覆盖 21 个市（州），省出口中继带宽 130Gbps；19 个城域网覆盖 21 个市（州），出口中继带宽 145Gbps。

窄带接入（ISDN）　1996 年，四川电信互联网业务开始起步，主要经营窄带“163”“169”接入业务和互联网专线接入业务。第一代骨干网基本使用 2M 中继互联，提供较低能力的网络接入。1 月，“成都公众信息服务网”开通，接入电话号码采用“960”，正式开始经营窄带接入业务和互联网专线接入业务。

图 1－59　1996 年 7 月 1 日，中国公用计算机互联网（ChinaNet）成都节点开通

7 月 1 日，邮电部电信总局统一建设、覆盖全国 30 个省会城市和计划单列市的中国公用计算机互联网（ChinaNet）成都节点正式开通投入使用，并向全省提供服务。成都节点是四川省最大的信息网络系统，也是全国最大的节点之一。通过它，用户可享用国际计算机互联网（Internet）上丰富的信息服务，可容纳 1500—2000 户拨号用户和 100 余户专线用户。

11 月 13 日，成都市电信局引进美国

IBM 公司等商家的计算机主机、网络产品、数据库产品，以及南京邮电学院应用软件，在已建成 2.5G 市话 SDH 同步光纤网的基础上，配备 ATM 异步转移模式交换机等核心设备与软件，建设成都宽带综合业务数字网，为 ISDN（窄带综合业务数字网，亦称一线通）多媒体公众业务推出奠定网络基础。

1997 年，全省开始实施四川省公用计算机互联网(ChinaNet-SC)一期工程。工程总投资 1500 万元，工程有成都、绵阳、德阳、南充、攀枝花、泸州和自贡 7 个节点，可满足 3000 户用户上网使用，用户可在省内 7 个节点漫游。1 月，设备安装调试完成。3 月，完成全网联调和全网初验，并投入试运行。7 月末，完成 ChinaNet-SC 二期工程，建成以成都、乐山、南充和内江为核心的层次网络结构，全省 17 个市（地、州）实现为用户提供 Internet 接入。8 月 15 日，一期工程在泸州市通过终验，全省信息“高速公路”初步建成。

7 月 16 日，省邮电管理局召开局长办公会，研究多媒体和数据通信发展有关问题，理顺管理体制：省数据通信局在省邮电管理局 3 个部（电信经营服务部、计划建设处和电信运行维护部）指导下，具体负责多媒体、数据通信的专业管理和专业核算，承担统一组织省到市（地、州）数据传输平台的建设任务。

至年末，全省建成“四川省公众多媒体通信网”，网络覆盖 17 个市（地），提供 ChinaNet 用户接入、信息服务、网络信息检索及导航，同时完善计费、结算和漫游认证，可满足 2000 余户拨号用户和容纳数百户专线用户上网。

1998 年 5 月末，全省所有用户实现全国漫游。9 月，ISDN 业务在成都市部分城区开通。12 月，ISDN 业务在成都、南充和内江等 10 个市（地）陆续开通。是年，四川省公众多媒体通信网一期工程完工，实现与国际互联网的连接，网络覆盖全省，能支撑 6 万余户拨号用户上网。经两次扩容，全省建成可容纳上千户电话拨号用户、120 户专线用户及 640 户 ISDN 用户的上网接口，并联通省内 20 个市（地、州）。

图 1－60　1998 年，成都市 ISDN 网暨市话交换机扩容合同签字仪式

1999 年，全省各市（地）陆续开通 ISDN 业务。1 月 29 日，成都 ATM BC2 交换机从太平街数据机房搬迁到新华机房；2 月 5 日，163 骨干网进行扩容割接和省网搬迁。至此，163/169 网可直接与 ATM 交换机通过光纤连接，其出省中继分别提高 20M 和 50M，用户上网的速率更快。

10 月末，四川省公众多媒体通信网一期扩容工程在内江市启动。四川省多媒体通信网（163、169 网）扩容前是单核心节点（成都节点）的网络结构。全省网络改造完成后，成都核心节点变为双节点双路由，其他各地区节点分别与这两个节点相连；同时，中继带宽得到提升，全网用户接入端口由 4050 个扩充至 6210 个。

2000年，全省实现163、169两网合并。成都城域网采用DPT技术组成环型网络，提供10M、100M、1000M等接入方式，网络最大吞吐量40G，成都城域网出口由百兆端口升级为千兆。伴随第三代骨干网的建设，骨干层面使用IP over SDH技术提供丰富的155M和2.5G中继。与此同时，各种网络应用开始丰富起来，“天府热线”网站的扩容，天府邮件系统的扩容，为用户在本地提供丰富的应用平台。

宽带接入（ADSL） 1999年，四川电信重点加强宽带网平台建设，建设成都市ATM实验网及ADSL（非对称数字用户线）接入工程、DDN二期网络调整工程、莲花数据中心机房等，为宽带业务发展奠定网络基础。9月20日，四川电信在成都市率先推出ADSL业务，利用电话双绞线传输信息，在同一对线路为用户提供固定电话和ADSL宽带接入服务，传输距离3公里，带宽2—8M。12月22日，双流县电信局利用5ESS交换机模块加带BAIU（宽带接入接口单元）开通ADSL宽带试验网，属国内首创。

2000年，四川电信继续投资1.2亿元，完成宽带ADSL接入、宽带应用系统及WAP网站建设等工程。5月，成都市五城区光纤物理网建成，为成都宽带通信的发展奠定基础。8月，经扩容调整，成都市开通ADSL端局16个。9月7日，四川省首个光纤宽带网接入工程在成都市中华园建成，小区内单个用户的上网速度达10Mb/s，远高于普通拨号用户。同时，小区内水、电、气等物业管理实行集中监控智能化管理，为全省智能化小区建设树立样板。

2002年，四川电信完成全省城市宽带接入网工程，提高21个市（州）的ADSL宽带接入能力；完成四川省公众多媒体通信网四期扩容工程，在全省IP网基础上开放MPLS VPN功能，提供覆盖全省的IP VPN业务；完成四川省ATM骨干网一期扩容工程，为全省宽带ADSL接入提供必需的ATM中继端口；完成四川省宽带多业务网关一期工程，为全省宽带ADSL接入提供认证硬件网关；完成四川省宽带计费系统扩容工程，为全省宽带ADSL接入提供后台支撑系统；完成四川省多媒体网核心交换机扩容工程，为全省宽带ADSL接入Internet提供必须的端口和能力；完成基于宽窄带网络和声讯平台的应用系统建设，主要有全省VOD系统建设、“17967”电话报税系统、“天府热线”宽带应用平台等，宽带接入及应用服务提供能力得到增强。

2003年，四川电信在成都电信第二枢纽5楼建设可容纳5000台服务器、总面积3000平方米的数据中心机房。全省本地网可提供1620个DSLAM节点共30.8万线的ADSL接入能力、4184线VDSL接入能力和600线HDSL接入能力。

2004年，四川电信完成全省ATM网络一期扩容，新增ADSL端口75万线。CN2覆盖21个市（州），省出口中继带宽190Gbps；ChinaNet覆盖21个市（州），省出口中继带宽130Gbps；基础数据网覆盖21个市（州），用户端口5.6万个；城域网覆盖21个市（州）、19个城域网，出口中继带宽145Gbps；宽带接入网用户端口200万个。是年末，四川电信拥有宽带ADSL接入端口93万个、LAN交换机端口24万个，覆盖全省76.65%的乡（镇）。

经过近2年的发展，以ADSL为主的宽带接入网已初具规模，但在网络质量方面受线路质量、局所覆盖范围的影响，用户的带宽和通信质量受到影响，故障率较高。随着IPTV和VOD等视频应用的推广和普及，对宽带网的网络质量和服务水平提出更高的要求。

2005年，四川电信继续加大IP骨干网能力扩充和城域网的全面优化工作，把IP城域网建设成为一个多业务承载平台，为NGN、3G等综合业务的接入提前做好储备。启动数据网络质量提升工程，即“心网”项目，重点从核心层网络结构优化、中继带宽扩容和宽带接入层优化三个方面入手，实现全省21个本地网由“交换型”城域网向“路由型”城域网演进。“心网”项目先后进行1300多次割接，其中重大割接100余次，改造DSLAM上行和级联的端口约40万个、LAN端口约8万个。通过“心网”项目的实施，四川省网骨干中继带宽由40G增加到107G，提高59.7%，除甘孜州、阿坝州以外的市（州）达10G以上。城域网出口中继带宽提高41.46%，基本解决省内IP网络拥堵的问题；逐步实现宽带接入服务器（BRAS）下移，覆盖全省60%的县（市、区），适应宽带业务发展的需要；通过ATMDSLAM的IP上行改造、减少二层网络的级联层次、缩小二层网络的覆盖范围等方式，分散BRAS的压力，提高用户可达带宽，改善和提升接入网络性能。

四川电信各本地网结合当地网络现状，按照市场竞争和视频业务推广应用策略的要求考虑用户带宽的提供能力，逐步提供不低于2M的带宽接入能力，通过对DSLAM节点覆盖区域的合理优化使其尽量靠近用户，或通过逐步引入ADSL2+等新技术应用及对用户量集中的区域直接使用LAN方式等技术手段，提高用户接入带宽。四川电信各本地网开始逐步提供不低于2M的带宽接入能力，光进铜退。

为完善宽带接入网维护支撑手段，四川电信统一制定ADSL测试系统的技术标准和建设原则，在ADSL宽带测试试点工程采用仿真测试的基础上，通过112测量系统和在用户量集中或提供数据专线的DSLAM节点部署测试头和抓线矩阵的方式提高测试精度，确保对用户服务和设备故障的快速响应。

2000—2005年，四川电信投资186176万元，建设宽带接入网。至2005年末，四川省本地网可提供3618个DSLAM节点共100万线的ADSL接入能力、6184线VDSL接入能力和1200线HDSL接入能力。

2000—2005年四川电信宽带接入网建设投资情况统计表

表1－15　　单位：万元

项　目	2000年	2001年	2002年	2003年	2004年	2005年
金　额	23600	17000	34200	34700	35393	41283

2005年末四川电信各网络通信能力统计表

表1－16

网　络	节点数（个）	端　口（线）	带　宽（M）
DSLAM	3618	—	10—100
ADSL	—	100万	2—8
VDSL	—	6184	10
HDSL	—	1200	10—100

二、中国移动互联网

2001年4月，四川移动完成集团公司统管的CMNet一期工程。成都作为全国七大骨干节点之一，新建1套核心网骨干节点路由器和局域网交换机、1套省网路由器和局域网交换机、1套业务接入系统、1套17951一次拨号业务接入系统和1套17950二次拨号业务接入系统，可开放172、17951、17950、数据专线接入等业务。同时，完成四川移动WAP工程，新建1套门户网站，容量满足2万户GPRS用户和20万户WAP手机客户上网使用。

2002年3月，四川移动互联网一期工程完工，6月通过初验。一期工程完成后，全省拥有17个市（州）节点及成都中心节点，17个市（州）节点到成都的总带宽达到100E1的容量。是年，四川移动实施独立智能外设系统建设，将成都2个独立SSP/IP改造成独立IP设备，为200万户亲情号码客户、100万户VPMN业务客户和100万户固定IP客户提供语音服务。10月，成都2个独立智能外设IP割接入网。

2001—2005年，受技术条件制约，全省移动互联网网络速度和储备未达到预期目的，带宽40—70k，下载速度4—7k/s，资费标准按照0.03元/k计费。省公司以市场推广和营销为主，终端包括手机、笔记本电脑、PDA及专用终端等，采用SIM卡上网的方式进行。2004—2005年，用户不到200万户。此外，公司与SP营运商合作，开展移动梦网接入服务。

三、中国联通公用互联网

2000年，四川联通开通成都等12个市（地）“165”拨号上网，开通成都等9个市“165”专线上网。网上用户2.82万户。“165”上网用户1.7万户。10月18日，四川联通正式开通“联通无线资讯网”。

2003年1月19日，四川联通在国内第一个建成能够提供所有固网业务的新一代电信网——联通“新纪网”（UniOne）。用户只需1条物理线路（超五类用户线），即可使用包括语音、数据、视频在内的各种传统或新兴的电信服务。该业务的推出，改写国内电信运营商无法在一张网上同时提供PSTN、DDN和IP等多样化服务的历史。这是中国联通在推进其固网业务宽带化、综合化战略的一个里程碑，也是对传统电信技术的一大突破。

“新纪网”是四川联通以数据网为基础，以软交换技术为核心，与思科系统公司合作，经1年多试验，建成并正式提供商用的统一业务网络，可向用户提供端到端的宽带综合业务。“新纪网”一期工程投资4700万元，覆盖成都、绵阳、德阳、乐山、内江、自贡、泸州、宜宾、达州和南充10个省内经济较发达的本地网，可支持10万户用户。3季度二期工程实施后，在全省21个市（州）全面推开，成都地区发展“新纪网”集团用户70余户。

四、中国铁通互联网

2003年，四川铁通正式推出ADSL宽带业务，当年净增ADSL用户8635户。至2005年末，发展ADSL宽带用户80018户。

第二节　IP承载网

IP网泛指基于IP协议的分组交换网络，包括Internet和Intranet，主要提供信息交互、数据传送等业务。

四川电信 IP 网由 IP 城域网和骨干网组成，骨干网为存在 ChinaNet（公用计算机互联网）和 CN2（中国电信下一代承载网络）两个并行的、各自拥有独立 AS 的网络。ChinaNet 网络定位于公共信息交换平台，承载基本的互联网业务；CN2 网络定位于承载有 QOS 要求业务和中国电信自身关键赢利的业务。

ChinaNet 承载的业务包括：普通宽窄带用户的接入业务，一般大客户专线接入互联网业务，普通增值业务应用。

CN2 承载的业务包括：有 QOS 要求的商业客户，包括为商业客户提供的 VPN 类专网业务，以及为重要大客户提供的专线接入 Internet 业务；软交换中继电路；3G 中继电路；VNET 及重要应用，包括参与 VNET 合作的 SP 和其他重要 SP 提供的业务及中国电信作为 SP 提供的业务。

1996 年，四川省开始建设 IP 网。2000 年末，全省 IP 网用户 31.99 万户。

2001 年，四川电信投资 6400 万元建设 IP 网，新增因特网拨号服务器端口 5.10 万个。

2002 年，四川电信按照“分类管理、效益优先、总体规模控制”的原则，投资 1.19 亿元，重点建设 IP 网络，引进大容量宽带接入服务器，为宽带拨号用户提供接入平台，为用户快速增长提供保证。

2003 年，四川电信投资 1.75 亿元，继续扩容 IP 网。四川省 IP 网于 1996 年开始建设，经过 5 期扩容，覆盖全省 21 个市（州）、118 个县（市、区）。省内中继带宽约 26G，其中，至中心节点的中继带宽德阳、攀枝花和眉山为 2.5G+310M；绵阳、内江、泸州、乐山、宜宾和南充为 2.5G+155M；巴中、达州、广安、广元、甘孜、遂宁、西昌、雅安、资阳和自贡为 310M，出省中继带宽 7.5G。成都城域网覆盖成都 5 个区及 5 个郊县，城域网出口带宽 5G；绵阳城域网覆盖绵阳市及 7 个郊县，城域网出口带宽 2G。

2004 年，四川电信加大 Chianet 骨干网网络建设和优化力度，实现网络拓扑结构和路由结构扁平化，提高网络的路由交换容量和中继链路带宽，加强网络的新业务能力，网络的可维护、可控制和可管理能力的建设，提高网络对业务发展的支撑能力，四川电信还对数据网络进行整合，逐步调整和优化网络结构和路由结构，采用相对统一的设备和技术，使 IP 网络能够承载已有 InterNET 业务，且能承载话音、视频等实时业务和 VPN 业务，最终成为多业务承载平台。

整合的措施为：在全省建成五大城域网。2004 年，先选择 2 个城域网（绵阳、南充）作为试点，其中绵阳节点包括绵阳、遂宁、资阳、德阳节点，出口为绵阳和遂宁，南充节点包括南充、广元、广安、巴中、达州，出口为南充和广元，2—3 年内完成全省多媒体网络整合。

是年，根据集团公司要求，四川电信新建第二张 IP 骨干网 CN2 多业务承载网络，为以后开展 NGN 业务打下基础。CN2 是中国电信下一代承载网（China Net Next Carrying Network），也是一个多业务的承载网络，能够支持数据、语音、视频多种业务融合的应用。中国电信 CN2 网络一期工程由骨干网络和精品业务网络组成，尤其是承载网对新业务的支持。至年末，全省 CN2 覆盖 21 个市（州），省出口中继带宽 190Gbps。

2005 年初，随着中国电信 CN2 网络的建成，为接应 CN2 网络业务的本地承载，针对四川电信宽带数据网络结构不合理、用户接入带宽不足、对软交换话音、IP TV 等新业务承载能力不足等问题，四川电信启动“心网”项目建设，开始对 IP 骨干网、IP 城域网、宽带接入网、传输网进行约两年的持续改造，整体提升四川电信宽带数据网络能力，实现由单纯上网业务向集语音、数据、多媒体为一体的多业务融合模式转变，打造既满足市场业务需要，又符合技术发展潮流的西部一流的精品数据通信网络，以适应中国电信由传统基础网络运营商向现代综合信息服务提供商转变的需要。

至年末，四川电信IP城域网出口带宽171G。

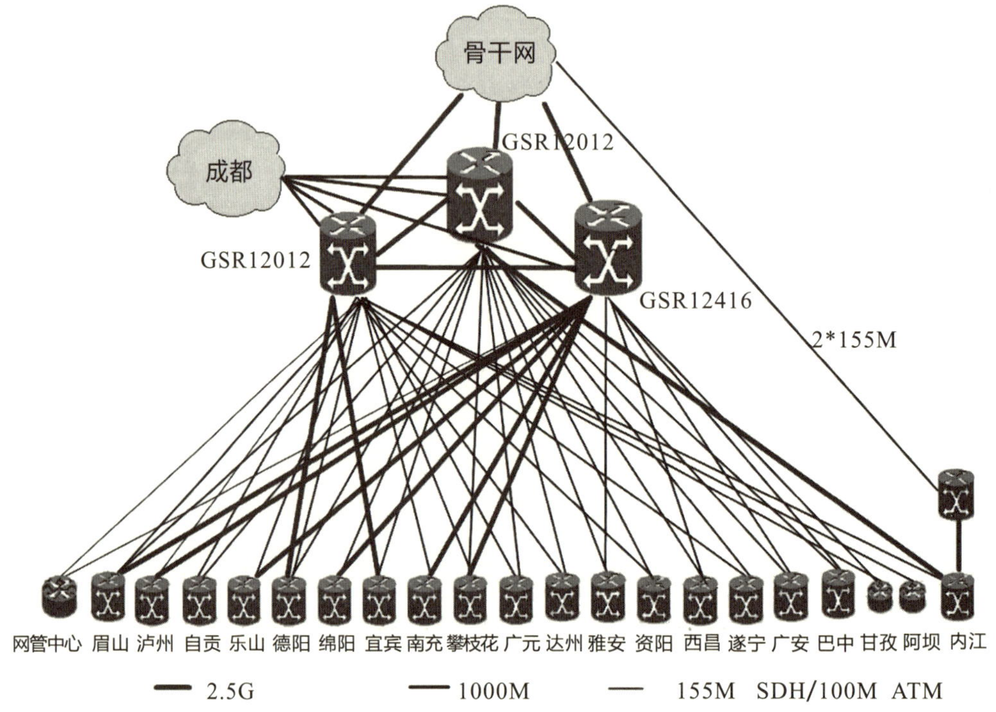

图1－61　四川省多媒体原有网络拓扑图

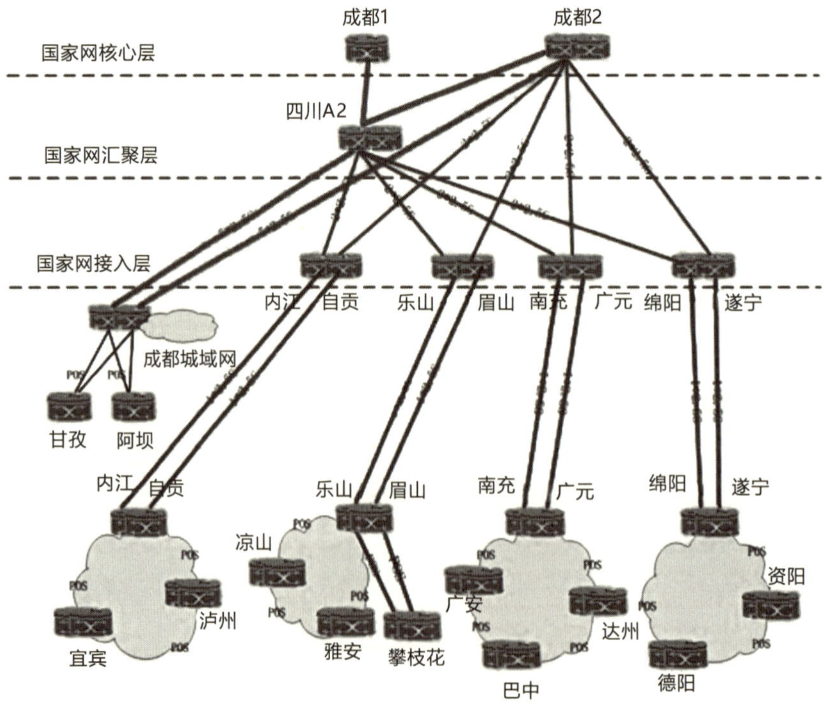

图1－62　四川省多媒体整合后网络拓扑图

2000—2005 年四川电信 IP 网建设情况统计表

表 1－17

项　　目	2000 年	2001 年	2002 年	2003 年	2004 年	2005 年
IP 网投资（万元）	31300	6400	11900	17500	19600	27503
IP 城域网出口带宽	7671M	11470M	36410M	80G	86G	171G

第三节　互联网数据中心

一、成都互联网数据中心莲花机房

1999 年 5 月，四川公用信息产业有限责任公司建成并投入使用，面积约 450 平方米。机房有托管服务器客户 300 余户、虚拟主机客户 1000 余户。2005 年，先后完成莲花数据中心机房扩建。

二、成都互联网顺城街国际大厦 6 楼机房

2001 年 10 月，正式投入使用，总面积约 3000 平方米，其中一期机房托管服务器 1500 余台，使用率 99%，4 个 VIP 机房全部投入使用。2003 年初，二期扩容 VIP 机房投产，使用率达 90%。

三、四川党政网数据中心机房

位于天府热线数据中心，面积 121 平方米，可容纳 600 余台服务器设备，具有先进的通信线路系统、独立供电系统、独立空调系统及包括气体自动灭火、7×24 小时监控等全套完备系统。该数据中心包括政务公众网、政务外部网和政务内部网，外部网通过中国电信千兆光纤连接主干网，保证数据在公网上快速传递；内部网部分为电磁屏蔽机房，经省国家保密局检测，保密性能优良，符合国家相关保密标准。

四、天府热线西部数据中心

2001 年，四川公用信息产业有限责任公司在成都国际大厦投资建成。2003 年，机房托管服务器 1000 余台，使用率 90%，VIP 机房已全部投入使用。三期机房（位于全国八大骨干节点之一的成都第二枢纽大楼内）在 2003 年 5 月投产后，能容纳服务器 5000 台以上，适应数据中心 3—5 年的发展需求。

五、成都沙河堡数据中心

2005 年，四川公用信息产业有限责任公司建成。

第八章 支撑网与管理信息系统

第一节 支撑网

一、四川电信

7 号信令网 信令网是专用数据支撑网，一般由信令点（SP）、信令转接点（STP）和信令链路组成。

1997 年 4 月 18 日，四川省邮电管理局与上海贝尔公司正式签订 LSTP 7 号信令网工程设备合同。合同总额 320 万美元，可提供 912 条链路、2Mb/s 数字中继端口 540 个。

1998 年 4 月 7 日，四川 7 号信令网工程通过省邮电管理局组织的初步验收，并投入试运行。7 月 25 日，四川 7 号信令网联网完成。至此，全省电信建成省内 7 号信令网、数字同步网和电信管理网三大电信支撑网。

7 号信令网建成后，承担各市（地、州）邮电局网管、传输网管、移动计费管理、“九七工程”等网络管理信息的传送职能，并为全省邮电部门内部信息管理网提供数据通信骨干平台，使四川电信网管中心、网络管理系统和网络单元之间实现互联。

四川 7 号信令网采用分级信令网，使用 1 对高级信令转接点（HSTP）、5 对低级信令转接点（LSTP），承载的信令有 ISUP、TUP、SCCP、TCAP、INAP 等信令协议。

四川 7 号信令网是一个结构比较完善的三级网络，可满足准直联式覆盖全省各市（地、州）C3 长途局、本地网汇接局、各主要市话分局和各县汇接局信令传递需要，并有约 20% 的预留链路。

在成都建有 1 对 HSTP，负责省际信令消息的转接，以及疏通省内各 LSTP 间的信令消息转接。开通到全国其他 22 个省的链路，到省内 5 对 LSTP 链路，到骨干智能网平台等 300 余条 64K 链路。四川 1 对 HSTP 各配置 2Mb/s 中继 48 个，分别与成都 DXC1 和 DXC2 设置中继链路，通过 DXC 作信令的收敛和交叉，将信令转接至各局向。HSTP 间采用 A、B 平面连接方式，A 和 B 平面内部各个 HSTP 网状相连，开设 B 链路，A 和 B 平面间成对的 HSTP 相连，开设 C 链路。

在成都建有 1 对独立型低级信令转接点（S-LSTP），在绵阳、德阳、内江、自贡、南充、遂宁、乐山和雅安 8 个市（地）各建有 1 个独立性低级信令转接点（S-LSTP），形成以准直连为主的二级信令网，每对 LSTP 负责所辖市（地）信令消息的转接，各市（地）的 SP 与归属 LSTP 相连，同时各网元间保留有部分直连链路，LSTP 通过 D 信令链分别连接至成都 HSTP 对，LSTP 至 A、B 平面 2 个HSTP 的信令链路组间采用负荷分担方式工作，形成准直连为主、直连为辅的三级网结构。

全省设置 5 对固网 LSTP，分别设置在成都新华—峨影、乐山—雅安、绵阳—德阳、南充—遂宁、内江—自贡，各对 LSTP 分别负责本信令区内信令点之间的信令转接。1 对 LSTP 采用负荷分担的方式汇接本大区内各本地网汇接局、长途局和智能网设备等 SP，以 A 链路覆盖所辖市（地）的网元 SP。成对 LSTP 间设置 C 链路，以 D 信令链分别连接至所属 HSTP 对。

固网 SP 包括端局（LS）、汇接局（MS）、长途局（TS）、智能网平台（SCP）及相关平台等设备。SP 之间原则上采用准直连方式互联。

四川 7 号信令网传送普通电话信令业务（TUP），同时也传送智能信令业务（INAP）及 ISDN 信令业务（ISUP）。

四川电信 7 号信令网 LSTP（低级信令转接点）汇接区域表

表 1－18

LSTP	汇　接　区　域
新华—峨影	成都
乐山—雅安	乐山、雅安、凉山、攀枝花、眉山、甘孜
绵阳—德阳	绵阳、德阳、广元、阿坝
南充—遂宁	南充、遂宁、广安、达州、巴中
内江—自贡	内江、自贡、宜宾、泸州、资阳

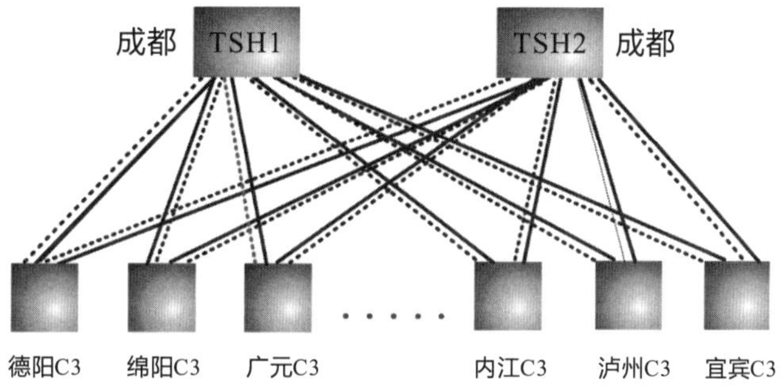

图 1－63　信令直连网络结构示意图

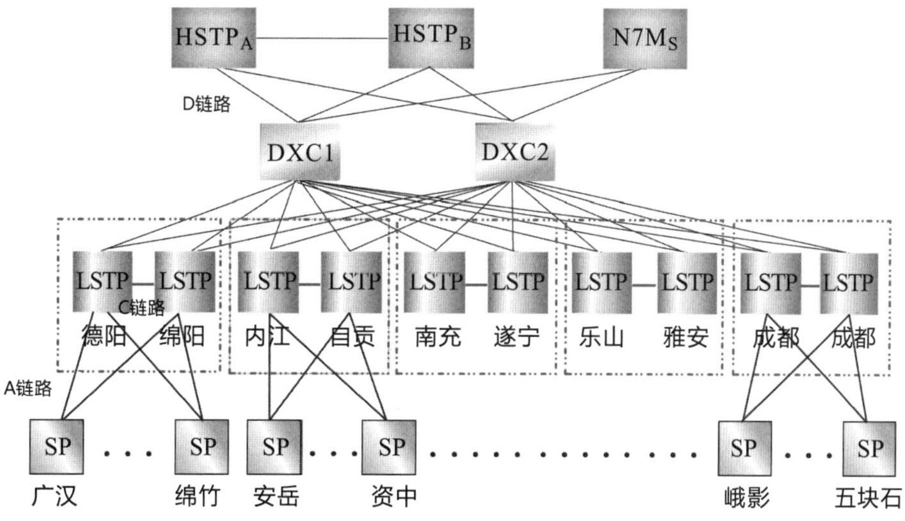

图 1－64　信令 LSTP 网络结构示意图

1999年9月7日，上海、江苏、湖南、广西和四川5个省（市、自治区）的7号信令设备安装工程通过由邮电部电信总局组织相关单位在成都进行的竣工验收，并于9月9日正式交付使用。此举标志中国电信网络更趋完善、网络更加安全，为用户提供各项智能业务服务的能力增强。7号信令网是电信网的支撑网络，为800号业务、300号业务、通用号码业务、虚拟专用网业务等智能网业务提供支撑平台。

2000年，全省建成独立7号信令网，拥有1对HSTP、1对骨干网DACS II、5对独立LSTP（S1240J）1648条LINK。正式开通ISUP、INAP信令，提供IN业务和ISDN长途承载业务。

数字同步网 包括时钟同步网和时间同步网。由基准时钟、定时传送链路、节点从钟组成的同步基准信号传送和网络分配，是数字通信网络的支撑网之一。其网络结构采用省际网、省内网和本地网层定时平台三层结构，负责各自数字网络的同步。

四川电信的数字同步网采用混合同步方式（将数字网分成若干子网，各子网设有独立的基准钟，各子网基准钟之间按准同步方式运行），分为三级节点对应三级时钟。

1997年，四川电信建设的全省数字同步网在网运行近7年，设备开始老化。伴随通信技术的发展，负责传输同步时钟信号的四川电信干线PDH传输网络因不能满足业务发展的需要，逐步退网。

随着电子商务、多媒体通信、IP电话等数据业务的兴起，对时间同步的要求越来越高；同时，传统的电话交换业务涉及到安全、认证和计费等问题，对时间同步提出新的需求。而原有的TS BITS建设较早，设备没有SSM功能，不能支持基于SDH网络的传输；设备也不能提供时间同步的功能；并且在数字同步网建设初期，没有考虑集中网络管理。

2000年，全省双路由数字同步网建成。该网以成都为中心（LPR级）、内江为辅助中心独立于业务网之外，能为各种数字系统提供高精度、高可靠性时钟。

2004年，四川电信投资600余万元，启动新的时钟/时间同步网工程。全省新建时钟BITS/一级时间服务器、二级时间服务器各21套，其中设置成都、内江两个LPR（主、备），新建的BITS兼作一级时间服务器，各市（州）BITS配置两套卫星接收系统（成都、内江有1套为双星卫星接收系统），其地面备用时钟信号采用省网三期SDH平台进行传输。

为方便管理和维护，在工程建设时设置省监控中心（成都站）和本地维护终端两级网络监控管理系统，分别对该期时钟/时间同步网进行管理和维护。

四川省数字同步网各市（州）节点的2Mbps和2MHz输出情况统计表

表1－19

市（州）	卫星接收系统（路）	LPR钟（个）	ST2E级钟（个）	输出端口（2Mbps）	输出端口（2MHz）	输入/监测端口（个）	本机维护终端（个）	二级时间服务器（个）
成都	2	2	—	120	72	10	1	1
自贡	1	—	1	48	0	10	1	1
攀枝花	1	—	1	48	0	10	1	1
泸州	1	—	1	48	0	10	1	1
德阳	1	—	1	48	0	10	1	1
绵阳	1	—	1	48	0	10	1	1

续表 1－19

市（州）	卫星接收系统（路）	LPR 钟（个）	ST2E 级钟（个）	输出端口（2Mbps）	输出端口（2MHz）	输入/监测端口(个)	本机维护终端（个）	二级时间服务器(个)
广　元	1	—	1	48	0	10	1	1
遂　宁	1	—	1	48	0	10	1	1
内　江	2	2	—	96	24	10	1	1
乐　山	1	—	1	48	0	10	1	1
南　充	1	—	1	48	0	10	1	1
宜　宾	1	—	1	48	0	10	1	1
广　安	1	—	1	48	0	10	1	1
达　州	1	—	1	48	0	10	1	1
巴　中	1	—	1	48	0	10	1	1
雅　安	1	—	1	48	0	10	1	1
眉　山	1	—	1	48	0	10	1	1
资　阳	1	—	1	48	24	10	1	1
马尔康	1	—	1	48	0	10	1	1
康　定	1	—	1	48	0	10	1	1
西　昌	1	—	1	48	0	10	1	1
合　计	23	4	19	1128	120	210	21	21

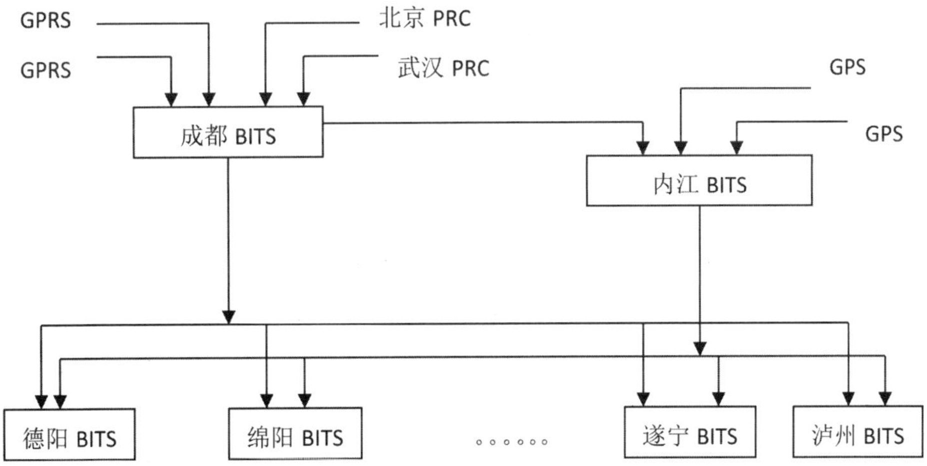

图 1－65　四川电信同步网络结构示意图

四川长途同步网采用美国 TS 公司的加强 2A 级铷原子钟 BITS 设备，1998 年投入使用。为确保四川省数字同步网的安全性、可靠性，在内江市设置采用加强型 2A 级时钟的 BITS，并增设 2 套 GPS 接收机成为省内 LPR，与成都的 LPR 互为主备用，以此作为四川省数字同步网的定时基准平台，组建省内数字同步网。除内江外的其他 17 个 C3 地区局（无资阳、眉山）设置大楼综合定时供给设备

(BITS)，时钟为加强型2A级铷钟，作为处于成都、内江之下的一个同步节点。

考虑到数字同步网作为电信支撑网的重要性，每一个同步节点的定时基准信号采用双物理路由传送。在不能用双路由传送定时基准的广元、巴中、西昌、攀枝花、康定和马尔康6个地区，增设1套GPS接收机以保证BITS的同步输入可靠性。

成都市人民东路长话大楼配置的地区基准LPR有4个上游定时参考信号输入，其来源及优先级依次为GPS1、GPS2、武汉、北京（国家同步网设置）；内江配置的地区基准LPR的3个上游定时参考信号来源优先级为：GPS1、GPS2、成都人民东路长话大楼。德阳、绵阳、自贡、泸州、宜宾、广安、达州、南充、遂宁、乐山和雅安11个市（地）的同步节点BITS，接收由成都LPR和内江LPR采用独立物理路由（PDH电路）传送来的两路定时基准信号，两个上游定时参考信号来源优先级为成都、内江。广元、巴中、西昌和攀枝花4个市（地）的同步节点BITS（含有GPS接收机），由于只有与成都连接的单物理路由（PDH电路）传送定时基准，对两路定时基准信号输入，优先级定为GPS、成都。康定、马尔康两个市（州）的同步节点BITS（含有GPS接收机），只有与成都连接的单物理路由（SDH电路），对两路定时基准信号输入，优先级定为GPS、成都。

至2005年末，全省数字同步网2M端口总容量456个，2M端口实占容量223个，端口利用率48.9%。

网元级网管 四川电信已建立本地网、长途网管系统，主要分交换、传输、动力和数据网。

电信管理网的网络发展趋势是向综合化（跨专业综合平台）、智能化（障碍处理、网络调度专家库等）平台发展。在技术上，向浏览器/服务器方向发展，且系统的结构更加独立于特定的行政单位，系统的管理范围更加扩大。

在集中网管建设方面，对本地电话网集中监控管理系统中工单系统、交接班系统及告警监视部分功能进行完善，并在此基础上实现对本地网内不同专业设备的相对集中监视，实现故障工单的统一派发，故障及工单处理流程全程统一闭环管理，从而实现本地网内综合化集中维护。

本地电话网集中监控管理系统 该系统实现对全省各本地网所有独立交换设备进行集中监视与操作维护，通过与账务系统接口实现电话用户自动停复话；实现对交换设备局数据自动核对、交换机指令的定时、广播执行；实现对话务流量流向的监视与分析。

该系统采用本地、省中心两级架构，本地网内可通过网管系统，对本地网内任一交换设备进行远程的操作维护。省公司及省技术支援中心可通过省中心系统对全省交换设备进行远程技术支撑。

传统长途电话交换网络管理系统 省网管中心使用的是中国最新设计的3期长途电话交换网管系统，该系统按照TMN的规范设计，具有配置管理、性能管理、告警与故障管理和安全管理等功能。

传输网管系统 传输设备SDH、PDH的网管系统对各本地网各自的传输设备进行告警的监视、数据配置及操作维护。传输网络分为省际干线、省内干线和本地网3个部分。

PHS网管系统 该系统对各本地网PHS设备运行进行监视，并对PHS交换部分及基站部分进行集中操作维护。

动力环境监控系统 该系统对所监视局点UPS、油机、电池进行远程监视及启动操作，并对机房的温度、湿度及机房图象进行集中监视，该系统覆盖各本地网的现业重要局点。

软交换网管系统 该系统对软交换设备、信令网关、中继网关、边缘接入控制设备、CE、组网

设备等进行集中配置和管理；完成业务的开通，并对网络进行运行质量的统一分析和管理；通过话务流量的分析，对本地 IP 承载网进行合理调配。通过 IAD 综合管理系统实现对本区域内 IAD 终端设备的集中维护管理，提供对 SIP 软终端、硬终端统一网络管理的功能。

该系统由集团公司集中建设 1 套中兴的软交换网管，对全国八大区的 DC1 软交换设备进行管理，具备分权分域管理功能。网管主设备集中在上海 NOC，由上海 NOC 负责统一维护和管理，包括数据制作和日常维护，四川省有两台返牵终端，分别安装在贝森和新华成都电信监控机房，可对四川节点设备的数据和设备状态进行查询。软交换网管采用全省集中方式建设，集中设置在省中心。该系统服务器部署在成都，与大唐网管系统建立接口。

IP 网管系统　该系统是指实现对 IP 网络进行全面的资源配置、拓扑监控、故障管理、性能监测、流量分析、路由管理、安全认证、业务管理和客户管理等功能的系统。该系统由网管中心和监控中心组成。

2005 年，随着 ChinaNet 网络结构和管理层次扁平化的调整及 CN2 工程在四川的建设，四川电信 IP 骨干网能力得到很大提高。同时，按照集团公司城域网优化的指导原则，四川电信各市（州）进行“心网”的城域网优化工程，IP 城域网容量和能力得到提高。但是原有中国电信宽带互联网（ChinaNet）网管主要提供面向网络、面向设备分散的运行维护管理，难以满足“集中管理、集中监控、集中维护”的管理需求，缺乏有效的全网端到端的管理手段，缺乏对面向业务、面向客户的有力支撑。而现有城域网及宽带接入网设备缺乏综合网管，有些宽带接入的接入网设备甚至缺乏网管系统。四川电信由此启动 IP 综合网管系统建设项目。

至年末，四川电信通过集团网管分权工作站管理省网设备，通过省 IP 网管系统配合市（州）宽带接入网专业或综合网管，管理各市（州）城域网及接入网设备，实现对 IP 设备的集中统一管理。在省 IP 网管系统中，实现集中监控、集中告警、实用的统计分析功能和简单实用的部分配置管理功能，并给 OSS/BSS 系统提供北向接口。IP 网管系统采用一致的软件版本。

IP 网管管理范围为：全省 17 个城域网核心路由器，5 个试点城市（成都、绵阳、德阳、乐山和南充）的 BRAS、SR、宽带接入网设备（DSLAM 和二层交换机），全省 MPLS 网络设备，以及各地 DNS、计费等主机。IP 网管管理对象为设备、端口、链路、网络和流量等。

二、四川移动

1999 年前，四川省移动电话网没有独立的业务管理系统，客户购机、缴费和查询等在各电信营业窗口办理。1999 年中国移动四川公司成立后，在成都、德阳、绵阳、南充、内江和泸州 6 个市（地）进行业务管理系统建设试点，并于当年启动全省综合业务管理系统建设。

图 1－66　四川移动先进的计费系统

2000 年 8 月，四川移动投资 1.5 亿元，建成全省第一套统一管理、独立的综合业务管理系统，称“业务、账务、服务”（业务管理系统、账务处理系统、客户服务系统）三系统合一的业务支撑系统，实现全省统一的移动计费、漫游及网间结算、业务支撑管理、1860 客户服务等综合业务管理。

2002 年，四川移动投资 3.09 亿元，建设业务和网络支撑系统。实施成都新建 LSTP、动力环境监控二期、局数据集中制作、网络安全预警、电子运维等网络支撑工程，BOSS 系统集中化改造、计费拨打测试验证系统等业务支撑工程和移动地理信息系统工程。全面提升网络支撑管理能力，建成全省集中式移动业务运营支撑系统，具备移动业务的计费数据采集、计费、结算、客户服务、业务管理、综合账务和系统管理等功能；对话务网网管系统进行改造，实现全省 GSM 设备、短信中心、智能网和 GPRS 等设备的集中式管理；启动市场经营分析系统工程。

2003 年 9 月，四川移动管理信息系统（MIS 系统）建设正式启动。工程投资 1740 万元，建设任务包括财务 MIS 系统、人力资源 MIS 系统和综合统计三部分。

2004 年，四川移动完成 BOSS 系统扩容（即业务运营支撑系统，分为 4 个部分：计费及结算系统、营业与账务系统、客户服务系统和决策支持系统），实现准实时账务处理，为经营服务提供有效支撑。

2005 年 2—9 月，四川移动通过 4 次割接，完成全省 21 个市（州）、1200 万户客户由 BOSS 1.0 系统升级为 BOSS 1.5 系统，完成营业、账务、客服和计费等子系统结构性调整及软件版本升级。BOSS 系统的营账主机由 SUN 更换为 IBM，数据库由 SYSBASE 更换为 ORACLE，核心交换机由爱立信更换为 CISCO，系统稳定性、安全性和容量提升。

三、四川联通

四川联通的运营支撑系统建设与通信主网建设同步。在建设初期，即建立 1 套移动语音计费及营业系统，形成运营支撑系统的雏形，并在当时实现移动语音业务联机计费及全省集中的计费营账功能，成为全国联通第一批实现的省分公司之一。在建设中围绕省级集中的原则，以“一套体系、多个子系统”为指导思想，形成综合营账系统、综合计费系统、综合结算系统、综合缴费卡系统、经营分析等系统，支撑范围由单一 GSM 业务拓展到 GSM/CDMA/PSTN 业务，由单一语音业务拓展到语音、短信、数据业务，并能提供各类业务的一台清、一单清，运营支撑系统进入全业务支撑、全业务综合受理阶段。随着综合客户服务与维系挽留、全面服务质量管理、代经销商管理等系统的投入使用，大大提高公司客户服务水平和用户的感知度。同时，全省 MSS 系统建设也从探索阶段走向成熟，为公司管理的信息化、高效化奠定基础。

经过 10 年的建设，四川联通运营支撑系统投资超过 2.5 亿元，经历由简单系统发展到复杂系统，由单一功能发展到综合支撑，由业务支撑发展到业务支撑、服务支撑、管理支撑等全面支撑，为促进业务发展、提高客户服务水准和企业整体运行效率及公司的核心竞争力发挥重要作用。

2002 年，四川联通对计费、结算系统进行升级改造，形成适当超前的综合电信业务支撑系统。2003 年，完善计费客服支撑系统，对复杂套餐的支撑能力提高，CDMA-1X建成开通后技术优势突显。

四、四川铁通

2001 年 2 月，中国铁通四川分公司成立，开始信令网、计费网和客服系统等运营支撑系统建设。9 月，7 号信令网一期工程建成开通。该工程在铁通公司网运部、哈尔滨、沈阳、济南、上海、武汉、广州、郑州、成都、昆明、兰州和乌鲁木齐 12 个城市设置高级信令转接设备 HSTP。成都的 HSTP（A 平面）和昆明的 HSTP（B 平面）成对设置。

是年，铁通集团公司开始搭建全国计费网，并开通计费一期工程，在成都建立四川铁通的首个采集点。

2002 年，四川铁通继续扩大计费网的覆盖城市，建成开通计费网二期工程，其中在管内建立绵阳、德阳、资阳、乐山、广元、攀枝花和西昌 7 个城市 16 个采集点，并完成与建设银行四川省分行联网收费工程。

2003—2005 年，随着四川铁通经营区域的扩展，计费网覆盖范围随之扩大；同时，由于业务和管理需要，四川铁通先后建设开通自动停复机、新业务支撑和经营分析等支撑系统。

五、四川网通

2002 年 11 月，中国网通四川公司成立后，运营支撑系统建设与网络建设同步跟进。至年末，建成全省集中的网管监控、网络资源管理、综合营账、障碍测试和客服等运营支撑系统，建成智能业务网络体系。

第二节　管理信息系统

一、邮电综合信息系统

1978 年，四川邮电系统开始应用计算机。1985 年，省邮电企业管理计算机系统开始建设。1987 年 2 月，一期工程完工，省邮电管理局计算机站建成，并利用公众电报网采集全省邮电系统业务数据信息，实现邮电业务管理应用计算机处理数据。

随后，投资 141.8 万元，开始实施省、地两级计算机网络二期工程，旨在实现全省邮电企业办公自动化和管理现代化。1990 年 1 月 28 日，二期工程通过验收，初步形成以成都为中心、辐射全省的邮电企业管理计算机网络。该网络的建成，使省、地两级邮电企业通过公众电信网，顺畅地实现远程数据通信；同时，市（地、州）邮电局通过公众电报网迅速采集所辖县邮电局的业务管理数据。这套系统的开发应用，解决邮电企业各专业 35 种主要业务报表收集、处理、汇总和部分分析表的使用。据统计，计算机取代人工处理数据，可提高工作效率 4—5 倍，甚至几十倍，且报表更加科学化、规范化和系统化。全省邮电企业管理由此步入现代化。

1992 年，邮电部提出在“八五”期间要加快邮电信息系统建设步伐，以扩大和深化计算机应用，提高工作效率，提升效益。省邮电管理局制定《四川省邮电信息系统建设“八五”计划纲要》，按照“统一规划、统一建设、分级管理、分步实施”的原则，建立一个数据高速流通、信息反应灵敏、系统功能完善、存储方式先进、输出速度快的管理信息系统，为各级企业编制规划、制订计划、工作组织、协调管理等提供可靠的基础数据和经营决策服务。

省邮电管理信息系统建设目标分为两个阶段：第一阶段（1993—1994 年），建立健全省局、市（地、州）局信息中心，县局设立信息站，充实计算机人员；第二阶段（1995 年），全部完成市（地、州）计算机局部网络建设任务，完善四川全网的互联性能，充实网络功能，开发各种应用软件。

10月，省邮电管理局组织省邮电科研规划院、乐山市邮电局和省局信息中心，在乐山市开展邮电管理信息系统局部网试点开发项目。

1993年8月24日，“乐山市邮电局企业管理微机局部网”试点成功。该网是一个较大规模的网络MIS系统，子系统齐全，包括24个邮电企业管理的主要业务功能，可实现网络菜单、方针目标、文档检索、文书处理、电子邮件、综合统计报表处理、网络数据备份和远程通信等功能，为全面建成部—省—地—县四级计算机管理信息网奠定基础。经乐山局试用，省邮电管理局在全省邮电部门推广该项目。

1995年，四川省邮电综合管理信息系统建设规划通过评审。该工程投资上亿元，分3期建设，5年完成。1996年5月14—16日，省邮电管理局召开“四川省邮电综合信息管理系统技术规范”宣贯会。

1997年2月，四川省邮电综合信息管理系统建设领导小组成立。3月，一期工程启动。该工程由省邮电管理局和瑞凌软件公司共同开发。7月，省邮电管理局完成本部局域网建设。8月22日，省邮电管理局综合信息网办公服务系统开通运行，省局机关内部由人工向自动的无纸化办公转变。12月16日，在绵阳市召开全省邮电计算机办公服务系统绵阳试点总结会，全省邮电计算机办公服务系统市（地、州）试点工作取得成功。随后，全省各市（地、州）局以绵阳试点的软件样板为基准，分期分批，推广计算机办公服务。

1998年1月，省邮电管理局完成局机关计算机办公服务系统的建设和应用推广，建成的局域网平台拥有4台服务器、1台中心交换机、10台组交换机、5台HUB、主干传输100M宽带，接入网络的信息点120个。省邮电综合信息系统的网络传输以邮电公用数据通信网为基础，提供DDN、ISDN等接入技术，适应Internet应用扩展，采用Windows 95操作系统，应用电子邮件系统、文档数据库、应用开发环境三大核心技术，开发省邮电企业办公服务系统应用软件。该系统具备七大功能模块：电子邮件、公文处理、文件查询、信息发布、大事记、会议安排和公告栏。

11月27日，省邮电管理局研究开发的邮电养老保险信息管理系统在成都通过由省科学技术委员会主持的成果鉴定。该系统以100M交换式以太网为局域网平台，通过邮电综合（办公）信息系统连接各市（地、州）邮电局，其功能涵盖养老保险业务的各个方面，并提供异地查询和辅助决策等功能。

12月11日，省邮电综合信息管理系统通过省科学技术委员会组织的科研成果鉴定，认为该系统综合技术水平在国内同行中处于领先地位，具有良好的推广价值，标志四川省邮电综合信息系统基本建成。随后，省邮电综合信息系统二期工程启动，计算机办公服务系统逐步推广到各市（地、州）局。

是年，省邮电综合管理统计信息系统（升级开发）和省邮电管理局局长综合信息查询系统通过有关部门组织的验收，并应用推广。这两个系统后台采用Windows NT网络操作系统、Oracle7.3数据库，前台以Windows 95为操作平台，Power Buider 5.0为开发工具，系统具有先进性、实用性、开放性和可扩展性，且输出格式灵活，系统运行流畅，反应速度快，性能稳定可靠。

至年末，一个以省邮电管理局网管大楼为中心、上联邮电部、下联各市（地、州）局的邮电综合信息网建成，网络覆盖全省20个市（地、州），有1200个信息点，成都、绵阳等地延伸至县

（市、区），实现邮电企业的办公现代化、信息资源化、传输网络化和管理决策科学化。

2001 年，四川电信按照面向应用、面向管理、面向流程的思路，开发综合办公系统应用，并于 10 月 8 日在省公司本部开始运用。2002 年 6 月 1 日，四川电信综合办公系统正式在全省联网运行，实现企业管理数字化、办公无纸化。

2003 年，四川移动投资 1300 万元，实施企业信息化一期工程，完成信息平台的主体搭建，为经理、部门和员工提供统一的信息服务平台，使信息平台突破原有 OA（办公自动化）办公的范畴，向着对企业管理和业务支撑平台的方向演进。2004 年，投资 860 万元，进行信息平台改造，通过对接入层、平台层和业务应用各层次功能模块的扩展，丰富管理信息，促成业务流程优化，并提供共享服务，实现系统的整体进步。

至 2005 年末，四川移动、四川联通和四川铁通相继建立计算机办公管理系统，在全省实现日常办公管理活动 OA 化。

二、“九七工程”

1987—1989 年，省邮电管理局完成省邮电企业管理微机系统一期、二期工程建设，全省市话营业部门开始采用计算机管理系统，实现邮电业务管理应用的计算机数据处理。随着电信业务的快速发展，为适应激烈竞争的市场形势和电信事业发展的需要，提高电信生产效率，改善服务质量和服务水平，实现经济增长方式由粗放型向集约型的转变，根据邮电部“九七工程”的要求，四川省邮电管理局加快电信营业系统的建设。

1995 年 5 月，在上海举行的全国电信工作会议上，邮电部电信总局提出“九七工程”建设目标：在 1997 年底前全国市话业务要全面实现计算机管理，业务管理和为用户服务的水平要有一个新的突破，登上一个新的台阶。“九七工程”系统包括 9 个子系统：（1）营业受理子系统；（2）配线配号子系统；（3）客户订单管理子系统；（4）计费处理子系统；（5）“112”障碍管理子系统；（6）“114”查号子系统；（7）电话号簿管理子系统；（8）机线资源管理子系统；（9）综合管理和查询子系统。业务管理实现以营业受理为龙头，以订单管理为核心，以机线资源为基础，以配线配号为手段，以共享数据为目的，以其他环节为支撑的管理模式。

12 月，省邮电管理局印发《关于全省实施市话业务计算机综合管理即“九七”有关问题的通知》，正式启动“九七工程”。

图 1－67　成都“114”微机查号台

1996 年 6 月 18 日，广元市“九七工程”在全省率先开通并投入试运行。广元市邮电局作为全省试点，从筹备、设计到施工、调测不到半年的时间完成一期中心局工程。工程使各服务点计算机运算速度和方式实现一体化，同时使配号配线从分散管理向标准化、集中化管理过渡。广元市一期中心局工程上网微机38台、打印机18台，通过计算机网路将电信的各个部门连接在一起，从根本上改变长期制约电信业务发展的服务手段单一、落后的局面，提高电信技术档次和服务水平，为广元市电信事业由粗放型向集约型转变奠定基础，也为“九七工程”在全省推广应用提供经验。

7月，省邮电管理局召开“九七工程”建设工作会，制定“九七工程”建设及管理原则，部署下一步工作；同时，印发《关于加快全省“九七工程”建设的意见》。

1997年6月，邮电部电信总局印发《关于加快“九七工程”建设的若干意见》，明确“九七工程”建设应以改变传统业务管理体系，确立新型的业务管理和生产组织机制作为重点，从本地网体制出发加快“九七工程”建设，在维护全网统一性的前提下，减少软件移植过程的本地模块，加快系统的应用推广。是年，全省“九七工程”进展顺利，有14个市（地）局调测开通运行。

1998年3月，全省16个市（地、州）邮电局“九七工程”开通运行。11月，在“九七工程”一期完成省会、市（地、州）城市建设的基础上，全省开始“九七工程”二期建设，业务覆盖各市（地、州）所辖的县（区）邮电局的市话业务。二期工程完工后，“九七工程”实现全省覆盖。至年末，全省除甘孜州、阿坝州以外的18个本地网“九七工程”纵向联网系统建成，实现地—省—电总三级联网；绵阳、自贡、南充等局完成省邮电管理局下达的二期工程建设计划；泸州、广元、绵阳、德阳、南充、遂宁、广安和攀枝花等邮电局一期工程通过省邮电管理局组织的验收，绵阳市邮电局二期工程通过省邮电管理局验收。

“九七工程”完工后，各地邮电局集中人员做好用户和线路资料的清理及动态管理。根据闭环管理的要求设置关键生产岗位并落实职责，提高“九七”系统的应用效率及应用水平。成都市电信局成立定单调度中心，作为程控、测量、装机等环节的调度指挥中心，实现闭环管理，保证装移机的及时率；部分邮电局利用“九七”系统的功能，开发出分期付款、出租电话、同址电话、疏忙电话等新业务，增加营销手段，开拓市场。泸州等邮电局利用“九七”系统中的各种统计数据，加强对生产过程的实时监控，缩短装移机时间，提高生产效率；纵向联网系统建成后，各市（地、州）市话运作数据定期自动上传到省邮电管理局，省邮电管理局及时了解全省业务发展情况，为科学决策提供依据。

“九七工程”作为电信经营与服务的基础设施，使市话生产从落后的手工操作方式进入现代化的计算机管理方式，提高生产效率，改善服务手段，提高服务水平，缓解电信服务的热点与难点问题，为电信企业提供更灵活的营销支撑，并为企业进行闭环管理、动态平衡管理和量化管理创造条件。

1999年后，“九七工程”逐步向县一级延伸，在经营服务中发挥强有力的支撑作用。至2002年末，“九七”营业系统覆盖全省所有市（州）和大部分县公司，实现本地网内共享网络、共享服务器、共享部分资源。

三、本地计费账务系统

1999年11月8日，成都市电信局本地网计费账务系统正式开通，是全国第一套统一标准的本地网计费账务系统。

2002年，在本地网“九七”营业系统基础上，增配计费账务系统应用软件，启动全省本地计费账务系统建设，实现本地账务集中处理。

2月，四川电信投资3680万元，启动本地计费账务系统网络工程建设；5月，工程完工并试运行；7 月 25 日，工程通过初验。该工程在绵阳、德阳、南充、内江、乐山、自贡、宜宾、泸州、资阳和凉山新建 Cisco75 系列路由器 15 台；在攀枝花、宜宾、达州、眉山、广元、雅安、资阳、遂宁、广安、巴中和凉山配置 Cisco72 系列路由器 12 台；在绵阳、乐山、南充、德阳、宜宾、内江、泸州、自贡、达州、眉山和凉山配置 Cisco4006 交换机 21 台；全省新建县公司 Cisco3640 路由器 87 台、分支局 Cisco2620 路由器 22 台、县及支局 Cisco2950 交换机 111 台。

4 月，四川省本地计费账务系统主机工程完工；7 月 23 日，四川电信组织各分公司召开工程初验会。该期工程在除成都、甘孜、阿坝以外的 18 个市（州）分公司建成本地计费账务主机系统。绵阳、南充各配置两台 IBM M80 主机、1 台 360G 磁盘阵列 7133-D40、1 台 100G 磁带库 3583-L18；乐山、宜宾、内江、泸州、自贡和达州各配置两台 IBM H85 主机、1 台 280G 或 200G 磁盘阵列 7133-D40、1 台 100G 磁带库 3583-L18；眉山、遂宁、广元、广安和攀枝花各配置两台 IBM H85 主机、1 台 150G 磁盘阵列 7133-D40；资阳、雅安和巴中对原配置的 IBM 主机作适当扩容，并利用旧的原磁盘阵列。此期工程对部分利旧设备（应用服务器）进行升级和扩容。

2003 年 8 月，全省本地计费账务系统正式投入运行。该系统建成后，形成全国计费结算中心—省计费结算中心—本地计费账务中心的三级组织体系，通过覆盖全省的本地网计费账务系统，提高各本地网的计费准确性，并提供多种业务数据分析策略，为提高四川电信运营水平起到积极的作用。9 月，四川电信再次对全省本地账务系统进行改造和扩容，增加实时计费处理和分析功能。

四、MSS 域系统

2002 年，四川电信上线 FIS 系统一期工程，集中全省财务基础数据，统一会计规范、统一报表，做到全省财务核算的统一性。

2003 年，全省资金管控系统上线，完成全省资金计划编制下达，同时完成全省资金收支两条线的处理过程。同年，全省电信卡实物管理系统上线，完成电信卡实物的流转过程管理，实现电信卡实物及收发过程的管理。

2004 年，全省上线固定资产价值管理系统，完善新制度下固定资产价值核算，完成全省资产折旧统一计提、统一入账的过程。

2005 年，全省上线 FMP 财务管理平台的建设，在全省财务数据集中的基础上，完成全省财务核算过程的集中，做到核算、管理一体化，实现数据、处理和过程的集中。

五、网络资源管理系统

2002 年 10 月，四川电信在成都、资阳进行本地网网络资源管理建设试点。12 月，在全省各地本地网推广使用“中国电信本地网管理资源数据录入管理软件”，采用自动化手段对网络资源进行动态管理。

图 1－68　2003 年，成都市本地网资源管理系统数据录入现场

2003年5月，四川电信投资4700万元，启动四川省本地网资源管理系统工程建设。

2004年3月，四川电信在眉山本地网进行资源管理系统延伸到县的试点。初期延伸至彭山、仁寿两个县，取得成功。3月25日，除成都、凉山、阿坝、甘孜以外，全省17个市分公司本地网将管理系统延伸到县。7月，四川电信采取“集中管理、集中调度、集中配置、分散维护”模式，对全省本地网网络资源实施集中管理，各本地网的网络资源管理中心和客户响应中心合并设置，成立客户响应中心（资源管理中心）。

2005年9月5日，四川电信本地网网络资源管理系统工程通过验收，并于年末正式运行。

六、BSS域系统

综合营账系统建设 2003年9月起，四川电信采取“先试点后推广、边建设边维护”的方式，推进综合营账系统建设。9月30日，四川电信成立综合营账系统建设项目领导小组，研究全省综合营账系统建设的有关问题。

图1－69 四川电信综合营账二期建设启动大会

2004年4月14日，四川电信综合营账系统项目试点工作在绵阳市启动。综合营账项目专家组与总集成商及综合营账周边系统厂商就综合营账系统试点工程需求范围、建设思路、周边系统集成等问题多次举行专题研究会，确定全省系统建设研发、割接上线工作计划和安排。12月15日，四川电信综合营账系统成功并行上线。

2005年4月18日，四川电信综合营账系统绵阳试点工程（R1版本）成功割接，并上线独立运行。6月16日，四川电信综合营账系统第一批推广分公司启动会在宜宾市召开，经试点评估的R1版本正式在全省推广。是年，在绵阳、宜宾、自贡和资阳4家分公司建设综合营账系统，主要包括ODS子系统、营业订单子系统、计费账务子系统。

营销渠道支撑系统建设 2004年5月，四川省营销渠道支撑系统一期工程通过初验并进入试运行。全省除甘孜州、阿坝州以外的19个本地网完成推广，系统建设以本地网为单元，硬件部分采取分散布置省集中管理模式。四川省营销支撑系统工程投资暂估金额1088.56万元。

2005年，四川电信投资363.11万元，启动四川省营销渠道支撑系统二期工程建设。在甘孜州、阿坝州各建设1套营销渠道支撑系统平台；建设省大客户支撑系统中心节点和数据采集系统；对已有的19个本地网营销渠道支撑系统进行功能升级改造，增加功能包括渠道信息管理、营销报表、营销分析、小灵通独立营销、合作伙伴管理、信用度管理。

七、IT系统运行维护管理

四川电信建立完善三层运行保障体系：市（州）层面、省公司层面、支撑厂家联创公司层面

3 个纬度。

省公司：负责 IT 系统规划、建设及维护管理；制定系统运行维护规章、规程；实施批量操作及重大操作的审批；监控、监督、检查全省 IT 系统运行维护质量。

市（州）分公司：详细分解各相关部门的维护职责，确保各项维护工作的有效落实；建立 IT 系统维护作业计划，并将维护职责划分情况和维护作业计划列入日常运行维护工作；维护主管部门必须加强对维护作业执行情况的监督检查，确保各项维护作业的有效落实；落实硬件设备的维护工作。

支撑厂家：解决运行维护及 IT 系统开发过程中的重大疑难问题。

八、其他管理系统

市话微机管理系统　1992 年 9 月 18 日，成都市电信局投资 600 余万元建成全国首个省会局市话营业微机管理系统，并投入试运行。该系统实现多局制、多营业点的市话业务分散处理集中管理体制，实现分散处理号线资料的准确性和实时性，体现业务管理的集中和统一性，使市话营业管理进入计算机管理时代。该系统处理能力为 30 万户用户，系统容量可随外存储能力增加而增加。

1997 年 12 月 25 日，成都市电信局市话业务计算机综合管理系统开通运行。

电话障碍集中受理计算机管理系统　1993 年 10 月 23 日，全国省会城市第一套“112”电话障碍集中受理计算机管理系统在成都市电信局开通运行。该系统实现电话障碍申告由分散到集中、由人工到自动的转变。电话出现障碍后，用户拨打“112”并紧接着拨入故障电话的号码，30 秒内完成申告、登记等。3 分钟后，障碍电话的用户、线路等有关资料在相应的电话障碍维修点打印出来。

图 1－70　“112”障碍集中受理台

该系统的开通使用，电信部门对市话网的科学、高效管理，缩短电话障碍的修复时限具有重大意义，这也是应用先进的高科技技术装备对日益庞大的市话网实施科学化、自动化管理的一次成功尝试，是对原有业务管理体制新的挑战。

2003 年 11 月，四川电信“10000”客户服务系统正式上线运行，“112”正式关闭。

第九章　网络维护保障

第一节　网络维护体制

一、四川电信

20世纪80年代，全省电信网络的维护体制实行分散式维护和管理，以各市（地、州）、县邮电局为单位，对市内电话、农村电话交换设备和中继线路采取谁使用、谁维护的办法。随着电话交换程控化的发展和本地电话网的逐步建设，电信网络维护体制逐步由分散式维护管理向集中式维护管理过渡。

1996年6月，省邮电管理局按照邮电部要求，开始在电信部门实行“计划建设、运行维护、经营服务”三条线管理体制。随后，省局电信运行维护部成立，负责全省电信运行维护、电信通信质量、促进通信网生产效益、提高网络服务水平等职责。同时，在电信运行维护部内设立网管中心，加强网络管理运行工作。8月，改革全省各市（地、州）局的运行维护体制，推行电信运行维护部和电信经营服务部分设体制。

1997年初，省邮电管理局电信运行维护体制改革领导小组成立，开始在德阳市邮电局进行运行维护体制改革试点。8月，在全省邮电部门推广。1998年，出台电信维护体制改革实施细则，将维护方式、维护手段的改革纳入维护体制改革范畴，建立健全维护激励机制，制定奖励办法。

1999年，全省电信运行维护体制改革完成。新的体制适应电信网络的新变化，调动维护职工的积极性，提高工作效率，为电信网络正常、高效运转打下基础。

2002年12月19日，四川电信召开长途传输维护管理体制改革动员大会，正式启动四川电信长途传输维护管理体制改革。同时，撤销四川省长途线路局和四川省微波通信局建制，成立四川省长途通信传输局，负责省内长途通信线路设备的日常维护管理，并为长途传输提供服务保障。

四川省长途通信传输局还承担成都卫星通信地球站的维护，主要承担专用卫星线路的传输保障任务，确保成都至拉萨、乌鲁木齐和广州的通信传输安全，保障内地与拉萨、乌鲁木齐通信联络，保障内地至国际关口局通信的畅通。

2004年，四川电信选拔组建首批9个专业44人的全省维护骨干队伍，指导各本地网组织选聘市（州）级维护骨干169名。

2005年，四川电信印发《四川省电信有限公司省级维护骨干管理办法（暂行）》，明确维护骨干的日常管理机制，确定省级维护骨干考核模式，配合维护部门，与全省43名省级维护骨干签订年度维护责任书，实行岗位动态管理。是年，推进以客户为中心的网络维护体系建设，跟进对新网络和新业务的维护，扩大监控范围、规范维护流程和发挥资源管理系统作用，提高快速响应市场前端和提供维护支撑的能力。PHS 网络优化使接通率提高 2.47 个百分点，宽带接入网整治收效明显，整治机房 104 个。

二、四川移动

1999 年前，全省移动网络的维护由各市（地、州）、县电信局网络运行维护部门负责。维护的主要内容是保障网络设备的正常运行。省移动通信局运行维护部提供业务指导。

1999 年，四川移动通信公司成立，设立网络部，负责移动通信网络管理、网络优化、运行维护、网络运行质量和指挥调度等工作。具体的网络维护工作，主要由公司维护人员承担。同时，各市（地、州）分公司设立网络运行维护部门，负责所在地区移动通信网络的维护。

2000 年，四川移动网管中心成立，负责成都地区本地网的维护。同时设立建设维护中心，负责基站维护、传输维护等工作。2002 年，明确网管中心负责全省移动通信网络维护的生产组织管理，并在网管中心内设动力维护中心。2003 年，在网管中心下增设监控中心，负责全省网络集中监控。

2001 年，四川移动数据中心成立，负责全省数据业务平台的维护。4 月 24 日，为做好 GSM 基站的维护，落实中国移动通信集团公司提出的“一般维护社会化”要求，省公司向 7 家社会化公司发放《四川移动通信公司成都地区郊县基站代维招标书》，就此次基站代理维护工作对上述 7 家投标公司提出要求。然后根据对各家公司应标书的认真评议，从中选出中标单位。此次成都地区郊县基站代理维护的顺利实行，探索网络末梢设备代理维护的方式方法，为传输线路代理维护等工作积累经验。其后，广安、德阳和绵阳等地先后开展社会代理维护试点，拓展网络维护社会化思路，探索网络代理维护管理模式。

2003 年，四川移动全面实行一般网络维护的社会代理维护，将分公司范围内的所有基站、传输中继站及配套设施，各分公司范围内的本地网及分公司范围内一级、二级干线光缆，通信电杆，管道，人手孔及所属附件，全部实行社会代理维护。因维护交接工作量巨大，此次代理维护分两批实施，第一批 12 个市（州）从 6 月 1 日起开始实施，第二批 9 个市（州）从 7 月 1 日起开始实施。为有效监督、管理代理维护公司的维护工作，保证网络运行质量，公司制定相应的代理维护考核管理暂行办法。通过将工作量大但技术含量较低的非核心网元的基础维护，委托给具有一定技术和资金实力的社会公司代理维护，使公司将现有维护力量集中到网络优化等较高层次的工作上，节省运营成本，提高人才利用价值，且解决网络末梢设备维护不到位的问题，满足维护工作的需要。

是年，四川移动以“建立创新机制、落实精细化管理”为发展目标，实现全省 GSM 网 BSC 以上网元、省会基站的省级集中监控，并以电子运维系统 EOMS 为平台，形成以网络部为职能管理单位、网管中心为生产管理单位、各市（州）维护部门为现场维护单位的“集中监控、分级维护、统一考核”的电子化网络维护生产调度体系。

2004 年，四川移动明确公司和市（州）分公司的代理维护管理界面，结合各专业维护规程，制定全省统一的基站主设备、配套设备、传输日常代理维护作业计划，同时制定《四川移动代维工作电子化流程管理办法（暂行）》，将代理维护公司纳入 EOMS 系统，作为公司的班组进行管理。

2005 年，四川移动与各代理维护公司的合同到期，为节省代理维护成本，提升代理维护质量，组织各分公司总结近几年的代理维护工作经验、得失，修订代理维护框架合同和管理及考核办法，细化代理维护管理。在此基础上进行新一轮的代理维护招投标，提高网络运行的有效性。

至年末，四川移动的网络维护从驻守交换机房值班监控，发展到建成计算机网络监控与操作维护系统，并建立现代化的网络信息管理平台，实现从分散维护模式向以本地网为单位，再到以省为单位的集中维护模式的转变。

三、四川联通

2000 年，四川联通改革通信网络运行传统维护体制，建立和实行“两个中心”集中管理的体系，降低运行成本。在成都建立全省集中网管中心和通信值班调度中心，并于 2 月 1 日正式投入运营，实行全网集中操作维护、全网集中调度指挥，标志四川联通开始建立一个全新的运行维护管理体系。“两个中心”运行后，G 网维护接通率、掉话率和阻塞率等 4 项指标综合排名从 1999 年全国联通公司系统的第二十三位升为第八位。

2001 年，根据中国联通长途传输网“全程全网”的思想，为保障长途传输网安全有效运行，实行长途传输网的统一指挥、统一调度、统一管理，总部决定在云南、贵州、四川、陕西和重庆 5 个省（市）开展长途传输网大区管理试点。11 月 30 日，中国联通长途传输网大区会议在成都召开，会上宣布成都大区成立及试运行。成都大区包括四川、重庆、贵州和云南 4 个省（市）省际长途传输网及西安大区，在全国联通长途传输网中属小（五）环及大三环的位置，在现有的网络中开通 SDH2.5G 传输系统 4 套，在成都设立大区网管系统。

是年，四川联通通信网络维护体制改革取得进展，维护规程得到完善，各项维护指标达到总部要求：G 网与全国联通平均水平相比忙时来去话接通率高 0.21 个百分点，掉话率低 0.25 个百分点，扇区溢出百分比低于总部要求的 2.86 个百分点；193 长途网去话接通率高于总部要求的 3.9 个百分点，来话接通率低于总部要求的 3.29 个百分点；数据网 IP 业务来去话接通率高于总部要求的 23 个百分点。以“一个体系结构、多个子系统”为原则，建设综合客服系统、CDMA 计费营账系统、PSTN 计费营账系统、193 长途营账系统和综合营账系统等，使支撑系统从原来附属、离散、严重滞后的状况转变为相对独立、自成体系、适当超前的电信业务支撑系统。

2003 年 5 月，四川联通推行运行维护集中体制改革，实行集中运行维护管理体制，建立专业化的运行维护队伍，为网络运行提供优质的技术支持。同时，落实“安全、标准、计量、考核”等基础性工作，健全运行维护制度，推进机房标准化建设，严格质量考核等，优化网络资源和提升运行维护管理水平。GSM 网络通过调站、完善室内覆盖、清理零通话用户、扩容 HLR 等措施，实现挖潜增效。

第二节 长途线路维护

20 世纪 90 年代前，全省长途通信线路以架空明线传输为主。明线杆路以素材杆为主，未经防腐处理，极易腐蚀倾倒；在明线线路中，铁线约占 50%，传输损耗大，障碍多发。同时，全省长线维护点多面广，高度分散。整个明线维护时期，多采用驻段维护方式，长期野外作业，工作极其艰苦。

1982—1987 年，全省投资 2234 万元，进行 147 个项目、5362 杆公里线路的大修改造。在全省长途通信线路中，水泥电杆增加 2158 根程公里，素材杆减少 2440 杆程公里；铜线增加 17306 线对公里，铁线减少 22815 线对公里；新增 4 管中同轴干、支线电缆 469.78 公里。经技术改造后，全省原有线路通信能力每年递增 600 条电路；全省新增和改造站、段、巡房 284 处、4.30 万平方米，全省 16 个线务站有 13 个站的站房得以更新。至 1987 年末，全省线路维护质量有较大提高，每百对公里平均障碍次数为 0.19 次，较 1978 年压缩 2.14 倍；平均历时 16.92 分，较 1978 年压缩 214%；设备完好率 95.93%，较 1978 年提高 50%。全省长途线路的实线电路测试合格率达 94.5%。

1988 年，全省完成长线大修改造 468 公里，增装载波机 60 套，增加长途通信设备电路 662 条，新增长途交换设备 4036 路，其中程控自动交换设备 2072 路，长途对端设备 1964 路。

20 世纪 90 年代初，四川在通信传输方式上跨越同轴电缆阶段，直接采用光纤通信、数字微波等先进技术，逐渐形成以光纤为主体，微波、卫星相结合，高效、宽带、立体、可靠的传输网。

图 1－71　检修通信线路

1990 年，省内第一条架空光缆线路成都—理县段开通。长途通信维护对象由原明线转为光纤线路，并逐步转向省际一级干线、省内跨市（地、州）二级干线、市（地、州）到县及各县之间本地网光缆的维护保障。全省全年完成长途线路大修改造 501 公里，增加明线载波设备电路 184 条，新增长途半自动对端设备 928 路端，新建长话全自动对端设备 552 路端。

图 1－72　高原地区的长途通信线路维护

1991 年，全省完成长线大修、改造 917 公里。1993 年，全省组织开展长途电信线路整治，完成 1137 杆程公里的整治任务。

1994 年，全省配合光缆建设整治原有明线杆路 2442.6 公里，使之符合光缆架设要求，大修长途线路 304.5 公里。

2000 年 7 月，中国电信四川公司成立，四川电信长途干线光缆和长途传输设备的维护由四川电信自有的专业化维护队伍维护。在 15 个市（州）设有长途传输局，负责辖区内一、二级干线的维护。省长途传输局对市（州）长途传输局实行业务指导，指导其日常维护管理工作，制定考核管理办法，确保省内一、二级干线的高效运转。传输设备的维护主要由当地电信公司负责。

第三节　机线设备整治

1982 年，四川省农村电话局结合企业全面整顿，组织开展农话设备质量、服务质量、人员业务技术水平“三升级”（机线设备质量升级、业务技术水平升级、通信服务质量升级）活动，陆续制定《农话设备等级标准》《农话服务质量等级标准》和《农话生产人员练基本功知会标准》。至

1983年，全省农村电话的机线设备平均合格率从30%上升到59%，业务技术水平合格率从52%上升到71%，服务质量合格率从25.7%上升到70%。

1983年后，全省农话“三升级”活动与网路改造配合进行。各市（地、州）把投入的重点放在改造中继干线和更新载波机、交换机等基础设施上。

1984年3月，全省推广乐山市邮电局在峨嵋县农话“三升级”工作中试行的机线维护承包责任制，改变过去维护质量的考核办法和奖金、外勤津贴的分配办法，全省内地推广面达95%以上，边远民族地区有60%的县局实行承包制。6月，邮电部电信总局将四川农话推行机线维护承包责任制的汇报材料向全国转发，推广四川经验。

1986年，全省电信企业进行机线设备维护改革试点，逐步向以质量控制为主的维护方式过渡。在保证设备和电路质量的前提下，载波设备维护预检项目由原55项减少为37项，12个项目延长测试周期，使设备年维修工作量比原来减少53.68%。全省电信专业对增音站无人值守、地区内长话简易自动交换、通信设备供电等改革项目进行探索，并取得成效。

是年，按照邮电部统一部署，全省农村电话通信抓“三升级”工作，大面积推行维护承包责任制。通过检查验收，“三升级”合格县由1985年的18个增加到53个。全省农话通信质量大幅度上升，主要考核的线路中继线百对公里平均障碍历时2492分，比1985年降低12.16%；100户用户平均障碍历时9647分，比1985年降低18.7%。

1987年9月，邮电部电信总局在吉林省召开全国农村电话维护工作座谈会，指定四川在会上介绍“三升级”的经验和作法。全省“三升级”合格县88个。农话中继线百对公里月平均考核障碍历时136分（不含重庆），质量提高33.98%；农话百户月平均考核障碍历时510分（不含重庆），质量提高38.25%。是年，改革电信设备维护方法，实行值检分开和设备运行状态中的授控维护试点。实行单组电池供电，并在有条件的地区推广使用太阳能电池，节省投资费用和人力。

1988年，贯彻全国机线维护工作会议精神，选定阆中、峨眉山两个县作为开展机线维护改革试点，把以前实行的分散维护，改为集中与分散相结合维护。设备、质量、服务“三升级”工作取得新成绩，合格县增加到102个。全省两项通信质量考核指标完成年度计划数：中继线百对公里月平均考核障碍历时23分，质量同比提高8.9%；农话百户平均考核障碍历时401分，质量同比提高15.7%。

1989年初，邮电部副部长朱高峰到四川检查工作，指出四川在维护上存在的问题。省邮电管理局随即组织工作组进行全省检查，从摸底调查的情况看，全省有线长话业务电路合格率为75%，长途架空明线合格率为47%，3路以上载波增音机、终端机问题较大的占32.6%，非话设备问题较大的占36.8%，无线通信设备问题较大的占41%，电源设备问题较大的占50%，人工长途交换设备部件磨损、绝缘关、锈蚀严重，致使不同程度地存在声音小、串杂音重，市话人工交换设备陈旧、年久失修，步进制设备老化，纵横制设备有的出厂质量差、性能不稳定，程控交换设备维护力量未跟上。下半年起，成都市电信局在全局开展机线设备配套整治，组织市话和长途专业开展提高通信质量的单项竞赛，使市话障碍逐月下降，长途设备完好率得以提高。

是年，全省“三升级”合格县增加到116个，“三升级”优秀合格县由1988年的28个增加到40个（两项指标未含重庆市）。两项通信质量考核指标完成年度计划数，其中，中继线百对公里月平均障碍历时96分钟，农话百户月平均障碍历时218分钟，通信质量平均合格率85.24%，中继电路质量合格率87.54%。

1990年4月11日，成都市电信局在市话西郊分局召开“机线标准化调区样板”现场会，把整治一新的青羊小区配线区作为标准化市话配调样板向全局推广。同时，开展标准化机房和标准化优质服务营业厅等试点。结合通信企业机线设备整治，适时组织各专网用户，协调网与网之间的通信，通过走访用户、征求意见，建立小交换机协作片区，加强管理，并组织清查用户终端设备，清除不符合要求的设备，确保全网通信质量。

4月，四川电信对全省长线设备状况调查摸底结束后，立即全面展开整治工作。5月19日，四川电信设备整治工作会议召开，部署全省网络整治工作。整治工作以电信设备管理、机线设备整治、人员素质培训为基本内容。

6月30日至7月9日，省邮电管理局在西渝干线现场办公，制定整治线路设备方案。同时，省长线部门组织人员完成成昆干线杂音严重和杆路整治及成遂渝线路整治。此外，还完成汉渝线、川藏线、泸九渝线、成渝中同轴和渝筑小同轴电缆的整治。

8月起，省邮电管理局抽调专人组成调查组，对成都局长途自动交换设备状况进行40余天调查，对存在的问题反复测试，不断改善。3季度，成都电信的长途来话接通率同比提高3.28%，去话接通率提高0.75%，受到用户好评。

至10月末，全省排除机械故障39325个，占发现故障数的81%；有线传输部分，各种载波机整治合格1065部，占应整治数的74.8%，明线交、直流特性整治合格329段，占应整治数的63.3%；无线传输部分整治合格设备993部，占应整治数的87.5%；长话交换机械整治合格8527架（部），占应整治数的92.6%。经整治，全省通信质量明显提高，长途自动电话来话接通率40.5%，去话接通率26.28%，分别同比增长5.5个和4.28个百分点，超过部颁整治标准。

1991年，全省邮电机线设备整治任务全部完成，经邮电部验收，达到优良标准，通信质量明显提高。

1992年，全省从电信管理标准化建设入手，加强维护管理，解决电信机线设备整治中遗留问题，巩固设备整治成果。11月，经邮电部设备整治检查组综合检查评定，全省电气特性合格率由整治前的33.23%上升到91%，其中一级实线电路合格率93.4%。四川省长途电信线路设备整治工作获得96.34分，在全国邮电同行业中进入前十名。

1995年，全省重点解决成渝中同轴系统闭塞率高、影响成渝接通率的问题；巡回整治成昆干线（四川段）成攀光缆系统存在的公务联络、监控不畅问题；对成都至理县34MB光电设备进行更新扩容；对本地电话网用户引入线进行整治，编印《四川省用户线路工程施工与验收技术规范》，配合光缆建设，整治明线杆路和大修长途线路1633公里。

至年末，全省邮电人工/半自动长话接通率87.91%，比计划提高近10个百分点；长话全自动来话接通率43.74%，比计划提高0.94个百分点；省内去话接通率由1990年的20.36%提高到96.53%。

1997年，四川电信运行维护管理以网管为龙头，提高接通率，制定《卫星进城中继电路应急抢通方案实施细则》《成渝数字微波光中继系统障碍处理程序》《四川省会议电视系统维护管理暂行办法》，加强电信设备整治。调查全省网上运行的交换机状况，解决运行中的问题；进行移动通信、微波通信的整治，提高移动通信接通率和长途电路的可用率；全省大面积长途自动去话电路可用率累计平均为97.37%（提高0.99个百分点），成都市电信局长途自动去话接通率累计平均为35%（提高6.28个百分点），长途自动来话接通率累计平均为46.35%（提高7.31个百分点）。

“九五”规划（1996—2000年）开始实施后，全省通信工程建设项目增多。电信运行维护部门采取全程参与工程建设、严把工程质量关的办法，为运行维护质量奠定良好基础。在全省加强维护仪器仪表、维护工具、交通工具、通信工具的统一配备、统一管理、统一使用和维护，以保证网管维护中心及时、有效地进行设备维护和故障抢修。

第四节 长途通信保障

四川省长途通信线路分布点多、线长、面广，维护力量有限，被盗窃破坏的情况较多。

1988年起，省长线维护部门依靠地方政府，开展护线宣传活动，采取措施，落实护线责任制，使管线护线成为沿线群众的自觉行为。1990年1月14日，省政府办公厅印发《关于加强通信线路保护工作的通知》，省高级人民法院、省人民检察院和省公安厅联合印发《关于当前认真办理破坏通讯设备案件的通知》。

1988—1992年，全省长线维护部门与地方政府召开护线会议375次，组织护线宣传队648个，出动宣传车171辆次，播放电影幻灯1514场次，广播宣传976次，印发中央军委保护通信线路的“三号令”1.5万余张，书写张贴护线标语46334幅，发送护线手册6000余册。同时，采取发动群众举报，在多发案市（地）组织护线小分队巡逻守候，组织护线民警等形式，配合公安部门，打击破坏通信线路犯罪活动。全省捣毁破坏通信线路犯罪团伙41个，抓获犯罪嫌疑人327名，破获一、二级长途通信线路案件665起，追缴铜线近10吨，挽回损失20余万元。1992年，全省案发率同比下降27%，破案率提高5%，在全国同行中名列前茅，受到邮电部表彰。

图1－73 军民联合护线

1999年12月，成都军区与四川省邮电管理局联合成立“军民合建光缆传输维护管理领导小组”，制定《四川省军民联合护线实施方案》。

2002年，省长途通信维护部门为防止各类施工、盗窃等人为因素对线路造成的破坏，坚持“预防为主”的方针，配合有关部门，建成集军队、公安、政府和电信等部门于一体的“军警民联合护线”体系，采取24小时守护、设立警示标志、与施工单位签订护线协议等措施，有效控制人为线路障碍。为提高人们护线意识，与当地群众开展“亲情护线”，争取各级政府及相关部门支持，变个人维护为全民维护。每年“5·17”世界电信日期间，组织军警民联合检查组，沿一、二级光缆干线进行大规模的护线宣传活动，利用报刊、电视等新闻媒体，宣传保护国家通信线路安全的重要性，以及保护线路的相关政策法规，使通信保护政策深入人心。

全省各地长途通信维护部门为做好灾害防控，确保线路安全畅通，制定《应急通信保障预案》，培训专业化抢修队伍，最快做到10分钟内出发到现场；到现场后，最快在20分钟内完成12芯光缆的接续工作。面对各种灾害，省长途通信维护部门的维护抢险队伍快速响应，第一时间恢复通信，多次受到当地政府、驻军的赞誉和用户的好评。

2005年，省长途通信传输局维护本地网光缆8万皮长公里。

第五节 本地网集中监控与维护

全省本地网的维护管理采取分散和人工看管为主的模式，多数邮电局技术维护人员不足。

1994年，成都市电信局率先建成本地网集中监控系统。

1996年，省邮电管理局开始在全省推广本地网集中监控系统，确定德阳和广元市邮电局作为试点局，并成立C3本地网光缆传输线路维护体制改革领导小组。次年4月末，德阳和广元市邮电局建成集中监控系统并投入运行。

1997年5月，邮电部电信总局在北京召开维护改革专题会，要求年末前建成的本地网力争建成本地网网管监控系统，并与各省（市、自治区）签订责任书。随后，四川省邮电管理局把本地网网管集中监控系统建设作为当年重点工作之一，与各市（地、州）签订责任书，确保系统按照邮电部电信总局和四川省邮电管理局的要求按时完成。德阳、广元、绵阳、南充、遂宁、达川、内江、自贡、泸州、宜宾、乐山和广安12个局于年末先后建成本地网网管集中监控系统，C4（县级交换中心）以上（含C4）局用交换机纳入监控范围。

1998年，省邮电管理局电信运行维护部开始建立省级技术支援中心，建设全省电信运行维护备品备件库，并通过规范进网通信设备，对电信主要通信设备进行选型，严格控制全网主要通信设备的种类和数量，为提高网路运行效率打下良好的基础。

1月，全省在第一批建成13个扩大C3（市地州级交换中心）本地网的基础上，开始雅安、攀枝花、巴中和凉山等第二批市（地、州）邮电局系统建设，并于3月完成初验，系统得以在全省推广。至10月，全省分3批在已建成C3扩大本地电话网的市（地、州）局建立C3本地电话网集中监控网管系统，完善功能，从性能、接入点、组织机构、维护管理、工作人员培训等方面落实，确保已建成的网管系统发挥最大效益。系统建成后，全省全网来

图1－74 攀枝花市电信局现代化的本地网集中监控机房

话接通率平均提高3%—5%，全网运行效率明显提高。

下半年起，全省在德阳市邮电局试点动力环境集中监控系统基础上，开始为期3年，逐年分批建设本地网动力环境集中监控系统，为实现无人值守、少人值守、提高劳动生产率和保证通信设备稳定可靠运行创造条件。同时，逐步完善7号信令网、数字同步网等高层支撑网的集中监控网管系统的功能，建成和完善DCN网的功能。

至年末，全省A、B网完成集中网管系统建设，对全省的交换机和基站设备进行集中监控、集中管理、集中维护和集中操作。

2001年，四川电信加强维护成本管理，组建网络资源管理系统，降低维护成本，满足市场竞争和经营服务的需要。按照"三集中"（集中监控、集中维护、集中管理）原则，明确目标、手段和规范流程，提高维护管理工作的效率和质量。初步确立四川省本地网集中维护管理目标体制，确定全省本地网集中监控管理系统的技术要求和规范，制定系统各个功能模块的流程，启动对全网交换设备的技术支援工作。按照电信网络完整性、统一性、先进性的要求，加强运行维护基础管理，维护设备和优化网络，确保设备的可靠运行和网络的安全畅通。

2003年10月，四川电信启动综合化集中维护工作，成立本地网综合化集中维护工作领导小组。11月，制定《机房整治要求》和《机房控制室VI规范》等制度，完成全省200余个电信机房及部分模块局和接入网机房的规范管理，248个机房通过验收，143个达到优秀。12月，全省21个本地网网络监控中心成立，实行7×24小时值班制度，集中受理各类障碍。

是年，四川联通运监部网管中心完成两套长途传输综合网管系统建设。该系统的建立，将长途一级干线的朗讯、华为、北电3个厂家的SDH、DWDM设备互联为一体，成功实现性能、告警、配置、故障管理、电路调度、网络资源和统计查询等管理功能，为网络运行监控、故障处理、日常维护和基本数据处理等工作带来便利。四川联通传输网管系统从此进入一个新的阶段，网管中心既是技术管理与支持中心，又成为资源中心。

2004年11月，全省本地网综合化集中维护监控中心平台建成。四川电信建立起分级负责的集中维护管理体系，实现交换机局数据集中制作、业务流向集中控制、重大技术故障排除集中支撑。

图1－75　四川电信成都分公司本地网集中监控机房

2005年，四川电信按照集团公司的要求，采取完善全省各本地网组织架构、再造关键流程、规范支撑系统、打造人才队伍等措施，推进综合化集中维护工作。在组织架构方面，四川电信各分公司成立网络监控中心和网络维护中心，负责本地网范围内全专业网络情况的实时监控、指挥调试和故障处理；重新梳理20余种障碍处理流程，明确各环节的障碍处理时限；完成网管系统终端延伸工作，为网络监控中心实现多专业的监控创造条件；建立四川省电子工单系统，为障碍管控提供有效手段。

是年，四川电信完成大部分市（州）智能网监控系统、动力电路监控系统、时钟同步监控系统、无线基站监控系统和NGN监控系统等建设，网络监控能力大幅提高。四川电信成都分公司交换网络集中监控比例100%，动力网集中监控比例98%，数据网实现对网络核心设备、重要客户的集中监控。12月，四川电信21个本地网综合化集中维护工作全部通过集团公司AA标准检查验收，实现维护工作战略转型。

第六节　移动网络维护与优化

一、网络维护

1999年7月，四川移动通信公司成立，统一规划，突出重点，整体推进企业信息化建设，逐步形成网络管理系统（NMS）的企业信息化体系。TACS-A、TACS-B网完成集中网管系统建设，对全省的交换机和基站设备进行集中监控、集中管理、集中维护和集中操作。

GSM网的网管系统采用多个厂家的移动设备，厂家对自己的设备有相应的网管OMC。按照不同的设备，分为摩托罗拉和爱立信两大片区，通过各片区的网管系统，对本片区的交换子系统和基站子系统进行维护管理。其中摩托罗拉片区由西门子交换子系统与摩托罗拉基站子系统组成，覆盖成都、内江、资阳、泸州、宜宾和自贡6个市（地），西门子交换设备拥有网管OMC-S，对本片区交换设备子系统进行维护管理，摩托罗拉基站设备拥有网管OMC-R，对本片区基站子系统进行维护管理，该片区建有3个网管中心，分别设在省公司、成都分公司、内江分公司；爱立信片区由爱立信公司的交换子系统与基站子系统组成，覆盖凉山、攀枝花、雅安、乐山、眉山、绵阳、广元、达州、巴中、广安、南充和遂宁等13个市（地、州），爱立信的网管OSS可对爱立信公司的交换子系统和基站子系统进行统一维护管理，该片区的网管中心设在省公司。

是年，四川移动建成GSM话务网网管系统，初步构建起网管支撑系统，实现对G网、A网和B网网络性能的统计、分析。为解决2000年时钟过渡问题，组织相关分公司制定网络解决、应急方案，并监督方案的实施。先后完成120余次网络升级和补丁加载、10万余次业务测试，制作更新数据超过20万条，累计参与人数超过1600人次。经过网络维护人员与合作厂家的努力，全省所有设备未发生一例因时钟过渡问题导致的故障，平稳渡过2000年0时0分0秒。

2001年，随着模拟网设备的退网，四川移动的模拟网网管系统也逐渐停用。对GSM网的网管系统，则加强软件版本管理。

2002年，根据集团公司提出的“集中监控、集中维护、集中管理”的战略目标，四川移动开展运行维护体制改革，推动运行维护工作从分散式的现场维护向集中式的系统维护、从面向设备的运行维护向面向网络的运行维护转化。先后完成西门子、爱立信交换机局数据标准化模板，以及全省54个交换机、26个HLR的局数据规范试点、正式割接、拨打测试和计费验证。在此基础上，开始进行集中局数据制作和集中监控值班试运行。经过近两个月的试运行，省级话务网管系统进行数十次修改，功能日趋完善，性能、配置、故障数据完整性、准确性、及时性方面有明显提高，EOMS电子运维系统也于12月末建成投入使用，促进维护生产管理的信息化。

为加强管理，四川移动制定《四川移动电子运维系统维护管理办法》《四川移动集中监控值班管理办法》《四川移动集中局数据制作管理办法》《四川移动网管系统维护管理实施细则》等制度，保障“双集中”工作的顺利进行。12月，“双集中”项目完成，建立适应现代通信企业发展的集约化网络运行维护体制和网络生产管理指挥调度体系，使公司在全国率先实现省级集中监控与局数据集中制作。同时，为加强自建传输网基础维护管理，公司先后印发《四川移动传送网工程设备线路标签及标志制作规定》《四川光传送网线路维护模式的指导意见》《四川移动光传送网资源管理文件汇编》《四川移动光传送网维护管理办法》《四川移动传送网资源调度管理暂行办法》《四川移动光传送网线路警示标志制作和加挂的要求》《四川移动光传送网、同步网网络软件管理办法（暂行）》《四川移动数字同步网维护管理规定》，并多次召开传输维护专题会议，落实传输维护的各项管理规定。

2003年，四川移动在基本实现省级集中监控和局数据集中制作的基础上，加大网络管理的集中化程度。完成三期话务网管建设与全省基础数据库建设，实现对全省资源的集中管理、调配。同时，建立传输静态资源管理系统，使网管支撑系统开始向专业网管发展，逐步开始建设话务网管、数据网管、传输网管等。

2004年，四川移动落实“服务与业务领先”的发展战略，实施精细化管理，加强对市场的支撑，将传输网骨干层、数据网骨干设备纳入集中监控范围，实现以公司为单位的分专业集中维护，网管中心承担集中监控、集中维护职能。各专业网管系统与平台、EOMS电子运维系统应运而生，工单电子化、流程规范化、运维效率得到提高。同时，实施VIP基站和非VIP基站分级维护管理制度，将基站比拟为网络维护部门的客户，根据重要程度和话务量的贡献情况对基站进行分等分级维护。把重要基站和高话务基站列为VIP基站，实施重点监控、优先维护，在不降低非VIP基站维护的前提下，对VIP基站的监控、维护、优化、故障处理、工程建设等方面进行优先保障，有效保证客户差异化的通信需求，提高用户对移动通信网络的满意度。

是年，根据四川移动对“神州行”业务支持平台由SCP平台转为BOSS平台的决定，启动“神州行”搬迁工程，先后完成全省交换机话单序列号连续和HLR开关机接口的改造，减小“神州行”搬迁后欠费风险和BOSS系统开关机压力；制定网络割接方案，用技术手段解决成都“神州行”批量搬迁的难题，对涉及网元SCP、MSC完成多次升级调整。2005年，先后组织完成8次“神州行”转网工作，搬迁全省“神州行”用户400万余户。9月，全部用户顺利割接。

2005年，四川移动对全省话务网BSC以上节点、传输网骨干层设备、数据网核心设备的故障实现集中监视、派单和初步处理，动力环境系统实现本地集中监视、派单。初步建立起适应集中运维管理体系的组织构架和生产流程体系，EOMS电子运维系统作为流程的主要载体，实现故障工单的闭环管理、作业计划的电子化管理，电子运维系统延伸到市（州）机房，并与客服中心建立电子工单流转通道。同时，为使网管支撑系统能够帮助值班人员从庞杂的海量告警中快速定位故障，完成网络告警“故障筛子”项目建设。在该项目中，公司组织相关厂家工程师及公司交换、无线等专业的技术人员，梳理网络资源之间的关系、告警之间的关系及资源和告警资源的关系，制定17种告警关联规则，为监控人员快速定位故障提供支撑。是年末，“故障筛子”项目获得信息产业部管理创新三等奖。

二、网络优化

1999年，四川移动通信公司成立后，针对全省网络运行质量处于全国中下游水平的状况，集中力量，安排资金，在全省开展大规模的网络优化。

2000 年，四川移动成立专职的网络优化机构，建立面向市场的生产组织系统和技术保障体系，并将网络优化工作纳入日常化的作业体系，启动全省网络优化工作，开展网络优化和服务质量监督检查，使公司网络服务和客户服务质量得到显著提高。至年末，全省 GSM 网话音接通率、省际长途来话接通率、省内长途来话接通率同比提高 5、0.4 和 13 个百分点；信道可用率同比提高 0.2 个百分点。客户反映漫游不畅、语音不清晰、断话掉话、缴费查询难等热点、难点问题得到有效解决。在全国服务质量评比中，公司获得第二名，在网络运行质量检查中获得第六名。

2001 年，四川移动重点开展网络优化制度建设，制定《四川移动通信网络优化工作管理规定》，明确日常优化工作内容、边界干扰协调原则、优化报表上报格式和要求、网络优化考核及监督机制等；制定《四川移动通信网络优化工程项目管理办法》，明确专项优化工作的内容和各管理部门职责、分工等；制定《2001 年网络运行质量绩效考核体系》，明确网络优化工作考核（标体）体系、监督检查办法等，推动各项优化工作。同时，公司与相关部门协调，在 GSM 900 网中签订 100 个基站设备作为 2002 年零星优化；启动一、二、三期专项优化工程及成都网络优化二期工程；完成省内和省际边界干扰协调工作；利用优化服务提供商，丰富优化经验的优势，联合开展优化工作，提高网络运行质量。

至年末，全省长途来话接通率 68.13%，无线接通率和话音通道可用率分别达 99.8% 和 99.7%，话务掉话比提高到 130，最小区比例降到 0.53%，人口覆盖率 60%。

2002 年，四川移动制定《2002 年四川移动网络优化服务项目管理办法（试行）》，加强对网络优化服务工作的管理。公司专门设置片区网络优化管理岗，由公司网络部片区优化管理员与厂家优化服务工程师、基层优化人员组成优化项目组，分阶段对全省各市（州）网络进行优化。同时，面向客户、面向市场进行网络优化，网络优化由“指标指导”转向“市场指导”，重点解决网络优化与客户投诉脱钩的问题，将以往优化数据主要采自优化人员的实测数据，改为主要依据客户对网络质量的投诉，增强网络优化的针对性。

是年，组织全省网络优化一、二、三期工程，对不合理的基站站址进行搬迁，改变部分基站的站型，调整更换改造天馈系统。实施锻造“成都精品网络”重点项目。截至 6 月 5 日，完成成都市区 143 个、郊县 200 个基站的硬件检查和 77 个室内系统的整治，完成 30 个基站扩容，开通5 个基站，其余基站于 6 月底前开通。9 月，公司开展“打造 GSM 和数据精品网络”活动。下半年对 GSM 网络进行调研，制定科学的补点、扩容、优化方案。

通过 1 年的优化，全省各地区的网络质量得到改善。12 月，四川省长途来话接通率为 66.05%，掉话率为 0.82%，最坏小区比例为 0.74%，短信息接通率为 95.08%，PDP 激活成功率为 95.66%。网络运行绩效考核得分从 1 月的 13.8 分提高到 12 月的 19.9 分。

2003 年，四川移动重点针对市（州）分公司的城区、各县城城区、高速公路及风景区开展日常优化工作，确保这些地区网络的绝对优势。推进专项优化工程，主要针对乡（镇）地区、成都商业片区及居民小区开展专项优化，扭转这些地区覆盖或话音质量问题；探索零星优化的思路，为解决突发性话务量增长、市场需求紧急等与设备短缺之间的矛盾，探索出能够作出快速反应与解决问题的手段、方式。

上半年，四川移动实施 GSM 精品网工程和优化扩容工程，新建 BSC 4 个，新建基站 340 个，扩容基站116个，搬迁基站75个，新增载频1817个。整个精品网工程投资1.78亿元，增加799个载频、288个机柜、64个直放站、126个室内覆盖、67个塔放，搬迁50个基站，对625个网络质量存在问题的区域进行优化。在工程中，公司制定《2003年精品网新建室内覆盖系统设计管理办法》《GSM精品网工程成都片区基站选址要求》等文件，对工程建设各阶段的常规性措施进行归纳、总结，制定出精细化、标准化的工作流程，确保精品网工程建设质量。同时，开展打造数据精品网活动。GPRS小组对成都地区142个热点地区进行PDCH的重新配置；针对Motorola告警机制不完善，开发出GPRS核心网告警过滤软件；将成都市区47个BSC顺利升级到支持CS3/4，并完成GPRS核心网分析软件V1.0版本的开发，根据分析软件定期提取现网有GPRS手机未开GPRS功能的客户号码给市场部门，有针对性地推广GPRS业务；对全省小区进行重新统一规划及平衡调整，对业务量大的地区进行增加核心网配置的小区数量，相应地对业务量小的市（州）进行减少，同时建立严格的GPRS核心网小区数量分配管理制度，禁止各市（州）自行增加当地GPRS小区开放总数量。

短信小组在四川移动眉山分公司进行短信测试中，发现全网性短信局数据制作漏洞，上报集团公司后，对全网类代码进行集中清理，规范相关局数据的制作，并在15天内完成集团公司委托编写的《短信参数配置原则》。

此外，对WLAN的热点进行传输和电源整改；对WLAN AP信道划分和发射功率进行整改；探索WLAN的新技术，用室外型AP解决开放式大型展厅的WLAN覆盖；使用WLAN和GSM室内覆盖双网合一的方式，节省投资，利用现网资源有效解决传输资源紧张的问题，最大程度满足客户需求；应用PVLAN技术解决热点内WLAN客户漫游掉线问题；通过在AC设备与传输设备之间加装交换机，解决AC设备与微波设备端口的适配问题；开通省政府和各地市政府WLAN，取得良好的业务推广和市场宣传效果。

在CMNET和VOIP方面，进行技术攻关，成功开通四川MPLS-VPN试验网，设备兼容性测试获得成功，标志四川移动成为全国首家在全省范围内成功开展跨多家厂商设备的MPLS-VPN业务的公司；通过对CISCO IP电话网关的参数优化和软件升级，使17950提高约3%的接通率，且改掉原来不当的选隙方式，使之与交换机配合得更好；通过增加路由器内存容量、增加市（州）到成都GSR的带宽、部分市（州）实施per-packet负荷分担方式、580和GSR之间进行网状连接几大措施对省网进行优化调整，使时延指标达到集团公司要求；优化邮件系统，为邮件系统部署网关杀毒软件；持续进行反垃圾邮件工作，制定反垃圾邮件的工作制度，每月定期在网络上进行垃圾邮件服务器扫描。

8月10—14日，集团公司组织全国网络质量第三方现场测试和维护管理组巡检查，四川省获得全国综合评比第三名，其中维护管理组巡检查获得满分。9月，在集团公司昆明维护工作会上，四川移动获得“打造数据精品网络劳动竞赛一等奖”“打造数据精品网络劳动竞赛最佳人才奖”。是年，四川网络质量在全集团排名从2002年的全国第二十六名提升到前十名。

2004年，四川移动在无线资源增长低于话务量增长的情况下，围绕客户感知，采用忙闲调整的方式，合理配置网络资源，使全省超忙小区减少130个，超忙小区比例从2.65%下降到1.84%。同时，将网络优化作业计划纳入EOMS作业计划中，实现网络优化工作的日常化、标准化。实施九寨沟景区网络整治项目，新建并开通6个基站，对34个基站进行全方位硬件检查，纠正147个传输、交换、无线方面的错误，消除12处盲区，提升网络覆盖率。启动省内第三方的网络质量监测工作，全方位、多角度地监控全省网络服务质量，保证网络质量领先。

2005 年，四川移动成立“样本数据网络”领导小组，启动样本数据网推广工作，建立多维立体的维护体系，对 CMNET 省网结构、GPRS 网络结构、WAP 网关系、彩信业务流程等进行优化，实现数据机房的全面标准化。

图 1－76　2005 年，四川移动建成全省现代化的网络监控中心

三、网络质量监督检查

2001 年 2 月 19 日，四川移动成立网络质量监督检查中心，主要负责全省网络质量的监督和检查。同时，公司制定《网络质量监督检查中心测试管理制度》《网络质量监督检查中心专业测试实施办法（试行）》，并建立每月一次的联系会议制度。

是年，开展成都市区及 14 个郊县、所有市（州）中心城市、高速公路和 3 条出川铁路的网络测试，完成省内主要城市和重要交通线路的网络质量分析，建起全省网络质量基础数据。公司印发《四川移动通信网络优化工作管理规定》，要求各市（州）分公司成立 CQT、DT 专职测试队伍，定期对城区和高等级公路进行测试，完成测试结果分析报告和优化方案，并上报公司网络部。由公司网络质量监督检查中心不定期地对各市（州）网络质量进行抽查，并将抽查结果反馈至网络部。

2002 年，四川移动开始大规模建设 GPRS 网络，利用分组交换技术提高客户下载速率，支持数据业务快速发展。网络质量监督检查中心将分析 GPRS 网络质量纳入工作重点，为业务的前期商用准备及后续推广提供大量参考数据。2002 年 9 月至 2003 年 8 月，在公司开展的“打造 GSM 和数据精品网络”活动中，制定全省 DT 测试、CQT 测试的测试周期和测试内容，规定每月网络质量分析、容量分析的具体分析项目，实现网络质量分析的标准化。活动期间，公司进行 102 次全城 DT 测试、73 次高速公路 DT 测试和 9 次成渝铁路的 DT 测试，在郊县进行近 100 次 DT 测试。在所有的 DT 测试中，拨打近 7 万次电话，总行程 14 万公里。进行 19.7 万次 CQT 拨打测试。为做好绩效考评，网络质量监督人员 DT 测试行程 1.2 万公里，测试原始数据 6800 兆，对各市（州）500 个宾馆、写字楼、商场、娱乐场所、长途车站、机场、火车站、政府机关等地点进行 CQT 拨打测试 1 万余次，完成精品网验收的现场测试，对各地网络提供严格、真实、客观、公正的评估数据。

2004 年，四川移动将现场评测工作交由专业的第三方公司承担，扩大网络质监工作范围，第三方公司每年完成 4 次全省网络质量现场检查。质监中心在保留每年 2 次全省现场评测的基础上，重点关注客户投诉和客户使用各种业务的体验，同时，对绿网系统中涉及网络质量方面的 VIP 客户投诉进行 100% 的监测，一般客户投诉抽查 10%，并在成都地区开展公司员工“网络质量监测活动”，通过办公网系统获得网络投诉和故障信息。针对现网业务种类增加，特别是数据业务不断发展的状况，公司开始模拟客户开通、使用、取消业务的完整流程，站在客户的立场感受该业务的优势和不足，向支撑部门和业务部门提出意见和建议，促进业务的改进和完善。

2005 年，四川移动将风景区的网络监测纳入工作重点，全年完成 20 个 AAAA 级以上景区的网络质量调查。

四、网络与信息安全

2002年前，四川移动的网络安全问题突出表现在网络预警机制不健全，网络缺乏安全保护机制。交换、短信、智能网、传输等专业通信网元普遍缺乏行之有效的安全备用保护方案，一旦出现较大问题就只能依赖厂家技术人员，严重影响业务的快速恢复。此后，公司将网络安全工作的重点放在确保核心网元如MSC、TMSC、GMSC、HSTP、BSC、SMSC、SCP、SGSN、GGSN等的运行安全上。

2002年，四川移动制定《核心网元维护管理规定》，首次明确全省移动通信网络核心网元是指移动通信网络中担负一个或以上BSC所辖客户通信任务的核心设备，提出故障及时恢复率考核指标，更加严格地定义全省重大通信故障及重大通信故障上报要求，并对全省核心网元预防性维护、应急性维护和维护人员素质作出规定。

2003年，四川移动制定《四川移动网络与信息安全管理办法》，成立网络与信息安全工作领导小组，下设常务组、数据通信及BOSS保障组、话音通信保障组、互联互通组、物资准备组和安全保卫组6个分领导小组，以及14个专业保障技术组和各市（州）通信保障队，并在公司网络部设立网络与信息安全领导小组办公室，负责落实领导小组的决策，协调各分领导小组、专业保障技术组和通信保障队的工作。同时，在公司和分公司内部各部门，明确安全管理人员及其职责，确保公司各项安全责任得以落实，网络安全措施得以实施。

是年，四川移动在全省开展网络与信息安全现场组巡检查。检查内容包括网络与信息安全人员和职责落实情况、维护人员掌握安全基础知识的情况、主机系统和操作维护终端的安全加固情况，有效督促各市（州）分公司将网络与信息安全工作落到实处。

8月10—14日，在集团公司组织的数据网维护管理组巡安全检查中，四川移动的网络安全现场获得满分。同时，在集团公司打造数据精品网络安全远程扫描验收中，公司的网络无安全漏洞，获得满分。

2004年，四川移动启动网络安全建设项目，建设网络边界安全访问控制设备、漏洞扫描设备、入侵检测设备等；制订网络与信息安全维护作业计划，纳入到EOMS中统一填写；对Windows服务器装载微软MS04-004、MS04-011安全补丁程序。同时，针对发现的非法短信、黑客入侵、电脑病毒等安全事件，迅速启动安全事件处理预案，及时处理。是年，公司编制《信息安全应急预案（试行）》，制定《第三方主机加固项目管理办法》，并在5月20日至7月15日，通过软件升级、补丁装载、客户权限细分、口令加强、系统配置修改等工作，完成移动信使、CMNET、1258、1259、WAP、省级话务网管、传输网管、邮件系统、综合信息平台、VOIP一次拨号、GPRS系统、VOIP二次拨号、短信中心、传输网管系统200台设备的安全加固。6月20日至7月20日，组织第三方安全服务公司完成相关中心Windows主机、维护终端、维护用笔记本电脑、OA办公电脑共300台的防病毒、防火墙软件安装工作。

第十章 通信局房

第一节 四川电信局房

1980 年 9 月，成都市人民东路长途通信枢纽建成，成都市全部长途载波设备和长途交换设备由太升路迁至该枢纽。该枢纽安装的省内传输设备多为 PDH 设备，后逐步退网，淡化其枢纽地位。

1986 年 7 月 15 日，成都刃具厂电信营业代办所正式对外营业。这是成都市第一家由工厂开办的电信综合营业所。是年，全省邮电系统房屋竣工面积 70175 平方米，其中职工住宅 41303 平方米。改建、扩建支局（所）54 处，全省邮电局（所）6221 处。

1987 年新年前夕，乐山市电信枢纽大楼投入使用。至此，乐山地区完成长途、市话、电报、载波等通信设备搬迁，并形成完整的综合通信能力。是年末，全省邮电局（所）6330 处，同比增加 109 处，主要是代办所增加 148 处。改造邮电支局房 32 处；全省新建邮电房屋 145433 平方米，其中生产用房竣工面积 80268 平方米。

1988 年，德阳邮电综合楼竣工投入使用，总建筑面积 4000 平方米。是年，全省邮电局（所）6368 处，其他服务网点 43564 处，房屋竣工面积 11.25 万平方米。

1989 年，全省邮电新建房屋 110564 平方米，其中生产用房 71779 平方米，生活用房 38785 平方米。全省邮电局年末总数 6570 处，同比净增 202 处，主要代办所净增 210 处，自有房屋建筑面积 3350 万平方米，净增 19.9 万平方米，其中生产性用房净增 2.5 万平方米。全省邮电自有房屋建筑面积 334.9 万平方米，其中通信生产用房 114.2 万平方米。

1990 年 7 月 26—27 日，重庆微波通信枢纽楼工程通过竣工验收，并被评为优良工程。此工程位于重庆大坪，是经邮电部和重庆市政府批准的市重点建设项目。1988 年 7 月 29 日动工，大楼占地面积 2450 平方米，建筑面积 7542 平方米，总投资 1357.7 万元。按照设计要求，大楼投入使用后，为汉渝（武汉—重庆）、西成渝（西安—成都—重庆）、渝筑昆（重庆—贵阳—昆明）3 条微波干线提供机房和天线塔楼。

是年，全省邮电局（所）总数 6707 处，同比净增 173 处，主要是代办所净增 141 处，通信企业自有房屋建筑面积 3530 万平方米，同比增加 180 万平方米，其中生产用房 127.7 万平方米，同比增加 3.5 万平方米。

1991 年，全省邮电局（所）总数 6750 处，同比净增 43 处，其中自办局（所）增加 2 处，代办局（所）增加 41 处；通信企业自有房屋建筑面积 378.6 万平方米，同比增加 25.6 万平方米，其中生产用房 142.1 万平方米，同比增加 14.4 万平方米。改造、扩建、新建农村邮电支局（所）140 多处，净增邮电房屋 13.7 万平方米，其中生产用房 6 万平方米。

1992年，全省邮电局（所）总数6810处，同比增加60处，其中农村局（所）5880处，同比增加21处。在局（所）总数中，自办局（所）2737处，同比增加14处；代办所4073处，同比增加46处；通信生产用房147.5万平方米，同比增长3.8%。全年改造邮电支局（所）124处，线路巡房46处，竣工邮电生产用房5.8万平方米、生活用房4.05万平方米。

1993年，全省邮电局（所）总数6943处，同比增加133处，其中农村局（所）5978处，同比增加98处。在局（所）总数中，自办局（所）2721处，同比减少16处，代办所4222处，同比增加149处。通信生产用房164.1万平方米，同比增长11.25%。全年改造邮电支局（所）房屋152处，竣工邮电生产用房8.93万平方米，新建职工住宅2.33万平方米。

1994年7月，成都市新华通信枢纽建成后，作为成都第二长途电话局并开通2万线长途电话，使成都市的长途交换容量达3.10万线，增长2倍。“十五”期间建设的SDH、DWDM省际和省内干线全部安装在新华通信枢纽楼。

1995年，全省邮电局（所）总数7468处，通信企业自有生产用房218.15万平方米。

1996年，省邮电管理局网管中心、成电枢纽大楼等35个项目完成，竣工面积159950平方米。

1998年，全省电信房屋建筑面积148119.5平方米。

1999年12月28日，四川省第二大电信枢纽网管大楼——内江网管大楼举行开工典礼。该工程投资9800万元，建筑面积2.7万平方米，主楼18层，高77米。

2000—2005年，四川电信自筹资金，相继在内江、遂宁、凉山、乐山、资阳、德阳、广元、眉山、巴中和攀枝花等市（州）建设通信枢纽大楼，总建筑面积20万平方米，同时在经济发达的县，建设第二交换端局，总建筑面积7万平方米，累计投资180616万元。

成都长途电信枢纽大楼 1992年10月17日，工程在成都东郊动工。该工程占地56亩，投资4000万元，由邮电部郑州设计院设计，主楼22层，高99米，总建筑面积28310平方米，附属建筑面积5643平方米。1996年9月19日，枢纽大楼竣工。

成都新华长途电信枢纽 1996年10月25日竣工投入使用。随后，成都新华长途电信枢纽逐步替代人民东路通信枢纽，成为四川省及西南地区的主要通信枢纽。

成都第二长途电信枢纽 位于成都市青羊区贝森路26号。1998年5月12日和7月8日，国家计委和四川省计委分别下达工程立项批复。该工程被省、市政府分别列为省、市重点建设项目。

1999年9月，经全国公开招标，该工程由浙江省邮电规划设计院设计，中建一局集团建设发展有限公司承建，四川省精正建设咨询监理有限公司监理。2001年2月19日，工程奠基暨开工典礼举行。11月28日，主体结构封顶。

图1－77　成都第二长途电信枢纽工程奠基

2003年6月27日，工程竣工；2004年3月26日，工程通过验收，并被评为优良工程。该枢纽包括主楼、辅助用房、动力中心、武警营房和传达室5个部分，主楼地下2层，地上21层，总建筑高度106米，占地111.5亩，建筑面积78854

图 1－78　成都第二长途电信枢纽大楼

平方米，楼内安装一、二级干线及本地网等电信系统，形成包括长途电话 8 万路端、市话 15 万门、本地网独立汇接局 10 万门及传输、数据、网管、服务等集中监控中心，总投资 41780 万元。

该工程的建成，为成都乃至西南地区提供高速率、大容量、安全可靠的骨干信息平台和信息通道，巩固成都作为西南地区通信枢纽地位，提高四川省信息化水平和成都的城市竞争能力，先后获得 2003 年度四川省建筑工程“天府杯”奖、2004 年度国家优质工程银质奖。

德阳电信网管中心大楼　位于德阳市经济技术开发区。大楼高 68.55 米，主楼 17 层（地下 1 层，地上 16 层），裙楼 2 层，总建筑面积 21701 平方米，总投资 9634 万元。该大楼由成都市建筑设计研究院设计，四川华西集团省建十二公司承建。2001 年 11 月 16 日开工；2004 年 6 月 9 日，通过竣工验收。

成都电信呼叫中心　2004 年，成都电信呼叫中心通过验收，并投入使用。该中心占地 2500 平方米，投资 1000 万余元，由现代化的工作区和花园式的休闲区两部分组成，其中包括 1 个 800 平方米的大型话务室，设 239 个话务座席，分 35 行排列两侧。

第二节　四川移动局房

1999 年，中国移动四川公司成立时，只有分营局房，无自建局房枢纽。

2000 年，四川移动启动各市（州）分公司枢纽楼、成都第二交换局房及部分县分公司生产管理用房的建设。

2001 年 6 月 1 日，四川移动第一幢自建局房——府青枢纽楼动工。2002 年 8 月 31 日，项目竣工，总建筑面积 9289 平方米。该项目获得成都市优质工程“芙蓉杯”奖。

2002 年 10 月 1 日，四川移动高升桥枢纽楼动工，2004 年 7 月 28 日竣工，总建筑面积 43328 平方米。作为公司总部枢纽楼，该项目是集移动通信管理、办公会议、楼宇控制、绿色节能等先进科技为一体的多功能、智能化大楼。该工程先后获得成都市优质工程“芙蓉杯”奖及四川省建设工程“天府杯”金奖。

是年，四川移动完成 16 个市（州）局房的建设，完成县生产管理用房 8 个。全年新增房屋建筑面积 125931 平方米。

2003 年 9 月 13 日，中国移动讯捷通信城正式开业。该商城位于南充市区，为川东北地区当时规模最大的移动通信专卖商城，营业面积 1350 平方米，内有 120 个移动终端产品销售柜台。是年，四川移动投资2.7亿元，新增局房面积52540平方米。

2004年，四川移动投资2.7亿元，用于局房建设，新增局房面积58860平方米。

2005年3月，四川移动第二客户服务中心在乐山市开工建设，建筑面积6000平方米。次年3月竣工并投入使用。12月，宜宾分公司第二交换局房工程完工。至此，四川移动在全省21家市（州）分公司完成自建的移动通信枢纽。

2006年，四川移动新增局房面积约4万平方米，全省局房总建筑面积33.2万平方米，使用面积25.2万平方米，其中，生产用房总面积10.75万平方米，已使用6.6万平方米，使用率61.4%；管理用房面积9.81万平方米，已使用8.32万平方米，使用率84.9%；营业用房2.3万平方米，使用率82.9%；其他用房2.34万平方米。

第三节　四川联通局房

2002年10月22日，四川联通通信枢纽大楼开工建设。该大楼位于成都市高新南区科技商务广场，总投资1.87亿元，建筑面积39519平方米。2004年9月20日，通过成都市质量监督站的竣工验收。11月8日，公司本部400多名员工正式搬入新楼办公。

2003年12月23日，成都联通自建的首个郊县（区）综合营业厅在成都温江区柳城干道开业。

2004年4月3日，中国联通通讯广场在成都太升南路开业，这是成都联通与代经销商鸿成通信公司共同打造的超大规模全功能通讯广场。该广场由鸿成通信公司出资700余万元修建，营业面积1000余平方米，由联通提供业务和服务支持。6月25日，中国联通最大的营业厅在绵阳市营业。该营业厅位于绵阳市高新区，面积2700平方米，采用无柜台服务。是年，德阳、宜宾等通信枢纽楼竣工投入使用。

至2005年末，四川联通自建或购买通信综合楼20个：省分公司、成都科华北路、成都茶店子、西昌、绵阳、德阳、雅安、眉山、内江、攀枝花、资阳、乐山、南充、宜宾、巴中、达州、遂宁、广元、泸州和甘孜。占地面积20.05万平方米，建筑面积17.95万平方米。

第十一章　民族地区与三峡库区通信

第一节　民族地区通信

20 世纪 90 年代中后期，“三州”（阿坝藏族羌族自治州、甘孜藏族自治州、凉山彝族自治州）从州府到县城多数为明线传输，可靠性、安全性和稳定性差。全省 199 个不通电话的乡（镇）中有 123 个在民族地区。

中共四川省委、省政府重视民族地区的发展，在《四川省国民经济跨世纪发展战略》中提出，要加大对民族地区的扶持力度，“有重点地抓好交通、通信等基础设施建设，加快民族地区经济和社会事业发展”。1994 年，四川省邮电通信“九五”发展目标把民族地区通信建设列为主要内容，计划到 2000 年，基本解决“三州”县以上城市传输数字化，实现乡（镇）和部分行政村通电话，民族地区的邮电通信条件得到较大改善。

一、全省支援“三州”通信建设

全省市话自动化对口支援甘孜、阿坝两州　1994 年 3 月 15 日，为加快少数民族地区通信发展步伐，确保年内实现全省县以上城市电话自动化，省邮电管理局发出通知，实施全省市话自动化对口支援甘孜、阿坝两州计划，确定全省 12 个市（地）邮电局对口支援甘孜、阿坝两州相关邮电局：

成都市电信局对口马尔康县（程控 5000 门）、重庆市电信局对口康定市（程控 4000 门）；绵阳市邮电局对口石渠县、成都市邮政局对口德格县、泸州市邮电局对口得荣县、南充市邮电局对口白玉县、达川地区邮电局对口色达县、宜宾地区邮电局对口甘孜县、攀枝花市邮电局对口新龙县、乐山市邮电局对口稻城县、自贡市邮电局对口乡城县、德阳市邮电局对口若尔盖县，这 10 个市（地）邮电局向各自对口支援的县提供纵横制 1000 门或其他局用交换机。

5 月 16 日，省邮电管理局在康定市召开对口支援甘孜、阿坝两州通信建设现场办公会议，确定援建办法：

一、各受援县邮电局的市话改制统一采用雅安 702 厂的 HJD18J-512 门程控交换机，厂家修改软件后，作为 C4 局进网。

二、各支援市（地）邮电局均采取一次性承担主机及部分附属设备的“三包”所需费用，于 6 月10 日前到位，委托 702 厂包干负责。

三、省邮电管理局建设处负责安排理塘、稻城、得荣、新龙等县油机房的建设资金。

四、省邮电管理局电信处考虑所需油机、载波设备的调配。

五、各受援县邮电局按时完成交流引入、地线埋设、线路整治、机房改造、油机房建设以及提供必备的安装条件。

六、对甘孜州的援建任务必须在8月底前完成，对阿坝州的援建任务必须在9月底前完成。

会后，全省对口支援藏区通信工作就此展开，并于年末完成。

四川电信支援“三州” 1998年2—5月，省邮电管理局局长张居平率工作组两次到阿坝州、甘孜州，走遍20余个县，行程5000余公里，实地调研民族地区通信情况，与当地政府共商改善民族地区通信大计。是年，四川省将“三州”长途通信及本地网传输工程列为四川省重点建设项目，纳入政府年度工作目标进行考核。甘孜、阿坝两州光缆传输工程投资2.64亿元，其中，省民族事务委员会和甘孜、阿坝两州筹资8000万元，其余投资由省邮电管理局承担。

图1－79 省邮电管理局局长张居平带队调研“三州”通信建设

四川电信在公司化经营后，加大“三州”通信建设投入，“三州”通信事业得到长足发展，县以上城市全部实现交换程控化、传输光缆数字化，电信基本业务得到普及。至2000年末，“三州”民族地区交换及接入总容量35.5万线，电话用户24.3万户，主线普及率达4.23部。

由于受地理环境和社会发展水平的制约，“三州”尤其是农村地区通信发展仍然十分落后。至2001年末，“三州”地区有342个乡（镇）不通电话，占比29.5%；有6073个行政村不通电话，占比85%。

根据四川电信“十五”规划，四川电信采取有线、无线相结合等方式，确定以光缆、远端模块及接入网方式为主，无线接入和VSAT卫星方式为辅的建设方案，解决边远民族地区通信难题。2000—2004年，四川电信累计在“三州”地区投入建设资金11亿元。

四川移动通信扶贫工程 1999年7月起，四川移动相继投资12.3亿元，在“三州”海拔3000多米以上的高原，建设基站600余个、传输光缆5000皮长公里，交换机容量74万门，HLR容量90万户，网络覆盖“三州”所有县以上城市、重点乡（镇）和省级以上风景名胜区，“三州”的中国移动客户45万户。

到2003年，“三州”的1162个乡（镇）中仍有486个乡（镇）未通电话，占“三州”乡（镇）总数的42%。8月，四川省政府常务会议决定实施“三州农村移动通信扶贫工程”。10月，四川省部署开展“三州”农村乡（镇）通信扶贫工程，成立建设领导小组，省长张中伟任组长，并将工程纳入省政府目标管理考核，要求四川移动具体承担工程实施，省、州各有关部门积极支持，落实政策措施，特事特办。

2004年初，信息产业部和中共四川省委、省政府决定以分片包干的方式，采取山区最适合的无线通信手段，解决“三州”486个偏远乡（镇）未通电话的通信问题，并将该任务交给四川移动，确定用2年左右时间完成，使“三州”乡（镇）通信覆盖率达100%。1月，信息产业部发出《关于在部分省区开展村通工程试点工作的通知》，提出村通工程的实施方案，并确定中国移动通信集团公司在四川省开展试点。3月，经中国移动通信集团公司同意，四川省政府正式将“三州农村移动通信扶贫工程”纳入村通工程统一实施。3月中旬，四川移动正式启动“三州农村乡（镇）通信扶贫工程”，计划用2年时间，建成通达“三州”各乡（镇）的光缆通信线路，使移动通信网络覆盖“三州”的所有乡（镇）。建设资金由中国移动集团公司、中国移动四川公司和省政府有关部门共同筹措。

7月，四川移动成立四川省农村通信扶贫工程建设领导小组，下设村通办，负责工程管理。8月，正式启动“三州”村通一期工程。计划建设康定—乡城510公里光缆、康定—甘孜350公里光缆、康定—马尔康410公里光缆等通信线路，总投资5303万元。10月18日、30日和31日，“三州”村通工程相继竣工。

12月8日，中共四川省委书记、省人大常委会主任张学忠，省长张中伟，省政协主席秦玉琴等领导出席四川移动举行的“三州”农村移动通信扶贫工程启动大会。省委、省政府将该工程列入为民办实事的四大工程之一。四川移动与“三州”政府领导现场签署工程建设目标责任书。

图1－80　2004年12月8日，中共四川省委书记、省人大常委会主任张学忠敲响四川省“三州”农村移动通信扶贫工程启动仪式大锣

至年末，四川移动投资1.6亿元，新建130套VSAT卫星通信系统、20套Aces卫星移动通信系统、1200公里传输光缆、21个GSM基站，解决“三州”171个未通电话乡（镇）、344个偏远行政村的通信问题。

图1－81　“三州”农村移动通信扶贫工程建成的基站

2005年5月17日，四川移动“三州农村通信扶贫工程”一期竣工；是年春，启动二期村通工程，并与省政府共同成立四川农村通信扶贫工程建设办公室，负责工程施工管理。10月31日，昭觉县特布罗乡移动通信基站开通，标志“三州农村通信扶贫工程”全面竣工。四川移动历时两年，投资6.4亿元，采用卫星和G网等技术手段，建成GSM网基站195个、卫星站372个，敷设光缆传输线路5300公里，实现“三州”1162个乡（镇）中486个未通电话乡（镇）的移动通信覆盖，提前48天完成“三州”农村通信扶贫任务。11月13日，超额完成81个乡级国有牧场和红色旅游区的通信，使工程实际覆盖总数达567个乡（镇）。

12 月，四川移动被中共四川省委、省政府授予“集体一等功”，被集团公司授予“中国移动通信村村通电话工程突出贡献一等奖”。

图 1－82　九寨沟环线光缆施工

四川移动九环线移动通信工程　2002 年，中共四川省委、省政府提出“把九寨天堂景区建成世界一流景区”的号召。四川移动将改善九寨沟旅游环线沿途地区的通信状况列为公司网络建设的“一号工程”。10 月，自筹资金近 2 亿元，启动“九环线移动通信一期工程”建设。40 多个建设单位、1300 多名建设者参与建设。该工程分传输工程和 G 网工程两部分。传输工程新建光缆 1965.829 皮长公里。安装 SDH 设备 161 套、PDH 设备 3 套，扩容利旧 SDH 设备 14 套、BITS 时钟设备 1 套，并在阿坝州建成本地网骨干环两个、接入环 14 个，解决阿坝州境内 140 个基站的传输；在绵阳市建成本地接入环两个，解决绵阳境内 24 个基站的传输；新建成都至马尔康二级传输干线。G 网工程包括新建基站 116 个，搬迁基站 10 个，增加载频 310 个。其中阿坝州新增 BSC 1 个，新建基站 104 个，搬迁或扩容基站 7 个，新增载频 281 个；绵阳新建基站 12 个，搬迁或扩容基站 3 个，新增载频 29 个。

2003 年 6 月 28 日，四川“九寨天堂”移动通信一期工程开通仪式在汶川县举行。12 月，工程全部完工。整个工程新建 120 个移动通信基站、光纤传输线路 2000 公里，实现中国移动通信网络对汶川至川主寺机场 80% 路段、川主寺机场至九寨沟口 100% 路段和九环线风景区 100% 的覆盖，四川移动通信覆盖地区扩大到川西北高山峡谷地区、高原牧区和大九寨旅游区；同时，覆盖九环线沿线 13 个县、82 个乡和 600 多个行政村，改善沿途地区的通信状况。

2004 年，九黄机场通航后，四川移动投资 2440 万元，实施九环线移动通信二期扩容工程。新建宏蜂窝 8 个，新增载频 20 个；新建一体化站 5 个，新增载频 9 个；新建室内覆盖主体设备 6 套，新增载频 32 个；其他整改项目新增载频 2 个。共新增载频 63 个，新建直放站 5 个，新增客户 148298 户。新建光缆 54.886 皮长公里，解决 24 个站点的传输；开通国际大酒店、九寨天堂、岷江源 3 个五星级宾馆的室内覆盖系统。

九寨天堂移动通信二期扩容工程实施后，九黄机场至九寨天堂一线网络质量得到提高，接通率达 100%，掉话率为零，覆盖率达 99.71%，话音质量达 99%。九寨天堂至神仙池一线接通率达 86.49%，掉话率为零，覆盖率达 89.09%，话音质量达 90.35%。九黄机场至黄龙一线实现从没有基站到基本全线覆盖。

二、甘孜州通信建设

1991 年 4 月 24 日，康定县实现市话自动化；12 月 31 日，长途直拨电话开通，实现康定对国内 700 余个城市的长途电话自动拨号。

1994 年 5 月 16 日，省邮电管理局在康定县召开对口支援甘孜、阿坝两州通信建设的现场办公会

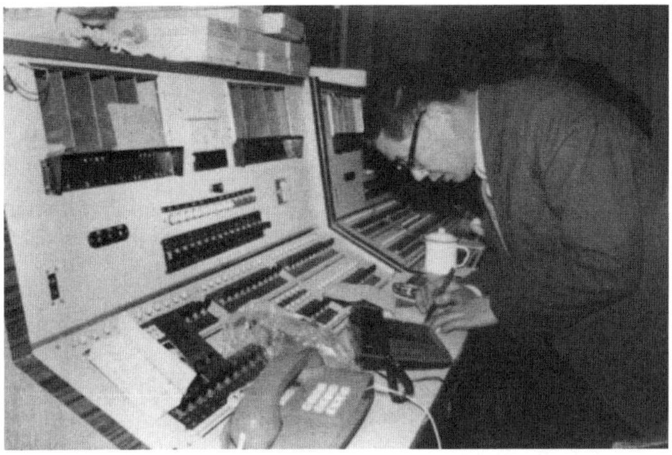
图 1－83 康定县市话割接现场

后，甘孜州邮电局成立通信建设办公室，负责各县（市）市话改制工程的组织与协调。各县（市）挤出资金，支持市话改制工程，相继成立由县（市）领导挂帅的市话改制工程领导小组，在较短时间内，保质保量地完成市话改制前期工作。7 月 27 日至 9 月 14 日，雅安 702 厂技术人员克服高原缺氧、气候不适等困难，完成德格、石渠、得荣、白玉、色达、甘孜、新龙、稻城和乡城 9 个县的市话程控主机安装调测任务。8 月 1 日，新龙县 500 门程控电话交换机开通。

8 月 8 日，甘孜县 500 门程控交换机正式开通。9 月 14 日 20 时，石渠县 HJD-512 程控电话最后顺利开通，甘孜州 9 个县（市）市话改制任务完成。

10 月 23 日凌晨 2 时，巴塘县开通 HJD-18J 512 门程控电话交换机。至此，甘孜州 18 个县（市）全部实现市话自动化。全州市内电话交换机容量 13720 门，其中程控交换机比重达 38%。在不到两年的时间内，甘孜州邮电局先后建成开通两个县 800 门集装箱纵横自动电话、5 个县 1000 门纵横制自动电话、10 个县 500 门程控电话，结束甘孜州县城使用“摇把子”电话的历史。

1995 年 11 月 11 日零时，康定县 4000 门程控电话割接开通；12 月 30 日零时起，康定县电话号码由原来的 5 位数升为 7 位。至 1997 年末，甘孜州县以上城市电话交换实现自动化。

1998 年 1 月，康定—丹巴—小金光缆建成投入运行，开通 21 条长途数字电路。是年，四川除甘孜州的巴塘、德格、白玉、得荣、石渠、色达、新龙和九龙 8 个边远少数民族县以外，全省 21 个市（地、州）的 142 个县全部建成光纤传输网络，每个市（地、州）有两个以上方向、平均 25 芯以上的光缆，构成大容量、高可靠的光纤传输网络。为建设甘孜州八县通信光缆，省邮电管理局多次向邮电部和中共四川省委、省政府请示，得到邮电部和地方党委、政府的支持。

2000 年 3 月 28 日，甘孜州政府召开甘孜州光缆建设工作会，正式启动“甘孜州八县通信光缆建设工程”。该工程由四川省政府、四川电信共同投资 9100 万元，是全省重点工程之一，要求在甘孜州建州 50 周年前建成。四川省成立甘孜州光缆建设领导小组，副省长邹广严任组长，省邮电管理局局长张居平、副局长孙康敏、甘孜州州长杨占昌任副组长，下设工程建设指挥部，负责工程建设的组织实施。启动会前，四川电信已着手工程前期准备工作。春节期间，四川电信出动车辆 1000 余车次，将工程所需 8000 余吨物资器材提前运送到各施工点。

4 月 5 日，工程建设全面铺开。四川电信组成 10 支施工队伍，分工协作，全线推进。9 月，甘孜州八县光缆通信工程提前完工。建成光缆 1161.7 公里，新建、扩建 15 个局站，开通 1 个 622MB/S1+O 光传输系统，八县开通长途数字电路 990 条。9 月 26 日，四川电信在康定县召开甘孜州光缆工程（北线）初验总结会。10 月 22 日，随着乡城—得荣光缆通信线路的调测开通，甘孜州八县通信光缆工程建设全面竣工，标志全省县以上城市全部架通光缆，实现通信传输光纤数字化、程控交换自动化。

4 月 20 日，四川联通总经理江力征一行到甘孜州，对康定、泸定海螺沟旅游风景区一线进行移动通信基站、天线的选址工作。至此，四川联通正式进入甘孜州发展通信业务，开始在海螺沟、磨西镇和泸定县城各建设 1 个移动通信基站，康定市城区建设两个移动通信基站，传输租用中国电信的 2M 电路。

是年，中国公用计算机互联网（ChinaNet）即 163 网和中国公众多媒体通信网（CNINFO）即 169 网覆盖甘孜州固定电话通达的地区。

2001 年 6 月，为感谢美国爱立信赠送甘孜州价值 200 万元人民币的通信设备，省邮电管理局在旅游主道折多山上立碑。

图 1－84　2001 年 6 月，爱立信（中国）有限公司援建甘孜州八县光缆工程纪念碑

2004 年，四川移动在甘孜州启动村通工程。12 月 1 日，四川移动甘孜分公司的施工人员提前完成村通一期工程，共建设 75 个基站，其中 VSAT 站 55 个、ACES 站 20 个。为配合村通工程，甘孜分公司启动网络补点工程，完成村通一期传输工程的线路架设任务。村通一期工程的顺利完成，解决 75 个乡的通话难题。

2002—2004 年，四川电信在甘孜州建成覆盖全州 18 个县城和 8 个重点集镇的 ADSL 宽带接入网、宽带 IP 城域网，先后建成金税、医疗、商务、教育、水电和矿山等专网。

2005 年，按照中共四川省委、省政府要求，四川移动将“三州农村移动通信扶贫工程”纳入村通工程统一解决。中共甘孜州委、州政府积极协调，多方协助，将村通工程纳入政府的工作范畴，并确定四川移动甘孜分公司为建设主体。四川移动甘孜分公司将村通工程定为分公司本年度“三大目标”之一。至年末，四川移动甘孜分公司完成村通二期工程建设，新建基站 168 个，其中 G 网基站 98 个，全球星站点 70 个。同时，完成村通二期传输工程的线路架设任务，架设光缆 2800 皮长公里；将村通一期工程建成的 55 个 VSAT 全部更换为全球星，实现甘孜州乡乡通电话的目标。

是年，四川电信建成甘孜州 18 个县的 2.5G 传输，新建互联网平台 1 套，为信息化建设奠定基础。10 月，完成甘孜州政务信息化建设，实现各级政府之间的互联互通。同时，先后建成甘孜州工商、统计、金财、武警、公安、广电、劳动和社会保障网等信息化专网。

三、阿坝州通信建设

1994 年 7 月 25 日，南坪县（今九寨沟县）投资 170 万元，正式割接开通 1000 门市内程控电话。

1995 年，阿坝州邮电局筹措 5000 余万元，开通马尔康 5000 门 S-1240 长、市、农合一程控电话，建成阿坝州的长途自动电话交换中心。1996 年，先后开通阿坝、汶川、金川和红原 4 个县的程控电话。

1997 年，采取程控会战方式，先后开通理县、茂县、黑水、壤塘、小金和若尔盖 6 个县的程控电话，其中小金县的程控电话从生产楼验收、机房装修、搬迁到调测开通仅用 8 天时间。8 月 7 日，若尔盖县邮电局 1500 门程控电话交换机割接开通，阿坝州 13 个县的市内电话全部实现程控化，全州市话交换机总容量2.7万门，是1990年的3.2倍。

1998年，随着成都至马尔康长途通信光缆建成，阿坝州通信开始进入快速发展时期。4月，理县八角碉村建成四川藏区第一个“电话村”。8月9日，松潘县3000门程控电话交换机割接开通，被列为四川省邮电重点工程的九寨沟旅游线通信工程宣告完工。该工程投资3000万元，主要包括映秀至卧龙光缆，九寨、松潘传输明线改光缆，共敷设光缆140余公里，传输速率155Mb/s，可开放63×30条电路；九寨沟县、松潘县完成市话改制扩容，两县由过去1000门交换机改为上海贝尔S1240型3000门程控交换机；同时，继上年末九寨沟县开通模拟A网“大哥大”后，新建两个GSM数字移动电话基站。

是年末，马尔康县C3扩大本地电话网正式建成，阿坝州电信网络实现传输网由明线到光缆，交换网由人工到自动、由模拟到数字转变。

2000年后，四川电信利用有线、无线相结合方式，通过建设模块局、接入网、无线村通、A9800数字微波等，重点解决阿坝州乡（镇）及农村通信建设。

2001年3月24日，阿坝信息港正式开通，开启阿坝州互联网时代。

2003年，四川电信完成阿坝州13个县的小灵通网络建设，小灵通网络在全州各县、旅游沿线乡（镇）、重点旅游区实现较好覆盖。至5月末，四川联通建设C、G网基站40个，初步形成以马尔康县为中心，辐射全州12个县的信息网络，实现全州13个县、九寨沟旅游环线和重要乡（镇）及重点风景区的成功覆盖。

6月22日，成都军区通信团官兵进驻阿坝州，正式启动都江堰至马尔康的军民合建光缆通信线路工程。该工程总投资8000余万元，全长315公里，由成都军区通信部与四川省通信公司合建，9月末竣工。

9月18日，阿坝州举行建州50周年庆典，四川电信通过“天府热线”和“阿坝信息港”现场直播。

至年末，阿坝州226个乡（镇）有115个乡（镇）通固定电话，农村乡（镇）电话交换及接入设备容量3.7万门，农村电话用户22660户，农村电话普及率3.8%。四川移动在阿坝州226个乡（镇）中实现移动通信覆盖89个，在1359个行政村中实现移动通信覆盖600余个村。

2004年5月，阿坝州电信用户突破10万户。

2002—2004年，四川联通投资1.5亿元，在阿坝州进行移动、数据、寻呼网络建设，实现在阿坝州急需通信支撑的大九寨环线、重要工业园区、经济园区网络覆盖。

2005年3月，四川电信建成“阿坝州农业科普热线”，使阿坝州成为全国30个少数民族自治州中第一个利用现代通信手段普及科学知识、传播农村实用技术和致富信息的地区。热线开通后，平均每天拨打电话在300户（次）以上。至年末，四川电信共解决阿坝州168个乡（镇）的农村通信问题，阿坝州电信农村电话普及率达17.31%。

四、凉山州通信建设

1992年上半年，凉山州各县安排476万元，投入27亩土地，用于农村电话建设；6月末，盐源县邮电局新建自动电话1000门竣工投入使用。1993年7月21日，普格县人工电话改800门集装箱自动电话开通。

1994年，凉山州召开第二次通信建设会议，涉及全州二期数据通信网工程建设任务的10个县

（市）地方领导和邮电部门领导参加会议。凉山州二期数据通信网工程为四川省数据通信网三期工程的一部分，总投资12237万元，其中邮电自筹7600万元，地方政府投资4637万元，交换设备引进美国和西班牙的程控设备。9月6日，金阳县开通1000门数字程控电话，标志凉山州17个县（市）全部实现市内电话自动化。

1995年12月22日，凉山州政府召开凉山州二期数据通信网工程总结表彰电话会，表彰22个先进集体、61名先进个人。至年末，全州完成西昌—盐源、西昌—昭觉、泸沽—喜德、会理—会东4条总长270公里长途传输光缆，全州长途电路增加到1476条（增加1000余条），出州电路为“七五”末的30余倍；完成西昌900M移动通信基站8+2信道，并已扩容28+2个信道，超额完成二期数据通信网工程的建设任务。全州市话总容量5.23万门，为1990年的5倍；电话普及率1.12%，居全省第十四位。

“八五”期间（1991—1995年），凉山州邮电通信建设投资1.057亿（其中地方政府投资3572万元），实施一、二期数据通信网工程，州内17个县（市）实现县城电话自动化。

1996年，凉山州邮电局在“八五”通信建设的基础上，建成并投入使用的有盐源—木里、西昌—泸沽、喜德—越西—甘洛等光缆，使凉山州的11个县（市）实现光缆传输。9月16—17日，中共凉山州委、州政府召开全州各县（市）主要负责人参加的州“九五”通信建设大会。17个县（市）领导与州政府在会上签订“九五”通信建设目标责任书，决定在20世纪内，投资4.124亿元，实施凉山数据通信网三期工程，建成“五网”（即以西昌为中心的全州C3本地网；州至县的光纤传输网；以西昌程控交换局为中心的各县900M移动电话网和BP机寻呼网，并实现“大哥大”、BP机与全国联网运行；开通分组交换数据通信网；建设技术先进的农话网络）。

图1－85 1996年9月，凉山州“九五”通信建设工作会议

1997年初和5月，凉山州邮电局相继召开会理通信建设现场会和全州通信建设研讨会，推出“会理模式”“冕宁模式”等不同特点的C4县级通信网络构建方案，明晰“一州两制”和“一网两步”的全州通信建设总体思路。“一州两制”，即依据经济状况和自然条件把全州划分为相对发达的“两线一域”（“两线”，即成昆线和108国道；“一域”，即安宁河流域）地区和未能摆脱贫困的老凉山地区，实施与之相适应的通信发展战略。“一网两步”，即在正确认识州情、县情的基础上，建设C3本地网时不搞“一刀切”“齐步走”，而是分两步走：第一步，先把“两线一域”地区的县（市）及部分已通光缆的凉山地区的县及沿线乡（镇）建成局部C3本地网；第二步，待条件成熟时，再建设真正意义上的全州C3本地网。同时，全州采取“三个一点”（政府贴一点，邮电拿一点，受益者出一点）的办法，集中人力、物力和财力，首先实现“两线一域”片区的交换数字化和传输光纤化。

是年，整个“两线一域”工程进展顺利。会理、德昌的市话各扩容2000门，冕宁市话扩容

4000门等工程如期竣工。5—9月，凉山州邮电局的移动通信在“两线一域”（除西昌市以外）实现突破，使大凉山地区南起会理、北至甘洛数百公里的成昆铁路沿线实现移动电话的无缝覆盖，在安宁河谷，基本上一拨就通，大大提高覆盖率；新建甘洛、越西、宁南、冕宁、德昌、盐源、会东和会理8个县移动网络，新增移动电话容量4800门。8月10日，宁南、普格两个县光缆提前开通，昭觉、美姑、雷波和金阳4个凉山地区的县在年末全部开通光缆，凉山州实现传输光缆化和交换数字化。

图1－86　彝族姑娘在西昌街头拨打电话

1998年6月，布拖、金阳、美姑和雷波架通光缆，全州实现17个县（市）城市交换数字程控化、传输光纤化。7月，凉山州建成以西昌为中心的C3本地电话网，实现移动电话、寻呼联网，全州115个交换局点中有70%进入C3本地电话网。7月末，全州17个县（市）A、G网全部开通。至此，凉山州现代化的通信网络基本构建完成。至年末，全州程控电话由1993年的1万门发展到12万余门，其中市话10.2万门，农村电话2.4万门；移动电话建成A网可容纳1.6万户用户的交换局，实现108国道线至会理、会东和铁路沿线的无缝覆盖。

1993—1998年，凉山州投资56亿元，发展通信事业。

进入21世纪，四川电信在凉山州内建成一、二级长途干线光缆3000余公里，长途交换能力上万路端，电话通达国内各地及国际100余个国家和地区。2000年5月16日，西昌市正式开通无线市话业务。2002年，中国电信集团将木里、盐源两个县确定为对口扶贫对象。随后两年间，中国电信拨出扶贫专项建设资金1906万元，为木里、盐源两个县建设“小灵通网络、交换网络、光纤局域网、政府上网、乡（镇）接入网”等10个通信工程建设项目。

2005年9月，四川电信建成普格县党政网，成为凉山州党政网建设的“样板工程”。

2006—2007年，四川电信在凉山州先后建成金财网、金盾网和水电行业信息化网，建成西昌市“全球眼”城市监控系统。

第二节　三峡库区通信

三峡工程库区上自重庆市，下至宜昌市，全长686公里，涉及四川、湖北两省的重庆、涪陵、黔江、万县、恩施和宜昌6个市（地、州），其中四川涉及江津、巴县、江北、长寿、涪陵、丰都、武隆、石柱、开县、忠县、云阳、奉节、巫溪和巫山14个县（市）。

1994年，三峡工程上马后，库区各级政府出台优惠政策，优先发展邮电通信。8月初，省邮电管理局在奉节县召开“三峡库区（四川）邮电通信迁建、复建工作研讨会，确定三峡库区（四川）邮电通信建设的总体规划，即“高起点、新技术、大投入、超前发展三峡移民搬迁新区的通信建设，同时兼顾库区淹没区域的经济发展和移民搬迁需求”。邮电部投资1100万元，对口支援涪陵地区通信建设，其中700万元用于建设地区到各县的数字微波网，400万元修建涪陵邮政枢纽大楼。

图1－87 1994年，对口支援三峡库区通信建设会议召开

11月，广东省邮电管理局派考察组，到巫山县落实对口援建邮电事宜。在实地考察巫山县邮电现状后决定：无偿提供1套2500线的集装箱电话交换机，用于巫山县新旧城过渡通信；1994—2000年，每年提供用于通信建设和偿还贷款的资金；无偿支援用于巫山县农村通信的交换、电源、传输等二手设备；加强相互间信息交流，根据需要，无偿为巫山县培养通信技术人才。此后，上海对口支援万县市五桥区，厦门对口支援万县市龙宝区，杭州对口支援涪陵地区通信建设，库区其他区域也相应得到其他省（市）对口支援。

是年，巫山县和秭归县开通程控电话，三峡库区各县（市）实现市话程控化，并形成交换程控化、传输数字化的现代化通信网络。

1996年，经邮电部批准，涪陵地区邮电局撤销，成立涪陵市邮电局和李渡区邮电局。2月10日，李渡区邮电局挂牌成立；4月4日，涪陵市邮电局挂牌成立。

四川省邮电管理局鉴于三峡库区各受淹地邮电通信网状况，完成三峡库区邮电通信的复建规划。规划库区通信仍以电话业务为主，测定万县、涪陵、开县、丰都等县（市）复建邮电局在搬迁期需配置的交换机总容量52.7万门，需复建局（所）68处，复建农话中继杆路854.875杆公里，中继线路1083.538皮长公里，复建用户杆路470.298杆公里，用户线路637.217皮长公里、263.6对公里，复建二级长途干线257.5杆公里、线路410皮长公里，新建二级长途干线光缆线路400公里、数字微波线路320公里，新建中级卫星站2个。仅按搬迁前的水平复建，需投资37791.8246万元，除国家给予的补偿资金10730万元外，资金缺口27061.8246万元。

1997年5月1日起，三峡搬迁复建工作由重庆市邮电管理机构负责。

第二篇　通信运营

伴随通信网络大建设、大发展，四川省立足省情，分步骤、有重点、多层次，大力发展电报、长途电话、市内电话等传统业务，积极开拓移动电话、无线寻呼、磁卡电话等新型业务，增加服务项目和功能，改善服务，满足社会需求。

跨入21世纪，全省通信行业进入百花齐放新时期。小灵通进入四川，固定电话规模发展，IP电话逐步放开，宽带业务快速增长，“全球眼”等新业务开启互联网应用新领域。四川电信、四川移动、四川联通等运营企业逐渐从传统基础网络运营商向综合信息服务提供商转型，创新开发“商务领航”“号码百事通”等综合信息服务业务，拓展行业信息化建设新领域。

随着国民经济的快速发展和计算机系统的广泛应用，四川邮电部门顺应全省金融系统、外资企业及大量的计算机用户要求，结合实际需要，在发展传真、DDN、分组交换等业务的同时，建设公用互联网络，向公众用户提供拨号上网业务，四川由此进入互联网时代。

第一章　固定通信业务

第一节　电　报

一、公众电报

1886 年，四川始办电报业务。到 1949 年，全省电报业务量 140 万份。

1979 年起，全省对外开放城市（地区）的邮电局均可办理国际报话业务，港澳同胞在县以下的邮电支局也可办理发送国际电报的业务。是年，全省国际电报业务量来去报 8178 份。

1981 年 9 月 5 日，成都市电信局在全省首次开放国内、国际用户电报业务。

1982 年 5 月 25 日，64 路自动转报系统在成都建成后，当时最高月交换量 252.91 万份，最高日交换量 8.82 万份，最高每份机内平均需时 6.46 分钟。

1986 年 4 月 5 日，重庆市电信局率先在西南地区开办代办话传电报业务，减少单位用户集中到电信局交发电报的数量，疏散发报业务量。是年末，全省电报用户 253 户，公众电报业务量 1294.3 万份。

1987 年，全省新增用户电报 52 户。10 个市（地、州）邮电局开放公众电报，开办专线用户、专送用户、利用用户电报设备传递公众电报等业务，满足社会需求。

1988 年，成都、重庆开通 1000 线用户电报自动交换机，有用户 441 户，能与 200 余个国家和地区装有用户电报的城市用户通报，全省每年使用次数 28 万次以上。一些单位利用用户电报进行国际情报检索，花几分钟时间即可检索到 1 周内国际最新情报和数据。全省有 5000 余个自办邮电局（所），均能办理电信业务，还发展 3000 余个代办电信服务点。全省县以上邮电机构均能办理国际电话和电报，通达 160 余个国家和地区，每年传递和处理国际电话 7 万余张、国际电报 4 万余份。

至年末，全省公众电报去报业务 2000 万份，全省交换量 1 亿份以上。

1989 年 6 月，为加强水库防汛工作，及时传递水情雨情信息，省邮电管理局为全省各大中型水库提供公益电报拍报。全省各大中型水库将观测数据以五码代号方式向农田水利管理局拍报，电报挂号 3810。是年，全省用户电报净增 113 户。

1990 年，全省公众电报业务总量 1809 万份、电报传真 7806 份。

1993 年，全省先后为 60 个县以上局配置营业厅用智能电传机，开展公众电报立等即发业务。1994 年，全省国内公众电报业务量为 93.14 万份，国际及中国港澳台公众电报为 1162 份。

1995 年，全省组织开展“省内国际电报一条龙竞赛”，加强公众电报网的质量管理。

20 世纪 90 年代中期，随着通信技术的迅猛发展，电话逐渐普及，传统电报业逐渐被电信新业务取代，电报业务量逐年减少。1997 年，全省国内公众电报完成 449 万张。1998 年，四川电信国际国内公众电报业务由 1995 年的 1193 万份下降至 344 万份。1999 年，全省公众电报业务跌至 247 万份。2000 年，全省公众电报业务仅 222 万份。至 2001 年，国内公众电报业务量降为 188 万份，国际及港澳台公众电报为 151 份。

2002 年，四川电信根据中国电信安排，先后停止新加坡、中国台湾电报业务。同时，改革薪酬制度，调整市场营销体系组织机构，撤销电报分局，将其管理职责划归数据网络管理中心，电报业务逐渐萎缩。全年国内公众电报业务量 51239 份，国际及中国港澳台公众电报 66 份，电报业务收入 334 万元。

2003 年 6 月，四川电信整合公众电报业务，全省电报业务改为以传真方式接入成都省会级电报交换中心，由成都集中处理，逐步撤销市（州）级报房、机房。四川电信成都用户电报交换中心所辖区域包括全省各市（州）及云南、贵州、重庆和西藏共 280 余户，其中成都 90 余户、各市（州）20 余户、云南 84 户、贵州 46 户、重庆 32 户、西藏 10 户。

2004 年 1 月 1 日，四川电信取消中国香港地区公众电报业务。

2005 年 1 月 1 日，四川电信停止受理发往韩国的公众电报业务。是年，全省国内公众电报业务量 6526 份。

2006 年 6 月，四川电信深化公众电报业务改革，取消民航、军队航危气象电报业务，天气、水情电报业务改为天气、水情信息业务，电报业务逐步被电信其他业务替代。同时，四川电信简化调整电报业务种类和业务传递处理等级，全省各市（州）只保留 1 个地市级营业厅受理电报业务，其余网点全部撤销，全省电报业务服务网点由 164 个减少为 21 个。除成都以外的 20 个市（州）停止使用电报终端设备，采用传真方式与成都进行电报收发。

二、礼仪电报

1988 年 2 月 1 日，成都开办礼仪电报业务，有三类 6 种，包括庆贺电报、吊唁电报、开业庆典、会议召开等贺电。礼仪电报收费在普通电报收费基础上，加收 2 元特别业务处理费。是年，成都地区收受礼仪电报 3500 余份。

图 2－1 礼仪电报

1989 年 12 月，四川礼仪电报开放范围扩大，包括成都、德阳、重庆市所属 33 个县（市、区）邮电局。1990 年 9 月 25 日起，全省第二批扩大省内礼仪电报开放范围。除阿坝州、甘孜州所属的各县以外，绵阳、广元、乐山、自贡、内江、泸州、遂宁、攀枝花、万县、涪陵、黔江、达县、南充、雅安、凉山和宜宾 16 个市（地、州）所属的 115 个县（市、区）包括在内。1991 年8 月1 日，阿坝州各县和甘孜州泸定等 11 个县开办礼仪电报业务。1992 年，甘孜州九龙等 7 个县开办礼仪电报业务。至此，全省县以上邮电局开通礼仪电报业务。社会各界纷纷以礼仪电报传递情感，兴盛一时。每逢新年，四川电信各级单位主要负责人通过礼仪电报向各级党委政府、社会各界表达新春祝贺。

1995 年，成都开办的鲜花电报业务与全国 11 个城市实现传真方式联网。1997 年，省邮电管理局在原有礼仪电报的庆贺、请柬、吊唁 3 种业务的基础上，增开慰问礼仪电报业务。

2005 年 12 月 1 日，全省 21 个市（州）停止办理公众礼仪和鲜花礼仪电报业务。

第二节　长途电话

20 世纪 80 年代，全省加快长途电话业务发展，长话接续方式由迟接制向直接制（全自动）发展。成都、重庆和自贡率先安装长途自动程控交换机后，部分市（县）也安装长途全自动对端设备，其余地区和县也安装半自动对端设备。随着数据通信网一期工程的完工，全省 40 个城市的长话先后进入全国自动网和国际自动网，实现部分国内国际电话直拨。

1985 年 10 月 1 日起，省邮电管理局在全省统一实行长途电话来话简记，简化繁琐的传统操作程序，减少话务员重复劳动，提高劳动效率和电路有效利用率，平均单件处理时间由原 5.32 分钟减少到 4.14 分钟。至年末，全省挂发长途电话由 1980 年 1122 万张增至 1802 万张，国际长途电话由 1980 年 6592 张增至 4.4 万张。

1986 年 11 月，宜宾市邮电局增设“117”长途电话“立即接续”挂号台。用户按加急电话付费，可立即挂号长途，在 20 分钟内完成通话。如受话方不能立即通话，可在 20 分钟内得到答复，明显提高长话经济效益，开办首月，话单的平均单价由开办前每张 0.93 元提高到 1.41 元。

至年末，全省安装长途自动、半自动交换设备的局 33 个，其中 15 个局进入全国自动交换网，长途全自动用户 761 户，长途自动有权用户 471 户。长话业务量 1878.4 万张，较 1980 年增长 67.3%。

图 2－2　1987 年，重庆市电信局长途台

1987 年，全省有 17 个市（地、州）开通长途自动直拨电话业务，通达全国城市数由 1986 年的 65 个增加到 132 个。全年发展长途自动电话有权用户 699 户。10 个市（地、州）邮电局开放接录合一简易立接的长话加急业务。

1988 年，全省新增长途电话全自动有权用户 3192 户，全省有权用户 4294 户。全省开放长话全自动业务的城市 28 个，去话业务 2500 万张，较 1978 年增长 3 倍多。

1989 年，根据邮电部《电信通信指挥调度制度》的规定，修订省级、省内二级长途电话的转接路由。长途电话转接路由表制定的原则是以分区转接为主，同时根据通信网路组织、业务流量流向，考虑转接次数，平衡电路负荷、部分县局承担少量转接任务而修订的。是年，全省发展长途有权用户5500户，累计达10026户。成都、重庆和德阳等地能与182个国家和地区直接通话。

1990年，成都市电信局长话分局在全国同行率先实行标准化管理。8月31日，全省召开“长话标准化管理工作现场会”，中共四川省委、省邮电管理局领导授予成都市电信局长话分局“长话管理标准化单位”奖牌。是年，全省有11个市（地）局的990户用户开办国际直拨业务，23个县局开办长话直拨业务。电信专业发展国内长途直拨有权用户9708户，全省直拨用户总数达19620户。长途电话业务增加752万张，总数3506.18万张。国际及中国港澳电话成倍增长，累计达39.2万张。

1991年，在成都、德阳和乐山市邮电局试点的基础上，全省有三分之一的市（地）局实行长话标准化管理。是年，全省长途电话达5130.5万张，长途直拨有权用户净增25512户，总数44621户，其中直拨国际的用户3186户。自动网疏通的长话业务占全部长话业务量的53%，长话业务量占邮电业务总量的21.13%，居各项业务之首。

图2－3　20世纪90年代中期，长途直拨电话需要申请才能开通

1992年，全省报话业务标准化管理经试点，在市（地、州）局推开。南充地区的电信营业、达县地区的营业、长话和宜宾地区的班组管理通过省邮电管理局验收。电信专业采取措施，提前安排计划，制定挖掘现有设备潜力的网调方案，争取邮电部和相关省局支持，增加省际电路，扩大长途自动网入网城市，全年净增29个城市进入全国长话自动网，成都、德阳、自贡、遂宁、内江、宜宾、泸州和广元实现全区对外开放长话直拨业务。至1993年，全省85%以上的市（地、州）局长话单位实现标准化管理。随后，全省标准化建设由开初试点的长话、营业、投递工种扩大到电信通信所有专业工种。

1993年，全省长途直拨有权用户增加184373户。1994年，长途直拨用户净增44万户，增长59%。

1995年，成都市电信局开办200密码记账长途直拨新业务，方便用户拨打国内外长途直拨电话。6月22日、23日，在成都市人民东路电信营业厅举行200新业务展示会。是年，全省长话去话业务完成4.5亿张，同比增长65%。

1997年，全省国内长途电话通话次数完成51711万次，通话时间170805万分钟，国际长途电话完成136万次，本地电话通话次数完成60.89亿次。

1999年，全省国内长途电话去话量7.59亿次，通话时长22.92亿分钟。全省本地电话通话量为95.02亿次。全省长途综合来话接通率54.2%，创历史最好水平。

图 2－4　乐山市长途电话转接台

随着长途电话自动化水平的提高，人工网的话务量越来越少，C3 局人工网失去价值。2000 年 1 月，省邮电管理局决定除甘孜州暂时保留外，撤除四川省全部 C3 局“113”人工长途台，人工业务统一由成都市长途台负责接待处理。随后，各市（地、州）人工长途电话台逐步撤销，全省长途电话告别人工转接，全面实现数字化、自动化。

2000 年 4 月 1 日，四川联通开通“193”长途电话业务。到 2001 年，全省有 15 个城市开通“193”长途电话业务。

2003 年 1 月 1 日，四川网通正式开展“北话南送”业务，将网通集团北方十大公司用户打往四川的巨大话务量，通过公司正在建设的网络接入本地通信网。6 月，四川电信在全省推广“宾馆长话完美联盟”促销计划。2004 年，全省长途电话通话时长累计 51.3 亿分钟，其中传统固定网长途电话累计通话时长 21.4 亿分钟。

至 2005 年，全省普通长途电话通话时长 44865 万分钟，其中四川电信 23766 万分钟、四川移动 12388 万分钟、四川联通 5814 万分钟、四川网通 1643 万分钟、四川铁通 1254 万分钟。

第三节　市内电话

1958 年，贯彻“电信以长途为纲”的方针，全省市内电话建设得以发展。随后，停滞不前。1978 年，全省市内电话 8 万余门，其中成都、重庆市话 1 万—1.5万门，中等城市约有 1000 门人工电话机，县城普遍为 200—300 门的磁石电话。当时全省自动电话约占 30%，且为 20 世纪 30、40 年代的步进制。

图 2－5　第一代有线电话——磁石电话

1980 年，四川在全国率先提出“以话补话”政策，开始对市话大用户征收集资建设费（即后来的市话初装费），用于发展市内电话。

1979—1980 年，省邮电管理局在首批进行扩大企业经营管理自主权试点时规定：“企业用更新改造资金和生产发展基金增装的市内通信设备，所增加的市话收入留作企业基金使用，直至还清全部费用。”同时，按照邮电部提出的“联合建设、挖掘潜力、广开门路，加快邮电事业发展”的方针，通过挖掘企业潜力，采取自筹资金与动员地方财力相结合的办法，相继在成都、重庆市电信局增装自动电话交换设备，并改造绵阳、雅安、温江和灌县等9个局的市话设备，扩大市话容量。至1980年末，全省市内电话总容量106053门，首次突破10万门。

1981年起，市内电话专业开始实行单独核算、利润留省、“以话养话”的政策，通过扩大市（地、州）局的市内电话经营管理权限，允许企业多渠道筹措资金（如对新装机用户收取初装费、地方集资、用户集资、向银行贷款等），解决发展市内电话资金短缺的困难。

1984年，全省市内电话9.10万部，加上用户小交换机和农村电话在内，电话普及率0.27%；20%的市（地、州）局和80%的县局市话仍用30年代的人工磁石“摇把子”电话；全省电话接通率约60%。4月，省邮电管理局、省财政厅、省物价委员会根据邮电部、财政部、国家物价总局《关于市内电话新装用户收取初装费的联合通知》，确定对本省市内电话新装机用户按照统一标准收取初装费，所得款项用于市内电话建设。

图2－6　成都市电信局装电话受理现场

1985年1月起，省邮电管理局改革市话管理体制，将市话经营管理权下放市（地、州）局，由市（地、州）统一掌握、统一安排、统一管理，实行独立核算，省邮电管理局只提取市话更新改造资金20%、线路改造资金10%、大修理基金10%和基本折旧资金20%，作为全省市内电话自然灾害的补助费用；提取市话收入的4%作为管理费。市话税后利润及所有初装费、改制费全部归企业安排使用。各市（地、州）有权将全区市话利润和初装费，按有偿占用的原则，统一集中使用，并有权决定采用集资、贷款、联合投资、发行债券等经营方式，使各地市内电话的发展有更多活力。同时，采取因地制宜、分类指导、分级安排的办法，在地区以上和经济相对发达的县局尽可能上程控电话，其余县及县以下局大量选用二手设备，节省投资，及时开通自动电话，满足市话放号的需要。

是年，全省市内电话普及率为1.62%，用户构成为机关团体约占23%，商贸机构约占22%，工业、建筑部门约占20%。同时，新出现私人付费的电话用户和个体户电话用户300余户。

至1986年末，全省市内电话用户112142户，较1980年增长61.6%。

1987年9月，成都市开通万门程控电话后，市话容量扩大50%。随后，作出“当年放出5000号”的决策。至12月17日，全市放出5147号，万门程控交换设备实际装机率达69.1%，通过51%的设计盈亏点。

是年，全省市话放号15000户，市话用户128837户，较1986年增长15%。成都市电信局市话到达数21842户，全年净增市话5352部，新增电话数占全省市话装机总数的三分之一，全年实现利润757万元。

1988年1月10日，重庆81局、35局、75局3个程控电话局历时半年时间相继投产放号。1月26日，成都市政府在市电信局召开祝捷会，庆贺市话放号5000户，并为市电信局送去贺信。至年末，全省市话放号2万户，其中市话用户达151171户，电话普及率增长到4‰以上。中央国营邮电业务收入由1978年前6661.6万元发展到32180.3万元，增长3.83倍。

1990 年 11 月 4 日，成都市电信局实施“市话营业五统一”（全市话网的营业、计费、配号配线、装移机施工、用户交换机和公用电话管理五个方面统一调度、统一管理）后，用户到电信营业处办理装机业务，只需交付一定手续费后，能否装机，营业员将在规定时间内答复用户。是年，全省市话话机总数 470525 部，市话用户 21.29 万户。

1991 年 11 月 1 日，成都市电信局开展“大战 60 天，装机上 6000”的装机大会战。至 11 月 9 日，已装机 1100 部，平均日装机 110 部。是年，全省新增市话用户 47857 户，总计 26.13 万户，其中：私人付费电话 23091 户；住宅电话 39488 户，住宅电话占市话用户的比重从上年的 9.36% 增长到 15.11%。

1992 年，全省重点调整市内电话网路，促进机线配套，加快市话放号。3 月 7—9 日，成都市电信局举行“西郊片区市话装机预测预定会”。是年，成都市电信局组织干部职工进行“市话装机大会战”，近 3 个月时间装机放号 3.20 万户，平均日受理装机申请 500 户以上，创历史最好水平。至年末，全省市话放号 117067 户，同比增长 44.8%，市话用户达 378393 户。市（地、州）局基本达到“市话营业五统一”的要求。

1993 年，全省市话用户增加 179601 户。市话用户年末达 55.8 万户。

1994 年，成都市电信局引进地方企业参与装机，对装机作业进行市场化改革，以提高服务水平，端正行风，解决装机难顽症。达川地区装机数突破万部，在全省除成渝以外的市（地、州）现业中名列前茅。全省市内电话用户 90.2 万户，新增 34 万户，增长 61.9%。

1995 年，全省电话放号净增 55 万户，其中，市话放号 42 万户，增长 46.7%，累计达 132.3 万户。5 月 17 日，四川公众通信网市话用户突破 100 万户大关。

1991—1995 年“八五”期间，电话进入千家万户，住宅电话的比重达 60.3%。

1997 年，全省大幅下调电话初装费，加快放号进度。1—5 月，全省累计新增电话用户 31 万余户，平均月放号 6 万余户。至 5 月末，全省邮电公用通信网电话用户突破 200 万户，即包括市内电话、农村电话及移动电话在内的用户数 200.66 万户。至年末，全省全年放号 78.47 万户，净增 23.23 万户，累计达 247.49 万户，其中，市内电话放号 44.89 万户，累计达 174.37 万户。

1998 年 6 月 30 日，成都市电信局 691 局扩容成功，成都市区电话交换机容量突破 100 万门。7 月21 日，成都市民米春幸运成为成都市第 100 万个电话用户。8 月 1 日，成都市政府召开新闻发布会，向社会宣布成都电信双过“百万”的喜讯。是年，全省电话放号 117.56 万户，居全国电话放号排行榜第八位。四川省“中国电信”电话用户总数突破 300 万户，达 301.1 万户。城乡本地网电话用户 280 万户，私人和家庭安装电话成为电话放号的主要对象。

1999 年 1 月 22 日，四川联通在成都开通市话一期工程，容量 5 万门。首期市话用户主要集中在成片住宅区，其中双楠小区 1 万余户。四川联通于 1997 年开始在成都等地经营有线市话业务。2000 年，全省固定电话用户 558.24 万户。四川联通市话本地网发展用户 2.03 万户。2003 年，四川联通固定电话用户新增 6.66 万户，增长 60%。

2001 年 9 月 29 日，四川电信成都分公司电话用户超过 200 万户，成为继广州之后（不含 4 个直辖市）第二个突破 200 万户用户的省会城市。2002 年 9 月，全省固定电话用户突破 800 万户。

2003 年 10 月 9 日，四川电信启动“百年新电信、千万铸辉煌”活动，以迎接四川电信发展史上的标志性事件——固定电话用户突破千万大关。10 月 14 日 17 时 13 分 44 秒，大邑县李星成为四川电信第1000万个用户。四川电信成为中国西部第一家突破固话用户1000万户的电信运营商，也是中国电信集团突破这一大关的第五家省公司。至年末，全省本地电话用户达1100万户，固定电话普及率12.75部/每百人。

2004年，全省电话用户发展仍保持高增长势头，全年新增电话用户561万户，电话用户总数2885.5万户，同比增长24.14%，在全国居第七位。其中，固定电话用户新增242万户，达到1370万户，同比增长21.43%；移动电话用户新增319万户，达1515万户，同比增长26.71%。全省电话普及率达33.66%。是年，全省本地固定电话通话量累计275.3亿分钟，同比增长13.60%。

至2005年末，全省固定电话用户982.62万户。

四川铁通在全省有固话用户670695部。铁通公网于2001年10月20日，首次在成都地区对社会公众放号。2002年11月，西藏分公司在拉萨正式对外放号经营。至此，四川铁通管内19个本地网（除甘孜、阿坝）含代管的西藏全部实现放号。

第四节　农村电话

1981年6月10日，经省政府批准，四川省农村电话局成立，负责全省农村电话的组织、管理和建设工作，并对农话实行独立核算。

1986年3月1日，经省政府批准，开始实行农话新资费标准，提高全省农话收入，为农话的发展提供条件。全省农话当年收入提高约70%，实现利润851.9万元，扭转亏损局面。

图2－7　20世纪80年代，达县地区邮电局送电话下乡

1987年7月，全省首次开展“农话业务宣传周”活动。10月，全省第一个乡话管理站——万县响水区乡村集体电话管理站成立，对乡（镇）集体电话实行统一组织和归口管理。是年，改革农村电话经营体制，实行以县为主经营，从利益机制上激励基层企业。

1988年4月11日，省农村电话局在成都首次召开省内部分新闻单位座谈会，向新闻单位介绍全省农话现状。《四川日报》《四川农村报》先后6次载文介绍农话通信，四川电视台3次播放农村电话新闻，其中《四川农话发展迅速》由中央电视台转播。5—6月，全省掀起农话业务宣传活动高潮，邀请地方各级政府部门参加座谈会2660次，走访用户7435户，设立农话业务咨询台96个。12月22—24日，全省发展乡（镇）集体电话经验交流会在合川县召开，会上表彰剑阁县、合川县、南川县东胜乡人民政府等30个先进单位。

是年，全省改革农村通信方式。合川县兴办乡（镇）电话交换点，实行自建、自用、自营、自负盈亏的作法引起重视，全省农话交换点达2706处，其中乡（镇）、行政村、私人经营、各种联营和其他经营985处，占总数的36.4%。

1989年6月，省政府办公厅转发《省邮电管理局关于加快发展四川省乡镇集体电话通信事业意见的通知》，要求各级政府加强对乡（镇）集体电话通信工作的领导，设立县（市）乡（镇）集体电话管理委员会，由县（市）人民政府统一管理，把乡（镇）集体电话的发展纳入当地社会经济发展规划，认真做好本地乡（镇）集体电话的建设规划，既要立足当地，又要考虑长远，分层次地进行建设。乡（镇）集体电话企业属集体所有性质，实行独立核算、自负盈亏，其建设实行“民办公助”和“谁经办、谁经营、谁受益”的原则，并在政策、建设上给予扶持和优惠。通知强调，要加强乡（镇）集体电话的经营管理，在技术、设备、业务和资费等方面要严格执行有关规定。通知还对乡（镇）集体电话的经营、用工、待遇和开办条件等作出规定。

9月12日，剑阁县人民政府批准成立“剑阁县乡（镇）集体电话管理委员会”，建立全省第一个以县为单位的乡（镇）集体电话管理机构。

1990年8月15日，全国第一个集农村邮政、农村电话、长途电话、广播和文化站五位一体的宣传通信所在名山县中峰乡正式组建。9月，剑阁县的59个乡（镇）全部建立电话交换点，装电话机809部，成为全省第一个乡（镇）电话交换点达标县。

1992年，全省先期在绵阳、德阳、内江、达县和遂宁5个市（地）进行农话由县邮电局自主经营试点。随着“长、市、农交换合一”技术管理体制的推广和程控交换机的普及，全省长话、市话和农话业务得到快速发展。为节约网络投资，理顺管理体制，省邮电管理局结合全省农话发展实际，制定“规模建设、规模经营”的农村电话发展战略。

1993年，省邮电管理局调整农村电话管理职能和管理方式，撤销四川省农村电话局，打破专业和地域分割界限，其职能并入省邮电管理局电信处和相关处室。此后，全省乡（镇）电话逐步进入本地电话网，统一使用本地电话区号，传统的农村电话业务消失。

第五节　无线市话

2000年1月，宜宾市PHS网络开通，开始兴办小灵通业务。2月25日，南充市电信局在3个城区开通试运行无线市话系统，系统稳定，用户反映使用方便、通话清晰、物美价廉，有3200户用户购机。3月4日，南充市电信局举行无线市话（小灵通）开通仪式。6月1日，广安市电信局开通无线市话并开始放号，两个多月销售小灵通4150部。10月，南充、泸州、达川、凉山、广安、绵阳、眉山、成都双流、宜宾、遂宁和内江11个电信局陆续开通小灵通网络。小灵通以其经济实惠、绿色环保、小巧便捷等优点，倍受市民欢迎，业务发展迅猛，供不应求。至年末，全省有11个市（地、州）开通无线市话业务，用户13.12万户，PHS电话国内长途通话量1019万分钟。

2001年12月6日，四川电信在成都市大面积部署小灵通网络。全省全年发展小灵通用户16.3万户。从网络结构看，基本采用V5接口组网，如绵阳、德阳、乐山、眉山和广安采用中兴公司的接入网络单元ANU+信令转换架MF方式组网，内江、遂宁、自贡、资阳和攀枝花采用UT公司的PAS系统组网，上述组网方式只能提供最基本的语音业务和补充业务，难以提供各种增值业务。

2002年2月8日，成都小灵通网络建成试运行，并相继开通金蓉卡预付费、短消息、蓉城呼和无线上网等业务。3月，成都市PHS网络一期工程建成后，能够提供预付费、32/6Kbit/s数据无线上网业务、G-Mode手机直接上网等增值业务。3月31日，成都小灵通正式开通放号。四川电信成都分公司对在3月31日至4月13日办理小灵通新入网用户采取优惠措施：赠送话费200元，试运行10天内免收市话费（含区间），免费开放来电显示、转移呼叫和蓉城呼等新业务。

图2-8 小灵通终端

4月5日，四川电信绵阳分公司小灵通系统全面升级后，绵阳电信小灵通用户突破5万户，达50778户。新的系统支持短信等增值业务，并为实现省内漫游提供技术平台。7月22日，四川电信宜宾分公司在全省率先启用小灵通语音信箱系统。8月7日，四川电信成都分公司推出“灵通随身e”“灵通短信”和“灵通邮件”3项增值业务。至年末，全省小灵通用户突破100万户，达103万户。

2003年2月，阿坝州PHS网络正式开通。至此，全省21个市（州）全部开通PHS无线市话业务。5月，四川省PHS无线市话增值业务一期工程实施，自贡、内江、资阳、遂宁、攀枝花、宜宾和阿坝7个市（州）接入成都PHS增值业务中心，实现短消息、C-MODE和数据上网3种业务。6月，首次开通PHS短消息业务。

7月，四川电信成都分公司开通小灵通数据增值业务，业务种类涵盖短信、C-MODE服务，如64K数据上网、收发电子邮件、手机交友、图片下载和在线游戏等。

9月，四川省PHS无线市话增值业务二期工程实施，统一接入绵阳、德阳、乐山、眉山、广安、广元、巴中、雅安和甘孜IGW系统，提供30万户用户的短消息和30万户用户的盲区呼业务。是年，四川电信巴中分公司抓住4个区（县）小灵通联网运行和“五一”节等时机，推出“预存话费200元、购机优惠200元”的小灵通促销活动，全市20天内净增用户3500户。全省开通小灵通“96123”语音聊天业务、小灵通“灵通伴侣”业务、“96123”天府灵通聊天平台、“96124”语音留言、“96669”小灵通QQ、“81818181”灵通伴侣等小灵通增值业务，开通全网小灵通用户“17909”IP电话拨打业务、异地小灵通短信互发等业务。至年末，成都电信小灵通网络用户突破100万户，成为全球最大的小灵通网。全省小灵通用户增至246万户，小灵通业务收入占语音业务收入的22.2%。

2004年，四川电信成都分公司在小灵通开通两周年、客户上百万户之际，推出资费优惠大餐：通话费前3分钟0.22元不变，以后每分钟0.11元优惠为0.06元。这样，成都地区（含郊县）的小灵通新老用户即可节省约45%的通话费，且用户无需办理任何手续，即可直接享受到资费优惠。7月1日，四川电信成都分公司推出小灵通免费换机活动，推出12款市场流行且全部支持短信功能的小灵通新机型供用户选择，5天为用户更换小灵通手机1万余部。

6月，四川电信在南充、宜宾市进行PHS彩铃业务试点。6月16日，四川网通在成都推出“大灵通”业务。短短10天，发展用户逾千户。至年末，全省小灵通用户达344.37万户，占全省固定电话用户总数的27.4%。

2005年，四川电信与腾讯、新浪等15家CP应用提供商合作，陆续开通C-MODE、数据上网、短信灵通秘书、灵通伴侣、灵通QQ业务、彩铃和定位等小灵通增值业务。小灵通短信息每条0.08元，上网费每小时1.20元，网速64Kbps。4月，四川电信乐山分公司被中国电信集团公司确定为小灵通“精品网”示范城市。9月8日，四川电信成都分公司在成都锦江区兴隆街的小灵通专业营业厅开业。

至年末，全省无线市话覆盖全省21个本地网，用户411.8万户，本地网内覆盖到县城和大部分乡（镇）并实现漫游，全省平均来话接通率60.4%，掉话率1.4%，基站可用率98%。成都成为国内最大的PHS系统之一，在网用户超过135万户。

2006年后，全省小灵通网络投资大幅压缩，小灵通进入产品衰退期，用户增速放缓。

2001—2005年四川省小灵通基本情况统计表

表2－1

项　　目	2001年及以前	2002年	2003年	2004年	2005年
小灵通用户达到数（含公话、万户）	16.3	103	245.5	355.5	411.8
预付费小灵通	—	50	140	255.5	307.3
后付费小灵通	16.3	53	105.5	100	104.6
小灵通净增用户数	16.3	86.7	142.5	110	56.34
小灵通用户新增数	16.3	94.7	158.19	183.1	186.84
小灵通用户离网数	—	8	15.69	73.1	130.5
小灵通业务收入（亿元）	0.80	3.8	14.2	19.9	22.2
月租费	0.21	0.98	3.67	5.14	5.3
本地通话费	0.46	2.21	8.24	11.55	11.9
国内长途通话费	0.12	0.59	2.22	3.11	3.2
国际及中国台港澳通话费	0.00078	0.0037	0.014	0.019	0.02
增值业务收入	—	—	—	—	1.8
彩铃收入	—	—	—	—	0.6
短信收入	—	—	—	—	1.2
占主营收入比例（%）	1.16	5.07	16.94	21.73	22.91
资本性支出（万元）	56755	79900	125093	70561	42278
呼叫建立成功率（%）	97.4	97.5	97.8	98	98.2
全省平均来话接通率（%）	58.3	58.4	58.4	60.2	60.4

第六节　公用电话

四川电信公用电话经历有人值守、磁卡电话、IC卡电话和IP公话超市等发展阶段。

1989年，成都市区有公用电话277部，分布在市区40.2平方公里范围内，但长期无一座公用电话亭，群众常因找不到公用电话而抱怨。10月17日，成都市电信局拨出20万元专款，在街头首批安装16座铝合金框架、茶色玻璃的公用电话亭，使用投币式电话机，每次通话3分钟。随后，成都市政府提出着眼于大流通、大市场、大商业，把成都建设成西南乃至中国西部现代化商业大都会的发展战略，将公用电话的发展纳入市政府的目标管理，并出台促进公话发展的政策和措施。

1991 年 7 月，成都市电信局在全国率先成立公用电话分局，把发展公用电话作为战略重点，投入财力物力，开通长途直拨代办点、代办户的月净收入约 1000 元，口岸好的地方则在 2000 元左右。

1992 年，全省新装磁卡电话 181 部、投币式公用电话 24 部，公用电话总数达 5513 部，增长 64.9%。

1993 年初，加拿大一家公司与成都市电信局签订在成都市区设立 1000 座公用电话亭的协议书，并享有经营公话亭内外广告发布权 15 年。至 6 月末，成都市市区公用电话从两年前的 324 部发展到 1970 部，其中 50% 以上的公用电话开通全国直拨功能。

1994 年，成都市新增公用电话 3862 部，公用电话总数达 6647 部；新增磁卡电话 300 部，磁卡电话总数 1000 部，实现业务收入 7500 余万元。至年末，成都市公用电话代办网点 6000 个，按市区 280 万人计算，每千人拥有公用电话 2.14 部，公用电话的发展居全国之首。全省公用电话 14277 部。

1995 年，全省公用电话发展到 36930 部。1996 年，全省公用电话发展到 69732 部，并提供 24 小时服务，方便用户。

1997 年，省邮电管理局在全省统一使用公用电话牌。全省公用电话达 10.70 万部，代办公用电话 79013 部。至 1998 年 6 月末，全省有人值守公用电话 13.8 万部、无人值守 IC 卡电话 2600 部。

1999 年，全省新增公用电话 27839 户，其中 IC 卡电话 5892 部，达 10043 部。全省 IC 卡销售 102.88 万张，销售金额 4317 万元。

2001 年 11 月，四川铁通正式开通公用电话。2002 年 6 月，推出基于省智能网的有人值守智能公话、智能卡式电话、智能 IC 电话和集中公话业务。

图 2－9　成都商场内的公话业务代办点

2003 年，四川电信绵阳分公司将街上大部分有人值守的公用电话换成“智能公话”。绵阳市成为全国首个采用 FSK 电信数据传输模式的城市。

2003—2004 年，四川铁通公话发展迅速，以公话超市和有人值守公话为主，把公话超市作为公话业务的主要发展项目。

2005 年，全省重点组织推广 FSK 智能公话业务，FSK 智能公话能修正以往公话发展中存在的机主恶意欠费、单点规模限制等缺陷。全年装机 10677 户，月收入 84.96 万元，FSK 公话 ARPU 价值 79.57 元/台。

一、磁卡电话

磁卡电话是一种用磁卡控制通话并付费的公用电话。由电话部分、控制部分和读卡器构成，话机端面板具有显示窗，提示操作，显示磁卡余额、所拨电话号码及话费计取等信息。

1991 年 12 月 31 日，成都开通全省第一部磁卡电话，首批安装成都市电信局从瑞士亚斯康公司

图 2－10　成都市民使用磁卡公用电话

引进的磁卡电话 29 部，磁卡卡片面额分为 30 元、60 元、100 元 3 种，在电信营业厅销售。用户将有效磁卡插入磁卡电话机的卡片出入口内，即可拨打国际、国内和市内电话。首批开办磁卡电话服务点有成都市电信局太升南路营业厅和人民东路营业厅。磁卡电话具有无需人员值守，卡片携带方便，自动计费，随时随地可直拨市内、国内、国际长途电话等特点，倍受公众青睐。

1992 年，成都市政府将磁卡电话发展列入为市民办实事的一级目标。成都市电信局与加拿大太平传讯有限公司签约，引进加拿大磁卡电话及电话亭 500 台（套），在主要街道安装 172 部磁卡电话。同时，在磁卡电话亭附近有选择地建立 360 余个磁卡代销点，由市电信局统一管理，配专人分片负责监督检查。每个代销点悬挂市电信局统一制作的红底白字的磁卡销售标识牌，销售额的 2% 作为代销点的酬金，调动代销人员积极性，方便社会用户。是年，成都市电信局磁卡销售收入 398.7 万元。

1993 年 1—9 月，成都市电信局在大街小巷安装磁卡电话 437 部。同时，组织 3 次调查研究，统一认识，决定把磁卡电话全部摆上街头，面向公众。根据全市商业网点分布和人口流量、流向分析，把磁卡电话亭安装在全市各主要干道、车站、医院等商业发达、人流量大的繁华地段。同时，成都市城市管理委员会、市公安局和市电信局联合发出通告，要求各单位和个人加强对磁卡公用电话的保护和管理。继成都之后，全省其他城市相继开通磁卡电话。

8 月，成都市电信局发行 8 套共 24 万张设计精美、具有收藏价值的磁卡。这 8 套磁卡分别为峨眉秀色、九寨飞瀑、都江堰、武侯祠、乐山大佛、四川大草原、四姑娘山和剑门古道。9 月，国内首次以重大现实政治事件为题材设计的电话卡——“邓小平南方谈话”电话磁卡，由成都市电信局在“'93 中国成都国际熊猫节”期间公开发售。同时，推出“西蜀风情”和“中国古代文化名人”两套纪念卡。为迎接“'93 中国成都国际熊猫节”，配合加拿大太平传讯有限公司投资的 DC-3 型田村磁卡电话在成都使用，成都市电信局会同相关专家设计制作 8 套 48 万张“蜀文化”系列电话磁卡。该套磁卡分别为“东方风来满眼春”“'93 蓉城喜事多”“成都电话号码升七位”“中国古代历史人物画”和“川剧人物”等。9 月 25 日，“蜀文化”系列电话磁卡首发式在成都饭店举行，四川省省长肖秧为此题词“磁卡加快信息交流”。

10 月 20 日，成都市电话磁卡集卡协会成立，带动全省磁卡业务发展。至年末，全省有磁卡电话 775 部，其中成都市 677 部，居全国大中城市之首。

1994 年 9 月，7 张全国通用电话磁卡在四川首发，实现“一卡在手，全国通用”。10 月 20 日，成都市首届电话磁卡展销会在人民东路电信营业厅举行。至 12 月 5 日，成都市磁卡电话 1000 部。

1995 年，全省发行电话磁卡 63.04 万张，磁卡电话达 1810 部，凡有程控的县以上城市均开办磁卡电话业务。

1997 年 5 月 17 日，成都市电信局开通全省首家更为先进的 IC 卡公用电话，开始替代磁卡电话。至邮电分营前，全省磁卡公用电话 1377 部，IC 卡公用电话 328 部。

2000 年 2 月，邮电部电信总局决定停止发行磁卡。2002 年 12 月 31 日 24 时，全省磁卡公用电话停止服务，电话磁卡停止使用。

二、IC 卡电话

1997 年 5 月 17 日，成都市电信局正式推出 IC 卡公用电话，首批安装在人民东路电信营业厅的 4 部IC 卡公用电话投入试运行。随后，全省 IC 卡公用电话发展起来。

1998 年 3 月，宜宾、攀枝花、自贡、凉山、广元、遂宁和南充 7 个市（地、州）先后开通 IC 卡公用电话。7 月 20 日，成都市电信局与华威信息产业投资有限责任公司投资组建成都市华威卡式公用电话发展有限公司，实施“有人值守 IC 卡公话项目”，安置 3000 名下岗职工再就业。9 月 10 日，成都市电信局在成都电子机械高等专科学校开通成都市首家校园卡电话，建成 477 部“201”校园卡电话，标志成都“校园电话卡工程”全面启动。同时，成都市电信局发行第一套“201”卡，由 30 元、50 元、100 元 3 种组成。

10 月初，眉山地区电信局将 IC 卡电话安装到校园，方便学生、教师和家长。代办代销是眉山地区电信局发展 IC 卡电话的主要策略，学校、宾馆、医院、报刊亭、繁华路口是发展的重点位置，全地区安装话机 100 部，其中 10 所学校安装 11 部。

1999 年 3 月，全省智能网建成投产后，成都、南充、宜宾、乐山、绵阳、德阳、内江、自贡和凉山等电信局在校园内相继开放“201”电话业务，受到学生欢迎，成为新的业务增长点，并带来大量的话务量，校园电话平均单机话务量超过普通话机的 3 倍。是年，全省累计安装校园电话 25235 部，销售“201”电话卡 287441 张，金额 870 万元。

2001 年 8 月 18 日，中国电信集团公司设计制作的“九寨沟中国 IC 电话卡”在四川九寨沟旅游景区首发。四川电信为配合其发行，设计制作九寨沟风光“201”和“17908”IP 地方电话卡各1 套，与全国卡同时首发。

图 2－11　中国电信集团公司发行“梦幻仙境　九寨沟风光”中国电信 IC 电话卡

图 2－12 “96333”金蓉卡

9 月 7 日，四川电信成都分公司率先推出全国首个集缴费和拨打电话功能于一身的“96333”金蓉卡业务。初期仅限成都地区使用，卡值面额分 50 元、100 元、200 元和 500 元 4 种。用户可随时在任何一部电话上（包括移动电话）拨打免费接入号“96333”缴纳话费，也可直接用“96333”金蓉卡拨打长途电话和上网。拨打本地电话按照 201 电话资费标准执行；拨打国内、国际长途电话按照 IP 电话资费标准执行。市话区内电话资费为首 3 分钟 0.22 元，后每分钟 0.11 元；市话区间电话资费为每分钟 0.30 元，较普通电话每分钟便宜 0.20 元。上网资费为网络使用费 0.05 元/分钟，上网通信费 0.02 元/分钟。金蓉卡因其方便快捷、费用优惠的特点，获得用户喜爱。

是年，四川电信投资 9562.43 万元，对 IC 卡电话进行扩容，在全省 21 个市（州）建设 IC 卡公用电话 20293 部，同时新建资阳、甘孜 2 个本地 IC 卡公用电话管理系统及成都双流国际机场 1 个 IC 卡多媒体公用电话信息本地管理系统，12 月 14 日竣工投入运行。

2002 年 6 月 18 日，“96333”金蓉卡正式更名为“96333”充值缴费卡，并逐步成为四川电信用户集话费预存、充缴功能为一体的充值缴费工具卡。随后，96333 充值缴费卡成为四川电信用户普通电话、小灵通、ADSL、LAN 等业务的主要缴费卡。6 月，四川铁通设计制作在智能卡式电话和智能 IC 电话上使用的智能电话 IC 卡和智能电话储值卡。

图 2－13 成都双流国际机场 IC 电话

2003 年 3 月，四川电信成都分公司在成都市春熙路步行街装设 25 部多媒体信息公用电话。随后，陆续在人民东路电信营业厅、假日酒店、人民商场和四川大学等地装设多媒体信息公用电话，为流动人群提供电话服务、信息服务和电子支付服务。多媒体信息公用电话除提供标准语音通信服务外，还能提供短信发送、E－mail、交通路线、旅游商贸信息查询和网上交易等增值服务。多媒体信息公用电话在使用 IC 卡付费、语音通话费与 IC 卡资费标准相同，上网费为每分钟 0.10 元。此后，四川电信多次对 IC 卡电话进行扩容改造。

2004 年，四川铁通开发出“全能充”缴费卡，实现后付费与预付费电话的充值、缴费。4 月 8 日，中国电信集团发行首套以考古发现为题材的电话卡——四川广汉三星堆 IC 电话卡 4 张，总面值 130 元，面向全国发行 298 万张。至年末，全省 IC 卡电话 49923 部。

2005 年，ADSL 宽带上网业务全面推出后，四川铁通发行的“95868”上网包月卡业务逐渐退出市场竞争。该卡于 2001 年发行，方便拨号上网用户。

三、IP 电话

IP 电话始于 1995 年，通话双方须联入互联网，且配备相应软件和多媒体设备才能通话。1996 年 3 月，真正意义上的 IP 电话开始出现，通过网关技术将互联网与电话网结合起来，用户实现普通电话机间的通话。

1999 年初，中国电信在全国 14 个城市建设 IP 电话试验网。4 月 15 日，成都 IP 电话节点开始安装设备和调测。4 月 28 日，中国电信率先在北京、上海和成都等 14 个城市开通 IP 电话试验网，接入码为 17900，资费为国内长途每分钟 0. 30 元，国际长途每分钟 4. 80 元。6 月，四川联通开通 IP 业务。

7 月 15 日，成都市电信局开始发售第一批 IP 电话试验卡，至 9 月发售 3 批 IP 电话卡 2700 余张。

2000 年，四川联通新开通绵阳等 7 个市（地）IP 电话网，并超计划提前开通南充、西昌等 4 个市（地、州）。省邮电管理局提出全省 IP 电话网络建设和业务发展的实施方案。全省 IP 电话分卡式业务和主叫计费业务。7 月 1 日，全省利用智能网平台新开放“17908”业务品牌，并首先在成都地区推出省内 IP 电话“17908”卡式业务。“17909”主叫计费业务主要为电信大用户服务。

2001 年 5 月，四川移动根据业务发展需求，向市场推广 IP 计账卡和 IP 充值卡业务，用户通过加拨“17951”的方式进行 IP 拨号，达到节约长途话费的目的。

10 月 23 日，成都电信开通“金蓉通”预付费电话用户主叫 IP 电话业务。11 月，中国电信推出“17901 全能打”IP 电话业务。是年末，四川电信推出为中国移动、中国联通等用户提供的“17909”“互易通”手机主叫 IP 电话卡业务。移动、联通手机用户通过 IP 方式拨打长途固定电话，比普通 IP 电话资费便宜 20%。四川联通在全省 15 个城市开通 IP 电话网。

2002 年，四川电信推出各种具有观赏性、文化内涵和收藏价值的 IP 电话卡，以收藏卡带动普通 IP 卡业务发展。同时，四川联通在全省大规模推出“IP 超市”及基于联通移动公话业务。

5 月，四川铁通正式推出基于省公司智能网的预付卡业务“96068”长话亲情卡和校园卡；9 月，推出“17990”魅力四川 IP 卡业务。

2003 年 4 月，四川电信全面开通成都小灵通用户“17909”主叫 IP 业务。6 月，成都市所辖 6 城区开通“17909”主叫 IP 长途直拨业务，覆盖固定电话用户 100 万余户，四川通信业在 IP 电话领域新一轮竞争随之加剧。IP 电话的放开，降低通信资费，返利于民，社会效益明显，IP 电话逐渐成为消费者拨打国内、国际长途的主流通话方式。

图 2－14 成都水碾河 IP 公话超市

4 月 20 日，四川电信成都分公司首家 IP 公话超市在成都茶店子南街开通。到 5 月 5 日，成都市有 42 家中国电信 IP 公话超市正式营业。这些公话超市的经营面积在8 平方米以上，内设电信固定电话 8 部以上，既可打长途电话，也可打市内电话，由集中控制电脑计费系统统一管理，平均日营业额 200 元/户，单户最高日营业额超过 500 元，经营效果良好。IP 公话超市初期在高校、车站、医院等流动人口较多的地方设点，由于资费便宜，受到市场欢迎，短短 1 个月，电信 IP 公话超市发展 100 余家。当时，在电信部门支持下，普通代办户仅需 1 万元，即可办理 IP 公话超市。

12 月，四川铁通在各类卡品中新增地区卡，由各市（州）分公司销售地区卡，省分公司销售省卡。

是年，四川网通推出国际亲情卡、都市自主卡、“116117”通卡 3 种卡式新业务，为用户提供更专业、更个性化的通信服务。国际亲情卡、都市自主卡是为广大客户专门设计的 IP 电话卡，拨打国内和国际 IP 电话，网络通畅，无被叫地点限制。“116117”通卡是四川网通为客户提供的全省统一充值缴费卡，公司所有业务均可通过“116117”通卡进行充值或缴费。公司开通“10060”客服热线，全天候为客户服务。四川联通公话超市用户增长 4. 70 倍，如意邮箱用户增长 73. 19%，新建卡零售店 8372 个。四川移动印发互惠通 IP 充值卡（又名“17951”本地 IP 充值卡）管理办法，该卡只能在省内固定电话上使用，不具备省际漫游功能，不能跨省使用，省间不进行结算；同时，建成 IP 超市 60 家，发展 IP 商务电话客户 2500 户，推动 IP 业务的发展。

2002—2003 年，四川电信先后推出“武侯祠”“四川世界级风景名胜系列”“新老成都 54 年”等 IP 电话卡册，很快成为卡市亮点。

2004 年，全省 IP 电话增长加快，占长途通话量的 42%；IP 电话的累计通话时长 37. 4 亿分钟。

第七节　固定通信增值业务

一、电话信息服务

1987 年 7 月 15 日，上海市电信局“200200”第一个电话信息台问世。1988 年 7 月 15 日，重庆市经济信息中心和重庆市电信局联合开发的自动化“市场信息服务台”投入试运行，免费为用户提供 20 天服务。全国有大连、天津、上海和重庆 4 个城市采取这种信息服务方式。

1989 年 5 月 9 日，成都市电信局通讯信息公司投资 108 万元，开设“666888”电话信息服务台。人们拨通“666888”服务号码，即可得到满意答复。信息台采用计算机存储和检索 20 类信息，库存容量 20 万条。设 20 条中继线，可同时为 20 名用户免费提供咨询。与全国 15 个城市的电话信息服务台建立直接通信联系，交换信息，并与省内 21 个市（地、州）邮电部门联办信息业务。该台开通后，平均每天接到 500 个电话，其中 50% 为商品查询，20% 为地址查询，其余为生活咨询等。

1990 年 3 月，应公众要求，成都市电信局“666888”电话信息台开通周末心理咨询电话。当天，有 200 余个电话打进来。至 5 月 9 日，成都电话信息服务台创办 1 周年，累计为公众提供电话查询服务近 20 万人次。其中，社会公益类信息服务占 60%，有关经济活动的信息查询占 40%。

1992 年 12 月 25 日，全国第一家“168”自动声讯信息查询台在成都投入使用。该声讯台是采用计算机语音储存检索系统开展信息服务的最新尝试，用户拨通“168”，即能查询信息。该声讯信息查询台具备邮电业务、天气预报、交通旅游、金融保险、生活顾问、医疗指南和娱乐视听七大类 168

个节目，以备用户24小时查询。同时，成都市“666888”电话人工信息台改为全国电话信息服务统一特服号码“160”。

1989—1992年，成都电话信息台共提供近1000万人次电话咨询服务。

1993年10月30日，成都市电信局通讯信息公司投资1000万元，引进美国90年代声讯设备，与广州新技术研究院共同对“168”进行扩容。扩容后的“168”信息台中继线360对，第一期查询信息2600条，居全国“168”信息台信息量之首。包括政策法规、生活百科、交通气象、经济信息、医疗保健、金融股市、影视娱乐和旅游购物等方面信息，其中股市信息与上海、深圳股市同步。首期开设1万个电子语音信箱。11月7日，成都市电信局“168”电话自动信息台完成扩容改造，正式开通运行。成都“168”电话自动信息台以“万事通”的面貌问世后，全省各地也陆续开通“168”电话自动信息台。

图2－15　168信息台机房

1995年，全省有19个市（地、州）电信局、43个县局开通“160”“168”电话信息服务业务。

1996年1月12日，成都市用于计算机信息服务的960公众信息网开通。成都市电信局投资1000多万元，开发出以国家公用电信网为依托，功能社会化、服务网络化、经营产业化、联系国际化的全国第一个公众信息网。该网能发布涉及社会政治、经济、文化、生活等信息，能提供电子购物、电子广告、电子交流、电子信箱等交互式服务。成都的计算机用户通过电话拨号即能入网查询国内外的各类信息，享受网络的交互式服务。开通时有25个机构入网。按通信时间收费，经市物价局审批每分钟收费0.50元。是年，发展用户1145户。

2002年，中国电信不再为信息台代收信息费，全省电话信息服务业务大量萎缩。

二、电视电话会议

电视电话会议是利用通信线路把两地或多个地点的会议连接起来，以电视方式召开会议的一种图像通信方式。

1995年末，四川省电视会议系统立项，投资2800万元。1996年8月，全省建成开通市（地、州）以上城市会议电视电话网，可提供24个会议电视会场（1个主会场、23个分会场）。是年末，成都—马尔康、雅安—康定光缆工程投产后，覆盖全省的电视会议骨干网络形成。

1997年1月10日，四川省电视会议系统正式投入使用，四川省—市（地、州）—县公用图像通信网络建设初见成效。7月10日，成都市电信局向普通用户开放会议电话、电视电话业务。该局的会议电话、电视电话系统可通达全国各省会城市、直辖市，以及省内18个市（地、州）。按照邮电部规定，使用这两项业务的费用依据会议电视（电话）的使用时间长短、使用场地和通达地区而定。基本收费时间为30分钟。通话不满30分钟的，按30分钟计算；超过30分钟的，按实际通话时间计算，尾数不满1分钟的，按1分钟计算。在法定节假日、非节假日21时至次日7时内通话的，费用减半。

12月，宜宾市邮电局投资1200万元，建成并开通市至9县可视电话会议系统。

1998年7月16日，乐山市电视电话会议系统开通。该系统总投资1500万元，覆盖全市11个县（市、区）。11月27日至12月1日，四川电视台利用四川省会议电视系统从攀枝花往成都成功传送《二滩新闻报道》节目。这是全省首次利用会议电视系统为电视台传送节目。

2000—2001年，四川移动采用中兴会议电视系统，实施会议电视一、二期工程，完成全省20个市（州）、23个点的会议电视联网，建成1个以省公司为中心、覆盖全省21个市（州）分公司的会议电视系统。

2002年6月19日，四川长虹电子集团有限公司与美国洛杉矶商家的商务谈判可视电话会议在四川电信绵阳分公司电视电话会议室举行。这是绵阳电信率先在全省市（州）级电信运营商中首次召开的跨国可视电话会议。

2003年，四川联通推出“宝视通”宽带视频会议系统和可视电话。该系统建立在统一网络平台上，将语音、图像和数据等业务进行综合传送，实现“面对面”的沟通。“宝视通”在抗击“非典”时，在相关政府部门、医护单位投入使用，发挥信息交流和通信保障的重要作用。

2004年，四川移动投资400万元，新建中兴高清会议电视系统，确保省公司机关各部门在迁入高升桥枢纽后，与市（州）分公司之间的视频会议需要，且实现双视频流传送。

三、来电显示

固定电话来电显示业务是一种可自动将打进电话的号码，显示在电话机显示屏上的业务，能预先知道来话者的电话号码。

2001年3月14日，四川电信向运维部布置立即开通长途来电显示业务的任务，要求在3月30日前落实本地网内所有市话交换机发话主动送带区号的主叫号码。根据反馈情况，全省县以上城市做到100%能够提供来电显示业务。

手机来电显示业务基本原理相同，需要申请后使用，对方能知道自己的号码。

四、虚拟用户交换机CENTREX

在现有本地电话网上进行交换、接续的一种既能直接拨打本地电话，同时具有小交换机功能的电话交换方式。可用于建立单位的“虚拟专用网”。

五、主叫注册业务

2005年1月20日，四川铁通正式开展他网主叫注册业务。该业务基于国联平台，对用户推出后付费和预付费两种付费模式，可实时查询余额，销售采取后付费和话务批发相结合方式，并为代理提供灵活的管理平台。全年他网主叫注册业务累计销售金额1302.4万元，累计产生话务量2693.6万分钟。

六、其他增值业务

1992年，四川电信在省内开办108业务。1995年，全省有110个县以上局开通108业务。

1995年，成都、重庆、绵阳、宜宾、达川和雅安等局开办200业务，其中成都、宜宾、雅安实现联网。至1998年9月末，全省发展用户11426户。

1997年5月1日起，全省正式开办300业务。至1998年9月末，售卡5000余张，使用300卡的通话费收入 49 万元。1999 年，300 电话卡销售 22.05 万张，销售收入 1164.47 万元。

1998 年 9 月 1 日，中国电信开办 800 业务，俗称“你打电话我付费”，由被叫方集中付费，主叫客户不需支付任何通信费用。1999 年，全省 800 业务用户累计 104 户，净增 86 户。

2002 年 6 月 13 日，四川电信成都分公司向社会推出“一号通”业务，半月时间，有 200 余户客户使用此项业务。

第二章　移动通信业务

第一节　无线寻呼业务

1985年9月，成都市电信局建成全省第一套无线电传呼机系统。系统在成都太升南路建立无线寻呼中心，设置8个人工寻呼席。无线寻呼机每台428元，当年发展用户270户。

1986年，成都市电信局利用各种新闻媒体宣传介绍无线寻呼业务，同时出台职工促销无线寻呼机的奖励政策，全员促销。全省无线传呼机用户达879户。此后，业务量逐年提升。

1987年4月，重庆市电信局开通无线寻呼。成都、重庆全年发展无线寻呼用户786户。

1988年11月，省邮电管理局上报邮电部电信总局，核配四川省无线电寻呼网本地用户地址号码，全省寻呼台接入号码统一为“126”。全省全年新增无线寻呼用户1200户。成都市电信局无线寻呼用户发展到1801户。

1989年5月后，乐山、万县、涪陵、德阳、绵阳、内江和西昌开始建立无线寻呼台，业务接入号码全国统一为“126”，开户费100元/户，月使用费25元/月。8月25日，根据邮电部全国无线寻呼业务发展情况通报，成都在网用户2816户，重庆1599户，德阳80户，乐山15户，涪陵37户，内江12户，万县31户。省内第一批城市开通数字无线寻呼业务后，宜宾、攀枝花等市（地、州）、县陆续开通寻呼业务。成都市电信局对无线寻呼系统进行扩容改造，人工寻呼台席增至16个，全年寻呼用户3952户。

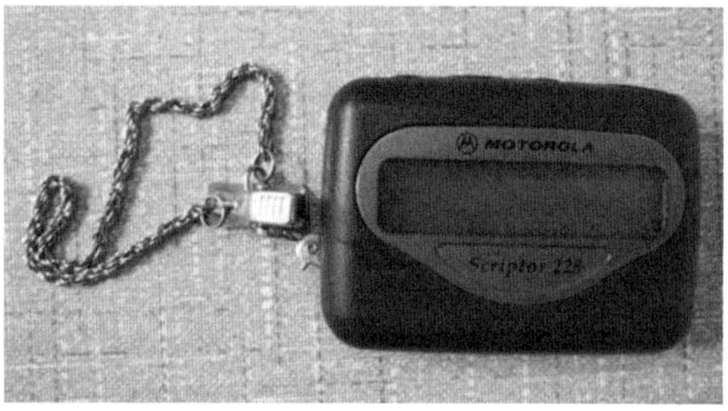

图2－16　数字寻呼机

至1990年6月，成都市电信局寻呼用户近5000户。12月23日零时，重庆市电信局无线寻呼中心正式启用“126”“127”特号服务。全省新增无线寻呼用户5338户。

1993年，全省无线寻呼业务向社会开放，无线通信市场开始活跃。5月8日，“风云”寻呼台在成都微波通信局正式开台。该台是经省无线电委员会、省邮电管理局正式批准，由省气象台、四川巨华高技术通信公司共同主办的公众无线寻呼台，可在65公里的有效半径内为用户发送多种气象预报，为党政领导和防灾抗灾指挥部门快速沟通信息，并为用户提供多功能的服务。

至年末，全省132个城市开通寻呼业务，用户16.58万户。各地邮电局为提高市场竞争能力，陆续推出普通呼、优先呼、追呼和紧急呼等10种寻呼业务，取得良好的社会和经济效益。

1994年，全省颁发第二批通信经营许可证。截至5月，成都市有37个非邮电单位获得电信业务经营许可证，向社会放号6万余户，约占全市当时无线寻呼用户总数的40%。是年末，全省无线寻呼用户35.9万户，净增19.3万户，增长116%。

至1995年末，全省新增无线寻呼用户28.6万户，增长53%，累计达64.5万户，较1990年增长53倍，其中邮电经营的全省联网寻呼网容量51万户，本地寻呼网遍布省内169个县（市），容量243.6万户。

1996年11月20日，成都市电信局推出“万台BP机租借大行动”营销活动。用户交纳50元开户费即可领取1部价值800余元的“126”公网寻呼机，在租借期间，每月随市话月租费一并缴纳寻呼机租机费。活动推出后，日均租机逾1100部，至25日，租机6834部。

图2－17　成都“126”电信寻呼台一角

1997年初，全省寻呼用户突破100万户。3月18日，四川联通在成都推出无线寻呼业务。至年末，全省除甘孜州、阿坝州的18个偏远县以外，全省县以上城市开通寻呼业务，全省邮电寻呼系统容量达500万户，寻呼机用户160万户，寻呼业务收入2.6亿元，在全省寻呼市场中占主导地位。

1998年5月，中国电信四川寻呼有限责任公司开始组建、剥离。10月26日，四川国信寻呼公司成立，独立经营寻呼业务。全省邮电系统主业经营的国网198/199寻呼台、省网128/129寻呼台、各市（地、州）本地网126/127寻呼台及成都166传讯台等寻呼服务企业正式剥离，形成总资产规模3.8亿元的中国电信四川寻呼有限责任公司。至10月，四川电信拥有无线寻呼基站569个，各频点发射机2136台，网络容量675.2万户，为206.4万户寻呼用户服务，成为寻呼业最大的服务商。至年末，全省无线寻呼收入1.5亿元，无线寻呼用户195.6万户。

1999年，中国电信四川寻呼有限责任公司与中国工商银行四川分行达成代收寻呼服务费的协议，在全国首次联手向社会推出具有较高科技含量的寻呼欠费“即交即通”的服务方式。

20世纪90年代末期，手机的迅速普及、小灵通的迅猛发展，以及短消息业务的兴起，逐渐取代无线寻呼，寻呼业务逐渐衰退。

图2－18　电信寻呼户外广告

2000年，原国信寻呼系统总容量787.1万户，拥有基站828个、卫星站790个，在网用户233.82万户，缴费用户210.84万户，市场占有率超过60%；联通寻呼系统总容量33万户，拥有基站108

个，在网用户17.8万户，缴费用户14.4万户。5月，根据国家通信产业调整战略计划，联通公司与国信寻呼公司进行重组，整合国信公司的无线寻呼业务和寻呼网络。含12个卫星主站和830个卫星小站、849个寻呼基站和4000余台各频点发射机，拥有832万户用户容量的寻呼资产，并继续为235万户寻呼用户提供服务。同时，利用无线寻呼平台和智能寻呼机，搭建综合信息平台，组建“联通无线资讯网”和“天府农业信息网”，为客户提供更多更丰富的信息。

至年末，中国电信四川寻呼有限责任公司经两年发展，完成1.75亿元固定投资，发展成总容量832个寻呼基站网络规模，拥有国网、省网、区域网和本地寻呼网。

2001年7月27日，四川联通最后一批分公司寻呼国网系统割接完成，标志四川联通寻呼全面完成国网网络调整工程，走在全国的前列。198/199国网是在原四川电信198/199全国寻呼网的基础上发展而来的。网调工程结束后，全省原17个国网寻呼系统合并为成都经济区、川东、川南3个同播区，原17个国网系统缩减2个，集中在成都进行信息处理和人工业务的集中受理。是年，四川联通寻呼用户达198万户，业务收入2.9亿元，收入总量位居全国联通系统第一。

2002年12月16日起，根据四川联通与成都通发台、四川江河信息网络有限公司签订的《客户转让协议》，原通发台、江河汇源台股票机用户转为“联通新资讯”用户。这是四川联通寻呼事业部继2002年收购4家社会台的传统寻呼用户后，在不花一分钱、不影响现金流的情况下，首次对社会信息台高端用户采取的收并行动。通发台和江河汇源台有用户3万余户，其中缴费用户1.2万余户。“联通新资讯”是全国统一的联通新业务品牌，专门为高端用户量身定制的信息服务机，每个用户每年的服务费收入约240元，是传统寻呼用户的2—3倍。

2003年，四川联通在全省推广呼叫中心业务。四川联通1250呼叫中心配合旅游部门、相关单位开展省内统一的旅游咨询、票务预订服务热线等服务，先后在攀枝花市开展水务热线，在自贡等市开展集团寻呼服务等多项呼叫中心业务。是年，由省旅游局、四川联通联手开发的全新声讯服务——1252旅游声讯呼叫中心投入试运行。

2004年，全省声讯服务业务经过几年整治，信息服务市场有较大改观，经营者规范经营行为，有害信息得到清理整治，信息收费有章可循，声讯服务开始步入健康有序发展轨道。全省呼叫中心业务新增5家，发展仍然缓慢。

第二节　移动电话业务

一、四川电信

1990年7月15日，成都建成并开通全省第一个900M模拟移动电话系统。7月16日，无线移动电话首次在成都通信市场面市。由于移动电话具有移动漫游、轻便灵活等优点，市场前景看好，供不应求。年内，用户达650户。当时，移动电话属奢侈品，一部手机2万余元，每分钟通话费0.40元（拨打、接听双向收费），且有昂贵的漫游及长途收费。用户主要限于个体经营者、国企领导和党政机关消费群体。

1991年11月17日起，成都无线移动电话通信能力增长1倍，容量1600户，在全国省会城市中名列第六。

1992年春节期间，重庆市900M移动电话开通上市。当月发展371户手持待机用户，可直接与市区、近郊及国内外各大城市、地区实现拨号通话。9月28日，成都市电信局无线分局新放号200个，缓解“大哥大”用户需求。成都市“大哥大”用户增至2800余户。

图2－19　模拟移动通信的“大哥大”手机

1993年8月8日，绵阳市900M移动电话开通运行。当天发展用户520户。9月19日，德阳市900M移动电话开通。随后，乐山、内江、南充、达川、万县、攀枝花、广元、自贡、宜宾、泸州和涪陵等市（地、州）先后开通移动电话。至年末，全省移动电话用户由1990年的290户、1991年1371户、1992年5169户，增加到15806户，四川移动通信系统初具规模。

1994年，全省移动电话53859户，净增38053户，增长2.41倍。1995年，移动电话用户6.4万户，增长1.11倍，累计达11.4万户。

1995年，省移动通信局成立二级手机维修中心，一些局建立手机、BP机维修点，全省移动电话和无线寻呼经营服务水平明显改观。6月，德阳市邮电局移动电话收入439万元，市话收入406万元，在全省首次出现移动电话收入超过市话收入。

1996年2月15日，重庆市率先在四川及西南地区开通数字移动通信。5月17日，成都首次开通G网系统。成都、重庆两市“139”数字移动电话同时开通上市，实现移动电话从模拟到数字的历史性突破，四川进入数字移动通信时代。“139”数字移动电话的开通，使全省用户可选用具有全球漫游功能、防并机盗号的新型“大哥大”。至年末，全省移动通信建设形成A、B、G三网并存的局面，其中，模拟移动电话A网拥有用户112829户，模拟移动电话B网拥有用户114071户，新建成数字移动电话（GSM）网拥有用户55450户，移动电话用户总数281350户。全省有149个县以上城市开通移动电话。

图2－20　20世纪90年代初，街头使用单一的“大哥大”移动手机进行通信成为时尚

1997年，全省放开手机经营，价格大幅度下降，实现邮电部“服务年”移动电话即买即通的要求，G网还开通主叫号码显示和转移呼叫等业务。在价格上，改革手机销售体系，变独家销售为邮电、社会多渠道销售，使手机售价在竞争中日趋合理。同时，多次适时下调入网费，使移动电话逐渐接近工薪阶层的消费水平。各地推出系列优惠政策，如大宗用户优惠、购机附送有奖储蓄、一定时长的通话费减收、手机以用换新、不吉利号码优惠等，对移动电话走入平民百姓家，起到重要作用。成都市电信局移动电话全年放号突破10万户，占全省放号总数的一半以

上。12个郊县放号11万户，比上年末的用户数翻了一番。

是年，全省移动业务收入和用户数均超过农话。移动通信全年收入约8.7亿元，超过预计农话收入4.7亿元的4亿元；移动电话用户37万户，超出农话用户2万余户。移动通信收入比重占电信收入的24.68%，较1996年提高5个百分点；占市话收入的60.72%，较1996年提高27.64个百分点。

图2－21　用户在电信营业厅办理移动电话业务

至1998年末，全省移动电话用户达83万户，较1988—1995年累计的用户净增5.75倍，普及率为1%，业务收入4.8亿元。四川移动通信开始进入规模发展时期。

1999年4月1日，四川电信移动电话用户突破100万户，普及率达1.2%。4月8日，省邮电管理局在成都举行庆典，庆祝四川电信移动电话用户突破100万户。同日，向社会用户推出GSM移动电话语音信箱、短消息和移动办公新业务。

移动公司与电信分营后，四川电信移动通信业务交由四川移动经营。

二、四川移动

1999年7月28日，四川移动通信公司成立，主要以经营移动通信业务为主，包括基本语音业务及数据、IP电话、传真、互联网接入等多种增值业务。手机市场全面开放，各种类型的手机在市场上自由销售，移动公司基本不经营手机销售。此后，移动电话业务从无差别市场营销模式发展到市场营销分层细化，再到服务营销模式的转变，紧贴市场，适应市场，以市场为导向不断开拓市场。公司坚持品牌发展战略，塑造“优质”品牌形象，拥有“全球通”“神州行”“动感地带”等品牌。公司建设营销服务渠道，遍布城乡的各类网点业务办理环境、热线及电子营业厅的不断完善，让客户足不出户也能随时轻松办理各类业务。公司秉持“沟通从心开始”的服务理念，真诚构建和谐的客户关系，“满意100”“五心”（对儿童要细心、对老年顾客要耐心、对不好意思开口的顾客要关心、对病残顾客要贴心、对一般顾客要热心）服务，赢得消费者的信赖。

图2－22　20世纪90年代在成都街头开展移动电话业务宣传

市场运营　1999年7月起，四川移动各分公司按照省公司统一要求，推出“模转数”业务，引导客户由功能单一的模拟网转向功能丰富的“全球通”数字网，业务品种增加。全年发展“模转数”客户24942户，“本地通”客户43030户。

是年，四川移动全年放号70万户，

为1998年全年放号数48万户的1.46倍。在清理出近11万户脱网客户的情况下，移动电话客户总数156万户，其中GSM客户137万户。全省移动电话普及率1.85%，较1998年末的1.02%提高0.83个百分点。

2000年，四川移动重点推广“本地通”“全球通”“神州行”预付费业务品牌。其中“神州行”预付费业务在一季度推出，同时加强“本地通”业务推广。

2月，公司作为独立的市场主体，加强对全省营销策划工作的指导，成立市场营销策划领导小组，成员由省公司领导、省公司业务相关部室的负责人和部分业务量大、竞争激烈的分公司负责人组成，每月例会与全省生产经营分析会套开。7月，公司转发《关于信息产业部同意调整呼叫前转业务资费标准的通知》，要求各分公司在7月21日前向所有“全球通”客户开放呼叫前转业务，并按规定取消原功能月使用费，只按通话时长计费，方便更多的客户使用该项业务。7月12日，四川移动用户突破200万户。

7月18日，“四川移动通信第一村”在郫县友爱乡农科村正式挂牌。四川移动、四川移动成都分公司和中共郫县县委、县政府、县政协的负责人参加授牌仪式。全村275人，拥有手机132部，16—60岁年龄段人口的手机普及率100%。

至年末，四川移动客户总数259万户，其中“全球通”客户151万户，“神州行”客户97万户。移动电话普及率3%。移动业务开始由单纯语音业务向多种新业务和移动数据业务转变。

2001年，全省移动通信市场竞争日益激烈，各种新业务被逐步开放和推出。四川移动提出“实施业务发展战略，保持业务领先”，把移动话音业务作为公司主体业务，重点利用终端销售开拓农村及低端客户市场，确保业务高速增长。2月28日，公司印发《四川移动通信公司套餐资费实施方案的通知》，向市场推出“全球通”套餐30元、套餐98元、套餐168元、套餐268元、套餐388元、套餐568元和套餐788元7个产品业务，把月租费、通话费进行捆绑销售。该业务的推出标志消费者在移动通信领域开始享受个性化、多选择的消费方式，刺激客户数量及通话量的增长，提高客户在网率和忠诚度，提升中国移动通信的品牌价值和市场竞争力。8月，公司调整呼叫转移业务资费，网间呼叫转移基本费下调为每分钟0.30元，降低业务成本，推动新业务更快发展。9月，公司印发《四川移动通信公司移动虚拟专用网业务管理办法（1.0）》，针对集团客户推出移动虚拟专用网（VPMN）业务，对网内集团客户实行优惠费率。同时，出台《四川移动通信公司电子充值卡业务管理办法（暂行）》，推出一种非传统的电子充值卡。对电子充值卡的管理采取省公司市场经营部和省会营销中心的归口管理，并直接与销售商签订合同，由销售商代理销售。10月，公司印发《推广中国移动专用手机业务的指导意见》的通知，在全省开展中国移动专用手机（锁卡手机）业务，选择爱立信、诺基亚、摩托罗拉、科健、波导等16种机型，由分公司根据各地实际情况选择其中2—3种机型作为专用手机提供给客户。活动开展3个月，受到客户普遍欢迎。此后，公司又开展与托普公司合作销售TOP中国移动专用手机的推广活动。至年末，四川移动的用户总数416.1万户，市场占有率超过75%。

2002年元旦期间，四川移动在全省推出“天府行校园卡”业务，针对师生实行优惠资费，重点发展学生市场，提升区域市场内的入网率，发展新客户。7月，全省移动电话首次超过固定电话用户数。全省新增电话用户548万户，增长42.98%，用户总数达1824万户。其中，移动电话用户新增345万户，增长58.35%，用户达938万户；固定电话用户新增203万户，增长29.72%，用户达886

万户。是年，四川移动在全省发展 VPMN 集团客户 6500 多户，VPMN 集团客户累计达 70 万户。

2003 年，四川移动完成通信运营收入 70.33 亿元，同比增长 9.11%，其绝对值在集团公司排名第八位；全年实现净利润 13.61 亿元，其绝对值在集团公司排名第七位；净增移动电话客户 211 万户，客户累计达 800 万户。公司员工人均服务用户 2240 户，人均劳动生产率 212 万元，人均创利税 63.6 万元。7 月 31 日，全省电话用户达 2048.24 万户，其中移动电话用户达 1030.68 万户，固定电话用户达 1017.56 万户，移动、固定电话用户双双突破千万户大关。8 月，四川移动采取话费预存优惠、统购手机营销、针对性宣传等多种营销组合手段，正式切入终端营销，并开展采用营销包模式的终端营销活动。至年末，全省电话用户总数达 2369 万户。其中，移动电话用户达 1243 万户，固定电话用户达 1126 万户。全省电话普及率 27.96%，较 2002 年末提高 7.12 个百分点。移动电话普及率 14.67%，固定电话普及率 13.29%。据信息产业部公布的数据，四川省固定电话和移动电话用户数在中国西部地区排名第一位，占西部地区总数的五分之一强，在全国分别排名第八位和第六位。全省通信业务收入在中部、西部地区 21 个省（市、自治区）中排名第一位，在全国排名第八位。

2004 年 7 月 1 日起，四川移动与省邮政局在全省开展代理发展移动用户营销竞赛。7—9 月，全省邮政代理发展“全球通”“神州行”“动感地带”、各种签约及 IP 商务电话移动用户 33394 户。

四川移动率先开展“1000 万话费回馈全球通客户”的活动，凡“全球通”用户只要预存入一定金额的话费，即可获赠 200—500 元的充值卡。同时，完善网上电子营业厅的服务功能，开展“抢注得话费”等推广宣传活动，提升通过自助方式登录网上营业厅客户的数量。仅 6 月，全省登陆网上营业厅的总量超过 80 万次，较上月增长 42%。10 月 12 日，四川移动举行客户突破 1000 万户庆典仪式，成都青年林雪樵成为第 1000 万个移动幸运用户，这意味全省每 8 个人中就有 1 人使用四川移动手机。四川成为中国西部地区第一个移动用户超千万的省份。

四川移动在终端营销包活动中，开展“移动心机，心跳上市”“低端手机营销包活动”“抢心机，拿大礼”的主题活动。针对“全球通”客户推出“入网全球通，免费拿大礼”；针对低端客户开展“1 元购机”低端手机营销活动。终端补贴的“全球通”套餐客户占总套餐客户的 17%。

四川移动为满足客户跨地区、便捷的充值需要，在四川停止发行“天府卡”，改为发行能为全国客户提供充值的“手机充值卡”服务。是年末，集团公司确定在全网开办手机充值卡业务，初期为试商用阶段，时间为 2004 年 12 月 30 日至 2005 年 2 月 29 日。集团公司同时印发《手机充值卡业务管理办法》，明确：手机充值卡业务是将目前全国的“标准神州行”充值卡功能和各省缴费卡功能“二卡合一”，实现全网“全球通”“动感地带”“神州行”客户手机账户充值/缴费功能。

2005 年，四川移动围绕农村、集团客户、学生“三大市场”，合理运用资费杠杆，采取“神州行家园卡”+移动座机+低端手机+多样促销活动的组合营销方式，结合农村渠道建设和村通工程拓展农村市场，农村净增市场占有率达 90%，农村客户净增 120 万户，占全年净增客户总数的 42%；同时，以学生为目标市场，以“动感地带”为载体，以品牌促销为主要手段，拓展学生市场，占据市场主导地位。

是年，四川移动采取采购手机的成本补贴销售和营销包销售的两种模式，在全省各市（州）开展终端捆绑营销活动，实现终端捆绑销售 51 万部，约占全省 G 网手机市场容量的 16%。

至年末，四川移动重点开发 100 余项新业务。话音业务重点开发和推广“全球通亲情号码”“12586”“娱音在线”和 VPMN 等业务。全省发展 VPMN 集团客户 6500 余户，VPMN 客户累计达

70 万户。

移动漫游　1993 年 2 月 25 日，“全国移动电话漫游联网”会议在北京召开，成都市电信局与北京、河北、山东、山西、河南、湖北、湖南、广西、广东、海南、福建、云南和贵州 13 个省（市、自治区）达成开办移动电话漫游业务协议。3 月 1 日起，成都市移动电话用户在上述地区逐步实现人工或自动漫游。此前，成都市移动电话用户可在重庆、上海、天津、沈阳和中国香港地区漫游。

1994 年 9 月，四川省 900M 移动电话 A 网省内成功联网后，开放移动电话的自动漫游业务。12 月，A、B 两网实现各自的全国联网，并于 1995 年元旦开始全国移动电话联网试运行。1995 年 1 月，四川省移动电话漫游业务收入 43 万元。此后，以平均每月 33% 的速度递增。到 9 月，移动电话漫游业务收入首次突破 200 万元，达 209 万元。全省建成 GSM 数字网、TACS 模拟网实时计费系统，并进入全国实时计费网，漫游收入逐年增长。1996 年 1.3 亿元，1997 年 3.5 亿元，1998 年近 4.8 亿元。

至 1998 年，四川移动实现与全国所有省（市、自治区）及 32 个国家和地区 49 个运营商数字移动电话的国际联网漫游。语音信箱、短消息、主叫号码显示、呼叫转移等得到开发和应用，实现数字移动电话与计算机的有机结合，创造“移动办公室”的通信新领域，网络层次达到国际先进水平。

1999 年 7 月，四川移动正式推出“天府通”省内漫游移动业务。12 月 2 日，中国移动 GSM“全球通”与美国 GSM 网实现自动漫游后，中国移动与 49 个国家和地区实现自动漫游。

2001 年前，四川移动按照《中国移动通信集团公司数字移动电话（GSM）国际漫游业务管理办法》的规定，在相同制式网络间开展国际漫游业务。6 月，公司转发《关于印发〈中国移动集团公司不同制式网络间国际漫游业务管理办法（试行）〉的通知》，陆续开通与美国、日本、韩国等国家的国际漫游业务。该业务实行集团公司和各省（市、自治区）移动通信公司两级管理模式，业务受理包括国际漫游权受理和终端租用受理两部分。中国移动通信营业厅和 1860 客户服务中心向客户提供预约服务，根据客户的申请，移动公司向其提供适合美国的 IDEN-GSM 制式双模手机或适合日本的 PDC 制式手机实现原号漫游，提供适合韩国 CDMA 制式的 CDMA 手机实现换号漫游，客户取消该业务时须归还手机。该业务的开展扩大国际漫游的范围。12 月，公司转发《关于明确无条件呼叫前转国际及港澳台电话业务资费原则的通知》，下调基本通话费，更有利于国际漫游业务的发展。

是年，四川移动 GSM 网络国内自动漫游通达全国所有地市级以上城市和 98% 以上的县（市），与国际 152 个运营商合作开通 90 个国家和地区的国际漫游业务。

2002 年，四川移动与 116 个国家和地区近 200 家运营商开办国际自动漫游业务。

2003 年，四川移动贯彻“实施服务与业务领先”战略，更好地为“全球通”客户提供差异化服务，最大限度地满足客户对国际漫游服务的需求，采取简化开通手续、统一资费信息等举措加深客户对国际漫游业务的认知，提升国际漫游服务水平。9 月，公司采取简化业务开通流程、加强基本服务功能、开展香港地区的特色延伸服务等措施，促进漫游业务的发展。至年末，四川移动与 166 个国家和地区近 200 家运营商开办国际自动漫游业务。

品牌建设　2000 年，四川移动召开首届“四川移动通信公司品牌战略专家研讨会”，决定省公司和各市（州）分公司的户外广告、业务宣传资料及对外活动，统一使用“中国移动通信”企业品牌，不再使用“四川移动”“成都移动”“阿坝移动”等地区称谓。

2002 年，四川移动提出“实施‘服务与业务领先’战略，必须与品牌战略相结合”。随后，实施品牌经营战略，将全省品牌统一到“全球通”“神州行”“天府行”和“移动梦网”品牌下，并赋予不同的服务等级、业务功能、目标客户群和资费标准，形成以“全球通”品牌为核心的品牌发展体系。重新整合“神州行”和“天府行”，对上百种地方业务和品牌进行归集，分别定位为中端和低端产品市场。推广“移动梦网”为时尚型品牌，初步形成“全球通”“天府行”“神州行”和“移动梦网”四大品牌架构，分别赋予不同的服务内涵。

2003年，四川移动加强品牌宣传和业务宣传，在整合品牌体系的同时构建差异化营销服务体系，实现客户服务创新。构建支撑品牌架构的客户服务体系和客户回馈体系。对大客户服务以满足个性化需求为基础，推出“全球通”商务套餐，提供超值服务和延伸服务，加大对中端客户的服务力度。全年实现新业务收入6.3亿元，同比增长2.33倍，占运营收入的9%，较上年提高6个百分点。

2004年，四川移动根据客户对话音、数据、信息和服务的不同需求，细分品牌，优化品牌区隔，形成完整的品牌体系，实现以客户需求细分品牌，以细分品牌应对市场竞争的目标。全年整合“全球通”客户60万户，发展“神州行”客户70万户、“动感地带”客户70万户。

2005年，四川移动坚持以品牌驱动发展，拓展三大市场，保持规模优势。三大品牌协调发展，客户规模稳定增长。

全球通 “全球通”品牌定位为“创新价值与品牌自信”。品牌口号为“专家品质，信赖全球通”。目标市场主要针对高、中端消费群体及社会精英，业务特征是话音、服务与数据的组合，实现移动通信多元增值服务。

2000年5月，四川移动印发《四川移动通信公司“全球通WAP”业务管理办法》，向全省推广“全球通”WAP业务，扩大使用范围，并使其品牌向商务人士靠近。

2001年，四川移动针对贵宾客户成立“全球通”VIP俱乐部，致力VIP客户服务，开设高尔夫俱乐部和“易登机”服务。11月，印发《四川移动通信公司全球通积分计划实施办法》，用积分奖励行动回馈客户，扩大“全球通”品牌影响。同时，推出“全球通”亲情号码业务。

2002年5月，四川移动在全省启动“全球通”贵宾计划，整合“全球通”品牌。8月，推出为“全球通”客户换“五心服务卡”行动，丰富品牌服务内容。

2003年，集团公司印发《中国移动客户品牌体系》，要求重塑“全球通”的重点是进一步体现“自我实现，追求”的品牌定位，针对25岁以上、ARPU水平在前20%左右的中高端客户，以优质服务和新业务作为主驱动因素。明确“全球通”品牌图标不变，品牌定位是“自我实现，追求”；品牌属性是“掌控”“积极”和“品味”；品牌形象设计以“积极、自我认同的生活方式”为核心。在“全球通”品牌下推出针对家庭、朋友客户群体的“全球通亲友卡”和针对以成功人士、商务人士为客户群体的“卓越全球通”。3月17日，四川移动印发《关于规范建设全球通俱乐部的通知》，要求“全球通”俱乐部建设应以公司品牌、服务与业务、沟通平台等品牌及文化建设为出发点，以品牌宣传、时尚活动为载体，加强客户沟通与协作、体现客户身份，达到稳定“全球通”客户群体、创建“全球通”品牌优势的目的。

2004年5月30日，集团公司明确“全球通”品牌定位是一个高端客户品牌；品牌个性是“积极、掌握、品味”；品牌口号是“未来在我手中”；品牌核心创意点是“我能”。是年，四川移动开展“全球通”品牌提升行动，以六大驱动力和“心机”营销为手段稳定和增加高价值客户。

2005年，四川移动推出“全球通”经典套餐，实施终端捆绑和存费送话费营销活动，实施“全球通 A+体验计划”和积分回馈等营销措施，上网客户120万户，增加35万户，月ARPU达200元。

2006年5月，四川移动“全球通”健康俱乐部成立，在全省9个市（州）中心城市的10家高等级医院设立“全球通”贵宾候诊室，为“全球通”客户提供预约挂号、特殊检查预约、导医、健康咨询等专属尊崇服务。

神州行 2002年，四川移动对“神州行”品牌进行整合，将其定位为“经济实惠与省钱”。品牌口号是“神州处处任我行”。品牌特征为国内漫游。针对的目标市场是适合于讲究实惠消费的低话费消费群体。品牌的业务特征：非签约，主要是移动话音服务和少量增值服务。是年，成功开发“神州行亲情卡”品牌，全年新增“神州行”客户120万户，增加收入5.2亿元。

2003年10月30日，集团公司印发《“神州行”客户品牌业务管理办法》，明确品牌中文名为“神州行”；定位为“亲切、大众化”；口号是“轻松由我神州行”；品牌形象是“逍遥神州任我行”；品牌属性是“自由”“实惠”“便捷”，主要营造“自由选择、经济实惠、方便快捷、最能合适满足我需要”的大众化、亲切的氛围；目标市场主要针对以本地通话和短信业务为主，对其他增值和数据业务兴趣较低，且对价格较为敏感，注重方便和简单使用方式的25岁以上中、低端大众客户。

是年，四川移动对“神州行”产品进行重新包装，“神州行”亲情号码由8个增加到16个。整合100余种地方产品，逐步归集到“神州行”品牌下，推出“大众卡”“小康卡”等“神州行”子品牌，保持市场竞争的主导地位。

2004年11月17日，四川移动根据集团公司统一设计和部署，适当修改“神州行”品牌标志。新的品牌标志包括图画形象、“轻松由我行”的品牌口号、品牌名称（包括中文名称“神州行”和英文名称“Easy own”）等。

2005年，四川移动合理运用资费杠杆，采取低端手机捆绑和多样促销活动，“神州行”客户达1010万户，月收入5亿元。

动感地带 2002年7月29日，四川移动在成都、德阳和绵阳市试点推出“动感地带”(M-ZONE)全新数据业务品牌。该品牌是“移动梦网”的一个子品牌，是专门针对e时尚年轻一族而开设的个性化业务。该项服务的月租费分20元、30元两档；中国移动网内基本通话费0.40元/分钟，与其他电信网间基本通话费0.60元/分钟；长途通话费按相应标准收取。20元月租费档可发送300条网内短信，30元月租费档可发送500条网内短信。

2003年3月，四川移动正式在全省推出“动感地带”。该品牌标识中文名称：动感地带。英文名称：M-ZONE。品牌配有图标。品牌定位是“新奇”，属性是“时尚、好玩、探索”，注重营造有个性、创新、有趣、探索未来的年轻人家园。业务宣传重点在“学生、时尚、娱乐”3种套餐。

“动感地带”的品牌特征，强调丰富的增值服务和鲜明的个性品位，包括数据和语音业务，是移动梦网品牌体系的重要组成部分。“动感地带”采用短信业务套餐的销售方式，通过专门设计的“动感地带”STK卡和具有鲜明品牌特色的移动梦网业务组合，形成品牌特色和区隔。“动感地带”的目标市场定位在有成长性，具有崇尚个性、追求时尚的中低端年轻客户群，年龄集中在15—25岁。全年发展“动感地带”客户30万户，实现品牌内涵由产品品牌、网络品牌向客户品牌的转变。

6月，重新设计M-20NE广告宣传内容，针对不同目标消费者调整相应的资费套餐，业务宣传重点集中在“学生套餐的新资费”。

2004年，四川移动采取产品组合、营销组合、服务组合等方式，继续发展“动感地带”客户。

2005年6月，2005“动感地带”嘻哈文化节涂鸦斗秀、街舞斗秀、街球斗秀、极限斗秀在成都举行。至年末，全省“动感地带”品牌文化向纵深发展，全年净增客户115万户，总数达192万户。

增值服务 1999年，中国移动四川公司成立，树立起“以市场为导向”的经营理念，提出在传统话音基础上拓展增值业务的思路，在成都试办“神州行”预付费业务、短消息业务和移动办公业务（9600bps电路型数据业务）。语音信箱、短消息客户分别达44986户和45241户。

2000年，四川移动在全省陆续开通信息点播、移动IP电话、手机银行、WAP手机上网、全球呼和“天府卡”等新业务。

2001年2—4月，四川移动相继推出“全球呼”“手机呼”“移动声讯业务”“一卡双号”“听信息赠话费”（WAD）和移动信使等增值业务。是年，四川移动除提供基本话音业务和传统的互联网拨号上网业务外，提供来电显示、呼叫转移、呼叫等待、语音信箱、亲情号码、短消息、信息点播、全球呼、手机杂志、WAP、手机银行、手机证券、移动QQ、游戏娱乐、手机邮件、“手机+笔记本电脑上网”、小区广播、IP电话和IDC等增值服务。

2002年，四川移动开展基于位置的服务、3.5G无线宽带接入、主副卡业务和主被叫付费业务等新技术、新业务的研究。完成基于电子地图与移动定位相结合技术的跟踪导航、移动资源管理等应用开发，以及VPMN、“全球通”亲密号码、分时分区、固定IP、IP直通车等新业务的开发。

2003年1月1日起，四川移动开通“12580”秘书台机票预订，并与四川省邮政局联合开通递送服务，凡中国移动手机用户均可拨打“12580”电话预订机票。是年，在成都开展LMDS商用试验及主副卡业务试验。

2004年，四川移动组织一键通（PTT）业务试验，开通康维、爱立信、摩托罗拉3个一键通业务试验平台。继续对3G新业务进行开发和研究，整合厂家资源，组织各方力量开发3G新业务，开通可视电话、手机电视、视频点播和实时监控等3G特色业务。

2005年，四川移动强化数据业务营销，重点发展短信、手机上网、彩铃、彩信、语音杂志和集团数据业务产品。开展WAP总站业务推广、明星演唱会营销、短信段位争霸赛等活动，全年完成新业务收入18.99亿元，同比增长50.55%，占总收入的19.97%。是年末，手机上网客户增长250万户，普及率28.4%；语音杂志客户增长72万户，普及率8%。

SIM卡和充值卡 除模拟电话外，移动电话均采用机卡结合的方式通信，芯片卡为SIM卡。SIM卡是客户识别模块（Subsenber Identity Model）的缩写，也称为识别卡、智能卡。通过对SIM卡的定义，即在SIM卡中存储客户数据，招待鉴权算法和加密密钥，GSM的客户设备才能完成与系统设备的连接及信息交换。随着技术的演进，SIM卡从最初单纯的语音功能发展到存电话本、短信、音乐、上网等功能，逐步升级换代。

充值卡是一种客户用以支付通信费的卡品。客户购买充值卡后刮掉涂层拨打“13800138000”进行充值，该卡中所载付费金额的信息即会进入系统的客户个人账户中，充值成功后系统回复短信到客户手机。

2000年，根据集团公司《中国移动通信集团公司移动电话SIM卡代销代办管理办法（试行）》，SIM卡的市场营销方式一律采用销售商代办，省公司负责全省SIM卡代销、代办管理。至年末，四川移动对已有“全球通”SIM卡、“神州行”储值卡和“神州行”充值卡进行有效管理，制定并印发《四川移动通信公司SIM卡和有价卡管理办法（暂行）》，规定SIM卡和有价卡的两级管理制度。

省公司管理包括设计卡面图案，制定订购计划及工作流程，管理各分公司的领卡申请，制定发卡流程，通知写卡、发卡等。各市（州）分公司根据市场形势上报领卡申请和本地区发放情况。

2001 年 5 月，四川移动向市场推广 IP 计账卡和 IP 充值卡业务。9 月，公司出台《四川移动通信公司电子充值卡业务管理办法（暂行)》，推出一种非传统的电子充值卡，实行省公司市场经营部和省会营销中心归口管理，并直接与销售商签订合同，由销售商代理销售。12 月，四川移动针对学生这一特殊群体，推出“天府行校园卡”。该卡是基于“天府行”产品，具备多种功能的 SIM 储值卡，丰富 SIM 卡的产品线。同时，推出“神州行亲情卡”的促销活动。该卡是对原“神州行”亲情号码的升级卡，也属储值性 SIM 卡。至年末，随着面世的 SIM 卡和有价卡种类的增加，公司印发《四川移动通信公司业务卡管理办法（暂行)》，再次明确各级、各部门的职责，对已有“全球通”SIM 卡（含校园卡等)、“天府卡”“神州行”充值卡、IP 记账卡、IP 充值等业务卡的订购、库存、请领、发运、销售、账款稽核和财务管理等工作环节作出相应的规范，并建立健全业务卡管理的内部控制机制，强化业务的管理监督和稽核工作。

2002 年 12 月，四川移动针对数据业务的发展，相继推出专用于数据业务的数据卡（SIM 卡)。数据卡不具备语音通话功能，可支持短信 CPRS、WLAN 等数据业务，适用于多种数据业务终端，如手机、笔记本电脑、PDA 或专用业务终端等。数据卡业务的目标客户群为商务人士、行业客户和有特殊需求的客户群。数据卡可单独购买，也可与手机号码捆绑销售。

是年，四川移动向全省推出“五心服务卡”业务。“五心服务卡”是在网络、业务支撑系统支持下，将多种服务、业务集成到 SIM 卡中，为客户提供菜单式方便的移动通信服务。该卡为 32K 卡，业务初期在“全球通”号码上开展，后逐步扩大到其他品牌号码上。“五心服务卡”的功能包括提供 IP 电话、业务查询、为您服务、业务办理和数据业务 5 类服务，还提供 250 个电话号码、80 条短信的存储服务，扩展原“全球通”SIM 卡的服务功能，是一种升级版本的 SIM 卡。客户换卡费为 100 元/张，促销期间免费。“五心服务卡”和数据卡采取两级管理模式，即省公司市场经营部和各市（州）分公司、省会营销中心按不同职责进行管理。

2003 年，四川移动相继推出主要面向儿童、老人等弱势群体有定位需求和语音通话需求的晓位星卡。

2004 年，四川移动在全省停止发行本地充值卡——“天府卡”，改为发行能为全国客户提供充值的“手机充值卡”服务，以满足客户跨地区、便捷的充值需要。

三、四川联通

1997 年 3 月 18 日，四川联通在成都推出“130”移动电话业务，全面铺开进入四川通信市场的前期准备工作。

1999 年 10 月 26 日起，四川联通在全省推出“免费送手机”活动。消费者只要在联通指定的银行存入 1800 元的 3 年定期，其间不提前支取不退网，在交纳入网费和 SIM 卡费后即可获赠 1 部 1100 元的手机。

2000 年 10 月 18 日，四川联通召开新闻发布会，宣布正式开通运行“联通无线资讯网”。该网集寻呼机、股票机、商务通、掌上电脑等优点于一身，拓宽传统寻呼机的增值价值，主要面向商务人士、白领阶层和股民群体。是年，相继免费向用户开放更名业务、过户业务、呼叫转移业务、来电显示功能、“17911”一卡双网业务、多方电话业务、呼叫保持功能、呼叫等待功能、WAP 业务和国际长权（后4种需申请）10项业务。四川联通移动业务全年实现用户净增82万户，用户总数97.89万户，占全省市场的30%。

2001年1月10日，四川联通130网用户超过100万户。5月28日、6月8日，中国联通甘孜、阿坝分公司130移动电话开始放号，标志130移动通信业务在全省21个市（州）开展。6月30日，四川联通GSM网发展用户167万户，成为全国联通系统中第六家超150万户用户的省级分公司。12月28日，联通CDMA移动电话号码预登记在全省推出，正式对外放号。

2002年1月8日，四川联通召开CDMA网络“友好运行”新闻发布会。4月8日，CDMA网开始大规模放号。5月21日，全省C网用户突破1万户。7月2日，四川联通召开全省CDMA代理商恳谈会暨终端产品推介会。来自全国15家一级代理商、全国C网手机生产厂商、全省各地区一级代理商及公司相关负责人出席会议。会上，双方就C网手机功能、样式、供货情况及如何更好拓展CDMA市场进行交流。10余家代理商与联通市（州）分公司签订合作代理协议。

图2－23　2002年，中国联通乐山分公司召开CDMA网络“友好运行”新闻发布会

7月10日，中国联通成都分公司设立的青白江、新都、金堂、都江堰、郫县、彭州、崇州、温江、大邑、新津、邛崃、蒲江、龙泉驿和双流14个郊县代表处正式运作，启动CDMA郊县市场。7月中旬，联通8周年庆推出“CDMA绿色风暴”后，每天平均发展用户近200户。至8月末，中国联通成都分公司CDMA全市用户近1.5万户。9月23日，全省C网用户突破10万户；12月19日，提前完成35万户的年度用户发展任务。四川联通移动用户累计达310万户（其中，GSM用户274万户、CDMA用户36万户），用户市场占有率超过30%。

2003年8月26日起，四川联通在成都、资阳、乐山、眉山和德阳5个城市首期开放以“如意133”为品牌的CDMA预付费业务，试运营半个月；9月10日后，面向全省用户统一开放。该业务针对CDMA所对应的中高端用户细分市场，推出无月租费、多项通话优惠，以及如意短信、如意亲情、如意畅听和如意夜话4种套餐充值卡等新举措。基于CDMA-1X技术，同时可提供更丰富的数据业务等增值服务，与CDMA后付费业务互相补充，满足用户多元化的通信需求。是年，四川联通推出移动多媒体邮件业务——“彩e”邮件，传输速率最高发送100Byte、接收500Byte。至年末，四川联通移动GSM用户数净增140万户，用户达389万户。

2004年5月，四川联通推出CDMA-1X“掌上宽带”业务品牌，开启面向3G的移动数据增值业务应用。7月19日，四川联通在成都锦江宾馆举行中国联通成立10周年（四川）庆典酒会暨CDMA掌上宽带业务鉴赏会。

至8月，四川联通增值业务收入3300余万元，约占移动专业收入的13%。其中新开通的互动视界业务、掌上宽带、丽音业务增长迅速，成为增值业务收入的新增长点，合作的SP数量超过60家。

9 月 25 日，四川省首个电信增值业务 SP/CP 诚信联盟在成都成立并发表“诚信宣言”。该联盟旨在打造“诚信、健康、有序、共赢”的增值业务产业价值链。由四川联通倡议发起的此次联盟大会提出“反虚假、反盗版、反淫秽、反垃圾”的口号。当天，20 余个电信增值服务提供商和内容提供商（SP/CP）在《四川联通电信增值业务 SP/CP 诚信联盟大会宣言》上签字。四川联通推出为 SP/CP 提供的“增值业务互联网门户”，在资源和技术上优先支持参加诚信联盟的 SP/CP 企业。

至年末，四川联通在全省各类综合用户突破 600 万户，并推出基于 CDMA-1X 的无线数据增值业务、以及“新纪网”“宝视通”宽带视频会议系统和可视电话系统等新业务。

2005 年末，四川联通“165”专线接入和 ATM/FR 骨干网在全省 10 余个市（州）开通。

四、四川铁通

2004 年，四川铁通开发出“全通通”付费电话，并开发“全能充”缴费卡，实现后付费与预付费电话的充值、缴费；开通电视互动游戏点播业务；为网内用户提供语音 QQ、电话游戏、考试查分及信息资讯服务。

2005 年 8 月 1 日，四川铁通开始推广“妙趣铃音”业务，并推出“来显套餐”业务。

1990—2005 年四川省移动电话用户统计表

表 2-2　　单位：万户

年　度	移动电话用户	年　度	移动电话用户
1990	0.0	1998	85.0
1991	0.1	1999	156.3
1992	0.5	2000	162.8
1993	1.6	2001	592.1
1994	5.4	2002	862.0
1995	12.0	2003	1242.9
1996	26.0	2004	1514.6
1997	56.0	2005	1690.0

说明：资料来源四川省发改委、四川省统计局编辑出版的《四川经济社会发展 60 年》

第三节　移动数据业务

1999 年 7 月，四川移动面向市场推出短信、移动办公等新业务，全省移动数据业务有了初步发展。

2000 年，四川移动在继续完善短消息业务系统、抓紧信息点播业务建设的基础上，加大新产品的开发和推广，在全省陆续开通信息点播、移动 IP 电话、手机银行、WAP 手机上网、全球呼和“天府卡”等新业务。

2001 年，四川移动成立数据部和数据中心，负责对全省数据业务开展、客户服务、研发、建设维护及市场推广等环节实施管理。数据中心是全省数据业务平台的建设、研发及维护的生产部门，并承担全省各市（州）分公司技术指导职责。

公司相继推出全球呼、手机在线（GPRS）、“17950”IP系列业务、神州行短消息、移动信使和手机杂志等11种数据业务；“移动梦网”接入互联网内容提供商（SP）达40家，其中签订合作协议的SP达17家。7月，GPRS网络投入试商用，发展试商用客户200户。12月扩大试商用，拟在试商用成熟的基础上，向全省推广。在成都建成WAP接入服务器和WAP二级站点，并链接到集团公司的WAP门户网站上，可提供信息浏览及网上营业厅等功能。

11月，中国移动通信GPRS网二期工程四川GPRS核心网工程完工后，四川移动在成都、绵阳、南充、德阳、乐山、眉山、达川、西昌、内江、资阳、自贡、宜宾和泸州13个市（州）提供GPRS放号业务，在雅安、广元、遂宁、广安、攀枝花、巴中、康定和马尔康8个市（州）提供GPRS客户漫游接入业务。

2002年5月16日，四川移动在成都喜来登大酒店向成都媒体现场演示GPRS业务新功能，推动GPRS的商用。是年，公司提出“实施服务与业务领先战略”，重点推出互联网专线接入、无线局域网等数据业务，全年发展专线接入客户102户，在44个热点区域实现无线局域网覆盖。GPRS使用客户1.5万户，增值数据业务占总收入的2.7%。有42家服务提供商加盟“移动梦网计划”，其中38家开通服务。

2003年，四川移动继续加强新业务开发和试点，重点推广移动商务、位置服务，拓展短信应用。公司开始拓展IP市场，以专线接入为基础，重点发展商务移动电话、集团IP电话等业务。公司推进移动数据业务的行业应用，将移动话音、移动数据和固定数据产品相互捆绑，优势互补，提高数据产品差异化功能，为企业客户制定移动信息化全面解决方案，以此带动相关行业信息化建设，增加客户对网络的“粘性”。研究电信虚拟运营模式，率先在数据业务领域引入虚拟运营商。

数据增值业务以短信、“移动梦网”和集团客户为突破口，异军突起。全年实现新业务收入6.3亿元，同比增长2.33倍，占运营收入的9%，比上年提高6个百分点，数据增值业务逐渐成为拉动收入增长的重要因素。

推出“随e行”业务，发展客户4500余户。在38个热点地区建成商用WLAN系统，省市党政机关完成WLAN覆盖66处，覆盖率77%，中共四川省委、省政府建成移动办公系统，促进GPRS和WLAN的商用，GPRS使用客户达10万户。推广“移动梦网”业务，在四川本地接入的SP达60家，“移动梦网”业务量在全集团名列第三。

2004年，四川移动开展数据业务整合营销，发行IVR、SMS业务体验卡，建设体验区、演示区，利用IMEI分析系统、短信挖掘工具、梦网客服系统提取目标客户数据，开发WAP营销工具、数据业务标准化推广，开展MO义诊、MO到有奖、“全球通”数据业务体验及开展GPRS预开通、终端测试、业务测试，并将数据业务与各个有利促销时机相结合，整合营销，利用短信文化节、成都饮食文化节、成都电脑节、成都中华小姐见面会等形式和国家法定节日进行营销，还通过明星代言和《哈利波特》《英雄》《手机》《天下无贼》等电影放映，丛林寻宝、幸运数字大搜索、短信扫盲的梦网主题营销，做到“月月有主题、周周有活动”。手机上网客户数同比增长5.1倍；彩信客户数同比增长12.7倍；语音杂志客户净增66.2万户，语音杂志业务收入同行业全国排名第一；彩铃净增51.3万户；移动商话客户数同比增长14.5倍。

2005年，四川移动确定“持续领先、提高粘性、增加收入”三大目标定位，强化数据业务营销。重点发展短信、手机上网、彩铃、彩信、语音杂志和集团数据业务“5+1”产品。建成“12530”音乐网站。建成“数据业务分析系统”，实施精确营销，变事后分析为事前指导，精确营销效果较非精确营销提升3倍。

至年末，全省手机上网客户增加250万户，普及率28.4%；语音杂志客户增加72万户，普及率8%；完成新业务收入18.99亿元，同比增长50.55%，占总收入的19.97%。

一、短 信

短信（Short Message Service 简称SMS），是伴随数字移动通信系统而产生的一种电信业务，通过移动通信系统的信令、信道和信令网，传送文字或数字短信息，属一种非实时、非语音的数据通信业务。它可以由移动通信终端（手机）始发，也可由移动网络运营商的短信平台服务器始发，还可由与移动运营商短信平台互联的网络业务提供商SP（包括ICP、ISP等）始发。用户可通过手机或其他电信终端直接发送或接收文字或数字信息，用户每次能接收和发送短信的字符数，是160个英文或数字字符，或70个中文字符。

1999年7月，四川移动推出短信业务。全年发展短信客户45241户。

2001年，四川移动短信系统能力得到增强。成都和内江短信系统分别扩容至150万小时呼（BHSM）、13万小时呼（BHSM）。公司推出“神州行”短消息，全年发送短信4.5亿条。

2002年12月23日，按照中国移动集团统一部署，四川移动与全国同步为四川境内中国移动客户正式开通国际短信业务。此项业务对63个国家和地区的134家移动运营商开通。是年，四川网通开放固定短信息业务。全省短信使用量20亿条，同比增长3倍，短信使用率51%。在足球世界杯赛期间，四川移动的互联短信日平均量66万条，梦网短信151万条；梦网短信6月业务量在7000万条以上。

2003年，四川信息产业有限责任公司开发短信息业务。在短信业务发展初期，短信的发送和接收由手机开始，最终到手机，中间经过GSM网、CDMA网、短信中心等网络要素。随着短信点播及定制业务的出现，手机和互联网站、短信增值业务系统可以互相发送短信，互联网站和短信增值业务系统成为新的网络要素，GSM网、CDMA网、短信中心仍保持短信网络核心地位。

3月，在抗击“非典”疫情期间，四川移动为中国移动客户开通“短信点播防非典信息”服务。

6月9日，四川移动正式在全省推出“高考短信风暴”系列活动，推进短信业务量增长。此项活动是对公司2002年成功开展“短信查分”高考系列活动的延伸和充实。活动新增四大亮点：预订和点播高考分数，开设感谢恩师、同学留言栏目，提供相约同行及联络空间，利用“12580”移动秘书进行人工查询。8月21日，四川电信成都分公司推出固话短信业务。

是年，四川移动拓展短信应用，将短信业务从个人娱乐延伸到商务活动、工业自动化等领域。全年短信业务量50亿条，同比增长1.5倍，短信使用率由年初的51%提高到65%，短信类业务实现收入3.6亿元。

2004年除夕夜，全省短信业务量超过7000万条。从除夕到正月初七8天时间，四川移动和四川联通两大运营商的短信业务量突破3亿条，达3.4亿条，其中移动2.3亿条，联通1.1亿条。按照平均每条短信的基本收费0.10元计算，四川移动、四川联通在春节期间短信收入3000余万元。

春节期间，四川移动宜宾分公司与五粮液股份有限公司开通“五粮液”短信防伪功能。开通

“五粮液”短信防伪功能是宜宾移动利用移动信息平台实现行业应用的一项精品工程。

3月18日，省文化厅与四川移动联合举办“首届移动通信短信文化节”。此次短信文化节分为3个部分，开幕篇“答信任我说”，包括“我和短信不得不说的故事”“短信给我带来了什么”“我认为短信文化就是什么”3个主题。此次活动旨在引导高品位、高格调的短信文化，倡导广大市民在健康文明的前提下利用手机短信进行沟通和娱乐。

4月5日，四川联通德阳分公司与德阳市政府合作，开通“市长短信热线”，在全省首创以手机短信形式实现政府公众信息沟通。11月，自贡市政府在征集2005年为民办实事的意见时，在四川移动自贡分公司的协助下，首次采用手机短信的征集方式。短信平台开通当天政府有关部门收到群众发来的意见、建议70余条。

是年，全省移动短信息服务上升较快，新增89个短信经营单位，全省短信息经营单位141个。全省移动短信业务量73.7亿条，增长75%。短信业务收入在全国同行业中排第七名，梦网短信收入在全国同行业中排第四名。

2005年，四川移动开展明星演唱会营销、短信段位争霸赛等活动。由于移动通信快速发展，带动大批ICP企业开展短信业务，短信服务的内容涉及到娱乐、交通、票务和游戏等社会生活各方面。全省短信突破100亿条，并由过去单纯的文字短信向集图像、声音于一体的多媒体短信发展，成为电信消费热点。6月30日，四川电信小灵通短信业务收入突破1000万元。

二、彩　信

彩信 Multimedia Messaging Service，简称MMS，意为多媒体信息服务。彩信在GPRS网络的支持下，以WAP无线应用协议为载体传送图片、声音和文字等信息。

2002年，四川移动率先推出彩信业务。

2005年，四川移动开展WAP总站业务推广活动，获得中国移动首届彩信创作大赛综合评比第一名。至年末，全省彩信客户增加131万户，普及率15.6%。

三、彩　铃

彩铃，也称个性化回铃音业务（Coloring Ring Back Tone 简称CRBT），是由被叫方设置的一种业务，当主叫拨打该用户时，听到的不再是传统的“嘟—嘟—”的回铃音，而是被叫用户事先设置好的具有个性化的音乐或话音，当被叫用户摘机后，回铃音被切断，双方进行正常通话。

四川移动　2003年6月，四川移动提出彩铃业务应作为全省重点发展的移动增值业务。9月28日，开始建设彩铃业务实验网。10月中旬，完成设备调试和智能网内部联通。

2004年2月8日，四川移动彩铃业务实验网开通。该实验网是搭建在智能网平台上，利用智能网原有SCP、SMP设备，同时新建1套IIP设备负责彩铃语音资源的管理和播放。开通次日，该实验网平台拥有彩铃用户40084户。四川移动从即日起面向全省（除阿坝州外）所有普通“全球通”“动感地带”、VPMN及其他地方品牌的客户开放彩铃新业务，收费标准为每月9元。

10月，中国移动集团公司产品决策委员会决定，在全国31个省（市、自治区）推广彩铃业务。四川移动结合“动感地带”的营销，在全省多种媒体上进行彩铃业务的概念宣传。同时，紧急启动彩铃业务一期工程，将容量由5万户扩容至10万户。至年末，全国彩铃业务的月功能收入8.45亿元，客户2720万户，各省接入合作伙伴60—70家。

2005 年初起，四川移动优化彩铃业务，降低客户使用门槛，刺激客户更换彩铃，并探索利用现有的彩铃规模和业务模式迅速切入到无线音乐，使公司在无线音乐产业中占据主导地位。5 月 4 日，在中国移动集团公司召开的湖南会议上，提出搭建中央音乐台、连通各省彩铃系统、从彩铃切入无线音乐产业的构想。6 月，四川移动从建立的中央音乐台首次推出无线音乐排行榜。随后，集团公司委托四川移动承担音乐网站运营工作。8 月，集团公司发文确认四川移动作为“12530”音乐网站和彩铃内容统一生成平台两个项目的运营支撑单位，确认四川移动为无线音乐备选基地。9 月，中国移动无线音乐门户网站 www. 12530. com 在四川建成并正式上线。该网站分为无线音乐排行榜、音乐礼品卡、音乐速递、移动唱片街和歌迷俱乐部等栏目。同时，“12530”网站作为中国无线音乐排行榜官方指定发布站点，打造“无线音乐首发”“无线音乐新歌榜”“无线音乐销量榜”“无线音乐抢鲜听”“华语金曲榜”“欧美金曲榜”和“彩铃”等品牌栏目，根据客户订制量定期发布音乐榜单，并支持音乐排行榜的自动生成，公司结合无线音乐排行榜和音乐门户网站在中央及各省媒体投放，展开营销宣传。在此基础上，集团公司确立以 12530 中国移动无线音乐门户网站为核心、各省移动彩铃分站点为支撑的运营模式。12 月，集团公司委托四川移动建设全网音乐门户网站 12530. com，负责为全网客户提供音乐相关的互联网门户服务，并开通音乐门户的全网短信、彩信接入方式。

至年末，“12530”音乐网站日均访问 18 万次，网页浏览 200 万次；全省彩铃客户增加 381 万户，普及率 28. 7%，彩铃收入超过 5000 万元。

2006 年 1 月，四川移动配合集团公司成功支撑“春晚彩铃”营销活动，累计实现 750 万次订购数。3 月，公司正式被集团公司确定为中国移动全国首个也是唯一的无线音乐产品创新、开发和推广基地，主要负责中国移动无线音乐内容的引入管理和制作分发，保证中国移动所有的无线音乐内容完全为正版。

四川电信 2004 年 6 月，四川电信在南充、宜宾进行 PHS 彩铃业务试点。12 月，完成 PHS 彩铃平台一期工程，在成都、内江、泸州、达州、宜宾、南充、绵阳和德阳提供彩铃业务。

2005 年 1 月 31 日，四川电信开通小灵通彩铃业务。3 月，完成 PHS 彩铃平台二期工程，在乐山、广元、巴中、雅安、广安、眉山、自贡、资阳、遂宁、攀枝花和凉山建成 PHS 彩铃平台。5 月 17 日，四川电信成都分公司开通固话彩铃业务。

2006 年，四川电信七彩铃音收入 1. 05 亿元，增幅为 75. 21%。

第三章 数据通信业务

第一节 传 真

传真是将文字、图表、相片等记录在纸面上的静止图像，通过扫描和光电变换，变成电信号，经各类信道传送到目的地，在接收端通过一系列逆变换过程，获得与发送原稿相似记录副本的通信方式。传真是20世纪后期发展最快的非话电信业务。

1970年4月，成都市电信局正式开办报纸传真业务，后逐渐由1种发展到10余种。

1986年11月，邮电部电信总局决定用三类机取代一类机，正式开办公众快速真迹传真（三类机）业务。成都、重庆分别对北京，成都对重庆，重庆对上海、武汉、西安开办快速真迹传真业务，后根据需要逐渐扩大开放地点。通信方式从按点对点通信方式进行到传真交换机安装组网后，开办真迹传真局之间的互通业务。标准真迹传真去报纸，委托北京电报局统一印制，但各局也可按规定自行印制。是年，全省发展传真用户143户。

图2－24 用户传真

1987年5月，为解决办公真迹传真业务的需要，全省配备专业会话电路兼作传真业务，增开的会话（传真）业务电话有成绵会（成都至绵阳）、成达会（成都至达县）、成泸会（成都至内江至泸州）、成广会（成都至广元）、成自会（成都至内江至自贡）、成南会（成都至南充）。8月1日起，成都、重庆局正式使用微波载波超群电路和BC-360Ⅱ型激光传真机送报纸传真业务。此前使用的大通路暂作为备用电路，一律使用新型激光片收报。

是年末，省到市（地、州）的传真网开通，有18个市（地、州）局新开办传真业务。德阳市和凉山州的部分县开办预约、立接传真等新业务。

1990年，全省传真机总数108部，传真6511份。1991年，全省传真机总数498部，其中388部为真迹传真。此后，传真业务向普通公众普及。

1992年初，邮电部为经济日报社组建卫星网（VSAT）。1993年4月10日，人民日报社、解放军报社和新华社自建的卫星网相继建成并陆续开通使用后，所有报纸传真业务全部改用卫星网传版。至此，报纸传真业务在邮电部门结束。

1994年3月1日起，邮电部规定用户传真机月使用费由每部每月195元调整为100元，传送费则视其占用长途电路的时间，按长途电话通话资费标准和计费的办法计算收费。是年，全省国内传真20294份，国际及中国港澳台传真10928份。至1995年，全省传真用户11284户。

1996年1月1日起，国内传真存储转发资费标准为：

1．开户费（一次性）100元。

2．月使用费200元。

3．通信费：（1）市内按被叫端接收时长和现行市话资费标准收市内基本传送费；（2）长途按被叫端接收时长×主叫至被叫的国际、国内长话资费标准×80%计算，法定节假日及夜班按有关规定执行；（3）广播方式（多址）传送，每增加1址，按每址基本传送费计收；（4）加急业务，加收25%的基本传送费。

4．报文存储费30天内免收，30天后，如果用户要求续存，每天每千字符收0.20元存储费。

是年，邮电部《邮电资费手册》规定公众用户传真的收费标准为：去报传送或来报留交的传送处理费，每页6元，用邮电营业处的公用传真机传真，传送费一律按3分钟起算。

1997年6月，全省开展相片传真业务和非话设备更新计划。成都市电信局申请配置日产相片传真机1套，营业厅用传真机12部，多功能电报职能终端10套，配QFE1.8K逆变速器1台。

1999年，全省传真价值量607份，占比重的0.12%。国内传真价值量557份，占比重的0.11%。国际及中国港澳台传真价值量50份。2000年，全省传真34万份，较1999年的33万份增长3.03%。

2001年3月，中国电信集团公司取消原“用邮电营业处的公用传真机传真，传送费一律按3分钟起算”的规定，传送费按普通电话标准执行。是年，全省国内传真43545份，国际及中国港澳台传真4221份。

2002年4月29日，四川电信成都分公司根据省公司文件精神，将公众用户传真的去报传送或来报留交的传送处理费调整为每页2元。是年，全省国内传真42334份，国际及中国港澳台传真4889份。2005年，全省国内传真13643份，国际及中国港澳台传真3654份。

2001—2005年，四川铁通各电报所设传真机，通过铁路电话网络提供传真业务。

由于科技迅速发展，电子网络传真逐渐成为取代传真机的新一代通信工具。

1998—2005年四川省公众传真发送数量统计表

表2－3　　　　　　　　　　　　　　　　　　　　单位：万份

年　度	1998年	1999年	2000年	2001年	2002年	2003年	2004年	2005年
数　量	38.24	32.74	33.98	35.22	33.7	32.72	24.14	15.8

第二节　基础数据业务

20世纪末，基础数据网得到广泛的商用，主要包括分组通信网、DDN网、帧中继和ATM网络，主要提供数据传送和交互视频业务。四川电信开展的DDN、FR和ATM业务为面向连接的以承载业务流量为主的带宽出租类业务。DDN主要提供2M以下TDM出租电路，FR主要提供2M以下基于帧的PVC电路，ATM主要提供2M以上基于信元的PVC电路（在一定条件下，还可提供SVC电路）。至1998年6月末，全省数据通信基础业务用户4857户。

2001年，中共四川省委、省政府提出把信息产业列为四川省“一号工程”，加大信息基础设施建设，推动互联网快速发展、应用和普及。随着互联网业务的发展，政府上网、企业上网、家庭上网三大工程相继铺开，电子商务、远程教育、远程医疗、网上证券交易、网上银行、视频点播等互联网应用发展迅速。

11月26日，四川电信数据通信工作会议召开。这次会议是中国电信四川公司数据通信事业部成立后首次召开的全省性会议。四川数据通信网络从分组交换网起步，逐步形成以分组交换数据、DDN、IP网为主的覆盖全省、通达全球、功能完善的网络体系；数据通信业务种类由单一的网络层业务发展到全面综合的ATM、VPN等业务，网络接入从窄带到宽带，用户数从1996年的2000余户发展到近100万户，业务收入从400万余元发展到2亿余元，“天府热线”“天虎网”成为中国电信门户网站的佼佼者。

2003年末，全省发展基础数据业务用户（按2M折算总数）1500户。

随着IP技术的发展和其廉价高速的特点，基础数据业务面临严重挑战。至2005年，全省基础数据网投资逐渐递减，逐渐由IP网替代。

一、分组交换数据业务

分组交换数据网络（PSDN）技术起源于20世纪60年代末，技术成熟，规程完备，在世界各国得到广泛应用。

1989年，成都、重庆投入使用邮电部1988年从法国引进的分组交换数据试用网（CNPAC网），业务量快速增长。

1990年12月4日，中共四川省纪委正式成为中国公用分组交换数据通信系统的第一个省内用户。

1993年6月11日，中国公用分组交换数据网西南地区骨干网在成都市电信局通过验收，并投入试运行。9月1日，邮电部组织建设的全国省会城市的数据通信分组交换网（China PAC）正式投入运营，有32个城市联网，包括四川省的成都、重庆两市，成都市是全国八大汇接中心之一。分组交换网是一种进行数据交换的通信网络，适合不同类型、不同速率、不同规程的计算机与计算机、计算机终端、终端与终端之间的通信，从而实现计算机资源共享，进行信息检索，同时，可在分组交换数据网上开发各种增值业务。分组交换网网络误码率低于1E-7，收费低廉。9月18日，四川省邮电管理局与成都市电信局联合举办分组交换数据通信业务技术讲座及现场演示会。

中国公用分组交换数据网（China PAC）提供的业务有：

基本业务功能　是指向任一数字终端设备（DTE）提供的基本业务功能。它能满足用户对通信的基本要求，有交换型虚电路（SVC）、永久型虚电路（PVC）两类基本业务。接入方式有拨号入网和专线入网。

交换型虚电路（SVC）：用户通信时，通过呼叫建立虚电路，通信结束后释放虚电路。交换型虚电路使用灵活，每次可与不同的用户建立虚电路，通信费与通信量有关。China PAC可以为用户开放多条虚电路。

永久型虚电路（PVC）：类似于固定专线，由用户申请时提出，电信部门固定做好，用户一开机即固定建立起电路，每次通信不需临时建立和释放，便于点对点固定连接的用户使用。

用户任选业务功能 是为满足用户的特殊需要，向用户提供的特殊业务功能，如入呼叫封阻、出呼叫封阻、单向入逻辑信道、单向出逻辑信道等。

其他业务功能 Chinanet 还提供其他 ITU-T 建议的业务功能，如虚拟专用网（VPN）、TCP/IP、分组多址广播、呼叫改向、优先级分组、多网络地址、忽略检查本地地址、计费转移、助记名编址等。

分组交换网是数据通信的基础网，利用其网络可开发各种增值业务，如电子信箱、电子数据交换、可视图文、传真存储转发、数据库检索等。

1994 年末，全省所有市（地、州）开办分组交换数据通信业务。1995 年，全省分组交换用户 493 户。至 1997 年 7 月末，全省发展分组交换用户 1879 户。

随着网络技术的演进更新，分组交换网业务逐渐萎缩。至 2004 年末，除成都外，所有市（州）本地分组交换网（PassPort、DPN-100、PAD 等）所提供的分组业务全部停闭。

二、数字数据业务

数字数据网 DDN（Digital Data Network）是利用数字信道传输数据信号的数据传输网，其作用是向用户提供永久和半永久性连接的数字数据传输信道，既可用于计算机之间的通信，也可用于传送数字化传真、数字话音、数字图像信号或其他数字化信号。

DDN 网能提供多种业务满足各类用户的需求。提供速率可在一定范围内（64Kbit/s 至 2Mbit/s）任选的信息量大、实时性强的中高速数据通信业务；为分组交换网、公用计算机互联网等提供中继电路；提供点对点、一点对多点的业务；提供帧中继业务；提供语音、G3 传真、图像、智能用户电报等通信；提供虚拟专用网业务。

1993 年，四川电信开始建设 DDN 网。初期客户多为银行、证券公司、政府机关和外国领事馆等。由于 DDN 网具有信息传输安全、保密和稳定性高的特点和优势，用户增长迅速。

1996 年，数字数据网 DDN 以其电路稳定、时延小、支持带宽范围广（9.6K 至 2M）、安全等优势进入四川电信数据网。它是利用光纤、数字微波、卫星等数字电路开放的数据传输业务，采用数字传输信道传输数据信号的通信网，可提供点对点、点对多点透明传输的数据专线出租电路，为用户传输数据、图象、语音等信息。

1997 年 5 月末，全省 DDN 网络开通运行。至 7 月末，发展 DDN 用户 663 户。2000 年末，全省数字数据用户达 9980 户。业务种类有：

基本业务 向客户提供多种速率的数字数据专线服务，可提供 2.4Kb/s、4.8Kb/s、9.6Kb/s、19.2Kb/s、N×64（N=1-31）Kb/s 及 2048Kb/s 速率的全透明专用电路，在某些限定情况下，可提供 8Kb/s、16Kb/s、32Kb/s、48Kb/s、56Kb/s 等其他速率。这种业务在数据通信领域的应用最为普遍，可替代在模拟专线网或电话网上开放的数据业务，广泛应用于银行、证券、气象、文化教育等需要用专线业务的行业，适用于 LAN/WAN（局域网/广域网）的互联、不同类型网络的互联及会议电视等图像业务的传输，同时，为包交换网用户提供接入包交换网的数据传输通路。

一点对多点通信业务 该业务可分为广播多点通信业务和双向多点通信业务，主要特点是数据信息流可从一点同时传送到多点，使多点同时获得同一种信息，可以是数据信息、图像信息和语音信息。广播多点通信业务可应用于一点发、多点收的通信场合，如信息公布（股票、新闻等）、传真等领域。双向多点通信业务可应用于集中监视、信用卡验证、金融事务、销售点、数据库服务、预定系统和行政管理等领域。

话音/G3 传真业务 DDN 可以提供模拟专线业务，在 1 条线路上同时支持电话和传真，支持标准的语音压缩，质量优良。此外，DDN 也适用于用户交换机的连接。根据业务提供的地域范围，DDN 业务可细分为国内专线业务、国际及中国港澳台专线业务、国际转接业务。国内专线业务可通达全国县以上城市及部分乡（镇）。国际及中国港澳台专线业务可直达中国香港、中国台湾、中国澳门、韩国、日本、泰国、马来西亚、新加坡、哈萨克斯坦、印度、英国、德国、俄罗斯、美国、加拿大、巴西、澳大利亚等国家和地区，其他国家和地区可通过第三方转接。国际转接业务是为境外的两家未建立直达路由的运营商提供业务转接。可提供的数据业务接口有 V.35、RS232、RS449、RS530、X.21、G.703、X.50 等。

随着宽带网络的大规模建设、帧中继和 ATMPVC 业务的相继推出，宽带业务成为发展重点，DDN 业务发展速度逐渐放缓。

三、帧中继业务

帧中继（FRAME/ATM）是在用户—网络接口之间提供用户信息流的双向传送，并保持顺序不变的一种承载业务，它以帧为单位，在网络上传输，并将流量控制、纠错等功能，全部交由智能终端设备处理的一种新型高速网络接口技术。

1998 年 1 月，省邮电管理局决定全省开放帧中继宽带业务。业务开放处理流程暂按数字数据网（DDN）的业务处理流程处理：成都本地的业务由四川公用信息产业有限责任公司自行调度处理；长途业务仍由四川省数据网管中心统一调度管理；接入所需的 DDN 电路，按照 DDN 调度管理办法处理；帧中继部分由四川省数据局网管中心下调单，信息产业公司做数据。

帧中继使用光纤作为传输介质，误码率极低，能实现近似无差错传输，提高网络的吞吐量；帧中继是一种宽带分组交换，使用复用技术时，其传输速率可高达 44.6Mbps。但是，帧中继不适合传输诸如话音、电视等实时信息，仅限于传输数据。

帧中继主要应用于局域网互联。帧中继业务一点对多点通信，对公众开放的数据业务有以下 13 种：N-ISDN 基本速率（2B+D）接口、N-ISDN 基群速率（30B+D）接口、出租长途 2M 数字电路、分组交换（拨号、专线）、DDN（国际及中国港澳台、国内长途、本地网）、帧中继及 ATM 业务（国际及中国港澳台、国内长途、本地网）、因特网注册拨号、因特网专线、因特网主叫电话号码计费、因特网上信息源和应用系统个数、智能网专线接入终端、ADSL 终端、LAN 终端。

异步传输模式（ATM）是一种以固定长度的分组方式，并以异步时分复用方式传送任意速率的宽带信号和数字等级系列信息的交换设备。异步传输模式是用于实现宽带综合业务数字网（B-ISDN）的基础技术。它可综合任意速率的话音、数据、图像和视频的业务。

ATM 主要为用户提供高速、低时延、可交换的宽带的电路，主要应用有高速的局域网互联、高质量的电视会议、远程教学、远程医疗诊断、远程协同工作、多媒体通信、按需分配频宽和电视点播（VOD）、影视远程分配、可提供定时、可选频宽的各种业务。

帧中继和 ATM 共享带宽的技术、提供较高带宽的优越性和相对便宜的价格，使帧中继业务开放后，倍受用户欢迎，甚至原使用 DDN 的用户也开始转向使用帧中继业务；而新用户也倾向于选择帧中继/ATM 业务。

四川 ATM/FR 网络承载业务包括 ATM 业务，如 ATM 2 Mbit/s 或电路仿真和 ATM 155 Mbit/s。其中 ATM 业务包括永久虚电路（ATM PVC）以及 ATM 交换虚电路（ATM SVC）。对于中低速用户信息，如 2 Mbit/s 以下和 N×64 Kbit/s 业务通过现有的帧中继网和 DDN 网来提供。该网络主要承载的业务有：

ATM 业务　主要用于大客户的 ATM 电路业务应用，这方面主要面向中国工商银行四川省分行和中国建设银行四川省分行等客户的业务需求。同时，虽然各市（州）的 ADSL 有部分改为 IP 网，仍有相当部分用于各市（州）本地 ADLS DSLAM 设备业务的上连终结应用，提供 ADSL 业务及 ADSL 专线业务。

帧中继业务　主要用于负责帧中继业务客户的接入。这方面主要针对的大客户是中国工商银行四川省分行用户、中国银行四川省分行客户和其他重要金融等行业客户及帧中继专线业务客户。

电路仿真业务　主要面向需要 CES 专线业务的重要客户，ATM 设备作为 DDN 整合的交换核心。

以太网业务　主要用于各市（州）党政网络客户的应用，在网上的应用相对较少。

四川 ATM/FR 网络主要是帧中继业务及 ATM 业务，客户主要是金融客户及其他重要行业客户，普遍在原来的速率带宽上提高接入速度，并提出采用 ATM 设备的 DPS 保护功能需求。

1999—2005 年四川电信基础数据通信业务统计表

表 2－4　　单位：个

年　度	分组交换业务用户端口总数	DDN 业务用户端口总数	ATM 业务用户端口总数
1999	2537	6634	—
2000	2489	9980	12
2001	2052	13664	15
2002	1533	16548	313
2003	1185	19393	560
2004	497	20113	938
2005	261	20035	411

第三节　互联网接入业务

一、窄带业务

1996 年，四川电信互联网业务开始起步，主要经营“163”“169”接入业务和互联网专线接入业务。1 月，成都公众信息服务网开通，接入电话号码采用“960”，正式开始经营窄带接入业务和互联网专线接入业务。

7 月 1 日，中国公用计算机互联网（ChinaNet）成都节点正式开通投入使用，并向全省提供 ChinaNet 业务，电话通达的地方或分组交换网、DDN 网通达的地方，拥有计算机的用户均可进入

ChinaNet 网，用户只需在当地邮电局缴纳 100 元即可入网，上网用户可免费试用 3 个月（7 月 1 日至 9 月 30 日），免收 ChinaNet 网的基本费。成都节点开通当天，吸纳用户 40 余户。

1997 年 3 月，四川省公用计算机互联网（ChinaNet-SC）一期工程完工并投入试运行。3 月起，各节点免费为用户提供 Internet 接入，到 8 月接入个人用户 441 户、单位用户 116 户。

1998 年 9 月，ISDN（综合业务数字网）业务在成都市部分城区开通。9 月 7 日，成都地区开始正式使用 ISDN 业务。12 月，ISDN 业务在成都、南充和内江等 10 个市（地）陆续开通。N-ISDN 业务提供话音业务、数据综合通信业务（包括上网业务）、可视电话业务、传真业务、数字电话业务和主叫号码显示等新业务。至年末，全省 ISDN 用户近 3 万户。

1999 年 6 月 21 日，中国工程物理研究院、西南工学院（今西南科技大学）、绵阳市电信局在西南工学院联合举办绵阳市宽带多媒体通信试验网开通现场会。在西南工学院的每位教职工和学生宿舍及教室（1500 名用户），均可使用由绵阳市电信局投资 900 万余元建成的宽带多媒体通信试验网；可使用个人账号拨打电话、收看数十套高清晰度的电视节目，根据个人爱好点播数十套图像节目，上网速度提高数十倍。

12 月 31 日，四川电信 ISDN 业务试用期结束，开始收费，其使用费包括月租费和通话费，用户电话基本月租费按市话基本月租费的 1.5 倍计算，私人用户按 25.74 元收取，单位用户按 39.60 元收取，通话费按市话费的 0.16 元/3 分钟收取。至年末，全省 ISDN 业务用户 1938 户，用户速率最高达 144Kbit/s，较拨号上网有明显提升，发展势头良好。

2001 年，四川铁通发行“95868”上网包月卡，为拨号上网的用户提供方便。ADSL 宽带上网业务推出后，上网包月卡业务逐渐退出市场。

2002 年，全省互联网用户数 115 万户。

2003 年，全省拨号上网用户总数达 153 万户，网民总数 423.3 万人，占全省总人口数的 4.9%，占全国网民总数的 5.3%，在全国除中国香港、澳门特别行政区和台湾地区以外的 31 个省（市、自治区）中排名第六。至年末，全省互联网窄带用户 130 万户。

二、宽带业务

ADSL Asymmetric Digital Subscribiber Line（ADSL），非对称数字用户线，是一种通过标准铜芯电话线为家庭、办公室提供宽带数据服务的技术，且实现电话、数据业务互不干扰。ADSL 接入充分利用现有的大量市话用户电缆资源，在不影响正常开通传统业务的同时，在同一对用户双绞线上为用户提供各种宽带数据业务。

图 2－25 成都街头的宽带广告牌

1999 年 9 月 20 日，四川电信在成都市率先推出 ADSL 业务。当年发展用户 22 户。

2001 年，四川电信成都分公司启动以“中国电信宽带”为品牌标志的成都宽带网发展工作，将宽带建设确立为“总经理工程”，突出重点展开营销，细分宽带市场，针对商务楼、金融行业、高档小区、大专院校等不同用户群采用不同的接入方式和营销策略。3 月 8 日至 4 月 3 日，成都电信受理登记社会各界申请的宽带网建设项目 500 余项，信息点 29 万余户，其中签订建设协议书的建设项目 110 项，共 7 万余户宽带信息点。随后，ADSL 业务以其“传输速率高、上网和打电话互不干扰、独享带宽、费用低廉、安装方便快捷、应用丰富”等特点，迅速在全省推广普及。

2003 年，全省互联网宽带用户近 40 万户。

2004 年，随着数据网络的日趋完善，ADSL 技术的迅速普及应用，运营成本大幅下降，安装门槛从最初约 2000 元降至 200—300 元，上网费打破包月制限制，用户发展迅猛。至年末，全省互联网用户达 254 万户，宽带上网用户 85 万户，其中 ADSL 用户 59 万户。四川电信宽带用户 76 万户。

2005 年 5 月 17 日，四川电信成都分公司建成中海名城、中华园、成都花园等 10 个“宽带精品示范小区”，并在成都市首届科技节上举行授牌仪式。8 月 9 日，四川电信宽带用户突破 100 万户大关，成都市青羊区小学教师何秋芳幸运成为四川电信宽带第 100 万个用户。四川省因此成为中国西部 12 省（市）中第一个、全国第五个电信宽带用户超过百万的省份。8 月12 日，四川电信宽带用户超百万庆祝大会在成都举行，中共四川省委副书记甘道明，中国电信集团公司分管副总经理，四川省政府副秘书长陈保明，省通信管理局局长王钢，省信息产业厅副厅长刘伟华等领导出席，UT 斯达康（中国）首席执行官吴鹰、腾讯创始人马化腾、四川长虹总经理赵勇等 IT 行业代表参加会议。

图 2－26　四川电信在中国西部国际博览会上演示 ADSL 快车

至年末，四川电信宽带网络覆盖全省 90% 以上的地区，引发用户安装宽带的井喷效应。全省互联网用户新增 52 万户，达 316 万户，居全国第十位，其中宽带用户 150 万户。

WLAN 无线上网　WLAN 即无线局域网（Wireless LAN），是计算机网络与无线通信技术结合的产物，传输速度为 11Mbps。用户只需在笔记本电脑、手持终端（PDA 等）或台式机上加插 1 块无线网卡，再安装其配备的软件，可在覆盖范围内实现移动上网，具有网页浏览、远端接入、图文传真和电子邮件等功能。

2003 年 5 月，四川移动投资 50 万元，正式启动省政府办公厅无线宽带信息网工程建设。该工程是省政府信息化工程的重要组成部分，整个网络由终端设备、宽带基站、传输设备和主体设备构成。6 月 17 日，省政府办公厅无线宽带信息网正式开通，成为中国西部地区首个实现无线上网的省级政府部门。7 月，四川移动眉山分公司投资 200 万元，建成并开通市政府 WLAN 无线宽带信息网，对中共眉山市委、人大、政府和政协办公大楼实现无缝覆盖，带宽 11M/s。随后，四川移动在成都、绵阳等市（州）近 50 个商务热点场所实现无线宽带的网络覆盖。同时，在遂宁、广安、广元、巴中、内江、自贡、乐山、宜宾、泸州和凉山 10 个市（州）的市（州）委、政府、人大和政协等办公场所完成无线宽带的网络覆盖，其余9个市（州）政府部门办公区的无线宽带网，也相继建成并投入使用。凡在中国移动无线宽带网络覆盖的地方，客户均可使用笔记本电脑或PDA等终端设备以无线方式接入互联网或企业网，随时随地轻松与互联网连接，实现移动办公、信息浏览等功能。四川电信也在成都的机场、会展中心和部分高档宾馆等“热点地区”试探性地部署“WLAN天翼通”网络。

至年末，四川移动在全省38个热点地区建成商用WLAN系统，省市党政机关完成WLAN覆盖66处，覆盖率77%，省委、省政府建成移动办公系统。

2004年11月17日，四川联通会同华为、中兴和UT斯达康3家公司，召开四川联通WLAN商用试验网项目启动动员大会，决定在成都和绵阳两地覆盖10个热点区域，进行WLAN网的商用试验，并在2005年3月前完成。WLAN技术作为一种综合业务接入手段，实现上网业务的可移动性，具有使用方便和较高的用户接入速率等优势。

三、专线接入互联网业务

专线接入互联网是指中国宽带互联网（Chinanet）局端与客户之间完全或部分以专线（光纤、数字电路、DDN、ATM/FR等）作为传输媒体。专线接入互联网提供64Kbps到1000Mbps多种速率的接入带宽，主要适用网吧、企业、集团用户和智能化小区、宾馆、商务楼、校园网等中高速接入Internet。

图2－27　四川电信“天府热线”网吧

1998年10月，四川电信投资136万元，在成都太升南路电信商城建成“天府热线”网吧，这是中国西部第一家具有DDN光纤专线、2M传输带宽、40台计算机的网吧。

至2001年8月末，全省获准经营互联网业务的单位281个，通过拨号上网的登记在册人数700万人，各种经营性网吧6000余家。随后，网吧在全省逐渐兴起。

第四节　互联网应用业务

一、天府热线

1996年1月12日，成都市用于计算机信息服务的“960成都公众信息网”开通，主要发布社会政治、经济、文化和生活等类信息，提供电子购物、电子广告、电子交流和电子信箱等交互式服务。本市计算机用户通过电话拨号入网查询信息，享受网络交互式服务。

1997年1月，省邮电管理局和成都市电信局联合组建四川公用信息产业有限责任公司，将成都市电信局通讯信息公司经营的“960成都公众信息网”和成都市电信局数据通信分局管理的“（163）Chinanet四川节点”统一交由该公司经营管理，并统称“天府热线”。3月，四川电信正式向社会推出“天府热线”。在部、省互联网建设工程建成7个节点的基础上，省邮电管理局调整完成以“169”“163”为拨入号码，以“天府热线”为品牌的四川省公用计算机互联网络。“天府热线”不仅提供Chinanet业务，也提供国际、国内的信息业务。

6月，根据邮电部电信总局的整体规划和部署，四川公用信息产业有限责任公司完成北京、上海、广东、浙江、湖南、黑龙江和成都7个省（市）“中国公众多媒体通信网”联网工程，使“天府热线”成为邮电部“169中国公众多媒体通信网”全国八大中心节点之一和四川及西南地区的信息管理中心，实现与国际Internet网的无缝联接。域名改为：WWW. sc. cninfo. net，接入号码改为169。8月，公司投资1670万元对“天府热线”进行二期扩容。

10月15日，“天府热线”将第五届中国艺术节搬上互联网，实现中国艺术节首次登陆互联网，全球观众通过“天府热线”互联网站查阅艺术节相关信息。

图2－28　1997年，“天府热线”网上宣传第五届中国艺术节新闻发布会

是年，省邮电管理局投资3700万元，建设和开通全省多媒体通信网，使“天府热线”覆盖到德阳、绵阳、南充、攀枝花、自贡、内江、宜宾、乐山、雅安、西昌、遂宁、达川、巴中、广元和广安等20个市（地、州），实现全省用户资源共享，统一认证和漫游，做到“一点接入，全网访问”。至年末，“天府热线”网络由除甘孜、阿坝和眉山以外的17个市（地、州）节点（站点）组成，由本地电话网和DDN网支持用户和信息源接入，共有2460个电话拨号端口，数百条数字专线接入端口（G. 703E1专线端口114个、V. 35专线端口104个），用户6428户。各市（地、州）用户以“169”“163”或专线方式上网，上网访问次数累计67. 8万余次。

1998年1月1日，以“天府热线”为品牌的四川邮电公用信息互联网络正式开办信息业务。至3月31日，“天府热线”注册用户1万户，主页访问量超过120万人次，月访问量30万人次。在中国公众多媒体通信数据库暨应用系统展示会上，“天府热线”被评为“全国最热门站点”和“中国优秀业务发展综合奖”。

6月，因甘孜州、阿坝州、眉山市的多媒体数据通信网节点未建成，省邮电管理局将此3局通过长途电话网临时接入就近的节点，甘孜州、阿坝州接入“天府热线”成都节点，眉山市接入“天府热线”乐山节点。至此，“天府热线”实现全省21个市（地、州）全覆盖。

8月20日，“天府热线”推出英文版，成为全国首家同时提供中文和英文信息的综合站点。10月，四川公用信息产业有限责任公司再次投资对“天府热线”进行三期扩容。11月7日，扩容工程正式割接，用户拨号端口由1020个增至4068个，容量由原2万户用户增至5万户用户。ISDN端口由640个增至1600个，用户拨号上网最高速率由33. 6K增至56Kbit/s，局域网或ATM接入速率最高可达155Kbit/s。

“天府热线”为用户提供基本的Internet接入服务，且提供包括E-mail、FTP、WWW等内容的多项功能，同时向政府机关、企业、公众提供以中文为主的多媒体信息服务。“天府热线”开设的网上

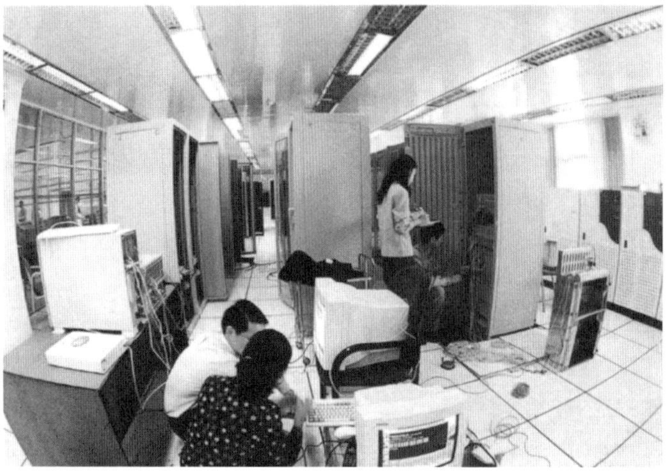
图 2－29　1998 年，“天府热线” 三期扩容

金融与投资、经济商贸、BBS 电子论坛、网上聊天、软件交流、电子信箱、企业名录、网上广告、Internet 导航等服务，深受大众喜爱。采用 SHTTP、HIML、SSL 和 SOL 等技术在网上实现多媒体信息检索，局域网互联等高速数据传输。电子商厦、网络购物、网上缴电话费、网络号簿、预订服务、办公自动化等专项应用系统倍受市民和企事业单位欢迎。集团用户可在多媒体网上建立用户虚拟专用网开展网上业务。

1999 年 2 月 1 日，“天府热线” 改版，推出国际、新闻、商务、生活和娱乐 5 个内容版块。10 月18 日，“天府热线” 推出大型综合商业网站 “天虎网”，拥有天虎音乐、天虎动漫、天虎娱乐、天虎相册、天虎原创、天虎图铃、天虎彩信、天虎音像、天虎书城、天虎社区和天虎周刊 12 个子品牌，成为中国西部最大的在线娱乐平台，日均访问量突破 4 万人次。12 月，“天府热线” 引入网络游戏 “传奇”，开创四川在线游戏时代。是年，“天府热线” 累计注册用户 31453 户，虚拟主机 204 户，托管服务器 93 户，信源 97 家，订购业务 25 户，电子商务 32 户。

2000 年 4 月 24 日，163、169 两网合一工程完成。5 月 1 日，“天府热线” 四期扩容接入工程竣工。该工程对骨干路由器、局域网交换机、接入服务器等设备性能作了较大提升，增加拨号上网用户端口 6 万户，大幅度提高上网速度。

2002 年 10 月 10 日，ALEXA. COM 宣布，“天虎网” 首次跻身全球网站百强，排名 94 位，成为中国西南地区唯一一家进入百强的网站。

2003 年，“天府网点” 连锁管理公司经省文化厅核准成立，该公司由四川最大的门户网站——“天府热线” 发起组建，是全省第二个获准从事网吧连锁经营业务的专业机构。

2005 年 12 月，由互联网周刊发起 “2005‘中国商业网站 100 强’调查评选活动”，“天府热线” 再次获评 “中国商业网站 100 强”。

二、全球眼

“全球眼” 是依托中国电信先进的宽带网络，将分散的图像采集点进行联网，通过互联网实现图像信息远程传输和集中管理，帮助用户实现图像资源跨地区、大范围的远程共享。

1997 年 9 月，四川电信图像通信分公司与成都市交通管理局在成都红星中路实施 “道路自助监控网” 实验工程，是 “全球眼” 的雏形。

2001 年 10 月，四川电信经大量市场调研，提出 “全球眼” 图像系统开发草案，“全球眼” 图像系统第一代产品进入测试阶段。11 月，四川电信搭建起 “全球眼” 一期中心管理平台，成立 “全球眼” 图像业务中心，做好市场前期准备工作。

2003 年 4 月 22 日，四川电信在成都举办 “运筹帷幄穷目千里——中国电信全球眼业务新产品发布会”，正式推出 “全球眼” 宽带图像业务。“全球眼” 业务所采用的设备属于第三代视频图像处理设备，采用 MPEG-4 图像语音压缩技术和稳定可靠的 Linux 系统软件。这项全新业务的目标客户主要是金融、石油化工、铁道交通、公安等大型的、分支机构数量多、管理范围比较广的大型企业、事业单位和政府行政管理机构。为这些机构的管理者提供远程实时的图像信息服务（24 小时不间断地从现场获取图像、声音等第一手资料），使其及时准确了解自己所管辖各个现场的情况，提高管理和决策的效率，及时处理现场突发事件。四川电信是中国电信集团首个推出“全球眼”新业务的省公司，在正式商用推广前，先在成都市成华区公安系统试用，取得成功。

图 2－30　遍布城市街头的“全球眼”摄像头

6 月，四川电信成立天翼网络服务有限公司，制定“全球眼”技术要点、业务流程及资费说明，加快业务拓展。是年，“全球眼”业务在成都高新公安分局、成都市城市执法局、四川省监狱管理局、成绵高速公路公司、成都武警和成都光大银行等单位推广使用。“全球眼”业务在四川推出后，以其经济成本低、安全可靠、功能完善等优势，迅速在全省党政、金融、交通、公安、监狱、文管、旅游等部门和行业得到广泛应用，带来显著的社会效益和经济效益。

2005 年 6 月 10 日，中国电信在上海召开“全球眼”业务研讨会，四川电信作经验交流。

2006 年，四川电信建成成都市“天网”工程项目，实现对市区主要街道、车站、隧道和医院等 5000 个重点部位 24 小时监控。

三、移动梦网

2000 年 12 月，中国移动正式推出移动互联网业务品牌——“移动梦网”（Monternet）。

2001 年，“移动梦网”接入互联网内容提供商（SP）有 40 家，其中 17 家签订合作协议。

2002 年，四川移动提出“实施服务与业务领先战略”，强调必须突出主体业务和重点业务发展。在把移动话音业务作为主体业务的同时，加大数据通信业务的开发和推广力度，找准业务切入点，全面落实“移动梦网”计划，确保移动数据业务高速增长。是年，有 42 家服务提供商加盟“移动梦网计划”，其中 38 家开通服务。

2003 年，四川移动推广“移动梦网”业务，在四川本地接入的 SP 达 60 家，“移动梦网”业务量在集团公司排第三名。

2004 年，四川“移动梦网”业务管理、SP 合作满意度达到全国领先水平，为此，集团公司以四川移动梦网管理经验为基础修改全国移动梦网合作管理办法，并在全国推广。广东、江苏、北京、浙江和山东等 10 个省（市）公司先后到四川考察、学习和交流。

四、绿色上网业务

互联网诞生后，网络信息污染问题随之俱来，互联网治理应时而生。四川电信加强行业自律，持续开展网络信息整治，坚决抵制网络淫秽色情与低俗信息，营造健康安全的网络环境。

2001年12月16日，四川电信举办“2002年度中国网络游戏产业调查报告发布会暨产业峰会”。这是中国第一次由网络游戏业界的政府主管部门、运营商、开发商、服务商、媒体和游戏玩家共同探讨网络游戏业发展的盛会，为保障网络游戏健康有序发展奠定基础。

2001年至2003年暑期，四川电信连续举办三届四川省青少年“健康上网手牵手”大型公益活动。活动期间，开展网络知识大奖赛、绿色上网倡议活动、邀请名校校长谈网络、致家长的公开信、中小学生夏令营等活动，为广大青少年营造健康上网的社会环境。

2002年2月，四川电信在成都市推出“96169—绿色上网卡”业务，为青少年构建绿色上网的健康通道。绿色上网卡资费比正常资费降低70%，受到学生及家长欢迎。7月11日，由省教育厅和团省委牵头、四川电信发起并承办的全省青少年“健康上网手牵手”大型公益活动正式启动，活动为期1个月，主要内容有“健康上网手牵手”全省青少年网上知识积分竞答、网络知识电视大奖赛、“健康上网手牵手”倡议活动、邀请名校校长谈网络、组织贫困地区教师学生以及网上知识竞答优胜者参加夏令营活动等，旨在为广大青少年营造一个健康上网的社会环境。

7月，四川电信在成都市部分学校建立首批15个“绿色上网活动校园网络中心”，为没有条件在家里上网的青少年提供健康的上网环境。9月，四川公用信息产业有限责任公司与台资企业合作推出“天府热线数码世界”，系全省首个“绿色网吧”。

2003年6月20日，四川电信建立“健康上网·阳光行”网站（http：//go. tfol. com），并向全省中学生赠送20万张价值百万元的免费健康上网卡。

图2－31　2003年，四川电信“健康上网·阳光行”活动启动仪式

四川电信举办的绿色上网活动，引起社会各界关注与支持。国家“网络文明工程”活动组向全国发出正式通报，指出：“在这方面，成都市已经做了很好的表率作用。”共青团中央认为：“绿色上网活动具有示范意义”，并在全国通报表扬。

2004年1月，四川电信对互联网视听及影视类节目进行清理整顿。2月，四川电信对全省网吧进行规范管理，与全省900余家网吧签订绿色服务协议。9月25日，四川电信发起成立“SP/CP诚信联盟”，并发表“诚信宣言”，共同打造诚信、健康、有序、共赢的增值业务产业价值链，营造健康网络环境。10月，四川电信以四川省远程教育项目及“校校通”工程建设为契机，建立校园网络安全防护机制，对互联网有害信息进行过滤隔离，确保全省中小学学生健康上网。

2005年5月，四川电信投资950万元建设的绿色上网系统平台建成开通。5月17日，开通成都、甘孜、阿坝、雅安、遂宁、资阳、广安、泸州、广元、自贡、内江和南充等试点地区，5月末开通其余市（州）。7月，由中央文明办、共青团中央、新闻出版总署和中国社科院等单位联合发起的全国十大城市“百万家庭健康上网大行动”四川站活动启动，四川电信在成都市@世界广场向市民演示家庭“绿色上网”业务，同时，邀请网瘾专家、网络志愿者和相关社会工作者以讲座、论坛、心理咨询热线等形式，向广大家长和青少年普及网络知识，引导健康上网，帮助青少年治“网瘾”、清“网道”、分“权限”，实现绿色上网。

五、成都通

2002年8月，四川电信在成都建设公众多媒体信息亭——“成都通”。“成都通”是成都市政府特批的信息化应用便民措施，也是“数字成都”的一个主要项目。“成都通”利用电信ADSL网络技术和光纤电路实现信息的宽带接入和互联，分别建在繁华商业路段、历史文化景区、居民住宅小区、车站等地段，分无人值守型和有人值守型两种，可提供电子政务、电子商务、公众信息等智能化服务，包括政务、住房、天气、医疗和交通等信息。9月4日，首批13个“成都通”投入试用，为市民提供智能化信息服务。

图2－32　成都市民使用“成都通”查询信息

六、互联星空

“互联星空”（ChinaVnet）是中国电信全国统一的应用业务品牌，是其充分利用用户资源、网络资源及应用支撑平台、营销等网络资源，创造出的全新商业模式。四川电信“互联星空”业务平台设立游戏、聊吧、影视、动漫、音乐、教育、她时代、财经等频道。一卡在手，全网通行，足不出户，也可畅游网海。

2003年5月15日，四川电信启动“互联星空”四川门户网站（sc. chinavnet. com），为网民提供视频点播、可视通话、远程教育、网络游戏等服务。9月15日，中国电信“互联星空”业务在全国正式商用。11月，四川电信开通“互联星空”业务，网址域名为全国统一网址：http：//www. chinavnet. com，提供宽带游戏、影视点播、网上医疗保健、证券资讯和教育等服务。

11月21日，“互联星空”业务开始收费。随后，用户总数和交易总量每月以100%的速度增长。至年末，全省用户总数突破1万户，交易量17万元。

七、新视通

2003年6月，四川电信在全省推出“新视通”。该业务是集视频、音频和数据于一体的交互式多媒体通信业务，客户通过多种接入方式，灵活接入到电信公众视讯网使用该业务，实现客户间的信息沟通与交流。

2004年9月28日，由中国电信集团公司、四川省司法厅、泸州市政府、成都科思邦电子公司共同推出的服务“三农”、“探亲维权、劳务输出”可视电话服务在泸县广场正式启动，这是全国首次开展的类似活动。同时，标志川粤电信公司联手开辟“新视通”业务新天地获得成功。在启动现场，泸州市、中山市两地群众通过电信“新视通”，与亲人远程见面；在中山市打工的泸县民工通过“新视通”向家乡政府部门寻求维权方面的支持帮助和法律咨询，还向家乡提供务工信息。泸县各个乡

图2－33 2005年8月30日，成都至东莞"农民工亲情可视电话"开通仪式

（镇）与中山市各开通10余部"新视通"可视电话，在中秋和国庆期间，两地群众均可免费试打可视公话。随后，四川电信在全省推广该项服务，收费标准初定为1元/分钟，双向收费。

2005年8月30日，四川电信在金堂县竹篙镇建成全国首个农民工亲情可视电话营业厅，同时开通成都至东莞市"农民工亲情可视电话"，初三学生周誉成为全省第一位用户。

八、联通无限

2003年，四川联通开通运行"联通无限"业务。"联通无限"是基于CDMA－1X技术的通信服务品牌。CDMA－1X是CDMA 2000的第一阶段（速率高于IS－95，低于2Mbit/s），可支持308Kbit/s的数据传输，网络部分引入分组交换，支持移动IP业务。CDMA－1X能实现对窄带CDMA系统IS－95的完全兼容，技术延续性好，可靠性较高。由于采用的基本技术始终为CDMA，单个载波信道占用的带宽一致。无论是移动终端还是基站都能前、后向兼容，是一种平滑过渡。所以CDMA－1X技术是一种考虑运营商投资利益的技术标准，可使现有窄带CDMA的运营商从中获得最大程度的投资保护。

九、西部在线

2003年，四川铁通开通"西部在线"，丰富专供铁通用户浏览的网络内容。

2005年，四川铁通基于"西部在线"的高访问用户群，电子商务交易平台开通，为用户在传统缴费方式的基础上，引入方便快速的网上支付手段。同时在金山杀毒下载项目的牵引下，成功引入金山热点游戏"剑侠情缘网络版2"，并会同总部市场部在全国铁通用户中大规模推广。是年，公司综合娱乐网站"西部在线"全球排名持续稳定在2000名左右，高峰期进入1500名，位居铁通各网站之首。依托该网站优势，于当年推出网络广告业务。

十、数字天府

2004年5月17日，四川联通基于互动视界业务开发的WAP本地门户——"数字天府"正式投入运营。全省CDMA用户通过手机终端登陆互动视界浏览到"数字天府"上丰富多彩的本地信息。四川联通旨在通过"数字天府"的推出，提高互动视界的知名度，普及CDMA－1X业务的应用范围，扩大用户群，创造新的利润增长点。经1个多月调试和完善，整个系统趋于稳定，在线接入数十家在WAP应用上有着丰富运营经验的SP，为"数字天府"本地门户增添大量的信息和应用。

十一、"商务领航"业务

2005年，中国电信推出"商务领航"业务。该业务包含中国电信提供给企业使用的信息化平台及各种信息化服务内容。"商务领航"信息化平台网址为www. scsmb. cn。商务领航上市初，推出企业建站、在线安全、办公管理、客户关系管理、供应链管理等常用应用和服务，包括商务邮箱、企业网站、电子传真、个人信息助理、在线企业管理、办公自动化等 20 余种产品。

8 月起，四川电信在全省部分重点城市开展“商务领航”免费试用活动，100 余家企业用户加入试用活动，得到试用企业认同。9 月 5 日，在南充企业信息化建设工作会议上，四川电信正式公开推出“商务领航”业务，为中小企业提供信息化公共服务平台服务。11 月18 日，四川电信联合长虹、迈普、联想等信息产业厂商，在成都成立四川省中小企业信息化联盟，共同打造“商务领航”，增强支撑能力、丰富商务领航应用。

图 2－34　2005 年 11 月，四川省中小企业信息化联盟成立

2006 年 3 月末，“商务领航”成功签署商用第一单，江油雄峰电力开发有限公司成为四川电信“商务领航”的第一位商用客户，标志四川电信“商务领航”平台具备正式商业化服务能力，为全面推广“商务领航”业务奠定基础。“商务领航”业务的上市，有效解决中小企业在信息化方面资金、人员、技术、开发周期和技术维护上的难题，在中小企业中得以推广应用。

十二、“号码百事通”业务

2003 年 5 月，四川电信成都分公司率先推出“114 企业优先推荐业务”，在酒店、交通、餐饮、租赁、开锁、搬家和家电维修等服务行业得到迅速推广，走在集团前列。

2004 年 3 月，四川电信成都分公司对 114 系统平台进行改建扩容，呼叫中心话务台席 200 余个，业务种类扩充为“呼叫转接、企业优先推荐、列名查询、商品信息查询、临时号码查询、语音报号、企业信息发布”7 种业务。8 月 23 日，114 呼叫中心新增英语台席，开展英语咨询服务。随后，开通“短信查号”业务，成为全国首家开通 114 短信查号的电信企业。

2005 年，四川电信承接集团转型战略，以“114 查询台”为着力点，实施信息化创新。5 月，四川电信成都分公司在全国率先推出“114 便民热线”，提供餐饮、旅游、位置等信息查询和订房、订票、订购等功能。随后，四川电信丰富信息内容，扩充平台功能，“114 便民热线”从电话查号的简单功能逐步向综合信息查询扩展。9 月 21 日，四川电信在成都开通全国首家“114 号码百事通”服务热线，日呼叫量 6000 次。

图 2－35　四川电信“号码百事通”机房

2006 年 4 月 11 日，四川电信在成都推出“114 旅游热线”，属全国首个省会城市。5 月 17 日，四川电信“114 号码百

事通”业务在全省开通，可提供行业首查、查询转接、信息发布和通信助理4类业务。

第五节　信息化建设

2001年2月，《四川省国民经济和社会发展第十个五年计划纲要》出台，把电子信息产业作为“一号工程”，重点发展通信产品、计算机与网络产品、数字化及信息化视听产品等五大类。四川电信根据中共四川省委、省政府安排部署，加快信息产业布局。

2002年11月，中共十六大作出以信息化带动工业化、以工业化促进信息化、走新型工业化道路的战略部署。“十五”期间，国家信息化领导小组对信息化发展重点进行全面部署，作出推行电子政务、振兴软件产业、加强信息安全保障、加强信息资源开发利用、加快发展电子商务等一系列重要决策。四川电信以信息化统领企业战略转型，加大信息化建设投入，在政务信息化、服务行业信息化、农村信息化建设等方面实现跨越式发展。

一、党政信息化

1996年，中国公用计算机互联网成都节点正式开通后，四川电信致力于党政信息化建设，助力构建数字政府，服务党政军，建设先进电子政务平台，推动和带动整个社会的信息化进程。

图2－36　四川省领导机关综合信息系统（一期）建设启动仪式

1997年，四川省开始集中统一建设四川党政网。1998年，开展以市（地、州）为重点的网络建设，除“三州”外，各市（地）接入党政网。

1999年，全省重点开展省级部门网络建设，完善各市（地、州）网络，加强三级中心信息网上报送等。

2000年4月27日，四川党政网、四川电信合作签字暨四川省党政网络交换中心授牌仪式在成都锦江宾馆举行。

中共四川省委副书记、副省长杨崇汇出席签字仪式并为“四川省党政网络交换中心”授牌。四川党政网与四川电信此次合作内容有：四川党政网将使用中国电信的数据通信网络，构建连接省、市、县三级党政机关计算机信息网络的信息大通道和汇接交换中心，在物理上形成与其他网络隔离、全省三级党政机关各部门互联互通的大型网络，在逻辑上形成四川党政网和省级各部门业务信息专网。四川省党政网络交换中心设在省数据通信局，由省数据通信局负责交换中心的建设、管理和维护。

6月26日，南充市政府“今日南充”网站正式开通，率先在全省实现市（地、州）、县两级政府全部上网。

是年，四川电信采用DDN技术建成全省第一个党政信息化专用网络，带宽128K。至年末，全省有17个市（地、州）、80余个县（市、区）和20余个省级部门建立本地本部门党政网络，在网上开展党政信息服务和办公自动化服务，提高机关办公效率和质量，促进机关信息化建设。

2001年4月15日，资阳市党政办公网实验系统开通。10月，四川省人民政府网站正式在国际互联网上运行。

2002年，四川电信将党政专用网升级为ATM网络，实现省中心与省级各部门，各市（州）及部分县（市、区）的10—100M光纤线路高速连接，带宽10M，实现省、市（州）级部门和县级组成部门接入党政网。6月6日，由中共四川省委、省政府及思科系统公司共同举行的“电子政府　决策未来——四川省政府高层论坛暨思科网络技术学院项目授牌仪式”在成都举行。12月13日，四川电信总经理孙敏康与省政府副秘书长敖玉明签署协议，支持省政府信息化建设，为省政府的信息化建设提供全面技术支持，提供优质、优惠的语音数据等全方位电信服务。是年末，全省最大的远程教育网——省委党校视频系统一期工程建成并投入运行，实现远程干部教育、定期的全省远程干部考试及多媒体数字图书馆等应用。

2003年，四川电信以四川党政网为主构建四川省电子政务网络信息平台，实现全省公文网上交换。

2004年，省政府正式启动电子政务外网建设，并确定四川电信为电子政务网络的承建单位。为此，四川电信陆续投入7000万余元，集中力量支持党政网建设。至年末，协助全省各级党政机构构建255个局域网和420个政务信息网站，形成省、市、县三级骨干网络体系。

2005年8月1日，四川省电子政务外网首期工程竣工，建成电子政务外网平台，实现省四大班子、97个省级单位、21个市（州）节点的电子政务外网网络接入，这是中国西部第一个建成的电子政务外网。四川电信在第二枢纽大楼建成高标准的电子政务外网数据中心，以“中国四川”门户网站为公众服务平台，实现一站式政府信息服务，通过电子手段提供为民、便民、利民以及行政事项审批等网络在线服务。

与此同时，四川电信协助完成中国四川门户网站、森林防火指挥电视电话会议、旅游信息服务、公文无纸化传输、大通关平台、协同办公、网上政务大厅、劳动就业管理、社会保障管理、人大政协提案议案处理和政府督察督办等应用系统。

二、政务信息化

1991年，全省第一个城建档案计算机管理信息系统在泸州市研制成功。泸州市城建档案馆与西南自动化研究所成都技术经营开发部联合开发的“城建档案计算机管理信息系统”显著提高档案查阅速度与管理效率。4月上旬，省建委在泸州市召开现场会，经泸州市科技成果鉴定：该系统突破单一的文字数字的信息管理，填补国内城建档案综合管理的空白，在国内同类系统中处于领先地位。

1997年，自贡灯会正式通过自贡市邮电信息公司申请注册国际互联网域名和IP地址，同时制作“中国彩灯站点”联入互联网。这是自贡市公众信息网正式开通后，自贡市首个申请域名和IP地址的单位。

1998年，成都市电信局与新华通讯社合作，在成都建成覆盖全省的经济信息专用网络——新华社电子经济信息服务系统。该系统包括家电、纺织、金融和商贸等门类齐全的26类经济信息、两类内参（国际与国内）及报刊编辑，通过地面卫星接收系统实时接收，日均接收信息1000余条，超过7万字。用户计算机通过电话线路随时从信息中心阅读、下载自己订阅的全部或分类信息。8月起，全省各大中型企业和商家通过这套网络系统，及时、准确地了解国内外经济、商贸信息。

是年，省政府救灾网络系统正式开通运行。该系统上接省委、省政府决策层，下连20个市（地、州）救灾办和省级有关单位作为远程用户，其中子系统雅安地区网站下设8个县级远程工作站。该套系统的运行，提高灾情递报及抗灾的快速应变能力。

1999年4月23日，利用四川省公众信息多媒体网络“天府热线”和邮政金融网络实现的电子商务应用系统通过省科委组织的科技成果鉴定。“天府热线”电子商务系统硬件平台先进，应用软件开发涉及计算机、商务、网络通信及数据库等综合先进技术，其通信接口及交易方式简单，业务扩展功能强，容错性高，属相对安全、简便、实用和完整的“网络电子商务”实时交易应用系统。该系统实现的“网上电信营业厅”等网络交易功能、邮政金融网的接口软件设计，在国内具有领先水平和独创性。

2002年8月28日，四川电信绵阳分公司与绵阳市国家税务局举行国税系统“金税网”工程改建签字仪式，决定采用MPLS VPN技术+ADSL技术改建绵阳市金税网络。

2003年5月20日，四川联通与省气象局合作，向全省联通用户开通四川省防灾减灾气象短信服务系统，用户可随意订制或取消自己需要的气象信息。

6—7月，四川电信先后完成成都军区、省经贸系统信息化网络建设。8月，四川电信建成四川省司法行政系统及监狱、劳教所的亲情帮教可视电话项目，通过宽带网络将帮教工作延伸进高墙，提升全省司法信息化建设水平。

2004年6月1日，四川电信完成公安部“金盾工程”一级网络四川项目改建工程，获得用户认可。随后，四川电信全面参与“金盾工程”二级网络建设，为全省公、检、法系统建设一个包含网络通道的专用干线网络平台，整个主干网络及客户端的网络设备采用子VPN技术，有效降低成本，提高网络安全性和保密性，该技术在国内属首次运用。网络建成后，全省公、检、法系统信息交换的传输容量和速率大大提高，同时可支持视频会议、远程监控、语音及多个业务系统数据的同时传输。12月18日，四川电信建成开通省国资委服务网站，提供全省国有资产监管信息、产权交易信息和网上咨询服务。

图2－37　2004年12月18日，四川省国资委服务网站开通仪式

2005年4月，四川电信承建“四川数字地震观测网络”，搭建全省地震观测网络平台，在成都市设立全省地震数据接收、处理中心，在全省58个县和15个市（县）建设各子台和节点，主要分布在三大断裂带和地震监测能力相对薄弱地区。随着四川数字地震观测网络工程的建成，进一步提高四川防震减灾综合能力。8月24日，四川电信参与省文化厅信息化建设，为全省文化系统建设1个省级官方文化门户网站、两个中心（数字娱乐产业促进中心和非物质文化遗产资源中心）和3个系统（文化市场监管系统、基层文化信息服务系统和文化专网系统）。12月，四川电信与省卫生厅战略合作，承担全省卫生部门医疗卫生信息化建设，为省卫生厅新型农村医疗信息系统、疾病预防

图 2－38 2005 年，四川省地震局信息化建设签约仪式

控制信息系统、突发公共卫生事件应急指挥信息系统、执法监督信息系统提供网络规划和宽带接入。

三、行业信息化

2002 年，四川电信大客户部成立后，随着宽带互联网业务的发展，行业信息化建设在各行各业蓬勃发展。四川电信结合国家、地方及部门的发展规划，从与客户共创价值出发，立足客户的行业应用和综合信息整体服务需求，拓展信息化服务的广度并向纵深发展，为党政军事业单位，以及金融保险、工商税务、交通物流和宾馆酒店提供信息化整体解决方案。

旅游信息化 2003 年，四川电信推进宾馆酒店信息化，采用语音、数据和图像等信息化载体，推出“酒店长话完美服务联盟”业务，与 165 家宾馆酒店签订“长话完美服务联盟”合作协议，占全省星级宾馆的 66%。

7 月，四川联通增值业务部与九寨沟网络旅游有限责任公司签订四川各大旅游景区票务预定合作框架协议，正式启动“金旅工程”——四川旅游信息化建设的重点项目、四川旅游信息港。双方通过四川联通的“1252”商业呼叫中心为省内外游客提供了解四川旅游的窗口，让游客方便了解四川的风土人情，帮助游客预定旅游线路等。

8 月，阿坝州旅游局与四川电信阿坝分公司联手推出“长话完美服务联盟”方案，并投资 2000 万余元对九寨沟进行以宽带传输网、宽带互联网、宽带接入网为重点的信息化基础平台建设，提升宾馆酒店在话音、数据和视频图像上的应用及服务档次。

2004 年，四川电信将“酒店长话完美服务联盟”升级为“酒店宽带完美服务联盟”。12 月 9 日，在四川省旅游信息化应用研讨会上，四川电信与成都市岷山饭店、九龙宾馆、泸天化酒店等 8 家宾馆签订合作协议，为其提供“酒店宽带完美服务联盟”，打造四川数码酒店。

2005 年 3 月 15 日，四川电信在全省推广“宽带完美服务联盟”，计划两年内使省内主要星级酒店加入“宽带完美服务联盟”，加快从传统基础电信运营商向综合信息提供商转型。

教育行业信息化 2000 年 10 月 8 日，四川大学远程系统开通，是四川省首次通过电信网进行远程教学尝试。2001 年 10 月 8 日，四川大学网络学院远程教育新学年的开学典礼在网上举行，是四川电信为教育行业提供的通信网基于数据端到用户端解决方案的一个典型案例。四川公用信息产业有限责任公司承担该项工程建设。

2002 年 7 月 23 日，四川电信绵阳分公司与绵阳市教育局签订“绵阳教育城域网”协议，正式启动科技城的教育城域网的建设工程。绵阳电信配合绵阳市教育局用 3 年左右的时间建成一个全市所有中小学“校校通”的教育城域网，整个网络建设采用宽带 MPLSVPN 技术组建网络，绵阳市教育局电化教育馆中心机房至四川电信绵阳分公司采用 100M 的光纤电路，连接市、区教委终端用户，采用 10M VPN 电路连接，并保证其安全性。

2003年1月，四川电信与四川大学开展信息化合作。2004年7月，四川电信与四川农业大学就农业科技信息化建设开展合作。10月29日，中国电信与教育信息化研讨会在西安市举行，四川省教育厅有关人员就“校校通”工程作专题交流发言。

2005年，四川电信全面实施四川省农村中小学现代远程教育“校校通”工程系统建设项目，为巴中、眉山、雅安和乐山等市的12个县（区）334所农村中小学远程教育提供组网及信息化服务。

金融及企业信息化 2002年6月，中国银河证券有限责任公司成都双林路证券营业部与四川联通寻呼事业部签署“银联E网通”——网上交易客户服务合作协议，标志四川联通寻呼正式进入四川证券行业市场。

10月，四川电信与中国人民银行成都分行就成都市大额支付系统通信建设进行合作。根据人民银行总行的安排，成都作为全国首批推广大额支付系统的城市之一启动建设，投入资金325万元。2003年4月21日，实现16家商业银行上线运行。该系统覆盖全市19个县（区）的579个金融分支机构，日均处理业务1000余笔，收付金额60余亿元。

2003年12月23日，泸州老窖股份有限公司与中国（四川）移动、Intel公司和点击科技公司在北京人民大会堂联合召开主题为“国窖有道，协作无线”的新闻发布会，向国内企业用户、传媒发布泸州老窖信息化建设的成功经验。四川移动与Intel、点击科技合作，对泸州老窖进行IT系统规划，并根据企业现状采取“渐进式”的信息化发展思路，有效提高企业电子商务与信息化协同水平。四川移动把短信防伪物流技术融入老窖的酒产品，为老窖产品提供有效、方便的防伪保障及快捷的物流管理。

2004年，四川电信按照“以信息化推动工业化”的要求，推动全省中小企业信息化建设。4月29日，中国电信与证券业信息化高峰论坛在成都举行，来自中国证监会信息中心、各大证券公司的30余名领导及专家学者参加论坛，随后开通四川省证券快车业务。6—11月，四川电信先后与四川人寿、泰康人寿成都分公司等进行信息化业务合作。

6月25日，四川移动开展集团客户精品工程，与泸州老窖股份有限公司联手搭建起中国移动泸州老窖企业信息化系统。该系统于2003年3月启动，历时15个月建成，标志公司在企业进行信息化工程建设的开始。

8月，经中国联通与中国建设银行近半年的研发和系统调测，国内首个手机个人版的金融服务面市。四川地区的建行客户，只要是联通C网用户，拥有1台支持神奇宝典业务的手机，即可随时随地使用“手机理财+手机支付+手机电子商务”的所有功能，享受相关金融服务6折优惠、一定期限免费使用等优惠服务。

图2-39 2004年，四川电信与中国人寿保险公司四川分公司签订信息化合作协议

是年，四川移动与多家合作伙伴在成都、德阳和眉山等地电力系统开通GPRS无线抄表、GPRS线损支持管理系统、OA短信办公、手机支付等系列集团行业应用新业务，并在全省电力系统推广。四川移

动将华立达公司发展为合作伙伴，为德阳市电业局建立“线损支持管理系统”。该系统通过 GPRS 构建无线虚拟专用企业网，实时远距离传输现场采集信息，完成对电力网元的远程监控。该项目覆盖6400 余个点，有 197 个监控点开通使用。

2005 年，四川电信配合政府有关部门实施中小企业信息化推进工程。3 月 4 日，中国电信与四川长虹在绵阳市举行 4008 业务合作签约仪式，标志中国电信 4008 业务在四川特大型企业得以应用。四川电信为长虹公司提供组网设计、解决方案、平台建设、系统集成和服务外包等一揽子信息化服务。长虹 4008 业务开通后，全国 8000 余万户长虹用户通过全国统一服务热线号码“4008111666”接入长虹呼叫中心。

图 2－40　2005 年 3 月 4 日，中国电信与四川长虹信息化建设签字仪式

是年，四川电信先后完成中国人民银行成都分行、中国银监会四川监管局、中国农业银行四川省分行、中国人民财产保险股份有限公司四川省分公司等信息化建设项目。

四、农村信息化

天府农业信息网　2003 年春，四川联通启动“天府农业信息网”建设。5 月 17 日，正式开通业务。该网主要采取无线、有线技术相结合，以无线为主；高端、低端相结合，以低端为主；通信和信息相结合，以信息为主的模式进行组网，将联通的互联网、移动网、寻呼网和数据网整合在一起，在全省 21 个市（州）、135 个县、1064 个乡（镇）建立信息工作站，对农村的覆盖面达 90% 以上。该网提供“专业信息查询、专家咨询、供求信息发布、政务信息发布、个人通信”等功能。

8 月 27 日，中国联通眉山分公司与眉山市邮政局召开天府农业信息网业务代理合作工作会，双方就邮政总代理联通天府农业信息网各项业务进行部署。是年，中国联通乐山分公司完成在井研县所有乡（镇）组建天府农业信息网的工作，井研县成为全省通过天府农业信息网将政府农经网延伸到村社的第一县。中国联通乐山分公司井研县的天府农业信息网拥有 27 个乡（镇）农信机集团群，用户 1632 户。

至年末，四川联通建成省、市、县、乡（镇）和村五级农业信息网，用户 36.3 万户，占联通寻呼用户总数的 40% 以上。

2004 年 5 月 10 日，中共广元市委、市政府下达《关于推广天府农业信息网促进全市农业信息化建设工作的通知》，要求四县三区及市级各部门把天府农业信息网纳入农村信息化建设的重要内容。

2005 年初，经省发展改革委和省经委推荐，四川联通将天府农业信息网申报国家发展改革委推出的电子商务专项项目。国家发展改革委从全国 346 个申报项目中初选出 167 个项目参加答辩评审，天府农业信息网通过初选，并于 6 月在国家发展改革委专家组答辩会上获得专项答辩小组总分第一名。9 月 15 日，国家发展改革委印发《关于 2005 年电子商务专项项目的复函》，同意四川联通建设的“基于多种通信的天府农业信息网电子商务项目”列入国家 2005 年电子商务专项项目，中央财政给予项目建设补助资金 750 万元。

图 2－41　村民汤万英在中国电信乡村信息站上网

至5月，四川联通天府农业信息网在全省20个市（州）建立974个天府农业信息网工作站，向近30万户包括乡（镇）村社干部、涉农专业、专业协会和农户发布农村政务、农业技术、产品供求、天气预报、防灾和劳务等信息70余万条。

11月，在信息社会世界高峰会议突尼斯阶段会议上，四川联通天府农业信息网获得世界信息峰会大奖，成为中国通信企业的唯一获奖代表。

四川电信农村信息服务　2004年，四川电信与地方政府搭建“幸福农家乐96168”信息热线、农业科普热线等信息服务平台。4月起，四川电信宜宾分公司在全市开通“96168幸福农家乐”服务热线，并推出3元包月、免收市话接入费的优惠政策。至年末，全省使用“96168幸福农家乐”和农村宽带上网的农村电话用户近40万户。

7月15日，四川电信与四川农业大学在成都签署合作协议，共同打造服务于全省广大农村的信息服务平台。省内电信用户拨打统一的“96168810”电话，即进入“农民科技110”声讯服务台，通过自动声讯系统或人工服务台，查询农业新产品、新技术、农作物病虫害防治、畜禽疾病诊断及防治、市场等方面信息，并可直接向四川农业大学的专家咨询。全省21个市（州）的电信用户拨打该声讯台，每分钟最初收取0.20元的电话费，后按每分钟0.40元的标准收取通信和服务费。

第四章 经营管理与服务

第一节 营销服务体系

一、四川电信

中共十一届三中全会后，四川省邮电管理局根据实际情况，大搞挖潜、革新、改造，增加通信能力，满足业务增长需要，经营重点发展市内电话用户和长途全自动有权用户，保持市话、长话、电报业务的持续增长，同时，组织开展用户电报、无线寻呼、移动电话等新业务宣传和用户发展。

1993 年，按照“客户为中心，市场为导向”的原则，全省邮电企业开始建立营销机构，配备营销人员。成都市电信局和重庆市电信局理顺市话营业体制，建立“五集中”营业机构。至 1995 年末，全省县以上邮电通信企业基本配备专兼职营销员，建成一支 969 人的营销队伍。随着营销体系的建立，电信专业根据自身特点研究市场、开发市场、培育市场，逐步从“等客上门”“以我为中心”的经营方式向“客户为中心，市场为导向”的方向转变。电信专业通过召开装机订货会、大客户座谈会，利用节假日、纪念日举办各种促销活动，结合新业务演示，在各种媒体上宣传移动电话、无线寻呼、磁卡电话、电子信箱、200 号、800 号、信息服务及分组交换、可视图文、用户传真、礼仪电报、鲜花电报、立等即发电报等电信新业务，拓展业务发展空间。邮电部门采取建立服务质量社会监督体系，制定质量、服务评价标准等方式，逐步将经营服务工作纳入规范化、制度化管理的轨道。

1996 年，成都市电信局和重庆市电信局率先实行“三条线”（计划建设、运行维护、经营服务）管理，为全省电信管理机构改革和加强经营管理积累经验。5 月，省邮电管理局按照“三条线”的管理模式，成立电信经营服务部，配齐人员，明确职责，建立负责全省经营服务管理的职能机构。同时，调整电信专业经营管理机构和企业生产组织机构，在各市（地、州）局设立电信经营服务部门，并根据工作量大小，设定专兼职的综合管理、市场调查与业务预测、业务发展与市场开发、业务宣传、新业务管理、大客户管理、资费管理、报话业务管理、服务质量监督检查、统计与经营分析等岗位，并配备懂技术、会经营、善管理的人员。德阳、攀枝花和广元市等邮电局建立电信经营服务部，强化企业电信经营服务职能管理和生产组织管理。此前，全省电信经营服务管理未设专门职能机构，统一由省邮电管理局电信处负责。

是年，各企业建立健全营销服务队伍，将市（地、州）邮电局企业内部经营服务生产组织机构由设置班组，改设各类“中心”（准科级或班组级），负责人称经理。在各市（地、州）局机构、人员逐步建立和到位的情况下，省局和各市（地、州）局开展人员培训，提高队伍的整体素质和经营服务水平。

2002 年 6 月 27—28 日，四川电信本地网营销体制改革暨互联互通工作座谈会在绵阳市召开。会上，对本地网营销服务新体制的岗位设置和业绩指标考核的建议方案、薪酬与业绩挂钩方案及客户经理支撑系统作了全面的讲解和介绍。9 月，四川电信按照中国电信集团公司要求，推进财务管理、网络资源、网络维护、设备采购和计费账务五项集中管理。

2003 年，中国电信集团公司制定“以市场为导向，客户为中心，效益为目标，以自身渠道为核心，与社会渠道共同构造中国电信整体渠道体系”的发展战略，决定改革现有营销服务渠道，建设面向大客户、商业客户、公众客户三类客户群的大客户经理制、社区经理制、农村统包责任制和 10000 号客户服务中心 4 个主渠道为核心的渠道体系。

四川电信于年初正式启动电信营销服务渠道建设，首先在德阳、遂宁和自贡分公司试点，随后在全省推广。2 月 10 日，德阳市启动营销服务渠道建设，先后完成城市社区及农村片区划分、机构设置、岗位设置、员工竞聘上岗、管理制度的拟定等工作。3 月 10 日，四川电信德阳分公司营销服务体系正式运作，全市新配置公众客户服务中心、营销服务支撑中心，新设置社区经理、社区经理助理及营销服务管理人员 355 人，建立以社区经理制为主的营销服务渠道体系，实现社区经理分区包干，“营维合一”，责任到人。

4 月 22 日，绵阳电信主、实业分公司召开营销维护体制改革会议，面向公众客户开始实施“营维合一”的社区经理制和农村统包责任制。绵阳电信公布“营维合一”渠道建设实施方案和要求，坚持“三个不变”和“三个统一”的原则：即主实业关系不变，员工劳动关系不变，员工工资关系不变；经营目标统一，指挥调度统一，绩效考核统一。实施“营维合一”，电信主、实业的组织机构和人员作较大的调整：撤销市公司客户服务部，设立大客户部，负责全市大客户服务工作；撤销市公司资源管理中心，成立社区客户服务部，与实业公司装机维护分公司合署办公，负责除大客户外的客户服务工作；撤销市公司农村通信部，设立农村客户服务部，与实业公司农村通信分公司合署办公；撤销市公司无线电话管理办公室，设立小灵通业务发展部；将实业公司公用电话维护业务及人员划归主业公司公用电话公司代管；设立线路技术资源中心，与实业公司光缆维护分公司合署办公。5 月 1 日起正式运行。

12 月 9 日，四川电信运营企业首个 BPR（业务流程重组）在四川电信泸州分公司正式实施，标志泸州电信从此走上以市场为导向、以用户为中心、以效益为目标的企业运营发展新路。泸州电信重新设计建立组织架构、薪酬与业绩考核、大客户、资源调配、滚动投资、商业客户、农村客户和 10000 号客服 8 个新的业务流程。

2004 年 3 月 12 日，四川电信在成都启动服务快车行动，派出 27 辆电信服务快车到小区、乡（镇），以流动营业厅方式现场为客户办理电信业务。4 月 4 日，四川电信在乐山市举行“蓝色服务快车——万名社区经理上门服务大行动”启动仪式。随后，万名社区经理上门服务在全省各地同步启动，标志四川电信的营销服务模式开始由“开店坐堂”的被动接受式向“走街串巷”上门服务的主动进取式转变。四川电信此次变革，是以各级电信分支机构的营业厅为依托，将其服务区域划分为若干片区，每个片区又划分为若干个社区，以约 2000 户居民为单位，确定 1 名社区经理，负责对该社区用户提供全方位的电信服务。随后，四川电信在全省推行这种全新的营销服务方式。

3月24日，四川电信召开BPR推广动员电视电话会议，全面推广BPR项目。5月，四川电信实施第一批BPR项目推广，包括泸州、乐山、宜宾、德阳、绵阳、遂宁和资阳7个本地网。10月，启动第二批13个本地网BPR项目推广。

图2－42　电视台节目录制现场的“用户至上　用心服务”标语

2005年5月17日，四川电信在成都率先开通网上营业厅。8月，四川电信投资320万元，启动全省网上营业厅建设。次年5月，四川电信网上营业厅一期系统工程建成投入使用，网上营业厅网址为www.sc.ct10000.com，业务受理范围覆盖全省21个市（州），可为用户提供电话及宽带装移拆机、话费及积分查询、改号、在线缴费，以及各种电信业务变更等服务。四川电信网上营业厅实施24小时在线服务，用户足不出户即可办理电信业务，方便用户。随后，四川电信逐步完善“网上营业厅”功能，拓展业务范围和类型，增加网上投诉等功能，将网上营业厅纳入正式渠道进行管理。随着互联网的日渐普及和网上支付的兴起，四川电信网上营业厅逐渐成为营销服务的主渠道之一。

全省初步建立起“以市场为导向，以客户为中心”的营销服务体系，形成“大客户经理制、社区经理制、农村统包责任制、10000号客户服务中心”四大营销服务渠道体系，建立一支以大客户经理、商业客户经理、社区经理、农村统包人员为主的营销服务队伍，实现对全省客户的全覆盖。

营销服务体系建成后，四川电信营销服务工作逐渐由被动服务向差异化的主动服务转变。遵循“以客户为中心”原则，实施按类分级的差异化服务，对大客户群提供个性化服务营销，对商业客户提供专业化服务营销，对公众客户提供标准化服务营销。大客户由大客户经理直接进行一对一的营销服务；城镇地区通过社区经理制对商业客户和公众客户实施营销服务，将城区划分为若干小区配备社区经理，区域内的营销服务实行分区包干、责任到人；农村地区客户实行农村统包责任制，采取“三代合一”（代营、代维、代收）的形式，实施农村客户的营销服务；10000号作为提供电信服务的综合平台，为所有客户群提供全方位服务，包括业务受理、业务咨询、业务查询和用户投诉等。

2006年，四川电信BPR项目完成。BPR推广后，四川电信流程得到优化，主要流程包括“组织架构调整、薪酬与业绩考核流程、大客户流程、资源调配流程、滚动投资流程、商业客户流程、农村客户流程和10000号客服流程”八大流程，真正树立市场意识和竞争意识，学会分析市场、细分市场的方法，初步建立“以市场为导向，以客户为中心，以效益为目标”的新型企业运营模式。至年末，四川电信在全省建立2000余个营业网点、200余个“我的e家”服务专柜，服务网点覆盖全省4000余个乡（镇）、5万余个村落，拥有1.40万人的客户经理队伍、2000余名热线服务经理、6000名门店服务人员，形成覆盖全省的服务网络。

二、四川移动

1998年，全省各地邮电部门设立专门的移动电话专卖窗口，对营业人员实行规范化管理，形成销售、查询、申告、维修体系。为方便用户购机，让利实行社会代办代销，发动社会力量共同做好移动电话的销售工作。至年末，全省设社会代办代销点552个，形成以邮电营业厅为主，代办代销点为辅的社会化营销网络。

1999年，四川移动成立后，注重营销渠道建设。在有条件的地区，抓好移动通信营业厅（柜）、客户接待室和移动通信终端维修中心的建设和管理，提高窗口服务质量。

图2－43 热情周到的四川移动营业厅服务

2000年，四川移动采用租购建方式，逐步设立符合中国移动通信VI手册规定的标准化营业厅，在各分公司建设一批示范厅。同时，规范代办代销管理，包括代销代办点（商）的合同更换、统一标识、统一形象工作。采取建立营销公司或营销班组，开展业务代办、上门直销、上门催缴欠费等方式，加强代办代销商的产品价格管理和业绩考核，培育代办代销队伍。利用和发挥“神州行”预付费产品的特性，在车站、码头、商场、酒店等人流量大且有通信需求的场所普遍设置销售网点，方便客户即买即用。

四川移动开展业务流程再造工程，修改不适应客户需求、不适应市场的业务流程，改善话费查询。7月起，全省陆续向有需求的客户寄送账单，实现利用互联网和短消息查询话费。是年，四川移动在全省19个市（州）建成客户服务、业务、账务管理三系统。同时，开展“银企合作”，缩短话费结算周期，方便客户缴费；开始在互联网上受理客户投诉。

2001年，四川移动逐步启动建立多层次、立体化的营销网络。加强自办营业厅规范建设，完善营业厅业务开办的支撑服务系统。理顺和完善对代办代销商的管理。对社会营销渠道管理进行规范。公平号码分配，规范酬金标准，保证代销酬金发放、卡品供应及服务支持三到位。推广自动售卡系统，开辟网上营销渠道。稳步开拓中小城市或集镇乡村市场，有选择地鼓励和扶持农村代办网络和直销、协销队伍。加强对社会营销渠道的品牌与CI规范管理，形成自营营业厅、合作营业厅、指定专营店等多层次、立体化的营销网络。

2002年，四川移动营销渠道从简单卡品销售功能向更多发展功能要求转变，增强服务和数据业务办理功能。社会营销网点遍布所有县和主要乡（镇），公司排他性社会营销渠道营业网点1586个、合作营业厅187个。同时，加大对各类营销服务渠道的服务业务支撑和考核监控力度，推进市场代表制的建立，渠道VI标识得到规范。对营销服务网点进行全面规划，按照简单实用、标准化、模块化原则进行标识、品牌、服务流程和经营模式等方面的统一管理。各分公司在主城区建成1—2个“精品”营业厅；客户达5000户的县分公司建成1个“精品”营业厅。完成100家合作营业厅和1000家专营店的建设，形成500个“五心”服务连锁店。推广电子化销售，增加电子营业厅和手机营业厅功能。完善营销渠道的服务功能，从销售为主转变为集销售和服务于一体的“一站购齐式”营销服务渠道。

同时，开展以客户为导向的业务流程再造，简便优化缴费、账单和签约流程，推出电话银行、自助清单打印、前台业务授权等服务项目，提高业务办理效率。

2003 年 2 月，四川移动颁发《四川移动通信有限责任公司直销渠道建设指导意见》的通知，规范全省直销渠道建设，促进直销工作的顺利开展。同时，颁布《四川移动通信有限责任公司营销渠道整合工程实施方案》和《四川移动通信有限责任公司营销渠道整合工作竞赛办法》，采取“自建他营”“话费分成”等方式对社会营销渠道进行整合，初步形成以自办营业厅、合作营业厅为主体，专营店和普通代理店为补充的实体服务营销渠道体系和直销渠道队伍，全省自办营业厅 217 个、合作营业厅 360 个、紧密型营销渠道 1473 个。公司公布《四川移动通信有限责任公司 IP 超市业务社会营销渠道管理办法（试行）》，规范无线 IP 超市业务的管理和拓展。7 月 15 日起，在全省推行营业前台电子免填业务。是年，实施营业厅服务标准化工作，推出异地缴费、异地业务办理、电子免填单、前台业务授权等新的服务项目，方便客户。同时，建立“专递服务”渠道，为客户提供延伸服务；通过“外呼服务”的形式，进行客户满意度回访，客观反映客户的评估；推进“一问、二答、三建议”服务流程，提供“超越客户期望”的服务；创新服务用语，体现服务的人性化和差异化。

2004 年，四川移动印发《关于 2004 年营销服务渠道建设工作安排的通知》，对 2004 年渠道进行详细的规划，提升营销服务渠道的忠诚度和整体效率，实现功能协调、布局合理、稳定可控、互动性强的渠道目标。通信大卖场、农村服务网点、集团公司购置网点等各类渠道建设项目进行统一安排，并印发集团公司《普通店 VI 规范执行手册》。至年末，累计在全省控制大型卖场 121 个，总面积 3.82 万平方米。完成集团投资渠道网点 23 个，购置县分公司营业厅 17 个，建成城市合作营业厅 467 个、农村合作营业厅 743 个。采用“自营与他营结合”“话费分成与手机捆绑结合”的经营模式，初步实现渠道盈利目标，获得集团公司“2004 年度渠道整合先进单位”奖。

2005 年，四川移动推出《四川移动服务营销渠道建设流程规范》，指导各分公司在营销服务渠道的建设规划中，按合理的程序对营销服务渠道建设过程所涉及的选址、资金投入、人员的管理和考核进行明确的要求，以保证营销服务渠道建设的规范化、有序化和实效性。在农村市场，推进区域服务营销一体化管理模式，提高市场管理的精细化和市场发展的把控功能。在城市，强化对通信大卖场的控制，增强渠道管理的话语权和市场影响能力。开展渠道效能监察，组织核心渠道合作伙伴到知名国际品牌手机制造商参观考察，构建三方深度合作关系。建成大卖场 36 个，自有营销渠道 2460 个、专销点 2341 个、移动电话村 2458 个，发展服务到村的联络员 3691 名，平原和丘陵地区实现“一镇一店，一村一人”。自有渠道客户发展比例由 2003 年的 19% 提高到 51%，城市自有营业厅服务客户数由 2003 年的每店 10.2 万人细化到 3.2 万人，经过可控通信卖场零售和分销的 G 网终端比例达 85%。

是年，四川移动开始推广网上营业厅和短信营业厅的电子化服务，先期重点推广短信营销，扩大网上和短信的业务办理和咨询量；电话服务方面加大外呼（电话营销）力度，宣传应用“10085”“18611”，引导客户使用电话自动语音服务，尽量避免机械的“详询 1860”。为加强对社会渠道的管理，公司制定《四川移动 2005 年优秀社会渠道合作伙伴评选办法》，全面、客观、及时地评价核心社会合作伙伴的业绩贡献和忠诚度，根据系统数据和第三方定期测评，确定出全省社会渠道核心合作伙伴的贡献值，有针对性地对社会渠道核心合作伙伴予以激励，为贯彻“服务与业务领先”战略打好基础性渠道平台。

三、四川联通

2001年11月，中国联通出台《省级分公司组织结构调整方案》，提出各省分公司应进行适度改革，各项业务的经营必须建立严格的损益责任保证投资回报，并表态部分省份的地市级分公司也可采用区域性管理。

2002年1月，四川联通制定“区域性管理、属地化营销”改革方案。6月23日，在全省实施“区域性管理、属地化营销”管理体制改革，将除省会所在地成都分公司以外的20家市（州）分公司划分为东、南、西、北4个区域性管理机构，对区域所属各市（州）分公司的人事、财务、规划建设、运行维护等实行统一管理。区域成立承担损益责任的业务单元，对所属各市（州）分公司的业务进行统一管理和指导。各市（州）分公司采用“扁平化”管理模式，成立承担业务损益责任的新型营销组织机构，形成快速、灵活的市场反应能力和专业化的营销队伍。公司初步建立起自销、代销、直销和承销4种方式相结合的营销体系，扩大自建、合建营业厅的规模和数量，扩大代理商队伍，并注意加强培训和指导。

6月，四川联通调整组织结构，全省各市（州）分公司40余名总经理和副总经理与近300人一起重新竞聘54个中高级管理职位。管理人员由20.44%降至17.26%，营销人员从57.63%升至74.88%。同时，四川联通聘请咨询公司诊断管理体制，此后半年，再度酝酿深化改革。

2003年5月末至7月初，四川联通调整从省公司到四大片区和21家市（州）分公司，各级部门1000余人的岗位，约占总人数的一半。营销规划管理委员会、集团客户部、市场部、业务部、网络系统部等部门或撤或并或立。调整后，重新构建新的组织架构。原市（州）分公司整合成销售、市场和服务三大体系，成为真正的专业营销公司，全力开拓市场服务。

是年，四川联通完成星级服务体系建设，形成投诉闭环处理流程，提高投诉处理满意度。

2004年5月起，四川联通用户通过营业厅、网上营业厅获得新的发票和账单，率先在全省通信行业建立以发票、账单和详单为内容的三级用户消费服务体系，实现“明明白白打电话”。

四、四川铁通

2003年，四川铁通尝试用人、用工、分配三项制度和运维体制改革，通过对管理机构的重组、生产布局的调整和产业结构的整合，形成以通信市场体系为龙头（事业部属下各分公司），以铁道业务为基础（事业部属下各通信段和网管中心），以实业公司（属下成铁家电、汽车租赁、广告公司、培训中心）和工程公司（属下各地工程分公司）为两翼的经营管理模式。

是年，四川铁通试行“准事业部制”，在坚持责、权、利统一原则的基础上，建立以公司市场部为主体，并与各分公司组成的电信经营独立核算体系，开展“服务质量年”活动，提升客户服务质量和用户满意度。

2004年，四川铁通开展“客户满意年”活动，落实100%“用户回访制度”，提升公司整体服务水平。

第二节 市场营销

20世纪80年代后期，社会主义市场经济逐步建立，全省邮电部门“独家经营”的垄断市场被打破，竞争加剧，全省邮电企业摒弃传统经营模式，把注意力转向市场。

1988年，四川邮电首次在电视、报纸等媒体上刊登业务广告，开始由内向型经营向外向型经营转变。各级邮电企业将研究市场、分析市场和开展市场预测作为企业生产经营活动的重要内容。5月17—24日，重庆市电信局举办重庆市首届电信业务预订会，成交金额1006万元，首次把电信业务作为商品推向社会。是年，全省农话扭亏为盈，收支差额728万元。

图2－44　1988年5月17—24日，重庆市电信局举办重庆市首届电信业务预订会

1989年，全省各级邮电企业采取多种形式，利用各种机会宣传邮电业务，适时举办洽谈会、订货会。3月15—23日，成都市电信局举行“首届蓉城电信业务订货会”，向社会优惠、优先、优质地集中投放当年市话、长途设备、程控小交换机，同时开放程控电话新业务，受理长途直拨电话申请，预订无线移动电话，展销各种通信设备。总成交金额2211万元。订货会期间，预订电话5000余部，预售长途直拨电话1172户，装通电话618部。同时，根据电信特点，制定发展业务奖励办法，开展“增量增收”劳动竞赛，把业务发展纳入目标管理，及时向用户提供潜力大、效益高的新业务。是年，全省电信长途自动有权用户净增7949户，无线寻呼增加4331户，市话放号2.50万户。全年电信业务量完成14728万元，同比增长14.8%。

1990年，省邮电管理局号召全省邮电部门开展“双增双节”活动。各市（地、州）局采取各种形式宣传邮电业务，举办洽谈会、订货会，确保邮电业务增长目标的实现。5月17—26日，重庆市第二届电信业务预订会在大坪微波大楼举行，成交总金额1041.8万元。6月9—14日，绵阳市首届邮电业务展示订货会举行，总成交金额170万元。

是年，成都市物价局核定的代办服务费政策出台，成都市电信局本着“谁出钱、谁受益”原则，发挥社会积极性，开展电信代办业务。至年末，全省农话业务收入7620.13万元，较1985年增长2倍多，农话业务总量从1985年的1043万元上升到4980万元，增长近4倍。

1991年，省邮电管理局召开全省邮电部门第一次经营工作会议，决定对8项重点业务实行目标管理。4月22日，成都举办电信订货会，放号5万户，92%为私人住宅电话。7月，成都市电信局抽调23名有经验的管理、安装、维修员，在全国省会城市第一个创立公话分局，集中力量发展代办网点；同时制定一系列公话代办发展的规划及措施，调整公话代办网点布局，改变经营方式，规定所有代办点以“成都市电信局××电信代办处”悬挂统一标志牌。代办点可根据实际情况，开办电报、长话、电传、传真、公用电话等综合业务，电信局一般负责通信线路设备的投资，代办单位或个人负责提供代办电信业务的场地和通信设备。

1992年初，省邮电管理局制定电信“抓电话，带非话，努力开拓新业务”的经营方针，实行灵活的经营政策，对10项重点业务实行鼓励政策，重点业务资费浮动标准在规定幅度内交由企业自主决定，把发展重点业务鼓励政策措施放到企业。

4月，成都市电信局在建设路开办第一个电话业务代办点后，以电话业务代办为突破口，开始单位、集体、个人集资代办电信业务。青羊区黄瓦街、金牛区垫资电信代办点相继开业，经营业务有市内电话、国际国内长途电话、电报和传真等业务。至8月末，全市发展电信业务代办点585个，由城市一环路向二环路及郊区发展，形成一个覆盖全市的代办服务网。一个“以记账用户为主，自办营业网点为骨干，大力发展电信代办”的格局在成都初步形成。

针对全市出现装移机难、电话接通率低、修障碍难、用户申告多等问题，成都市电信局成立装、移机指挥部，抽调全局市话线路工程公司的技术人员，会同各市话分局装机队一起，进行装机会战。成都市电信局装机3.01万户，累计达86762户。基本解决11月20日前缴费用户的装机问题，做到一般障碍不过夜，疑难障碍不超过3天。

1993年，按照“客户为中心，市场为导向”的原则，全省邮电企业开始建立营销机构，配备营销人员，新增营业厅（室）设备，改善服务手段，先后为60个县以上局配置营业厅用智能电传机，开展公众电报立等即发业务。同时，继续贯彻“抓电话、带非话、努力开拓电信新业务”的经营方针，在大力发展长话、市话的同时，加快发展移动电话、无线寻呼、磁卡电话、分组交换数据业务、礼仪电报、用户传真、可视图文和电话信息服务台，更多地占领市场。成都市电信局、攀枝花市邮电局实现112台（市话故障报修）自动集中受理，部分市（地）局逐步向自动受理发展，以缓解电话难装、难打、难修等问题。

10月18—20日，“'93全国通信产品秋季交易会”在重庆举行，标志全国通信产品供销完全进入市场经济轨道。此次交易会是中华人民共和国成立后规模最大的一次通信产品交易会，来自全国各地、各部门的550个单位、2500余名代表参加交易会，设标准展台256个，参展单位270余家，成交总金额约20亿元。在成交总金额中，电话机产品占70%，BB机占10%，交换、电源等其他设备占20%。

至年末，全省有自办电信营业窗口2054处、代办点7877处、自办公用电话348处、磁卡电话亭628处。

1994年，全省邮电企业采取全员营销的形式，制定发展电信业务对个人和科室的奖励办法，面向社会公开招聘录用一批营销人员，积极参与竞争。利用电视、报纸等新闻媒体，宣传电信业务，特别是宣传移动电话、168、电子信箱、200号、108、分组交换等新业务；利用节日、纪念日上街开展宣传促销活动；利用召开用户座谈会、走访用户、上门服务等有针对性地开展业务咨询宣传；印制大量的业务宣传品、使用指南散发给用户。坚持以市话放号为重点，发展长途有权用户，带动其他业务发展的作法，大力发展各种类型的代办点和公用电话、磁卡电话等，提高服务水平。

1995年，全省邮电企业印发电话信息服务业务、200号业务、程控新功能、129无线寻呼、移动通信、国际业务、分组交换等内容宣传资料，召开新业务演示会、装机订货会、大用户座谈会及在电视、报纸等宣传媒体上刊登各种宣传广告。加快市话装机放号速度，发展公用电话，对电话放号和部分新业务引入激励机制，制定重奖重罚的考核办法，实行目标管理。

至年末，全省邮电部门提前1年实现“八五”计划主要指标，全省邮电业务总量达27.43亿元，较1990年增长9.6倍；邮电业务收入（不含重庆）实现50.27亿元，较1990年增长9.93倍。

1996年1月24日，由省计委、省邮电管理局联合举办的美国加州讯亨网络公司（CSN）通信网络产品演示及技术交流会在成都举行。是年，全省市（地、州）局利用各种时机组织开展优惠酬宾活动，利用价格杠杆，鼓励用户消费，对固定电话、移动电话、寻呼的发展收到较好效果。

1997 年起，全省各级电信经营服务部门转变观念，适应以市场为导向、以经营为龙头、以用户需求为目标的市场经济经营管理模式，开拓市场，把握市场，加强对市场的调查预测、业务宣传、经营分析和营销策略研究，并采取多样化的营销措施，促进各项电信业务迅速发展。每年初，省邮电管理局印发《关于开展电信市场调查和预测工作意见》，安排布置全省的调查预测工作；同时，印发《全省电信业务宣传工作意见》，提出业内总体思路和宣传重点。

在中国电信整体形象的宣传方面，各局先后在电信营业厅的装修或改造上，按照规范，突出“中国电信”的整体形象；一些局在本地显眼路段制作“中国电信”的路牌广告；各市（地、州）局在制作的各种宣传资料、宣传卡、宣传袋、宣传用品上打上“中国电信”的标志，逐步形成“中国电信”的市场效应。

在电信业务宣传方面，利用各地报纸、广播、电视等新闻媒体，刊登播放业务宣传资料广告；组织街头宣传，如挂横标，竖广告牌，利用公共汽车、出租车打广告等；召开用户座谈会，宣传电信业务；组织散发宣传资料。

根据电信业务宣传和发展的需要，全省统一制作各局营业厅使用的 12 种电信业务宣传招贴画、10 种电信业务宣传折卡、100 万册《四川省本地电话业务手册》、200 万册《四川省国际国内长途电话业务手册》等下发各局。各局抓住节假日和各种优惠酬宾活动的有利时机进行电信业务宣传。春节期间，全省组织开展“会议电视拜年”业务优惠酬宾活动宣传、“打个电话拜个年”电话业务宣传；实时进行省外各局电话升位宣传和省内相关局本地网升位改号宣传、德阳长话优惠试点宣传等。各局利用“3・15”世界消费日、“5・17”世界电信日、“7・1”香港回归、“艺术节”“熊猫节”“电视节”等时机进行业务宣传活动。11 月，在全省长话宣传月活动中，发放长话业务用户手册资料近 200 万册。

1999 年，四川移动成立后，重视企业形象和企业标识宣传。营业厅标识、广告牌、企业名片、证件、各种办公用品、汽车等均使用企业标识手册上规定的统一标识，在此基础上建立起以前台服务为标志、后台服务为支撑、网络服务为基础的服务格局。

4 月 15—18 日，省邮电管理局参与主办的第六届中国（成都）国际通信贸易博览会（CITTE 99）在成都国际会议展览中心举行，国际及国内近 200 家通信厂商参展。

2000 年 4 月 8 日，国内第一家以手机为主的通信产品全开架式超市——德先通信超市在成都市太升南路（通信一条街）开业。该超市占地面积 720 平方米，内设手机销售区、维修区、配件销售区、传真和电话销售区等。5 月 12—17 日，由成都市政府、省邮电管理局、省信息化工作领导小组办公室联合主办的成都（国际）通讯节在成都举行。5 月 25—28 日，由中国贸易促进会和四川省政府在成都共同举办中国西部国际博览会。四川电信、四川移动和四川联通等公司组织上百家企业参展，推介产品，宣传新业务。此后，每年举办一届。是年，全省完成电信业务总量 68.1 亿元，同比增长 32.44%；完成电信业务收入 64.3 亿元，同比增长 32.71%，业务收入增幅在全国排名第一。

2002 年，四川联通启动以 CDMA 为主的直销服务，对从事直销工作的再就业人员的工资报酬，主要采取底薪加提成的分配办法。9 月 17 日，四川电信在成都启动旨在将宽带梦想“接入”每个普通人的现实生活的“宽带极速之旅”大规模促销活动。该公司精心“包装”商业客户活动、宽带路演、宽带“1+1<2”团购、老客户免费升级、用户宽带体验和金风送爽等系列促销活动。“宽带极速之旅”自 9 月 16 日起至 11 月 15 日在全国 20 个省（市、自治区）展开，省会城市、沿海发达城市作为此次活动的重点。上海贝尔、华为、微软、深圳中兴、新浪、戴尔和中星微电子 7 家企业成为

中国电信集团公司合作伙伴。

2003年3月，四川电信首次提出“创西部一流”发展战略目标，拟用3—5年时间创建“西部一流”电信企业的战略目标，即通过一流的服务，一流的网络，一流的管理，一流的队伍，最终实现一流的绩效指标。四川电信围绕创建“西部一流”的战略目标，研究企业发展战略，提出《关于四川省电信有限公司2003—2007年发展战略的研究报告》（简称《战略报告》），在此基础上制定《四川省电信有限公司关于2003—2007年创建“西部一流”的指导意见》（简称《指导意见》）。《战略报告》和《指导意见》应用中国电信集团关于建设世界级电信企业的参考标准，创造性地贯彻中国电信集团关于五项集中管理、五项机制创新、强化五项管理等一系列重大部署，作为企业发展的指导纲领，成为网络发展、业务发展等专业规划的重要依据。

5月15日，为期3个月的四川电信“宽带极速之旅2003”活动在成都启动。当天为网民提供视频点播、可视通话、远程教育、网络游戏等内容服务的“互联星空”四川门户网站（sc.chinavnet.com）亦同时启动。

5月，四川电信在成都市率先推出上门营销服务“五遵守、五不准”制度，主要包括“预约装机、规范着装、出示证件、文明作业、服务回单；不准酒后服务、不准吃拿卡要、不准抽烟吃零食、不准支使客户、不准与客户争吵”等，违者最高处罚可致解除劳动合同。随后，逐步在全省推广。

7月，中共四川省委书记、省人大常委会主任张学忠考察四川电信，要求四川电信在保持自我发展的同时，继续做好对党政通信、应急通信的保障工作，争取实现“2003年主实业收入超过100亿，利税过10亿”的发展目标。截至12月10日，成都电信双流分公司收入突破亿元大关，成为中国西南地区第一个收入过亿元的县级电信公司。

2004年3月，四川电信在全省开展“行动见证真诚——中国电信用心聆听行动”“社区经理进万家实惠送给你我他”、小灵通“承诺消费优惠换机”等活动，为客户提供零距离服务。5月16日，四川电信联合华西都市报社、联想集团、“天府热线”、新浪乐谷和电脑商情报社共同启动大型网络体验与网络应用普及活动——四川首届上网节。首届上网节为期105天，以“网络你我，聚合精彩”为主题，为全省400万名网民提供宽带体验总动员、互联星空高校行、“精彩六月”之宽带电影周、激情欧锦周、互动游戏周、数码影音周等网络体验活动。在启动仪式上，四川电信与联想（成都）公司签署《联想电脑全线捆绑电信ADSL合作协议》。根据协议，在5月17日至8月31日期间，消费者凡在指定授权店购买联想电脑，即可免费开通中国电信ADSL宽带互联网接入服务，并获赠3个月包月不限时网络使用费。

图2－45　2004年5月16日，四川电信首届上网节

2005年，四川移动组织开展奥运迎新长跑、送科技文化下乡巡演、动感地带嘻哈文化节等大型宣传推广活动，支撑品牌建设，促进业务发展，获得集团公司“品牌大赢家DV大赛金奖”和2005年度市场经营“我能创新奖”。

1986—2005年，全省通信行业实现邮电业务总量2014.31亿元，其中电信业务总量1870.14亿元。

1986—2005年四川省通信行业业务经营统计表

表2－5　　　　单位：万元

年度	总量	其中		年度	总量	其中	
		邮政业务总量	电信业务总量			邮政业务总量	电信业务总量
1986	16707	—	—	1996	384938	47294	337644
1987	19964	—	—	1997	506154	49273	456881
1988	23819	—	—	1998	719460	54957	664503
1989	29586	—	—	1999	1057416	63071	994345
1990	64960	7925	57035	2000	1620000	80000	1540000
1991	79591	9710	69881	2001	1940000	160000	1780000
1992	109669	13379	96290	2002	2240000	170000	2070000
1993	160720	19705	141015	2003	2610428	190528	2419900
1994	239565	29372	210193	2004	3353809	195709	3158100
1995	357089	43872	313217	2005	4609255	216851	4392404

说明：资料来源四川省发改委、四川省统计局编辑出版的《四川经济社会发展60年》

第三节　经营管理

一、四川省邮电管理局

局（厂）长负责制　1982年1月，为贯彻中共中央、国务院颁布的《关于国营工业企业进行全面整顿的决定》，四川邮电调整全省市（地、州）局和处级直属单位的领导班子。至1984年末，全省邮电中所有市（地、州）和处级直属单位的领导班子全部进行调整，234个县局级单位的领导班子调整222个，占总数的94.8%。同时，各级邮电企业普遍结合企业实际，逐步实行党政分设。职工人数在150人以上的邮电企业实行党政分设，列入规划整顿的企业建立职代会制度，逐步体现“党委集体领导，职工民主管理，局（厂）长行政指挥”的原则。

1985年1月，全省第十九次邮电工作会议在成都召开，会议要求“根据中央关于经济体制改革的决定，必须有计划地积极慎重地推行干部任期制和做好局长负责制工作”。会后，德阳市邮电局、内江市邮电局、重庆市电信局、成都市电信局、广元市邮电局、自贡市邮电局、凉山州邮电局、万县地区邮电局、阿坝州邮电局、南充地区邮电局、涪陵地区邮电局、遂宁市邮电局、成都电信工程公司等局（厂）结合企业实际，经省邮电管理局批复同意先后试行局（厂）长负责制。

10月6—11日，全国邮电系统局（厂）长负责制试点工作座谈会在江苏省常州市召开，成都市电信局作为邮电部指定的10家试点企业之一参加会议，并介绍试点经验。

1986年10月5日，省邮电管理局针对试行局（厂）长负责制中存在的问题，印发《实行局长负责制中一些具体问题的意见》的通知，要求全省邮电部门根据邮电部、省政府统一部署，1990年前要在县邮电局以上企业普遍实行局（厂）长负责制。至年末，全省邮电部门实行局（厂）长负责制的企业有47家，占计划数的21%。鉴此，省邮电管理局决定将“企业申请，上级审批实施”的办法改为“统一规划，上级下达任务，分级纳入年度方针目标”中完成。

1987年，全省加快企业领导体制改革步伐，凡职工人数在100人以上的邮电企业普遍实行局（厂）长负责制、任期目标责任制和任期终结审计制。是年，全省实行局（厂）长负责制的企业达到总数的60%。

至1988年7月18日，经3年试点和推行，全省有19个市（地、州）、138个县（区）邮电局和4个直属单位实行局（厂）长负责制改革。成都、乐山、内江市邮电局建立以局长为领导、行政干部为骨干，实行生产经营与思想政治工作一体化的新格局。同时引入竞争机制，改革干部、人事制度，打破终身制，采取任命制、招聘制、聘任制和选举制等办法，提高干部队伍素质。至年末，全省实行局（厂）长负责制的企业净增66家，累计169家，达到规划数的98.2%，其中，市（地、州）局18个，占总数的94.7%；县（市）局135个，占总数的97.8%；直属企业11家，达100%。

1989年，全省通信行业普遍实行局（厂）长负责制，局长的中心地位初步确立，党委的政治核心作用进一步发挥，职工民主管理得到加强。

经营责任制 1979年起，以成都市电信局等6家企业为先导，进行扩大企业经营管理自主权试点，并对全省邮电企业财务体制、分配制度、核算制度等进行配套改革，调动企业和职工的生产经营积极性。

1985年1月，四川省第十九次邮电工作会议提出：努力改善经营管理，在注重社会效益的同时，不断提高自身的经济效益，逐步由“生产型”向“生产经营型”转变。会后，省邮电管理局开始经营责任制试点改革。

成都市电信局在年初与电报机械科、长途机械科和机务站签订经济承包责任制合同，率先打破“大锅饭”。采取定额承包方式，承包内容包括责、权、利三个方面。市局对科的通信质量、服务质量、产量、业务收入、费用支出、安全文明生产等项目，每月按考核细则以百分制进行考核；科室以岗位定额为基础，把各项指标分解落实到班组和个人，以百分制考核打分。奖金分配实行上不封顶、下不保底的原则，完成定额给奖，超定额加倍奖；对完不成定额或出现事故、差错者，按分值倒扣基本工资。实行承包后，调动职工的生产积极性，企业经济效益与个人经济收入同步增长。

1986年，全省在完成市（地、州）邮电局和专业一级核算的基础上，开展企业内部二、三级核算。各级邮电企业实行产量计划、财务收入、利润包干、工资总额包干等形式的经营承包责任制，改革企业内部分配制度。

1987年起，邮电部对四川省邮电管理局实行“包死基数、确保上交、超收多留、歉收自补”的经营责任制。省邮电管理局根据四川的实际情况，制定“鼓励先进，优惠边远，确保全程，区别对待”的经济政策，实行以“一包四保两定”为主要形式的经营责任制（即包利润基数，保通信质量、数量、收入、经济效益，定企业留成比例、奖励福利和三项资金提成比例）。对不同地区和企业分别采取不同的“包、保、定”办法，合理确定利润基数和上缴定额。对大部分地区，把超基数利润的80%留给企业，职工奖励、福利实行基数分配，再按留利水平分档提留；对少数民族地区和纯支出单位以及由于经济核算不完善、全程全网特殊开支而影响承包基数的进行适当补偿。实行这些政策，较好地解决国家与企业的分配关系。

2 月，省邮电管理局召开全省第二十一次邮电工作会议，决定在全省邮电通信企业实行经营责任制，并下放给企业 8 项权利：（1）根据批准的 5 年规划和资金管理权限，企业有权安排本区内的通信建设项目，在政策允许的范围内有权自行决定集资方式。（2）在保证全程全网的前提下，可自行开办地方性业务，在地方政府批准的情况下可实行特殊资费政策，可组织富余人员发展多种经营。（3）有权按政策自行支配使用各项分成资金和各种基金、处理多余和闲置的资产。（4）在部省人员编制规定范围内，可自行确定内部机构设置和调整配备人员。在保证部省规定前提下，可确定区内自办、委办、电路、邮路、投递频次等问题。（5）在执行工资政策前提下，有权确定奖金具体分配形式。（6）有权对区内科级及以下干部进行任免、调整和奖惩，有权决定对职工的录用和奖惩。（7）有权命名区内先进企业、先进人员，并确定精神和物质的奖励。（8）有权稳妥地发展横向联系。

3 月 21 日，根据中共中央和邮电部对省实行经营责任制的决定和四川省试点情况，省邮电管理局印发《四川省邮电通信企业实行经营责任制的办法》，决定是年起对各市（地、州）邮电局（含各直附属单位、各专业）实行多种形式的经营责任制，以保证完成全省邮电通信任务和各项经济任务。《办法》明确省对市（地、州）邮电局重点考核 7 个方面内容，即通信质量、通信数量、业务收入、利润、经济效益指标、安全生产与治安案件、加强全网指挥调度情况等。

截至 5 月 21 日，省邮电管理局首批核定成都市电信局，南充、达县、广元、凉山、阿坝、涪陵、绵阳、万县、德阳、攀枝花、甘孜、乐山、宜宾、自贡、遂宁、泸州 17 个市（地、州）邮电局和省发行局、邮票公司、器材公司、储汇局、邮电医院、邮电职工学校、省局行政处、邮电通信建设公司 8 个直附属单位的经营责任书。实行经营责任制后，省局对各企业按项目进行百分制考核。

至 9 月末，全省邮电系统除重庆市邮电局外，余下的 20 个市（地、州）邮电局和 15 个省邮电管理局直附属单位与省邮电管理局签订经营责任书。全省 209 个县邮电局（含市地州局现业）除 1 个局外，其余各局与市（地、州）局签订经营责任书，签约比例 99.52%。各企业内部多数采取纵向、横向的经营责任制，分别与生产科、站、班组、支局和职能管理科室签订经营责任书，形成纵横交错的经营责任网络。

是年，全省完成通信总量较上年增长 15.91%。长话业务量、电报业务量、传真、用户电报、国际电话、长途会议电话和出租代维及其他业务均有较大幅度增长。

1988 年，在全行业实行“包死基数、确保上交、超收多留、歉收自补”、一定两年不变的经营责任制的基础上，省邮电管理局对企业的经济政策作了补充和调整，调动企业的积极性，使企业在自主经营上又迈进一大步。主要是：（1）调整奖励、福利基金提成办法。（2）采取一系列经济政策，促进各企业开发新业务。（3）进一步完善考核办法，增加经营约束机制，增强企业发展后劲。（4）经营责任制与企业内部配套改革相结合。是年，成都市电信局，乐山、德阳市邮电局，阿坝州邮电局，万县、雅安地区邮电局获得全行业实行经营责任制前六名综合效益奖。至年末，全省邮电业务总量、业务收入、企业利润创历史最好水平。业务总量两年平均递增近 20%，达 17190 万元；业务收入 24800 万元，年平均递增 30%，高出承包前 8 年平均递增 14.31% 的水平；全行业利润突破 7000 万元，高出承包基数 2.4 倍。劳动生产率、资金利税率及邮电部考核的接通率、电路合格率等

10 项质量指标完成，各项考核得分均为 100 分。

1989 年 1 月，全国第二十六次邮电工作会议召开后，邮电部调整实行两年期满的“利润定额上交、超基数分成”的经营责任办法，实行“部对管局分成”的承包经营责任制，新的承包办法 3 年不变。具体做法是：以全国统一结算价格，并核定各省（市、自治区）的成本计算出的利润，邮电部对多数省（市、自治区）实行当年税后利润金额“二八”分成，即上交邮电部 20%，各管局留 80%。对甘肃、宁夏、青海、新疆、内蒙古、广西、云南、贵州和海南 9 个省（自治区）实行“一九”分成，即上交邮电部 10%，管局留 90%。经四川省邮电管理局多次争取，四川省甘孜、阿坝、凉山 3 个自治州（地域面积占半个四川）实行“一九”分成，其他地区实行“二八”分成。

是年，按照邮电部关于“简化核算办法，增量增收并重，搞活全网与搞活企业并举，逐步实行计划成本”的原则，四川省从实际情况出发，实行“统一结算价格、两个系数、四个板块”的经济核算办法，并进一步完善承包经营责任制。通信企业改“定额上交、超额分成”为利润全额分成，并区别不同情况，制定不同的分配比例，经营承包期限定为 3 年。对农村电话专业，仍纳入经营承包责任制内容，邮电工业执行原定承包办法。为增加企业活力，省邮电管理局调整经营政策，继续执行工资总额同业务总量挂钩办法，鼓励企业增量增收。

1992 年 4 月起，全省邮电部门开始实行第三轮承包经营责任制。在总结过去两轮承包实践的基础上，从四川邮电实际出发，因地制宜，取消原方案中的“资费结算收入”，另设“活动系数”，形成“一个价格、两个系数、三个版块”的新模式，并完善“按季分配、年终清算”的企业利润分配方式，增大企业的自主权。

1993 年 1 月 13 日，在全省邮电工作会议上正式宣布出台增强企业自主经营责任的 10 项措施：（1）转变省邮电管理局管理职能，工作重点放在加强全省通信网的规划、执行通信技术标准、网路运行标准、抓好干线建设和跨地区建设和移动通信联网，搞好指导、监督、协调、服务，有效地加强通信宏观调控、行业管理；（2）除长途建设外，市（地、州）所辖范围内用自筹资金安排的生产性和非生产性项目，不论额度大小，由市（地、州）局自行立项、评审可行性报告、批复设计，向省局报备；（3）基建、大修、技改计划指标，由企业根据当地的情况，报经政府或有关部门批准办理，可以不受“笼子”限制；（4）新建、改扩建县本地电话网项目，其立项、评审可行性报告、批复设计由市（地、州）局办理；设备选型，企业可根据邮电部批准的入网制式和省局公布的指导性意见，自行选用；（5）为加快发展，省局积极帮助企业解决贷款、融资渠道，并根据需要和可能承担贷款担保；（6）在不突破职能管理人员编制的前提下，本着“精简、效能”的原则，企业有权根据生产需要，自主决定机构设置和人员编制；（7）企业按照国家有关规定，在弹性计划内自主决定用工数量、条件和形式；（8）在推行统一基本工资制度和津贴制度的前提下，企业可以自主决定工资的分配形式，形成企业内部有效的激励、约束机制；（9）企业可以从符合条件的工人中聘用管理人员；（10）区内邮路组织、小型邮政生产设备购置、农村服务网点的建立和撤销，由市（地、州）局自主决定，并向省局报备。

1997 年，全省通信企业确立“重点发展数据业务、稳步发展声讯业务、加快发展信息业务”的经营思路。

至 1998 年末，全省邮电业务总量完成 75.8 亿元，邮电业务收入完成 64 亿元，分别同比增长 49.78% 和 26.76%；邮电通信企业劳动生产率达 12.67 万元/人；全省发展电话用户 117.56 万户，达365.1万户，全省电话普及率达1.03%。

二、四川电信

2000年7月28日，中国电信集团四川省电信公司挂牌成立，提出“树立全新企业形象，踏上二次创业征途”的口号。随后，各市（州）、县电信分公司相继成立。

四川电信在公司化经营后，外抓市场、内抓管理，实现企业持续、健康、稳定的发展，按照建立现代企业制度的要求，稳步实施、推进以主辅主附分离、五项集中管理、三项制度改革、五项机制创新和内控制度建设为代表的多项重大体制机制创新、改革，实现由政企合一的传统国有企业向现代企业的转变，初步建立起“以市场为导向、以客户为中心、以效益为目标”的现代企业运营模式，实现持续健康稳定的发展。

2002年起，随着国家电信改革打破垄断，市场竞争日趋激烈，四川电信开始从总经理到普通员工全面实行工效挂钩，根据经营发展情况进行考核，取消保工资、保福利的政策，将工资、奖金纳入可控成本管理；广大员工齐心协力抓效益，节约成本，勤俭办企业。加强建设和执行内控制度，实行全面预算管理，运用财务分析、审计监督等手段，全面提升财务管理水平。

2004年9月25日，全省首个电信增值业务SP/CP诚信联盟在成都成立并发表“诚信宣言”，旨在打造诚信、健康、有序、共赢的增值业务产业价值链。

2005年12月27日，四川电信召开2006年度工作会议。会议以推进企业战略转型为主题，标志四川电信进入战略转型发展新的历史时期。至年末，四川电信完成“五项集中”管理，逐步建立完善财务管理、本地网监控、大宗物资采购、资源管理、网络维护五项集中管理体制，同时加强五项机制创新，推动四川电信整体管理水平的提高。

三、四川移动

1999年，中国移动四川公司成立，提出在2—3年内，建成中国西部一流通信企业的发展战略，并将该年度确定为“起步年”。公司通过改善市场经营服务，增加业务收入和客户数量；重视网络运行维护工作，改善通信质量；启动GSM七期扩容工程，加大支撑网建设力度，增强综合通信能力，狠抓企业基础工作，规范内部管理。

2000年，四川移动将企业发展战略重心转移到扩大网络覆盖面、提高网络质量、提高服务水平等方面。为此，将该年度确定为“发展年”。引入双频网技术，先后建成网管、计费和业务三大服务支撑系统，完成全国智能网一、二、三期工程，启动市（州）分公司局房建设和传输管道、本地网光缆工程，实现网络技术走向和网络发展的领先地位。同时，培育全员服务意识，建立面向市场的生产组织系统和技术保障体系，开展网络优化和服务质量监督检查，改进业务流程，网络运行质量和客户服务质量明显提高。

2001年，四川移动实施服务“一号工程”，提高网络质量，完善服务质量监督检查体制，客户满意度达76%，在全国网络运行质量检查中，获得第六名。服务质量监督检查体系得到完善，客户满意度达76%，获得中国质量管理协会授予的“客户满意企业”称号。通过“起步年”“发展年”“服务年”三个发展阶段，基本实现“创西部一流通信企业”的战略目标。

2002年2月6日，四川移动召开2002年度工作会议，提出“创世界一流通信企业”的公司长期战略目标。按照中国移动通信集团公司统一部署，在今后2—3年内，以“服务与业务领先”作为企业发展战略的重点，将服务与业务能力培育成企业的核心竞争力。11 月，制定《四川移动以服务与业务领先创世界一流 2002—2004 年战略规划》，并制订实施计划，落实战略措施的主要工作任务分解，确定责任部门和时间进度要求，提出达到的目标。

是年，公司按照集中整合各方面资源，深化运营体制改革，坚持以发展为主题，先后开展企业运营体制改革，实现公司改制上市两项改革；人力资源改革，优化员工素质，对二级经理实行全面竞争上岗，首次面向社会公开招聘省公司部分中层管理人员和重要技术人员。实施三项工程，即品牌整合工程，初步形成“全球通”“天府行”“神州行”和“移动梦网”四大品牌架构；客户服务工程，建立起普通客户标准化与大客户差异化服务体系；精品网络工程，使网络服务水平得到明显提高。

公司建立战略管理体系，负责审批战略目标、战略措施、重大战略项目、与战略管理相关的各项制度等决策工作。同时，将省公司技术合作部更名为企业发展部。

图 2－46　2003 年，四川移动为全省移动用户提供优质高效服务

2003 年，四川移动建立以战略目标为导向，从战略制定、战略实施到战略调整，再到战略制定的战略管理流程，并按照相关战略规划的要求对部门和员工进行考核。是年，公司实施“12345”重点工作环节，即“坚定一个目标：创世界一流通信企业；突出两个领先：服务领先与业务领先；实现三个先进：计费服务、营业窗口服务和“1860”热线服务在全集团进入先进行列；提升四项管理：战略管理、绩效管理、预算管理、营销管理；实施五项工程：成都城域网工程、精品网络工程、企业信息化工程、品牌创新工程和人才队伍工程”。通过品牌整合，理顺品牌架构，形成以企业品牌、业务品牌、客户品牌为主的品牌体系；完成 1860 客户服务中心的集中整治，实施营业厅服务标准化工作，进行业务运营支撑系统（BOSS 系统）的集中化改造和平台、流程、应用优化，建成计费集中采集系统，整合社会营销渠道，以短信、“移动梦网”和集团客户为突破口，发展数据增值业务，从而使公司服务与业务的领先优势得到进一步巩固。通过实施两张精品网络工程，建成成都 LSTP 工程，增加上层网络容量，使网络结构更加合理。通过实施精细化管理，实现网络管理集中化与基础维护社会化；完成岗位等级和薪酬制度改革，初步建成与企业绩效挂钩的个人绩效考核体系。

2004 年，四川移动打造“4+1”营销服务体系，使三大品牌协调发展；按照打造“两张精品网”的要求，优化网络配置，巩固网络优势，使网络服务能力得到提升；全面落实精细化管理，将提高管理水平作为提高企业执行力的重要手段和途径，以精细管理带动企业整体执行能力的提高，先后建成财务、人力资源、综合统计计算机管理系统，使企业执行能力得到提升；实施“人才工程”，实现 3 个百分之百，即 100% 二级经理竞聘上岗、100% 二级经理培训、100% 员工纳入个人绩效体系，人力资源改革得到深化。

2005年，中国移动集团公司提出“做世界一流企业，实现从优秀到卓越的新跨越”。2月，四川移动年度工作会议召开，确定公司的长期战略目标是“创一流、争先进、巩固主导、追求最好”，即创世界一流通信企业，保持在集团内部的先进水平，巩固在移动通信领域的主导地位，做四川通信行业最好的企业。

四、四川联通

中国联通四川分公司成立后，早期实际经营活动规模较小，基础建设任务繁重，在管理上较多采取集中化模式，实行报账式管理、垂直式管理。随着公司分支机构的增多、经营活动正常化后，按照总公司统一要求，采取一级法人治理结构，全国各地实行不具法人资格的分公司制度。四川联通对省内各市（地、州）分公司也采用这一体制。

2001年，四川联通的经营管理理念被确定为“加快发展，改革创新，提升服务，创造效益。”2002年，调整为“以企业价值最大化和股东利益最大化为目标，继续实施‘两新、两高、一综合’的发展战略，认真应对入世以后公司外部环境变化，严格遵守国内外资本市场的规范要求，加大改革力度，加强经营管理，强化服务质量，提高经营效益，完成从‘规模主导型’向‘规模—效益型’发展模式转变，与时俱进，乘势而上，朝着国际一流的综合电信运营企业方向大踏步前进。”

图2－47　2001年，四川联通用户踊跃入网

2002年，四川联通在经营管理上进行较大规模的改革，以市（州）分公司结构调整为契机，将全省21个市（州）按区域进行分区管理，实现网络、人力资源和管理资源的共享，降低建设和运营成本，增强市（州）市场营销能力，提高公司整体管理水平。

2003年起，四川联通实行GRE经营管理模式，并于2004年起对公司内控机制进行严格打造。在管理活动中，主要采取以下措施：公司发展由“规模主导型”向“规模—效益型”转变，增强效益观念，走集约型发展道路，实现股东和公司价值最大化。在网络投资上本着“有所为、有所不为”的原则，处理好覆盖、服务与效益的关系，将有限的投资发挥最大的经济效益，把工作重心转向市场营销。严格实行工程项目预算管理，加强工程物资管理，强化工程审计，实行“项目负责制”和“责任追究制”，在公司上下树立节约成本的当家理财意识。加强对付现成本的分析和控制，全面推行代理费与收入挂钩的话费分成模式。树立精品网络意识，落实网络维护责任制度，提高维护人员技术素质，抓紧实施网络优化工程。

强化营销工作力度，拓展市场，提高市场占有率。按照移动、数据互联网、寻呼等专业建立营销组织，落实损益责任，各专业建立起懂业务、会经营、能打硬仗的销售队伍，并把大客户发展工作分解落实到各业务部门。建立健全县级营销组织，建立自销、直销和代销相结合的营销网络。采取薪酬收入与销售业绩挂钩的激励机制。建立专门的营销培训机构，培养一支专业化的营销队伍，推广实施公司各种产品营销策略。

处理好资费规范性与营销策略灵活性的关系，建立和形成具有差异化优势的市场营销策略。突出重点，即突出重点城市，以大带小；突出高端市场，以提高 ARPU 值；突出县以下市场的拓展，以提高市场占有率。利用全省号码资源，通过综合业务接入，发展商业集团用户和公话超市。打好互联互通攻坚战，为发展 193 和 IP 长途业务提供保障；探索 IP 业务模拟转售的经营模式。保持传统寻呼用户和资费的稳定，加大催缴费力度，控制用户流失和收入下降，并推广“两网通”“农信机”“商业呼叫中心”和专业用户的营销。发挥综合业务优势，设计“捆绑综合业务”，提高支撑系统的综合支撑能力。

建立完善公司考核体系，正确评价各经营单位经营业绩。分清专业资产，落实损益责任。建立一套全网资产合理分摊的“模拟核算考核体系”。

第四节　通信服务

一、服务承诺

1996 年，成都、重庆和部分市（地、州）邮电局推行服务承诺制度。9 月 1 日起，南充市邮电局率先向社会公开 17 项服务承诺，主动接受用户监督，违诺由直接责任人赔偿用户。

1997 年，全省在 21 个市（地、州）邮电局和 156 个县（区）邮电局推行“承诺服务”，并以改善窗口服务为重点，按照“达标”“上等级”的要求，抓企业整体服务水平，服务中的热点、难点问题有所缓解。是年，全省电话平均装移机缩短到 1 个月以内，电话修机及时率达 98.43%。据统计，社会对电信服务的满意度为 78.89，同比提高 1.71。

2003 年 9 月，四川电信推出 SLA 承诺服务。SLA（SERVICE LEVEL AGREEMENT，服务水平协议）是电信公司与客户之间、电信公司与其他电信运营或服务提供商之间签署的一份协议。该协议具有法律效力，一方面规范服务提供商提供的服务水平和服务质量、价格策略及违反协议时服务提供商对客户的赔偿方式；另一方面明确客户接受这种服务的相关责任和权利。10 月 22 日，四川电信成都分公司与上海贝尔—阿尔卡特四川分公司签署服务水平协议书，标志四川电信正式启动服务水平协议（SLA），贝尔—阿尔卡特成为四川电信 SLA 业务的第一个客户。

2004 年 2 月 1 日起，四川移动联合 10 家 SP，实行“信息费差错双倍返还”的服务承诺。此服务承诺推出数天，四川移动已及时返还给客户信息费 300 余元。9 月，四川联通成立增值业务诚信联盟，向社会公开作出诚信服务承诺，规范手机短信市场。

2005 年，四川电信实施“真情 100，满意 100”诚信服务提升活动。2006 年，推出“详单查询、预约服务、业务自主”3 项服务承诺。

二、客户服务系统

四川电信　20 世纪 90 年代，四川电信开始建设客户服务系统。1997 年 1 月8 日，成都市电信局投资 40 余万元建成“180”用户投诉热线电话系统，负责受理 6 城区电信用户投诉。“180”台受理客户投诉的内容包括营业窗口和特服台服务问题、逾期装移机、逾时查修电话故障、公话代办违章等。"180"实行每天8小时专人值守，用户拨打"180"特服电话免费。

邮电体制改革后，中国电信陆续开通"189"（咨询服务）、"170"（话费查询）、"180"（服务投诉）、"114"（电话查号）、"112"（障碍申报）等特服号，提高客户服务水平。由于各平台按业务分割，缺乏统一规划，其弊端逐渐显露出来。

图2－48　1997年1月，成都电信本地网"180"系统建成竣工验收会议

2001年，中国电信全面整合号码资源、服务资源和数据资源，实施1000客服平台建设，将特服号码统一为"1000"。四川电信在成都、乐山、泸州和绵阳市实施1000客户服务中心建设试点。3月14日，四川电信成都分公司1000号客户服务系统率先建成并投入试运行。

3月，全省以本地网为单位，陆续开放"96180"总经理服务热线。8月8日，四川电信开通总经理服务热线"8008866315"，实行24小时电脑值班、8小时人工值班，了解客户信息，受理用户批评和建议，接受社会监督。

至年末，中国电信各省（市）基本完成特服号码的统一，开放1000号客户服务号码，规范客户服务界面。

2002年1月1日，四川电信泸州分公司1000客户服务系统正式向社会开放。随后，四川电信投资4000万元，在全省分4期进行1000客户服务中心工程建设。成都为一期工程，于3月开通投入运行；二期工程包括德阳、南充、宜宾、达州、内江、广元和巴中；三期工程包括眉山、资阳、广安、遂宁、攀枝花、甘孜、阿坝和凉山；四期工程改造点包括乐山、绵阳、泸州、雅安和自贡。

10月，四川电信全面开通1000客户服务热线，并将原"114"（电话查号）、"112"（障碍申报）、"180"（服务投诉）、"189"（咨询服务）、"170"（话费查询）等电信特服号功能统一纳入1000客户服务热线，实现一号接入，全面服务。

四川电信用户申诉受理中心组建后，开通并试运行"12300"申诉热线。

2003年3月，四川电信对1000服务系统进行改造，再次将"117"（自动报时系统）、"96180"（总经理服务热线）、"86752121"（市长公开电话）、"8008860201"（卡式业务查询系统）、"8008860169"和"961804"（数据业务咨询系统）及原"1000"（客户服务系统）等11个特服号统一到1000客户服务系统的语音平台上。同月，四川电信1000客户服务中心机房在成都市宁夏街建成，接入中继1020线、IVR600线、座席100个。1000系统服务平台建成后，实现电信业务一站式服务，承担业务受理、业务咨询、电话故障申告、资费查询和服务投诉等电信服务。

9月1日，四川电信客户服务热线1000升位为10000。新的客服电话服务功能依然不变，包括业务受理、业务咨询、客户投诉及客户建议等。11月1日，四川电信"1000""170""180""189""112"等特服号码正式关闭。10000系统正式上线运行，四川电信客户拨打"10000"，即可查询和办理各种电信业务，进行服务投诉等。

2004年，四川电信各本地网10000号客户服务中心系统全面建成，配套的组织机构搭建工作完成，开始正常运行。8月23日，四川电信成都分公司在114呼叫中心新增英语台席。

2005年5月，四川电信成都分公司在全国率先推出“114便民热线”。6月30日，四川电信成都分公司10000号话费自助查询系统开通运行。11月22日，四川电信开通服务评议热线“8008866315”。

四川移动 1999年，四川移动在全省市（地、州）开通1860服务热线。

2000年，四川移动创新服务模式，开展寄送账单服务。市（州）以上城市全部开通1861客户话费查询热线，以话音方式逐步向客户提供话费账单查询，以传真和因特网（Internet）方式提供客户详单查询。所有市（州）以上城市营业厅安装多媒体查询系统，免费向客户提供话费详单查询服务，并开始向有详细名址且有该项业务需求的客户免费寄送账单。是年，四川移动1860、1861客户服务中心增加服务台席225个、服务人员325名，接通率85%。

2001年，四川移动实现24小时提供人工服务。同时，加强电子化服务，推行网络服务方式，利用客户服务平台和互联网站延伸服务范围。

2002年，四川移动在1860人工台正式开通VIP服务专席，为“全球通”VIP客户提供优质快捷服务。客户享受到四川移动1860的优先服务、优先接入，并确保95%以上的接通率。同时，拓展服务门户网站功能、推广网上定卡、业务定制和缴费等业务，整合1258延伸服务。

9月起，四川移动着手1860客户服务热线的全省集中整合，制定20个市（州）分批集中、分步割接的整合步骤，提出“话务分片接入”和“高话务量溢出交叉接入”等系统、话务分配解决办法。

到2003年6月6日，四川移动完成1860集中整合，成为全集团首个完成热线服务集中整合的公司。四川移动客户拨打1860即可在手机上办理移动公司推出的全部业务，享受“一站式”服务。运行情况表明：接通率和客户满意度普遍提高，全省在网用户增加27万户，台席数和前台人员数分别较集中前减少10%和20%，人工成本降低，资源整合效应明显，实现全省服务的规范化和标准化。同时，建立1860/1861短信客服站，优化1860/1861语音流程，合理分流人工话务量。

2004年，四川移动落实“服务业务领先”战略，加强1860服务质量管理，出台《四川移动通信有限责任公司1860服务质量及服务支撑管理办法》，明确1860服务及各单位对1860的服务支撑、服务宣传必须坚持客户优先原则，把客户需求摆在首位；同时，规定系统问责制、服务预警制、牵头负责制、责任倒查制、宣传幅度控制、信息及时通报、现场派驻制等原则和制度。10月15日，客户服务二期系统前台部分正式上线试运行，实现信息平台统一化。基于统一的信息平台服务和业务信息资料库，一方面保证公司各个服务窗口和环节服务解释口径的一致性，树立移动公司良好的统一服务形象；同时让客户代表操作更加方便快捷，更大地提升客户服务能力。1860后升级为10086。

四川联通 2000年12月，四川联通开通全国客户服务热线“1001”；2005年，开通“8315”查询专号，用户只需编辑短信发送114至8315，即可免费查询、退订所有的短信业务，增加操作的透明度，增强用户订制服务的自由度。

四川铁通 2001年10月，四川铁通管内各分公司开通本地客户服务热线“96111”。2002年10月，建成开通四川铁通客服系统，该工程在成都设置客服系统1套，采用全国统一的特服号（“10050”）接入。同时，将“96111”接入号码由省内客户服务热线变更为智能网充值、缴费接入码。

四川网通 开通综合客户服务热线“1006”。

三、大客户服务

四川电信　1995 年 5 月，成都市电信局在全省率先建立大用户服务机构，并于次年 9 月更名为大用户销售服务中心。

1996 年末，省邮电管理局印发《全省大客户服务竞赛办法》，按季度通报大客户服务工作，年终进行年度评比表彰。

图 2－49　专业技术人员上门为大客户提供服务

图 2－50　成都市电信局大客户营业厅

1997 年，四川电信部门专门设立大用户服务管理岗位，在经济发达地区逐步建立大用户的服务中心，最终对大用户实行客户经理负责制：主动上门受理大用户电信业务，并代理大用户办理电信业务。省邮电管理局根据国家电信总局印发的《全国电信大用户管理办法》，建立大用户服务机构，充实服务人员，建立健全电信大用户档案，按照电信使用费从高到低的顺序，确立 100 名电信大用户，对大用户实行优先、优质、优惠服务。四川电信大用户服务工作开始走上规范化管理的轨道。12 月，省邮电管理局建立全省大客户微机管理系统。

是年，成都、南充和自贡等局建立大客户服务中心，全省有大客户管理服务人员 60 余人，各市（地、州）局分别列出 50 名大客户、省邮电管理局列出 100 名大客户，建立大客户档案，组织相关人员对全省 16 名特大客户进行走访调查。

1998 年，全省组织对 870 户大客户上门走访调查，听取他们对电信服务的意见，了解他们对电信业务的需求，并向他们宣传电信新业务。省邮电管理局利用建成的新业务演示厅，组织长虹、九院、二重、东方电机、攀钢和二滩电站等大客户参观，向他们介绍宣传和帮助他们了解电信新业务。

至年末，四川电信大客户服务队伍基本形成，20 个市（地、州）局配备电信大客户管理人员，成都、自贡、泸州、绵阳、广元、内江、宜宾和达川 8 个局建立大客户服务中心，其中，成都大客户销售服务中心工作人员 37 名，并实行客户经理负责制。各市（地、州）局制定《大客户服务工作实施细则》《大客户三优服务具体实施办法》。一些市（地、州）局专门设立大客户室，部分市（地）局增设大客户接待窗口，建立大客户联络员工作制度，按时对大客户上门服务，及时了解客户需求，当好客户参谋，及时反馈客户意见。

2000 年，四川电信在全省各市（州）分公司设立大客户服务机构，逐步推行大客户经理制，全方位为大客户提供“三优服务”（优质、优先、优惠），提升大客户的信任度、满意度和忠诚度，大客户稳定率保持在99%以上。

2001年，四川电信按照面向市场、面向服务的原则对经营服务体系进行改革，建立大客户、普通客户两条线的市场经营服务体系，实行个性化营销、差异化服务。11月，成都市大用户代表座谈会召开。会上，成都市飞机工业公司向四川电信成都分公司赠送锦旗表示感谢。

2002年，四川电信按照中国电信集团公司提出的“逐步建立集团公司、省（区、市）公司、地（市）分公司三级大客户部”的工作要求，在本部成立大客户事业部，完善全省大客户营销服务体系，加强垂直一体化管理，实行纵向与横向相结合的双重考核”管理模式，充实大客户营销力量，提高四川电信大客户营销服务的整体水平，改善大客户工作的服务质量。是年，四川电信大客户市场业务收入完成7.8亿元，占全国大客户业务收入总量的3.97%，占四川省电信业务总量的10%，在中国电信集团公司排第七位。

2003年1月5日，四川电信成都分公司自主开发的大客户管理系统投入运行。该系统是一个在业务上以客户为核心，技术上以数据为中心的管理系统，由客户信息管理、客户经营分析两个子系统构成，为公司动态掌握大客户信息，更好地为客户提供个性化服务构建技术支撑。随后，成都电信在市区6个市话运营部和14家郊县分公司的大客户室安装该管理系统，实现大客户管理无缝覆盖。

2004年8月初，四川电信开始实行社区经理、大客户经理岗位技能认证。同时，以社区经理、大客户经理岗位为试点，对岗位技能认证标准由低至高划分5级，根据岗位的不同其岗位技能认证所对应的标准起点和终点也有所不同，如大客户经理岗位技能认证起点为标准四级，终点为标准一级；社区经理岗位技能认证起点为标准五级，终点为标准二级。

2005年4月1日，四川电信成都分公司公众客户战略分群工作完成，属集团公司首创。

四川移动 1999年，四川移动成立后，建立大客户和重点客户专门服务机构，落实专门人员，制定大客户、重点客户服务内容、标准，推出各种优惠措施，做到“一免”（免费试用新业务）、“二优”（优惠话费、优先服务）、“三上门”（上门维修、收费、征求意见）。

2000年，四川移动各分公司建立大客户服务中心或班组，将大客户“三优服务”纳入考核，加强动态管理。

2001年，四川移动开展“服务年”活动，重点之一抓好集团客户服务，确保集团客户不流失。公司印发《四川移动通信公司移动集团客户信息化总体解决方案》，推出系列集团客户业务服务包。解决方案包括基于虚拟专用网（VPMN）移动电话解决办法、长途电话解决办法、集团客户信息发布、互联网业务解决办法、小交换机接入办法5种集团客户可选择的业务，资费优惠，再加上随业务配套的服务措施，构成多种集团客户业务的总体解决方案。9月，公司印发《四川移动通信公司企信通业务管理办法（暂行）》，推出主要针对集团客户的“企信通”业务。该业务按照实际发送的短消息数量收取通信费，不另收取服务费。收费标准分9类，与集团客户协商定价。是年，公司逐步向大客户提供个性化服务，为金卡客户提供全省范围共享联网的“三优”绿色通道服务。为大客户提供软盘、打印、电子邮件等形式的明细话单。各专业营业厅建立大客户接待室。

2002年，四川移动提出要成为“‘门户+网络’服务提供商”的口号。3月25日，出台《四川移动通信公司大客户服务管理办法》，明确和细化大客户服务内容，界定全省移动大客户服务管理的职责及分工。4月，开始进行大客户管理系统的规划建设。5月，该系统在成都地区试运行；7月，根据试运行情况对系统进行升级完善。8 月 28 日，完成大客户管理系统各功能模块的开发调测及全省 21 个市（州）分公司大客户资料的加载，系统由紧密关联的服务、分析、管理三大功能模块组成，标志四川移动全集中化大客户服务管理系统正式建成启用。

7 月 1 日，四川移动与成都双流国际机场合作，在全省正式启动为四川移动“全球通”钻石卡和金卡客户提供机场贵宾候机服务。

11 月，四川移动印发《关于成立行业集团客户项目组的通知》，成立临时行业集团客户项目组，由市场部、企业发展部、网络部、数据部、成都营销中心和计费业务中心相关人员组成，暂时负责全省性行业集团客户的深度营销服务工作。12 月，出台《四川移动通信有限责任公司 GPRS 集团/行业应用管理办法（暂行）》，借助 GPRS 的商用化，推出基于 GPRS 网络平台的特殊解决方案，即集团/行业应用。该业务的目标客户群是海关、公安/交警、航空公司、社会保障局、煤电气公司、公交公司、银行、保险公司、证券公司等对数据业务有特殊要求的集团客户群体。资费按照流量计费或者包月计费，受到集团客户欢迎。

2003 年，四川移动提出“整合营销服务资源，提供优良服务，实现客户服务领先”的战略目标，推出整合客户服务，实施服务工程，塑造“五心”服务品牌，实施服务品牌战略。建立和完善大客户经理制，选聘一批具有丰富社会阅历和行业背景、沟通能力和沟通技巧强的优秀人才，担任大客户经理。建立大客户服务热线，加强对大客户服务的动态管理，实行逐日分析“预警制”，每日反映大客户上网情况。对重要集团客户和个人高端客户实施一对一的个性化服务，编制 VPMN 集团客户网，实施整体解决方案。对个人大客户推广亲情号码编制“个人关系网”，提供亲情化服务。开展“全球通”积分计划，开展上门收费、免费试用新业务和 SIM 卡免费升级等服务。根据不同品牌提供差异化服务，高端客户提供精品服务，中端客户提供优质服务，低端客户提供基本服务。同时，进行多渠道的品牌传播，加大宣传广告策划、制作和投放的集中力度。加强品牌宣传和业务宣传，在整合品牌体系的同时构建差异化营销服务体系，实现客户服务创新，构建支撑品牌架构的客户服务体系和客户回馈体系。

4 月，公司推出针对中端客户的服务方案，实施跨区域服务。6 月，开始提供省内异地业务查询、密码修改、业务受理和缴费等服务。建立以客户积分为主体的回馈体系，稳定在网客户，签约客户积分率达 70%。

是年，公司在已有集团客户业务基础上，设计出《行业集团客户信息化解决方案》，在烟草、邮政、民航、电力和石油等省内行业客户中成功应用，全年发展集团客户 2.6 万户，完成集团客户应用 4300 户，行业集团客户“四大工程”竞赛评比名列集团公司第一，“数字成都”“泸州老窖”等 8 个行业应用精品工程获得集团公司奖励。

2004 年，四川移动在全省大规模实施“合作伙伴计划”，寻求第三方支持。经资格认证，筛选出 50 余个核心合作伙伴开展深层次合作。“合作伙伴计划”是四川移动为做好集团客户服务，利用第三方力量开发集团行业应用的重要举措。计划的实质，是公司在全省范围内征集行业应用合作伙伴，征集对象包括增值业务系统集成商和数据业务服务提供商。同时，公司推出“群英网”“合家欢”等标准化产品，将部分产品纳入社会渠道销售，为不同的集团分别制订服务标准，建立跨市集团客户发展流程，实行区域营销，在与集团客户的合作中发挥重要作用。

2005 年 3 月 9 日，四川移动发布《关于市（州）分公司、成都营销中心设立集团客户营销组织机构的通知》，从组织层面搭建起省、市（州）、县（市、区）三级集团客户工作管理链。集团客户工作统一由市场经营部牵头管理。数据部、数据中心负责集团数据业务产品的研发和支撑，同时对开发的数据产品提出相应的营销措施。集团客户产品的营销推广由市场经营部牵头负责。各市（州）在当地设置集团客户中心，在县（市、区）营业部成立集团客户组。同时，颁发《四川移动通信有限责任公司集团产品业务合作管理办法》《四川移动通信有限责任公司集团客户行业应用工作管理办法》《四川移动通信有限责任公司集团客户工作管理办法（试行）》等文件，规范集团客户业务发展。初步形成集团客户组织、产品、渠道、服务和支撑五大体系，集团成员305万户，增长4.5倍，集团信息化月收入1152万元，增长13.4倍。达州市地方海事局、宜宾五粮液股份有限公司等7个集团客户项目获得集团公司“精品工程”奖。

四川联通 2000年8月，四川联通成立大客户发展中心。大客户种类从原单一的固定电话客户发展成为使用联通综合电信业务的大客户群体。

2001年4月5日，四川联通在全国联通系统率先成立客户服务部，作为省分公司一级部门，负责全省客户投诉处理及服务质量的监督考核。同时，经过探索和努力，四川联通形成独具特色的4项配套服务方式：对新用户的回访服务、对高端用户的“联通会员俱乐部”活动、对远端用户和上班族用户的社区服务、通过“1001”电话受理业务的上门直销服务。开展“心系用户、服务创优”活动。全年用户投诉处理满意率96.77%，用户投诉处理及时率100%。是年，中国联通绵阳分公司获得“全国用户满意服务”称号。

图2－51 2000年9月14—16日，中国联通大客户业务培训与交流会在成都金牛宾馆举行

2002年，四川联通树立“市场主导、客户第一”的理念，强化全员服务意识，落实服务承诺制度；优化网络质量，扩大网络纵深覆盖率，加强网络管理，保障网络运行稳定和安全；扩大缴费网点，建立便利的用户缴费系统和“一台清”“一单清”系统，推出“全如意”综合业务充值卡；规范窗口服务，为大客户提供便捷、周到、个性化服务。

四、行风建设

优质服务活动 1986—1995年，全省通信服务工作重点是贯彻落实各项规章制度，促进通信质量和服务质量的提高，尽量满足用户对电信通信的需求。

1986年，成都、重庆市邮电企业制定《市话装移机纪律》《装移机违纪处理办法》，刹住利用工作条件敲诈勒索、向用户索要吃请、接受钱物的歪风。为端正全省邮电行业局风，各级邮电企业加强监督检查，全年派出各类检查人员13369人次，检查4662个邮电局（所），占局（所）总数的75%。省邮电管理局收回征求用户意见函7002件，其中对邮电服务工作满意的占84.4%。是年，全省有118家邮电企业被当地政府评为文明单位。

1987年，全省各级邮电企业把职工的“四职”教育同建功立业劳动竞赛结合起来，开展文明班组、“五无”支局竞赛和评选最佳营业员、话务员活动，涌现59个先进集体、127名先进个人。全省邮电部门有149家企业被当地政府命名为文明单位，占企业总数的55%；有136名邮电职工被当地评为“服务明星”。

1988年，从省邮电管理局到基层企业建立“廉洁奉公、优质服务”的规章制度，并采取相应的监督措施，强化企业内部管理。一些企业采取延长营业时间，主动上门服务等办法方便用户，改善服务态度，受到用户好评。是年，全省各级邮电机构向社会发征求意见函18479件，召开用户座谈会855次，走访用户34527户，企业领导接待用户来访7755人次，组织企业内部检查5524次，直接参加检查活动23277人次。全省被当地党政命名为文明单位的邮电企业179家，占邮电企业总数的66.8%，被各级地方政府评为“服务明星”的邮电职工有269人。

1990年，成都市电信局人民东路营业厅开业，是四川电信唯一一个昼夜营业的综合营业厅，所有特殊电信业务均可在此办理。1994年6月13日起，在营业厅设导引小姐岗，对客户实行来有迎声、问有答声、走有送声的热情服务。7月，在全省邮电行业中首推“上门服务”。1995年5月，被评为国家级“青年文明号”。此后，相继推出导引服务、挂牌上岗服务、普通话及英语服务、青年文明号服务卡、首问负责制、“五个一”服务承诺等，长期向客户提供便民伞、老花镜、《新华字典》等便民特色服务，创造四川电信服务的标杆。

1991年5月6—9日，四川省邮电部门文明单位建设经验交流会召开。全省有203家企业分别建成省、市（地、州）、县级文明单位；有240余人被各级政府评为“四职服务明星”，710余人被授予各类标兵、能手称号；参加全省优质服务竞赛的“窗口单位”职工7000余人。

1992年，省邮电管理局针对通信服务质量中存在的问题，开展“质量千里巡”活动，提升通信质量，长话来话接通率达到目标要求。市（地、州）局基本达到市话营业“五统一”的要求。

1993年9—12月，省邮电管理局和省邮电工会在全省通信企业开展以提高服务质量、端正行业风气为主要内容的优质服务劳动竞赛。竞赛活动重点放在禁止违章乱收费、解决电话难装难修、取汇款难等邮电服务工作的热点问题上。

1994年5—12月，省邮电管理局、省邮电工会在全省邮电服务窗口统一开展“树邮电新风、创优质服务窗口、争当岗位明星”活动。要求各局组织好各种短程竞赛，通过比发展业务、比用户满意，整体提升邮电的服务水平。要求全省所有邮电对外服务窗口，实行标准化管理、规范化服务。聘请社会义务监督员，制定社会监督评价标准和考核办法，定期对本单位服务质量进行社会公开评价。

8月上旬起，永川市邮电局采取层层签订优质服务合同的办法，把服务标准量化到每一个工种上，规范职工服务行为。

10月20日起，由省邮电管理局电信处、省邮电工会、四川通信报社等单位组成的3个电信服务质量检查组，先后到雅安、乐山等地进行电信服务质量检查。重点对当前电信服务质量存在的“五难”（大中城市装、修、移电话及缴费、查询难），进行“一访五查”（访用户、查营业、查特服、查修障、查装机、查维护）。是年，完善营业厅的服务功能，成为集办理长话、电报、市话业务、查询、缴费等多种功能为一体的综合性营业厅。一些局推出改善服务新举措，如规范服务用语，坚持佩带号牌和统一着装制度。全省组织4个检查组，抽调28人次，对成都市电信局及郊县分局、乐山、雅安等10个局开展服务质量大检查，对检查中发现的装移修电话难、用户查询难、缴费难，以及营业厅脏乱、市话代办点乱收费等问题，限期整改。

1995 年，全省装机难的问题得到缓解，电话装机平均缩短到 3 个月内，一些地区半个月即可装机；乱收费和“三强迫”等行业不正之风得到有效遏制。至年末，全省 256 个县（科）级以上独立核算的邮电单位全部建成文明单位，其中，建成最佳省级文明单位的有成都市邮政局、德阳市邮电局、雅安地区邮电局、涪陵市邮电局 4 个局；建成省级文明单位 31 个，市（地、州）级文明单位 118 个，县区级文明单位 103 个。

1996 年，全省邮电部门把纠风纳入经营承包责任制，开展“树、创、争”（树邮电新风、创优质服务窗口、争当岗位明星）等活动，通过投资扩容，加大管理和查处力度，用户满意度上升到 87.5%。12 月，在江西省南昌市召开的全国第十八次质量管理小组代表会上，南充市邮电局企业决策层被授予“全国优秀质量管理小组”称号。

1997 年 1 月 21—22 日，中共四川省委、省政府在成都召开“省级纠风重点联系部门纠风汇报暨评议会”，省邮电部门被省精神文明委作为推进四川文明行业建设的九大重点行业之一，要求全省邮电部门各级党政领导重视纠风工作，健全制度，把纠风纳入经营承包责任制，开展“树、创、争”等活动，提升全省邮电服务质量。会后，省邮电管理局党组成立精神文明建设领导小组，制定《四川省邮电部门创建文明行业规划》，从指导思想、实现目标、组织领导、创建内容、保证措施等方面提出要求。全省邮电部门结合“邮电服务年”十大目标，把改善“窗口”环境建设作为创建文明行业活动的一项重要内容，要求“窗口”环境有新的改善，设施不断增加，服务态度明显好转。

7 月 22—23 日，全省邮电服务工作现场会在南充市召开。总结上半年全省邮电部门开展“邮电服务年”活动取得的成效及存在的问题，强调要认真学习推广南充市邮电局服务工作的先进经验。

9 月 1 日起，成都市电信局公话分局组织全市公话代办户开展以“讲文明、树新风，满意在公话”为主题的优质服务活动。成都市的公用电话代办户有 1.90 万余户，已全部纳入微机管理系统，各个代办户的每次违规行为均被记录在案。

是年，全省邮电服务工作领导小组和邮电服务监督处成立，制定《四川省邮电服务质量等级标准》《四川省邮电服务质量等级标准考核验收试行办法》，开展以“窗口”服务为重点、考核企业整体服务水平的服务质量上等级活动；对全省 21 个市（地、州）局和部分城市农村支局（所）的邮电服务质量进行全面检查和复查，推出南充市规范服务示范点，实现部定“邮电服务年”十大目标。全省电话平均装移机历时缩短到 1 个月以内，一些地方装机历时低于 10 天，电话修机及时率 98.43%，全网掉话率降低，接通率提高；公用电话管理和营业窗口服务等也有所改善。

图 2－52　营业厅优质服务

1998 年 4 月 17 日，省邮电管理局召开全省邮电部门推进文明邮电行业创建电视电话会，确定全省邮电系统文明邮电行业创建的目标要求：6 月底前 60% 的县邮电局、8月底前60%的市（地、州）邮电局建成同级文明行业，全省邮电系统力争年末建成省级文明行业。至年末，全省邮电系统中208个企（事）业单位全部建成县级以上文明单位，文明单位建成巩固率达100%，其中建成市地级以上文明单位的企业179家，占企业总数的86.05%。21个市（地、州）局、20个建成省级文明单位，占市（地、州）局总数的95%；149个县邮电系统中，建成县级文明行业142个，占县邮电局总数的95%；21个市（地、州）邮电系统中，通过市（地、州）级文明行业验收20个，其中14个被当地精神文明工作指导委员会正式命名为市（地、州）级文明行业，验收面和建成面分别为95%和67%；省局机关通过省级文明单位验收；全省基本实现'98邮电服务年的10项目标，全省电话装机及时率达97.21%，移机及时率达95.4%。长途来话接通率累计达52.66%，提高6.31个百分点；长途去话电路可用率累计达98.09%，提高0.71个百分点。移动电话全网忙时接通率累计达53.4%，掉话率降到2.27%。社会对电信服务的满意度达到83.77分，增加4.88分。20个市（地、州）邮电局达到基础服务和规范服务标准。

至1999年，全省电话装、移、修机和查询、缴费等热点、难点问题得到解决，窗口服务改善，受到社会好评。

2000年4月，四川移动与共青团四川省委联合印发《关于在四川移动通信公司深入开展创“青年文明号”活动的通知》，号召各级青年集体以创建“青年文明号”为契机，抓好基础管理和服务，开展“争先创优”活动。

7月28日，中国电信四川公司挂牌成立后，树立“以全心服务，树全新形象”的服务理念，确立“每天前进一步，永远真诚服务”的服务口号。四川省全年综合来话接通率平均达54.7%，网络接通率平均达93.70%，用户满意度达89%，大用户满意度达95%。

2001年初，四川电信以“全心服务、树全新形象”为主题，在全省开展“每天前进一步、永远真诚服务”活动，实施十大服务措施，消灭服务中的“最差”，全面提升电信服务质量。十大服务措施包括组织客户拜年活动，四川省各级电信公司以总经理名义向大客户发送鲜花礼仪电报，向中小商业客户寄送贺年信件，向卡式业务用户赠送90万张明信片等；向社会公布“首问负责制”，从受理、处理、答复和回访4个环节落实好“首问负责制”。

3月，全省配合通信资费调整，对计费设备进行清理整治，从源头杜绝计费差错；开展业务单据、收费方式、处理流程清理工作，规范“业务登记单”“服务协议”及发票。与此同时，四川电信加快服务支撑系统建设，实施本地网计费账务系统改造；四川省推行“先装移、后付款”；研究制定话费争议退费处理办法；召开服务质量义务监督员座谈会，邀请用户代表、政府相关部门及媒体座谈，征求对服务质量的意见及建议。

中国电信实施十大服务措施后，全国服务质量明显提升。据信息产业部投诉中心统计，1—7月，针对中国电信的用户投诉129件，较上年同期的514件有大幅度下降，在通信全行业投诉总量的比例由73%降为45%。

是年，四川电信服务质量得到改善，城镇装、移、修机及时率分别为98.2%、98.5%和98.5%，农村装、移、修机及时率分别为98%、98.8%和98.2%。服务投诉热点、难点问题得到缓解，全省未发生重大服务质量问题，用户向信息产业部、集团公司的投诉较上年下降84%。

2002年，四川移动实施“党员先锋工程”。在纪念建党81周年暨“党员先锋工程”示范岗授牌仪式上，对36个示范岗、5个示范班组和3个示范窗口进行授牌。8月，四川移动在全省实施“首席客户代表”制度，由公司各级领导担任首席客户代表，与营销一线的大客户服务经理共同为集团客户提供全方位的优质服务。

12 月 18 日，乐山保护消费者权益委员会移动通信分会在四川移动乐山分公司成立，是全省通信行业第一个，也是乐山企业第一个“保护消费者权益委员会”的分支机构。

2003 年 2 月 18 日，四川电信成都分公司电信服务快车正式启动“流动营业厅”。同时，四川电信启动实施“党员先锋工程”。到 7 月 1 日，全省各级电信企业建立“党员示范岗”301 个、“党员示范班组”87 个和“党员示范窗口”51 个；涌现出以宜宾分公司为代表的两个四川省党员实践“三个代表”示范单位，四川公用信息产业有限责任公司媒体分公司为代表的 5 个四川省“党员示范班组”、雅安分公司客户中心为代表的两个四川省“党员示范窗口”和李军等 5 个四川省“党员示范岗”。

7 月 15 日起，四川移动开始在全省推行营业前台电子免填单业务。该业务采取两种方案进行：一是电子工单与客户服务协议分开使用，即营业前台采用电子免填单受理业务，客户相关协议的签订按现有协议和流程执行，此方案在成都地区执行；二是指电子工单与客户协议合并使用的方式，此方案在四川各市（州）执行。8 月 15 日起，四川移动调整成都市区主营业厅的营业时间，人民东路营业厅开始实行 24 小时服务。

2004 年 2 月 27 日，四川电信在成都城区所有电信营业实施办理电信业务免填单。

2005 年起，省通信管理局与省文明办、省纠风办、省总工会、团省委和省妇联等单位联合发文，加强全省通信行业参与省级及省级以上精神文明建设和行风建设评先创优活动的管理，并制定《关于在全省通信行业中对违规单位及其责任人实行“否决评先资格”的暂行规定》。4 月 20 日，信息产业部颁发的《电信服务规范》正式施行，标志电信服务步入规范化、法制化轨道，成为电信行业最基本的服务准则。7 月 21 日，省通信管理局召开第二季度全省通信运营公司总经理联席会，通报表彰全省电信行业获得全国用户满意电信服务明星班组和服务明星的 3 个班组和 6 名个人，并颁发荣誉奖牌和证书。

9 月 22 日，四川电信启动“万名党员进社区”活动，并确定每年这一天为四川电信“共产党员服务日”。

11 月，省通信管理局会同省保护消费者权益委员会在全省电信行业联合开展“畅通网络，诚信服务”主题活动，成立活动小组，制定活动实施方案，明确职责、工作负责人、工作重点环节。11 月下旬，省通信管理局邀请信息产业部电信管理局的领导，法律、政策和电信技术方面专家，对全省电信运营公司市场部、网络运行维护部、网络发展部和互联互通部及各市（州）分公司分管服务工作的副总、成都营销中心的服务主管和增值业务商进行电信服务规范与用户权益保护相关政策法规的宣传培训，正式启动“畅通网络，诚信服务”主题活动。同时，会同省委宣传部外宣办组成联合督查组，对四川移动、四川联通、四川电信和四川网通的新闻管理、短信管理、SP 管理的整治工作进行督查，督促各运营企业加强对电信业务的管理。

行风评议 1991 年，按照国务院关于纠正行业不正之风的要求，全省邮电企业围绕解决装电话难、修电话难和强迫用户使用高资费业务的问题，开展端正局风、优质服务竞赛活动，普遍建立市话“五统一”的监控制度，装电话中的“吃、拿、卡、要”不正之风得到控制，一些地方强迫用户使用高资费业务现象明显减少。

1992年11月，成都市电信局在《成都晚报》上刊出《关于装修电话的通告》，恳请社会监督，并对装修电话中的不正之风实行有奖举报。通告发出1个月，收到用户举报28件。经查实，其中严重违纪7件，经局职代会讨论，对7起严重违纪事件中的10名职工进行查处。同时，对7个举报单位和个人分别予以1000元和500元的奖励，并特聘这7名受奖用户为首批社会义务监督员。

1993年，成都市电信局把局风建设纳入目标管理，成立纠风领导小组，特聘7名用户为首批社会义务监督员，建立社会监督体系，严肃查处利用工作职务之便搞不正之风的职工，并对社会监督兑现有奖举报的承诺。至年末，全省针对邮电行业特点和群众反映强烈的热点问题开展全省性纠正行业不正之风，使邮电服务得到较大改善，行业风气有明显好转。

1997年，在全国开展“邮电服务年”的活动中，四川省邮电管理局在制定纠风阶段性目标时，结合实际在全省邮电系统中实施“一心为用户、满意在邮电”工程及服务质量上等达标工作，把行风建设作为全局两个文明建设的重要任务来抓。

针对群众反映的问题，各地邮电局把承诺制放在首位，加大查处力度，建立健全服务工作社会监督制度。成都市电信局、南充市邮电局等建立“180”用户投诉电话系统，省市县各级邮电部门向社会公布监督投诉电话422部，聘请社会义务监督员2428名；邮电部门与地方党委、人大、政府、政协、物价、工商、政法、消协和新闻单位等部门建立联系制度，使用户能多渠道反映情况，从制度和机制上促进行风好转，使邮电服务中的装移修电话难等热点问题逐步得到解决，“吃、拿、卡、要”等行业不正之风也在逐年减少和弱化。

是年，全省电话装机平均及时率为99.4%，移机及时率为80.35%，电话修机及时率（电缆）为97.49%，非电缆为95.99%。

2003年4月29日，省通信管理局召开全省通信行业行风建设和服务质量情况通报会。会议通报由省纠正行业不正之风办公室和省统计局组织的全省“万人评行风”测评情况，通报四川电信服务质量和用户申诉调查处理情况，传达信息产业部制定的《电信服务质量抽查规定》。在四川2002年度“万人评行风”活动中，对全省26个部门和行业进行测评，四川电信系统在群众满意度测评中排名第四。在测评行风建设的14个方面，全省电信系统的群众满意度评价指数全部在81以上，其中评价指数最高的“文明用语”和“服务热情”两项，分别为83.7和83.3。

2004年5月起，全省开展电信行风民主评议活动和用户满意度测评，省通信管理局、省纠风办全面动员和安排，聘请13名社会评议员，开展企业自查、自纠和大检查。11月，省通信管理局组织3个检查组到德阳、绵阳、广元、遂宁、南充、广安、内江、自贡和宜宾9个市（州）实地检查，掌握全省实际情况，收到成效。11月16日，国务院纠风办和相关部委派员专程参加四川电信行业行风评议大会。会后，各企业采取措施对存在的问题进行集中整改。

2005年，省通信管理局把行风评议工作与行业监管工作相结合。5月，省通信管理局、省纠风办联合印发《关于2005年四川省电信行业开展民主评议行风活动的实施意见》，明确全省电信行业民主评议行风的对象和评议的主要内容。经省通信管理局和省纠风办推荐，为四川电信、四川移动、四川联通、四川网通和四川铁通5个行风评议对象选聘46名行风评议员，各市（州）、县分公司也聘请社会各界1180名行风监督员。

7月中旬，省局领导带队，组织由各省级电信运营公司领导组成的3个检查组，先后对内江、宜宾、泸州、凉山、攀枝花、广安、南充和遂宁8个市（州）的40家通信运营企业进行检查，并走访地方政府、文明办、纠风办和消费者协会等部门。同时，各运营公司邀请行风评议代表到基层企业明察暗访。在行风评议中，全行业坚持实事求是、标本兼治、纠建并举，查找和整改本单位（部门）440个涉及行风建设方面的突出问题。

五、用户投拆、申诉

1997年5月，成都市电信局开通180用户投诉系统。随后，全省开始建设180用户投诉系统和170话费查询系统。

1998年3月，绵阳、南充市邮电局相继开通180用户投诉系统。12月21日，成都市电信局推出“第一责任人”制度试行办法。所谓“第一责任人”是指第一个受理客户通过来电、来函、来访等方式提出投诉的人或部门。“第一责任人”制度则是受（处）理客户投诉时应遵循的基本要求和操作规范。

1999年四川移动成立后，发挥1860客户服务中心、客户接待室、服务质量监督检查员的作用，对各方收集到的客户申告、意见、咨询和建议及时汇总反馈，研究分析；同时，建立健全社会监督体系，形成内外监督的有效机制。

3月，成都市电信局“第一责任人”指挥调度中心挂牌成立，其中心处理客户投诉时限：一般情况不超过5天，特殊情况不超过10天。11月16日，成都市电信局“第一责任人”客户服务网络计算机管理系统正式开通。该系统系全国首套，由成都市电信局计算机中心技术人员经7个月自行研制开发，在利用“九七”系统网络基础上，采用INTERNET编程技术，结合后台数据库开发的大型计算机管理系统。该系统能对客户意见或投诉的受理、处理、调度传送、任务分派、信息回复等过程实施计算机监控管理，实现对客户服务管理的程序化、智能化和标准化。

2000年10月，四川电信推行“首问负责制”，建立企业内部科学的服务质量保证和监督体系，畅通投诉渠道，缩短内部处理时限，改善服务质量。

2001年，四川移动对客户投诉处理流程形成闭环管理，确保客户投诉得到及时、有效处理。完善投诉客户的电话回访制度，解决过期漫游话单、超短超长话单等投诉热点问题。

3月8日，四川电信成都分公司在全市15个营业厅设立“咨询投诉接待专席”，挑选责任心强、精通业务、具有窗口工作经验的员工担任岗位接待人员，为电信用户提供方便、及时、准确的投诉处理及咨询服务，避免用户跑第二趟，在中国电信集团属首创。

2002年7月31日，省通信管理局在市场监管处设立四川省电信用户申诉受理中心。工作人员从各大电信运营企业省级公司熟悉用户投诉处理的管理人员中抽调，定期轮换。

8月30日，省电信用户申诉受理中心启用“12300”电话号码。该号码接入四川电信网络。成都市以外其他用户拨打该号码需加拨“028”长途区号。

8—12月，省电信用户申诉受理中心在试运行期间受理全省电信用户来人、来函、来电申诉57件，其中调解结案19件，占申诉总量的33.3%；合并处理4件，占7%；经相关部门处理、不予立案1件，占1.8%；咨询、意见和建议33件，占57.9%。

是年，四川移动为实施“服务和业务领先”战略，提高客户满意度，促进公司内部管理流程的重组，建立面向市场的生产组织体系，在全省1860客户服务中心实施客户投诉处理回访制度。至年末，全省电信用户申诉受理中心共受理用户来人、来函、来电申诉43起，其中调解结案38件，合并处理4件，不予立案1件。

2003年6月28日，四川移动正式启用服务预警系统，是该公司为实现快捷的服务质量监控，及时解决客户投诉，促进公司管理层和生产部门的高效运作，迅速解决影响市场发展问题的一项重要举措。系统初期设置充值类、营业类、通话类等20种重大投诉类型，并分为3个级别的预警。公司要求各级相关人员在收到预警信息后，及时协调相关部门尽快处理投诉中的问题，并告知服务前台问题的具体情况和统一解释口径。

2004年，四川省电信用户申诉受理中心收到电信用户申诉及咨询600件。对由于企业宣传不到位，或因用户对相关政策法规不了解等用户申诉进行有效化解和排除。申诉受理机构对电信运营企业涉嫌违规经营和服务不达标的81件用户申诉进行立案调查处理，其中四川电信35件、四川移动5件、四川联通6件、四川网通17件、四川铁通17件、其他1件。成都市工商局“12315”、成都市消费者协会相继在四川移动成都客服中心设立联络站和投诉站，建立便于客户联络、投诉、意见反馈的快速信息绿色通道。

2005年，全省电信用户申诉的热点问题主要涉及8个方面：网间通信质量问题引起用户通信受阻；SP的信息服务与收费不规范；企业资费套餐混乱；企业管理疏漏，营销和服务不规范；宽带接入业务服务质量问题；小灵通通信质量和服务问题；市话不提供详细话单；企业在营销活动中宣传不到位或故意进行误导性宣传等。

是年，省电信用户申诉受理中心受理用户申诉686件，其中资费争议申诉63件，占申诉总量的9.2%；通信质量申诉529件，占申诉总量的77.1%；服务质量申诉90件，占申诉总量的13.1%；咨询4件。

六、电信服务质量

邮电服务质量用户评价　1986年，全省电报服务差错较1985年下降33%。邮电部考核的22项质量指标，全面完成计划，与上年相比，有17项质量指标提高，稳定提高率77%。

1987年，全省通信质量的9项质量指标全面完成计划，质量稳定提高率86.6%。

1988年，把稳定和提高质量，改善服务工作作为全年工作的重点，通过加强监督检查和严格质量把关，全省邮电通信质量稳步提高。在电信通信方面（包括农村电话），邮电部统一考核的7项指标，除长途自动来话接通率实际达31.37%，低于计划外，其余6项达到或超过指令计划，完成计划率的86%；省邮电管理局考核省内各局的18项指标，电报发报逾限率、电报服务差错率、市内电话装移机及时率、电传电路合格率、长途电话合格率、农话用户平均障碍历时、农话中继线平均障碍历时、电视传送合格率8项指标较上年完成得好。1989年，邮电部考核的电信质量稳定提高率达80%。

图2－53　四川省邮电服务质量用户评价工作会议召开

1990年，全省电信质量的稳定提高

率达80%，电路合格率和人工有效去话接通率分别为90%和85%，市话接通率为64.7%。

1991年，全省全面完成邮电部考核的通信质量指标。机要通信实现年初制定的质量翻身仗目标。长途自动来话接通率由35%提高到37.02%，电报服务差错率由0.018%下降到0.0013%；农话中继线百对公里平均障碍历时稳定在179分钟以内。是年，电报服务差错率0.00184%、长话有效接通率85.50%，长途电话逾限率24.55%，市内电话接通率59.43%，市话每百门平均障碍历时237分钟，农村电话用户平均障碍历时936分钟/百户，农村电话中继线平均障碍历时497分钟/百对公里，电信通信事故为零。

1995年7月，按照邮电部《关于开展部分大中城市电话装机服务质量用户评价活动的通知》要求，省邮电管理局、省邮电企协和省质协在自贡、德阳、绵阳、泸州、乐山、广元、内江、万县、南充、宜宾、涪陵和达川12个城市开展服务质量评价活动，用户评价全省邮电服务质量总满意度为76.1%。分项评分分别是：装移电话时限81.9分，电话障碍修复72.3分，现用电话通信质量78分，交付电话费方便情况73.7分，电话服务人员态度74.3分。

1996年，根据四川省邮电服务质量用户评价情况，全省电信专业的综合满意度为77.18%。电信单项服务指标的主要情况为：电报服务79.55%，专线服务78.88%，电信服务人员态度78.87%，交付电话费方便77.40%，数据通信装修维76.97%，电话业务查询76.40%，装、移电话时限75.62%，电话障碍修复74.30%，无满意度的项目达80%。

1997年，全省1996年度邮电服务质量用户评价情况揭晓，电信专业方面总的综合满意度为77.18%。电信单项服务指标的主要情况：电报服务79.55%，专线服务78.88%，电信服务人员态度78.87%，交付电话费方便77.40%，数据通信装修维76.97%，电话业务查询76.40%，装、移电话时限75.62%，电话障碍修复74.30%，无满意度的项目达80%。

1998年2月末，全省邮电服务质量用户评价结果显示，1997年全省邮电综合服务质量用户满意度达80.45分，其中，电信服务质量78.89分。全省邮电行业总体服务水平，提前达到“八部会”推进全国用户满意工程时提出的到2000年服务质量用户满意度达到80分的要求。

1999年1月22日，举行1998年度四川省电话装机服务质量用户评价抽奖仪式。1998年，全省邮电服务综合满意度为83.66分，较上年提高3.21分，超过第四轮经营责任制考核指标及第二个邮电服务年奋斗目标3.66分，表明四川省广大用户对1998年全省邮电服务质量满意度有所提高。

图2－54　1999年1月22日，四川省电话装机服务质量用户评价抽奖仪式现场

电信服务质量用户满意度指数测评　2001年，省通信管理局出台电信运营企业服务质量定期通告制度，要求运营商主动接受社会监督和用户评价。

2002年，按照信息产业部《关于对客服电话进行服务质量监督检查的通知》要求，省通信管理局委托具有独立法人资格的第三方技术服务评价机构——四川用户评价中心有限公司，对各大电信企业在成都客户服务热线的服务质量进行为期1个月的监督检查，并向各企业通报检查评分结果，促进各运营企业改善服务质量、提高服务水平。同时，制订《四川电信服务质量顾客满意度指数测评方案》，启动电信服务质量测评工作。省通信管理局对四川通信行业服务质量用户满意度指数测评结果，四川电信服务质量获得优良。

2003年，根据信息产业部《关于发布〈电信服务质量用户满意度指数评价制度〉的通知》精神，省通信管理局委托四川用户评价中心有限公司组织开展2002年度四川省电信服务质量用户满意度指数评价工作。此次测评涉及四川电信、四川移动、四川联通在成都、绵阳、乐山、南充、泸州和雅安6个城市18家分公司，共调查访问11025名电信用户，完成10504份有效样本，获得50余万个数据和4600余条用户意见、建议，经过测评数据的处理、统计、分析，于3月18日提交测评报告。

3月25日上午，省通信管理局召开新闻通报会，通报全省首次电信服务质量用户满意度指数测评结果。2002年度四川省电信服务质量用户满意度指数为73.26。

2004年5月16日至8月20日，省通信管理局委托四川用户评价中心有限公司组织开展2003年度四川省电信服务质量用户满意指数评价工作。此次测评，共对四川电信、四川移动、四川联通、四川铁通4家运营企业所属的成都、德阳、广元、自贡、内江、宜宾、攀枝花、遂宁、凉山和达州10个地区及乐山（只调查铁通用户）的21407户电信终端用户，通过电话问卷和面访问卷两种方式进行测评调查，取得有效样本19513个，获得38余万个原始数据和12400余条信息。9月21日，省通信管理局在成都召开四川省电信服务质量用户满意度指数测评结果通报会，通报测评结果。四川省电信行业服务质量用户满意度指数为77.10，同比上升3.84个点。

2005年5月11日至7月29日，四川省在全省开展2004—2005年度电信服务质量用户满意度指数测评工作。此次测评由省通信管理局组织，委托第三方四川社会公众测评研究中心有限公司实施，对四川电信、四川移动、四川联通、四川铁通、四川网通5家电信运营企业所属的成都、乐山、雅安、南充、眉山、资阳、巴中、广安、遂宁和达州10家市（州）分公司进行抽样测评。

测评结束后，省通信管理局聘请四川大学、测评机构和电信行业的专家、教授，对测评结果进行现场点评，并组织各参评企业分别以省公司为单位，分期、分批召开对本次测评结果的专家现场点评会，受到参评企业欢迎。

本次测评结果为：2004—2005年度四川省电信行业服务质量用户满意度指数（TCSI）为77.70，达到较满意水平，较上年上升0.60。测评结果显示，四川省电信行业服务质量的用户满意度指数逐年有所提高，总体呈稳步上升趋势。

至年末，四川电信城镇电话装机时限由2001年的10天缩短到5.06天，高于行业标准3倍；城镇电话障碍修复时限由2001年的16.5小时提升为8.46小时，高于行业标准3倍。10000号服务质量由2004年末最后一名提升到同业第一名。

2002—2005年四川省电信服务质量用户满意度指数测评统计表

表2－6

年度	测评项目	整体服务质量用户满意度	其中				
			四川电信	四川移动	四川联通	四川铁通	四川网通
2002	整体服务质量用户满意度	73.26	72.54	74.15	72.81	—	—
	电话业务	73.33	—	—	—	—	—
	固定电话	73.01	73.01	—	72.88	—	—
	移动电话	73.66	—	74.09	72.63	—	—
	互联网接入	71.90	71.80	—	72.77	—	—
	IP电话业务	73.29	73.11	74.07	72.98	—	—
	无线寻呼	—	—	—	73.19	—	—
2003	整体服务质量用户满意度	77.10	80.38	75.05	73.30	84.82	—
	电话业务	77.06	—	—	—	—	—
	固定电话	80.71	80.62	—	83.10	85.26	—
	移动电话	74.57	—	—	72.97	—	—
	互联网接入	77.88	77.93	—	76.92	79.77	—
2004—2005	整体服务质量用户满意度	77.70	80.92	75.31	73.12	82.39	80.71
	固定电话	81.15	81.07	—	79.36	83.14	—
	移动电话	74.68	—	—	72.96	—	—
	互联网接入	79.17	79.72	—	76.12	78.74	—

第三篇　教育、科研与学术

1981年，中共中央、国务院作出《关于加强职工教育工作的决定》，四川邮电职工教育部门围绕全省邮电通信生产和发展，以提高职工素质为目的，开展岗位培训和继续教育，初步形成一个专业比较配套、结构比较合理的邮电职工教育体系。

1998年，省邮电规划院经调整和完善，由过去主要专项从事产品开发转向对通信网的技术支撑；对人员进行分流重组，抽调或引进高层次专业技术人员，组织一支适应对通信网进行技术支撑要求的科技队伍，承担全省传输、交换、数据通信网等技术支撑和网络优化工作，解决通信网中的重大疑难问题。

第一章　通信教育

第一节　学校教育

1986 年，全省邮电行业有成人高等学校 2 所、中等专业学校 1 所、成人中等学校 3 所、技工学校 8 所，在校学生 1986 人。有职工学校 18 所，培训职工 13219 名。通过本行业学校正规教育和业余培训，全年培养中专、技工学校毕业生 424 名，大学、专科毕业生 199 名。

一、四川邮电职业技术学院

1958 年 9 月，四川省邮电学校在成都成立，隶属邮电部；1980 年，被教育部确定为全国重点中等专业学校。1988 年，招收新生 268 名，在校学生 935 名，毕业生 249 名。1992 年 10 月，在国家办学评估中达到 A 级标准。

1993 年 2 月，省教委确定四川省邮电学校办学水平复评结论为优秀级。9 月，省邮电学校被国家教委批准为国家级重点普通中专。10 月，被省政府确认为省、部级重点中专。

1994 年 5 月，经办学水平评估，省邮电学校再次被国家教委确认为国家级重点中专。

图 3－1　1996 年 12 月，四川省邮电学校语音教室一角

1985—1994 年，省邮电学校为全省邮电通信行业输送毕业生 2301 名，职工中专生 420 名，高、中等函授毕业生 896 名，中专自学考试毕业生 138 名，为企业短期培训学员 6361 名。

1995 年，省邮电管理局投资 720 万元，修建学校集图书馆、阶梯教室、办公室于一体的综合楼，建筑面积 6000 多平方米，并于年末竣工。10 月，省委、省政府授予省邮电学校“省级文明单位”称号。

1998 年 5 月，四川邮电机构编制委员会同意在四川省邮电学校设立四川邮电通信行业职业技能邮电学校培训中心，新设立的培训中心与学校实行一套人员、两块牌子的管理体制。

1999 年 8 月，省邮电管理局成立四川省电信职工培训中心，实行与四川省邮电学校一套人员、两块牌子的管理体制。

2000 年，省邮电学校划归省邮电管理局管理。2 月，经办学水平评估，省教委确认学校的办学水平达到优秀级。省邮电管理局决定将四川省电信电大部划归四川省邮电学校管理。12 月，根据中国电信主辅主附分离方案，四川省邮电学校划归四川电信实业集团有限责任公司管理。当年停止招收中专学生，转入职工在职培训。

2001 年 7 月，经省教育厅批准省邮电学校招收 5 年制高职学生，并与四川师范大学合作组建四川师范大学通信工程学院，招收全日制专科学生。12 月，四川省企业信息化工作领导小组办公室同意在四川省邮电学校设立“四川省企业信息化网络人才培训基地”，承担全省企业信息化建设的网络人才培训。

2002 年，省邮电学校启动申办四川邮电职业技术学院的准备工作。2003 年 2 月，省教育厅组织专家进行现场考察评估。4 月，省政府批准并报教育部备案，在四川省邮电学校基础上组建四川邮电职业技术学院。6 月 13 日，经省政府批准，“四川邮电职业技术学院”挂牌成立。该学院是中国西部第一所独立设置通信类的高等职业技术学院。学院主要培养通信类高等职业技术人才，兼有非学历教育和成人教育；学院还是四川多家通信运营企业的员工培训中心和国内主要通信设备供应商的客户培训中心。学院以工科为主，兼文理经管等多学科体系，集教科产为一体。学院设两个系、10 个专业。7 月起，招收全日制专科学生，设通信技术、光纤通信、移动通信、计算机通信、数据与图文通信、市场营销和经贸英语 7 个专业。

2004 年，四川邮电职业技术学院增加网络系统管理、计算机多媒体、图形图像制作、软件技术和电子信息技术 5 个专业。正式启动精品课程建设，“光纤通信原理”课程被评为省级精品课程。是年，学院成果《构建通信类高职人才培养新模式》获得四川省高等教育教学成果三等奖。

2005 年，四川邮电职业技术学院停止招收 5 年制高职学生。是年，学院增设物流管理、通信网络与设备（工程管理方向）专业。“英语语音基础”课程被评为省级精品课程。至年末，学院在校学生 2387 名，专任教师 119 名，其中具有高级职称以上 23 名，中级职称 43 名。

二、四川省信息通信学校

1984 年，四川省邮电职工中专学校在郫县成立。1988 年，学校培养职工中专毕业生 260 名，中、高函授毕业生 79 名，职大毕业生 60 名，技工校毕业生 430 名，为企业在职培训 800 余名技术干部和技术工人。

1992 年，省邮电职工中专学校经复评达到部优秀级办学标准。

1993 年 8 月 23 日，省邮电管理局成立四川省邮电技工学校筹备组，办公地点设在德阳市邮电局。

1994 年 8 月 1 日，四川省邮电技工学校通过邮电部、四川省邮电管理局和四川省劳动厅的验收。9 月12 日，四川省邮电技工学校建成开学，首次招生，并与四川省邮电职工中专学校合并。该校占地 115 亩，建筑面积 4. 90 万平方米，总投资 4700 万元。同月，迁至德阳市致江路二段 151 号。

2002 年，四川省邮电技工学校正式更名为四川省信息通信学校。

2004 年 10 月 23 日，四川省信息通信学校举行典礼，庆祝学校成立 20 周年暨四川省邮电技工学校成立 10 周年。是年末，该校拥有专兼职教师 64 名，在校学生 2000 余名，业余学生 700 余名。

第二节 职工教育

一、职工培训

四川省邮电管理局 1986年起，省邮电管理局发挥大专院校的潜在能力，开展联合办学，委托代培；加强在职培训，知识更新，提高技术人员的技术水平，以保证建设四川通信网的技术力量和素质。全省岗位技术业务训练面90%。1月13—15日，梓潼县邮电局举办青工普法脱产法制学习班，有15名学员学习法律普及常识读本，并对《四川法制报》登载的法律知识竞赛百题进行试答。3月9日，省邮电学校干部培训班专业干部、支部书记、审计、财会4个班同时开课。4月17日至5月17日，省邮电管理局机关干部第一期普及法律知识培训班结业，及格率99%以上。参加培训班脱产学习的机关干部107名，参加结业考试116名（含直属单位处级干部和机关自学人员），成绩合格115名，其中取得85分以上优秀成绩59名。是年，全省邮电行业有23名处级干部参加国家组织的厂长、经理统考，全部合格。

1987年起，省邮电管理局与省高等中专自考委商定，全省于4月25日首次进行邮电中专自学考试，开考邮电管理专业。该专业分设邮电经济管理和邮电企业管理两个专业组。

是年，全省开展以专业培训为主的干部中专教育，开设4个学科，有1052名干部参加培训。组织全省县邮电局局长统考培训，考试合格率78.2%。工人中级技术培训进展较快，经考核，有1500余人达到中级技术等级标准，累计合格率达29%。有2.59万余人参加岗位技术训练。全省有363名邮电职工通过考试，取得大专文凭。

1981年至1987年9月，全省邮电行业成人高等教育毕业生556名，成人中等教育毕业生170名，初中文化补课合格率83.83%，初级技术补课合格率94.84%，2952名工人达到中级技术等级标准，有217名局长经培训后统考合格。

1988年，全省各级邮电企业按照岗位训练的指导思想，分层施教，全脱产集中培训邮电干部、职工2000余人次。全省县邮电局局长经培训，有225名参加邮电部组织的统考，合格率100%；工人中级技术（业务）培训，实际考核合格的人数占应参加考核人数的37.19%；岗位培训，考核合格班组长人数占全省邮电部门应培训人数的11.24%。由中央电教办举办的“服务工作全面质量管理”统考，有3.80万人参加，取得合格证的人数占邮电职工总数的62.3%；邮电干部中专自学考试参学率42.6%，单科考试合格率77.9%。此外，招收职工中专新生132名，机关电大新生25名，开办有37名基层干部参加的“专业证书”专修班。7月17日，首次服务工作全面质量管理电视教育结束。全国有15万名各行业职工经考试获得合格证，其中四川省邮电职工有1.51万名。是年，全省邮电部门举办职业道德培训班601期，培训25523人次；业务技术培训班914期，培训15619人次；举办班组长业务培训班、《中华人民共和国企业法》学习班587期，参训22996人次。全年举办青工政治轮训班86期，培训青工7570名，累计轮训面65%。

1989年，全省有799人参加邮电干部中专自学最后一年的考试，单科合格率68.5%。采取集中培训、“送教上门”、分阶段集中、函授教育和补课等方式，开展班组长岗位培训，累计合格1058人。全省有38152名工人参加实际操作训练和考核，合格率93.5%。全年成人高等教育在校生

828 名，毕业生 192 名；成人中等教育在校生 710 名，毕业生 130 名；职工中专招生 36 名，在校生 270 名，毕业生 80 名。按照“先培训、后上岗”的原则，分期分批地对转业复退伍军人、新工人进行上岗前培训。

1986—1990 年，全省邮电教育坚持面向企业、服务生产的方针，以岗位培训为方向，在完成青壮年职工“双补”任务的基础上，进行工人中级培训和干部中专教育，开展大练基本功活动，并对县局局长以上的干部进行厂长统考前的培训，完成班组长岗位培训任务。省邮电学校、技工学校分别为企业输送 830 名中专生和 1130 名技校生，加上成人学历教育培养的学生，至 1990 年末，全省邮电系统大中专毕业生占职工总数的比例由“六五”末的 10.9% 上升到 14.4%。

1991 年，全省邮电系统举办短期训练班 656 期，培训 16827 人，占职工总数的 27%。各类成人高等教育入学 338 人，成人中专教育入学 233 人。成人高等教育、中等教育毕业分别为 250 人和 204 人。全省 797 名应培训的农村邮电支局局长，经 3 个阶段培训，有 758 人取得岗位培训合格证书。省邮电部门对县邮电局农话管理员进行规范性的岗位培训试点，有 36 名农话管理员取得岗位合格证书。是年，全省邮电部门举办“双基”教育轮训班 375 期，累计轮训职工面 88.7%；青工政治轮训 3 万余人，受教育面 95% 以上。

1992 年，全省招收中专新生 405 名、技校生 512 名，邮电高函和中函分别招生 213 名和 220 名。全省邮电企业共接收大学、中专、技工学校毕业生 766 名，其中大学毕业生 255 名、中专毕业生 234 名、技工学校毕业生 277 名。

1993 年，为确保西安—成都光缆干线工程完工后的正常运转与维护，在工程开工前，先后从各市（地、州）抽调 120 余人分两期在重庆邮电学院学习 S1240 程控交换理论、外语、数字技术及程控交换维护与管理；抽调 160 余人分期到西班牙 SESA 公司学习 S1240 程控交换机的维护管理及软硬件技术、PCM 技术；抽调若干人到日本学习光电通信设备、计算机及软硬件技术；抽调 12 人到意大利学习微波、PCM 及监控系统技术；抽调 23 人到中国香港学习空调技术；选派 121 人到南京富士通公司学习光通信设备技术；派 11 人到桂林 611 厂培训数字微波技术。还先后在德阳、南充市举办 PCM 和空调培训班，在成都举办计算机操作系统培训。

是年，全省开展邮电新财会制度培训，对各市（地、州）局及省局各直属单位的财务科（处）长、主办会计、各县局财会人员 1100 余人进行培训，编印学习资料 1.5 万份。在职工中开展学历教育，招生 447 名，涉及电信、经财等 7 个专业。全年举办程控交换管理、程控电源、油机发电机、传真机和电报分集器、市话电缆维护、电信营业新业务新技术、电报业务、无线电报业务等专业技术培训班 26 期，培训 850 人次。电源、无线短波等专业结合设备的使用，输送维护人员到厂家培训，全年培训 60 余人，保证设备维护工作需要。

1994 年，省通信学会与省邮电管理局在全省开展“程控交换技术”电视教学活动。省邮电科研院举办第一期 NOVELL 网络系统管理培训班，培训网络简介及其安装。是年，省邮电管理局举办微机应用管理、网路管理、光通信设备、程控交换设备、电报业务、电报分集器、传真机和市话电缆维护等培训班 32 期，培训人员 1350 人次。有 500 余人次到省内外及国外学习程控交换、光纤、仪表、分组交换、传真、模块电缆、国际受付电话操作和电信管理等新技术新业务。新上岗人员、换岗人员经培训合格后才能上岗。职工在职教育依靠邮电高校举办 5 期专业科长、县局长培训班，222 名学员接受培训，职工全员培训率 25%。

1991—1995 年，四川邮电教育发展迅速，职工培养以提高整体素质为目的，结合企业需要，培训职工 10.1 万人次，在职工中培养邮电专业的大中专毕业生 1100 余名。至 1995 年末，全省在通信技术岗位上的大专以上文化程度或被聘为中级以上专业技术职务的人员继续教育培训率为 45.91%。

1996 年 7 月中旬，省邮电管理局开始对全省农村邮电支局局长进行轮训试点；9 月初，全面铺开，于年末完成。培训内容为邮电支局局长岗位所需基本业务、技术理论及经营、管理知识等。是年，省邮电管理局开办市场预测、电信资费管理、大客户管理与服务、“九七工程”建设与管理等培训班，培训经营服务管理和营销人员 300 余人次。

1997 年，省邮电通信职业技能培训中心成立。针对各市（地、州）、县邮电局电信机务人员及管理人员，举办第二期 7 号信令培训班，主要培训 7 号信令的原理、维护及测试、数据通信中的应用、综合业务数字网中的应用。举办第二期手机维护培训班及第一期电话计费器维护培训班。

至年末，全省邮电系统在岗参加学历教育并获得大专以上文凭 1500 人。

1998 年 7 月，经省自学考试委员会和省邮电管理局研究决定，高等教育自学考试在全省开考“计算机通信工程”和“邮电管理”本科专业。

四川省通信管理局 2003 年，四川省通信管理局会同省邮电职业技术学院举办以“如何做一名优秀经理”为主题的高级管理人员培训班，全省 65 人参加培训。

2004 年起，省通信管理局党组按照中共中央和中共四川省委建设学习型机关的要求，提出用 3 年左右的时间开展学习型机关创建活动，着重在领导班子思想政治建设、全体党员干部政治理论、法律法规政策、专业技术、经济管理和公共管理等方面开展有计划、分层次、多形式、有目标的学习，造就一支素质过硬、业务精良、勤政务实、廉洁高效的通信监管队伍。

2005 年 4 月 5 日，省通信管理局主办的“电信产业宏观经济报告会”在四川联通爱立信会议厅举行。机关全体工作人员，各省级通信运营企业、电信、移动实业公司领导、有关职能部门管理人员和专业技术人员听取报告。北京邮电大学经济管理学院的吕廷杰、王立新和王生智3 位教授作了题为《我国电信产业发展》《通信增值业务创新及对“创新”含义的理解》《发展第三代移动通信面临的问题》的专题学术报告。

12 月初，省通信管理局召开“畅通网络、诚信服务系列活动之《电信服务规范》宣贯培训”会议。信息产业部电信管理局、四川省保护消费者权益委员会的相关领导和通信专家及全省电信运营企业的代表 250 余人参加培训。

是年，省通信管理局在开展保持共产党员先进性教育活动和政治理论学习的同时，安排业务培训 12 次，主要内容包括互联互通政策及监管、通信市场管理、电信宏观经济、3G 知识、电信网络发展规划等专题讲座，除机关内部人员开办辅导讲座外，还邀请北京邮电大学、朗讯公司、四川电信等单位技术人员和专家到局授课。

四川电信 员工培训实行统筹规划，分级实施的原则，省公司制订员工培训计划，由省公司及各级电信企业分别组织实施。

1999 年 8 月，四川省电信职工培训中心成立，负责全省电信企业职工的业务技术及上岗前培训。

2000 年，省电信部门举办综合布线系统培训班，培训计算机网络的数据传输介质、体系结构和协议连接设备等应用方法。省电信职工培训中心举办光缆维护培训班，主要培训光缆线路的敷设、接续、测试、光缆的三防、障碍处理和质量管理等。

2003 年起，针对全省县分公司经理的 3 年培训规划，举办 7 期对 350 余名县分公司经理的“县公司经理管理与营销实战系统培训”；开展 21 个市（州）分公司部门经理“执行力”等培训。3 月 21 日，四川电信西南财经大学工商管理研修班毕业典礼在省邮电学校举行。本次研修班由省邮电学校与西南财经大学工商管理学院联合举办，开设 12 门课程，总学时 480 课时，2001 年开始招生。四川电信、四川省电信实业公司及各市（州）分公司 200 余名管理干部参加学习。部分学员参加研究生学位课程考试通过率 98%，参加国家学位外语考试通过率 56%。

2003—2005 年，四川电信利用企业内部人力资源，建立一支企业内部培训师队伍，培养一支由 650 人组成的涵盖社区经理、营业人员及 10000 号、大客户经理、商业客户经理、宽带技术业务、“互联星空”互联网业务、维护各专业、大客户、企业管理（BPR 培训）、财务管理和人力资源等专业的内训师队伍，其中集团级内训师 7 人、省公司级内训师 52 人。每年初组织省级内训师选聘面试，任期两年。对省级内训师的培训每年不少于 40 学时。同时，制订《2004 年四川省电信有限公司企业内训计划》《四川电信员工培训效果评估实施办法（暂行）》《四川省电信有限公司本部培训班管理办法（暂行）》《四川省电信有限公司员工在线学习管理办法（试行）》等培训管理制度。

2005 年，全省电信员工培训率 72%，新进与转岗人员培训率 100%，省公司组织培训 188 期、8648 人次。

1997—2005 年四川电信职工培训统计表

表 3－1　　　　　　　　　　　　　　　　　　　　　　　　　　　　　单位：人

年　度	全日制学校入学人数		成教入学人数		短期培训			
	中等教育	高等教育	中等教育	高等教育	高级培训	中级培训	普通培训	小计
1997	466	—	246	37	100	690	1850	2640
1998	416	—	308	134	200	1673	1269	3142
1999	181	—	—	152	146	2886	1345	4377
2000	—	—	—	225	200	3021	249	3470
2001	—	277	—	324	260	3031	1137	4428
2002	—	594	—	740	180	3714	743	4637
2003	—	1201	—	487	646	2211	1843	4700
2004	—	1165	—	314	436	2879	1985	5300
2005	—	1151	—	257	595	2136	3269	6000
小计	1063	4388	554	2670	2763	22241	13690	38694

四川移动　1999 年，中国移动四川公司成立，主要采取组织国外培训、委托高校培训和自办培训班 3 种方式对员工进行培训。培训内容以技术类为主，主要涉及网络交换、基站、电源、无线的管理、操作和维护等方面。

2000 年 11 月，四川移动培训中心成立，主要负责全省员工培训管理，采取自办培训、送外培训、合作培训、以及以会代训相结合的方式开展全省培训。

培训渠道主要与专门的培训咨询机构、华为公司、中兴公司、拓普公司、部分院校等合作，聘请专家、教授进行培训。

教材采用四川移动员工培训教材丛书《客户服务人员培训教材》《营业人员培训教材》，并外聘教师编制教材、选定相关书籍作为教材。

师资来源于公司内部兼职教师和外聘教师。由公司各部门负责人和业务骨干主要承担基础网络、移动三系统、营业、客户服务、业务及新业务、安全和公司规章制度等专业方面的讲座；聘请当地院校知名教授、讲师、咨询公司教师，主要承担高级营业、客户服务、管理和传输、数据等技术讲座。

2002年，四川移动注资上市后，建立和完善培训管理机制，重点培训中高级经营、管理、技术骨干，提高员工的业务技能水平。同时，邀请专业人才测评机构对全省所有二、三级经理进行管理技能测评，使二、三级经理发现自身存在的问题，有针对性地进行培训和自学。公司每年选送中层干部和后备干部外出参加学历教育培训。是年，全员培训在40学时以上。同时，利用办公网（因特网）设立“网上教学”和“培训园地”栏目。“网上教学”栏目内容包括3G教学、数据业务和软件下载3个部分，采用公共用户和密码的形式对办公网全体用户开放。

2003年5月，四川移动3G培训中心成立，举办5期培训班，培训250人次。是年，举办培训班661期，人均参训51个小时。首次开展3G技术原理培训，培训4期200余人次；与四川大学联合开办MBA学历培训班，首批44名管理人员参加学习。

2005年，四川移动对市场、维护、计费、客服、信息等部门的安全管理员进行多次网络与信息安全培训，有100余人次参加培训。同时，邀请电子科技大学计算机学院的教授讲解Windows操作系统安全技术、CISCO网络设备安全技术、UNIX操作系统安全技术；邀请安全服务公司赛门铁克、亿阳公司安全工程师介绍常用网络信息安全工具，使安全管理员初步掌握网络安全技术知识。

2004—2005年，四川移动实施《员工岗位培训标准课程》，分为“公共课程”和“专业课程”两大类。同时，启动校企联合办学培训管理项目，实施内部讲师管理机制。

四川铁通　2001年，中国铁通四川分公司成立，职工教育培训职责设在公司人事劳动部，省分公司机关设专职教育培训主管1名。各二级单位中有人事劳动部门的教育培训职责设在人事劳动部，没有人事劳动部门的设在综合部，由劳资主管兼管教育培训。省分公司及二级单位分别成立职工教育培训管理委员会。每年围绕公司的经营管理方针目标，以提高综合服务质量、设备维护水平及管理人员综合素质为重点，采取集中、可视会议、现场培训等形式举办管理类、技术类、营销类短期适应性培训班，对管理人员、市场经营人员和技术维护人员进行培训。

5月，四川铁通公布《三、三十、三百人才培养工程实施方案》，选拔出300名专业管理干部、工程技术人员，采取外送培训与自主举办专业短期培训班的形式，提高受训人员的业务能力和技术创新能力。

2004年4—10月，四川铁通分6期对公司在职的89名中高层管理人员进行管理经济学、企业战略管理、营销管理、项目管理、人力资源管理、公司理财和管理沟通7门MBA核心课程和程控交换技术、光纤通信、传输技术、互联网及电信新业务5门通信专业知识，共12门课程、3个专题、186学时的培训。2004年12月至2005年1月，组织开展经营部经理岗位培训，对市（州）分公司经营部147名正副经理进行为期1周的集中轮训，培训内容包括电信业务知识、电信服务标准与客户服务管理、代理商管理、成本控制及应收账款管理、市场营销知识、岗位职责及绩效管理、管理沟通等13门课程。此次培训的考核结果作为经营部经理上岗的依据，对补考不合格的5名经营部经理进行岗位调整。

2001—2004年，四川铁通相继颁发《公司学历培训规划》《员工自学资助奖励办法》及《员工参加学历教育和短期送外培训的有关规定》等激励员工提高学历层次的管理办法，并组织送培中专学历培训120名、大专学历培训136名、本科学历培训30名、硕士研究生培训18名，共计308名。

2005年，四川铁通组织各市（州）分公司市场部经理、业务主管进行各种业务培训，重点讲解特色卡的使用范围、营销方法。7—8月，对37名公司中青年后备干部进行培训。培训采取讲授的方式进行经济法、沟通与谈判、公文写作、财务管理知识、提高组织的执行力等实用性很强的管理知识；同时，自行设计方案，开展1天的野外定向拓展训练。10月，组织开展55名营业厅负责人岗位培训，通过对电信管理条例、客户服务标准、计费账务管理、沟通技巧、服务礼仪、营业厅管理的培训及管理经验交流与座谈，使参培人员掌握必备技能，达到上岗要求。

2001—2005年，四川铁通举办短期培训班101期，培训员工5958人次，送外培训565人次，平均每年培训员工1305人次，接受培训的员工平均人数占在岗员工总数的72.2%。

二、岗位技术竞赛

1960年和1965年，全省举办两次岗位技术业务练功比赛活动。“文化大革命”期间中断。1982年，举行“四川省邮电通信生产人员基本功竞赛”，比赛项目10项，参赛选手186名。

1986年10月7—9日，“全省邮电职工岗位技术业务训练汇报表演赛”举行，比赛项目20项，成都、重庆、渡口和绵阳等17个市（地）21个邮电单位112名选手参赛，决出金牌20枚、银牌20枚、铜牌19枚。11月15—19日，组队参加邮电部举办的“全国邮电职工岗位技术业务练功汇报表演赛”。在12个比赛项目中，达县地区邮电局柏玉清获得人工收发报项目的金牌。在表演项目中，成都市电信局钟俊德口译电码7300组，受到中央领导称赞。

是年，由省邮电工会、省邮电管理局政治部、四川邮电报社联合组织全省邮电职工法律知识竞赛。全省近4万名邮电职工参赛，收回答卷11516份，最高分88分，取得60分以上成绩6022人，及格率达半数以上，660人和15个单位受到奖励。

1987年3月9日，成都市电信局、邛崃县邮电局话务班分别被省劳动竞赛领导小组评为1986年度建功立业劳动竞赛先进单位和先进班组。10月15日，四川省第二届农村电站通信生产人员基本功竞赛在乐山市结束。此次比赛分4个工种8个项目，78名选手参赛，有34人次打破上届比赛的全能和单项的最高纪录，南充地区代表队以总分第一，再次蝉联团体冠军。秦忠平囊括本届机线工种全部单项和全能冠军。

1988年，省邮电管理局制定《四川省邮电企业班组升级办法》，在全省各级邮电企业开展班组（支局）升级竞赛，评出302个先进班组（支局）、99名优秀班组（支局）长、10名优秀班组（支局）长标兵、6个抓班组建设的先进市（地）县局。

1989年9月15日，省邮电管理局、省邮电工会、省邮电会计学会联合举办全省规模最大的一次邮电经会基本功表演赛。29支代表队、138名选手参加5个项目的比赛。

1991年，全省举办岗位技术业务练功比赛，有4个项目打破纪录。在全省百万职工技术练功活动中，有40名选手被省政府授予技术操作标兵、能手、优胜者称号。9月20日，成都市电信局举行第六届基本功训练比赛。全局37个单位1020名职工参加预赛，156名选手胜出，参加21个项目

58个名次的决赛。10月17—19日，省邮电管理局、省邮电工会举办全省第五届邮电职工岗位技术业务练功表演赛。全省各市（地、州）邮电系统的24支代表队、242名优秀选手参赛。比赛设21个项目。成都市邮政局、南充地区邮电局、重庆市邮政局代表队获得团体总分前三名，德阳市邮电局、甘孜州邮电局两个代表队被评为精神文明代表队，有63名优胜选手获得21个单项前三名。省邮电管理局、省邮电工会决定，今后每4年定期举行一次全省性的练功比赛。

1992年1月20日，首届四川通信知识大奖赛（电信部分）揭晓。本次竞赛产生一、二、三等奖18名，组织奖10个，优胜奖300名。国务院决定停止企业检查评比后，全省各邮电企业根据邮电部和省邮电管理局的要求，减轻企业负担，注重企业管理实效，把重点放在企业内部管理上，做好基础工作。

1995年，为配合省委宣传部、省经济委员会和省总工会组织的“四川省百万职工安全生产知识竞赛”活动，省邮电管理局安全生产委员会和四川通信报社举办“万名邮电职工安全生产知识竞赛”活动。是年，省邮电管理局与团省委共同举办历时半年的邮电岗位能手比赛，全省60%的青年职工参赛。

1997年，邮电部移动局通报1月全国模拟移动电话摩托罗拉系统质量创优竞赛情况，南充市邮电局在阻塞率、呼叫成功率、掉话率等项竞赛中得386.8分，在全国排名第九，是全省唯一进入全国前60名的局。

2002年，四川移动工会牵头成立四川移动劳动竞赛领导小组，组织、指导劳动竞赛活动，并根据企业经营战略转变，坚持以市场需求和企业发展为导向，逐步由生产劳动竞赛向服务营销竞赛转变，由一般竞赛向专业知识与技能竞赛转变，形成小型、多样、周期性短、灵活性高的竞赛形式。

2003年3月26日，四川省长途通信传输局举办首次全省光缆接续、测试竞赛。此次竞赛是省长途通信传输局成立后首次全省性岗位练兵比武活动，是对全省电信光缆维护技术水平的一次综合检阅。11月，四川电信举行首届维护人员岗位比武大赛。

2004年11月2日，中国电信首届光缆宽带业务割接竞赛在湖南省长沙市举行。四川电信代表队获得团体第三名。12月6—7日，中国电信集团首届营销服务技能大赛在长沙市举行，四川电信代表队获得团体一等奖和个人二等奖。

2005年6月，四川电信承办四川省第二届职工技能大赛电信数据网络维护技能比武，来自21家市（州）分公司22支代表队、88名维护人员参加。8月，“中国铁通首届职工岗位技能大赛”开幕式在成都龙泉驿区举行，30家省分公司的120名参赛队员出席开幕式。11月24—25日，四川电信首届营销服务技能大赛在成都举行。是年，四川铁通组织会计人员参加铁通集团公司举办的首届会计知识大赛。

第二章 通信科技

第一节 科研机制

一、科研机构

1958年9月，四川省邮电科学研究所成立；1965年，邮电部第五研究所在成都设立。除专门科研机构外，全省各市（地、州）邮电通信企业多在本单位设有科技机构，配备一定数量的工程技术人员，围绕本单位生产实际开展技术革新及科学研究。至1985年末，全省各通信企业有工程技术人员3373名，占全省邮电部门工程技术人员总数的91.31%。

邮电部第五研究所 1965年在成都成立，主要从事模拟、数字、光纤通信系统技术的研究及产品开发。先后承担并完成国家“六五”至“十五”科技攻关项目、“863”及邮电部重点科研项目，取得该领域200余项具有自主知识产权的科研成果，获得多项发明专利。该所是国内最早研制出长途通信同轴电缆、市内通信电缆、1800路大容量载波通信系统、PDH光通信系统、SDH光通信系统、8×2.5Gbit/s DWDM密集波分复用系统的单位，并获得大量商业应用。该所先后承担起草和修订多项有线通信领域的国家技术标准和通信行业标准，在通信领域为全国培养出一大批优秀人才。

四川通信科研规划设计有限公司 1958年9月，四川省邮电科学研究所在成都成立。1985年末，所内设邮政机械、自动化数字和无线通信、模拟载波通信、计算机应用、情报5个研究室，职工349名，研究所建筑面积1.93万平方米，科研设备、仪表234套（台），固定资产476万元。

1986年4月5日，在省邮电科学研究所设立通信计量站，属县团级事业单位，业务上受省邮电管理局科技处指导，负责对全省计量的行政管理、监督检查和市（地、州）局的计量器具一般性检修工作。

1992年12月31日，四川省邮电科学研究所更名为四川省邮电科研规划院。其职能是：专门从事邮电科学研究、通信技术研究、设备研发，根据全省邮电通信发展的需要，研究、编制全省邮电发展规划。

1998年，省邮电管理局以省邮电科研规划院为基础，组建四川省通信网络技术支援中心，实行一套班子、两块牌子，主要承担全省传输、交换、数据通信网等技术支撑和网络优化工作，解决通信网中的重大疑难问题。承担通信网重大软课题研究、开发和应用。下设6部1室（交换部、传输部、移动通信部、计费系统部、数据通信部、设备维修部和值班室）。同时，调整合并省邮电科研规划院的部分职能管理机构，只设办公室、总工办、人教科、计财科、行政科、多经科和保卫科。

2000年2月，四川省邮电科研规划院更名为四川省电信规划设计院。

2001 年 5 月，全省电信科研规划部门进行资源整合，重新注册的四川通信科研规划设计有限公司挂牌运营。该公司是具有独立法人资格的经济实体，由原四川省电信规划设计院、四川省邮电设计院和成都市电信局通信规划设计院 3 个单位精简整合而成，标志西部地区规模最大、从事网络科研、规划、设计的技术密集型高新技术企业正式步入市场。

二、邮电科技改革

1985 年 3 月，中共中央颁布《关于科学技术体制改革的决定》。7 月，邮电部颁布《关于贯彻中央关于科学技术体制改革决定的意见》。从此，开始邮电科技管理改革。

1988 年 1 月，省邮电管理局科技处与省邮电工业公司合并，组建四川省邮电管理局科技工业处，负责全省科研和省属邮电工厂的管理。

1991 年 3 月 27 日，省邮电管理局正式发文，对 1972 年成立的四川省邮电科技情报中心站内部工作部门的设置、人员编制、干部配备、工作职责等方面提出新的要求，并明确中心站挂靠在四川省邮电科研所，是四川省邮电管理局的科技情报工作机构，负责组织与管理全省邮电科技情报网的工作，由省局科技处负责专业领导与管理，省邮电科研所负责行政管理并做好业务管理。

1992 年 12 月 31 日，省邮电管理局对全省邮电科研体制作重大改革，将省邮电科研所更名为四川省邮电科研规划院，内设邮政研究室、电信技术研究部、计算机室、规划室、技术开发部、市场部、设计所、工程公司等机构，将邮电科学研究的重点转移到为全省通信建设和通信网运行维护服务上来，承担邮电通信规划、新技术开发、工程设计、软科学研究、科技情报、通信计量及人员培训等任务。

1993 年 4 月，省邮电管理局撤销科技工业处，单独设立科学技术处和总工程师室（两块牌子、一套人员），负责邮电科技开发项目、科技成果、技术标准、科技情报、计量、能源、技术革新和计算机等新技术开发、应用和推广的综合技术管理。

1995 年 11 月，邮电部召开科技工作会议，贯彻全国科学技术大会精神，制定《邮电部关于贯彻落实〈中共中央、国务院关于加速科学技术进步的决定〉的实施意见》《邮电部关于加强通信企业科技工作的若干规定》《邮电部关于邮电科研机构深化改革，推动邮电科技进步的若干规定》，明确“九五”期间邮电科技工作的指导思想、目标任务、方针政策、工作原则及各项具体要求。

1996 年，邮电部制定《关于邮电科研、工业进行改革、改组、改造的若干意见》。四川省邮电管理局根据这些文件精神，结合四川邮电实际，制定《四川省邮电科研改革、改组、改造方案》，提出科研要转变工作重点，加强科研与通信生产的有机结合，从过去主要从事产品开发转向主要对通信网的技术支撑，并采取“稳定一头，放开一片”的方针，调整内部结构。对多余人员按照面向通信市场和社会，从事各种科技开发、技术咨询和技术服务活动的原则进行分流。

省邮电科研规划院根据科研“三改”精神，再次调整内部机构和人员，设立邮政规划室、电信规划室、新技术部、市场部、设计所、维修中心等部门。到 1998 年，该院人员由原 300 余人减至 220 余人。其主要任务转向承担全省邮电通信领域在网络建设、运行维护、经营管理等方面的重大软课题研究和网络规划。

规划院在软课题研究方面，坚持科研与通信生产相结合的原则，围绕四川邮电通信发展计划和目标，立足当前，着眼长远，跟踪国内外新技术、新业务的新趋势，开展“四川省帧中继网的发展研究”“四川省窄带综合业务数字网 N-ISDN 应用研究”“四川省宽带综合业务发展应用研究”“四川省GPS卫星定位与报警监控信息服务系统的发展应用研究”“四川省电信新业务增长点研究”“四川省电信接入网发展研究”“四川省通信网络技术支援中心实施方案研究”“四川省电信管理中心网管系统综合数据通信网（DCN）工程可行性研究”“四川省长途传输网结构优化研究”“四川省智能业务开发及经济技术分析研究”“四川省移动通信A、B、G、C网协调发展研究”“成都经济圈扩大本地网发展研究”“四川省电信计费结算系统总体方案研究”等，为领导决策提供科学依据。

在网络规划方面，先后编制《四川省通信网发展规划》《四川省电信标网规划》《四川省本地电话网发展规划》《宜宾市本地网网络优化及中远期发展规划》《南充市本地网网络优化及中远期发展规划》《四川省分组交换网发展规划》《四川省数字数据网（DDN）发展规划》《四川省智能网规划》《四川省ATM网络规划》《四川省N-ISDN规划》《四川省图像通信网络规划》《四川省900兆移动网发展规划》《四川省卫星通信网发展规划》《四川省900兆移动通信A、B网频率配置规划》《四川省长途电信网规划》《四川省会议电视网规划》《四川省NO.7信令网规划》《四川省数字同步网规划》《四川省SDH传输网规划》《四川省GSM公用数字移动通信网频率规划》《四川省GSM网发展规划》《四川省移动通信网2005年发展规划》《德阳市移动通信网2005年发展规划》《四川省CHINANET网规划》《四川省数字微波网规划》《四川省电信1999—2003年滚动计划》《四川省邮电通信“九五”计划和2010年规划》等，为全省通信建设起到重要的指导作用。

为了支撑通信网的正常运行及维护，省邮电科研规划院利用省内引进S1240程控交换机的配套设备，投入资金，建立程控交换机维修中心，修理程控交换机的用户板和电源板。此外，承担全省移动通信、会议电视、同步网等技术支撑任务。

第二节 科研成果及技术课题

1978年，中共十一届三中全会后，四川邮电通信得到快速发展，对通信技术提出更高要求。1979—1987年，全省邮电科研、工业和通信企业为改变传统的通信方式，着力以开发新技术来满足日益增长的通信需要。

1980年，四川省交换设备厂与西南电力设计院、南京电力学校联合开发出JT-902型纵横制载波电话交换机；1982年，与西南建筑设计院联合开发出DZY05-08型浮充式稳压整流器；20世纪80年代末至90年代初，引进技术开发出HJ09D交换机、HJ10D端局设备和自行开发出市话、农话配线架及引入试验架等设备，为省内外欠发达地区加快通信建设发挥作用。

1982年，成都市电信局为解决人工转报速度慢、效率低、差错多的矛盾，组织技术人员和电报业务人员研究开发自动转报技术，完成DJS-131型64路小型计算机自动转报系统。该系统投入使用后，担负起成都市电信局报房总交换量70%的转报量。

1983年，四川省邮电科研所根据通信市场需求，面向全国庞大的架空明线传输网络，利用科研手段和新技术开发研制出多项适合国情的通信产品。该所在原明线复用的基础上，研究开发的ZMC401型明线晶体管24路载波电话机、明线晶体管超12路载波电话机等在全国得到普遍推广应用，为挖掘明线潜力，缓解当时电路紧张矛盾发挥重要作用。该所开发的2GHZ数字微波设备和4/16、16/64电话集中器等线路增容设备，MF160数字用户环路设备等，作为发展农村电话的一种过渡设备发挥作用，并带来较好的经济效益。

1986年，全省完成明线超12路载波设备、中同轴单管360路载波系统、省邮电管理局企业管理计算机数据处理系统、10路用户环路载波设备4项重大邮电科研项目。其中，超12路载波设备和四川省邮电管理局企业管理计算机数据处理系统获得四川省科技进步三等奖。

1987年，全省邮电部门促进科研工作与邮电工厂、企业的横向联合，加速科研成果向生产力的转化。150MHz 4路特高频通信机、超12路载波设备完成技术鉴定。

1988年，12线半自动程控电报分集器通过省邮电管理局技术鉴定，并在广元市上网运行。该分集器是256路转报系统的末梢设备，可吸收业务量较小的电传机进网。4/2路电话集中器通过省邮电管理局技术鉴定后，安排批量生产。是年，完成四川省邮电企业管理信息网市地级子系统和省级劳资、财务子系统的软件开发，为在全省邮电部门推行计算机管理作好准备。完成环10路载波部分关键单盘的试验，并投入小批量生产，ZZD45型超3路载波机通过省局鉴定后，已生产40端。WK-1型分时计度电力定量器通过省级鉴定，并组织批量生产。完成HJDS140型程控电话交换机的阶段性检查。与57科研所联合成功研制农村端局用HJJ型20/4集中器、交换兼容机，完成市、县电话网体制及接口方案设计。

1989年，全年取得6项科研新成果，完成4项软硬科研成果。“省邮电企业计算机管理系统二期工程”开通运行，效果良好；“0520计算机汇兑稽核数据管理系统”获部科技进步三等奖；“小型程控数字电话交换机可行性研究”获省科技进步二等奖；“四川省邮电企业管理”通过软科学评审。

1990年，省属邮电科研单位根据通信市场发展需要，确立以县和县以下农村通信服务为重点，开发新产品，先后有HJ09D型、HJ10D型编码程控交换机经验收投入小批量生产，ZFP-10型载波交换接口设备、ZYS04/05型引入架、DS807高档电气装置件等产品通过省级或省局级鉴定，ZFP-10型载波交换接口设备获得四川省优秀新产品二等奖。

1986—1990年，全省邮电科研部门实行所长负责制改革，扩大自主权，改革科研经费拨款制度，逐年削减科研事业费，促进科研单位转变经营观念。5年完成科研项目14项，其中7项获部、省科技进步奖。科研成果转化为产品，生产出各类载波机322套、增音机105部，创产值1660万元。科研部门由只开展应用技术研究的单一模式，向软科学研究和为邮电通信提供技术服务转变，完成本地电话网的技术基础研究和全省本地电话网优化服务范围划分等技术体制和政策的课题研究。

1991年，四川邮电科研开发县及县以下的通信产品，取得科研、新产品开发成果6项，其中，环12路载波和4路特高频设备通过部、省鉴定；省邮电交换设备厂生产的HJ09D型程控空分电话自动交换机，被省政府列入“质量赶超国内先进水平”的重点产品。

1992年，全省贯彻省邮电管理局科技工作会议精神，汇编电话通信网络体制和非话通信网络体制以及通信技术法规，制定印发《四川省邮电科技十年发展规划和“八五”计划纲要》；全年取得科研成果20项，完成7项新产品的开发和鉴定，其中，“本地电话网最佳服务区域划分软课题”研究获得省科技进步三等奖；乐山市邮电局“省、地、县联网信息系统”项目在全省推广运用；16/32电报集中器、16/4电话集中器和农话C5级电话交换机试制工作全部完成。4月16日，省邮电交换设备厂研制的DUZK-12/120型车载开关组合电源、DUZK-48/30型开关组合电源、DZY48B-48/16型宽范围稳压电源3种产品，在成都通过部级生产定型验收鉴定。

1993年，拟订《四川省邮电2000年科技企业重大项目发展规划》和《四川省邮电1994年技术开发计划》；完成“32/16 电报分集器”“16/4 电话集中器”“乐山邮电局企业管理微机局域网”等科研项目及 5 项科技新产品生产定型鉴定；汇编印发《科技法规》《七号信令技术体制》《非话通信技术体制》等。

1995 年，四川省邮电科研规划院与中储成都集团投资股份公司、倍特软件公司合资组建的成都国腾通讯有限公司开始共同研究开发“IC 卡付费电话系统”；1997 年 9 月，通过邮电部科技成果鉴定和新产品生产定型鉴定，IC 电话机当年销售到四川、北京、吉林、辽宁、河南和江苏等省（市），这是全国首家靠自己的技术自主开发成功的产品。

1982—1995 年，四川省邮电器材厂针对农村通信市场，研制开发出铁三路载波机、ZFP-10 型载波交换接口设备、农话 C5 端局 HJD18J 型程控交换机及 HJD04RM 程控交换机，较好解决农村自动化的需求，也解决省内一些少数民族地区县局市内电话自动化的需要。同时，开发出 ZB302 音频载波插报系列、ZZD21 市话单路用户载波机等通信设备产品。

1996 年，四川省邮电科研规划院研究开发出“IC 卡电话查询、缴费系统”，在简阳市邮电局城乡 3 个营业点使用，受到用户、营业和管理人员好评。1997—1998 年，成功开发出“四川省邮电综合信息管理系统远程子网”，并与省局办公服务系统互联。

1996 年，四川省邮电摩托车厂在省邮电管理局申请“PE 系列通信电缆穿线管”科研项目立项；1997 年 8 月，完成开发并通过产品生产定型鉴定，并于当年在省内通信建设中使用。

1997 年，内江市邮电局开发出“地下电缆人孔井盖防盗装置”，保证通信线路安全，并向国家申请专利，已被成都、内江、资阳和自贡等邮电局采用。

1998 年 4 月，四川省长线局与成都麦科金卡软件公司合作，将计算机技术与地理信息技术结合，开发出长途光缆监控维护管理系统，通过省邮电管理局鉴定验收。该成果先期在内江、成都长途线路局试点。

2002 年，四川移动追踪新技术、新业务发展趋势，开展基于位置的服务、3.5G 无线宽带接入、主副卡业务、主被叫付费业务等新技术、新业务的研究。完成基于电子地图与移动定位相结合技术的跟踪导航、移动资源管理等应用的开发，以及 VPMN、“全球通”亲情号码、分时分区、固定 IP、IP 直通车等新业务的开发。

2003 年 4 月，四川移动开展“科技进步、业务服务及管理创新”活动，印发《关于开展四川移动“科技进步、业务服务及管理创新”活动的通知》和《四川移动有限责任公司科技进步、业务服务及管理创新奖管理办法》，鼓励员工积极参与。全年完成科技进步、业务服务及管理创新项目 155 项，评出“基站同步的改造：SDH 时钟与基站业务口实现对接”等 41 个项目获科技进步创新奖。在当年的创新项目中，“全球通贵宾身份认证系统”和“基站同步的改进”分别获得集团公司 2003 年度业务服务创新二等奖和科技进步三等奖。

2004 年 4 月，四川移动制定《四川移动通信有限责任公司管理创新奖管理办法》，细化管理创新奖的组织工作及评审程序。

2005 年，四川移动数据部、数据中心的“数据业务经营分析系统”项目，获得集团公司业务服务创新三等奖。四川移动网络管理中心的“实施‘故障筛子工程’优化网络维护集中化管理体制”项目参加集团公司评奖，获得“第一届中国移动管理创新成果”三等奖，同时获得信息产业部管理创新三等奖。

一、科研成果

明线超12路载波通信系统 1983年，省邮电科研所开始研制。1986年1月，通过省级鉴定，并获得四川省科技进步三等奖。1988年5月11日，在成都通过部级鉴定。该系统是省邮电科研所继高12路、超24路载波系统之后研制成功的又一项明线高频复用系统，其研究成果属国内首创。该系统在不改变现有明线状况下，利用频率资源，在已开放3路、12路、高12路载波电话的明线上，再增开12路载波电话，适用于省以下明线长途通信。

24芯市话光缆、12芯长途光缆及其接续装置 1986年3月8日，邮电部第五研究所研制成功，并在成都通过部级鉴定。长途光缆进入干线通信网，较之传统电缆独具优势，若采用12芯铝护套多模长波长途通信光缆，构成PCM四次群光传输系统，可开通上万条话路。24芯粘接护套市话光缆可为市话局间中继提供上千条话路，并能满足市话通信中新开图象等带宽业务的需求。邮电部专家在鉴定中认为：两种光缆的传输性能和机械物理性能达到国家科技攻关项目专项合同的指标要求，符合国际电联的建议标准，在国内处于领先地位，达到国际80年代初期水平。

新型PCM数字通信设备 1986年3月中旬，国家“六五”科技攻关项目、新型PCM数字通信设备在重庆通过部级鉴定。邮电部重庆通信设备厂研制的PCM从基群到三次群终端机，以及PCM一次群传输再生中继机，采取国际先进的单路编译码方案，广泛使用低功耗的中大规模集成电路及厚膜混合电路，并采用具有国际先进水平的单元化、组装式条架结构，使设备具有高可靠、低功耗、小型化、易维护的优点，从而增强产品在市场的竞争力、抗衡力。

市话电缆气压自动遥测设备 成都市电信局杨庆丰等人研究，1986年获得四川省邮电科技进步三等奖。该设备在不占用专用芯线的情况下，实现及时准确地遥测市话电缆气压状态，改善劳动条件，节约劳动力，保证线路通信质量。

邮电管理局企业管理数据处理系统 省邮电科研所研发，1986年获得四川省科技进步三等奖。该系统利用公众电报网采集全省邮电系统有关业务数据信息，实现邮电业务管理应用计算机进行数据处理，在国内同行业中处于技术领先地位。

国内首批140兆比/秒数字复用设备 1986年6月初在邮电部眉山通信设备厂问世，填补全国数字通信系列的一项空白。7月31日，首批产品送往北京，参加中国邮电工业总公司光纤数字通信集团组织的新技术、新设备展示会。该设备是国家“六五”期间重点科技攻关项目之一，具有80年代国际先进水平，是邮电部第五研究所通过部级鉴定转让的科技成果。

明线高12路载波电话设备 1986年7月中旬，邮电部眉山通信设备厂的“明线高12路载波电话设备推广应用”项目获得第二届国家级科技进步奖，并被收入《中国技术成果大全》一书。该设备在已开放3路、12路电话的架空明线上使用，可提高线路利用率75%，节约投资70%。

ZZD85型10路用户环路载波机 省邮电科研所研制，1986年11月12日在广汉县通过升级鉴定。该载波机主要适用于县下短距离通信，复用于架空铁线线路，也可用于架空铜线、市话电缆或农村塑料电缆，以提供10个载波电话通路和1个音频电话通路，还可进行载波电报二次复用。分机可沿途下线供给用户，端机可与磁石、共电、自动交换机连接。

超12路载波通信系统 1987年，邮电部眉山、杭州两家通信设备厂合作开发研制成功。6月9日，在眉山县通过中国邮电工业总公司鉴定。该系统具有投资省、建设快、收效大的特点。在不新建线路、不改变原线路使用条件的情况下加装该系统，1对架空明线上即可同时开放3路、12路、高12路、再增加1个12路，挖尽明线载波通信的潜力，线路频率从372KHz提高到530KHz，通信话路由原27条增加到37条，通信能力提高1.45倍，可满足省间、省内1200公里内短距离长途明线通信扩容改造的急需。

HYA系列全塑市话电缆　邮电部成都电缆厂研制生产，1987年2月获得1986年国家优质产品金牌奖。这是全国通信电缆产品获得的第一个国家优质产品金牌奖。

PCM基群复用设备　1987年，重庆通信设备厂引进意大利伊达太尔PCM、PCB生产线，生产具有世界先进水平的一至四次群数字通信设备。

1988年3月27日，中国与意大利政府签署的第二个3年科技合作发展项目之一，中国引进的第一条脉冲编码设备生产线（PCM）在重庆通信设备厂举行剪彩仪式。该生产线生产的PCM系列产品，采用先进的铝合金条型机架结构、单元化组装，体积小、重量轻，可方便地实现设备功能的各种组合；并采用单路编译码器、同步检出电路等大规模集成电路以及厚膜混合电路等先进器件，用程序逻辑及微处理器控制的信令接口电路。产品全部指标符合CCITT建议的国际最新标准，具有抗干扰强、通信质量高等优点。

1990年，重庆通信设备厂新生产的PCM基群复用设备获得国家优质产品银牌奖，并先后代表国家出席在瑞士日内瓦举办的第五届世界电信展览会和在新加坡举办的亚洲电信展览会和在莫斯科举办的中国科学日展览会。

对称电缆扩容和34兆比/秒光通信系统　1987年5月25—29日，邮电部第五研究所在国内首次研制成功的、一项适应通信网传统技术与现代技术并存和互通的科研成果——60路数模复用转换设备，在成都通过部邮电科研院鉴定。同时通过鉴定的还有五所开发的对称电缆4×4扩容900路载波系统和34兆比/秒光通信系统。

对称电缆4×4扩容900路载波系统是国内首次研制成功的对称电缆载波扩容量最大的系统，该成果可使电路从480路增加到1260路，而耗资只相当于原系统投资的三分之一，为全国已有的近2万公里对称电缆的扩容改造提供重要手段。34兆比/秒光通信系统的研制成功，为点对点无中继34兆比/秒光通信提供技术手段。

zzd45型超三路载波电话终端机　四川省邮电器材厂开发，1987年获得四川省邮电科技进步三等奖。其性能稳定，维护使用方便，为国内首例，可叠加在zzd43、zzd44型机器上，在一堆铁线上可同时开通9条载波话路，有显著的社会经济效益。

小/中同轴应急电缆连接器　邮电部眉山通信设备厂研制，1987年顺利通过邮电部工业局和电信总局的验收。这一国内首创产品是为大容量同轴载波通信线路中断时应急抢修而研制的，使用时既省力又省时，效率比原来提高3倍以上。

钢管道外护层补口用辐射交联热缩套　邮电部成都电缆厂双流热缩制品分厂研制，1987年获得四川省邮电科学技术进步二等奖。采用80年代国际发展起来的辐射交联聚乙烯新技术，能满足国内生产要求。

小型程控数字电话交换机可行生产研究　省邮电管理局科技处主研，1987年获得四川省科技进步三等奖。

ZYQ-1型长途通信电缆气压遥测系统　邮电部第五研究所研制，经过1年3个月的正常试验运行，于1988年在成都通过鉴定。该系统是一项80年代在国际上兴起的通信电缆维护新技术。使用该新技术，测试距离110公里以上，可同时测量4条电缆气压，分测1条110公里长的电缆只需两分钟。该系统在国内属首创。

12路**载波电话系统技术** 省邮电科学研究所研发，1988年获得四川省邮电科技进步一等奖，获得邮电部科技进步二等奖。该系统属国内首创，为明线高频复用技术的国内先进水平。

小同轴电缆3600路载波增音系统 1988年10月，邮电部第五研究所开始研制。该系统全部采用国产元器件，无需增设新的电缆，通话能力扩大4倍。1990年4月14日，在成都通过邮电部专家鉴定。该系统设计合理，质量性能稳定、可靠，通话声音真实清晰，主要指标达到国内先进水平。

成都—灌县长波长单模34Mb/s光缆通信系统实用化试验段工程 该工程属国家“七五”科技攻关项目，于1988年4月动工兴建，11月通过邮电部验收。工程采用架空和埋式敷设方式，新建6芯3次群光缆66公里。1989年5月1日投产后，对于连接成都卫星通信地球站和解决阿坝州长途通信出口问题，发挥重要作用。1991年，在邮电部召开的科技工作会上，获部一等奖。

《四川省通信行业技术政策》软科学研究项目 1988年，四川省颁布《四川省钢铁工业技术政策》后，陆续出台包括化工等17个行业的技术政策。《四川省通信行业技术政策》包括“四川省通信行业技术政策要点”和“背景论证材料”两大部分，是四川省首次对全省通信行业（包括公用通信网和广播电视、铁路、电力、石油等专用通信网在内）的技术政策进行系统、完整的研究。分10个专题，分析研究现代通信行业和通信技术的总体发展趋势、通信与社会经济的关系，各主要业务网的发展途径、阶段目标和协调措施等，提出15款58条技术政策，规范四川省到20世纪末的通信行业发展的技术政策要求。

1993年11月22日，四川省通信行业15名专家和学者组成的鉴定委员会，受省科委委托，在成都通过《四川省通信行业技术政策》软科学研究项目鉴定，认为可作为四川省编制通信行业发展规划、指导技术改造和引进、重点工程建设及产品开发等的技术政策依据。1994年获得四川省科技进步三等奖，编制《四川省通信行业技术政策》，是省科委组织的全省重点软科学研究项目之一。

GLS-1**型光缆机械性能实验机** 邮电部第五研究所与北京邮电学院（今北京邮电大学）共同研制，1990年8月7日通过邮电部鉴定。该机结构紧凑，操作方便，机械化程度高，简化对光纤光缆的有关测试准备；在设计上利用先进的光电转换器和计算机。该机经过4年多的试验，其性能稳定可靠，是光缆设计、制造、施工中不可缺少的重要试验设备。该机首次在国内研制成功，并达到国际80年代中后期水平。

四次群光端机项目 该项目是国家火炬计划项目。1990年，邮电部重庆通信设备厂与机电部十三研究所共同开发的四次群光端机16种专用模块，通过国家科委高科技司的鉴定，认为这16种模块的主要技术指标达到国内外同类产品水平。

2048**千比/秒数据传输设备** 邮电部第五研究所研制，1990年4月17日通过专家鉴定，使利用现有模拟传输设备实现传真、可视电话和计算机数据传输等成为现实。

1920**路光缆数字通信系统** 邮电部第五研究所研制，1990年11月17—21日，邮电部邮电科学研究院在成都召开会议，对该系统进行鉴定。该套系统的远距离供电设备、自动保护转换设备均为国内首次研制成功，其性能在国内领先，达到国际80年代中后期水平。该系统是邮电部第五研究所“七五”期间承担的全国邮电科研系统最大的科研项目之一。

远端用户自治模块 1990年末，上海贝尔电话制造有限公司和邮电部第五研究所在宜宾县研制成功并正式投入使用。该项光电合一的专用传输设备，即使在光纤电缆中断、光端机出现故障停止工作的情况下，延伸机架的1024户用户及特服号也能照常通话。这项通信设备的研制成功属世界首创。

ZEP-10型载波交换接口设备 省邮电器材厂研发，1989年获得优秀新产品二等奖，1990年获得四川省技术进步三等奖。该产品将国标GB 3379-82和GB 3376-82两种信号方式互换，通过模拟载波把公众网内的程控数字交换机、纵横制交换机及其他所有采用中国一号信令方式的交换机连接起来，构成全自动的本地网。

HJD18型PAM程控局用交换机 1991年，省邮电器材厂研制，被四川省科委列为省重点科研项目，主要适用于全国中等发达和不发达地区农村电话自动化需要的端局交换设备。经东北及西南等地6个农话自动端局1年多的运行，用户反映良好。1993年，在成都通过省级技术鉴定。

64Kb/s数据传输设备 邮电部第五研究所自行设计研制，1991年12月24日在成都通过部级鉴定。该设备采用标准的64Kb/s同向接口，符合中国数字网络接口要求；在模拟接口的频谱选择上考虑中国现有干线载波和微波系统的频谱安排，适于在全国多种载波和模拟微波系统中应用。

HJD18TM程控局用汇接交换机 省邮电器材厂研发，1992年获得四川省邮电科学技术进步开发奖。该机采用存储程序控制方式，中央处理机为intel8088双机主备方式，符合国家标准。

省邮电统计信息自动化管理系统 省邮电管理局计算机工作站、省邮电科研所开发，1992年获得四川省邮电科学技术进步奖。该系统根据邮电部新的统计指标目录和指标代码，建立综合统计基础数据库，能处理综合统计、财会、固定资产、劳动工资、邮政、电信60类原始数据指标，能自动生成65种报邮电部月报、季报报表；由市（地、州）局可生成76种报省局报表，并实现部、省、市（地、州）三级联网。

开关电源系列 省邮电交换设备厂研发，1992年获得四川省邮电科学技术进步奖。它适合与大部分程控交换机配电需要的DUZK-48/30型开关电话和适用于低电压，大电流设备需要的DZK-5/50型开关电源，具有过压、过流、限流、欠压保护。

数字设备配线架 省邮电交换设备厂研发，1992年获得四川省邮电科学技术进步奖。该配线架能替代同类型进口通信配线架，适用于传输码率为2Mb/s、8Mb/s、34Mb/s数字终端设备或程控交换机数字信号的配线与转接，具备临时调线与固定配线的性能，具有良好的评比性能和互换性。

农村光通信系统用光缆 省邮电电缆厂研发，1992年获得四川省邮电科学技术进步奖。系统研究农话用光缆生产工艺，完善必要的承揽设备和配套仪表，生产光缆的主要性能指标符合国家要求。

600对一下HYA全塑市话电缆 省邮电电缆厂生产，1992年获得四川省邮电科学技术进步奖。该电缆进行全面的工艺调整和设计，改造四头摇摆成缆机，连续软化设备等部分设备，提高产品合格率和可靠性，达到国际标准。

成都市郊县、县（市）本地电话网规划 成都市电信局主研，1997年获得四川省科技进步三等奖。

四川省电信接入网发展研究 省邮电科研规划院主研，1998年获得邮电部科技情报中心一等奖。

四川省窄带综合业务数字网应用发展研究 省邮电科研规划院主研，1998年获得邮电部科技情报中心一等奖。

四川省GPS卫星定位与报警监控信息服务系统发展应用研究 省邮电科研规划院主研，1998年获得邮电部科技情报中心二等奖。

四川省帧中继组网应用研究 省邮电科研规划院主研，1998 年获得邮电部科技情报中心三等奖。

邮电劳资综合统计管理信息系统 以省邮电管理局劳资处为主，邮电部劳资司综合处参与开发，1998 年获得邮电部科技进步三等奖。

四川电信综合办公系统 2004 年 12 月 20 日，获得四川省科技进步三等奖。

二、技术课题

1990 年，省邮电管理局企业管理办公室上报“邮电通信企业省级先进考核标准”，提出省级先进企业的考核标准和目的要求，使邮电企业提高质量，降低成本，增加经济效益，全面提高企业素质，有了统一的衡量尺度，具有较强的科学性和实用性。是年，省邮电科学研究所提出全省本地电话网最优服务区域的划分，首次对四川省本地电话网服务范围进行全面、科学的研究，对全省建设本地电话网具有指导作用。

“八五”期间（1991—1995 年），全省技术课题开发项目主要有“省邮电通信发展战略研究”“我省邮电通信中远期发展规划和近期计划”“省邮电通信技术政策研究”“省发展各种新的通信技术的策略研究”“本地电话网研究”“省电信网管网和网管中心体系研究”“四川省邮电通信企业经营管理机构”“维护管理体制方案研究”。

1996 年，全省技术课题开发项目有“四川省通信网络技术支援中心实施方案研究”“四川省邮电综合信息管理系统科技管理子系统”“局长综合信息查询系统”“四川省帧中继网的发展应用研究”“IC 卡电话查询、缴费系统”“四川省邮电科研规划院局域网科技管理子系统”“窄带综合业务数字网 N-ISDN 应用发展研究”。

1997 年，四川省邮电科研规划院完成“提高四川省长途电信网接通率的方案和措施研究”，对接通率的含义和计算方法、经济效益、长途自动电话网接通率现状、影响四川省长途自动电话接通率的主要原因等问题作了研究，提出提高全国长途电话接通率的方案。12 月，省邮电科研规划院完成“四川省 GPS 卫星定位与报警监控信息服务系统的发展应用研究”，研究在四川省邮电系统利用数据传输技术、计算机网络技术、GPS 技术向社会及邮电自身提供具有广泛应用前景的新业务。研究后形成的成果——系统组成及涉及的关键技术、系统组成方案、系统建设实施方案、系统主要对外提供的服务业务范围、投资估算。

1997 年至 1998 年 5 月，省邮电科研规划院研究四川省电信新业务增长点，研究采用定量预测及定性分析方法，结合四川省邮电建设的实际及发展规划，提出四川省电信新业务的发展趋势、发展方针、增长点和分布与总体建设方案，以指导四川省电信新业务稳步发展。1997 年 12 月至 1998 年 6 月，省邮电器材总公司在原已开发并在全国 20 余个局使用的“DOS 版本邮电物资管理”软件的基础上建立“四川省邮电物资”供应、设备调配的统一归口管理及计算机处理。

1998 年，省邮电管理局科学技术处和总工程师室研究四川盆地农村电信发展预测、技术政策和对策的课题，便于各县邮电局编制规划提供依据，且方法简便，各县邮电局电码可以自行使用，使四川省农村电信的规划工作逐渐走向科学化。省邮电科研规划院根据全国对智能网业务的发展技术体制要求和规定，作出“四川省智能业务开发及经济技术分析研究”。研究结合四川省的经济及通信发展情况，通过市场需求调研和分析，作出四川省智能网业务发展预测、技术经济分析及业务开放策略的软科学“研究文本”。省邮电科研规划院根据国际 ITU-T 建议、邮电部对 N-IDSN 业务发展的建议及相关技术规范要求，以及社会对宽带 ISDN 业务发展的建议及相关技术规范要求，作出“四川省宽带综合业务发展应用研究”。相对超前地研究四川省宽带 ISDN 业务的发展前景和策略，作出四川省宽带 ISDN 网络组织结构建议的软科学“研究文本”。省邮电科研规划院针对四川省长途传输网网络结构现状，作出“四川省长途传输网络结构优化研究”。研究通过流量流向调查和业务预测，比较分析各种组网方案，按优化原则作出四川省长途传输网网络结构的优化模型。

1999 年，省邮电管理局科技处为适应国有企业改革和企业管理科学化、标准化、规范化要求，加强成本控制和知识型管理，作出“四川电信本地电话网成本测算与成本分析的研究”。

第三节 科技成果应用与推广

1986 年，省邮电科研所研发的明线超 12 路载波电话设备、企业管理数据处理系统在全省各市（地、州）局推广。全省邮电行业整理群众性技术革新成果 720 项，重点推广 10 个项目。

1988 年，省邮电科学研究所完成明线超 12 路载波系统研制，并在成都—眉山—乐山线路段实验成功，传输电路稳定，用户反映良好。省邮电科研所会同成都市电信局、雅安地区邮电局、温江县邮电局将 83、84 型两套超 12 路叠加在低 12 路、高 12 路上作开通测试及系统验证工作。科研所还在成都—温江—雅安段进行测试，最后推广全省。四川省应用自承式电缆架设过江飞线技术，在涪陵市通过鉴定。该新技术获准在全省推广应用。是年，全省邮电部门实施群众性技术革新项目 168 项。

1989 年，省邮电企业管理计算机系统开始使用，分别由省邮电科学研究所、省邮电管理局计算机站等部门负责乐山、自贡、涪陵、成都、德阳、绵阳、广元、内江等各市（地）的装机联调。

1990 年，省邮电器材厂研发 ZEP-10 型载波交换接口设备。它利用模拟载波通道与各种自动或人工交换机相连，组成长途、市话、农话或企业内部的全自动或半自动电话通信网，该必要的“接口设备”解决交换机的线路信号、拨号信号及其他信号的传送问题。设备在四川、广东、陕西、贵州、辽宁、北京等地部分地区邮电部门和专业通信网使用。

是年，由省邮电交换设备厂研制的 ZYS04/05 型引入架结构合理、美观大方、功能多、性能全、操作维护方便、适用于载波机务站或增音站机房标准化建设，适应通信发展的需要。经审核后批量生产，投入使用。

“七五”期间（1986—1990 年），省邮电管理局对引进长途 S-1240 程控交换机计费系统进行开发，新增功能 40 余项，开发引进设备 F-150、EWSD 系统脱机计费处理。无线移动交换机开通后，自己编制程序，建立联机实时处理系统，把磁带中的计费信息分拣打印出来。

1991—1993 年，省邮电科研规划院推广的 16/32 线电报分集器，符合邮电部相关规定，实现市（地）级电报的自动转接，并在全国大量推广。省邮电科研规划院推广的市（地、州）邮电局企业管理计算机局部网实现全省市（地、州）邮电局企业管理计算机局部网络，搭骨架，完成主业务功能，大量推广后给社会带来经济效益。

1995 年 1 月，省邮电科研规划院研制的 DJ-64 型电话集中器在省邮电管理局投入使用，解决乡（镇）企业和农村电话通信实现电话自动化。3 月，省邮电科研规划院生产的 64/16 电话集中器投入使用，经历半年雷雨和高温天气考验，运行稳定，工作可靠，话音清晰，电路通畅，促进农话的发展。

1996 年，省邮电管理局安排引进法国 ALCATELA9800 固定无线接入系统，由省局科技处、计建处、电信运行维护部、省邮电科研规划院联合试验，以验证 ALCATEL 固定无线接入系统的全部技术性能以及在全省的适用性，并在省内推广应用。

1997 年 11 月，全省各市（地、州）邮电局按照部颁《本地网管系统技术规范》的要求，在德阳和广元市进行“本地网管系统软件”（NOMA 系统和 CTC 系统）试点，并推广应用到省内 10 个市（地）邮电局，将分散、看管式的维护方式改为集中监控、定性、直观的管理模式。1997 年 11 月至 1998 年 1 月，四川省长途线路局研究全省长途线路维护管理计算机网络系统，研究成果考虑到后期向全国长线系统 13 个市（地）长线局推广的技术问题，重点解决维护、管理系统在同一个 WEB 平台集成等技术问题，具有技术先进性、网络可扩展性、性能可靠性、系统可维性及其安全性的特质。

是年，省邮电科研规划院根据部、省关于解决电话“缴费难、收费难”，提高服务质量的要求，采用“IC 卡电话缴费查询系统”成果，建立简阳市邮电局所辖范围内的简阳市邮电局“IC 卡电话异地缴费查询使用系统”，作为电话费收、缴方法的补充。

1998 年 4 月，省邮电规划设计院完成开发四川省邮电综合信息管理系统远程情报子系统，实现与省局综合信息管理系统联网、检索查询等功能；按计划完成 32 路数字无线用户环路系统研制与组网试验，并对宜宾、江安组网试验提出考察报告，做开通试验；完成“电话智能防盗器”的科研开发，能够记录和显示话单、监测电话用户本机及用户外线使用情况，有效解决电话费纠纷问题；为适应省邮电长期发展需要，以 Internet 构架，建立交换式快速以太网为基础的骨干网络平台——四川省邮电科研规划院企业网。该平台开发运行“办公自动化管理系统”“财务电算化管理系统”“邮电科技情报信息检索系统”等 11 个子网系统，实现企业内部的自动化。

是年，成都市电信局利用“天府热线”网络资源，开发“天府热线”电子商务应用系统（电信网络部分）。系统采用 VISA 与 mastercard 两大信用卡组织联合制定的安全电子交易 SET 方案和 SSL 网络技术安全套技术，实现“网上电子贸易商业业务（电子商务）”，建立“虚拟网络市场”，最终为用户提供包括网络电话费查询及缴费多种网络交易优质服务。

四川公用信息产业有限责任公司利用 Internet 互联网络资源，在已有 server 服务器的UNIX-solaris 和 client 客户端的 WIN95 平台上，采用 SYBASE 大型数据库和 UNIX 开发工具，推出“网络预订系统”，实现全球用户网络客房、客票、商品预订的系统。

四川省通信管理局统计信息中心将已通过省局验收合格的科技开发成果“四川省邮电统计信息管理系统”和“局长综合信息查询系统”两个应用软件集成为一体，推广应用到全省各市（地、州）邮政、电信局及各直附属单位。

2004 年 9 月 27 日，四川电信成都分公司自主研发的“电子工单管理系统”试运行。

第三章 学术工作

第一节 学术活动

1986—2005年，四川省通信学会及部分专业委员会每年召开学术年会，编印学术年会论文集，采取召开学术技术报告会、座谈会等形式，组织开展纪念世界电信日的活动。

1986年4月23—28日，邮电部第四次农村通信技术交流会在成都召开。全国29个省（市、自治区）的邮电科研、生产和使用单位的124名代表参会。6月7日，省通信学会向在本年度学术会上发表论文的50人颁发“论文发表证书”。此次年会提交的论文有光通信、程控交换、数据通信、卫星通信及计算机技术的专论。是年起，省通信学会实行颁发“论文发表证书”制度。

是年，省通信学会召开光纤数字通信专题学术交流会、现代化管理学术座谈会和程控交换机技术讲座、介绍IEEE86国际通信会议讲座，举办仪表维修培训班和通信工程师培训班。

1987年3月24日，国内光纤通信专业情报网在永川县成立。来自全国12省（市）14所院校、19个研究所、18家公司和工厂的74名专家和学者出席成立大会。大会成立4个技术专业组，并进行学术交流活动。

6月2—6日，省通信学会在成都召开以通信工程及其应用为主题的学术年会，来自邮电、铁路、石油、机械、航空和院校等系统通信专业的100余名专家、学者、技术人员到会，交流论文53篇。11月25—28日，省通信学会技术与管理现代化专业委员会学术年会在成都召开。来自邮电、铁路两大系统的90余名代表就省内通信科研、教育、设计、施工、工厂和通信生产等方面交流论文40余篇。

是年，学会召开全国农村通信技术交流会、用户环路载波技术设备研讨会和第二次微波建设协调会、CCITT传输系统研究组研究内容及目标报告会、数字网研究近况报告会、计算机网络发展动态报告会。举办计算机培训班、通信仪表维修技术培训班、无线电管理技术培训班。

1988年5月5日，四川省邮电会计学会在成都成立。大会举行首届论文发布会，发布论文35篇。6月24—28日，省通信学会第三次代表大会召开，大会表彰优秀论文作者24名、优秀科普文章作者3名、优秀科普书籍作者2名，表彰先进工作委员会2个、先进地方学会2个、先进会员小组8个。

是年，学会召开山区通信学术交流会、数字程控交换机学术交流会、促进省内通信产业联合座谈会、广播电视技术报告会。举办DJB-823电接触固体薄膜保护剂应用培训班、英语译文班。

1989年12月9日，中国通信学会通信设备制造技术专委会通信电缆、光缆制造学组在成都成立。来自全国从事通信电缆、光缆研制、生产的工厂、科研、院校等部门代表40余人参加成立大会。大会交流论文12篇。是年，省通信学会召开农话业务发展研讨会、用户交换机技术交流暨设备展示会。

1990年5月，省通信学会召开成立10周年纪念大会暨1990年学术年会。1980—1990年，省通信学会注重学术活动与本省、本地区通信建设结合，在为政府部门、中小企业提供决策咨询，提高通信能力、改善服务，建立现代化通信网，协调公用网和专用网关系等方面作了大量工作。召开学术会议80余次，有近5000名科技人员参加，先后召开“四川通信‘七五’规划研讨会”“农村通信技术交流会”“西南地区本地网研讨会”，以及同省无线电管理委员会共同举办“陆地移动通信合理使用频率研讨会”等。学会提出的“加速我省卫星接收设备研制生产的具体建议”，以省长指示被有关部门采纳，促进全省卫星通信产业的发展。学会完成咨询项目200余项，组织新技术培训班50余期，培训学员3000余人。

12月15—18日，四川省电子学会和四川省通信学会联合在成都举办“1990年移动通信研讨会暨产品展示会”，收到全国各地从事通信事业的专家、教授及工程技术人员的论文20余篇，主要研讨全国移动通信发展策略、数字移动通信发展前景，以及移动通信中的各种技术问题。展示会上，国内生产通信设备的厂家711厂、970厂、913厂、719厂和机电部第七研究所展出其研制和生产的移动通信产品。

是年，学会召开“八五”通信规划研讨会、西南山区通信学术研讨会、农村自动小交换机演示会、无线频率应用规划研讨会。

1991年，省通信学会召开海峡两岸移动通信专家学术交流会、农村端局交换机演示会，以及电话交换、数据通信、技术经济专业技术研讨会。10月17—19日，省通信学会、省邮电会计学会和省农村电话局联合在广汉市召开首届农村电话经营研讨会，发表论文36篇。

1992年，省通信学会召开'92海峡两岸移动通信技术研讨会、微波通信技术报告会、本地电话网经营管理研讨会、光缆通信建设协调会。编印《农村自动电话网技术》。举办光纤数字通信电视讲座，有3000余人参加。

1993年，省通信学会召开光纤通信技术交流与产品展示会、计算机数据通信产品展示会、防雷技术报告会。

1994年，省通信学会召开西南地区本地电话网研讨会、农村邮客兼营管理现场研讨会、全省寻呼联网方案讨论会、全省集群通信系统组网方案讨论会、邮电多种经营发展策略和通信企业股份制经营管理研讨会，以及数据通信新技术应用研讨会。编辑摄制《S-1240程控数字交换机》《数字程控交换技术讲座》电视教学录像片，组织3000余人学习，邀请国内外专家作通信新技术报告6次。

1995年，省通信学会召开西南地区防雷技术研讨会、四川省通信市场经济发展与对策研讨会、四川公用移动通信发展与经营研讨会、通信新技术研讨会。完成《数字程控交换技术》电视教学活动。

1996年1月23—25日，应美国CSN公司请求，省计委和省邮电管理局联合举办“美国CSN公司通信、网络产品演示及技术交流会议”。会议期间展示美国CSN公司的3000系列（小型帧中继交换设备）、CSN5000系列（可逆向交叉连接多路复用设备）、HDSL（高速数字用户环路设备）的技术性能及组网应用。展示远程终端对网络的监控、修改参数配置、网络维护诊断等功能。邀请专家评议后认为：由于CSN公司的网络技术和芯片技术的先进性和自主生产能力，所展示的产品性能较好，有较大的市场竞争能力。

是年，省通信学会召开'96数据通信技术交流会、技术经济学术年会、第二届中西部地区信息高速公路学术研讨会，举办第28届世界电信日暨四川省GSM开通新闻发布会。

1997年4月5—8日，邮电部西部通信研讨会在成都召开。来自西南、西北及内蒙古等11个省（市、自治区）和邮电部规划院的代表参加会议。会议研讨本世纪末以前西部农村实现“村村通电话”这一目标面临的形势，以及发展策略等问题；讨论如何做好邮电滚动计划，做好C3以上长途网部省联合规划以及提高全网的综合运行能力，使网络组织、运行更加优化等问题。是年，召开接入网技术研讨会、'97通信业务发展与经营管理学术研讨会、'97中国移动通信发展研讨会、加快邮电两个转变促进邮电企业管理研讨会、数据通信新技术交流会、新技术报告会，编印《通信业务发展与经营管理》。

1998年11月，由省邮电管理局、省台办联合组织的“四川省通信学会赴台访问团”对中国台湾进行为期7天的访问，了解台湾信息产业及通信业的发展运营情况。11月6—11日，访问团拜会台湾资策会，参观台湾中华电信、台湾大哥大、远传电信、台达电子工厂等。是年，省通信学会召开通信设备防雷技术研讨会，举办户线工程培训班、现代通信技术培训班和通信电缆产品展示会。

1999年，省通信学会召开通信设备防雷技术研讨会，编印《通信设备防雷技术资料汇编》。举办建筑物智能家居综合布线培训班；参加省邮电管理局“四川省本地电话成本测算与成本分析”课题评审和省交通厅“四川省交通系统专用通信网编号规划”咨询。

2000年，省通信学会召开纪念世界电信日通信新技术报告会、通信设备防雷技术研讨会、数据通信网接入系统演示会、安德沃产品电信应用策略中国西部研讨会、中国西部卫星应用技术研讨会等，参加人数800人次；评审四川省广播电视无线网数字化方案，举办数字微波技术培训班。

2001年9月2—4日，中国电子科技大学和“台湾中国无线电协进会”发起，中国电子科技大学、四川省电子学会、四川省通信学会和“台湾中国无线电协进会”、台湾元智大学、台湾大同大学等联合举办的“第八届海峡两岸无线电技术研讨会”在成都召开。四川省省长助理王怀臣出席研讨会开幕式，并介绍四川省“一号工程”——电子信息产业的现状和奋斗目标，以及成都高新西区的建设情况。

是年，省通信学会召开第33届世界电信日大型学术报告会、APON全业务接入技术研讨会、通信设备防雷技术研讨会、波分复用和客户服务系统技术交流会，以及介绍美国电信市场状况和美国电信运行支持系统发展的专题讲座；联合举办第二届中国西部卫星应用技术研讨会和中国西部地区科技、经济与社会发展论坛——2001信息技术研讨会等学术活动20余次，参加人数1400余人次。开办电信通信高新技术培训班，联合推出互联网高级人才培训，聘请专家教授为300名电大学生进行光纤通信和移动通信专题讲座。编制《关于我省数字和高清电视产业化战略的建议书》，报送省政府领导及相关部门参考；聘请成都市有关部门领导和高校专家给部分地区领导介绍电子政务知识和成都市政府上网工程。出版发行《现代电信用户万事通——怎样方便快捷地用好现代电信业务》。

2002年5月17日，省通信学会在成都举办纪念世界电信日学术报告会。电子科技大学、四川电信、四川移动、四川联通和四川铁通等通信业的专家就“光网络的最新进展”“数据网上的增值业务”等问题进行学术探讨和交流。是年，学会召开通信设备防雷技术研讨会、IP网络智能交换系统报告会、通信新技术交流会，召开3G和MMSP技术交流会、电子信息技术及产业发展研讨会等10余次，参加人数1300余人次。举办青少年计算机培训、宽带用户驻地网和接入网技术与应用培训班，继续组织互联网高级人才的培训及考核认证。

2003年，省通信学会召开第五届通信防雷技术研讨会、信息通信网络安全技术研讨会等，组织“新经济时代的战略思维与管理变革”和“转型期企业管理”专题讲座，协助中国通信学会无线及移动通信委员会举办学术年会等，参加人数800多人次。聘请行业专家为四川邮电职业技术学院的数百名学生讲授通信新技术、新业务，举办“顾客满意度测评培训班”。

2004年，省通信学会召开西南三省一市2004年成都通信防雷技术交流会、网络测试及工程布线产品技术交流会、′2004中国无线技术大会、四川·成都′2004通信高峰论坛、′2004中国西部青年通信学术会议等10余次，参加人数2200余人次。组织“3·15”社区通信优质服务现场活动；举办病毒防范与网络信息安全管理高级培训班。

2005年，省通信学会召开通信工程发展趋势及综合布线技术发展、固话短信通讯新方案、′2005中国无线技术大会、信息化研讨会、综合布线电缆阻燃技术专题研讨会、′2005通信网络转型专题技术交流会、′2005中国西部青年通信学术会议等10余次，参加人数2000余人次。以《通信与信息技术》增刊形式出版《′2005中国西部青年通信学术会议》论文集，收录论文245篇。举办通信工程竣工验收及竣工文件资料编制高级培训班、通信网络防雷技术培训班、智能建筑综合布线从业人员职业技术认证培训班、加密技术与信息安全工程师认证培训班。受成都市政府委托，完成“信息化‘十一五’规划成都市信息服务业发展研究”课题项目研究。

第二节　学术刊物及网站

1992年，四川省邮电科学研究所、四川省邮电科技情报中心站主办的季刊《四川邮电技术》更名为《四川通信技术》，主办单位调整为四川省通信学会、四川省邮电科学研究所、四川省邮电科技情报中心站。《四川通信科普》《四川通信学会会刊》被《四川通信技术》所取代。1986—1992年，四川省通信学会编印《四川通信科普》《四川通信学会会刊》各7期。

1996年，《四川通信技术》由季刊改为双月刊。

2002年，报经国家相关部门批准同意，《四川通信技术》更名为《通信与信息技术》，主管单位变更为四川省通信管理局，主办单位调整为四川省通信学会和四川通信报社。

2003年5月，“四川省通信学会网站”开通试运行，网址：www. sc-cic. org. cn。

第四篇　法制建设与行业管理

2001 年，四川省通信管理局组建后，履行国务院、信息产业部赋予省级通信监管部门的六大职能职责，协调和处理互联互通中出现的各种纠纷和矛盾，提高通信网络和服务的整体质量，推动通信行业监管工作。加强网络与信息安全，净化网络环境，保障信息安全。同时，强化通信市场监管，在电信市场准入、电信资费和服务质量监督等方面，加强管理，整顿和规范通信市场经济秩序。

至 2005 年，全省通信行业初步形成政府监管、企业自律、社会监督的良好发展局面。

第一章 法制建设

第一节 政策法规

1989年1月31日，四川省政府正式颁布实施《四川省保护通信线路设备暂行规定》（省人民政府3号令），是全省制定的第一个保护通信的地方性行政法规。该规定26条，就使用范围、责任、义务及有关通信线路设备的建设、保护和奖惩等作出规定，要求各级人民政府加强对保护通信线路设备工作的领导，交通战备部门负责本行政区保护通信线路安全的组织协调、检查督促等工作。

1990年2月1日，成都市政府第三十五次常务会议审议通过《成都市保护和发展邮电通信暂行规定》，并于2月1日起施行。

1993年1月1日起，《成都市工业和民用建筑预埋通信管线暂行办法》正式施行，这是全省第一个出台把通信建设纳入城市建设总体规划的地方性行政法规。1月13日，成都市法制局、市建委、市规划局和市电信局联合召开暂行办法和设计标准宣传贯彻大会。

1994年6月4日，重庆市第二十二次市长常务会审议通过《重庆市电信通信管理规定》，由市政府第59号令公布，9月20日实施。是年，德阳市邮电局制定并实施《实行电信代办许可证制度》《代办电信业务管理暂行规定》，规范电信代办服务管理。

1996年8月22日，成都市以政府第52号令正式发布实施《成都市公用电话管理办法》，共27条。该办法依据有关法律、法规和规章，结合成都实际，对全市的公话规划建设、监督管理和服务质量等作出规定，标志成都市在全国各大中城市中率先将公用电话经营管理纳入法制化轨道。9月25日，成都市政府召开新闻发布会，正式发布《成都市公用电话管理办法》，规范经营者行为，保护消费者合法权益。

12月24日，省第八届人民代表大会常务委员会第二十四次会议审议通过《四川省邮电通信管理条例》，并于次年3月1日起施行。该条例是四川省第一部邮电通信管理方面的综合性地方法规，共八章60条，对邮电通信设施建设、设施的安全与管理、邮电通信运输保障、通信市场管理、邮电通信服务与监督、法律责任等作出规定。省邮电管理局于1989年即与有关部门着手调查、起草该管理条例。

是年，省邮电管理局审定通过《四川省邮电通信主要设备选型订销管理办法》，加强宏观调控，保证邮电通信网的完整性、统一性和先进性，规范邮电设备物资供销管理，维护全省邮电企业的整体利益，发挥物资供销主渠道作用，建立统一、有序、高效、畅通、可调控的邮电物资市场。德阳市正式颁发《德阳市工业和民用永久性建筑预埋通信管线的暂行规定》。这是该市在“九五”期间首次以市政府名义颁布的有关通信建设的法规性文件。

2000年，《四川省邮电管理条例》被省人大常委会废止。同时，在计划经济体制下制定的地方性邮电法规被取消。9 月 25 日，国务院第 291 号令公布的《中华人民共和国电信条例》成为全省通信领域唯一的法律依据。

2002 年，省通信管理局先后制定《全省通信资费管理四条措施和六项工作原则》《四川省电信网间互联工作管理办法》《四川省电信运营企业申请协调及报告重大事项管理规定》《四川省电信网间通信故障处理管理规定》等制度，规范全省通信监管工作。

2004 年，省通信管理局制定《四川省网间互联争议协调程序》《四川省网间互联中继扩容工作实施意见》《四川省电信网码号资源管理细则（试行）》《四川省通信建设企业资质审批工作规程》。

2005 年，省通信管理局制定《四川省通信建设纠纷协调办法》和《四川省通信建设企业信用档案建立及通报办法》。

第二节　法制宣传

1986—2005 年，全省通信行业采取印发宣传资料，利用电视、报纸传媒扩大宣传范围，举办演讲培训、座谈交流等方式，抓住“3・15”国际消费者权益日、“5・17”世界电信日、中国西部国际博览会等重大活动契机，重点宣传通信政策、法规，增加社会各界对通信改革成果、通信法规的了解程度，增大行业内各级人员对通信法规、制度的熟悉和掌握程度。

1990 年 5 月 17 日，四川举行纪念第 22 届世界电信日大会。中共四川省委副书记宋宝瑞、省人大常委会副主任刘西林、副省长蒲海清等出席会议。

1997 年 1 月 15 日，省人大、省政府在成都召开宣传贯彻实施《四川省邮电通信管理条例》新闻发布会。省人大常委会主任杨析综、副主任李永寿，副省长邹广严出席新闻发布会。

2001 年 4 月，四川省通信管理局组建后，在全省加强对通信政策、法规的宣传贯彻工作，采取新闻媒体报道、举办电信法规知识竞赛、印发政策法规资料等形式，促进社会各界对通信改革成果的了解、通信企业对政策法规的掌握，培养和树立全社会的通信法制观念，鼓励消费者和电信运营企业依法保护自己的正当合法权益。

2002 年 3 月 15 日，四川省和成都市保护消费者权益委员会联合主办的“科学消费”——庆祝“3・15”国际消费者权益日暨“科学消费”系列调查活动启动仪式在成都市体育中心举行。省通信管理局及省内各大电信运营公司在会场设置宣传服务点，向广大消费者提供咨询服务。5 月 16 日，全省通信业召开第 34 届世界电信日纪念大会。纪念大会由省通信管理局主办，省通信学会承办。省级有关政府部门，四川电信、四川移动、四川联通和四川铁通等电信运营企业，四川邮政的领导及国内外知名厂商的代表出席大会。10 月 21 日，省通信管理局邀请信息产业部政策法规司李国斌处长作“我国通信业发展改革与法制建设”专题讲座。

2003 年 8 月 27 日，《中华人民共和国行政许可法》由第十届全国人民代表大会通过后，省通信管理局召开局长办公会议研究行政许可法的学习、培训和贯彻落实工作。

2004 年，全省通信行业学习宣传贯彻国办发 75 号文、信息产业部《关于加强依法治理电信市场的若干规定》《关于进一步加强电信资费监管工作有关事项的通知》和《关于电信监管部门配合开展电信运营企业干部考核与管理工作的意见》，编印《通信监管政策规定学习宣传读本》，全省发行

图4－1 2003年，四川移动在成都体育中心举行“3·15”宣传活动

3800余册，组织各省级企业学习和培训，增强基层干部员工依法办事、遵章守纪。

2005年，省通信管理局利用总经理联席会、市场和互联互通片会及各类会议、检查、培训的机会，向运营企业员工宣传国家关于电信监管的重大方针政策、法律法规，增强全行业遵纪守法意识、依法办事意识、自觉维护和服从监管的意识。5月17日第37届世界电信日，省通信管理局、省通信学会、省内通信企业及社会各界代表集会，围绕“行动起来，创建公平的信息社会”这一主题举行纪念活动。9月23日，全省召开纪念《中华人民共和国电信条例》颁布实施5周年座谈会。省政府法制办、省消费者协会、省通信管理局的领导出席会议并讲话，四川省六大基础电信运营公司领导、部分增值电信运营公司代表、电信用户代表、法律界和新闻界代表参加座谈会。10月，省通信管理局与中共四川省委外宣办对200余个网站主办者进行政策、法规培训。

是年，省通信管理局会同省保护消费者权益委员会联合组织“畅通网络，诚信服务”系统活动，邀请相关领导和法律、政策、电信技术方面专家，对全省各电信运营公司和增值业务商进行电信服务与用户权益保护相关政策法规的宣传培训。省通信管理局参加由省纪委组织的“阳光政务”热线直播活动，现场接听全省听众打进的热线电话，并现场答复群众关心的通信监管、行风建设和电信服务等热点难点问题。

第三节 执法队伍

1993年4月，重庆市电信局组建通信执法队，所属现业单位及12个县（市）邮电局的80余名执法人员，经上岗前培训和考核于5月1日持证上岗。这是全国邮电系统第一支经当地政府批准办理地方通信执法证后上岗执法的队伍。

1994年10月18日，成都市政府颁发首批电信行业执法证，执法区域为成都市7区。同时，制定《成都市电信通信专业行业执法证件管理办法》。

1997年，省邮电管理局设立邮电政策法规机构。一些市（地、州）局的政策法规机构在企业经济合同管理、行政执法、依法索赔等方面做了大量工作，依法维护国家、企业、用户的合法权益。

2001年4月，四川省通信管理局成立后，先后组织参加省政府法制工作培训和信息产业部通信执法培训，邀请专家、教授到省局开办专题讲座，举办机关内部有关通信监管政策、法规的学习交流座谈会等活动。局机关通信行政执法人员经培训、考核获得执法证件。

2002年10月16日，省通信管理局印发《四川省通信管理局通信执法管理办法（试行）》，明确规范执法程序和处罚程序，定期对干部的执法工作进行考评，确保行政执法工作的合法、规范开展。

2003年，按照信息产业部关于通信行政执法证件两年审验1次的规定和要求，省通信管理局对局内持有的行政执法证件先期进行自我审验。经过对全局所有执法人员的综合考评，每位执法人员在两年多通信行政监管工作中的表现合格。

2004年，省通信管理局对新入职的工作人员进行执法培训，组织参加省政府法制办举办的行政执法培训班，参加考试合格后取得地方省级行政执法证书；同时，采取举办讲座等方式组织3次内部执法培训。

2001—2005年，省通信管理局依照信息产业部《通信行政执法责任制规定》《通信行政处罚程序规定》及内部管理规定，各部门人员认真落实相关制度，严格执法程序和执法行为。在重大案件查处上，局领导坚持民主集中制，集体协商讨论，对行政处罚意见进行合议后再下发处罚决定书，确保行政处罚的公平、公正。行政处罚的案卷由局法规处统一负责管理，并开发行政执法管理的办公子系统，将行政调查的有关文书格式上传办公网，行政案件的立案、调查报告、部门处理意见、局处罚意见告知书、行政处罚决定书等均走局办公网上流程，缩短处理时限，提高工作效率；同时注重对纸质文书档案资料的备案管理。

第四节　行政审批

2001年4月，四川省通信管理局成立，属信息产业部的派驻机构，行政许可项目相对地方省级部门较少，且不收费。在工作中涉及的行政许可项目有省内增值电信业务许可、非经营性互联网信息服务备案、互联网电子公告服务审批、电信资费政府定价省级项目审批、电信资费政府指导价备案、省内电信网码号资源审批。受信息产业部委托进行前期审查但由部最终决定实施行政许可的项目有：通信用户管线建设企业资质认定、通信信息网络系统集成企业资质认定、通信建设监理企业资质认证和监理工程师资格认定、通信建设工程概预算人员资格认定等。

省通信管理局本着公开、公正、公平的原则，多次在《四川日报》《华西都市报》和“天府热线”、西南网景等新闻媒体、网站上刊登行政审批事项通告，并将有关政策法规、办事程序、申办条件、申报材料、办理时限和联系电话等在局网站上公布，推进依法行政，主动接受社会各界监督。同时，在局办公场所，对上述内容进行公示，方便申请人到局机关问询和办理。接到申请材料后，局内部严格按照行政许可法的要求，在规定时限内审查，遵守各项制度规定，严格内部审查流程，将有关部门初审合格的申请提交到局长办公会集中审议决定。

是年，按照省政府精简政务要求，省通信管理局派员进驻省政务中心，设立服务窗口，集中办理通信行政审批事项。

2003年8月27日，《中华人民共和国行政许可法》经第十届全国人民代表大会通过后，省通信管理局按照省政府行政许可项目审查改革办公室统一要求，对审批或由信息产业部委托审批的行政许可项目进行清理。省通信管理局搬迁新办公大楼后，在醒目位置标示各行政许可项目的依据、条件及注意事项。此前，省通信管理局由法规处督办，市场、网络、建设等部门相继制定各相关许可项目的内部工作流程及人员工作职责。

2004年3月，省通信管理局完成对现有3项行政许可的清理、上报。落实行政许可法有关规定，规范程序，明确增值电信业务、通信管线资质、电信码号资源审批等行政许可工作流程和内部规定，做到按章办事、按制度办事、按程序办事。聘请泰和泰律师事务所为局常年法律顾问，提供法律咨询、培训等支撑工作。

10月，信息产业部转发国务院审改办对信息产业部包括省通信管理局的行政审批项目确认书。四川省通信管理局按照确定的项目完善行政许可工作，依法具备行政许可的项目有6项：基础电信和跨地区增值电信业务经营许可证核发、增值电信业务经营许可证审批、退出增值电信业务市场审批、非经营性互联网信息服务备案、互联网电子公告服务专项审批及备案、试办电信新业务备案；另有1项属保留的非行政许可审批项目：主导电信企业规划备案。省通信管理局严格按照审批权限开展行政许可工作。电信网码号资源使用和调整审批受信息产业部委托进行。原具有的省内电信资费审批权限，按照部改革电信资费的规定，要求运营企业在资费方案报经集团公司同意后报省通信管理局备案即可。

省通信管理局再次检查局规范性文件和许可行为，确认其出台的规范性文件中没有自行设定或增加法律法规以外新的行政许可项目，也没有委托任何一家机关、事业单位或中介机构进行行政审批活动，也未对法定权限内的任何审批项目进行许可收费。信息产业部委托省通信管理局进行通信建设领域有关资质的受理和初审工作，严格按部要求进行。

2005年，省通信管理局全年发放行政审批项目372个。至年末，从未发生行政复议等对执法有异议的行为。

第五节　执法检查

一、通信市场秩序整顿和规范

1993年9月2日起，省邮电管理局会同省物价局分3组对川北、川东20余个县的50余个邮电支局和代办所存在的违反邮电资费情况进行现场清理和检查。查处相关责任人，并追究其单位领导责任。11月中旬，省技术监督局、省产品质量监督检验所和省邮电管理局组成电话机销售市场联合检查组，突击抽查成都、乐山、绵阳和南充等城市13个电话机经销点的话机质量。抽查结果8成以上不合格，占被查话机总数的84.6%。12月2日，省政府批准转发省邮电管理局《关于进一步加强四川省电信市场管理意见》，要求全省各地贯彻执行。

1994年，省邮电管理局与省技术监督局联合行动，对市场上销售的通信产品进行质量大检查，维护用户合法权益，制止非标准和假冒伪劣通信产品进入公众通信网，保证国家通信网的质量和安全。

1996年上半年，重庆市电信局对全市37家寻呼台进行检查。有32家寻呼台符合经营要求，对手续不齐备、经营主体发生变更的5家不符合规范的寻呼台发出限期整改通知，并在规定时限内复查。

2001年，省通信管理局组建后，先后组织人员对通信建设市场、运营市场进行摸底调查，执法人员现场检查商家和企业经营行为，并联合工商、公安严厉打击欺诈消费者、危害信息安全行为。

6月13日，省政府召开全省整顿和规范市场经济秩序除“三害”联合行动电视电话会议，决定在全省开展为期3天以打击制售假冒伪劣食品、药品和非法违规经营“网吧”为重点的除“三害”联合行动。

2002年3月14日，为配合“3·15”国际消费者权益日活动，省通信管理局和省质量技术监督局重点对成都市太升南路锦阳商厦、长城电信商城手机销售和维修市场进行联合执法检查，打击假冒伪劣通信设备。

8 月 1 日，国家计委、信息产业部联合实施《电信服务明码标价规定》。9 月 15 日起，省通信管理局与省物价局在全省组织开展电信服务明码标价执行情况专项检查，严肃查处拒不履行明码标价义务或利用标价进行价格欺诈的商家。

11 月 6 日，省通信管理局召开“电话信息服务业务市场清理整治工作会”。随后，各信息台按照信息产业部和省局要求开展自查清理。12 月起，省通信管理局组织检查组对全省 9 个电话信息服务单位及其分支机构进行现场检查，多数信息台已按照信息产业部要求关闭“分台”，停止人工台服务；对个别未达到清理整治要求的，限期整改。至 2003 年 1 月末，经过 3 个多月的清理整治，70 个人工分台全部关闭，人工栏目由 137 个减少到 76 个。

是年，省通信管理局组织省内 6 家电信企业成立打击非法经营国际电信业务的专项工作领导小组和技术专家组，配合公安部门对涉嫌非法经营国际电信业务“黑名单”的成都国讯信息产业集团进行搜查，对涉嫌非法经营国际电信业务“灰 A 名单”3 家、“灰 B 名单”1000 余家进行清理排查，关闭 4 家涉嫌非法经营的 IP 长途业务。

2003 年 7 月 28 日，省通信管理局召开四川省 2003 年整顿和规范电信市场经济秩序工作部署会。随后，成立整顿和规范电信市场经济秩序工作领导小组，制订实施方案，重点解决产品质量不合格、价格无序竞争、阻碍互联互通、售后服务质量差等问题。8—12 月，全省在各运营企业自查自纠的基础上，对部分地区的电信市场进行重点检查，清理、整治电信资费违规行为，对各运营企业及其市（州）分支机构的资费调整和短期优惠促销活动方案实行备案审批。12 月，省公安厅、省通信管理局和省政府新闻办公室联合印发《关于加强通信短信息安全管理的通知》，明确所有从事通信短信息服务业务的经营单位必须遵守国家的法律、法规，接受公安、通信管理、政府新闻管理等部门的监督检查，强化对短信息从制作到内部审核到发送的全程管理。

2004 年 1 月 13 日，省通信管理局印发《关于规范我省电信市场行为的五条意见》：一、保障电信用户自主选择电信业务的权力，保障各电信运营企业的合法经营权；二、电信运营企业未经批准和备案，不得经营或超范围经营电信业务；三、严格执行资费管理的相关规定，有效扼制价格无序竞争的行为；四、通信建设与路权保护；五、正确处理竞争与发展的关系。

4 月 12 日，遂宁市发生联通市话电缆被割断的恶性事件，省通信管理局启动专案调查工作。8 月14 日，对该事件的责任单位遂宁市电信公司作出行政处罚，为行政处罚首例。

7 月，全省开展打击淫秽色情声讯台专项行动。省委宣传部、省高级人民法院、省检察院、省通信管理局、省公安厅、省工商行政管理局、省新闻出版局和省法制办等部门成立四川省打击淫秽色情网站专项行动协调小组，制定《四川省打击淫秽色情声讯台专项行动工作方案》，设立举报电话，落实责任，清理、整顿、规范声讯服务。8 月起，全省各声讯台开展自查清理，四川电信对全省 2652 条电话信息内容进行清理审查，永久性关闭《两性伊甸园》《零点悄悄话》《都市夜生活实录》等涉及两性话题的 801 条节目。9 月下旬，省通信管理局与省公安厅治安大队联合对电信、鸿联九五等 6 家声讯台的 109 个栏目进行排查，逐一检查电信公司的人工信息服务台栏目，未查出违规栏目和有害信息。在此次专项行动中，全省依法关闭淫秽色情网站 183 个，清查 SP 113 家、托管单位 498 家，促进全省网站信息服务业务的健康发展。同时，各成员单位初步建立打击全省网上淫秽色情活动的长效机制。

10 月 13—17 日，省通信管理局组成督查组对攀枝花市和凉山州的学校及周边治安秩序专项整治行动进行督查。督查组先后听取攀枝花市、凉山州综治办的专项整治工作情况汇报，对为期两个月的学校周边上网营业场所和电子游戏及非法音像制品销售、学校周边社会治安、交通秩序等专项整治情况进行督查，现场检查攀枝花学院、炳草岗小学、西昌一中等学校周边上网营业场所、游戏厅、校内食堂、宿舍卫生、防火防盗等专项整治情况。督查组一行还对攀枝花市和凉山州联通公司、电信公司的宽带业务、声讯业务开展情况进行检查。

是年，省通信管理局组织人员到达州、巴中、内江、南充、简阳、德阳、中江、广汉和新津等地明察暗访 20 余次，了解各电信营业厅、代办点的电信资费执行情况，检查违规资费行为整改情况，拨打测试通话质量。同时，对全省移动电话“3+1”计费方式进行专项整治，重点查处达州电信、达州网通、德阳联通、巴中移动和巴中联通等公司的市场违规行为，规范移动电话资费行为。

2005 年 3 月起，省通信管理局在全行业组织开展对电信服务中存在的“不对等协议”“移动短信陷阱”和“电信卡余额作废”三大热点问题专项治理活动。4 月 18 日，印发《关于开展规范基础电信运营企业经营行为、增值电信业务代理收费行为专项治理整顿活动的通知》，成立专项治理整顿工作领导小组，省通信管理局局长王钢任组长，副局长林建祥任副组长。6 月底前，各运营企业完成自查自纠。7 月 11—15 日，省通信管理局组织 3 个检查组，对泸州、内江、宜宾、攀枝花、凉山、广安、南充和遂宁 8 个市（州）40 家通信运营企业进行实地专项检查。检查情况表明基层企业加强自律、规范经营和理性竞争的意识增强，市场环境趋好。7 月 28 日，专文将此次检查情况向信息产业部汇报，并将此次专项检查的总体情况及存在的问题，通报省内各基础运营企业。各企业立即对照通报中提出的问题进行清理整改。经过专项治理，全省移动商务电话、小灵通漫游等不规范的市场经营行为得到有效控制，普遍随意降价行为和恶性价格战问题有较大好转；各企业完善规章制度，提高服务质量，解决“电信卡余额”等与用户切身利益密切相关的服务热点问题。

11 月下旬，省通信管理局会同省委宣传部外宣办组成联合督查组，对四川移动、四川联通、四川电信和四川网通的新闻管理、短信管理、SP 管理的整治工作进行督查，督促各运营企业加强对短信业务的管理。在全省《电信服务规范》培训会上，省通信管理局聘请省保护消费者权益委员会律师顾问团律师，对全省部分企业的格式合同进行点评，督促企业规范服务协议。

二、网络和信息安全检查

互联网服务营业场所清理整顿 2001 年 4 月起，省通信管理局牵头，会同省公安厅、省文化厅和省工商行政管理局在全省联合开展互联网上网服务营业场所专项清理整顿。4 月初至 5 月下旬，省通信管理局先后 3 次主持召开公安、文化和工商联席会议，明确各自职责和分工，部署各阶段工作重点。5 月 31 日，经省政府同意，省政府办公厅向全省各级政府和相关部门转发由省通信管理局、省公安厅、省文化厅和省工商行政管理局联合拟订的《四川省互联网上网服务营业场所清理整顿实施方案》。同时，省政府将全省清理整顿互联网上网服务营业场所工作纳入四川省整顿和规范市场经济秩序领导小组的工作日程，并将省通信管理局列为四川省整顿和规范市场经济秩序领导小组成员单位。6 月 5 日起，省通信管理局、省公安厅、省文化厅和省工商行政管理局联合在《四川日报》《华西都市报》和《四川通信报》等报纸和网站上刊登清理整顿全省互联网上网服务营业场所的《通告》。7 月 2—11 日，省通信管理局、省公安厅、省文化厅和省工商行政管理局联合组成工作组先后到绵阳、德阳、眉山、内江和成都5市，实地调查了解全省开展网吧等互联网上网服务营业场所清理整顿的情况。截至8月30日，经过4个月的清理整顿，全省公安系统重新审核发证的互联网上网服务营业场所5882家，取缔682家，完成重新登记工作；文化系统审核发证4110家，完成发证量的68%；省通信管理局审核发证1800家，完成发证量的28%。

8月30日，省通信管理局、省公安厅、省文化厅和省工商行政管理局等全省互联网上网服务营业场所清理整顿办公室成员单位召开联席会议，对全省互联网上网服务营业场所专项清理整顿工作进行阶段性总结，并研究和确定下一步加强对全省互联网上网服务营业场所管理工作重点的5点实施意见。

清理整顿工作结束后，各部门于9月1日起按照《互联网上网服务营业场所管理办法》和《四川省互联网上网服务营业场所清理整顿实施方案》的规定和程序，受理当地新办网吧等互联网上网服务营业场所的审批申请。全年完成对全省6000余家网吧的清理整顿，对符合条件的2766家网吧经营单位进行重新登记和发放经营许可证。

2002年4月30日前，省通信管理局将过去负责网吧清理整顿工作时和日常管理中的有关资料进行清理，正式移交给省文化厅。此后，全省网吧等互联网上网服务营业场所管理职能划归文化部门，省通信管理局不再负责对网吧的审核发证和日常管理。

2004年3月，省通信管理局配合文化、公安和工商等省级部门开展“6点行动”“12点行动”“18点行动”和“零点行动”，专项整治全省网吧等互联网上网服务营业场所，以查处网吧接纳未成年人为重点，落实上网人员登记制度、稽查巡查制度和经营管理技术措施，发挥职能部门的监管作用，改善未成年人成长的文化市场环境。

互联网有害信息治理　2001年10月，省通信管理局牵头组建的四川省互联网安全认证中心挂牌成立。2002年1月16日，省通信管理局召开会议，研究“国家计算机网络与信息安全管理中心四川分中心”的筹建工作，成立分中心筹备领导小组和工作办公室，制定筹建方案和日程安排。

5月起，省通信管理局配合公安部门对互联网有害信息开展历时5个月的清理整治行动，对全省ICP（电信与信息服务业务）、ISP（互联网服务提供商）经营单位换发新的经营许可证和完善备案手续，严格审查BBS的栏目内容，各互联网运营单位建立24小时专人值班制度，组织ICP、ISP单位签署《中国互联网行业自律公约》，对部分互联网经营单位进行现场抽查。7月8—12日，省通信管理局参加省、市互联网有害信息专项清理整治工作协调小组对12个单位的整治检查，对一些无证、违规和超范围现象进行查处。是年，全省建立健全互联网信息安全系统，改进和加强对电信增值业务的管理，确保日常的审批备案及年检工作顺利进行。

2005年3月1日至6月20日，省通信管理局在全省集中开展互联网站清理整顿工作，成立四川省ICP、IP网站清理整顿工作领导小组及办公室。3月10日，召开动员部署大会，明确互联网站清理整顿工作的主要任务。整个清理整顿工作分4个阶段：前期准备阶段，资料采集、录入、审核阶段，清理、查处阶段，总结汇报阶段。

4月，省通信管理局成立四川省互联网信息安全领导小组，负责协调组织全省互联网管理工作，开展对互联网站集中清理整顿。4月19日，印发《关于进一步加强网上有害信息治理的通知》，要求各通信运营企业和互联网业务经营企业严格按照“谁经营、谁负责”的原则，加强自律，主动做好信息安全工作。各企业成立由一把手牵头的网上信息安全责任组，落实信息安全责任制，指定专门机构和专人负责信息安全监管，并与相关管理部门建立联系机制，确定联系人员。各通信运营企业和互联网经营企业接到通知后，立即开展信息安全工作的自查自纠，落实安全技术措施和安全责任制，全省共清查不良信息9221条，整改清除SP 46家，清查网站223个；完成与省公安厅关于涉嫌发送违法短信手机的配合协作程序，已停涉嫌手机974部；初步建立短信息运营商和信息服务提供商对不良信息查处机制，落实责任人和定期统计上报制度。

6月，CNCERT/CC（国家互联网应急中心）四川分中心挂牌成立。8月15日至10月末，省通信管理局配合省公安厅网监、省外宣办等部门开展“四川省打击利用互联网视频聊天等从事淫秽色情活动的专项行动”，全省立刑事案件5起，破获4起，抓获犯罪嫌疑人28人，责令限期整顿信息服务提供商（SP）27家。

9月，省通信管理局修订全省《互联网络安全应急预案（试行）》，建立全省网络安全应急协调处理机制。全年处理CNCERT/CC通知四川省行政区内被黑网站和欺诈网页27起，其中四川电信25起、四川网通2起，处理DDOS攻击事件1起。

是年，省通信管理局与省政府新闻办联合签发《关于开展清理整治违规从事互联网新闻信息服务工作的通知》，与省公安厅联合签发《联合查处手机违法短信息协作配合办法》等文件，规范信息服务经营者的经营行为，互联网有害信息得到清理整治，有效打击不良信息通过移动网的传播。

至年末，省通信管理局与省公安厅、省新闻办、省新闻出版局、省文化厅等互联网内容管理部门建立互联网信息安全管理长效机制和配合查处网上有害信息的规范程序，形成全省互联网管理的长效机制。全省完成互联网站ICP地址信息（含省内外）导入50784个，审批备案网站22868家，协助主办单位在省外的互联网站导入ICP地址信息27916个，全省导入200余万个IP地址、6600万条信息，关闭392家未履行备案手续的网站。全省发生的网络安全事件影响面较小，主要是境外的银行欺诈网页，没有重要部门的网站发生网络安全事件。

互联网站网上备案 2005年，省通信管理局将互联网管理工作纳入六大基础运营商每月1次的互联互通和市场监管例会，并对各单位的互联网信息管理工作提出要求，使全省互联网管理工作形成完善的工作制度和工作机制。

2月，省通信管理局成立全省互联网清理整顿小组，下设网站备案办公室，负责全省互联网站清理整顿和网站备案工作。随后，省通信管理局先后组织5次培训，有800余人次参加，学习《互联网信息服务管理办法》（国务院令第292号）、《非经营性互联网信息服务备案管理办法》（信产部令第33号）、《互联网域名管理办法》（信产部令第24号）、《互联网IP地址备案管理办法》（信产部令第34号）、《互联网新闻信息服务管理办法》（信产部令第37号）等法律、法规，传达信息产业部对备案工作要求，督促各接入服务提供商按照要求贯彻落实。

3月起，省通信管理局先后在“四川在线”“天府热线”“四川新闻”等门户网站和《成都商报》《华西都市报》等新闻媒体刊登备案工作通知和备案工作信息，同时要求在各基础电信运营企业及市（州）分公司网站上登载关于开展互联网站清理整治工作的宣传资料。省互联网协会对各互联网经营单位许可证申请和年检申报资料进行核实整理、汇总和咨询，掌握全省网站的经营状况和互联网发展趋势，为备案工作创造条件。

截至12月15日，全省备案网站57652家，其中，省内备案网站主体26167家，外省在四川备案31485家。截至11月30日，省内未备案网站黑名单总数3604个，其中已关闭网站837家，IP指向错误的网站40家，已备案的网站507家，已提交备案的网站2220家。

第二章　行业管理

第一节　电信经营许可管理

1989 年 10 月，根据邮电部通讯司《传真机和调制解调器进网监测暂行规定》的通知，四川省邮电管理局规定：从即日起，凡接入公用电信网的传真机和调制解调器必须有邮电部通讯司颁发的进网许可证和进网标志，没有进网标志的设备一律不得接入公共电信网使用。

1993 年 12 月，省政府批转省邮电管理局《关于进一步加强四川省电信市场管理的意见》，就放开经营的电信业务管理问题，作出规定：对放开经营的电信业务实行经营许可证制度和申报制度；外商不得在四川省境内经营或参与经营通信业务；获准经营开放电信业务的经营者，要接受通信行业管理部门的管理和监督检查，接受邮电部门的业务指导；各级邮电企业应与经营者密切配合，按有关业务规章和省邮电管理局、省物价局核定的租用中继线收费标准，与其签订协议，及时提供开办业务的基本中继设备和线路；省邮电管理局要为邮电企业和获准经营开放电信业务的单位创造公平竞争的环境。这是继湖北省之后，全国第二个出台规范电信市场的省级政府文件。

是年，全省通信行业管理部门受理放开经营电信业务申请 189 件，审查批准其经营 76 家，并在全国率先为 47 家经营传呼业务的 BP 台颁发经营许可证。

1994 年，邮电部开始对 BP 机和“大哥大”进行入网管理，实行许可证制度管理办法。3 月起，重庆市电信局陆续为市内和近郊 6 个区电信业务代办单位或个人换发“邮电业务代办许可证”，公开接受社会监督。是年，全省颁发第二批通信经营许可证。成都的电通、蓝盾、缔帮商业寻呼台等 14 家非邮电无线寻呼台，和通发、联益 800M 无线移动通信台获得省邮电管理局核发的“中华人民共和国电信业务经营许可证”。截至 5 月，成都市有 37 家非邮电无线寻呼台单位获得电信业务经营许可证，向社会放号 6 万余部，约占全市无线寻呼用户总数的 40%。

至年末，全省严格放开通信业务审批工作，全年受理申办业务 295 件，审查批准 122 件，颁发电信业务经营许可证 87 份。

2000 年 9 月 28 日，成都华宇信息产业股份有限公司、成都长城宽带网络服务有限公司获得省邮电管理局颁发的“中华人民共和国电信与信息服务业务经营许可证”，获准在成都市经营计算机信息网络国际联网业务（不含新闻宣传）。这是邮电政企分开后，省邮电管理局颁发的第一批电信业务经营许可证。

2001 年，信息产业部决定在包括成都在内的 13 个城市，由所在地的省通信管理局组织进行宽带用户驻地网运营市场开放和管理试点。8 月 23 日，四川省通信管理局转发信息产业部电信管理局《关于做好宽带用户驻地网开放试点配合工作的通知》，就各公司配合省局组织的宽带用户驻地网开放试点工作提出要求。同时，结合四川实际，相继制定《四川省宽带用户驻地网经营许可证暂行管理办法》《四川省宽带用户驻地网建设、运营暂行管理办法》和《四川省宽带用户驻地网工程验收办法》。

10 月 24 日，省通信管理局向四川电信、四川联通、四川移动、四川网通和四川吉通 5 个具有经营性计算机互联网络国际联网资格的互联单位印发《关于宽带用户驻地网开放试点工作有关问题的通知》，再次重申：按照信息产业部要求，试点期间，全省除成都市之外的已建或在建宽带用户驻地网的单位（经营性计算机互联网络国际联网的互联单位除外）一律停止建设和运营。其他运营企业不得将未获批准单位的网络接入相应骨干网。各经营性计算机互联网络国际联网的互联单位及其下属公司不得以任何名目向未取得合法经营资格的用户驻地网运营企业提供传输通路或互联网国际出口。

11 月 5 日，省通信管理局召开四川省宽带用户驻地网（试点）经营许可证颁证仪式暨新闻发布会。首批获得四川省宽带用户驻地网经营许可证的 5 家企业是：成都长城宽带网络服务有限公司、成都聚友泰康网络股份有限公司、成都长丰宽频通信有限公司、成都理想信息产业有限责任公司、成都市泰龙通信信息网络有限公司。这 5 家企业将以合法经营者的身份在成都市开展宽带用户驻地网的建设和经营活动。

12 月，省通信管理局新批准成都铁路工程集团通信信号工程有限责任公司、四川新龙网络科技有限责任公司、成都三讯数据通信有限公司、四川省艾普网络有限公司、成都华宇信息产业股份有限公司 5 个公司在成都市参与宽带用户驻地网经营试点。

至年末，省通信管理局共为 10 个通信运营单位发放宽带用户驻地网经营许可证。这 10 个单位除成都铁路工程集团通信信号工程有限责任公司外，均为专业化驻地网经营公司，多数有固定的用户群。各运营商实际开通率约 10%。在发展用户宽带上网业务的同时，各驻地网探索 VOD、VOIP、远程医疗、远程教育和网上超市等增值业务。一般用户的开户费 400—500 元，使用费包月 100—150 元。

2002 年 1 月 1 日起，信息产业部颁布并施行《电信业务经营许可证管理办法》（信产部令第 19 号），明确：信息产业部和省（市、自治区）通信管理局是电信业务经营许可证的审批管理机构。电信业务经营许可证分为“基础电信业务经营许可证”和“增值电信业务经营许可证”两类。3 月，四川省通信管理局对全省 121 个电信经营单位的经营许可证进行年检，合格单位 109 个，整改单位 5 个，注销经营许可证 7 个。同时，为年检合格单位换发新的经营许可证。

6 月 1 日至 7 月 10 日，省通信管理局为已通过年检的互联网接入服务商办理更换新版经营许可证（ISP）手续。6 月 14 日，在四川门户网站“天府热线”首页发布关于办理互联网接入服务商和互联网信息服务商经营许可证和备案的通告。随后，在省政府政务服务中心、省通信管理局网站发布关于办理互联网接入服务、互联网信息服务经营许可证、备案的通告和相关申报材料及申办程序。截至 10 月 31 日，有 60 家互联网信息服务商取得经营许可证，298 家非经营性互联网信息服务商办理备案手续，32 家互联网接入服务商取得经营许可证，网站办证率从清理前的 32% 上升到 60% 以上，对存在问题的 4 个电子公告服务单位作出行政处罚。

随着电信改革的逐步深入，电信增值业务成为电信市场中竞争最为激烈的业务之一。省通信管理局在调查研究增值业务市场现状的基础上，探索在新形势下如何有效发挥政府宏观调控作用，保护竞争，兼顾公平，推进增值业务市场有序发展。全年审批互联网 ICP 经营许可证 177 家（其中经营性 36 家、非经营性141家）、ISP 1家、BBS 12家，为12家增值电信企业办理经营许可证的变更手续，年检24家ICP、31家ISP、10家宽带驻地网，23家寻呼公司及45个分支机构、9家电话信息台、2家移动电话公司和7个IP电话经营单位并办理年检合格证。新批集群电话1个、电话信息台1家。

2003年，按照国家政策和法规规定，省通信管理局审慎审批和发放增值电信业务经营许可证，鼓励开展电信新业务试点。3月起，开展对2002年度经营许可证年检，对全省183个电信经营单位的经营许可证进行年检，合格单位155个，整改单位10个，注销经营许可证18个。是年，联合省工商行政管理局专项整治移动电话市场，加强电信设备进网管理，对62家企业持有的212份进网许可证进行备案登记，对原有的195份进行年检。全年新审批发放ICP 88份、ISP 3份。筹建北京电话交换设备质量监督检验中心四川分中心，开展移动固定话机维修质量投诉受理和维修资质审核工作，全年完成对厦新、联想等8个维修单位的资质评审及颁证工作。

2004年3月11—12日，省通信管理局召开全省电信业务经营许可证年检暨市场管理工作会议，200个电信业务经营单位参会。会议现场对具备条件的部分基础电信业务经营单位和增值电信业务经营单位办理年检手续。是年，全省新增ICP 177家、ISP 3家。由于全省宽带驻地网处于试点期间，未批新单位，仍保持10家。

2005年3月起，省通信管理局对全省2004年度377个电信经营单位许可证进行年检，合格单位353个，整改单位22个，注销经营许可证2个。在年检中，将ICP、IP地址网上备案工作与经营许可证年检结合起来进行。

图4－2　2005年度增值电信业务服务质量培训暨经营许可证年检会召开

2006年1月，省通信管理局与省政府政务服务中心联合签发《关于2005年度电信业务经营许可证年检工作的通知》，在全省10余个门户网站上宣传，并在省通信管理局网站上开设年检工作专栏。鉴于全省参检单位1153个，省局安排分批进行年检。3月，首批对全省六大基础电信运营商所从事的基础电信业务和增值电信业务进行年检，并要求他们对本网内代收费的增值电信业务商的服务质量、经营管理、信息安全、信息等情况作评估鉴定。3月下旬起，省通信管理局陆续对2005年度电信业务经营单位进行年检。截至6月中旬，全省应参检单位1153个，年检合格750个，整改93个，注销3个，有307个单位未参加年检。

第二节　通信网间互联互通

全国通信互联互通工作始于1995年。

1999年12月31日，四川省邮电管理局与四川移动签订《省内网间互联及结算协议》，规定双方应为四川邮政电信局的固定本地电话网、国内长途电话网、国际通信网与四川移动通信网之间的通信，相互提供网间互联服务。

2000 年 3 月 20 日，四川移动与四川联通签订《开放移动 IP PHONE 业务合作协议》，就双方进行移动 IP PHONE 业务的合作达成协议。3 月 21 日，四川移动与四川电信签订《关于客户服务系统互联及结算的框架协议》，对四川省电信公司客户服务系统与四川省移动通信网的互联及结算，以及公司客户服务系统与四川电信固定本地网的互联及结算达成协议。

7 月，泸州联通公司、电信公司和移动公司 3 家通信运营企业经多次协商，从用户利益和充分利用电信网络资源考虑，实现三方网络互联互通，所有联通、移动公司的 GSM 网手机均可拨通“小灵通”。

2001 年 4 月，四川省通信管理局成立，按照国家“技术可行、经济合理、公平公正、相互配合”的原则，组织协调和督办各电信运营公司开展网间互联互通。4 月 28 日，四川移动与四川电信签订《关于 IP 电话互联及结算协议》，对四川电信固定本地网开放四川移动 IP 电话业务，以及在四川移动通信网上开放四川电信 IP 电话业务的有关事宜，达成协议。5 月 10 日，四川移动与四川联通签订《互联及结算框架协议》，就公司的移动通信网与四川联通的固定本地网、GSM 移动通信网、国内长途电话网、无线寻呼网互联及结算的有关事宜，达成协议。7 月 31 日，四川移动与四川铁通签订《网间互联及结算协议》，就双方提供网间互联服务的有关事宜，达成协议。8 月 16 日，四川铁通与四川联通在成都签订《通信网网间互联及结算协议》，实现双方资源共享、优势互补、互惠互利、共同发展，为开发 IP 电话、无线寻呼、互联网等电信业务提供广阔的市场空间。完成与电信、移动和联通在省内 9 个城市的互联互通，签署网间互联、清算协议，实现全业务的开放。11 月 19 日，四川联通与四川电信签订互联互通协议。12 月 24 日，四川联通与四川移动签署互联及结算框架协议，就移动公司所有移动用户与联通 CDMA 移动通信网用户相互呼叫达成协议。至此，四川联通 CDMA 网与四川电信实现互联互通，与四川移动部分实现互联互通。是年，四川移动下属的乐山、凉山、自贡、内江、达州、南充、绵阳和德阳 8 家分公司与中国联通四川分公司实现本地话务直联，互联中继线 30 条。

2002 年，省通信管理局组织筹备成立四川省通信网间互联互通工作专家委员会。1 月 31 日，印发《四川省电信网间互联工作管理办法》，促进全省电信运营企业之间竞争与合作。2 月 24 日起，四川联通实施互联互通“三月攻坚战”，取得阶段性成果，建立电信、联通公司双方的网间日常维护处理制度；同时，全省 193 长途来话接通率有较大提高，部分分公司数据、长途网接通率有较大好转。

4 月 24 日，四川联通与四川移动正式签署网间点对点短消息互联及结算协议。双方开放业务用户范围为四川联通的 GSM、CDMA 移动电话用户和四川移动的移动电话用户。协议明确双方于5 月 1 日前在全省实现网间点对点短消息互通。联通用户收费标准为每成功发送 1 条信息 0. 10 元，接收信息不收费。5 月 1 日前，经四川移动与四川联通双方工程师及设备厂家技术人员的努力，四川移动与四川联通短信互通通过业务测试，在全省实现短信互通。5 月 1 日，全省正式实现短信互通后，平均每天互通短信 100 万余条。

6 月，省通信管理局针对网间通信质量出现滑坡、网间通信障碍和通信时有不畅情况，组织开展通信网间通信质量专项整治活动，对部分市（州）进行网间通信质量检查，情况反映良好。整治前八大类195个问题，整治后解决四大类138个问题，各地区网间通信畅通，网间通信质量保持良好水平。7月，针对省内部分地区网间通信质量出现反弹，省通信管理局组织各电信运营企业开展为期1个月的网间通信障碍专项清理整治，到出现问题较多的内江、自贡、眉山和乐山等地明察暗访，督促解决问题。涉及全省21个市（州）、195项网间通信障碍问题得到解决。至8月，全省6家通信运营企业在各市（州）实现有1—2个关口局的物理网络互联。企业间设置第二互联点进展顺利。省内互联中继总体配置充足，满足企业业务发展的需要。

是年，省通信管理局制定《四川省电信网间互联工作管理办法》《四川省电信网间通信故障处理管理规定（试行）》和《四川省电信运营企业申请协调及报告重大事项规定》3项制度，理顺和规范互联互通工作的目标要求和操作规程，使全省互联互通工作有法可依、规范管理、公平公正。在省通信管理局的推动下，全省各大电信运营公司落实省一级及市（州）分公司一级的互联互通对口工作组织机制，加强各公司对互联互通工作领导、组织和协调。同时，坚持定期互联互通联席会议制度、网间话务量和通信质量月报分析制度及互联互通重大障碍处理报告制度。全年组织召开互联互通联席会议6次、专门协调会议5次，协调解决19项互联互通的问题和争议。至年末，四川移动与四川电信、四川联通和四川铁通等运营商互联IM中继线2438条。

2003年，省通信管理局确定2003年为“互联互通年”，推进电信网间互联互通工作，加强网间互联互通的日常监督，组织开展一系列网间通信质量测试，相关运营企业对测试中反映出的问题限期解决；严格按照建立的互联互通规则和程序开展工作，坚持做好互联互通联席会议制度、网间话务量及通信质量通报制度；加大互联互通查处力度，对反复出现、久拖不决的网间障碍，严重影响网间安全畅通的恶性事件，蓄意破坏正常通信秩序的企业负责人和有关人员，依照有关规定予以严厉追究。同时，对互联互通实施分层次管理。对最基本的电信业务，实行强制性互联，且必须达到规定的互联互通质量标准；对其他一些电信业务，鼓励各运营企业按照互利互惠的原则，在协商的基础上实现互联。

2月，四川移动与四川电信的市（州）分公司签订互联工程协议。至5月，完成两公司全省互联互通。同时，四川网通与四川移动、四川联通、四川铁通等公司的互联互通工作也于5月完成。9月，四川卫通与四川电信正式签订互联互通协议，双方省公司就开放IP电话业务及网间结算等问题拟订合作协议，实现互联互通。10月22日，四川卫通与四川铁通签署互联互通协议。

至年末，全省召开互联互通专题协调会12次，解决20项重大争议问题。在省通信管理局协调下，新进入的四川网通与其他公司的互联时限缩短2个月，联通新建CDMA涉及到10个地区的互联调整与中继扩容进度加快。对本地网互联互通情况进行拉网式清理、整改和现场检查验收，有效清除网间障碍问题近200项，完成网间业务中继扩容18项，限制过网呼叫的行为得到遏制，网间局数据基本完整，业务接入号码、本地网局号得到开放。针对阻碍互联互通的典型事件，省通信管理局对障碍原因和责任作全面客观的分析鉴定，并通报批评责任单位和有关责任人，严肃互联互通纪律。做好网间互联监测系统建设，完善监管技术手段，完成系统工程建设。

2004年6月24—25日和7月8—9日，省通信管理局分别到绵阳、南充两地，暗查电信企业网间通信质量，走访用户，测试互通指标，查找和整改网间障碍，规范各电信企业市场竞争行为。

7月初，省通信管理局正式建立四川省电信网间互联争议论证专家资源库（技术、经济类）。首批30名专家经各电信运营企业推荐和遴选，省局审查确定入库。在处理疑难互联争议中发挥积极作用，确保通信网络安全通畅。12 月，建立四川省电信网间互联争议论证专家资源库（法律类）。

8 月起，省通信管理局每月组织运营公司召开市场监管和互联互通工作例会，各企业大部分市场和互联互通问题通过日常渠道得到及时沟通和解决。8 月 1 日，印发《关于建立电信资费监管、网间互联结算工作通报制度和联席会议制度的通知》；8 月 3 日，印发《四川省电信网间互联结算争议协调程序》；8 月 13 日，印发《关于我省网间互联中继扩容工作实施意见》，加强对全省网间互联中继电路扩容工作的管理，减少因中继问题造成大量网间障碍，促进全省互联互通工作健康、稳定发展。

11 月 10 日，四川联通与四川电信签订《中国联合通信有限公司四川联通与四川省电信有限公司网间点对点短消息互联及结算协议》《关于双方共同推进网间互联互通工作备忘录》。12 月 20 日，四川电信与四川移动、四川联通实现短信互联互通。至此，四川联通移动用户、固定电话用户与四川电信的固定电话用户、小灵通用户实现双方网间短信互通。四川成为全国率先实现两网间短信互通的省（自治区）之一。

至年末，全省召开专题协调会 7 次，针对“网间中继扩容欠账较多、推动难”等问题，加强对主导运营公司的沟通、协调和督促，全年扩容网间中继电路 785 个 2Mb/s，增加 20%。暗察暗访 14 次，涉及成都、南充、达州、雅安和绵阳等本地网。通过现场拨测、信令跟踪、用户走访、查实障碍、掌握证据、确定责任、督促整改等环节，协调处理企业申告的网间障碍 76 件次。协调开展对网通与电信北话南送中继扩容、电信开放“114”号码代查服务、联通新建 10 个综合关口局网间互联、电信与移动联通短信互通等工作。经过一系列综合治理，网间通信质量提高，互联互通环境得到较大改善；网间障碍问题在地域上逐渐缩小，在一定程度上减轻，各市（州）网间通信质量趋于正常。

2005 年，全省发生多起因市政施工、互联光缆被盗割、设备老化等原因造成网间通信中断的事故。6 月 15 日，省通信管理局印发《关于加强公用电信网间互联安全保障的意见》，加强和改善全省电信网间互联安全，提出原则意见，要求各公司在实施网间互联网络设施规划、建设，制定路由组织及话务疏导方案时参照执行。意见要求：

一、加快第二关口局建设，提高关口局的容灾能力。

二、各公司应尽快采取有效技术措施，提高网间互联的安全性。

三、各公司应制定突发灾害、事故等紧急情况下的话务疏导预案，尽量减少紧急情况造成的影响和损失。

四、各公司在完成新建或者调整关口局、互联路由工程后，应立即向省通信管理局报送互联链路相关数据，保证向全省网间互联监测系统准确、完整地收敛和传送相关信令链路，维护监测系统的正常运行。

8 月 25 日，经本地网试点后，省通信管理局印发《四川省电信运营企业联合拨测实施办法（试行）》。该办法要求各电信运营企业省级公司和各市（州）分公司设立具备相应资格的联合拨测负责人和联系人。联合拨测的适用范围分为指定抽查拨测，对互联互通重点问题或反复出现障碍地区进行控制；企业间申告网间障碍的联合拨测；管局监督和协调处理网间障碍情况下的联合拨测。该办法提出联合拨测的工作规范，明确联合拨测方案、业务分类、准备条件、拨测频次、时段局向等选择、以及拨测表格等具体要求，使联合拨测更科学、更有效。

12 月，省通信管理局开展网间通信质量问题重点治理活动，提高网间质量状况。各电信运营企业开展网间质量自查，若是企业自身原因的立即解决，若涉及其他企业，主动与相关企业联系共同协商解决。

是年，全省采取召开通信运营企业联席会议、完善网间监测系统、制定保障网间通信安全的意见、落实紧急特服务就近落地技术方案、市（州）联合拨测试行办法、中继扩容实施和备案通知等方式，大幅度减少网间障碍。全年发生22件互联互通障碍，与上年76件障碍相比，网间障碍数量大为减少，障碍地域大为缩小，障碍程度大为减弱。

至年末，全省各大通信运营公司之间的网络连接顺畅，运行良好，全年未发生擅自中断网间通信、限制业务开放及其他严重阻碍互联互通的重大恶性事件。

第三节　通信行业自律

2002年5月27日，省通信管理局、省互联网协会在成都召开“互联网有害信息专项清理整治工作暨《中国互联网行业自律公约》签约活动”动员大会，发起首批互联网协会会员单位签约活动。第一批签约的68个互联网从业单位本着自愿奉行行业自律公约的原则，自觉接受社会监督。随后，省互联网协会将签约工作延伸到政府网站、高校、网吧等社会层面，在全省再次掀起宣传、学习《中国互联网行业自律公约》和签约工作高潮，促进全省互联网行业自律机制的建立，规范互联网行业从业者经营行为，引导全省互联网健康有序发展。

2003年5月，泸州市成立泸州电信行业协会，并发表《诚信自律告用户书》，向社会和用户承诺：以诚信为本，诚信经营，诚信服务，诚信治企；保证按照国家规定执行各类价格政策，保证为广大用户提供更优质的服务，保证实现网间互联互通。

2004年，省通信管理局倡议建立通信运营企业总经理季度联席会制度，为企业领导搭建面对面地沟通平台，形成有效的沟通机制。季度联席会由省通信管理局主持，运营企业轮流承办。

7月20日，全省首次电信运营企业总经理季度联席会在成都召开。本次会议由四川电信承办。与会代表一致赞成省通信管理局在会上倡议成立四川省通信行业协会，制定自律公约，发挥行业自律组织的协调、沟通、管理职能；选择1—2个在互联互通、市场竞争方面基础较好的市（州），带头开展以当地运营企业联席会议形式沟通、协调有关争议问题的试点工作，总结经验，逐步推广。

10月26日，全省第一个市（州）级通信行业自律协议在遂宁市签订，缔约成员有该市的电信、移动、联通、网通和铁通5家运营公司。这是四川省第一个由省通信管理局引导和推动、运营企业自愿达成共识所签订的本地网自律协议，具有重要的示范意义。《遂宁市通信企业自律协议》突出现代市场竞争中自愿、公平、诚信原则，着重对电信业务使用、资费、宣传、代办、通信责任等经营事项，从规范经营、违约责任方面作出约定。该协议经过近3个月的协商和修订。其间，省通信管理局领导与相关部门4次前往遂宁市，为通信企业搭建沟通平台，对相关工作给予指导。

10月28日下午，四川省通信业第三季度总经理联席会在成都召开。省内六大基础电信运营公司本着自主协商、自愿参与和接受监督的原则，在会上共同签订《四川省通信企业自律公约》。签约各方在自律公约中一致承诺不得实施违反公平竞争原则的行为，包括以排挤竞争对手而低价提供服务或销售终端、诋毁竞争对手、中断网间通信或制造网间障碍、虚假宣传、拖欠或拒绝支付网间结算费、欺骗性有奖促销、串通招投标、限制用户自由选择权、搭售电信终端或服务、擅自迁改或毁损他人通信设施10个方面破坏竞争的行为。此公约的签订促进市场管理方式由政府监管向与行业自律相结合的方式转变，企业由他律向自律方向转变，形成全省通信运营业“讲诚信，促发展，上下联动”的局面。是年末，广安、南充两地电信运营企业签订自律协议。

图4－3　2004年10月28日，省通信管理局组织省内六大基础电信运营企业共同签订《四川省通信企业自律公约》

2005年，省通信管理局继续探索“政府监管、企业自律、社会监督”相结合的管理方式，促进电信企业由“他律”向“自律”转变。6月28日，全省二季度电信市场暨互联互通联席会在南充市召开。会上举行达州市通信行业自律协议签订仪式。截至7月，全省21个市（州）的基础运营企业全部签订本地网行业自律协议，建立联席会议制度，协商解决市场行为、互联互通、通信建设和服务质量等方面的问题。

至年末，全省建立以季度省公司总经理联席会议、季度片区市场监管和互联互通联席会议、本地网企业自律委员会为基础的行业自律体系，促进和加强政府与企业之间、企业与企业之间的沟通和联系，开辟宣传政策、解决问题的快速通道。全省有300余家网站与省互联网协会签订互联网行业自律公约。

第四节　通信资费管理

1958年，全省市内电话资费核定后，至1980年前未作大的调整。

1980年6月20日，根据国务院文件精神，征得国家计委、国家经委同意，财政部、国家物价总局和邮电部印发《关于对市内电话新装用户收取初装费的联合通知》，对市话初装费收取办法及标准作出规定，正式规定对市内电话新装用户可适当收取初装费，收取的费用全部用于电信网络建设。四川省收取初装费的范围基本上是成都、重庆和地区行署所在地以上城市，对企事业单位、学校、住宅用户采取不同的收费标准。

8月1日，根据邮电部和国家物价总局的联合通知，四川调整全省市内电话资费，主要包括包月制租费的等级、月租费等变动。包月制租费的等级由原来的三级调整为四级，容量在 1 万门以上的局为一级局，2000 门至 9999 门的局为二级局，500 门至 1999 门的局为三级局，500 门以下的局为四级局。月租费平均调高 47.7%。私人付费的住宅电话（不包括外国用户和中外合资用户）月租费，按甲种电话标准的 60% 计收。装移机费每次 8 元，工料费按实需计收。

1981 年 1 月 1 日起，全省调整跨县（市）的市内电话用户月租费。每部电话或每对中继线按长途电话两地间的基本价目 9000 分钟收费，专线每对按 6000 分钟收费。用户自建、自有、自维的线路，每部电话或每对中继线按 4500 分钟收费，专线免收。4 月，对新装市话用户收取初装费。基本营业区域以外新装机的用户，每公里加收线路建设费 300 元。

1982 年 8 月，全省市内电话初装费标准有所降低，线路建设费每公里降为 240 元。

1983 年初，省邮电管理局确定市内电话发展较缓慢的一些地方，适当调低或减免初装费。是年，重庆市电信局的两个自协电话分局率先实行市话计次制月租费。

1984 年 4 月，省邮电管理局、省财政厅和省物价委员会根据邮电部、财政部、国家物价总局《关于市内电话新装用户收取初装费的联合通知》，确定对全省市内电话新装机用户按统一标准收取初装费，所得款项用于市内电话建设。7 月，开放自动电话用户小交换机百号码组、千号群的自动拨入拨出业务，并允许用户小交换机安装外单位的住宅电话。

至 1985 年末，重庆、成都、渡口和宜宾等 12 个市（地）邮电局相继实行市话计次制月租费。

1986 年 3 月，根据省物价局、省财政厅、省邮电管理局《关于调整农村电话资费标准的联合通知》和省邮电管理局办公室《关于变更市话月租费级别的批复》：凡使用农村电话，部分有机和借机的用户，均实行基本定次和超次加收通话费和等级固定通话费办法计费。对每个单位的农村电话通话费，实行固定包月。市内电话月租费，乙种电话由 8 元调整为 13 元。每月每部净增 5 元。

5 月起，取消私人付费住宅电话月租费优惠办法，统一按照甲种用户电话资费标准计收电话月租费。个体工商户在住宅或其他地点开业申请安装的电话，按乙种用户处理和收费。

12 月起，省邮电管理局对程控式市内电话、长途自动直拨电话执行全省统一收费标准，包括程控式市内电话初装费、机电式改程控式的改制费、长途自动直拨电话进网费。12 月 1 月起，经省政府批准，调整市内电话初装费，全省各市（地）城市市内电话月租费按现行标准上浮 20%，“三州”所在地城市的市话月租费上浮问题由当地政府决定；市内电话基本营业区域以外的新装用户，无论是否收取初装费，均按界外线路长度每公里加收线路建设费 500 元，不足 1 公里按 1 公里计收。

1989 年后，全省大幅度调整电话初装费标准，降幅达 50%。

1994 年 6 月 1 日起，成都市电信局大幅度下调移动电话资费。调整范围包括移动电话机售价、基本通话费、通话费及人工漫游费等。调整后的美国摩托罗拉 9800 型、9900 型手机售价约 1.90 万元（含入网初装费、配件费），8800 型、8900 型手机售价约 1.50 万元，日本各型手机约 1.12 万元；基本通话费由原每月 150 元下调至 50 元；通话费仍按双向计费，每分钟由原 0.50 元下调至 0.40 元。全省其他地区的移动资费也随之作相应调整。下半年，四川邮电部门对全省邮电基本业务资费、邮电地方附加费和邮电延伸服务费进行清理，取消省以下地方政府出台的各种邮电附加费。此次清理，取消不合理收费项目、越权收费项目 64 项，涉及年收费金额数亿元。12 月 8 日，成都市电信局在各营业厅推出“电话费条码查询系统”，方便电话用户查询话费。

1995 年，四川省开发出全省无线移动通信漫游计费结算系统和应用软件，加强软件查错功能，并采取以会代训的方式，规范全省计费话单格式，完善全省漫游计费结算管理体系。是年起，全省陆续降低一些收费项目标准，包括对长途电话业务实行节假日和夜间半价收费等。

1996年，省邮电管理局决定对公用电话的计费器实行进网质量认证，维护消费者权益。5月，南充市邮电局投资10万余元，在全省首个建成公用电话计费器计算机集中管理系统。该系统由1台计算机与全市市话网中的1100余台公用电话计费器连接，所有公话的通话记录均可按照不同要求采集存储，并可随时打印出任何一部公话任何时间段包括主叫号码、被叫号码、起始时间、通话时长和话费等数据。

是年末，省邮电管理局在国家调整邮电业务基本资费的同时，主动取消1994年省物价局特批的18个市（地、州）地方附加费政策。仅此1项，每年减少4亿余元收入。

1997年4月1日起，中国建设银行成都分行开始代收成都市电信局移动电话话费，解决缴费难的问题。首批推出分布在市区的50个储蓄所，每月1—25日收取移动电话话费。

9月12日，四川省移动通信实时计费系统工程正式启动。该系统由四川省移动通信漫游计费结算中心和各市（地、州）移动通信计费结算中心组成，同时也是全国移动通信实时计费的组成部分，包括省中心1个，成都、绵阳、乐山、内江、自贡和南充6个市（地）的GSM交换机采集系统。工程投资979万元。

1998年，四川电信根据信息产业部通知要求，对用户话费查询、打印清单实行免费。7月1日起，实行午夜长话优惠，即0：00—07：00时段通话，话费按现行通话费标准的30%收取，让利于民。

1999年3月1日起，根据国家计委和信息产业部《关于调整部分邮政电信资费的通知》规定，经省政府批准，四川电信调整部分电信资费标准：降低互联网资费，拨号上网采用分段计费，前60小时按4元/小时收费，超出60小时按8元/小时收费；规范本地网营业区内电话资费标准，取消本地网营业区内附加费；降低初装费和入网费，固定电话初装费标准降为成都市800元/部，其他市（地、州）及县600元/部，农村地区300元/部，同址电话免收初装费。同时，四川电信取消大部分电信附加费，附加费项目保留两项：国内长途电话附加费和国内电报附加费，标准分别为0.15元/分钟和0.50元/份。

9月1日起，西昌市市话月租费收取标准升级，按复试计次5万—10万门的标准收取。

是年，四川移动从电信分营后的次月，公司计费中心和各市（州）分公司计费中心即独立承担起移动实时计费和漫游及网间结算。

2000年，四川电信再次规范全省电信资费，严格执行电信资费管理“五不准”（不准提高资费标准、不准自立资费项目、不准越权出台资费政策、不准扩大资费计价范围、不准擅自降低资费标准）。同时，加强收费透明度管理，电信资费标准明码标价，向用户提供明码实价的缴费收据，从软件和硬件管理入手，做好电信缴费查询工作。是年后，市场化导致电信资费持续下降。

2001年2月5日，四川电信计费结算中心正式成立。该中心为省公司直属单位，挂靠省公司市场经营部，下设技术支持部等4个二级机构。主要职责：负责全省IC卡公用电话、省智能网、国家智能网、长途电话等需集中付费的电信业务计费、分拣工作；负责与全国电信计费结算中心和全省各本地网计费账务中心结算数据的交换工作；负责全省各本地网间电信业务结算数据的集中摊分结算工作；负责与省内其他电信运营商之间摊分结算数据的处理工作。

3 月 21 日，根据信息产业部、国家计委和财政部《关于电信资费结构性调整的通知》，四川电信对电信资费进行结构性调整。四川省本地网固定电话资费开始执行新标准，固定本地电话基本月租费按如下标准执行：住宅电话基本月租费成都市 20 元，市（地、州）18 元，县城 15 元，农村 10 元；取消县内区间，同一行政区、县内通话均执行市话资费标准。固定电话本地网营业区内通话费，按首次 3 分钟以后每分钟计费 1 次的标准执行，首次 3 分钟资费标准 0. 22 元，以后每分钟资费标准 0. 11 元。此次调整是 1999 年 3 月 1 日后又一次部分电信资费的大幅度调整，涉及国内长话、国际长话、出租电路、市话和互联网等电信业务。省通信管理局对电信资费调整后执行情况进行追踪，针对个别地区移动通信价格混乱的状况，在调查、研究的基础上，提出并在全省实施加强全省通信资费管理的“四条措施”和《关于加强电信资费管理六项原则的意见》（“六项原则”指统一原则、确认原则、会商原则、递报原则、无效原则和罚没原则），维护通信市场的价格稳定。

6 月 10 日，全省第一个电话委托自助缴费系统在绵阳市正式开通。该系统由中兴公司研制，经绵阳电信与四川省、绵阳市两级建设银行技术人员共同开发完成。该系统以绵阳电信呼叫中心平台为支撑，通过中间件实现与电信 97 系统和建设银行系统的安全连接，确保该系统的可靠性和稳定性。

7 月 1 日，四川电信取消市话、农村电话初装费及附加在电话上征收的其他政府性基金项目。四川电信取消初装费后，电话装机包括话机、材料和安装费仅 158 元，引发电话装机热潮。同日，四川联通取消全省 130 移动电话入网费和成都地区市内电话初装费。

2002 年起，全省实行电信资费备案制度。省通信管理局严格按照信息产业部、国家计委《关于印发省（区、市）通信管理局会同同级价格主管部门管理的电信业务收费项目的通知》《关于印发电信资费审批备案程序规定（试行）的通知》办事，明确职责，规范程序，提高效率。

是年，省通信管理局组织省内各基础电信企业对信息产业部《网间通话费结算办法》的贯彻执行情况进行自查，先后 4 次召开协调会，协调和规范网间结算，彻底解决各公司网间结算遗留问题。同时，推进电信市场价格管理的程序化、公开化、透明化，认真审核运营企业的促销方案，理顺电信资费审批备案程序，依法调查处理企业违规资费行为，先后对“大众卡”、CDMA“1+1”“2+1”、小灵通“3+3”等 6 项违规资费行为发出《电信资费行为确认书》，责令相关公司自查自纠，逐步建立电信资费管理体制。

7 月 1 日起，四川移动根据中国移动通信集团公司统一部署，将计费结算周期由“计费月”（上月 21 日 0 时至本月 20 日 24 时）调整为“自然月”（每月 1 日 0 时至最后一日 24 时）。由于历史原因，四川电信交换机设备大多不具备市话详单查询功能。四川电信按照“先试点、后推广”的原则，从改造交换机、计费系统、数据存储设备等方面着手，逐步解决市话详单查询问题。

2003 年，四川电信对计费系统进行扩容改造，逐步实施市话详单实时采集工程。针对全省电信市场价格无序竞争状况，省通信管理局实地调查，清理、整治资费违规行为，取缔和责令停止违规经营活动，对各电信运营企业及其市（州）分支机构的资费调整和短期优惠促销活动全部实行备案审批，规范市场行为。是年，筹建北京电话交换设备质量监督检验中心四川分中心，推动全省电话计费性能检测工作。

2004 年 3 月 1 日，四川移动与德阳市商业银行、德阳电业局和成都掌通宝信息服务公司合作，在省内率先开通“手机缴费通”业务，先期推出“短信缴话费”“短信缴电费”。3 月 1 日起，成都市长途和区间公话的收费标准降为0.30元/分钟。市话的标准仍是首次3分钟0.40元，以后每分钟0.20元；区间电话由原每分钟0.50元降至每分钟0.30元；长途电话由原0.80元降至0.30元。

8月1日，省通信管理局印发《关于建立电信资费监管、网间互联结算工作通报制度和联席会议制度的通知》，要求各电信运营企业建立电信市场监督的相互举报机制；每月15日前向省局报送上月的《四川省电信网间互联结算月报表》；定期编写全省电信资费执行情况通报；重点通报违反电信网间结算规定的，责令限期整改。同时，明确电信资费监管工作联席会由省局每月与电信网间互联互通质量联席会一并定期组织召开，每月例行联席会由各省级电信运营企业市场部负责人和电信资费主管人员参加。研究或制定电信资费重大事项或政策时，请省级电信运营企业分管领导参加。联席会的主要内容为：

（一）通报电信资费监管工作情况；

（二）通报并分析电信网间互联费结算的执行情况；

（三）协调和处理各电信企业间有关电信资费方面的重大问题；

（四）学习和研讨有关电信资费方面的政策、法律和法规，维护全省电信市场的繁荣和稳定。

10月，省通信管理局在四川电信德阳、广元分公司进行固定电话网在用局用交换设备计费技术性能检测工作试点。

是年，省通信管理局先后到达州、巴中、内江、南充、简阳、德阳、中江、广汉和新津等地明察暗访20余次，检查电信资费执行情况；重点查处达州电信、达州网通、德阳联通、巴中移动和巴中联通等公司的市场违规行为；专项整治全省移动电话“3+1”计费方式，规范移动电话资费行为。同时，深化电信资费审批备案程序，省内各企业的资费方案交集团公司审查同意，再报经省通信管理局审批备案后执行。全年办理资费项目审批4件，备案60件。全年发出《电信资费行为确认书》41份，及时处理电信资费违规行为的投拆。

2005年初，省通信管理局印发《关于正式开展2005年度固定电话网在用局用交换设备计费技术性能检测工作的通知》，正式在全省启动固定电话网在用局用交换设备计费技术性能检测工作。省通信管理局委托信息产业部有线通信产品质量监督检验中心对四川电信、四川联通、四川网通和四川铁通所属固定电话网在用局用交换设备计费技术性能进行全面检测。至12月20日，完成测试及复测工作，共测试416个交换局（其中，四川电信341个、四川联通20个、四川网通23个、四川铁通32个）。从检测情况看，全省在用局用交换设备计费技术性能整体情况良好，有393个交换局一次性通过检测，合格率94.5%。23个与标准出现偏差的交换局，经运营公司整改后，复测合格。

5月，四川电信筹措专项资金上千万元，启动市话详单系统建设，改造交换设备。至12月末，工程完工，并进入试运行，全省初步具备市话详单查询能力。

7月1日起，中国网通在各地全面推行自然月收费。四川电信于年末启动自然月收费准备工作，提前对计费设备进行改造升级，宣传自然月收费事宜。

是年，四川移动通过BOSS系统在业务详单上显示梦网业务信息费的详细内容；四川联通规范客户账单、发票、详单的格式和内容，统一计费、出账时点。四川网通实施统一缴费单据内容、完善通信详单等方面的系统功能开发。四川铁通根据信息产业部要求，将计费和收费变更为自然月方式。至年末，全省审批电信资费26件，备案42件。先后10余次到基层明察暗访，发出《电信资费行为确认书》21件、责令整改通知书2件，处理重大违规事件3件。

2006年1月1日零时，四川电信调整电信业务计费、收费周期，电信业务计费由原每月21日至次月20日，调整为当月最后1日；电信业务缴费时间由原每月26日至次月25日，调整为每月6日起至次月5日缴纳上月通信费用。电信账单“按自然月使用、按自然月结算、按自然月缴付”的计收方式，符合大众消费习惯，更准确、更直观反映用户消费情况，满足消费者明明白白消费需求。

3月15日，四川电信作为中国电信的3个试点省之一，率先提供市话详单查询，提供营业厅、网上营业厅、自助查询终端等多种查询方式。至年末，全省21个市（州）分公司的计费系统全部升级，全面实现市话详单查询服务。

第五节　码号资源管理

一、号码升位

1957年，成都市电话使用自动交换机，号码4位；1981年5月，升至5位。

1988年2月，自贡市邮电局7000门程控电话开通，市话号码由4位升至6位。8月，成都市邮电局引进F-150程控电话交换机投入使用。为适应市内电话发展，将部分市内电话号码由5位升至6位，实行5位数、6位数并存。升位范围为：凡“3”“4”“5”“6”字头的电话号码，一律在原电话号码前面加1位与原号码第一位数相同数字，由5位升至6位；新建58分局局号为“58”，服务范围南郊和西郊部分地区，用户电话号码为58开头的6位数号码；“2”字头的电话号码仍保留5位；特种业务110、112、113、114、115、116、118、119等不变。

1992年3月，涪陵市电话号码由5位升至6位。

图4－4　成都市电话号码升7位数

1993年9月26日零时，成都市移动电话网由6位升至7位，原“90××××”改为“900××××”。移动电话网号码升7位后，号源增加10倍，为移动通信发展提供号码资源保障。12月12日零时，成都市固定电话号码成功升7位，号码资源由50万个扩大到790万个。此次成都电话升位，成都市电信局耗资逾千万元，前期准备历时1年，清理11万余个电话用户数据，并进行6次预升位，确保割接成功。同时，耗资近500万元，持续宣传数月，让电话升位家喻户晓、人人皆知。12月31日零时，绵阳市城区实现全网电话号码由5位升至6位。随后，全省其他市（地、州）邮电局先后完成电话号码升位工作。

1994年5月22日零时，重庆市近郊6区及北碚区、江北县和巴县电话号码由6位升至7位。

1995年，省内30个城市完成市话升位改号工作，配合全国10批部分城市市话升位改号的宣传，组织清理市话号线资料。4月，德阳市电话号码由6位升至7位；9月，达川市、达县电话号码升至7位。至年末，全省有17个市（地、州）实现电话7位数拨号。

1996年3月10日零时，阆中、南部、西充、仪陇、营山和蓬安6个县（市）电话号码由6位升至7位。至此，南充市全市电话号码全部升至7位。7月13日零时，达川地区所辖各县（市）包括区（镇）在内的电话号码统一升至7位。

1997年3月8日零时，重庆市电话号码升至8位，长途区号“023”，成为继北京、上海等城市后第六个电话号码为8位数的城市。甘孜州电话号码升至7位。

2001年上半年，成都市本地电话网交换机实占率69.3%，号码利用率普遍为40%—50%，局部区域达92.2%。随着用户数量逐步增加，号码资源趋于紧张，成都电信本地网电话号码升位作为四川省重点项目实施。

8月29日，成都市电话号码升8位方案评审会在成都召开。设计单位提出两个备选方案：一是将所有用户分为两部分，部分号码前加“6”，部分前加“8”，此方案有其他城市成功经验可借鉴，技术风险和网络设备调试工作量相对较小，但部分用户号码将被迫调整；二是在所有号码前统一加“2”或“8”，这种方案简单明了，但工作难度高，且有一定技术风险。经中国电信集团公司、信息产业部、设计院组成的专家组评审，位间隔法升位方案获得通过，即在原号码前加“8”。该方案优点在于用户不用改号，简单好记，但操作难度大、协调困难。

9月，四川省成立以省长助理王怀臣任名誉组长、四川电信总经理孙康敏为组长的成都市电话号码升位工作领导小组，下设技术工作组、技术支援组、经营业务组、后勤保障组和宣传组等职能机构，制定“升位实施计划”，明确升位工作整体时间进度和各部门职责。11月23日，成都本地电话网升8位新闻发布会召开。12月，省政府专门发文，要求各相关单位做好成都本地电话网号码升8位配合工作，力争升位工作一次成功。四川电信投入8000万元进行设备改造和升位宣传，为84个程控交换机系统增加软件，升级扩容十大交换机系统，调整、设置成千上万资料数据。

2002年3月1日、9日、15日，四川电信进行3次测试。3月20日，省政府召开成都本地电话网号码升8位新闻发布会。3月23日凌晨，四川电信成功进行升8位第一次预演。测试局对全网及其他运营商用户电话进行拨打测试，对营业支撑平台、112、1000等客户支撑平台及内部相关管理系统进行全面检测，预演取得成功。

4月19日22时，在成都电信新华综合楼3楼大厅举行升位仪式，“天府热线”网站向全球网上直播成都升位现场。4月20日凌晨，成都本地网电话号码升8位成功。

成都市电话号码升8位后，普通电话原7位号码和新的8位号码并存1个月，国内和国际长途电话新旧号码并存6个月，并提供语音提示服务，并存期结束后，四川电信分别向国内、国际长话来话用户提供3个月和6个月的升位提示语音。至此，成都市成为全国第七个、中国

图4－5　2002年3月20日，省政府召开成都本地电话号网升8位新闻发布会

西部第一个本地网电话号码升 8 位的省会城市，号码资源随之增加 10 倍，可用固定电话号码资源 8000 万个。

二、特号拍卖

1992 年 1 月 14 日，重庆市举行移动电话特殊号码公开拍卖大会，拍卖号码 38 个。成交金额 20.94 万元，其中“908888”成交价 5 万元，是全国当时电话号码单号公开拍卖的最高金额。

2003 年 8 月 18 日，中国电信“援助再就业”小灵通特号拍卖捐赠活动在成都举行，成都市电信局公开拍卖 100 个“小灵通”特号，其中被称作“中国第一号”的“028－88888888”，被四川航空股份有限公司以 233 万元的价格竞得。整场拍卖所得 700 万元全部捐赠给成都市“再就业援助工程”和消防官兵“抢险救援奖励基金”。

图 4－6　2003 年 8 月 18 日，四川电信特号“88888888”拍卖晚会

三、服务号码

1986 年，全国急救中心（站）使用的急救电话号码统一规定为“120”。

1988 年 9 月，全省将原向社会免费提供通信服务的部分特种业务“114”（电话查号）、“117”（报时）、“121”（气象预报）改为有偿服务，计时计次收费。

1997 年 5 月 30 日，全省县级市“110”报警服务台建设现场会在广汉市召开，推动全省县级市“110”报警服务台与巡警队伍建设。全省 12 个地级市，广汉、峨嵋山、都江堰、崇州、华蓥和达川 6 个县级市及康定、平昌、双流等 18 个县年内开通“110”报警服务台或“110”报警电话。

2001 年 9 月 11 日，经省通信管理局同意，省环境保护局在省内启动环保投诉举报电话号码“12369”。11 月 26 日，中国造血干细胞捐献者资料库四川分库启动仪式暨情况通报会在成都召开。四川电信免费开通“181811”献髓活动和“8008860811”献髓者报名两部热线电话。

2002 年 5 月 30 日，省通信管理局同意省司法厅启用全国统一法律服务短号码“12348”。该短号码接入四川电信网络，并在省通信管理局备案。7 月 19 日，省电力公司正式启用全国统一供电服务短号码“95598”。该号码除宜宾接入联通公司网络外，其余市（州）接入电信公司网络。

12 月 5 日，全省启用政府热线短号码“12345”，方便群众与政府沟通。拨打政府热线的费用，一律按现行本地电话通话费标准收取。

2003 年初，广东省流行传染性非典型肺炎。随后，广西、山西、北京等省（市、自治区）陆续发生非典疫情。四川电信各分公司以最快的速度开设全省“非典咨询热线”统一号码“181369”及防非典特服号码“95120”，向人民群众宣传预防非典知识，为各地非典办免费安装数部热线电话，并实行免收月租费和市话费的特殊资费政策，保障抗击非典通信需要。四川电信向非典办捐赠 50 万元的电话卡品。3 月，在抗击非典疫情期间，四川移动向“全球通”用户免费开放“125906120”和“125906858”音信互动热线电话公益服务。

9 月 5 日，省通信管理局核配给省财政厅信息中心“96001”短号码，用作国库集中支付系统拨号接入服务。

2004 年 2 月 29 日前，全省开通“12380”短号码。该号码为中共中央组织部设立的全国组织系统统一的专用举报电话。该号码在四川使用单位为省委组织部和各市（州）委组织部，号码开通范围为全省各市（州）。

2005 年 4 月，省通信管理局印发《关于规范 110 等紧急特服就近接入技术方式的通知》，并组织省内各运营企业统一实施。6 月 14 日，印发《关于保障紧急特服业务通畅的通知》，规范全省“110”“119”“120”“122”（交通事故报警）等紧急特服业务的就近接入方式。至此，全省县级以上地区紧急特种服务通信畅通得到保障。

四、规范管理

1999 年 7 月，四川移动分营后，全面负责全省移动电话号码资源的管理。

2000 年，四川移动制定《四川移动通信公司号码资源管理办法（暂行）》，明确各级各部门的职责，理顺管理流程。全省号码资源统一由公司市场经营部归口管理，其他部门配合。各市（州）分公司的市场经营部负责本分公司所辖区的号码管理。该办法明确各分公司启用号码资源实行报批制，各分公司根据当地业务发展的情况申请启用新的号码时，须向省公司说明此前已启用的号码数、冷冻占用的号码数、当前总数、本次启用号码段等数据。

2001 年，四川铁通在全省开始放号，主要涉及固话、互联网拨号、IP、寻呼及网络出租、代维业务，全省申请本地网局号 63 个。

2002 年，省通信管理局制定面向社会各界使用的短号码申请、备案申报资质、程序和要求，并在网上公布，使短号码受理和审批管理更加规范快捷。是年，省通信管理局核配给四川电信新启用成都、自贡、雅安、达州、南充、巴中、资阳、德阳、绵阳、乐山、广安、内江、宜宾和攀枝花 13 个本地固定电话网 60 个局号，满足省内本地固定电话业务发展需要。

四川电信在四川联通 G 网、C 网及固定本地电话网上，开放成都固定本地网局号：801、802、803、804、805、806、807、808、809、810、811、812、813、814、815、816、817、818、819、890、891、892、893、894、895、896、897、898、899。

四川移动对公司内各种码号资源进行收集、分析与管理，编制完成《四川移动 5.8GHz 频段频率使用方案》，向省无线电管理委员会申请 5.8GHz 频段频率；编制完成《四川移动 LMDS 商用试验方案》，报集团公司申请在成都开展 26GHz 频段 LMDS 商用试验。

四川网通启用全省各本地网号码资源规划，保证省内 4 家经营固定电话业务的运营公司合理使用号码资源。同时，组织开展全省短号码清理调整，共清理出涉及全省大部分地区企事业单位违规使用的短号码六大类 180 个，针对不同情况制定每个短号码的调整方案、步骤，解决不合规定使用的短号码问题。是年，公司取得成都地区首位数为“6”的固定电话号段。

2003 年，全省强化码号资源管理，完成短号码清理调整，建起数据统计季报分析制度。四川移动制定《四川移动无线电频率管理实施细则》，参与集团公司 3.5GHz 频率投标，申请成都 LMDS 商用试验网使用的 26GHz 频率资源。

2004 年 12 月，省通信管理局制定《四川省电信网码号资源管理细则（暂行）》，明确申请码号资源的申请人资格、申报材料、审批和备案程序，规定相关电信运营企业开通码号的流程和时限、码号使用者发生争议的协调程序和码号年审及调整等内容。

是年，四川移动向省无线电委员会申请到400MHz和230MHz频率的使用权，为村通工程中使用无线接入技术提供频率保障；在全省取得LMDS地面固定无线接入系统使用的26GHz频率资源的正式使用权，丰富基站和集团客户接入手段。

2005年，信息产业部、财政部、国家发改委制定《电信网码号资源占用费征收管理暂行办法》和《电信网码号资源占用费标准》，经国务院批准发布实施。国家征收电信网码号资源占用费，由中央财政统筹安排使用。征收管理暂行办法对西部12个省份的电信企业使用用户号码资源实行减半收取占用费的优惠政策。1月1日起，四川省对码号使用者按季度征收码号资源占用费。短号码收费标准：5位数短号码（96×××）4000元/月（1.2万元/季度），6位数短号码（962×××）400元/月（1200元/季度）。

是年，省通信管理局新核配省内“96”字头短号码36个，省内短号码核配总数144个；新备案全国性短号码74个，全国性短号码备案总数294个；新核配省内本地电话网局号503个，全省本地电话网局号总数6280个。结合短号码年审工作，清理、关闭、调整部分长期闲置或已改变用途的短号码和局号等码号资源。全年征收码号资源占用费近500万元。

2003—2005年，四川铁通共申请本地网局号488个，其中2003年89个、2004年102个、2005年297个。

2005年后，四川移动在全省开发、推广自助选号和空中营业厅业务。

第六节　通信建设管理

一、基本建设管理

1985年前，全省邮电基本建设计划和初步设计前的工作由省邮电管理局计财处管理；其余基本建设管理职能，100万元以上的技改项目、抗震加固项目等由邮电基建工程处承担。同时，基建工程处直接管辖邮电设计所和安装、电缆两个工程施工队，实行独立核算、自负盈亏。基建工程处既是省邮电管理局管理全省邮电基本建设的职能部门，又是设计、施工的生产性企业单位。

1985年，本着“宏观上加强控制，微观上努力搞活，减少层次，服务基层”的原则，省邮电管理局组建建设处，负责全省邮电通信建设的规划、计划、工程管理和技术设备引进等管理。同时，各市（地、州）邮电局充实和加强邮电基本建设机构，省邮电管理局先后制定《四川省邮电建设管理试行办法》《四川省邮电建设计划管理试行办法》《四川省邮电通信建设管理工作——地（州、市）职责分工》，明确各自工作职责、建设程序及权限、工程检查要求和依据、建设档案范围等制度。

2月7日，省邮电管理局拟定《联合投资建设长途电话暂行办法》《联合投资建设市内电话暂行办法》《扩大和发展电信业务奖励暂行办法》和《电信通信机线设备超期使用奖励暂行办法》4个联合投资建设长途电话的暂行办法，并印发全省参照执行。4个办法的出台，对筹集各方面资金、采取多种经营管理形式、建设和发展市内电话、加快发展电信业务、改善电信服务、提高企业的经济效果、鼓励电信企业职工做好电信通信机线设备维护管理工作等起到推动作用。

1986年起，按照邮电部安排，结合全省实际情况和试点经验，推行施工图预算加系数的“包干项目承包责任制”，省邮电管理局把30万元以下的非生产性项目的计划任务书、审批、竣工验收的权限下放到市（地、州）邮电局，省邮电管理局运用行业集中管理和计划安排权限对上述工程的总平面布置、建设程序、资金规模和标准进行控制。

12月，省邮电管理局对计划管理方案进行重大改革，把“七五”计划的总盘子交给基层企业，明确“七五”邮电建设的重点，电信以电话，尤其以市话自动化为主，以数字微波通信建设为重点，围绕市话配套建设，20个市（地、州）长途电话实现自动、半自动接续，40%的县实现市话自动化。“七五”计划一次安排下达，专业部门和基层企业有了自己安排计划的主动权。至此，全省邮电建设管理开始4个转变：邮电基本建设计划由单纯建设型向商品经济观念转变，由综合管理向强化专业管理转变，由年度计划管理向中长期计划管理转变，由一般项目管理向强化项目管理转变。这是对传统计划管理方法的一项重大改革。此前，四川邮电基本建设投资实行全省统管，按年计划。

至年末，实施“七五”规划的第一年，全省完成邮电基本建设投资2085万元，省政府投资1000万元用于通信建设。

1978—1986年，全省邮电基本建设投资增长迅速，其中企业和地方自筹资金的比例达56%。

1987年，全省邮电固定资产投资规模7000余万元，是有史以来最多的一年。

1990年，全省完成邮电基本建设投资6412万元，其中邮电部直属项目5992万元、地方项目420万元，均完成投资计划；邮电更新改造投资完成6900万元，占计划投资额的92.7%。1986—1990年，全省邮电固定资产投资完成6亿元。

1994年，全省邮电建设固定资产投资26.6亿元，是1993年的2.18倍，比“八五”期间前3年的总和多5亿元。

1996年6月，省邮电管理局成立重点工程办公室（副处级），加强邮电通信工程建设管理。

1997年，全省邮电固定资产投资完成54亿元，邮电固定资产原值157亿元。

至1998年，全省邮电固定资产投资占全省固定资产投资的比重由1990年的1.2%提高到4.9%。1996—1998年，全省邮电系统完成固定资产投资92.9亿元，固定资产原值达165.8亿元，较1995年末增长25.9%。

2003年，全省通信建设完成固定资产投资75亿元，2004年完成75亿元，2005年完成65亿元。仅“十五”期间，全省通信业完成固定资产投资462.5亿元，主要投向基础传输、移动通信、无线市话、宽带业务和新业务，完善通信基础设施，扩大网络覆盖面，提高通信能力和技术水平。

二、通信工程管理

工程质量监督 2000年起，按照国家有关规定，全省所有通信工程项目纳入监理程序，以保证工程质量。7月14日，四川公众通信建设监理有限责任公司与四川电信工程办公室在成都签署四川省智能网一期扩容工程建设监理合同。这是全省通信建设第一份正式监理合同。

2001年，四川省通信工程质监站划归省通信管理局管理，独立于通信企业开展通信工程质量监督。省通信工程质监站贯彻执行《中华人民共和国建设工程质量管理条例》《通信建设工程质量监督条例》和《四川省通信工程质量监督管理办法》，加强基础工作，健全监督制度，发挥四川电信、四川移动、四川联通和四川铁通等电信运营公司的作用，使全省通信工程质监工作逐步走向正轨，取得成效。

3月，省通信工程质监站对五大电信运营商和设计、施工、监理单位开展《中华人民共和国建设工程质量管理条例》《勘察设计管理条例》《通信建设工程质量监督条例》的宣传贯彻活动，增强各单位依法进行通信建设的意识。对91个通信设计、施工、监理、咨询等单位进行年检，取缔14个不合格的临时施工单位；复查施工企业项目经理201人，向信息产业部新申报施工企业项目经理48人；协助信息产业部定额质监中心在四川培训施工企业项目经理172人，完成对5家申报电信工程施工企业资质和2个申报通信信息网络系统集成资质单位的审查工作。

8—11月，按照国务院整顿和规范市场经济秩序工作的部署和信息产业部《关于整顿和规范通信建设市场秩序的通知》精神，成立四川省整顿和规范通信建设市场秩序领导小组和办公室，对整顿、规范通信市场的步骤、方式和要求作出安排。清理和整顿的重点是：违反国家基本建设程序的行为，无证、越级、挂靠承揽设计、施工、监理业务的行为，不申报通信工程质量监督的行为，其他影响通信建设工程质量、安全的行为。10月22—26日、11月12—16日，分成3个小组，抽查建设、设计、施工、监理等20个单位的40个工程，对其中不规范的行为进行整顿和规范，保证全省通信建设市场健康、有序发展。

是年，省通信工程质监站受理工程1127个，并对完工的1068个工程进行质量评定；其中受理电信公司1074个工程，对完工的1007个工程进行质量评定，全部合格；受理移动公司53个工程，对完工的61个工程进行质量评定，全部合格。为配合宽带用户驻地网试点工作，制定《四川省宽带用户驻地网工程验收办法（试行）》，对宽带用户驻地网开展质量调查，质量情况良好。

2002年8月19日、9月2日，省通信管理局组织对全省通信建设市场进行联合检查，共检查工程项目90个，涉及通信运营企业和设计、施工、监理企业及设备供应商70余家，并召开通信建设市场检查情况通报会，对检查出的问题要求限期整改。

是年，省通信质监中心受理通信工程质监项目2226个，并对完工的967个工程项目进行质量评定；审检设计、施工、监理、系统集成、通信用户管线、咨询等132个单位的资质申报资料，取缔20个不合格的施工单位；初审施工企业项目经理220人的申报资料，完成对36家申报电信工程施工企业资质和3家申报通信信息网络系统集成临时甲级资质的初审工作；协助信息产业部定额质监中心在四川培训施工企业项目经理232人、通信工程监理工程师128人，组织培训质监工程师和质监员107人、评标专家232人，组织完成全省1226名通信工程概预算人员的培训考试，并完成对1094名通信工程概预算合格人员的资格申报工作，换发通信工程概预算资格证1168份。

2003年3—4月，省通信管理局对全省相关单位进行《通信用户管线企业资质》和《通信信息网络系统集成企业资质》年检。6月9日，省通信管理局公布年检结果。四川桓源通信建筑工程有限公司、四川电信实业集团达州电信实业有限公司、绵阳恒盛通信网络工程有限公司等61个单位通过通信用户管线建设企业资质年检；四川省川北电信工程有限公司、成都通信勘察设计院、四川公用信息产业有限责任公司等9个单位通过通信信息网络系统集成企业资质年检。对未通过本次年检的企业视为无资质企业。

是年，省通信质监中心协调处理运营企业违规建设、侵占资源的问题142起，规范通信建设市场行为。

2004年起，全省建立通信建设信息通报制度和通信建设企业信用档案管理制度。按季度将全省通信建设市场中的相关信息在行业范围内通报，内容包括：通信建设企业资质情况、通信建设企业和个人在工程建设方面的优良记录和不良记录情况、建设单位的质监申报和竣工验收备案情况、招标投标情况、各企业违法违规情况、现场开展质监工作情况、资源侵占和建设纠纷协调处理情况、安全生产情况等。

通信建设企业信用档案，是将全省（包括外省入川通信建设企业）在工程建设中根据建设单位的反馈意见，经调查核实举报、评优等信息分为优良记录和不良记录在行业范围内和省通信管理局的网站上公布，建立通信建设企业争先创优和诚信服务机制。

是年，制定《四川省通信建设企业资质审批工作规程》。全年完成通信工程设计、施工、系统集成、用户管线等资质的年检工作。

2005 年 2 月 16 日，省通信管理局印发《关于建立四川省通信建设信息通报制度的通知》，明确四川省通信建设信息通报的内容包括：（一）通信工程质量监督；（二）通信建设项目招投标；（三）通信建设市场；（四）其他与通信建设相关的信息。同时，先后制定《四川省通信建设纠纷协调办法》《四川省通信管线合建共用指导意见》《四川省通信建设企业信用档案建立及通报办法》《四川省通信建设安全生产监督办法（试行）》。

是年，正式受理并妥善协调处理违规建设事件、资源侵占、建设纠纷事件 10 件，比 2004 年减少 16 件。开展通信建设领域安全生产大检查，共检查电信运营企业、设计、施工、监理等单位 12 个，并对成都、巴中、南充、遂宁和雅安等市的 16 个在建通信工程项目进行现场抽查，杜绝通信建设领域的重大安全事故发生。开展整顿和规范通信建设市场秩序工作，检查电信运营企业、设计、施工监理等单位 28 个，检查工程项目 160 个。新审查通信工程设计、施工、监理、系统集成企业资质 38 家（其中前置审批 18 家），换证 8 家，取缔不合格参建企业 7 家。完成概预算培训人员 340 人、评标专家 136 人、申报资格 313 人，受理 2101 个通信工程质监项目，并对完工的 1763 个工程项目进行质量评估。

优秀设计和优质工程评定　2002—2005 年，省通信管理局根据信息产业部《关于继续开展通信工程建设创优活动的通知》精神，组织专家对全省申报的优秀设计和优质工程项目资料进行评审，有 10 个工程项目获得一等奖、10 个获得二等奖、3 个获得三等奖。

2002—2005 年四川省通信工程优秀设计和优质工程评定情况统计表

表 4－1

年 度	类 别	项 目 名 称	设计（建设）单位	奖次（省局）
2002	优秀设计	四川第七期 GSM 数字移动通信网工程成都新建 GSMC03 设备安装工程	—	一等奖
		四川省 SDH 光缆通信系统二期工程	—	二等奖
		四川移动通信达州 SDH 光缆传输网一期工程	—	三等奖
	优质工程	四川移动数字电路倍增设备一期工程	—	一等奖
		四川省 GSM 移动电话增值业务平台二期工程	—	二等奖
2003	优秀设计	四川移动通信公司动力及环境监控系统一期工程	成都通信勘察设计院	一等奖
		成都交换区网络升级设备安装工程		二等奖
	优质工程	中国移动通信 GPRS 网一期（四川）工程	四川移动通信有限责任公司	一等奖
		四川移动智能网四期工程		二等奖

续表 4－1

<table>
<tr><th>年度</th><th>类别</th><th>项目名称</th><th>设计（建设）单位</th><th>奖次（省局）</th></tr>
<tr><td rowspan="2">2004</td><td rowspan="2">优秀设计</td><td>四川省宽带传输网 DWDM 光缆通信系统工程</td><td>四川科研规划设计有限责任公司</td><td rowspan="2">一等奖</td></tr>
<tr><td>四川移动光传送网二级干线一期设备工程</td><td>成都通信勘察设计院</td></tr>
<tr><td rowspan="13">2005</td><td rowspan="8">优秀设计</td><td>四川移动“九寨天堂”传输工程</td><td>成都通信勘察设计院</td><td rowspan="3">一等奖</td></tr>
<tr><td>四川省多媒体通信网六期扩容工程</td><td rowspan="2">四川通信科研规划设计有限责任公司</td></tr>
<tr><td>四川省 IP 宽带城域网扩容工程</td></tr>
<tr><td>成都移动业务本地网优化扩容工程（基站部分）</td><td>成都通信勘察设计院</td><td rowspan="3">二等奖</td></tr>
<tr><td>四川省电信公司本地电话网集中监控管理升级改造工程</td><td rowspan="4">四川通信科研规划设计有限责任公司</td></tr>
<tr><td>四川省宽带多业务网关系统二期扩容工程</td></tr>
<tr><td>四川省网间结算系统工程</td><td rowspan="2">三等奖</td></tr>
<tr><td>四川电信本地计费账务系统主机系统工程</td></tr>
<tr><td rowspan="5">优质工程</td><td>四川移动“九寨天堂”传输工程</td><td rowspan="5">四川移动通信有限责任公司</td><td rowspan="2">一等奖</td></tr>
<tr><td>四川移动成都城域网一期工程</td></tr>
<tr><td>成都 2003 年 GSM 网优化扩容工程</td><td rowspan="3">二等奖</td></tr>
<tr><td>四川移动新建 LSTP 工程</td></tr>
<tr><td>四川移动 2004 年彩铃业务平台二期工程</td></tr>
</table>

第七节　职业技能鉴定

1991 年 1 月 20 日，省邮电管理局决定在全省邮电企业统一实行线务员操作证制度。凡邮电通信企业的线务人员必须按规定持证上岗；对已取得工人技术等级证的线务人员，经县局级企业考察合格后，可报主管局批准直接颁发操作证，对未达到技术等级考核的线务人员应进行安全培训，结业考核合格后再颁证。该制度同时规定：对线路施工、维护中需要使用民工、临时工的单位，必须按有关规定经考试合格后发给临时操作证。

1998 年，全省邮电系统实行职业资格证书制度，职工持证上岗。3 月 7 日，省邮电管理局举行职业技能鉴定站（所）授牌仪式。经劳动与社会保障部批准，全省先后成立 6 个邮电通信行业特有职业（工种）鉴定站和 1 个国家职业技能鉴定所，分别设在成都市电信局，成都市邮政局，四川国际电台，宜宾、德阳、凉山州邮电局和四川省邮政运输局。根据政府授权，行使对邮电通信业的特有职业（工种）从业人员进行职业技能鉴定的政府职能。同时，在全省邮电企业择优选拔，建立一支思想作风好、业务技术精的 370 人的考评员队伍，具备全行业 57 个专业工种的鉴定能力。

6—12 月，全省通信行业职业鉴定 158 次，共鉴定 24 个专业工种，占邮电通信特有工种总数的 37%，其中微波机务、卫星机务、长途线务等工种的职工已全部鉴定 1 遍。至 12 月末，全省参加通信特有工种职业技能鉴定的职工 8914 人，其中邮政专业 5619 人，合格率 71%，电信专业 3295 人，合格率 59%；参加通用工种驾驶鉴定的职工 1902 人，合格率 71%。

1999 年 1 月 1 日起，全省无线寻呼话务员、市内电话交换机务员、市话线务员、用户终端维护员、报刊发行员、邮政投递员和话务员 7 个通信行业特有职业（工种）实行职业资格证书制度，从业人员在国家授权的职业技能鉴定机构通过考核，并取得证书方能上岗。未取得证书的人员，一律不得从事本岗位工作。

2000 年，全国通信企业有计划、分步骤地全面实行职业资格证书制度。凡未取得相应职业资格证书的人员，不得从事通信生产工作。7 月 1 日起，话务员（市内话务员、长途话务员、查号话务员、国际话务员、无线寻呼话务员、信息服务话务员）和用户通信终端维修员（电话机维修员、移动电话机维修员、无线寻呼机维修员和用户传真机维修员）必须取得相应的国家职业资格证书后方能上岗工作。

2001 年 1 月 1 日起，实行职业资格证书制度的市内电话交换机务员、市话线务员、报刊发行员和邮政投递员职业（工种）从业人员必须取得相应的国家职业资格证书后方能上岗工作。7 月 1 日起，通信行业其他特有职业（工种）的从业人员必须取得相应的国家职业资格证书后方能上岗工作。

2002 年 4 月，省通信管理局正式成立四川通信行业职业技能鉴定中心，主要依据国家职业技能标准，为通信运营企业和行业职工提供客观、公平、公正的从业资格考核鉴定服务。9 月 17 日，印发《关于执行四川通信行业职业技能鉴定费用标准的通知》，明确凡申请通信行业职业技能教育培训、鉴定的个人，均应按规定交纳职业技能培训、鉴定费用。职业技能鉴定理论考试收费标准：技术理论考核收费每人 30 元；技术等级评定费：初级每人 20 元，中级每人 40 元，高级每人 60 元，技师、高级技师每人 80 元。职业技能教育培训费不分级别每人每期按 800 元收取。资料费（38—78 元）、办证费按实收取。至年末，全省完成职业技能培训鉴定 1448 人（次）。

2003 年，经劳动和社会保障部、信息产业部同意，信息产业部人事司将通信原有的 34 个工种合并为 14 个工种（即：1. 线务员，2. 通信机务员，3. 通信电力机务员，4. 电信营业员，5. 电信业务营销员，6. 通信网络管理员，7. 话务员，8. 固定电话机维修员，9. 移动电话机维修员，10. 用户通信终端销售员，11. 市话测量员，12. 移动营业员，13. 报务员，14. 电报投递员），采取模块化认证体系，按照专业不同划分成不同组合方式，实现对不同等级人员的考核认证。

2004 年 12 月，四川铁通颁发《关于开展职业技能鉴定工作的通知》，启动公司职业技能鉴定工作。采取的方式为：四川铁通组织报名工作并进行资格审查，省通信管理局职业技能鉴定中心组织鉴定前的培训和理论及实作考试，合格后由信息产业部颁发相应工种等级的合格证。是年，全省鉴定电信行业有关人员 3200 余人次。

2005 年，省通信管理局决定对通信行业员工全面推进职业技能鉴定，要求通信运营企业尽快实现全员持证上岗。

3 月中旬起，四川移动正式启动实行职业资格证书制度，首先对移动通信营业员进行培训鉴定。截至 6 月末，成都、内江、乐山、眉山、德阳、绵阳、泸州和宜宾分公司有 294 人参加鉴定，合格率 94.5%。

至年末，四川电信基本实现职工全员持证上岗。四川铁通举办通信机务员、线务员、营销员、营业员工种的高、中、初级鉴定培训班 11 期，鉴定员工 564 人，一次性鉴定合格率 98%。四川网通陆续开展对员工的职业技能鉴定。

第八节 战备应急通信

一、管理机制

1995 年 6 月 20 日，四川机动通信局成立，主要承担应急通信任务。2002 年 10 月 30 日，省通信管理局成立网络与信息安全应急领导小组及办公室。

2003 年 3 月 14 日，省通信管理局成立战备办公室，负责组织协调各基础电信运营企业的战备应急通信工作。四川电信、四川移动、四川联通先后成立省级战备应急通信办公室和市（州）级应急机构，接受企业总部战备应急通信办公室和四川省通信管理局战备办公室的双重领导。四川电信下属的四川机动通信局，担负西南大区的应急通信抢险任务。

根据信息产业部统一部署，省通信管理局配备双模卫星移动车载站和全球星电话等设备，专用于紧急情况下特殊地区的战备应急通信。同时，组织各电信运营商进行调查，确定以重要长途枢纽中心为主的点状战备保障目标和以省际长途传输干线为主的线状战备保障目标。制定《四川省战备应急通信保障预案》，明确应急通信保障组织体系结构，确定各部门和企业应担负的职责，细化应急通信指挥调度流程。

图 4－7 四川移动应急通信车

2005 年，四川省通信行业设立四川省通信保障应急领导小组及办公室，负责领导、组织、协调全省通信保障和通信恢复应急工作。

2001—2005 年，省通信管理局主要出台《四川省通信管理局网络与信息安全应急处置预案（试行）》《四川省突发公共事件通信应急专项预案》《互联网络安全应急预案（试行）》和《四川省通信保障应急预案》等。四川电信、四川移动、四川联通建立本企业战备应急管理制度和应急预案，并将战备应急通信工作纳入相关部门和责任人的工作计划及目标考核。同时，基础电信运营企业加大对战备应急通信物资储备的投入，全省通信行业应急通信保障能力增强。四川移动 5 年累计投资上亿元配置战备应急通信设备。

至 2005 年末，全省初步形成完整的战备应急通信组织结构体系，并出台一系列战备应急通信工作规章制度。四川移动配备应急通信车 6 辆，分别配置 VOLVO 底盘、2G/3G 主设备系统、卫星传输系统和油机系统等，能提供全省任何地点、全天候应急通信保障能力。此外，全省移动公司购置应急基站 100 个、应急微波 50 套、应急光传输设备 100 公里，作为应急物资储备。移动公司省级、市（州）级分公司各配备卫星电话 1 部，保证应急通信的需要。

二、保障演练

2001—2005 年，四川电信、四川移动、四川联通和四川机动通信局按照“战时为中央和各级党政领导机关提供通信保障，平时为抢险救灾、大型运动会、应对突发事件及重大国务活动时公用通信网的替代和补充”的战备应急通信职责，多次开展应急通信演练。

2003 年 10 月，四川电信成都、眉山分公司和四川机动通信局共同组织针对党政重要通信的应急演练，模拟省某重要党政机关通信阻断后的快速应急抢通。

2004 年 5 月，四川电信参加全省应急通信演练，由四川机动通信局卫星接入设备通过 2M 电路和“997”应急专线，实现湖北演练场异地入网。是月，四川电信、四川移动配合雅安军分区完成“信息力量应急动员研究性演练”，完成部队以战时调动地方通信完成军事保障的探索和研究的实际演练。10 月 31 日，四川电信参加在内江市举行的西南地区首次军警民联合应急救援演练，动用应急通信车 7 辆、设备 19 台（套）、参演人员 40 余人，为演练提供通信保障。

三、通信保障

全省通信行业多次完成应急通信保障任务，为全省抗灾自救、重要会议和大型社会活动提供重要通信保障。

抢险救灾 1981 年 7 月，四川遭受历史上罕见的特大洪灾，全省 40 余个县邮电局被淹，36 条长途电信线路多处中断，造成 1017 条长途电话电路、121 条电报电路不通，14 个地区、28 个县有线通信阻断。在紧急情况下，中共四川省委、省政府授权省邮电管理局扩大无线通信使用范围，在成渝之间开放 10 条微波电路，用以沟通万县、涪陵、达县、南充和永川 5 个地区的长途电话。同时，开通各市（地、州）局无线电台 18 部，县局电台 167 部，传递各种电报，并安排 6 部临时电台跟随领导机关，在重灾区担负紧急通信任务。7 月 13—17 日，全省邮电投入抗洪救灾的 190 余部电台，共传递电报 3500 余份。

6 月下旬，成都地区遭受暴雨袭击，成都市电信局干部职工全力以赴，为领导机关指挥防汛提供优良的通信服务。6 月 26 日下午，当金堂县洪水暴涨时，及时开通成都到金堂的无线通话联络。26 日晚 7 时，省防汛指挥部要求安装直通北京的传真机。成都市电信局在午夜 12 时前完成安装调测，保证省防汛指挥部防汛通信的需要。6 月 27 日，在全省防汛电话会议上，副省长谢世杰表扬成都市电信局在防汛工作中通信保障及时，确保汛期通信畅通无阻。

1998 年，中国发生历史上罕见的特大洪灾。洪灾导致四川凉山、阿坝、甘孜、宜宾、南充、广元、广安、巴中、攀枝花、绵阳、德阳、雅安、泸州、遂宁、内江、乐山、达川和成都 18 个市（地、州）局、87 个县局受灾，邮电通信设备损失惨重。据统计，全省损毁电缆 623.9 公里、光缆 351.6 公里、明线 304.4 杆公里、通信基站 21 个，被淹支局 146 个，局房损毁 128 间，25 户职工住房被毁。灾害导致全省邮电系统直接经济损失 7239.49 万元，其中，邮电职工财产损失 225.23 万元。

按照中共中央、国务院有关抗洪抢险工作的指示，四川邮电干部职工冒着生命危险，抢修通信设备和线路，确保通讯畅通。

4 月，省邮电管理局成立防汛救灾领导小组，组建应急通信保障队，建立汛期昼夜值班制度，制定通信保障预案，先后下拨救灾专项资金 1650 万元、职工生活救济款 75 万元，支持灾区邮电职工抗洪救灾，恢复生产。各市（地、州）局成立专门机构，落实抗洪救灾保障通信工作。

6—7 月，凉山州境内连遭暴雨、冰雹、泥石流等自然灾害袭击，冲毁通信杆路 2000 余根，广州—昆明—成都一级光缆损毁 30 余公里，通信设施损毁严重。灾情发生后，州邮电局干部职工迅速奔赴受灾现场抢险救灾。喜德县邮电局干部职工攀着钢绳，冒险涉水渡河，抢修光缆线路；德昌县邮电局组织30余人，沿108国道线，冒雨徒步6小时到达灾害现场，抢修成都—攀枝花光缆。

7月6日，稻城县遭受百年未遇的洪涝灾害，导致全县两区一镇共8个乡的交通通信中断，全县农村电话全部中断，杆路损毁49.7杆程公里，电路阻断9天，通信损失45万余元。甘孜州邮电干部职工团结奋战，在最短时间内抢修恢复全县电话，通过电报迅速上报灾情，保证应急通信的需要。

7月7—14日，两次洪峰通过泸州市。为保障通信畅通，市邮电局干部职工昼夜出击，紧急排障。7日12时，洪水急速上涨，位于长江边上麻沙桥物资仓库3部值班电话突然不通。接到消息后，市邮电局立即派出5名查修人员前往排障，历时1小时，3部电话抢修接通。赶在洪峰来临之前通过电话紧急调度转运仓库物资。7月13日下午，第二次洪峰即将通过泸州市，位于市区茜草片区长液厂新区宿舍内的10号电话线路交接箱有被淹的危险，可能导致350户电话用户通信中断。当晚20时，市邮电局组织线路中心、工程队和车队6名员工紧急赶赴现场抢修，确保350户电话在洪峰来临时保持畅通。

9月16日，百年不遇的洪水突袭剑阁县，交通通信中断，县邮电局1楼的电信营业厅、市话配电室、电力室、油机房及柳沟支局营业室、交换机房等全部被淹，最高水位高于地平面5.24米，营业厅生产设施悉数损毁。通信设备遭到严重破坏，县局市话万门程控电话总配线架、整流设备、稳压器、交直流配电屏、电池组、光（电）端机被洪水浸泡，严重损坏，24个市话交接箱被洪水冲走，损毁通信线路近百公里。洪水尚未退尽，县局干部职工立即投入抢险救灾恢复通信。在省市邮电局和苍溪、旺苍、江油等兄弟局的协助下，两小时内先后开通移动电话和无线寻呼，12小时内恢复县委、县政府值班电话和传真电话，到19日24时，恢复开通县城部分办公、住宅电话，抢通6个农村乡（镇）的通信。

下半年，松花江、嫩江汛情严峻，在邮电部的统一调度指挥下，四川机动通信局派出人员，携带两套480路便携微波设备飞赴哈尔滨，支援抗洪抢险；四川电信向武汉支援1000线程控集装箱交换机设备，支援灾区保证通信畅通。

2002年6月7—9日，四川省部分地区连降暴雨，造成南充、遂宁、巴中等市的城乡通信机房、营业厅、通信杆线和车辆等通信设施严重受损，多处发生通信中断，造成通信企业直接经济损失988万余元，其中电信公司685万元、移动公司200万余元、联通公司103.7万元。

灾情发生后，省通信管理局要求各通信企业在确保人员安全的前提下，迅速组织力量抢险救灾，保障通信畅通。各通信运营公司在接到灾情报告后，省、市公司立即抽调人力、物力和抢险救灾设备，紧急驰援受灾地区。在抢险救灾中，各公司团结合作、互相帮助，争分夺秒恢复通信。蓬溪县城区严重积水，致使移动公司抢修人员无法及时到达机房抢修，该公司与电信公司紧急协商，利用电信线路及时调通城区中心基站的传输线路，迅速恢复通信。

图4－8　四川省长途线路传输局抢险队伍奔赴通信受灾现场

2003年4月中旬，全国发生非典型肺炎疫情。四川省通信部门贯彻落实中共中央、国务院和部、省的统一部署，采取措施，预防“非典”，稳定职工队伍，确保通信畅通。省通信管理局本着“特事特办”的原则，协调、落实防治工作的领导、卫生防疫和医疗等部门的通信需求，保障重点通信的安全畅通。四川电信、四川移动、四川联通、四川网通和四川铁通等公司分别成立以总经理为组长的防治工作领导（协调）小组。各公司根据省局要求，检查和落实互联互通工作，采取措施解决互联互通问题，及时处理网间障碍，确保网间通信的安全畅通。各公司针对可能出现的紧急情况，制定应急通信保障预案，实行24小时通信值班制度。

为配合政府、防疫部门和全社会做好“非典”防治工作，四川电信要求各级电信企业主动与当地政府联系，为“非典”防治中心或政府指定的卫生部门免费安装2部热线电话，用于“非典”的咨询、求助、答疑等，热线电话在4月30日前开通，并确保电话畅通。成都、德阳、绵阳、南充和雅安等电信分公司利用“181668”业务设置“非典专题聊天室”，邀请当地医学专家主持或参与。5月1日前，四川电信采取调度长途电路的方式，在全省开放“181668”业务。

4月26—27日，四川电信成都分公司特事特办，组织人员为市政府即将成立的120急救指挥中心布放电缆，装通10部指挥电话，保障成都市120急救指挥中心于4月28日正式启用。为方便该中心在网上发布“非典”疫情信息、及时了解各地疫情变化，该公司将其中7部电话改装为ADSL电话，并做好测试，将原向社会公布的“非典”疫情电话全部转接到“120”上，保障市民拨打“120”快速畅通。此外，该公司在4小时内为四川省防“非典”领导小组办公室紧急新装指挥调度电话16部。

5月1日起，四川移动向“全球通”用户免费开放125906120和125906858音信互动热线电话公益服务，为中国移动客户开通“短信点播防非典信息”服务，客户拨打12590119后，即可通过回复短信点播相应的信息。5月1—31日，开展主题为“手机消毒、健康沟通”的手机免费消毒活动，在各营业厅设立手机清洁消毒区，为客户提供免费的手机消毒服务。同时，公司向四川省防“非典”领导小组办公室捐赠价值50万元的手机充值卡，并通过省政府赠送100部手机，总价值75万元，支持全国防治“非典”工作。

四川联通向省级卫生部门赠送中国联通宽带视讯系统，并负责省卫生部门的光纤接入及本地电路调测。

5月，凉山州发生地震，四川移动立即启动应急通信保障体系，紧急开通卫星传输系统，为当地救灾工作提供通信保障。

2004年9月3—6日，达州市遭遇特大洪灾和大规模的山体滑坡，400多万人受灾，200余个移动通信基站中断。四川移动紧急派遣两辆应急通信车和应急电源车，连夜冒雨赶赴达州分公司进行抗洪救灾的应急通信保障。

2005年7月7日，川东地区达州、巴中等地再次遭遇特大洪涝灾害，四川电信、移动、联通公司紧急调度应急通信车辆、油机、传输线缆，支援抗灾自救，保障应急通信畅通。

2001—2005年，四川电信分别在宜宾、康定、西昌、攀枝花、达州、雅安和眉山等地，动用便携微波、自适应电台、海事卫星、VSAT卫星移动站、油机车、各种小容量应急电源、1000线控交换设备等应急通信设备，完成多次抢险救灾和重要通信保障任务。

重大活动 1986年，四川通信部门为中国长江科学考察探险队提供通信保障。1991年9月24—29

日，为协助“91中国四川电视节”，成都市电信局抽调人员集中在省展览馆展示厅设立直拨电话、电报和传真业务，并抢装64部电话；成都六〇微波站仔细检查机器设备，保证电视节目转播效果。

1992年3月末，为保障澳星发射，邮电部投入100万余元专项资金购置设备。四川境内14个市（地、州）邮电局和50余个县邮电局、省长途线路维护局及所属12个分局、省微波设备维护局等单位直接参与澳星发射的通信保障工作。是年，全省完成5次卫星发射和回收的通信保障任务。

1993年8月15日，中华人民共和国第七届运动会（简称七运会）在四川举行。受四川赛区组委会委托，省邮电管理局承担四川赛区通信保障任务，在经费不足且未按时到位的情况下，顾全大局，先行组织施工。成都市电信局无偿向凤凰山陆上运动学校提供1套价值14万元的80门程控交换机，并在最短的时间里建立其内部通讯网。截至7月27日，四川赛区通信线路及设备安装调试工作全部完成，三大专用网（指挥调度、数据传输、广播电视指挥通信）均已开通运行。

七运会四川赛区的通信涉及成都、西昌、广汉、温江和新津5个城市。设有3个专用网：指挥电话专用网、数据传输和新闻公众通信网、会议电话专用网。为联接、使用三大通信网，邮电部门特架设电缆20.6公里，安装程控电话580门，会议指挥系统1套，电话机、传真机等300余部，提供数据传输主备线、市话专线、长途专线280余对，无线移动电话30部，寻呼机100部。设立临时通信服务点17处，提供电报、电话、传真、特快专递等通信服务。全省邮电系统有6家通信企业，200余名职工直接参与七运会的通信保障。

1994年7月18日，遂宁市邮电局协助中国人民解放军某部在卫星发射前、卫星发射后和卫星回收中，严格执行通信组织、电路调度方案，确保卫星回收的通信畅通无阻，受到部队的赞誉。

1997年，省邮电管理局及各市（地、州）局完成西昌卫星发射地面通信保障任务，完成国务院总理李鹏、副总理朱镕基和中央军委副主席刘华清到四川考察期间通信保障工作，完成7月1日香港回归祖国庆祝活动、中国共产党第十五次代表大会、'97四川成都国际熊猫节、第五届中国艺术节期间的通信保障工作。

2000年9月3—11日，全国第六届大学生运动会在成都召开。中国移动四川成都分公司成立大运会通信技术保障办公室，下设漫游障碍处理小组、应急通信保障小组、高话务通信保障3个小组，负责整个保障工作的组织调度，确保大运会期间无线通信畅通。9月，在广元市“女儿节”“秋交会”上，公司利用应急通信手段，解决活动期间用户临时、突发的高话务通信需求，做好移动通信保障。

2002年3月16日，四川移动第一辆应急通信车运抵成都，并在当晚完成卫星调试、数据加载、天线收发调试和整体联网调测、拨打测试，开赴成都龙泉驿“国际桃花节”正式投入使用。用于此次通信保障任务的应急通信车，是中国移动集团公司和四川公司共同投资，设备价值1800万元（其中部分主设备为赠送）的两辆应急通信车中的1辆，是全国移动系统第一辆加载卫星通信系统的应急通信车，可满足全省范围内不分时限、不分地域的应急通信工作，能够克服较为恶劣的现场通信条件，保障重大会议、自然灾害等突发情况提供应急通信。

4月17—19日，亚洲议会和平协会（AAPP）第三届年会在重庆召开。四川移动与重庆移动联合协作，共同完成AAPP会议应急通信任务。

是年，四川移动先后完成国际中医药大会、省第八次党代会、成都第三届汽车展览会、成都国际电脑节、集团公司战略发展会、紫坪铺水库截流典礼等重大活动的通信保障任务。

2003 年，省通信管理局配合省政府大件运输办公室，对三峡转轮特大件运输沿途的通信线路空中障碍进行多次排查和整治，并全程跟随护送三峡转轮特大件运输车队，保证运输安全。8 月25—26 日，中共四川省委、省政府在峨眉山召开四川省旅游发展大会。会议期间，乐山电信、移动、联通等提供全方位的通信保障。7 月初，乐山移动成立移动通信保障领导小组，抽调 20 名业务熟练的工作人员于8 月 22 日提前进驻峨眉山，并提供10 台移动商务电话作为各接待站的通信工具，为近百名客户提供免费电话，为 16 名客户免费提供移动无线宽带上网。乐山电信从指挥调动、新闻发布、接待三个方面全力支撑大会会务工作，提供安全、优质、高效的通信基础传输网、固定电话话音、机要通信和应急通信、数据通信专业、网络信息查询、有线宽带接入、无线宽带接入、视频会议电视等全方位通信服务。乐山联通抽调近 30% 的技术人员，配备 3 辆装备充足的通信车，四川联通提供两辆通信应急车，以备应急之需。8 月 24 日起，乐山联通服务人员入驻与会代表下榻的宾馆，提供各种通信服务。

是年，四川移动还完成在广安市召开的中共四川省委工作会议、在绵阳市举办的亚洲邮展通信保障任务。

2004 年 6 月，四川机动通信局完成“川—澳合作周”通信与新闻传送任务。是年，完成“两会”、卫星发射、国务院重要电视电话会议等各项重要时期国家通信线路的安全畅通保障任务 10 次。

2005 年 1 月 12 日，四川机动通信局为南极科考队提供两套卫星通信设备，将四川电信服务延伸到南极。4 月 7 日，四川移动为在成都龙泉驿阳光体育城举行的中超联赛提供通信保障。是年，按照省政府大件运输办公室安排，电信运营企业先后配合完成 5 次大件运输公路沿线的空障、路障清理任务，并投入人力、物力对通信线路进行整治，保障大件运输任务的顺利完成。

第五篇　组织机构

1952年9月，四川省邮电管理局成立后，相继实行条块管理、政企合一、邮电合营的管理体制。20世纪80年代初，简政放权，实行局长负责制，落实经营责任制，改革内部分配制度。1998年，开始实施寻呼剥离、邮电分营、移动分离和政企分开等重大改革。9月，四川邮电将所有寻呼资产从邮电母体剥离，经公司化、专业化改造，注册成立四川电信寻呼有限责任公司；12月，组建新的四川省邮电管理局，实现邮电分营。1999年7月，顺利剥离移动业务。2000年7月，四川省电信公司挂牌成立，并开始公司化运作。

2001年4月，四川省通信管理局成立，继续行使对四川省通信行业监管职能。全省形成四川电信、四川联通、四川移动、四川网通、四川吉通和四川铁通等通信运营企业市场竞争新格局。

第一章　管理机构

第一节　四川省邮电管理局

1952 年 9 月，四川省邮电管理局成立，实行以邮电部为主的部、省双重领导的管理体制，行使全省通信行业管理职能，为国家、社会和群众提供邮政、电信服务。

1969 年 12 月 1 日，四川省邮电管理局撤销，全省邮电机构分设，分别成立四川省邮政通信临时革命领导小组和四川省电信局。1970 年 7 月 27 日，四川省邮政局成立。1973 年 9 月 1 日，四川省邮政局和四川省电信局撤销，恢复四川省邮电管理局建制，实行邮电合设的管理体制。除成都、重庆邮电分设外，全省其他市（地、州）、县恢复设立邮电局。

1979 年 6 月，四川省邮电管理局改为隶属邮电部、四川省双重领导，以邮电部为主。同时，全省实行省、地、县三级管理。市（地、州）邮电局既是本地区邮电管理部门，又是所在地的邮电企业，实行以省局为主，省局和市（地、州）双重领导。

1984 年 11 月 17 日，重庆市邮电管理体制改革，成立重庆市邮电局，管辖市属邮电通信企业，实行计划单列。

至 1985 年末，全省设邮电局（所）208 个、邮电支局（所）2597 个、代办所 3379 个。邮电职工 59105 人，其中工程技术人员 3694 人，占 6.2%；技术工人 28826 人，占 69.6%。

图 5－1　1992 年前的四川省邮电管理局机关大门

1989 年 6 月 21 日，邮电部决定成都市邮政局、成都市电信局实行计划单列。

1992 年 2 月，邮电部调整重庆市邮电管理体制，撤销重庆市邮电局，成立重庆市邮政局和重庆市电信局。根据以系统领导为主、地方领导为辅的原则，重庆市邮政局和重庆市电信局在四川省邮电管理局和重庆市政府的双重领导下开展工作，业务服从四川省邮电管理局统一指挥调度。同时，将重庆市邮电局管辖的 12 个郊县邮电局划归重庆市电信局管辖。邮电部对重庆市邮政局、重庆市电信局实行计划单列管理。

8 月，省邮电管理局在管理方式和权限上作出重大调整和改进：在通信建设方面着重抓好通信网的中长期规划，以及技术标准、技术体制、设备选型和长途重点工程的实施管理；进一步简政放权，简化项目审批程序、手续；进一步改革农话管理体制，适应以县为中心的本地电话网的发展；对移动电话经营管理体制，成都、重庆两市郊县邮电管理体制，本地电话网经营管理体制，以及邮电工业、科研体制等进行积极探索和调查研究，以适应通信大发展的需要。

7 月，依照国务院批准的邮电部“三定”方案，四川省邮电管理局负有行业管理的行政职能，负责全省通信行业的宏观管理、统一管理国家公用通信网和通信业务市场、维护国家利益和用户权益 3 项任务。同时，无线电管理机构实行中央和省（市、自治区）相对集中的管理体制，市（地、州）、县不再设无委会。国家和省无委办公室在邮电部和省邮电管理局内单设，但不是其内部机构。

1996 年，遵照邮电部指示精神，四川省邮电管理局将成都市邮政局管理的郊县（市）邮电局，成建制划归成都市电信局管理。12 月 31 日，省邮电管理局召开成都市郊县（市）邮电管理体制调整工作交接会议，原由成都市邮政局管辖的双流、彭州、金堂、邛崃、温江、郫县、新津、都江堰、崇州、蒲江、新都和大邑县（市）邮电局改由成都市电信局管理。

1997 年 3 月 14 日，重庆直辖市设立，撤销原重庆市。4 月 23 日，四川省邮电移交组与重庆市邮政局、重庆市电信局组成的联合接收组在重庆召开交接工作会议，随后交接双方分成 7 个小组进行交接工作。按照交接实施方案，重庆市邮政、电信两局和万县市、涪陵市、黔江地区及所辖各县（区）邮电局、城乡邮电局分支机构全部移交给重庆市邮电管理机构管理；按照属地管理的原则，四川省邮电管理局在重庆的微波、长线、邮车、物资等直属单位及其设在两市一地的分支机构成建制移交重庆市邮电管理机构管理；重庆及两市一地的通信发展规划，邮电各项计划，三峡搬迁复建工作，通信发展、改革、服务等管理职能自 5 月 1 日起，由重庆市邮电管理机构行使。

5 月 9 日，重庆市邮政管理局和重庆市电信管理局正式成立。6 月 18 日重庆直辖市挂牌成立后，重庆市、万县市、涪陵市和黔江地区的 46 个市（地）、县级邮电资产和业务全部划归新成立的重庆市管辖。

图 5－2　1997 年 5 月 9 日，重庆市电信管理局挂牌成立

7 月 9 日，四川省邮电管理局正式授权省内各市（地、州）、县邮电局管理本行政区域内的邮电通信工作。

1998 年 2 月，四川省邮电管理局在省工商行政管理局以“四川邮政电信局”的名称正式办理企业法人登记。

3 月 6 日，第九届全国人民代表大会一次会议通过国务院机构改革方案，决定在原邮电部、电子工业部的基础上组建信息产业部，作为主管全国电子信息设备制造业、通信业和软件业，推进国民经济和社会生活信息化的国务院组成部门。4 月 28 日，国家邮政局挂牌成立，统一经营管理全国的邮政业务。随后，信息产业部把国家电信主干网建设与经营管理的企业职能移交给中国邮电电信总局。4 月 30 日，信息产业部出台《邮电分营工作指导意见》，正式启动全国邮电分营工作。

6 月 24 日，四川省邮电管理局召开全省邮电分营企业财产清查布置动员电视电话会，正式启动全省邮电分营工作。6 月 26 日，再次召开全省邮电财产清查培训会议，随后组建各分营单位的清查机构。7 月 26 日，召开全省市（地、州）邮电局长会议，研究讨论《四川省市地州县邮电局分营工作实施方案》。

8月4日，信息产业部批准《四川省市地州县邮电局分营工作实施方案》，四川省自下而上逐级实施邮电分营工作。省邮电管理局成立邮电分营领导小组，张居平任组长。各市（地、州）、县邮电局也成立工作班子及办事机构，负责本单位邮电分营工作。根据邮电分营实施方案，四川省设立四川省邮政局、四川省电信局，作为国家邮政局和中国电信集团的地区经营机构，负责省内邮政网、电信网的建设、运行管理和经营服务。各市（地、州）、县（市、区）邮电局实行邮电分营，分别设置邮政局、电信局，纳入国家邮政局、中国电信集团系统，实行两大总部和省、地、县垂直管理。

9月21日，沐川县邮电局率先宣布分营，撤销沐川县邮电局，分别设立沐川县邮政局、沐川县电信局。随后，全省县级邮电局相继完成邮电分营工作，分别组建邮政局和电信局。到10月16日，全省145个县（含县级市）邮电局分营工作结束。分营后，全省设立县邮政局147个、县电信局147个（包括分营前设置的成都龙泉驿区邮政局、电信局和青白江区邮政局、电信局）。

10月25—29日，甘孜、自贡、乐山、广元、宜宾和泸州等市（地、州）邮政局、电信局相继挂牌成立。到11月4日，全省19个市（地、州）邮电分营工作结束，38个市（地、州）邮政局、电信局相继挂牌成立。分营后，全省新成立的市（地、州）电信局包括：自贡、攀枝花、泸州、德阳、绵阳、广元、遂宁、乐山、内江、南充、宜宾、达川、巴中、广安、雅安、眉山、阿坝、甘孜和凉山19个市（地、州）电信局。12月，原资阳市（县级）电信局撤销，成立资阳地区电信局，加上成都市电信局，全省市（地、州）电信局21个。

市（地、州）电信局成立后，从调整结构、理顺关系入手，把改革、改组、改造和加强管理，解决热点、难点问题结合起来，形成新的经营管理机制。

12月30日，省邮电管理局在成都召开邮电分营暨四川省邮政局成立大会，标志全省自下而上完成邮电分营工作。分营后，省邮电管理局电信资产2137178万元，占分营前总额的85.36%；负债总额1134627万元，占92.40%；全省电信职工29579人，占55.39%，其中离退休人员12126人，占55.24%。

图5－3　1998年12月30日，四川省邮电分营暨四川省邮政局成立大会召开

四川省邮电管理局作为地区通信行政管理机构，继续在以信息产业部为主的部省双重领导下，代表国家行使地区通信行业管理职能，继续负责省内的公用电信主体网的建设、运营与服务工作。次年1月1日，全省所有邮政、电信业务按照新的体制运行。

1999年5月，四川省邮电管理局正式启动全省移动通信分离工作。随后，省邮电管理局将四川省移动通信部门从省邮电管理局分离出去，组建四川省移动通信公司。同时，全省各市（地、州）电信局陆续将移动通信部门从电信局分离出去，组建市（地、州）移动通信分公司，归省移动通信公司管理。至此，省邮电管理局负责固定通信的网络建设和运营，下辖21个市（地、州）电信局，在职职工24492人。

2000年4月，省邮电管理局制定并经局党组讨论通过《四川省邮电管理局政企分开实施方案》，将四川省邮电管理局承担的经营固定电信网络与业务的企业职能分离出去，保留四川省邮电管理局的名称，继续行使四川省内通信行业监管职能。新的省邮电管理局在有关通信法规和信息产业部授权范围内，设以下职责：

（一）贯彻执行通信行业的方针政策和有关法律、法规、规章。

（二）对公用电信网、专用电信网和广播电视传输网实行统筹规划与行业管理。

（三）监管电信市场，受理、发放电信业务经营许可证，进行电信设备进网管理，负责通信服务资费与服务质量监管。

（四）保证公用通信网的公平接入和互联互通，协调各通信企业之间的经济与业务关系。

（五）组织协调信息安全、党政专用通信、救灾应急通信等工作。

（六）负责通信资源管理。

（七）信息产业部和省人民政府交办的其他工作。

四川省邮电管理局承担的经营固定电信网络与业务的企业职能分离出去后，将原已办理工商登记注册的四川邮政电信局更名为中国电信四川省电信公司，作为中国电信集团公司的全资子公司，并按有关规定变更工商登记。

7 月 17 日，中国电信集团公司在重组四川省邮电管理局电信业务资产、人员的基础上，组建中国电信集团四川省电信公司。7 月 28 日，中国电信集团四川省电信公司挂牌成立。

2001 年 4 月 19 日，四川省通信管理局成立。同时，撤销四川省邮电管理局。

第二节　四川省通信管理局

2000 年 9 月 26 日，信息产业部印发《转发国务院批转信息产业部关于地方电信管理机构组建方案的通知》，决定省（市、自治区）设立通信管理局，实行信息产业部与所在省（市、自治区）人民政府双重领导、以信息产业部为主的管理体制。四川开始筹备成立省通信管理局的工作。

图 5－4　2001 年 4 月 19 日，四川省通信管理局挂牌成立

图 5－5　2001 年 7 月，四川省通信管理局原局长孙康敏（右）与局长邓琴甫（左）合影

图5－6 2002年4月24日，信息产业部部长吴基传（前排左三）到四川省通信管理局检查指导工作

2001年3月28日，信息产业部任命孙康敏为四川省通信管理局局长、林海为副局长。省通信管理局组建工作完成。4月19日，四川省通信管理局挂牌成立。同时，撤销四川省邮电管理局。四川省通信管理局是信息产业部驻四川直属机构，受信息产业部和四川省政府的双重领导，为正局级建制，内设办公室、网络管理处、市场监管处3个处室和四川省通信工程质量监督中心、四川通信行业职业技能鉴定中心两个事业单位。主要职责：

（一）贯彻执行国家关于电信行业管理的方针政策和法律、法规，对本地区公用电信网、专用电信网实行统筹规划与行业管理。

（二）负责受理、核发本地区电信业务经营许可证和电信设备进网管理，会同地方价格管理部门和质量技术监督部门监督、管理本地区的电信服务价格与服务质量。

（三）保证公用电信网的互联互通和公平接入，协调电信企业之间的经济与业务关系。

（四）根据授权，负责电信网码号及其他公共电信资源的分配与管理。

（五）组织协调通信与信息安全、党政专用通信和应急通信工作。

（六）承办信息产业部和省委、省政府交办的其他工作。

同时，明确省通信管理局与省信息产业厅的关系是：同属信息产业的两个密切相关的部门；有着促进信息产业的发展，为本地区发展服务的共同目标；都直接或间接接受信息产业部的行业管理；各自有明确的职责，省通信管理局根据电信条例授权管理电信业务，省信息产业厅按照中央对省（市、自治区）政府机构改革方案的批复，管理制造业、软件业，推进国民经济和社会信息化工程；各自有独立的编制、经费、干部管理与领导隶属关系。

图5－7 2004年，四川省通信管理局领导班子，局长、党组书记邓琴甫（中），副局长、党组成员林海（左）、林建祥（右）

2002年，信息安全处成立。5月

17 日，省通信管理局举行迁址挂牌仪式，正式在成都市文庙后街 80 号新址办公。

2004 年 2 月，局机关服务中心成立。7 月，建设管理处成立，为正处级，负责全省通信建设工程和建设资源利用、管理的监管工作。11 月，省通信管理局迁至成都市一环路西一段 171 号新址办公。

2005 年 1 月，人事处成立，与办公室合署办公，一个机构、两块牌子。至年末，省通信管理局有行政在编人员18 人，其中研究生（含在读）占 60%，平均年龄约 35 岁；事业编制 19 名。

第二章 运营企业

第一节 基础通信运营企业

一、四川省电信有限公司

2000年3月，根据国家电信体制改革总体部署和国务院批准的《中国电信集团公司组建方案》，信息产业部决定对各省（市、自治区）邮电管理局实施政企分开。各省保留省级邮电管理局，继续行使地区通信行业监管职能，实行以中央为主的部省双重领导体制。同时，将原省邮电管理局承担的经营固定电信网络与业务的企业职能分离出去，组建成省级电信公司，作为中国电信集团公司的全资子公司，进行工商变更登记。4月20日，中国电信集团公司成立。

4月，四川省邮电管理局全面实施政企分开，继续行使四川省内通信行业监管职能。分离后经营的固定电话网络与业务的企业职能，重新工商登记，变更注册为中国电信四川省电信公司，系中国电信集团公司的全资子公司。

图5－8 2000年7月28日，中国电信集团四川省电信公司挂牌成立

7月17日，中国电信集团公司在重组四川省邮电管理局电信业务资产、人员的基础上，组建中国电信集团四川省电信公司，并以该名称办理企业法人登记。7月28日，中国电信集团四川省电信公司正式挂牌成立，下辖14个职能部室（综合办公室、法律事务和公共关系部、运行维护部、市场经营部、财务部、计划建设部、纪检组监察室、人力资源部、安全保卫部、审计室、离退休人员管理服务部、思想政治工作部、机关事务部和省邮电工会）、21家市（州）电信分公司、4个直属单位（四川省长途线路局、四川省微波通信局、四川机动通信局和四川公用信息产业有限责任公司）、145家县（市、区）电信分公司及13家直属通信生产企业，员工2.4万人，固定资产201亿元，主要经营固定电信网络与数据通信等业务，是四川省唯一承担普遍电信服务业务、党政专用通信、应急通信等重要任务的公众通信企业。12月25日，中国电信集团公司实施主辅、主附分离精干主业的措施，四川实业以四川电信实

业集团有限责任公司的名称注册。

2001 年末，国务院印发电信体制改革方案，要求组建新的中国电信集团公司和中国网络通信集团公司。方案将中国电信现有资源划分为南、北两部分，北方部分与中国网络通信有限公司、吉通通信有限责任公司重组为中国网络通信集团公司，南方部分保留“中国电信集团公司”名称。

2002 年 5 月 16 日，新的中国电信集团公司和中国网络通信集团公司挂牌成立。此次电信业拆分重组，打破中国电信在固定通信领域的绝对优势。新组建的中国电信集团公司启用新的企业标识。新标识以代表高科技、创新、进步的蓝色为主色调，由两个 C（分别表示 China、Company）的趋势线成 90 度变化组合而成，整体形成 1 个变体的 T（Telecom），表示中国电信（China Telecom Company）。四川电信属于南方公司，仍沿用“中国电信集团四川省电信公司”名称。11 月，中国电信先后在美国纽约和中国香港成功上市。

图 5－9　中国电信上市前后 LOGO 对比图

2003 年 7 月，中国电信印发《关于设立安徽、福建、江西、广西、重庆、四川省（自治区、直辖市）电信有限公司的通知》，中国电信集团公司作为国家授权投资的机构，在安徽、福建、江西、广西、重庆和四川省（自治区、直辖市）独资设立 6 家省（自治区、直辖市）电信有限公司。各省级电信有限公司注册资金为 1000 万元，由集团公司以现金形式拨付。

8 月 28 日，四川省电信有限公司正式在省工商行政管理局登记注册（注册号：5100001816257），公司股东为中国电信集团公司，注册资本 1000 万元，企业类型为有限责任公司（国有独资）。10 月 17 日，中国电信集团公司再次对四川电信增资，四川省电信有限公司注册资本变更为 812284.80 万元。12 月 31 日，中国电信股份有限公司（上市公司）向中国电信集团公司收购四川省电信有限公司的全部权益，标志四川电信在美国纽约和中国香港成功上市，进入国际资本市场。

2004 年 1 月 1 日，中国电信集团四川省电信公司更名为“四川省电信有限公司”，各市（州）、县分公司名称随之变更。1 月 12 日，四川省电信有限公司举行挂牌仪式，从此，以上市公司的身份进行运作。重组后的四川省电信有限公司内设 16 个职能部室（综合办公室、市场部、大客户事业部、互联网业务部、互联互通部、网络运行维护部、网络发展部、计划财务部、人力资源部、业务支撑中心、企业发展部、审计室、监察室、行政事务部、离退休人员管理服务部和省电信工会），下辖 21 家市（州）分公司、145 家县（市、区）分公司、2 个直属单位（四川省长途通信传输局、四川机动通信局）、1 家全资公司（四川省电话号码簿公司）、1 家控股公司（四川公用信息产业有限责任公司）、1 家参股公司（四川久信网络技术有限公司），注册资本 81.2 亿元，员工 1.6 万人，平均年龄 34 岁。主要经营：四川省内的国内固定电信网络与设施（含本地无线环路）业务；基于固定电信网络的话音、数据、图像及多媒体通信与信息服务；按照国家规定进行国际电信业务的对外结算，开拓国际通信市场；经营与通信及信息业务相关的系统集成、技术开发、技术服务、信息咨询、设备生产、销售和设计与施工。

至2005年末，四川省电信有限公司有员工23738人（不含实业公司），其中劳动合同制员工16384人，劳务派遣制员工7354人；固定电话用户1388.27万户，宽带用户122.96万户。

二、四川移动通信有限责任公司

1992年6月，四川省邮电管理局成立四川省移动通信局筹备组，明确移动通信发展原则为：统一规划、统一布点、统一制式、分级筹资、成片开发、分级经营。同时，在全省市（地、州）邮电局长会议上，研究移动通信的统一管理问题，确定“先发展后理顺”的指导思想。1993年初，正式成立四川省移动通信局（对外称四川省移动通信总公司），负责移动通信网的发展、建设和业务开拓，统一经营和管理全省移动电话联网、寻呼机和集群电话等。其职能是：在省邮电管理局统一规划、部署下，负责编制全省邮电移动通信发展建设规划；组织全省邮电移动通信、无线寻呼业务的经营管理、运行维护、监督检查，确保通信网的畅通和服务质量，对全省移动通信专业实行业务领导和对口管理。同时，省邮电管理局要求成都、重庆、德阳、攀枝花、乐山、自贡、南充和万县等地尽快成立移动电话通信局，实行独立核算、自主经营、自我发展、自我约束的运行机制。

1995年，省邮电管理局调整四川省移动通信局的体制与职责。1996年，确定四川省移动通信局为下属二级局，并对其机构设置作出规定，四川省移动通信局对全省移动通信的专业领导管理职能得到强化，省、市（地、州）、县和省局职能部门之间的职责分工更加清晰明确，为全省移动通信的快速发展创造条件。3月，省邮电管理局根据四川实际，提出全省移动通信管理体制要“符合四川社会经济发展状况，符合市场经济规律，符合现代化移动通信网客观要求的生产关系，促进全省移动通信生产力的重大发展”“有利于推进两个根本性转变，有利于维护移动通信网的统一性、完整性、先进性和调动各方面的积极性，有利于在市场竞争中把电话基础网的优势、邮电行业的整体优势转化为移动通信网发展的效率和效益优势，有利于抢占市场，参与竞争，改善服务，提高质量，培养队伍，有利于改进管理方式和管理手段，使复杂的问题简单化，增强各级企业的自我约束能力”，在“体制调整上有所突破”的“三符合、五有利、一突破”总体原则。

随后，省邮电管理局确定“统建统还，分级管理，专业核算，全网分成”的移动通信建设、管理体制，并规定：移动通信的发展建设实行“统一规划，统一建设，分级实施”；投资管理实行“主机统建，配套自建”，主机部分实行“能力资产和设备资产两条线”。从机构职责、建设管理、财务管理、维护管理、业务管理等方面进行调整完善，强化省移动局对全省移动通信的专业领导管理职能，省、市（地、州）、县和省局职能部门之间的职责分工界面更加清晰明确，为移动通信发展创造条件。

1999年4月末，国务院批复《中国电信重组方案》，启动移动通信分营工作。信息产业部决定将原中国邮电电信总局移动业务与固定业务分离，组建中国移动通信集团公司，负责在全国经营移动通信业务；将各省移动通信局从邮电管理局中分离出去，组建省移动通信公司，交由中国移动通信集团公司管理；将市（地）移动通信部门从电信局中分离出去，具备条件的市（地）设立移动通信分公司，归省移动通信公司管理。

5月，信息产业部批复并印发的《四川省移动通信与固定通信分离工作实施方案》在全省执行。5月17日，四川省邮电管理局召开全省移动通信分离工作会议，正式启动全省移动通信分离工作。随后，四川省移动通信分离工作自下而上逐级有序进行。省邮电管理局首先将省移动通信部门从省邮电管理局中分离出去，组建四川省移动通信公司，是中国移动通信集团公司的子公司，为国有独资企业，独立法人主体，负责中国移动通信集团公司在四川省的网络发展规划、工程建设、网络维护和经营服务，经营范围包括移动通信、IP 电话、计算机信息网络国际联网，以及基于移动通信的各类增值业务。6 月 25 日，全省各市（地、州）电信局陆续组建移动通信分公司筹备组，将各市（地、州）移动通信部门从电信局分离出去，组建市（地、州）移动通信分公司，归省移动通信公司管理。鉴于甘孜州移动通信规模较小，组建移动通信营销维护部。7 月 19 日，成都电信完成移动分离工作。成都市电信局划分到成都市移动通信分公司在职人员 932 人，离休人员 300 人，固定资产 23 亿元，占总资产的 21.71%。

7 月 28 日，四川移动通信公司在成都挂牌成立。同时，在省邮电管理局召开四川省移动通信分离暨四川移动通信公司成立大会。月末，按照信息产业部统一部署，全省各市（地、州）完成移动分离工作。划分到移动通信的资产 81.9 亿元，占原中央国有电信总资产的 29.23%；划分到固定通信的资产 211 亿元，其中中央国有 198.3 亿元、地方国有 12.7 亿元。划分到移动通信的在职职工 4407 人，占全省电信职工总人数的 15.25%（占全省中央国有电信职工总数的 21%）。划分到固定通信企业的在职职工 24492 人，其中中央国有职工 16576 人、地方国有职工 7916 人。全省电信负债总额 185.33 亿元，分离后划分到移动的负债额 59.4 亿元，负债率 72.52%；划分到固定通信的负债额 125.9 亿元（其中中央国有 117.04 亿元、地方国有 8.88 亿元），负债率 59.68%。

图 5－10　1999 年 7 月 28 日，四川移动通信公司召开成立大会

四川移动通信公司的营运体制按照省公司—市（地、州）分公司—县（市）移动营销部三级设立，逐级管理。四川移动通信公司在省公司内设办公室、计划建设部、网络部、市场经营部、财务部、人力资源部、审计室、纪检监察室、党群工作办公室和离退休工作管理部。同时，在成都、自贡和绵阳等 20 个市（地、州）设立分公司，名称为“四川移动通信公司×××分公司”；在甘孜州设立营销维护部（2000 年，设立甘孜分公司）。市（地、州）分公司一般设有综合部、财务部、人力资源部、党群工作部、工会、市场部和网络部，其中阿坝分公司和甘孜营销维护部未设人力资源部。

移动通信分离后，四川移动通信公司固定资产 77 亿元，网络覆盖全省 21 个市（地、州）、171 个县和 301 个重点乡（镇），拥有移动通信交换机 59 个，容量 213.5 万门；移动电话基站 2461 个；信道 87284 个，信道容量 157 万余户；在职员工 4407 人，离退休人员 1945 人，年收入规模 22 亿元，用户 120 万户。

2000 年，四川移动通信公司成都分公司撤销，设立省会营销中心，负责成都地区的市场营销和客户服务。省会营销中心为省公司直属生产单位。2001 年，省会营销中心更名为成都营销中心，仍为省公司直属生产单位。

2002 年初，经国务院批准，中国移动通信集团公司对四川等 8 家省（市）移动通信公司的资产权益进行重组。1月15日，四川移动通信公司更名为“四川通信服务公司”，新成立四川移动通信有限责任公司。通过实施主辅分离，将四川通信服务公司主营业务、资产、人员划归四川移动通信有限责任公司。1月18日，中国移动通信集团公司要求四川等8个省（市）分别设立各省新的移动通信有限责任公司。在新的移动通信有限责任公司设立前，四川公司将名称变更登记为“四川通信服务公司”。2月5日，经四川省工商行政管理部门批准，四川移动通信有限责任公司正式领取企业法人营业执照。

5月10日，中国移动通信集团公司在英属维尔京群岛（BVI）成立四川移动（BVI）公司，并由BVI公司对四川移动进行投资控股。随后，中国移动（香港）的控股股东中国移动香港（BVI）公司收购四川移动（BVI）公司；中国移动香港（BVI）向中国移动（香港）出售四川移动（BVI）公司全部已发行的股本，中国移动（香港）有限公司收购四川移动通信资产。6月，将四川移动通信有限责任公司注入中国移动（香港）有限公司。

7月1日，中国移动（香港）公司正式完成对四川移动等8个省（市）移动通信公司的收购交易。经3次股权交易，四川移动置入中国移动（香港）公司名下，成为四川首家同时在中国香港和美国纽约两地上市的企业。四川移动在香港和纽约两地成功注资上市，实现企业运营体制的重大改革，成为中国移动（香港）有限公司的全资子公司。四川移动通信有限责任公司上市后，中国移动通信集团公司通过中国移动（香港）公司对四川移动通信有限责任公司进行管理。

至年末，四川移动通信有限责任公司资产规模133.9亿元，员工3298人，在全省21个市（州）和144个县设有分支机构。

2003年，中国移动通信集团公司与中国移动（香港）有限公司合并，对四川移动通信有限责任公司实施垂直管理。同时，公司实行董事会领导下的总经理负责制，内部形成三级架构管理体制，即四川移动通信有限责任公司，通常简称为省公司，为独立的法人主体，是公司的投资中心和利润中心；在各市（州）设立的分公司，通常泛称为市（州）分公司，为省公司的二级利润核算单位，不实行自负盈亏，只是利润核算主体和内部利润考核中心；在各县设立的县级分支机构，统称为县分公司，为所属市（州）分公司的内部收支管理单位，主要开展经营服务和日常网络维护工作。

图5－11　四川移动通信有限责任公司办公大楼

1月6日，四川移动通信有限责任公司印发《关于市州分公司机构设置及职位设置有关问题的通知》，要求分公司的机构设置严格按照省公司的规定执行，一级机构最多不超过6个，即综合部、财务部、人力资源部、市场部、网络部和党群工作部。因各市（州）分公司的具体情况不尽相同，机构设置未能统一。

2005年12月28日，四川移动成都分公司正式挂牌成立。至年末，四川移动通信有限责任公司资产规模151亿元，员工3267人，在全省21个市（州）和150余个县设有分支机构，拥有“全球通”“神州行”“动感地带”等服务品牌和“139”“138”“137”“136”“135”“134”“159”网号，用户1500万户，并与204个国家和地区的256家运营商开通国际自动漫游业务，网络通达世界各地。

三、中国联通四川分公司

1994年7月19日，经国务院批准，中国联合通信有限公司成立，为中央管理的国有（控股）电信骨干企业。

1996年2月6日，中国联合通信有限公司四川分公司成立，是中国联合通信有限公司下属的省级分公司，负责中国联通在四川省电信业务的经营管理和发展建设，并在全省21个市（地、州）注册成立相应的分支机构。

图5－12　1998年5月5日，中国电信四川无线寻呼改制工作动员布置会议

1998年，国家信息产业部将邮电无线寻呼业务从电信大网中剥离出来，成立独立运营的全国无线寻呼集团公司，下设省（市、自治区）子公司。是年初，四川省邮电管理局在全省开展无线寻呼股份制改革，成立无线寻呼改制工作领导小组，下设联合工作小组。4月，四川省无线寻呼子公司筹备组成立，刘奉明任组长，负责全省无线寻呼子公司的各项筹备工作。

5月5日，省邮电管理局召开中国电信四川无线寻呼改制工作动员布置会议，提出无线寻呼改制的原则、思路，拟定无线寻呼股份制改造实施方案，明确工作要求。随后，四川省邮电企业无线寻呼改制领导小组成立，刘明光任组长，相关专业处室和专业局负责人为组员，统一领导协调改制工作。按照改制实施方案，四川省首先将各市（地、州）邮电局无线寻呼业务剥离出去，严格按照现代企业制度进行清产核资。在明晰产权后，四川电信在信息产业部和中介机构的指导下，对国有资产进行重组，组建中国电信四川寻呼有限责任公司，在市（地、州）设立分公司，统一经营本地区邮电系统寻呼业务。改制后，省邮电系统主业的国网198、199台，省网128、129台，各市（地、州）本地网126、127台及多种经营的成都166传讯台等，成为由集团公司控股的子公司，并为上市作准备。

6月，四川省完成无线寻呼人员的剥离工作。剥离前，全省有无线寻呼人员2215人、邮电职工594人、其他从业人员1621人。专职无线寻呼生产人员1896人，主业台1387人，多经台509人；兼职无线寻呼生产人员138人，全隶属主业台。剥离后，无线寻呼公司人员2352人，其中，邮电职工731人，其他从业人员1621人。

9月30日，四川电信寻呼有限责任公司正式注册成立，总资产6.6亿元，注册资金3.8亿元，在全省设立19家市（地、州）分公司，员工2000余人，拥有198、199国网，128、129省网，126、127及2166、2167本地网。中国国信寻呼有限责任公司代表国家控股68%，四川邮电职工持股会代表全省7万余名邮电职工集体持股30%，其他投资持股2%。通过改制重组，建立独立运作、适应市场竞争需要的新型现代企业，标志四川电信改革迈出关键的第一步，全省寻呼业逐步走上专业化管理、规模化发展之路，初步形成市场化的寻呼市场。

1999 年 2 月，信息产业部决定对中国电信拆分重组，将中国电信的寻呼业务并入联通公司。

5 月 20 日，信息产业部正式传达国务院关于国信寻呼公司成建制划入联通的决定。国家将国信寻呼划转中国联通，从人、财、物等方面扶持联通，增强其整体实力。国信寻呼划转中国联通后，四川电信寻呼有限责任公司继续保留原名。

图 5－13　1998 年 9 月 30 日，四川电信寻呼有限责任公司成立

11 月，四川电信寻呼有限责任公司更名为四川国信通信有限公司，标志四川无线寻呼剥离全面完成。更名前，四川电信寻呼有限责任公司用户 260.9 万户，全省 220 个营业网点，1—3 季度主营业务收入 3.75 亿元，利润 9175 万元。

2000 年 6 月 21 日、22 日，中国联合通信有限公司股票分别在美国纽约证券交易所和中国香港联合交易所成功上市。10 月，中国联通实施重组，联通公司与国信寻呼公司合并。至此，中国联通四川分公司拥有 191、192、198、199、126、127、96166、96167、128、129 的综合无线寻呼服务，实现资源共享，避免重复建设。融合工作结束后，中国联通四川分公司内设 8 个职能处室、4 个产品业务单元、两个共享服务部门和 1 个大客户发展中心，形成条块结合、权责清晰的工作体系。

2001 年 1 月 1 日起，中国联通四川分公司将全省约 1500 名寻呼话务人员转入成都通发广进公司统一管理。中国联通四川分公司在册员工由原 4000 余名降至 2000 余名。5 月，中国联通成都分公司成立。至此，中国联通四川分公司在四川境内有 21 家分公司。

2002 年 6 月起，中国联通四川分公司在全省实施“区域性管理、属地化营销”改革，将全省 20 家市（州）公司（除成都分公司）按照地域和通信能力、规模划分为东、南、西、北 4 个大区，成立 4 个区域性管理机构，对区域所属各市（州）分公司的人事、财务、规划建设和运行维护等实行统一管理。

2003 年 10 月，成都联通在 10 个郊县设立分公司。此前，该公司在成都市的 14 个郊县（区）的营销管理机构是“郊县营业部”。

至 2005 年末，中国联通四川分公司有正式员工 2857 人，固定资产 150 亿元，是四川省内唯一一家经营移动通信、无线寻呼、数据通信、长途电话、市内电话等综合电信业务的大型国有电信企业，通信业务综合服务能力覆盖全省，全年业务收入超过 31 亿元。

四、中国铁通四川分公司

2000 年 12 月 26 日，经国务院批准，信息产业部核准，国家工商局注册，铁道通信信息有限责任公司成立。该公司是由铁道部和 14 个铁路局共同出资组建的国有大型电信运营企业，主要为铁路系统提供通信服务，并利用富余能力向社会提供延伸服务。

2001 年 2 月 26 日，铁道通信信息有限责任公司四川分公司在成都成立。公司总资产 9.13 亿元，固定资产原值9亿元，员工1937人，拥有沿铁路干线光缆1604.1公里，主要负责四川省内公众电信业务及成都铁路局范围内的铁路专用通信业务，同时接受四川省通信管理局的行业管理。实行公司、分公司（通信段）两级管理体制，下设1个运维中心、4个通信段（成都、峨眉、江油和西昌）、9家市（地、州）分公司（成都、资阳、德阳、绵阳、乐山、凉山、攀枝花、眉山和广元）。各通信段内设行政办公室、劳资人事室、财务室和通信技术室等职能部门，下设领工区和生产班组，管理铁路专用通信网。

2002年，铁通公司成立西藏分公司，由铁通四川分公司代管。是年，合并绵阳、广元分公司为绵阳分公司，合并乐山、眉山分公司为乐山分公司，成立南充分公司。

2003年9月，在铁通四川分公司网运和铁道事业部的基础上组建成都铁道通信服务中心，11月1日正式成立。中心机关设技术管理部、综合部、劳动人事部、财务部4个职能部。下辖成都、江油、峨眉、西昌4个通信段及运维中心5个单位，有19个领工区、72个生产班组。是年，铁通四川分公司推行属地化管理，将泸州划归内江分公司管理，将广安划归南充分公司管理；成立雅安分公司。是年末，铁通四川分公司接收铁通重庆分公司划交的内江、宜宾、自贡、泸州、达州和广安6家分公司员工247人。

2004年1月1日起，内江、宜宾、自贡、泸州、达州和广安6家分公司纳入铁通四川分公司管理。

是年，经国务院批准，国资委、铁道部联合印发《关于将铁道通信信息有限责任公司移交国资委管理有关问题的通知》，明确自2004年1月20日起，铁道通信信息有限责任公司由铁道部移交国务院国资委管理，其原有股权全部划转国资委，并更名为中国铁通集团有限公司，作为国有独资基础电信运营企业独立运作。原铁道通信信息有限责任公司四川分公司亦更名为中国铁通四川分公司。8月20日，中国铁通四川分公司正式挂牌。

2005年5月12日，对铁道通信业务机构实施改革，撤销通信段、领工区建制，建立铁道通信中心、通信分中心、工区三级管理体制，成都铁道通信中心机关设综合部、财务部、人事劳动部、党群工作部、技术部、客户服务部和调度室7个管理职能部门，所辖4个分中心分别设置综合室和技术业务室。在改革的基础上，调整管内生产布局，统一管内生产班组名称，便于管理和适应铁路部门对通信工区的习惯称呼；整合地面无线与现场通信工区；对一些条件成熟的艰苦地区通信工区进行撤并，撤销宝成线、成渝线的部分通信工区和资阳、广汉电话所。9月28日，该项改革全部到位，管内生产班组由68个整合为60个。是年，撤销资阳分公司，并入成都分公司管理；撤销雅安分公司，并入乐山分公司管理；撤销南充分公司，并入绵阳分公司管理；遂宁地区划归德阳分公司管理；成立营销中心。

至年末，中国铁通四川分公司机关设9个职能部门（技术计划部、网运部、市场部、工程建设部、审计监察部、党群工作部、综合部和财务部），下设5个直属二级中心（网管中心、物资管理中心、客服中心、工程监管中心和卡务管理中心），辖12家市（州）分公司（成都、德阳、绵阳、乐山、凉山、攀枝花、内江、宜宾、自贡、达州分公司，营销中心，代管西藏分公司）及成都铁道通信中心、实业有限公司。公司员工2366人，固定资产原值21.72亿元，其中，主业固定资产原值21.34亿元，占固定资产原值的98.23%；实业有限公司固定资产原值3843.66万元，占固定资产原值的1.77%。

五、中国网通集团四川省通信股份有限公司

2002年5月6日，根据国务院电信体制改革方案，中国网络通信集团公司成立。11月30日，中国网通集团四川省通信股份有限公司在成都成立。四川省省长张中伟、中国网通集团公司总裁奚国华为公司揭牌。

四川省通信股份有限公司是由中国网络通信集团公司及北方10个省（市）通信公司共同发起成立的股份制通信运营企业，初期注册资金3亿元。经中国网通集团公司授权，在四川省内经营国内、国际固定电信网络与设施（含本地无线环路）业务；基于固定电信网络的话音、数据、图像和多媒体通信及信息服务业务；经营与通信及信息业务相关的系统集成、技术开发、技术服务、信息咨询、广告、出版、设备生产销售和进出口、设计施工等业务。

四川网通成立后，在省内除甘孜、阿坝以外的19个市（州）陆续开展语音、数据和互联网等电信业务。

2003年6月6日，四川网通在全省同时挂牌成立20家分公司（绵阳、德阳、宜宾、内江、南充、遂宁、眉山、雅安、广元、广安、自贡、资阳、乐山、巴中、泸州、达州、攀枝花、阿坝、凉山和甘孜）。

六、中国卫星通信集团公司四川省分公司

2000年6月16日，国务院批复信息产业部、国家经贸委，同意在原邮电部所属中国通信广播卫星公司和原邮电部出资组建的其他卫星、通信公司等有关企业基础上组建中国卫星通信集团公司。

2003年3月20日，中国卫星通信集团公司四川省分公司成立。7月22日，四川省通信管理局批复同意中国卫星通信集团公司四川省分公司在四川经营信息产业部批准的电信服务业务，业务种类包括：因特网接入服务、IP电话业务、国内VSAT通信业务、出租卫星转发器业务、“全球星”卫星移动通信业务、卫星国际专线业务。

七、吉通通信有限责任公司四川分公司

1994年1月，经国家经贸委批准，吉通通信有限责任公司成立。1999年9月，吉通通信有限责任公司四川分公司成立。2004年，并入中国网通集团四川省通信股份有限公司。

第二节　增值服务及其他企业

一、四川电信实业集团有限责任公司

2000年8月1日，中国电信印发《关于进一步深化改革、推进多元化经营工作的通知》，决定依照现代企业“产权清晰、权责明确、政企分开、管理科学”的要求，转换企业经营机制，深化企业内部改革，推进主附、主辅分离，精干主业，分离企业办社会职能，规范、有序地推进多元化经营。12月22日，四川电信实业集团有限责任公司挂牌成立。该公司是由中国电信集团公司和四川省电信有限公司共同投资组建的大型通信服务企业，由非通信运营核心企业及规范后的“三产”企业构成，注册资本4亿元，员工逾万名，内设6个职能部门、5个事业部，下设四川工程公司、四川设计公

司、四川通发总公司、四川新华物业公司、四川省公用信息产业有限公司5家专业公司，四川邮电职业技术学院、邮电医院、四川省邮电摩托车厂3个直属单位，四川监理公司、温江电缆厂、东方幸运城3家参股公司，21家市（州）电信实业公司（甘孜州、阿坝州实业公司于2001年撤销）及所属137家县分公司。四川电信实业集团有限责任公司主要经营四川电信投资形成的国有资产和国有股权，四川电信委托的代营、代维、代办业务，通信工程的规划、设计、施工和监理，通信物资的生产和供销，通信科研、咨询、培训，电信通信网、支撑网技术支持系统开发，计算机系统集成、软件开发、技术服务，物业管理及其他业务。

图5－14　2000年12月22日，四川电信实业集团有限责任公司挂牌成立

二、四川公用信息产业有限责任公司

1996年10月10日，省邮电管理局印发《关于筹建四川公用信息产业有限责任公司的决定》，决定组建四川公用信息产业有限责任公司。11月25日，在省邮电管理局召开四川公用信息产业有限责任公司第一届一次董事会。12月4日，四川公用信息产业有限责任公司正式成立。

该公司由成都市电信局和四川省通信发展总公司共同发起组建，直属省邮电管理局，注册资本3000万元，是从事公众信息业务的国有企业，具有独立法人资格。在管理上实行董事会领导下的总经理负责制，干部和员工全部实行聘用制。公司以成都市电信局数据图像分局和成都市电信局通讯信息公司的160、168、960等信息业务作为业务基础，主要经营信息服务、系统集成及软件开发、图像通信、信息制作和信源开发等，负责统一全省邮电公用信息资源开发、利用和业务经营，同时承担帮助全省各本地网开发资源，扩充形成全省信息服务体系，推动实现全省资源整合和信息共享目标的职责。

1997年1月1日，四川公用信息产业有限责任公司正式启动业务运营，在全国通信行业中率先进入发展电信增值业务信息服务新领域。1998年，成为国内首批32个CNNIC域名注册申请授权代理单位。2001年5月，公司搬迁至成都新鸿路办公大楼，并开办电信营业厅，主要受理电信增值业务。

2005年1月24日，四川电信将增值业务部与四川公用信息产业有限公司整合，成立四川公用信息产业有限责任公司，承担全省电信增值业务的运营管理职责，定位为四川电信增值业务的“产品开发中心、技术支撑中心、运营支撑中心”，以及四川电信对外合作的窗口和载体，主要经营无线增值业务，固定电话增值业务，“互联星空”“天府热线”“天虎网”网络信息服务、网络应用，以及IDC数据中心，互动娱乐，网络游戏，网站建设，网络广告发布等其他电信增值业务。至年末，公司注册资本1.07亿元，固定资产1.66亿元。员工280人，平均年龄28岁，具有本科以上学历的员工占总数的85%以上。

三、四川通信服务公司

2002年，经国务院批准，中国移动通信集团公司对四川等8家省（市）移动通信公司的资产权益进行重组。四川移动通信公司更名为四川通信服务公司，同时新成立四川移动通信有限责任公司。通过实施主辅分离，把四川通信服务公司主营业务、资产、人员划归四川移动通信有限责任公司。

主辅分离后的四川通信服务公司，是中国移动通信集团公司的全资子公司，承担着存续企业经营和存续事务管理双重职能，由中国移动通信集团公司四川有限公司党组负责管理。

5月28日，四川通信服务公司正式挂牌。四川通信服务公司在集团公司和四川公司党组的领导下，坚持“有进有退、有所为有所不为”和“区分存续企业与存续事务双重职能、分别实施管理”的原则，围绕移动通信产业链，探索存续企业经营出路，重点培育和发展以工程类业务为核心的架构体系，在通信设计、施工、维护、物业、仓储物流等方面的业务形成较强的市场竞争力，实现国有资产的保值增值；加强存续事务管理，落实各项管理措施，高度关注和积极帮助解决广大离退休和内退人员最关心、最直接、最现实的问题，协调处理好各种关系，保持员工队伍的稳定。

至2005年末，四川通信服务公司设有公司机关，下辖成都通信建设工程局、四川省邮电器材总公司、四川蓉通监理咨询有限公司、四川中移物业管理公司。

第三章 事业单位及学会组织

第一节 事业单位

一、四川省专用通信局

1950年1月1日，成都市电信局实行军事管制。6月，成都市电信管理局成立，主要为党政军领导机关提供专用通信。11月15日，新设立川西邮电管理局，主要负责管理川西、川南、西康各行政区内的邮政、电信业务；同日，设立成都市电信局，主要负责省、市党政军的通信保障。

1951年7月1日，邮、电两局合并为邮电部成都邮电局，负责省、市党政军的通信保障，日常工作由成都邮电局市内电信科负责。

1956年1月15日，邮、电再次分开，党政通信由成都市电信局市话线路室负责。1958年8月25日，邮电体制调整，将成都邮、电合并，恢复成都市邮电局，省、市领导机关的重点通信由电信科负责。1960年，成都市电信局电信市话线路科成立党政通信维护班，以解决党政机关使用电话。

1967年2月18日，成都军区对成都市邮电局实行军事管制，党政军的重点通信由军队负责。

1969年12月1日，根据国务院和中央军委的决定，再次对成都市邮电局进行分拆，设立成都市电信局，由成都警备区负责管理，与四川省电信局实行双重领导。省、市党政领导机关的重点通信由电信处市话通信营负责。

1973年9月，四川省邮电管理局恢复。10月起，成都市电信局改属省邮电管理局领导，由电信科负责省、市党政领导机关的重点通信，并为党政领导分别安装专用电话。

1980年，成都市电信局市话一分局成立，专门为省、市党政领导和机关提供专用通信服务。省、市党政军领导机关的专用通信指挥、调度和管理由成都市电信局电信科承担。

1997年6月，省邮电管理局撤销成都市电信局运行维护部党政专用局，成立四川党政专用电信局，隶属省邮电管理局，为正处级独立核算的通信企业，受省委办公厅和省邮电管理局双重领导，并委托成都市电信局代管。内设技术管理科、运行维护科、经营服务科和行政事务办公室，实有在编人员35人。10月18日，四川党政专用电信局正式挂牌。

2001年末，国务院对原中国电信实行“南北分拆”，原由中国电信承担的党政专用通信划属中国电信和中国网通两大通信集团公司。2002年7月16日，中共中央办公厅秘书局批复并同意信息产业部报送的《关于报送〈党政专用通信管理体制调整方案〉的请示》，将党政专用通信从电信企业中剥离出去，集中统一管理，重组成立国内专用通信局及其分支机构，继续承担为党和国家重要领导机关提供专用通信服务的任务。9月19日，在成都召开西南片区专网工作会议，各专用局对今后的体制结合自身实际提出建议。

2004 年 4 月 8 日，四川省通信管理局、中国电信四川公司、四川电信成都分公司、四川党政专用电信局联合成立党政专网体制调整领导小组。随后，按照四川专网剥离方案，在四川电信成都分公司党政专用局的基础上，将其通信资产和生产、办公场地剥离划转四川省专用通信局，共剥离生产和办公用房 3066.68 平方米、资产 3061.5372 万元。

6 月 2 日，省机构编制委员会批准成立四川省专用通信局，隶属四川省通信管理局，党组织关系在省委办公厅。内设综合办公室、计划财务处、规划建设处、运行维护处和业务管理处。

7 月 22 日，四川省专用通信局在成都金牛宾馆挂牌成立。该局系国内专用通信局在四川的分支机构，主要负责省内党政专用通信网的规划、建设和日常运行维护，其人员纳入地方编制，由省委办公厅、省通信管理局领导。8 月 6 日，向省机构编制委员会上报省专用通信局组建机构编制方案，省专用通信局升格为副厅级事业单位。

图 5－15　2004 年 7 月 22 日，四川省专用通信局挂牌成立

二、四川省长途通信传输局

1963 年，四川省长途电信线务总站成立。1973 年 4 月，四川省微波总站成立。

1989 年 12 月，省邮电管理局将四川省长途电信线务总站更名为四川省长途电信线路维护局，将四川省微波总站更名为四川省微波通信设备维护局。

1991 年 11 月，四川省长途电信线路维护局和四川省微波通信设备维护局分别更名为四川省长途线路局和四川省微波通信局。

2002 年 12 月 19 日，根据中国电信集团上市整体要求，四川电信改革长途传输维护管理体制，将四川省长途线路局与四川省微波通信局合并，成立四川省长途通信传输局，负责省内四川电信长途一、二级光缆干线，微波干线和卫星通信设施的维护、管理及长途电信传输任务。同时，按照精简、高效的原则对其下属机构进行整合，实行“省长途传输局—市（州）长途传输局”的内部两级管理体制。整合后，四川省长途通信传输局拥有固定资产 18.59 亿元，员工 2605 人（其中，在职员工 1278 人），辖成都、温江、雅安、宜宾、内江、泸州、绵阳、乐山、广元、达州、南充、西昌、马尔康、康定和攀枝花 15 个长途线路局，63 个长途线路分局，成都、南充、广元、自贡、达州 5 个卫星通信局、微波通信局和 40 个无人

图 5－16　2003 年 1 月 22 日，四川省长途通信传输局揭牌

微波站，1 个卫星地球站，维护国家一级微波干线和省内数字微波干线 9346 波道公里，开通微波电路 45540 条，提供卫星电路 3240 条，维护长途通信光缆及本地网光缆 23419 皮长公里。

2003 年 1 月 22 日，四川省长途通信传输局举行挂牌仪式。

三、四川机动通信局

1963 年，国家计委同意邮电部在四川兴建国际电台。1965 年 3 月，报经国家无线电管理委员会和国家计委批准，同意在四川省眉山县建设短波无线国际收、发信电台各 1 座，工程代号“6501”。3 月 20 日，四川省邮电管理局成立 6501 工程处暨四川国际电台。1966 年 6 月工程开工；1967 年末完成主体工程；1969 年末完成设备安装。发信系统由 25 部发信机、54 副天线和信号传递的控制室组成，将电报、电话、传真和广播等信号传送到世界各地。

1995 年 1 月，报经邮电部编委批准，省邮电管理局同意成立四川机动通信局，与四川国际电台实行一个机构、两块牌子的管理体制。6 月 20 日，四川机动通信局挂牌成立，是中国电信的 12 个大区机动通信局之一，主要为西南三省一区提供应急机动通信保障任务，能在任何地方、任何时间迅速快捷地组成包括有线电话、无线移动电话、长途无线传输系统在内的应急通信网络。

图 5－17　1995 年 6 月 20 日，四川机动通信局挂牌成立

四川国际电台的职能是：平时，由北京、上海遥控使用，加强对亚洲、非洲和拉丁美洲等地区的通信能力，增开国际通信和广播电路，抄收国内外新闻和气象广播，以适应国际通信和广播发展的需要。

四川机动通信局的职能是：平时，为西南地区的抢险救灾、应急通信、突发事件、重大国务和大型活动提供应急通信手段；为通信网的改造、延伸提供临时替代支撑和补充；为国家经济建设及社会各界提供通信服务，创造社会效益和经济效益。

2002 年，中国电信南北拆分后，四川机动通信局是中国电信 7 个大区机动通信局之一，为西南地区唯一的机动通信局。

2003 年 5 月 12 日，中国电信决定关闭湖北、四川、陕西和新疆短波国际电台。四川电信随之整合机动通信局业务、人员，撤销四川国际电台，保留四川机动通信局。四川机动通信局作为四川电信的直属单位，承担全省战备应急通信职责，保障党政军等重要部门抢险救灾指挥及重要活动、突发事件的应急通信。

2004 年 3 月，四川电信在四川机动通信局基础上成立闲置设备资源管理中心和 PHS 基站技术支援中心，与四川机动通信局为两块牌子、一套人员，负责全省闲置设备资源的清理集中、维护保养和整合调拨工作，以及全省 PHS 基站技术支撑工作。此后，四川机动通信局逐步成为四川电信应急通信保障基地。

四、四川省通信工程质量监督中心

1996年12月，四川省通信工程质量监督站成立。2002年4月23日，更名为四川省通信工程质量监督中心。在业务上接受信息产业部定额质监中心指导，行政上由四川省通信管理局领导，并独立于通信企业开展通信工程质量监督工作。主要负责：贯彻执行国家和信息产业部的有关法律法规，负责本行政区内通信工程质量监督工作及国家、跨省通信工程在本行政区内的具体监督工作，参与通信工程重大质量事故的调查和处理；负责办理与通信相关的各种企业及个人资质；负责本行政区内的通信工程招投标管理。办公地点在成都市文庙后街80号。

五、四川通信行业职业技能鉴定中心

1997年5月22日，四川省邮电通信职业技能鉴定中心成立。

1998年12月邮电分营时，按其属性划归邮政的由省邮政局管理；划归电信的，其隶属关系原则上维持不变，由省通信管理局进行宏观管理和业务指导。

2001年7月30日，省通信管理局决定组建四川通信行业职业技能鉴定中心，并成立筹备组。

2002年4月，省通信管理局组建四川通信行业职业技能鉴定中心，原四川省邮电通信职业技能鉴定中心注销。4月15日，四川通信行业职业技能鉴定中心正式成立，为正处级事业单位，业务上接受信息产业部通信行业职业技能鉴定指导中心指导，行政上由四川省通信管理局领导。主要负责：全省通信行业职业技能教育培训、职业技能鉴定、核发国家职业资格证书；承办职业技能开发研究项目和咨询服务；依法对用人单位执行职业资格证书情况进行监督检查。

第二节　学会组织

一、四川省通信学会

1980年5月，四川省通信学会成立。业务主管部门为省科学技术协会，登记管理机关为省民政厅，办事机构挂靠在四川省电信公司。1984年6月6—8日，学会第二次会员代表大会召开，选举学会第二届理事会。刘幼康任理事长，赵祖锡等5人任副理事长，魏国桢任秘书长（兼）。理事51人，其中常务理事18人。

1988年6月24—28日，学会第三次会员代表大会召开。张居平当选为学会第三届理事会理事长，魏国桢任常务副理事长，窦瑞华等6人任副理事长，弓惠霰任秘书长。理事65人，其中常务理事17人。

到1990年5月，省通信学会创建10年，在省内形成一个跨系统、跨行业、机构健全的组织网络。发展省级会员2244人，分布在全省邮电、电子、铁路、广播电视、交通、电力、气象、军队、公安、院校等140个系统和单位。省内有7个市（地）成立地方通信学会。学会设立学术、科普、组织、编辑、咨询和离退休会员6个工作委员会，以及有线、无线、电话交换和邮政等6个专业委员会。

1992年6月24—26日，学会第四次会员代表大会召开。张居平当选为学会第四届理事会理事长，王会卿任常务副理事长，王明东等8人任副理事长，弓惠霰任秘书长。理事75人，其中常务理

事33人。

1996年11月4—7日，学会第五次会员代表大会召开。王会卿当选为学会第五届理事会理事长，任有银等9人任副理事长，弓惠霞任秘书长。理事72人，其中常务理事30人。

2000年12月24—26日，学会第六次会员代表大会召开。张居平当选为学会第六届理事会理事长，孙康敏等10人任副理事长，孙荣任秘书长（兼）。理事106人，其中常务理事39人。

2002年5月，四川省通信学会正式挂靠省通信管理局。是年，组建新一届技术经济与管理专委会。

2004年初，学会六届六次常务理事扩大会议召开，审议通过四川电信赵俊达接替刘红建任学会副理事长等理事调整提案；评选、表彰6个单位和39名个人为2002—2003年度学会先进集体和先进工作者。组建新一届电话交换专业委员会。审批通过24名学会高级会员，并完成高级会员的重新登记，建立高级会员电子文档。

至2005年末，学会个人会员3108名（其中高级会员273名），单位会员160余个。会员涵盖电信运营企业，石油、电力等专用通信网，通信信息类高校、科研、工程设计施工、设备制造企业，以及邮政、广电、民航、气象等政府部门和企事业单位。

学会设有线通信、微波与卫星通信、移动通信、数据通信、邮政通信、电话交换、技术经济与管理和建筑智能化（通信工程）8个专业委员会，学术、科普、编辑、组织、咨询、离退休会员和高级会员评定7个工作委员会。学会主办有四川省通信学会网站和《通信与信息技术》（双月刊）杂志。

二、四川省通信行业协会

1997年10月8日，四川省通信行业协会成立，是省民政厅批准注册的全省非营利性社会团体，接受省民政厅监督管理。协会业务主管单位是省邮电管理局，接受其业务指导。主要任务是团结全省通信行业的相关企业、事业单位和学术团体，组织制定四川省通信行业的行约、行规，维护四川省通信行业整体利益。开展以本省为主，国内外为辅的通信科技学术研讨和学术交流；宣传和推广先进通信技术，组织通信技术交流和产品展览；普及通信科技知识，开展对科技人员的培训。促进四川省通信行业健康、有序发展，发挥通信行业对四川省社会、经济、文化发展和社会主义精神文明建设的积极推动作用。

图5－18　1997年10月8日，四川省通信行业协会成立

1998年，全省邮电行业实行邮电分营改革，省通信行业协会工作停滞。

2003年9月12日，泸州电信行业协会成立，是全省首个地方电信行业协会。

2004年9月，四川省通信行业协会恢复。省通信管理局承担其业务主管单位的职责，并对其组织机构、人员和章程等作相应的变更。会员单位有四川电信、四川移动、四川联通、四川铁通、四川网通和四川卫通六大运营企业。协会的宗旨是：依据国家有关法律、法规指导社会通信行业的工作；协调会员、行业、政府三者之间的关系；调动会员积极性，发挥会员的技术优势和管理优势；保护企业、经销商及消费者的利益，保护国家通信网的安全，为广大用户提供高质量、高效率的服务，为四川省通信事业的发展作出积极贡献。

三、四川省互联网协会

2001 年 8 月 23 日，四川省互联网协会筹备组成立大会暨第一届第一次会员大会在成都召开，省政府、省民政厅、省通信管理局等单位领导和首批 36 名协会会员出席。

9 月 27 日，四川省互联网协会成立。该协会是经省民政厅批准注册的全省非营利性社会团体，接受省民政厅监督管理，同时也是中国互联网协会的成员单位，并接受其业务指导。协会业务主管单位是省通信管理局，其主要任务是：团结全省互联网行业的相关企业、事业单位和学术团体，对内组织制定四川省互联网行业的行约、行规，维护四川省互联网行业整体利益，实现行业自律；协调企业、用户和政府主管部门的交流与沟通，向企业和用户宣传国家法律、法规和政策，提高全省互联网技术的应用水平和服务质量，保障国家、行业与用户的整体利益，普及网络知识，引导用户健康上网；对外代表四川省互联网界参与学术交流和有关技术标准的研究，促进四川省互联网行业健康、有序发展，发挥互联网对四川省社会、经济、文化发展和社会主义精神文明建设的积极推动作用。

四川省互联网协会有常务理事单位、理事单位、会员单位近百个，主要包括政府有关管理部门、基础运营企业、增值服务企业、科研教育、新闻媒体和其他有关单位。

四川省志·通信志

附　录

一、人物名录

（一）历届负责人

表附-1

组织机构	职　务	姓　名	任职时间
四川省邮电管理局	局　长	刘幼康	1983 年 2 月至 1986 年 12 月
		张居平	1988 年 9 月至 2000 年 7 月
	代局长	张居平	1986 年 12 月至 1988 年 9 月
	副局长	周光墉	1981 年 11 月至 1986 年 12 月
		任　杰	1983 年 2 月至 1986 年 1 月
		邓琴甫	1983 年 2 月至 1997 年 10 月
		张居平	1984 年 9 月至 1986 年 12 月
		黄以琳	1986 年 12 月至 1995 年 1 月
		王会卿	1986 年 12 月至 1996 年 10 月
		邓彦直	1988 年 11 月至 2000 年 7 月
		王华才	1993 年 9 月至 1998 年 12 月
		谢世勇	1994 年 2 月至 1996 年 10 月
		刘明光	1996 年 10 月至 1998 年 12 月
		孙康敏	1996 年 10 月至 2000 年 5 月
		李　华	1999 年 5—7 月
		刘红建	1999 年 5 月至 2000 年 7 月
	巡视员	刘幼康	1986 年 12 月至 1992 年 3 月
		任　杰	1985 年 1 月至 1986 年 1 月
		李士杰	1986 年 12 月至 1989 年 1 月
	助理巡视员	王会卿	1996 年 10 月至 2000 年 6 月
		谢世勇	1996 年 10 月至 1998 年 12 月
		高选铭	1996 年 10 月至 2000 年 11 月
	总工程师	周光墉	1986 年 12 月至 1989 年 8 月
		王会卿	1989 年 6 月至 1996 年 10 月（兼）

续表附-1

组织机构	职 务	姓 名	任职时间
中共四川省邮电管理局党组	书 记	刘幼康	1983 年 2 月至 1986 年 12 月
		张居平	1988 年 9 月至 2000 年 7 月
	副书记	任 杰	1983 年 2 月至 1986 年 1 月
		李士杰	1983 年 2 月至 1986 年 12 月
		张居平	1986 年 12 月至 1988 年 8 月
	成 员	黄以琳	1986 年 12 月至 1995 年 1 月
		邓琴甫	1986 年 12 月至 1997 年 10 月
		王会卿	1986 年 12 月至 1996 年 10 月
		邓彦直	1986 年 12 月至 1988 年 11 月
	政治部主任	李士杰	1983 年 2 月至 1986 年 12 月
		邓彦直	1986 年 12 月至 1988 年 11 月
	纪检组长	赖大禄	1992 年 4 月至 1998 年 12 月
		郭林军	1997 年 12 月至 1998 年 12 月
		杨寿成	1999 年 7 月至 2000 年 7 月
四川省通信管理局	局 长	孙康敏	2001 年 4—7 月（兼）
		邓琴甫	2001 年 7 月至 2004 年 5 月
		王 钢	2004 年 5 月至 2005 年 12 月
	副局长	林 海	2001 年 3 月至 2005 年 12 月
		林建祥	2004 年 5 月至 2005 年 12 月
中共四川省通信管理局党组	书 记	邓琴甫	2001 年 7 月至 2004 年 5 月
		王 钢	2004 年 5 月至 2005 年 12 月
	成 员	林 海	2004 年 5 月至 2005 年 12 月
		林建祥	2004 年 5 月至 2005 年 12 月
		蒋晓龙	2004 年 5 月至 2005 年 12 月
	纪检组长	林 海	2002 年 6 月至 2004 年 10 月（兼）
		林建祥	2004 年 10 月至 2005 年 12 月（兼）
中国电信集团四川省电信公司	总经理	裴爱华	2000 年 7 月至 2001 年 7 月
		孙康敏	2001 年 7 月至 2004 年 1 月
	董 事	靳华勇	2003 年 12 月至 2004 年 1 月
		赵俊达	2003 年 12 月至 2005 年 12 月
	副总经理	邓彦直	2000 年 7 月至 2002 年 5 月
		刘红建	2000 年 7 月至 2003 年 12 月
		杨国光	2000 年 7 月至 2004 年 1 月
		席敦厚	2001 年 7 月至 2004 年 1 月
		赵俊达	2003 年 12 月至 2004 年 1 月
		靳华勇	2003 年 12 月至 2004 年 1 月

续表附-1

组织机构	职务	姓名	任职时间
四川省电信有限公司	董事长	刘红建	2004年6月至2005年12月
	总经理	孙康敏	2004年1—6月
		刘红建	2004年6月至2005年12月
	董事	靳华勇	2004年1月至2005年12月
		赵俊达	2005年1—12月
	副总经理	杨国光	2004年1月至2005年12月
		席敦厚	2004年1月至2005年12月
		赵俊达	2004年1月至2005年12月
		靳华勇	2004年1月至2005年12月
中共中国电信集团四川省电信公司党组	书记	张居平	2000年7月至2001年3月
		裴爱华	2001年3—7月
		孙康敏	2001年7月至2004年1月
	副书记	裴爱华	2000年7月至2001年3月
	成员	邓彦直	2000年7月至2002年5月
		刘红建	2000年7月至2004年1月
		杨国光	2000年7月至2004年1月
		杨寿成	2000年7月至2001年7月
		席敦厚	2001年7月至2004年1月
	纪检组长	杨寿成	2000年7月至2001年7月
		席敦厚	2001年7月至2004年1月
中共四川省电信有限公司党组	书记	孙康敏	2004年1—6月
		刘红建	2004年6月至2005年12月
	成员	刘红建	2004年1月至2005年12月
		杨国光	2004年1月至2005年12月
		席敦厚	2004年1月至2005年12月
	纪检组长	席敦厚	2004年1月至2005年12月
中国电信集团工会四川省委员会	工会主席	杨寿成	2000年7月至2001年7月
		杨国光	2001年7月至2005年12月
四川移动通信有限责任公司	董事长	李华	2002年7月至2005年12月
	总经理	李华	1999年7月至2005年12月
	董事	吴大卫	2002年7月至2005年10月
		陈炳澜	2002年7月至2005年12月
		朱大荪	2002年7月至2005年7月
		尹显智	2003年3月至2005年12月
		郭正平	2005年11—12月
		邓泽明	2005年11—12月

续表附－1

组织机构	职　务	姓　名	任职时间
四川移动通信有限责任公司	副总经理	吴大卫	1999 年 7 月至 2005 年 10 月
		赵俊达	1999 年 7 月至 2000 年 11 月
		冯思翊	2000 年 8 月至 2002 年 7 月
		陈炳澜	2000 年 12 月至 2005 年 12 月
		朱大荪	2000 年 12 月至 2005 年 7 月
		郭正平	2005 年 11—12 月
	巡视员	胡元凯	1999 年 7 月至 2002 年 4 月
中共四川移动通信有限责任公司党组	书　记	李　华	1999 年 7 月至 2000 年 4 月
		邓琴甫	2000 年 4 月至 2001 年 10 月
		李　华	2001 年 10 月至 2005 年 12 月
	成　员	吴大卫	1999 年 7 月至 2005 年 10 月
		赵俊达	1999 年 7 月至 2000 年 11 月
		李　华	2000 年 4 月至 2001 年 10 月
		冯思翊	2000 年 8 月至 2005 年 12 月
		陈炳澜	2000 年 12 月至 2005 年 12 月
		朱大荪	2000 年 12 月至 2005 年 7 月
		尹显智	2003 年 3 月至 2005 年 12 月
		郭正平	2005 年 11—12 月
		邓泽明	2005 年 11—12 月
	纪检组长	冯思翊	2000 年 8 月至 2002 年 7 月
		邓泽明	2005 年 11—12 月
	工会主席	冯思翊	2000 年 8 月至 2002 年 7 月
		邓泽明	2005 年 11—12 月
中国联合网络通信有限公司四川分公司	总经理	江力征	1996 年 2 月至 2000 年 12 月
		童晓渝	2000 年 12 月 2005 年 6 月
		杨惠恒	2005 年 6—12 月
	副总经理	刘　健	1996 年 2 月至 2005 年 12 月
		童晓渝	1996 年 2 月至 2000 年 12 月
中国网通集团四川省通信股份有限公司	总经理	牟　俊	2002 年 11 月至 2005 年 12 月
	副总经理	王胜明	2002 年 11 月至 2005 年 12 月
		朱明智	2002 年 11 月至 2005 年 12 月
		贾　敏	2004 年 10 月至 2005 年 12 月
中共中国网络通信集团公司四川省分公司党组	书　记	牟　俊	2003 年 6 月至 2005 年 12 月
	成　员	王胜明	2003 年 6 月至 2005 年 12 月
		朱明智	2003 年 6 月至 2005 年 12 月
		贾　敏	2004 年 10 月至 2005 年 12 月
	纪检组长	王胜明	2003 年 6 月至 2005 年 12 月（兼）

（二）先进个人与集体

1986—2005年四川省通信行业获得省、部级以上表彰先进个人统计表

表附－2

姓 名	单 位	荣誉名称	授奖单位	获奖时间
黄以琳	成都市电信局	全国立志改革者	全国总工会	1986年4月
		全国五一劳动奖章	全国总工会	1986年4月
		全国优秀共产党员	中共中央组织部	1986年12月
安 秋	甘孜州邮电局	全国优秀共产党员	中共中央组织部	1986年12月
林 霖	四川省邮电学校	全国邮电教育先进工作者	邮电部、邮电工会全委会	1986年9月
杨锐东	邮电部成都电缆厂	全国邮电工业劳动模范	邮电部	1986年11月
姚关林	邮电部眉山通信设备厂	全国邮电工业劳动模范	邮电部	1986年11月
冉瑞兴	邮电部重庆通信设备厂	全国邮电工业劳动模范	邮电部	1986年11月
毛志宽	乐山市邮电局	全国五一劳动奖章	全国总工会	1987年4月
朱志平	宜宾县邮电局	全国农村邮电职工业务多面手知识竞赛一等奖	中国邮电工会、邮电部	1987年4月
罗尽尧	荥经县冯家坝邮电支局	全国农村邮电职工业务多面手知识竞赛三等奖	中国邮电工会、邮电部	1987年4月
黄世桂	邮电部成都电缆厂	第二次全国工业普查部级“工业普查先进个人”	邮电部工业普查办公室	1987年8月
李长院	四川邮电交换设备厂	第二次全国工业普查部级“工业普查先进个人”	邮电部工业普查办公室	1987年8月
刘盛芝	四川省邮电管理局工业普查办公室	第二次全国工业普查省级“工业普查先进个人”	国务院工业普查办公室	1987年8月
黄朝玉	四川省邮电管理局工业普查办公室	第二次全国工业普查省级“工业普查先进个人”	国务院工业普查办公室	1987年8月
赵祥岩	四川省邮电器材厂	全国五一劳动奖章	全国总工会	1988年5月
		全国优秀经营管理者	全国总工会	1988年5月
姚宝纪	邮电部眉山通信设备厂	全国优秀工会工作者	全国总工会	1988年5月
		全国五一劳动奖章	全国总工会	1988年5月
刘子才	攀枝花市邮电局务本邮电所	全国邮电劳模	中国邮电工会	1988年5月
陈定华	资中县邮电局	全国劳动模范	国务院	1989年
李堂明	四川省邮电管理局	四川省劳动模范	四川省政府	1989年
翁 须	甘孜县邮电局	四川省劳动模范	四川省政府	1989年
张渝强	成都市电信局	四川省劳动模范	四川省政府	1989年
杨必芳	重庆市电信局	四川省劳动模范	四川省政府	1989年

续表附－2

姓　名	单　　位	荣誉名称	授奖单位	获奖时间
高仕德	乐山市邮电局	四川省劳动模范	四川省政府	1989 年
黄贞骏	宜宾地区邮电局	四川省劳动模范	四川省政府	1990 年
李诗庆	成都市电信局	四川省劳动模范	中共四川省委、省政府	1990 年
申立先	巴县邮电局一品邮电支局	全国五一劳动奖章	全国总工会	1990 年 4 月
陈永定	达县地区邮电局审计科	先进审计工作者	邮电部	1990 年 4 月
钱福先	邮电部第五研究所	国家优秀中青年科技专家	人事部	1990 年 7 月
苏克昌	邮电部第五研究所	国家优秀中青年科技专家	人事部	1990 年 7 月
崔　松	成都市电信局	全国邮电市话服务标兵	邮电部	1990 年 9 月
黄贞骏	宜宾地区邮电局	全国先进会计工作者	财政部、人事部	1991 年 2 月
付世伦	涪陵地区邮电局	1990 年度全国合理化建议先进积极分子	全国总工会、国家计委	1991 年 3 月
申立先	巴县邮电局一品邮电支局	全国邮电劳动模范	邮电部	1991 年 4 月
黄允祺	四川省邮电器材厂	全国五一劳动奖章	全国总工会	1991 年 4 月
黄贞骏	宜宾地区邮电局	全国邮电先进会计工作者	邮电部	1991 年 6 月
秦永贵	万县地区邮电局	全国邮电先进会计工作者	邮电部	1991 年 6 月
胡隆玉	内江市邮电局	全国邮电先进会计工作者	邮电部	1991 年 6 月
范　进	邮电部成都电缆厂	全国邮电先进会计工作者	邮电部	1991 年 6 月
梁承烈	剑阁县邮电局	全国邮电劳动模范	邮电部	1991 年
徐兴竹	米易县邮电局	全国邮电劳动模范	邮电部	1991 年 4 月
罗家振	自贡市邮电局	全国邮电劳动模范	邮电部	1991 年 4 月
喻宝琼	重庆市电信局	全国邮电劳动模范	邮电部	1991 年 4 月
唐均凡	绵阳市邮电局	全国邮电劳动模范	邮电部	1991 年 4 月
胡志文	泸县邮电局	全国邮电劳动模范	邮电部	1991 年 4 月
吕志英	开县邮电局	全国邮电劳动模范	邮电部	1991 年 4 月
杨昌模	四川省长途电信线路维护局冕宁线务段	全国邮电劳动模范	邮电部	1991 年 4 月
谭炳祥	内江市邮电局	全国邮电劳动模范	邮电部	1991 年 4 月
罗尽尧	荥经县邮电局	全国邮电劳动模范	邮电部	1991 年 4 月
张映升	凉山州邮电技校	全国邮电劳动模范	邮电部	1991 年 4 月
郑世明	成都市电信局	全国邮电劳动模范	邮电部	1991 年
王德荣	涪陵地区邮电局	全国五一劳动奖章	全国总工会	1992 年 4 月
魏绍松	北川县邮电局	全国五一劳动奖章	全国总工会	1993 年
魏智清	四川省邮电科研所	部级有突出贡献技术专家	邮电部	1993 年
郭小兵	成都市电信局	四川省劳动模范	四川省政府	1995 年
李指南	绵阳市邮电局	四川省劳动模范	四川省政府	1995 年

续表附-2

姓 名	单　　位	荣誉名称	授奖单位	获奖时间
徐　斌	绵阳市邮电局电信分局	四川省劳动模范	四川省政府	1995 年
晏良杰	达川长途线路局	四川省劳动模范	四川省政府	1995 年
张成武	南充市邮电局	四川省劳动模范	四川省政府	1995 年
何廷昌	重庆市电信局	四川省劳动模范	四川省政府	1995 年
李毅棋	重庆市电信局	四川省劳动模范	四川省政府	1995 年
辜志忠	成都市电信局	全国邮电优质服务标兵	邮电部	1995 年 3 月
赵元健	重庆市巴南区邮电局	全国邮电通信企业优秀管理工作者	邮电部	1996 年 6 月
李指南	绵阳市邮电局	全国邮电通信企业优秀管理工作者	邮电部	1996 年 6 月
柴昌健	遂宁市邮电局	全国邮电通信企业优秀管理工作者	邮电部	1996 年 6 月
管　露	成都市电信局	全国邮电劳动模范	邮电部	1996 年 12 月
张　伟	重庆市江北区邮电局投递员	全国邮电劳动模范	邮电部	1996 年 12 月
何亚东	重庆市电信局	全国邮电劳动模范	邮电部	1996 年 12 月
张　杰	乐山市邮电局市话分局	全国邮电劳动模范	邮电部	1996 年 12 月
梁自述	广汉市邮电局	全国邮电劳动模范	邮电部	1996 年 12 月
陶德松	射洪县邮电局	全国邮电劳动模范	邮电部	1996 年 12 月
程绍忠（土家族）	黔江地区邮电局乡邮员	全国邮电劳动模范	邮电部	1996 年 12 月
邱长勇（藏族）	甘孜长途线路局理塘分局	全国邮电劳动模范	邮电部	1996 年 12 月
刘　毅	四川省邮电学校	全国邮电劳动模范	邮电部	1996 年 12 月
柴昌建	遂宁市邮电局	全国五一劳动奖章	全国总工会	1996 年
司徒刚	成都市电信局营业厅	全国五一劳动奖章	全国总工会	1997 年
廖振安	德阳市邮电局	全国政研会工作奖	邮电部	1998 年
袁亚琼	乐山市电信局营业厅	1996—1997 年度全国邮电部门优质标兵	邮电部	1998 年 3 月
张成武	南充市邮电局	全国五一劳动奖章	全国总工会	1998 年 4 月
杨开明	华蓥市邮电局	全国五一劳动奖章	全国总工会	1998 年 4 月
邱长勇（藏族）	甘孜长途线路局理塘分局	全国劳动模范	国务院	2000 年
		四川省劳动模范	四川省政府	2000 年
李从新	广安市电信局	四川省劳动模范	四川省政府	2000 年
刘　杲	成都市电信局网管班	四川省劳动模范	四川省政府	2000 年
罗劲光	泸州市电信局市场部	四川省劳动模范	四川省政府	2000 年
向　阳	四川移动通信局	四川省劳动模范	四川省政府	2000 年
吴德占	广元市电信局	四川省十大杰出技术能手	中共四川省委、省政府	2000 年 4 月
袁亚琼	乐山市电信局营业厅	四川省劳动模范	四川省政府	2000 年

续表附-2

姓 名	单 位	荣誉名称	授奖单位	获奖时间
廖伯勋	四川移动通信公司企业发展部	国务院政府特殊津贴	国务院	2000 年
吴德占	四川电信广元分公司运行维护部	全国五一劳动奖章	全国总工会	2001 年
王 钢	四川电信成都分公司	四川省优秀党务工作者	中共四川省委	2001 年 6 月
孙载旻	四川电信成都分公司	全国五一劳动奖章	全国总工会	2002 年 4 月
刘国锋	四川移动通信公司市场部	全国五一劳动奖章	全国总工会	2002 年 4 月
米银军	四川省通信公司遂宁市分公司	四川省青年五四奖章	中共四川省委组织部、共青团四川省委、四川省青年联合会	2003 年
皮祖玲	四川电信攀枝花分公司	全国五一劳动奖章	全国总工会	2003 年
靳华勇	四川电信泸州分公司	全国信息产业系统劳动模范	信息产业部	2003 年
韦 丽	四川电信德阳分公司	全国信息产业系统劳动模范	信息产业部	2003 年
张中文	中国电信四川公司网络发展部	全国信息产业系统劳动模范	信息产业部	2003 年
曾小平	中国铁通四川分公司	铁通集团公司营销状元	铁通集团公司	2003 年
		全国信息产业系统劳动模范	信息产业部	2003 年
		火车头奖章	中华全国铁路总工会	2003 年
吴大卫	中国移动四川公司	全国信息产业系统劳动模范	信息产业部	2003 年 2 月
白小燕	中国移动四川成都分公司	全国五一劳动奖章	全国总工会	2003 年 5 月
孙康敏	中国电信四川公司	全国优秀工会积极分子	全国总工会	2003 年 9 月
		全国五一劳动奖章	全国总工会	2004 年
		四川省优秀创业企业家	四川省企业联合会	2004 年 4 月
周述冬	中国移动四川阿坝分公司	全国五一劳动奖章	全国总工会	2004 年 4 月
陈 露	中国移动四川成都分公司	中央企业劳动模范	信息产业部	2004 年 9 月
张 斌	四川电信阿坝分公司	中央企业劳动模范	国务院国资委	2004 年
朱 明	中国移动四川眉山分公司洪雅县营业部	四川省劳动模范	四川省政府	2005 年 4 月
李忠明	中国移动四川德阳分公司维护部传输组	四川省劳动模范	四川省政府	2005 年 4 月
王荣浒	中国移动四川凉山分公司	四川省劳动模范	四川省政府	2005 年 4 月
王继贤	中国移动四川成都分公司	四川省劳动模范	四川省政府	2005 年 4 月
阎志强	中国移动四川南充分公司	四川省劳动模范	四川省政府	2005 年 4 月
杨建新	中国移动四川内江分公司	四川省劳动模范	四川省政府	2005 年 4 月
邹 亮	阿坝长途通信传输局	全国劳动模范	国务院	2005 年
李强成	四川电信广安分公司	四川省劳动模范	四川省政府	2005 年

续表附－2

姓 名	单 位	荣誉名称	授奖单位	获奖时间
苏 歆	四川电信成都分公司	四川省劳动模范	四川省政府	2005 年
徐永丽	四川电信乐山分公司	四川省劳动模范	四川省政府	2005 年
周 宁	四川通信建设工程有限公司	四川省劳动模范	四川省政府	2005 年
曾小平	中国铁通四川分公司	四川省五一劳动奖章	四川省总工会	2005 年

1986—2005 年四川省通信行业获得省、部级以上表彰先进集体统计表

表附－3

单位名称	荣誉称号	授奖单位	授奖时间
成都市电信局	全国邮电先进企业	邮电部	1986 年 1 月
南充地区邮电局	国家质量管理奖	国家经济委员会、中国质量管理协会	1986 年 2 月
成都市电信局	质量管理奖	邮电部	1986 年 12 月
	全国优秀政工企业	全国总工会	1986 年
邮电部眉山通信设备厂	全国六五技术进步先进企业	国家经委	1987 年 1 月
成都市电信局	全国职工思想政治工作先进企业	中共中央宣传部、国家经委、全国总工会	1987 年 2 月
	全国五一劳动奖状	全国总工会	1987 年 4 月
	1986 年度四川省节能先进企业	四川省政府	1987 年 5 月
邮电部成都电缆厂	第二次全国工业普查部级“工业普查先进单位”	邮电部工业普查办公室	1987 年 8 月
四川省邮电管理局	第二次全国工业普查省级“工业普查先进单位”	国务院工业普查办公室	1987 年 8 月
乐山市邮电局	第一次全国通信企业普查先进单位	邮电部	1987 年 8 月
甘孜州邮电局	第一次全国通信企业普查先进单位	邮电部	1987 年 8 月
成都电信局	第一次全国通信企业普查先进单位	邮电部	1987 年 8 月
灌县邮电局	第一次全国通信企业普查先进单位	邮电部	197 年 8 月
四川省邮电管理局计算（量）站	第一次全国通信企业普查先进单位	邮电部	1987 年 8 月
攀枝花市邮电局	1987 年全国职工法律知识竞赛组织奖	全国职工法律知识竞赛组织委员会	1987 年 10 月
成都市署袜街北一街支局营业跨班组 QC 小组	全国优秀质量管理小组	中国科协、全国总工会、共青团中央和中国质协命	1987 年 11 月
成都市电信局	省级文明单位	中共四川省委、省政府	1987 年

续表附-3

单位名称	荣誉称号	授奖单位	授奖时间
重庆市电信局	1987 年度质量管理奖	邮电部	1988 年 6 月
邮电部成都电缆厂	1987 年度质量管理奖	邮电部	1988 年 6 月
成都市电信局	1987 年度省级先进企业	四川省政府	1988 年 10 月
内江市邮电局	四川省先进企业	四川省政府	1989 年
攀枝花邮电局	四川省先进企业	四川省政府	1989 年
达川地区邮电局	四川省先进企业	四川省政府	1989 年
南充地区邮电局	四川省先进企业	四川省政府	1989 年
涪陵地区邮电局	四川省先进企业	四川省政府	1989 年
蓬安县邮电局	四川省先进企业	四川省政府	1989 年
南充县邮电局	四川省先进企业	四川省政府	1989 年
四川省邮电器材厂	四川省先进企业	四川省政府	1989 年
	国家二级企业	国家计委	1990 年 12 月
	省级文明单位	中共四川省委、省政府	1990 年 12 月
乐山市邮电局	省级文明单位	中共四川省委、省政府	1990 年
四川省邮电器材总公司	省级文明单位	中共四川省委、省政府	1990 年
邮电部成都电缆厂	全国十佳企业	中国企业管理协会	1990 年
涪陵地区邮电局	档案管理国家二级企业	邮电部	1990 年 4 月
邮电部成都电缆厂	全国五一劳动奖状	全国总工会	1990 年
	第三届“全国设备管理优秀单位”	国家计委	1990 年 5 月
南充地区邮电局	1989 年度“四川省省级先进企业”	四川省政府	1990 年 10 月
蓬安县邮电局	1989 年度“四川省省级先进企业”	四川省政府	1990 年 10 月
南充地区邮电局	1990 年度国家质量管理奖	国家质量管理奖审定委员会	1990 年 9 月
达县地区邮电局	1989 年度全国邮电审计工作先进单位	邮电部	1990 年 4 月
四川省邮电管理局	全国邮电职工教育先进单位	邮电部	1991 年 9 月
南充地区邮电局	全国邮电职工教育先进单位	邮电部	1991 年 9 月
重庆市电信局	全国邮电职工教育先进单位	邮电部	1991 年 9 月
广元市邮电局	全国防洪先进集体	国家防洪总指挥部	1991 年 10 月
成都市电信局	全国邮电先进企业	邮电部	1991 年
乐山市邮电局	全国邮电先进企业	邮电部	1991 年
成都市电信局	全国邮电先进企业	邮电部	1991 年 4 月
乐山市邮电局	全国邮电先进企业	邮电部	1991 年 4 月
巴县一品邮电支局	全国邮电先进集体	邮电部	1991 年 4 月

续表附-3

单位名称	荣誉称号	授奖单位	授奖时间
德阳市邮电局城市投递组	全国邮电先进集体	邮电部	1991 年 4 月
蓬溪县玉峰邮电支局	全国邮电先进集体	邮电部	1991 年 4 月
德阳市邮电局	省级文明单位	中共四川省委、省政府	1991 年 5 月
达县地区邮电局计划财务科	全国邮电先进财会工作集体	邮电部	1991 年 6 月
四川省邮电管理局经营财务处	全国邮电先进财会工作集体	邮电部	1991 年 6 月
重庆市邮电局计划财务处	全国邮电先进财会工作集体	邮电部	1991 年 6 月
邮电部眉山通信设备厂财务处	全国邮电先进财会工作集体	邮电部	1991 年 6 月
四川省邮电管理局	全国邮电职工教育先进单位	邮电部、全国邮电工会	1991 年 9 月
南充地区邮电局	全国邮电职工教育先进单位	邮电部、全国邮电工会	1991 年 9 月
重庆市电信局	全国邮电职工教育先进单位	邮电部、全国邮电工会	1991 年 9 月
南充县邮电局	省级先进企业	四川省政府	1991 年 10 月
邮电部成都电缆厂	1991 年全国电视电缆质量评比全系统总分第一名	机械电子部	1991 年 11 月
南充县邮电局	四川省质量管理奖	四川省政府	1992 年 4 月
四川省通信学会	第二届金牛奖	中国科协	1992 年
中共四川省邮电管理局党组	开展“四好”活动成效显著的部门领导班子	中共四川省委	1994 年 6 月
	“四好”领导班子	中共四川省委	1995 年 6 月
成都市电信局人民东路营业厅	全国青年文明号	共青团中央、邮电部	1995 年
重庆市电信局	四川省先进企业	四川省政府	1995 年
绵阳市邮电局	四川省先进企业	四川省政府	1995 年
中共四川省邮电管理局党组	开展“四好”活动成效显著的部门领导班子	中共四川省委	1996 年 6 月
双流县邮电局	全国邮电先进集体	邮电部	1996 年 12 月
成都市电信局东城分局查修一班	全国邮电先进集体	邮电部	1996 年 12 月
南充市邮电局邮电综合营业厅	全国邮电先进集体	邮电部	1996 年 12 月
广元市邮电局宝轮支局	全国邮电先进集体	邮电部	1996 年 12 月
四川省邮电管理局	全国青年文明号创建先进组织单位	共青团中央、邮电部	1996 年
中共四川省邮电管理局党组	“四好”活动成效显著的部门的领导班子	中共四川省委	1997 年 6 月

续表附－3

单位名称	荣誉称号	授奖单位	授奖时间
南充市邮电局邮电营业厅	全国青年文明号	共青团中央、邮电部	1997 年
重庆市电信局 186 信息台	全国青年文明号	共青团中央、邮电部	1997 年
南充市邮电局电信营业厅	电信营业服务规范化先进单位	邮电部电信总局	1998 年 3 月
乐山市邮电局电信营销中心	全国五一劳动奖状	全国总工会	1998 年 4 月
南充市邮电局邮电综合营业厅	1996—1997 年度全国邮电树创先进集体	邮电部	1998 年 3 月
成都市电信局营业分局人民东路电信营业厅	1996—1997 年度全国邮电树创先进集体	邮电部	1998 年 3 月
德阳市邮电局电信城	1996—1997 年度全国邮电树创先进集体	邮电部	1998 年 3 月
绵阳市邮电局线路维护中心	1996—1997 年度全国邮电树创先进集体	邮电部	1998 年 3 月
中共四川省邮电管理局党组	“四好”活动成效显著的部门领导班子	中共四川省委	1998 年 6 月
成都市电信局人民东路营业厅	全国创建文明行业工作先进单位	中央文明委	1999 年 9 月
成都市电信局	四川省先进单位	四川省政府	2000 年 4 月
眉山地区电信局	四川省先进单位	四川省政府	2000 年 4 月
四川电信成都分公司电信商城	全国青年文明号	共青团中央、信息产业部	2001 年 6 月
中国移动四川公司	全国客户满意企业	中国质量管理协会	2001 年 10 月
四川联通客户服务中心	全国“十佳客服中心”	中国联合网络通信网络有限公司	2002 年
四川联通寻呼中心	全国“十佳寻呼中心”	中国联合网络通信网络有限公司	2002 年
中国移动四川公司	2002 年度四川百名诚信纳税人	四川省国家税务局	2002 年
	省级纳税大户	四川省国家税务局	2002 年
	2001 年度中国移动通信集团公司营业窗口考核评比第一名	中国移动通信集团公司	2002 年
四川联通成都分公司科华北路营业厅	全国“十佳标准营业厅”	中国联合网络通信网络有限公司	2002 年
中国电信四川公司	中央企业厂务公开先进单位	中央企业工委	2003 年 1 月
	全国五一劳动奖状	全国总工会	2003 年 4 月
	四川省人才开发先进单位	中共四川省委、省政府	2003 年 8 月
四川电信成都分公司	全国模范职工之家（保持 20 年）	全国总工会	2003 年 9 月

续表附-3

单位名称	荣誉称号	授奖单位	授奖时间
四川电信内江分公司工会	全国模范职工之家	全国总工会	2003 年 9 月
四川电信遂宁分公司	全国模范职工之家	全国总工会	2003 年 9 月
四川电信成都分公司	全国信息产业系统先进集体	信息产业部	2004 年 1 月
四川电信绵阳分公司	全国信息产业系统先进集体	信息产业部	2004 年 1 月
四川电信宣汉分公司	全国信息产业系统先进集体	信息产业部	2004 年 1 月
四川电信成都分公司	全国五一劳动奖状	全国总工会	2004 年 4 月
中国电信四川公司	省级文明行业	中共四川省委、省政府	2004 年 10 月
中国电信四川公司综合办公室	2004 年四川省科技进步三等奖	四川省政府	2004 年 10 月
中国电信四川公司工会	全国模范职工之家	中华全国总工会	2005 年 4 月
中国移动四川公司	全国促进民族团结进步模范集体	国务院	2005 年 5 月
	全国“安康杯”优胜企业（连续 3 次）	全国总工会、国家安全生产监督管理总局	2005 年 6 月
	全国五一劳动奖状	全国总工会	2005 年 9 月
	三州农村（乡镇）移动通信扶贫工程集体一等功	中共四川省委、省政府	2005 年 12 月
	中国移动通信村村通电话工程突出贡献一等奖	中国移动通信集团公司	2005 年 12 月
	交通战备先进单位	成都军区	2005 年
四川电信宜宾分公司	全国文明单位	中央文明委	2005 年 10 月
四川电信成都分公司	全国精神文明建设工作先进单位	中央文明委	2005 年 10 月
四川电信南充分公司	全国精神文明建设工作先进单位	中央文明委	2005 年 10 月
四川电信泸州分公司	全国精神文明建设工作先进单位	中央文明委	2005 年 10 月
四川电信乐山分公司	全国精神文明建设工作先进单位	中央文明委	2005 年 10 月
	中央企业“四五”普法先进单位	国务院国资委	2005 年 12 月
中国铁通乐山分公司	全国用户满意企业	中国质量协会	2005 年
中国铁通成都分公司运维部	全国优秀 QC 小组	中国通信协会	2005 年
中国铁通四川分公司网管中心数据室	优秀 QC 小组	信息产业部	2005 年

二、大 事 记

1986 年

1 月 5 日 四川省人民政府省长蒋民宽、副省长马麟与邮电部副部长宋直元就发展四川邮电通信问题交换意见。

1 月 四川省第十九次邮电工作会议提出:“为了适应全省‘富民’‘升位’的需要,必须加快全省邮电建设。”

3 月 经四川省人民政府批准,全省实行新的农村电话资费标准。

4 月 23—28 日 邮电部第四次农村通信技术交流会在成都市召开。全国 29 个省(市、自治区)的邮电科研、生产和使用单位的 124 名代表参会。

7 月 10 日 成都市电信局获得国家颁发的“计量合格证”,成为全国邮电行业中第一家取得二级计量合格的通信企业。

7 月 25 日 乐山市邮电局新安装的纵横制 3000 门自动电话交换机开通,其市话交换机一次性开通容量,除成都市、重庆市以外,居全省市(地、州)局之首。

10 月 5 日 四川省邮电管理局印发《实行局长负责制中一些具体问题的意见》的通知,全面推行局长负责制。

10 月 7—9 日 四川省邮电职工岗位技术业务竞赛举行,112 名选手参加 20 项比赛,决出 59 枚奖牌。

12 月 1 日 经四川省人民政府批准,调整市内电话初装费,全省各市(地)城市市内电话月租费按现行标准上浮 20%。

12 月 16 日 重庆市大坪至上清寺三次群(480 路电话)PCM 数字光纤通信系统正式并网开通使用,该工程是全国首次光纤三次群通信实验工程。

1987 年

1 月 5 日 长途全自动直拨电话在重庆市首次开通使用。

2 月 四川省邮电企业管理微机系统一期工程完工,实现邮电管理应用计算机进行数据处理。

3 月 21 日 四川省邮电管理局印发《四川省邮电通信企业实行经营责任制的办法》,决定是年起对各市(地、州)邮电局(含各直附属单位、各专业)实行多种形式的经营责任制。

3 月 成都市人民政府批转《成都市邮电通信建设发展规划》，提出要把成都市邮电通信项目纳入城市发展规划，列为城市基础设施项目。

5 月 25—29 日 邮电部第五研究所在国内首次研制成功的科研成果——60 路数模复用转换设备，在成都市通过邮电部邮电科研院鉴定。

6 月 20 日 重庆市大坪区市话 81 分局安装的 4000 门程控电话开通投入使用，标志重庆电信市话交换设备由机电制向程控制迈进。

6 月 30 日 四川省第一条国产化光系统的光通信线路——成都市电信局市话六分局至西郊分局的 5 公里市话中继光通信工程（第一期）试验成功。

7 月 19 日 四川省首次开展“农话业务宣传周”活动。

9 月 15 日 成都市电信局市话万门程控交换机母局（六分局）8000 门开通。

9 月 邮电部电信总局在吉林省召开全国农村电话维护工作座谈会，指定四川在会上介绍“三升级”的经验和作法。

12 月 21 日 国内容量最大、技术最先进的 BJC-256 路微机自动转报系统在成都市电信局投入试运行。

12 月 重庆上市销售 1000 门 450M 无线电话系统，四川无线电话业务开始起步。

1988 年

1 月 17 日 德阳市率先成为省内全部实现市内电话自动化的市（地、州）。

1 月 24 日 四川省人民政府省长蒋民宽在省七届人大第一次会议作《政府工作报告》时强调：尽力改善交通、通信等基础设施条件，邮电部门要着重抓好数据通信网的建成投产，加紧以成渝两市为重点的通信技术改造。副省长兼省计划委员会主任蒲海清作《关于四川省一九八八年国民经济和社会发展计划（草案）安排的报告》时强调，交通通信等重点建设是关系到为全省经济振兴打基础的大事。

2 月 1 日 成都市开办礼仪电报。

2 月 10 日 自贡市邮电局 7000 门程控电话交换工程开通运行。

3 月 16 日 成都—灌县（今都江堰市）34M 单模光缆开工建设，7 月 25 日投入运行，是四川省第一条用于长途通信的单模光缆。

3 月 20 日 邮电部决定投资 1650 万元，在四川省灌县桐梓园建设成都卫星通信地球站。9 月，开工建设。1991 年 6 月，通过竣工验收，并开通 120 条卫星电路。

5 月 11 日 四川省邮电科研所研制的明线超 12 路载波通信系统在成都通过邮电部鉴定。

5 月 17—24 日 重庆市电信局举办首届电信业务预订会，成交金额 1006 万元。

6 月 26 日 重庆市李家沱区开通 1000 门车载式自动电话交换机。至此，重庆有 7 个市话分局的交换设备全部实现自动化。

6 月 广汉市南兴镇在全省第一个开通乡镇级国内长途直拨电话。

8 月 1 日 经四川省人民政府批准，对全省长途电话、电报、给据邮件、印刷品等业务加收邮电建设附加费。

8月 四川省邮电管理局提出“七五”建设调整意见和“八五”“九五”发展初步设想等一揽子规划。

是年末 全国第一个由地方集资兴建的微波数据通信网——四川省八市（地）微波数据通信网工程建成。该工程于1986年9月26日动工，是四川省“七五”期间的重点工程之一，总投资7400余万元。

1989年

1月20日 峨眉山市始建全省第一个C 4（县级交换中心）本地通信网。

1月31日 四川省人民政府颁布实施《四川省保护通信线路设备暂行规定》。这是四川省制定的第一个保护通信的地方性行政法规。

2月下旬 四川省邮电管理局在全省第二十三次邮电工作会议上，提出全省邮电通信发展“搭骨架，通经络”的两步走战略。

3月15—23日 成都市电信局举行首届蓉城电信业务订货会，成交金额2211万元。

4月10日 重庆市引进5万门程控电话项目正式签约仪式在北京市瑞典驻中国大使馆举行。该项目是瑞典投入中国西部的第一个项目。

6月21日 邮电部决定成都市邮政局、成都市电信局实行计划单列。

9月15日 四川省规模最大的一次邮电经会基本功表演赛结束。此次比赛由省邮电管理局、省邮电工会、省邮电会计学会共同举办。29支代表队、138名选手参加5个项目的比赛。

10月17日 成都市首次在街头安装16座公用电话亭，使用投币式电话机，每次通话3分钟。

12月17日 四川省数据通信网一期工程通过邮电部竣工验收。该工程于1987年初开工，总投资7266万元，建成数字微波传输电路634公里，增加市内程控电话交换机2万门，装备长途自动交换机4630线，初步形成全省现代化通信网络骨架和模式。

12月20日 邮电部部长宋直元、四川省人民政府副省长马麟为省数据通信网一期工程竣工剪彩。

12月20—22日 四川省人民政府召开四川省第一次通信建设会议。会议讨论并通过《1989—2000年四川邮电通信发展纲要》，确立四川省通信建设“搭骨架、通经络”的发展战略和通信建设“分两步走”的工作设想。

1990年

1月14日 四川省人民政府办公厅印发《关于加强通信线路保护工作的通知》，四川省高级人民法院、四川省人民检察院和四川省公安厅印发《关于当前认真办理破坏通讯设备案件的通知》。

1月28日 四川省邮电企业管理微机系统二期工程通过验收。至此，全省形成以成都市为中心，辐射全省邮电企业省、地两级计算机网络，全省邮电企业管理开始步入现代化。

2月1日 成都市人民政府第三十五次常务会议审议通过《成都市保护和发展邮电通信暂行规定》，并于2月1日起施行。

3月 国务院秘书长罗干主持召开有国家计划委员会、邮电部、四川省人民政府、四川省邮电管理局等部门负责人参加的会议，研究四川省少数民族地区的通信问题。

4月20日 四川省17城市引进西班牙程控电话签字仪式在成都市举行。该项目引进西班牙西萨（ASESA）公司程控电话19.3万门，长途7560线，总投资4990万美元，是四川省利用西班牙政府混合贷款的引进项目，也是全国邮电系统最大的引进项目。

4月28日 简阳县养马邮电支局的自动电话进入全国长途直拨电话大网，成为四川省第一个进入全国自动大网的农村邮电支局。

5月17日 四川省举行纪念第22届世界电信日大会。中共四川省委副书记宋宝瑞、四川省人大常委会副主任刘西林、四川省人民政府副省长蒲海清等出席会议。

6月26日 四川省当时最长的一条光缆线路都江堰市—理县34Mbit/s长波长单模光缆正式割接投入使用，全省由此进入光纤通信新时代。

6月29日 乐山—五通桥—沙湾通信联网工程竣工，并通过省级鉴定。该工程是四川省建成的第一个数模混合本地电话网。

7月15日 成都市移动电话首期工程割接开通试运行，成都成为全省第一个建成900M模拟移动电话的城市。该工程投资1473万元。

10月28日凌晨 重庆市电信局市话81分局扩容的6000门S-1240程控电话交换机割接成功，重庆市建成第一个万门程控电话局。

11月17—21日 邮电部邮电科学研究所在成都市召开会议，对邮电部第五研究所研制的1920路（140Mb/s）光缆数字通信系统进行鉴定。该套系统的远距离供电设备、自动保护转换设备均为国内首次研制成功。

12月 汉渝微波通信干线改造工程竣工。该工程于1989年初动工，总投资9975.5万元，全长1053.5公里，新增长途电路1800路，模拟微波285公里。

1991年

1月20日 四川省邮电管理局决定在全省邮电企业统一实行线务员操作证。

2月1—4日 四川省第25次邮电工作会议召开。省邮电管理局局长张居平在工作报告中提出全省今后十年发展方针及“八五”计划，努力实现通信发展的第二步战略目标，即翻三番、增实力、打基础。

2月 西成渝微波通信干线通过初验，开始试运行。该工程于1990年9月动工，总投资7679万元，全长1036.6公里。

5月6—9日 四川省邮电部门文明单位建设经验交流会召开。全省有203家企业分别建成省、市（地、州）、县级文明单位。

5 月 17 日 成都市电信局举行移动电话首期工程最终验收及二期扩容签字仪式，成都市无线移动电话系统正式进入全国大网。

7 月上旬 康定县电信枢纽暨 1000 门自动电话工程通过验收，投入使用。至此，全省 21 个市（地、州）所在地全部实现电话自动化。

7 月 20 日 绵阳市青义区 300 门程控自动电话正式开通，成为四川省第一个实现长市农联网全自动双向通信的乡（镇）。

9 月 14 日 四川省计划经济委员会、四川省邮电管理局、四川省统计局主持召开四川省第一次专用电信网年报统计工作会议。

10 月 17—19 日 四川省通信学会、四川省邮电会计学会和四川省农村电话局在广汉市召开全省首届农村电话经营研讨会。

12 月 16 日 巴中县人民政府牵头，南江、仪陇、南部、盐亭、三台、中江和金堂 8 个县人民政府联合上书邮电部和国家计划委员会，要求将正在勘测的西（安）成（都）光纤通信干线通过这 8 个人民政府所在县。

12 月 27 日 都江堰市正式开通国际直拨电话，成为四川省第一个直接进入国际长途网的县（市）。

12 月 31 日 成都市开通四川省第一部磁卡电话，首批安装磁卡电话 29 部。

12 月 渝筑昆微波通信干线改造工程竣工并投入使用。该工程于 6 月开工，全长 850 公里，投资 1724 万元。

1992 年

1 月 28 日 四川省首个中文数字兼容的无线寻呼系统在德阳市开通。

2 月 28 日 邮电部调整重庆市邮电管理体制，撤销重庆市邮电局，成立重庆市邮政局和重庆市电信局。

4 月 9 日 广元市 8000 门程控电话工程交接仪式在广元市邮电局举行。至此，广元市成为四川省第二期数据通信网 20 万门程控电话工程正式投入运行的第一家。

4 月 24 日零时 成都市电信局和上海电报局、石家庄市电信局共同研制、推广应用 64 路计算机自动转报系统，在成都市正式投入电报通信生产，实现电报转报自动化。

6 月 30 日凌晨 成都市电信局市中区 3 万门市内程控电话全部割接开通，原市内“2”字头机电式电话全部改为程控。至此，成都市内电话交换机总容量 15 万门，居中国西部之首。

7 月 14 日 成都市电信局与瑞典爱立信公司签订引进全自动无线寻呼系统的合同，是中国大陆首次引进瑞典爱立信公司的全自动无线寻呼系统，初期容量为 15 万户。

7 月 四川省召开市（地、州）邮电局长工作会议，重新修订“八五”邮电发展规划，将原定到 2000 年邮电业务总量和主要通信能力在 1980 年基础上翻三番的目标，提前到 1995 年实现。

9 月 1—3 日 四川省政法委员会和四川省人民政府交通战备领导小组组织召开“四川省打击盗窃破坏通信线路专项斗争会议”，250 人参加会议。

9月18日 成都市电信局投资600余万元建成的全国首个省会局市话营业微机管理系统投入试运行。

9月21日 涪陵市在四川省首个开通450MHz模拟集群移动电话。

10月17日 成都长途电信枢纽大楼工程动工。该工程投资4000万元，建筑面积28310平方米。

10月21日 都江堰市至崇义镇农话光缆工程正式割接开通，这是全省第一条农话光缆。

12月25日 全国第一家“168”自动声讯信息查询台在成都市投入使用。

1993年

1月1日 《成都市工业和民用建筑预埋通信管线暂行办法》正式施行，是四川省首个把通信建设纳入城市建设总体规划的地方性行政法规。

1月13日 四川省邮电管理局简政放权，在全省邮电工作会议上正式宣布出台增强企业自主经营责任的10条措施。

5月1日起 重庆市电信局通信执法队执法人员正式持证上岗，是全国邮电系统第一支经当地政府批准办理地方通信执法证后上岗执法的队伍。

6月11日 中国公用分组交换数据网（China PAC）西南地区骨干网在成都市电信局通过验收，并投入试运行。

6月22日 都江堰市投资2200万元，正式开通光纤数字传输、全数字交换的7000门程控电话本地通信网，是四川省第一个全数字化县级本地通信网。

6月 成都—达县—万县数字微波工程完工。该工程是四川省重点通信工程项目，于1992年7月动工，总投资6900万元。

7月21日 成都卫星通信局完成换星割接工作。

8月8日 绵阳市900M移动通信系统开通运行，成为继成、渝两大城市之后，四川省内率先开通900M移动通信的中等城市。

8月24日 成都—攀枝花光缆通信工程竣工投产。该工程于1991年12月开工，全长809公里，总投资5461万元。

9月26日零时 成都市移动电话号码由6位数升到7位，号码资源增加10倍。

10月6日 西南五省区七方经济协调会第十次会议在成都市召开，把联合加速建设大西南交通通信网络体系列为本次会议研究的4个重点专题之首。

10月23日 全国省会城市第一套“112”电话障碍集中受理计算机管理系统在成都市电信局开通运行。

12月2日 四川省人民政府批转四川省邮电管理局《关于进一步加强四川省电信市场管理意见》，要求全省各地贯彻执行。

12月12日零时 成都市固定电话号码由6位数升到7位，号码资源由50万个扩大到790万个。

12月18日 绵竹县开通5000门程控电话。至此，四川省第一个市话交换程控化、传输光纤化的地方现代通信网在德阳市建成。

12 月 31 日　四川省数据通信网二期工程竣工投产。该工程于 1990 年初动工，工程投资 6.7 亿元。工程完工后，全省 23 个市（地、州）所在城市有 20 个城市实现交换程控化，200 个县以上城市实现市话自动化。

是年　四川省邮电管理局调整农村电话管理职能和管理方式，正式撤销四川省农村电话局，其职能并入省邮电管理局电信处和相关处室。

1994 年

3 月 15 日　四川省邮电管理局发出通知，确定全省 12 个市（地）邮电局对口支援甘孜州、阿坝州相关邮电局。

3 月　覆盖甘孜、阿坝、黔江和攀枝花等少数民族地区的先进卫星长途通信网陆续建成并投入运行。该工程总投资 3172 万元。

5 月 13 日　四川 900M 模拟移动电话 A 网首批工程在乐山市率先开通。

5—12 月　四川省邮电管理局、四川省邮电工会在全省邮电服务窗口统一开展“树邮电新风、创优质服务窗口、争当岗位明星”活动。

6 月 30 日　蒲江县 5000 门程控电话割接开通。成都市 12 个郊区（县）全部实现市话交换程控化。

7 月　四川省邮电通信“九五”发展规划出台，总投资将达 200 亿元。

9 月 22 日　西成（西安—成都）光缆工程在西安市通过国家计划委员会组织的竣工验收。该工程是“八五”期间国家重点建设项目，于 1993 年 2 月 1 日动工，全长 1081 公里（其中四川段 637 公里），总投资 2.43 亿元。

9 月　7 枚全国通用电话磁卡在四川首发，实现“一卡在手，全国通用”。

是月　四川省 900M 移动电话 A 网省内成功联网后，开放移动电话的自动漫游业务。

11 月 7 日　四川省少数民族地区卫星通信网成都中心站正式通过中国通信广播卫星公司的入网验证。

11 月 26 日　北川县开通 1000 门程控电话。至此，四川省 191 个县城全部实现电话自动化，电话总容量 131 万门。

1995 年

5 月 17 日　四川公众通信网市话用户数突破 100 万户大关。

6 月 20 日　四川机动通信局成立，主要为西南三省一区提供应急通信保障任务。

9 月 25 日　四川省公众无线寻呼自动（129）系统在成都、重庆、宜宾和自贡等 19 个市（地、州）实现省内联网。

10 月 10 日　成渝（成都—重庆）数字微波扩容改造工程竣工并试运行。该工程投资 3400 万元，是国家一级干线中首条数字微波系统。

10 月 成都市电信局配合成都市广播电视局率先在成都高新区肖家河住宅小区开通 CATV 光纤电视系统，实现电话户线工程和光纤电视系统同步建设。

11 月 7—9 日 四川省人民政府交通战备领导小组、四川省公安厅、四川省邮电管理局在宜宾地区召开四川省 1995 年度部分地区护线工作研讨会。

12 月 四川省邮电管理局印发《关于全省实施市话业务计算机综合管理即“九七”有关问题的通知》，正式启动“九七工程”。1998 年 3 月，四川省 16 个市（地、州）邮电局开通运行该系统。

1996 年

1 月 12 日 成都市电信局“960”公众信息服务网正式开通。

1 月 24 日 四川省计划委员会、四川省邮电管理局举办的美国加州讯亨网络公司（CSN）通信网络产品演示及技术交流会在成都举行。

1 月 四川省数据通信网三期工程竣工。该工程于 1994 年 6 月动工，总投资 61.4 亿元，实现“三化”，建成“五网”，实施 1207 工程（新增电话交换机 120 万门、长途交换机 7 万路端）建设目标。

2 月 6 日 中国联合通信有限公司四川分公司成立，负责中国联通在四川省的电信业务经营管理和发展建设。

2 月 15 日 重庆市电信局率先在四川及西南地区开通数字移动通信。

4 月 8 日 四川省邮电通信网络管理中心工程通过竣工验收。该工程于 1993 年 2 月动工，投资 9252.84 万元，建筑面积 23559 平方米。

4 月 23 日 四川省市（地、州）县邮电局长会议召开。邮电部部长吴基传、四川省人大常委会主任杨析综、四川省人民政府省长宋宝瑞等领导出席会议。

5 月 17 日 成都、重庆两市“139”数字移动电话同时开通上市，实现移动电话从模拟到数字的历史性突破。

7 月 1 日 中国公用计算机互联网（ChinaNet）成都节点正式开通投入使用。

7 月 6 日零时 中国公用长途电话网第一个具有智能网业务交换点（SSP）功能的带负载交换局，在成都市电信局长途局投入运行。

8 月 28 日 四川省数字移动电话 GSM 一期工程正式开通。该工程投资 2.4 亿元，建成成都、重庆、自贡 3 个交换局，129 个基站，5096 个信道，用户容量 10 万户。

9 月 19 日 成都长途电信枢纽大楼落成剪彩仪式举行。大楼高 101 米，投资 1.5 亿元。

9 月 25 日 成都市人民政府召开新闻发布会，正式发布《成都市公用电话管理办法》，以规范经营者行为，保护消费者合法权益。

12 月 4 日 四川公用信息产业有限责任公司成立，直属四川省邮电管理局，是从事公众信息业务的国有企业。

12 月 15 日零时 成都市 C3 扩大本地电话网工程正式建成开通，全市 12 个郊县（市）电话进入成都电话网，电话号码由6位数升至7位，长途区号统一使用“028”。

12月20日、29日　成都—马尔康、雅安—康定光缆通信工程开通电路。至此，四川省所有市（地、州）所在地城市全部开通光纤通信系统，实现长途传输数字化、光纤化。

12月24日　四川省第八届人民代表大会常务委员会第二十四次会议通过《四川省邮电通信管理条例》，自1997年3月1日起施行。

12月27日　全国第一条大容量SDH干线传输光缆——汉渝光缆工程在成都通过邮电部电信总局组织的竣工验收，正式投入运营。

12月31日　四川省邮电管理局召开成都郊县（市）邮电管理体制调整工作交接会议，原由成都市邮政局管辖的双流、彭州、金堂、邛崃、温江、郫县、新津、都江堰、崇州、蒲江、新都和大邑县（市）邮电局改由成都市电信局管理。

是年　四川电信互联网业务开始起步，主要经营窄带“163”“169”接入业务和互联网专线接入业务。

1997年

1月10日　四川省电视会议系统正式投入使用。

3月8日零时　重庆市电话号码升8位，长途区号为“023”。

3月18日　中国联通130网在成都市开通运营。

3月　“四川省邮电综合信息管理系统”建设一期工程启动。12月11日，该系统通过省科委组织的科研成果鉴定。

是月　四川电信正式向社会推出“天府热线”。

4月　重庆被设为中央直辖市后，四川邮电部门划出46个市（地）、县级邮电企业归重庆市邮政管理局、重庆市电信管理局领导。

5月1日　成都市开通中国电信电话卡300业务。

5月9日　重庆市邮政管理局和重庆市电信管理局正式成立。重庆市、万县市、涪陵市和黔江地区邮电资产和业务全部划归新成立的重庆市管辖。

5月17日　成都市电信局开通全省首部IC卡公用电话。

5月　四川省DDN网络开通试运行，省内各市（地、州）均可使用DDN业务。

是月　成都市电信局开通180用户投诉系统。

7月9日　四川省邮电管理局正式授权省内各市（地、州）、县邮电局管理本行政区域内的邮电通信工作。

8月15日　四川省公用计算机互联网（ChinaNet-SC）一期工程在泸州市通过终验，全省初步建成信息“高速公路”。

8月22日　四川省邮电管理局综合信息网办公服务系统开通运行，省局机关内部由人工向自动的无纸化办公转变。

8月27日　普格县2000门程控电话割接开通，标志四川省179个县以上城市全部实现电话程控化。至此，全国所有县以上城市实现电话交换程控化，全国电话交换机总容量突破1亿门。

8月28日 成都市郫县友爱乡农科村建成“成都电话第一村”，成为四川省第一个正式命名的电话村。

9月5日 全国第一个国产SDH光通信系统工程——成都至攀枝花SDH示范工程在成都市通过竣工验收。

10月28日 甘孜州康定县A网模拟移动电话系统开通试运行。至此，四川省所有市（地、州）所在地城市开通模拟移动电话。

12月8日 四川省全面启动“198”“199”全国寻呼网工程建设。

12月25日 成都市电信局市话业务计算机综合管理系统开通运行。

1998年

1月1日 以“天府热线”为品牌的四川邮电公用信息互联网络正式开办信息业务。

3月23日 四川省邮电管理局1998年GSM移动通信扩容银团贷款7700万美元项目在成都市签字。该项目是中国移动通信项目首次利用银团贷款，也是四川邮电有史以来最大的单笔美元贷款。

3月 在中国公众多媒体通信数据库暨应用系统展示会上，“天府热线”被评为“全国两大最热门站点”和“中国优秀业务发展综合奖。”

4月7日 四川电信7号信令网工程通过初验并投入试运行。

5月18—23日 涵盖全省长途传输网、长途电话网、本地电话网、智能网、ISDN网、支撑网、移动通信网、数据及多媒体通信网和接入网等网络的四川省电信网综合发展规划通过邮电部科技司组织的专家评审。

8月7日 四川电信智能网工程启动，年末建成，工程投资2500万元。

9月21日 乐山市沐川县宣布撤销邮电局，分别设立沐川县邮政局、沐川县电信局，在四川省率先完成邮电分营。到10月16日，全省县级邮电局（含县级市）的分营工作结束，全省设立县邮政局147个、县电信局147个。

9月30日 四川电信寻呼有限责任公司在成都市注册成立，是全国第一家经资产重组、改制而成的电信业股份制公司。

9月 四川省开展邮电通信职业技能鉴定工作，有21个专业的5002名邮电职工通过鉴定。

是月 ISDN业务在成都市部分城区开通。

10月13日 四川省邮电管理局在郫县犀浦镇举行“四川第一电话镇”授牌仪式。

10月 西渝成（西安—重庆—成都）光缆通过竣工验收。该工程于1997年开工建设，全长1877公里。

是月 “天府热线”网吧正式开业，系西部首个具有DDN光纤专线、2M传输宽带的网吧，拥有计算机40台。

11月27日 四川电信首次利用会议电视系统为四川电视台从攀枝花向成都成功传送《二滩新闻报道》节目。

12月30日 四川省邮电管理局在成都召开邮电分营暨四川省邮政局成立大会，标志四川省自下而上完成邮电分营工作。

1999年

1月22日 中国联通在成都市开通市话一期工程，容量5万门。

1月28—30日 信息产业部成立后在成都市召开第一次全国性会议——邮电管理局局长、电子厅厅长会议。中共四川省委副书记宋宝瑞代表中共四川省委、四川省人民政府向与会代表介绍四川省信息产业发展情况。

3月1日起 四川省人民政府批准，全省调整部分电信资费标准，大面积、大幅度降低电信资费。

4月1日 四川省移动电话用户突破100万户，普及率达1.2%。

4月15—18日 四川省邮电管理局参与主办的第六届中国（成都）国际通信贸易博览会（CITTE 99）在成都国际会议展览中心举行，国际及国内近200家通信厂商参展。

4月28日 四川电信在成都市开通IP电话试验网，业务接入码为17900。

7月28日 四川省移动通信公司在成都市挂牌成立，移动通信业务正式从四川省邮电管理局分离。

7月 四川移动推出短信业务。

9月20日 四川电信在成都市率先推出ADSL（非对称数字用户线）业务。

11月8日 成都市电信局本地网计费账务系统正式开通，是全国第一套统一标准的本地网计费账务系统。

11月16日 成都市电信局开通全国首套客户服务网络计算机管理系统，率先实现客户投诉处理“第一责任人”制度。

12月22日 双流县电信局利用5ESS交换机模块加带BAIU（宽带接入接口单元）开通ADSL宽带通信试验网，属国内首创。

12月27日 成都市电信局新建2万路端第三长途交换系统TSH3通过信息产业部电信总局验收，投入试运行，成为西南地区容量最大、系统数最多的长途交换局。

12月31日 四川电信所有网络设备顺利跨越2000年，成功解决2000年时钟过渡的“千年虫”问题。

2000年

1月1日 四川移动通信公司顺利完成计费系统2000年时钟测试安全过渡。

1月13日 四川省邮电管理局撤除全省市（地、州）人工长途台（甘孜州暂时保留），人工长途业务统一由成都市长途台负责接待处理。

1月 宜宾市在四川省率先开通小灵通业务。

2月29日 四川省移动网设备安全渡过2月29日零时，标志全省为期近两年的移动网Y2K时钟过渡工作取得成功。

4月8日 德先通信超市在成都市太升南路开业，是国内第一家以手机为主的通信产品全开架式超市。

4月20日 四川联通正式进入甘孜州发展通信业务。

4月27日 四川党政网、四川电信合作签字暨四川省党政网络交换中心授牌仪式举行。

5月12—17日 成都市人民政府、四川省邮电管理局、四川省信息化工作领导小组办公室主办的成都（国际）通讯节在成都市举行。

6月26日 南充市人民政府“今日南充”网站正式开通，在四川省率先实现市（地）、县两级政府全部上网。

7月14日 四川省智能网一期扩容工程建设监理合同签字仪式在成都市举行。四川公众通信建设监理有限责任公司与四川电信工程办公室就该项工程签署监理合同。该公司是四川省通信建设项目签署的第一份正式监理合同。

7月18日 “四川移动通信第一村”在成都市郫县友爱乡农科村正式挂牌。

7月28日 中国电信集团四川省电信公司正式挂牌成立，主要经营固定电信网络与数据通信等业务。

8月 四川省固定电话用户数突破500万户。

是月 四川移动投资1.5亿元，建成四川省第一套统一管理、独立的综合业务管理系统。

9月7日 四川省首个光纤宽带网接入工程在成都市中华园小区建成。

10月8日 四川大学远程教学系统开通，是四川省首次通过电信网进行远程教学尝试。

10月17—20日 信息产业部部长吴基传到四川对四川省信息产业的发展现状及前景进行调查研究。

10月18日 四川联通正式开通运行“联通无线资讯网”。

10月21日 得荣县正式接入中国移动通信网络，四川省146个县全部开通GSM网络，实现“县县通移动电话”。

10月 甘孜州色达、石渠、白玉、德格、新龙、巴塘、九龙和得荣8个县长途通信光缆建成开通，四川省县以上城市通信传输实现光纤数字化。

是月 甘孜州18个县（市）话网进入C3本地网。至此，四川省完成扩大本地电话网建设，建成19个C3扩大本地网。

12月22日 四川电信实业集团有限责任公司挂牌成立。

是年 四川电信采用DDN技术建成全省第一个党政信息化专用网络。

是年末 四川省提前完成数据通信网四期各项指标。该工程于1997年12月开始建设，总投资超过220亿元，建成“四网”（7号信令网、数字同步网、电信管理网和智能网），实现“四化”（传输交换数字化、业务种类多元化、网络管理智能化、电话业务普及化）。

2001 年

1 月 四川联通发展 GSM 移动用户超过 100 万户。

2 月 19 日 成都第二长途电信枢纽工程动工，工程总投资 4.5 亿元。2003 年 6 月 27 日，工程通过竣工验收。

3 月 21 日起 四川省本地网固定电话资费执行新标准。

3 月 27 日 四川电信全面开通长途来电显示业务。

4 月 19 日 四川省通信管理局挂牌成立。该局是信息产业部驻四川直属机构，受信息产业部和四川省人民政府双重领导。

5 月 31 日 四川省固定电话用户突破 600 万户。

5 月 四川联通启动 CDMA 网一期建设。至 2005 年，先后进行四期建设。

6 月 1 日 中国电信智能网业务系统四川省节点开通。

6 月 10 日 四川电信第一个电话委托自助缴费系统在绵阳市开通。

7 月 1 日起 根据财政部、信息产业部文件精神，四川电信取消市话初装费、农村电话初装费及附加在电话上征收的其他政府性基金项目。

7 月 27 日 四川联通完成寻呼国网网络调整工程，走在全国的前列。

8 月 18 日 中国电信集团公司发行的“九寨沟中国 IC 电话卡”在四川省九寨沟旅游景区正式首发。

8 月 21 日 四川联通完全拥有“三权”（自主产权、维护权、路由权）的绵阳—南充二级长途光缆线路工程竣工。

9 月 7 日 四川电信成都分公司率先推出首个集缴费和拨打电话功能于一身的“96333 金蓉卡”业务。

9 月 29 日 四川电信成都分公司经营的电话用户超过 200 万户，成为继广州之后（不含 4 个直辖市），第二个突破 200 万户用户的省会城市。

11 月 5 日 四川省通信管理局启动宽带用户驻地网运营市场开放和管理试点，首批 5 家企业获得企业经营许可证。

12 月 3 日 四川电信出资 3800 余万元，整体收购四川川投长城特殊钢（集团）有限责任公司内部通信网的全部资产。

12 月 28 日 联通 CDMA 移动电话号码预登记在全省推出，正式对外放号。

12 月 31 日 四川移动关闭所有模拟网无线基站设备，正式关闭模拟网，退出服务。

是年 四川电信开始建设 ATM（异步转移模式）本地网。

2002 年

1 月 8 日 联通 CDMA133 移动通信网在四川 21 个市（地、州）同步开通试运营。

2月6日 四川移动在峨眉山市召开2002年度工作会议，提出“创世界一流通信企业”的长期战略目标及“以服务与业务领先”的战略重点。

2月 四川电信启动本地计费账务系统网络工程建设；5月，工程完工并试运行。2003年8月，全省本地计费账务系统正式投入运行，实现本地账务集中处理。

3月31日 四川电信成都分公司无线市话“小灵通”网络开通试运行，并对外放号。

4月20日零时 成都市本地电话网号码升8位，成为西部第一个升8位的省会城市。

5月1日 四川移动与四川联通正式实现短信互通。

5月16日 经南北拆分后的中国电信集团公司和中国网络通信集团公司挂牌成立，四川电信划归中国电信集团公司，仍沿用“中国电信集团四川省电信公司”名称。

6月19日 绵阳长虹集团公司与美国洛杉矶商家的商务谈判可视电话会议在四川电信绵阳分公司电视电话会议室成功举行，是四川电信绵阳分公司率先在四川省市（州）级电信运营商中首次召开的跨国可视电话会议。

7月22日 四川电信宜宾分公司在四川省率先启用小灵通语音信箱系统。

8月30—31日 中国电信西部发展战略座谈会在成都市召开。四川、重庆、广西等11个西部省（市、自治区）电信公司的领导及中国电信集团公司的相关人员出席座谈会。

9月4日 四川电信在成都市建设的首批13个公众多媒体信息亭——“成都通”投入试用，为市民提供智能化信息服务。

9月 四川电信实施财务、网络资源、网络维护、设备采购和计费账务五项集中管理。

是月 四川电信固定电话用户突破800万户。

10月 四川电信全面开通1000号客户服务热线。2003年9月1日，1000升位为10000号。

是月 四川移动自筹资金2亿元，启动“九寨天堂移动通信工程”。2003年12月，工程完工，新建120个移动通信基站、光纤传输线路2000公里。

11月29日 四川移动完成BOSS系统集中化改造工程的割接工作。

11月30日 中国网通集团四川省通信股份有限公司挂牌成立。四川省人民政府省长张中伟、中国网通集团公司总裁奚国华为公司揭牌。

12月16—17日 四川电信召开2003年度电信工作会，提出“创西部一流”发展战略目标。

12月18日 乐山保护消费者权益委员会移动通信分会成立，属全省通信行业第一家。

12月19日 四川省长途线路局与四川省微波通信局合并，组建成立四川省长途通信传输局，隶属中国电信四川公司。

12月23日 四川移动按照中国移动集团的统一部署，与全国同步为四川境内中国移动客户正式开通国际短信业务。

12月 四川电信小灵通用户突破100万户。

2003年

1月19日 四川联通在国内第一个建成能够提供所有固网业务的新一代电信网——联通“新纪

网”（UniOne）。

1 月 31 日 中共四川省委副书记、四川省人民政府省长张中伟一行到四川电信成都分公司，慰问节日期间坚守工作岗位的电信员工。

2 月 阿坝州 PHS 网络正式开通。至此，四川省 21 个市（州）全部开通 PHS 无线市话业务。

3 月 25 日 四川省通信管理局召开新闻通报会，首次公布全省电信服务质量用户满意度指数测评结果，2002 年度指数为 73. 26。

4 月 20 日 四川电信成都分公司首家 IP 公话超市在茶店子南街开张营业。

4 月 22 日 四川电信在成都市举办“运筹帷幄穷目千里——中国电信全球眼业务新产品发布会”，正式推出“全球眼”宽带图像业务。

5 月 12 日 四川电信对四川机动通信局进行整合，撤销四川国际电台，保留四川机动通信局，承担四川战备应急通信职责。

5 月 17 日 四川联通正式开通“天府农业信息网”。

6 月 13 日 四川邮电职业技术学院挂牌成立，是中国西部第一所独立设置通信类的高等职业技术学院。

6 月 17 日 四川省人民政府办公厅无线宽带信息网（WLAN）正式开通。

6 月 四川电信整合公众电报业务，全省电报业务改以传真方式接入成都省会级电报交换中心，由成都集中处理，逐步撤销市（州）级报房、机房。

7 月 31 日 四川省电话用户 2048. 24 万户，其中移动电话用户 1030 万户，固定电话用户1017 万户，双双突破千万大关。

8 月 18 日 四川电信成都分公司举行电话特号拍卖会，四川航空公司以 233 万元竞得“028-88888888”，创下国内电话号码拍卖最高价。

8 月 21 日 四川电信成都分公司推出“固话短信”业务。

8 月 26 日起 四川联通在成都、资阳、乐山、眉山和德阳 5 个城市首期开放以“如意 133”为品牌的 CDMA 预付费业务，9 月 10 日后面向全省用户统一开放。

9 月 12 日 泸州电信行业协会成立，是四川省首个地方电信行业协会。

10 月 14 日 四川电信电话用户突破 1000 万户，成为西部地区首家用户超千万户的通信运营商。

11 月 四川电信开通“互联星空”业务，提供宽带游戏、影视点播、网上医疗保健、证券资讯和教育等服务。

是月 四川电信举行首届维护人员岗位比武大赛。

12 月 9 日 四川电信运营企业首家 BPR（业务流程重组）流程重组在四川电信泸州分公司正式实施。

12 月 10 日 成都电信双流分公司年收入突破亿元，成为西南地区第一家收入过亿元的县级电信公司。

12 月 31 日 中国电信股份有限公司向中国电信集团公司收购四川省电信有限公司的全部权益，标志四川电信在美国纽约、中国香港成功上市，进入国际资本市场。

是年 四川电信绵阳分公司将街上大部分有人值守的公用电话换成“智能公话”。绵阳市成为全国首个采用 FSK 电信数据传输模式的城市。

是年 成都电信小灵通网络用户突破100万户。

2004年

1月1日 中国电信集团四川省电信公司更名为“四川省电信有限公司”，各市（州）县分公司名称随之变更。

1月21日 中共四川省委副书记、四川省人民政府省长张中伟和副省长王怀臣一行前往成都第二长途电信枢纽大楼，慰问电信员工。

2月8日 四川移动彩铃业务实验网正式开通，并于次日向客户开放彩铃新业务。

3月 四川电信关闭一级干线模拟微波电路，干线设备退网。

4月5日 四川联通德阳分公司与德阳市人民政府合作，开通“市长短信热线”，在全省首创以手机短信形式实现政府公众信息沟通。

5月16日 四川电信、华西都市报社、联想集团、天府热线、新浪乐谷和电脑商情报社主办的“四川省首届上网节”正式启动。

5月起 四川联通用户可通过营业厅、网上营业厅获得新的发票和账单。至此，四川联通率先在四川省通信行业建立以发票、账单、详单为内容的三级用户消费服务体系，实现“明明白白打电话”。

6月16日 四川网通采用SCDMA技术的无线市话“大灵通”在成都市面市。

7月7—12日 以四川省政协副主席孙同川为团长的省政协视察团到阿坝州视察四川民族地区通信业。

7月22日 四川省专用通信局挂牌成立，主要负责省内党政专用通信网的规划建设和日常运行维护工作。

8月20日 中国铁通四川分公司正式挂牌成立，设立19家市（州）分公司，通信网络覆盖全省。

9月25日 四川省首个电信增值业务SP/CP诚信联盟在成都市成立并发表“诚信宣言”，旨在打造诚信、健康、有序、共赢的增值业务产业价值链。

9月28日 四川电信、四川省司法行政系统、泸州市人民政府为在广东省中山市的泸县农民工和泸县亲属提供“探亲维权、劳务输出”可视通话免费服务。

10月12日 四川移动第1000万个用户诞生，标志四川省成为西部地区第一个移动用户超千万户的省份。

10月21日 四川电信成都分公司推出互联网应用新业务——新视通业务。

10月26日 成都市蒲江县白云乡开通固定电话。至此，成都市实现乡乡通电话。

是日 四川省第一个市（州）级通信行业自律协议在遂宁市签订，缔约成员有该市的电信、移动、联通、网通和铁通5家运营公司。

10月28日 在四川省通信管理局的牵头组织下，省内六大基础电信运营企业共同签署《四川省通信企业自律公约》。

10 月 31 日 四川电信参与在内江市举行的“中国西部地区首次军警民联合应急救援演练”活动，并为演练活动提供通信保障。

11 月 29 日 运行 18 年之久的成都电信长途 TSH1 交换机关电退网。

11 月 四川省本地网综合化集中维护监控中心平台建成。

12 月 8 日 四川“三州农村移动通信扶贫工程”正式启动。2005 年 5 月 17 日，一期工程竣工。

12 月 20 日 四川电信与四川移动、四川联通实现短信互联互通。

是年末 四川省投资 1. 64 亿元完成村通工程试点首批 402 个未通电话行政村的通信任务。

2005 年

1 月 12 日 四川机动通信局为南极科考队提供 2 套卫星通信设备，将四川电信服务延伸到南极。

1 月 31 日 四川电信开通小灵通彩铃业务。

3 月 1 日 四川移动与四川农村日报社和“四川在线”联合推出“农村经济信息网”业务。

3 月 四川省通信管理局印发《关于加快推进我省未通电话行政村通信建设的意见》，并成立四川省“村通工程”实施协调小组。

4 月 18 日 四川电信综合营账系统绵阳试点工程（R1 版本）成功割接，并上线独立运行。随后正式在全省推广。

5 月 7 日 中共四川省委书记张学忠到眉山市洪雅县“移动电话村”曲沿村调研，称赞中国移动农村信息化建设。

5 月 17 日 四川电信成都分公司开通网上营业厅。

5 月 18 日 中共四川省委书记、四川省人大常委会主任张学忠到眉山联通黑龙滩“天府农业信息网”信息工作站考察工作。

是日 信息产业部在成都市召开全国农村通信“村通工程”专题工作会议，对全国农村村村通电话进行全面部署。

5 月 25 日 第六届中国西部国际博览会开幕，全国人大常委会副委员长许嘉璐、中共四川省委书记张学忠、四川省人民政府省长张中伟等参观四川电信展区。

6 月 30 日 四川电信小灵通短信业务收入突破 1000 万元。

7 月 四川省 21 个市（州）全部签订本地网行业自律协议，建立联席会议制度，协商解决市场行为、互联互通、通信建设、服务质量等方面的问题。

8 月 1 日 四川电信承建的四川省电子政务外网首期工程竣工，是西部建成的第一个省级电子政务外网。

8 月 9 日 四川电信第 100 万个宽带用户在成都诞生，成为西部第一个电信宽带用户超百万户的省份。8 月 12 日，四川电信宽带用户超百万庆祝大会在成都市举行。

8 月 30 日 全国第一个农民工亲情可视电话营业厅在成都市金堂县竹篙镇建成，成都至东莞的中国电信“农民工亲情可视电话”正式开通。

8 月 四川电信在部分城市开展“商务领航”免费试用活动，100 余家企业用户参加试用体验。

9月5日，四川电信正式推出“商务领航”业务。

9月5日 四川电信本地网网络资源管理系统工程通过验收进入试运行。

9月21日 全国首个“114号码百事通”服务热线在成都市试运行，日呼叫量6000次。

9月 中国移动无线音乐门户网站www.12530.com在四川建成并正式上线。

10月31日 凉山州昭觉县特布罗乡移动通信基站开通，标志中共四川省委、四川省人民政府2005年为民办实事工程之一——“三州农村通信扶贫工程”全面竣工。

12月1日 四川电信停止办理公众礼仪和鲜花礼仪电报业务。

12月22日 中共四川省委、四川省人民政府举行“三州”农村（乡镇）移动通信扶贫工程总结表彰大会。

12月27日 四川电信召开2006年度工作会议，会议以推进企业战略转型为主题，标志四川电信进入战略转型发展新的历史时期。

是年 四川电信主实业收入突破100亿元。

三、文献辑存

四川省人民政府办公厅
关于对长途电话、电报、给据邮件、印刷品等业务
加收邮电建设附加费的通知

川办发〔1988〕66号

各市、州、县人民政府，各地区行政公署、省政府各部门：

为了加快我省邮电通信建设步伐，适应社会和经济发展的需要，经省政府同意，决定对长途电话、电报、给据邮件、印刷品等业务适当加收邮电建设附加费。现将有关问题通知如下：

一、加收附加费的范围和标准

1．用户挂长途电话，每分钟加收0.10元；

2．用户拍发电报，每份加收0.40元；

3．用户交寄的各类给据邮件，每件加收0.10元（其中商包每件加收0.30元）；

4．用户交寄的印刷品，500克以内（含500克）每件加收0.50元，501克至1000克（含1000克）每件加收0.10元，1000克以上每件加收0.20元。

二、附加费的收取，管理与使用

邮电建设附加费，作为省内邮电通讯发展的专项资金，由邮电部门收取。邮件、印刷品附加费由省邮电管理局统一掌握、使用；长话、电报附加费，统由省能源交通投资公司掌握，按基金制办法管理，省邮电管理局提出项目计划，报省计经委批准。

邮电建设附加费，主要用于省内二级通讯干线的建设，免征能源交通建设基金和营业税。

省计经委、省能源交通投资公司和省邮电管理局可根据本通知原则，制定具体收取、管理、使用办法。

三、重庆市加收邮电建设附加费的范围和标准，按省的统一规定办；所收的邮电建设附加费，由市管理使用；长话、电报附加费，主要用于二级通讯干线的改造和建设。

四、本通知从一九八八年八月一日起执行。

一九八八年六月二十八日

四川省保护通信线路设备暂行规定

四川省人民政府令第3号

第一条 为了维护通信线路设备的安全，确保通信畅通，以适应社会主义建设的需要，根据国务院、中央军委《关于保护通信线路的规定》，结合四川实际，制定本规定。

第二条 本规定适用于四川省境内的邮电、军事、公安、铁路、交通、石油、电力、长航、民航、核工业、航天工业、广播电视、气象和其他部门的通信线路设备。包括：

（一）架空线路类：电杆、电线，电缆、光缆，线担、隔电子、终端房交接箱、拉线及其他附属设备。

（二）埋设线路类：地下或水底电缆、光缆、管道、入孔，标石、标志牌，无人值守载波增音站，电缆充气站，区间通话柱、站场扩音柱、信号机、公用电话亭及其他附属设备。

（三）无线设备类：无人值守微波站、无线通信中继站、微波无源中继站及反射板，无线电收发信天线、微波和卫生通信地面站天线、天线馈线杆、导线，波导、通信导航设施及其他附属设备。

第三条 各级人民政府应当加强对保护通信线路设备工作的领导，交通战备部门负责本行政区保护通信线路安全的组织协调、检查督促等工作。

第四条 各级通信部门及其工作人员必须加强对通信线路设备的维护管理，严格执行岗位责任制和各项规章制度，搞好护线联防，及时拆除停止使用的通信线路设备，协助公安机关侦破破坏通信线路设备案件。

第五条 任何单位和个人都有保护通信线路设备的义务，发现破坏通信线路设备、危及通信安全的行为，应当制止，并及时报告当地公安机关或通信部门。公安机关、通信部门接到报告后必须及时处理。

第六条 城乡建设总体规划必须包括通信线路设备建设规划。

第七条 新设置杆路和埋设电缆须事先征得当地县级政府同意，节约用地，不占或少占耕地，所需土地无偿使用。

通信线路设备建设施工中应爱护农作物和林木。需铲除、砍伐或损坏时，应事先同所有者协商一致，并按规定予以补偿。

第八条 通信线路设备建设应避免影响现有建筑设施。确需影响时，除紧急情况外，必须事先取得有关单位同意。损坏建筑设施按原标准修复或负担修复费用。

第九条 在公路、铁路两侧留用地和航道、码头建设通信线路设备，应事先与当地国土管理部门和有关主管部门协商。在林区建设通信线路设备，应事先与当地林业主管部门协商。

第十条 不准在埋有地下电缆、光缆的地面上堆放垃圾、笨重物品、易燃、易爆物品和倾倒腐蚀性物质。

第十一条 不准在通信线路设备上攀登、拴牲口和搭挂电力线、电灯线、广播线，不准向通信线路设备射击、抛掷杂物或从事其他危害通信线路设备安全的行为。

第十二条 市区内通信线路两侧各零点七五米、市区外通信线路两侧各两米范围内，不准种植高大树竹。种植的低矮树竹、花果、行道树与通信线路的空间距离应不少于两米。不足以上规定距离、危及通信线路安全的树竹枝丫，树竹所有者、管理部门应及时剪修，或由通信部门无偿剪修。

第十三条 地下电缆、光缆两侧各两米范围内不准建房。三米范围内和电杆周围不准挖沙、取土、开沟、掘井、葬坟及设置厕所、畜圈、粪池、沼气池。架空线路两侧各两米范围内不准建房。五米范围内不准设砖瓦窑、石灰窑等腐蚀线路设备的建筑。

第十四条 不准在设有过江河电缆、光缆及其标志牌的两侧各一百米水域内抛锚、拖锚、挖沙、炸鱼，或进行其他危及电缆、光缆安全的作业。

第十五条 不准在危及通信线路设备安全范围内爆破取石、开荒。因施工需要必须进行爆破作业时，应事先征得通信部门同意，并采取防范措施。

第十六条 不准移动、损坏或偷盗破坏通信线路设备。

第十七条 国土、城乡建设部门在审批工程建设项目用地时，应考虑通信保密和安全因素。通信线路设备一般不得改迁，必须改迁时，应事先征得通信部门的同意，并承担改迁费用，或按双方协议执行。

第十八条 在通信线路设备附近进行建筑施工、筑路、兴修水利、农田建设、植树造林、砍伐竹木、运输超高超大物件、架设线路、敷设管理和水下作业，如可能危及通信线路设备安全，应事先征得通信部门同意，并采取防范措施。

第十九条 对危及通信线路设备安全的建筑，当地政府应责令限期拆除。但拆除先于通信线路设备建设的建筑设施，通信部门须给予必要补偿。

第二十条 收购废旧通信器材，须经当地公安机关、工商行政管理部门批准，领取营业执照。出售废旧通信器材，必须持有通信部门的证明。

废品收购部门和个体户必须依法经营废旧通信器材，发现盗卖、变卖通信器材的可疑线索，必须及时报告公安机关或通信部门。

第二十一条 抢修通信线路设备的工程车和人员，在通过道口、渡口、桥梁时，凭省或市级交通战备办公室的证明，优先放行。

第二十二条 保护通信线路设备具备下列条例之一的单位和个人，由有关部门给予表彰、奖励：

（一）发现隐患及时报告或排除险情的；

（二）协助通信部门抢修通信线路设备成绩显著的；

（三）检举、揭发和制止破坏通信线路设备行为的；

（四）协助侦破破坏通信线路设备案件，抓获犯罪分子，追回被盗通信器材的；

（五）护线组织落实，宣传、检查工作成绩突出的。

第二十三条 违反本规定，虽未损坏通信线路设备，但已危及通信安全的，通信部门有权进行劝阻或制止。损坏通信线路设备、阻断通信的，通信部门有权责令其承担修复费用并赔偿所造成的损失；情节严重又不听劝告的，由通信部门报当地公安机关给予治安处罚或处以二百元以下的罚款；构成犯罪的，依法追究刑事责任。

非法经营废旧通信器材的，由公安机关、工商行政管理部门按照有关规定给予处罚；构成犯罪的，依法追究刑事责任。

罚款使用省财政厅统一印制的收据，罚没收入一律上缴当地财政。

第二十四条 通信人员玩忽职守，滥用职权，造成通信线路设备损坏，阻断通信的，由所在单位或上级主管部门给予行政处分；构成犯罪的，依法追究刑事责任。

第二十五条 本规定执行中的具体问题，由四川省交通战备办公室解释。

第二十六条 本规定自发布之日起施行。

1989 年 1 月 31 日

关于进一步解放思想，深化改革，不失时机，加快全省邮电通信发展的意见

川邮局字〔1992〕821 号

为了适应改革开放和发展经济的需要，抓紧有利时机，加快改革开放的步伐，力争邮电通信发展更好更快地上一个新台阶，现遵照中共中央中发〔1992〕2 号、4 号文件精神，根据邮电部“关于进一步解放思想，深化改革，加快通信发展的若干意见”和四川省人民政府“关于转变职能，促进经济发展的意见”，结合四川邮电部门的实际，提出以下贯彻意见：

一、四川邮电发展概况及目前面临的困难

党的十一届三中全会以来，我省邮电部门坚持党的基本路线，以通信建设为中心，坚持改革开放，积极贯彻两个“六条指标”、“三个依靠”、“四个一起上”和“十六字方针”，在部、省各级党委、政府及社会各界的大力支持下，使我省邮电事业出现了生机勃勃的新局面。包括移动通信、卫星通信、光纤通信、程控电话一个个重点通信建设工程相继投产，一大批先进设备相继引进，一大批新业务相继开办。十三年来，全省邮电固定资产由 3.2 亿元增加到 16.7 亿元，业务总量由 0.73 亿元增加到 7.95 亿元，长途电路由 1374 条增加到 7259 条，市话交换机容量由 9 万门增加到 44.23 万门，都翻一两番以上。全省长途自动电话骨干网初步形成，通信网络技术水平开始发生质的变化。

十三年来，我省邮电通信事业有了长足发展，但仍远不能适应经济和社会发展需要。一是电话普及率低于全国平均水平的一半，全国为 1.26 部/百人，而我省为 0.58 部/百人。二是长途电路紧张，省专电路平均 63 条，低于全国平均 71.8 条的水平，长途自动电路溢出比高达 70%，特别是省际出口电路溢出比更高。三是农村通信设施相当落后，至今还有 227 个乡不通电话。四是邮政生产场地严重不足，处理手段十分落后，邮件传递时间过长。五是队伍素质不适应通信大发展的需要，新设备、新技术引进使用后，维护技术力量严重不足，影响了全网运行质量。

随着小平同志重要谈话精神的贯彻落实，邮电通信面临新的、更大的需求冲击，形势迫使我们

抓住时机，加快发展，力争我省邮电事业在近期内再上一个新台阶。

二、九十年代全省邮电发展的主要任务和目标

根据我省经济发展和社会需求预测，原定到2000年邮电业务总量和主要通信能力在1980年基础上翻三番的目标，将提前五年完成。因此，省局党组多次研究，对2000年的发展目标作了大的调整，并在全省市地州邮电局长工作会议上进行了衔接，以此动员全省邮电职工开拓进取努力奋斗。

九十年代四川邮电发展的主要任务：继续贯彻"搭骨架、通经络"的发展战略，大力建设城乡电话网，"八五"末基本形成全省邮电通信骨架网，建成移动通信网、分组交换网，并在50个经济发达县城初步建成本地通信网；努力提高电话普及率，全省县以上城市实现市内电话自动化；除三州及盆周地区外，全省其余城市进入全国长途电话自动交换网；基本建成一个开放电话、数据等多功能、多手段的立体通信网络；在办好传统业务的同时，积极发展新业务，使邮电通信适应我省国民经济和社会发展的需要。

主要发展目标在1990年实际到达数的基础上：

——长途电路总数：由5168路，"八五"达到20000路，"九五"达到50000路。长途通信水平，省会到首都及大区中心城市长途电路，由96路，"八五"达到600路，"九五"达到1200路；省会到市、地、州由47.7路，"八五"达到150路，"九五"达到300路；市、地、州到县由10路，"八五"达到30路，"九五"达到60路。长途交换机容量由11741路端，"八五"达到43000路端，"九五"达到120000路端。

——市话交换机总容量：由33万门，"八五"达到100万门，"九五"达到250万门；成渝两市，"八五"各达到30万门，"九五"各达到50万门；全省市话自动化程度达到95%以上，其中地市程控交换机比重达到85%。

——电话机总数由56万部，"八五"达到150万部，"九五"达到300万部。

——电话普及率：全省由0.52部/百人，"八五"达到1.25部/百人，"九五"达到2.5部/百人；省会城市由5.41部/百人，"八五"达到16部/百人，"九五"达到30部/百人；市、地、州、县城"八五"达到8部/百人，"九五"达到16部/百人；农村由0.1部/百人，"八五"达到0.4部/百人，"九五"达到0.8部/百人。

——"八五"末基本建成市、地以上的移动通信网；有条件的县、市建成移动通信并逐步联网。

——加快邮政通信建设，"八五"末累计建成省内三级邮件处理中心17处；建成成都、重庆邮政枢纽火车站邮件转运库房和地下通道及航空转港站等配套工程；配套完成成达铁路沿线邮政转运房；改造建设城乡支局所800处，引进信函分拣机，推广使用微型计算机及邮政小型机具；新增火车邮厢10辆，各类邮运车辆576辆，其中汽车242辆。

——大力发展农村电话，农话交换机总容量由10万门，"八五"达到35万门，其中自动交换机的比重达到60%以上。

——邮电业务总量由6.5亿元，"八五"达到18.32亿元，年平均递增23%（其中电信年平均增长33%，邮政年平均增长13%，农话年平均增长9%）；"九五"达到43.71亿元，年平均递增19%（其中电信年平均增长23%，邮政年平均增长10%，农话年平均增长12%）。

三、集中财力、物力，加快重点工程建设

（一）新建扩建6条省际（一级）干线：西安至成都18芯光缆；成都经重庆、贵阳到杭州24芯光缆；成都到昆明4芯光缆；重庆到武汉18芯光缆；成都经重庆到武汉微波干线上并装数字微波；新建重庆卫星地球站，同时完成成都卫星站扩容IDR设备、网管中心和成都第二长话大楼建设。

（二）省内（二级）干线：重点建成成都至攀枝花10芯光缆；成都至万县数字微波；新建康定、马尔康、攀枝花、黔江等8个卫星地球站；建成11条地区内和地区间的光缆。

（三）完成十七城市的第二期数网工程，共新增程控市内电话20万门，程控长途交换机8060路端。“八五”、“九五”再引进程控市内电话60万门，长途程控交换机10000路端，装备50个城市。

（四）移动通信建设实行统一规划、统一布点、统一制式、自建分营的方针，在省局统一规划下，由各地尽快自筹资金建设，逐步实施省内10个城市移动电话联网。

（五）抓好重点县市的通信发展。对国务院实施的东起上海、南京，西至重庆和沿江开放城市，对省府提出的“一线两翼”、成都至达县铁路和成都至重庆高速公路沿线的重点县市，以及三峡工程搬迁的县市，要加快发展，对有条件的县市，要加速实现本地城乡电话网的自动化和数字化，推行市、农统一组网和长市农联网。

四、继续贯彻“四个一起上”的方针，多渠道筹集建设资金，不断增强自我发展能力

实现上述目标和任务，累计投资约100亿元，其中“八五”投资40亿元。按现行渠道能筹集16.5亿元，资金缺口达24亿元。这就必须坚持发展邮电通信事业的一系列行之有效的方针政策，同时，也必须争取一些新的政策。

要积极主动争取各级地方党政领导和社会各界的关心与支持，坚持邮电优先发展、政策扶持的指导思想，把加速通信发展作为本地区社会经济发展和对外开放的基础设施来抓，主动争取各项优惠政策，广辟建设资金渠道，使邮电通信超前发展。要认真落实“统筹规划、条块结合、分层负责、联合建设”的方针，实行发展建设的分级负责制。省会城市到市地州通信设施由省上组织，并筹资建设；市地州到县的通信设施，由市地州组织，市地州和县（市）共同筹资建设；县到区、乡（镇）由当地政府筹资建设；乡（镇）以下，由当地政府组织，用户筹资解决。城市市内电话继续执行“以话养话”的方针，由所在地方政府组织、筹资建设。

各局要继续执行国家和各级地方政府已定的各项优惠政策，管好用活邮电建设附加费、改扩建邮电支局所专项资金。同时，要积极争取地方机动财力，用于农村电话建设；争取三州开发基金和省能交基金发展邮电通信；专县电路建设中光缆部分的投资由省解决，光端机、电端机等投资由地、县筹集；地方性集资建设形成的固定资产其折旧返还给邮电企业，继续用于地方邮电通信发展。要大胆实行负债经营，加快建设步伐。通信项目建设资金缺口大，除集资建设外，要使用国内外贷款和融资租赁方式，解决一部分资金。同时，也可发行“邮电通信建设债券”，有条件的，可尽快把邮电职工内部债券搞起来。争取地方政府财政补贴，企业或专网部分参加公网联合建设的通信投资，要优先提供服务，并在资费上给予优惠。

邮电工业、施工、多种经营企业，可有领导地进行以法人参股为主的股份制试点，经批准可以搞少量的职工持股，或按有关规定发行内部债券。

与此同时，各级邮电部门要千方百计增加自身积累，增强自我发展能力。要搞好经营，增收节支，充分利用好电话初装费等现行政策，管好用活资金，逐步增大自有资金在建设总投资中的比重。

五、依靠科技进步，加速邮电通信现代化

全省各级邮电部门要牢固树立“科技是第一生产力”的观点，坚持“新技术、高起点”的方针大力推进通信网的技术进步，省到市地州、市地州到县的传输手段，积极采用光纤通信和数字微波，加快传输系统数字化进程。交换部分，市地州以上城市积极发展程控电话系统，县（市）电话网要认真作好技术先进性和经济合理性，分步实施与一步到位的科学论证。经济条件好的，按照《电话自动网技术体制》，选择适应本地网要求，能进大网的设备，有条件的可采用程控交换设备。经济条件较差的，也可以采用二手设备过渡。

邮电工业要按照国务院《全民所有制工业企业转换企业经营机制条例》，加快以转换企业经营机制为重点的改革步伐，上级主管部门要为其创造良好的外部环境，在政策上给予扶持，进一步扩大企业自主权，完善和深化厂长负责制，把企业推向市场，在竞争中求发展，使之真正成为依法自主经营、自负盈亏、自我约束、自我发展的生产经营单位。在此基础上，充分发挥工业、科研、学校的生产技术长处，按照互利互惠的原则逐步形成联合经营、优势互补、利益分享的集约化经营的格局。

六、加强人才培养，壮大邮电技术队伍

邮电教育必须面向通信发展的主战场，多渠道、多形式、多层次地培养和储备各类人才。“八五”期间，按部、省颁布的岗位规范，把关键岗位人员基本轮训一遍，逐步建立起培训、考核、聘用、待遇一体化的持证上岗制度；结合通信新技术进步，企业设备更新，有针对性地对广大工程技术人员进行一次以通信新技术为主要内容的继续教育；立足岗位生产，坚持不懈地抓好生产人员的业务技术训练；充分利用职大、高函、电大和职工中专、中函等形式，有计划地在职工中培养一批大中专毕业生。要进一步改善省邮电学校的办学条件，达到重点中专的A级水平，“八五”末期，在校生要达到1450名，抓紧省邮电技工学校的建设，力争1994年开始招生，以此保证企业技术工种、关键岗位的补员，都来自邮电中专、技校的毕业生。

与此同时，引进急需对路的高新技术人才，尽力扩大邮电院校全日制国家计划毕业生的接收数量；争取增加非通信院校中通信专业及相近、相关专业毕业生的数量；接收邮电院校的大中专自费生、委培生。通过以上三条渠道，力争每年大中专院校毕业生的分配，以5—10%的比例递增。对1982年以后毕业，被分配到外省、外系统工作的邮电高校毕业生（包括硕士研究生），要求到我省邮电部门工作的，如用人单位需要，不作数额控制。对调入其他技术人才，按省局有关规定办理。通过上述努力，使我省邮电部门的大、中专毕业生的比重由“七五”末的18%，在“八五”末达到20%。

七、以转换企业经营机制为重点，深化企业内部改革

要按照国家关于全民所有制工业企业转换经营机制的要求，结合实际进一步扩大企业的经营自主权。省局和各市、地、州局要按照宏观管住、管好，微观放开、搞活的原则，转换职能，简政放权，逐步地把该下放的权限下放给企业。省局着重抓好：一是邮电干线网的规划、选型、实施及技术标准、技术体制的贯彻；二是计划调控和全网运营，包括指标调整、监督检查、规章制度、分配政策；三是依法加强全省通信行业管理与法制建设；四是领导班子的配备与建设。省局在原来下放权限的基础上，对本地电话网的改扩建立项、100万元以内的非生产性建设项目、地方批准的引进项目等，简化审批程序和手续；凡有条件的市地、农话要尽快下放到县局自主经营。

要进一步完善经营承包责任制。使之更加合理，更有利于邮电企业按分级管理的原则实行自主经营。对重点业务，省局下达指令性计划；有关企业目标、效益、发展等承包期内的奋斗值，作为届满考核内容；设置国有资产增值率、全网效益、职工福利、基础工作、发展后劲等企业评价指标。

从邮电实际出发，紧紧依靠全体邮电职工，积极稳妥地进行干部人事、劳动用工、工资分配三大制度的改革。要进一步完善聘用干部管理，逐步淡化企业干部与工人的界限，破除干部终身制，做到干部能上能下；企业在工资总额、职工人数不突破计划的前提下，搞好企业内部用工制度的改革，做到职工能进能出；鼓励企业坚持并深化内部分配制度的改革，分配要向脏、苦、累、险、高技术倾斜，使职工工资收入与其提供的劳动成果挂钩，做到职工个人收入能升能降。在进行“三大制度”改革的同时，其他各项配套改革同步进行，按要求搞好住房制度改革。积极推进劳动保险制度的改革，在离退休费用统筹的基础上，从今年起为企业在职职工建立企业补充养老保险和个人储蓄养老保险。

八、面向市场，大力发展邮电业务，努力改善邮电服务

要端正经营思想，树立和强化用户意识、服务意识、市场意识、竞争意识，更好地贯彻“人民邮电为人民”服务宗旨。要根据面向市场的要求，调整和加强对外营业和用户服务体系，加强市场预测和研究，重视大用户业务市场的开发，积极发展邮电新业务，千方百计满足各类用户的通信需求，保持市场主导地位。要健全内外监督机制，认真受理、查处用户反映的各种服务质量问题，及时反馈处理结果，维护“人民邮电”信誉。

电信方面，要以提高电话普及率为目标，大力发展市话，提高市话交换机实装率。市话交换机容量、网调、机线配套要发展同步。要大力发展长权用户，使长话量进一步向自动网转移。大、中城市要积极发展住宅电话，开发程控新功能，发展数据通信业务，全面推广市话计次制收费。发展移动通信、无线寻呼、传真、礼仪电报等新业务，认真解决装、移、修电话难的问题。要积极发展长途电话代办业务和公用电话，“八五”末大中城市平均每千人有二部公用电话。所有邮电局、所都要办理长途电话业务。

要进一步做好专网调查，非邮电部门经营通信业务的登记和终端设备销售进网检查工作，整顿好通信秩序。

九、坚持以通信为本，大力发展多种经营

要充分发挥邮电优势，围绕邮电外围服务和延伸服务，拓宽经营领域，扩大服务范围。要切实加强对邮电多种经营的领导，选配好干部和业务经营骨干，理顺关系，强化管理，分级下达计划，纳入企业的方针目标管理和局长任期目标考核。做到思想上重视，方向上引导，政策上扶持，人财物上帮助，工作上大力支持。全民性质的多种经营企业，可比照市话专业利润全留，集体性质的可充分享受地方的优惠政策。努力把劳动就业服务企业和多种经营企业办成企业精简机构，安置富余人员的“蓄水池”，办成待业青年的安置基地和职工的福利基地。

十、求实务实，切实加强企业管理

要一手抓发展、一手抓管理。以求实务实的精神解决好企业内部管理机制的改革和完善。首先，要切实抓好基础管理、现场管理和班组管理。特别是分支机构的“一图三表五簿一台账”，要统一规范。其次，要结合邮电实际，积极推行现代化管理，特别是方针目标管理、全面质量管理和计算机辅助管理。第三，全面推行电信管理标准化。第四，要下功夫抓好通信质量。电信方面，要切实加强自动网的运行情况分析和设备维护管理，解决好“五害”问题。邮政方面，重点是巩固提高邮件规格处理合格率和时限准时率。要切实加强生产过程中的质量控制，强化质量监督检查。要严格贯彻规章制度，加强票款管理。依靠各级地方政府和公安机关，做好保护通线路工作。第五，加强网络管理，完善省地网管中心，建立健全分析制度和报告制度及时解决网上存在的问题。成、渝两市电信局网管小组，要充分发挥枢纽局的作用，严密监视全网运行质量，做好清网、排障工作。

十一、加强和改进执法监督，为改革开放保驾护航

越是改革开放，加快发展，越要加强和改进监察、纪检、审计、公安工作，为改革开放、发展通信保驾护航。纪检、监察工作要认真研究新情况、新问题，切实解决影响党风、政风和廉洁建设的苗头性和倾向性问题；主动做好服务工作，尽力消除各种对邮电发展和生产经营活动不必要的干预；要正确掌握政策，按照“支持改革者、鼓励开拓者、帮助失误者、查处违纪者”的原则，区别情况，慎重处理有关问题；要严肃查处借改革之名谋私、贪污、受贿、严重官僚主义失职、腐化堕落等案件。审计工作要坚持“一审二帮三促进”的原则，重点放在督促、检查有关单位是否用够、用活、用好政策；帮助企业建立内控制度，加强经营管理；帮助企业处理好国家、集体、个人三者关系。邮电公安工作要强化治安体系，坚决打击内贪、外盗、路劫等各种破坏邮电通信的犯罪活动，保护企业财产的安全。

十二、加强思想政治工作，切实改进领导作风

各级邮电部门要坚持“两手抓”的方针，切实加强思想政治工作，力戒形式主义。要运用各种宣传工具和宣传手段，激励广大职工，参与改革，做改革的促进者。特别是“三大制度”的改革，既要积极，又要慎重，“心要热、脑要冷、步要稳”，企业的党组织和政工人员要积极投入改革第一线，加强思想政治工作，群众团体要积极参与，形成合力。要把工作做深做细，增强改革的心理承受力。各种改革方案要从本企业实际出发，采取适合的具体形式，修改完善，形成共识，切不可生搬硬套。

要围绕通信生产经营，做好经常性的思想政治工作，切实抓好干部职工的思想政治教育。要加强领导班子思想作风建设，深入开展学习、团结、勤政、廉洁“四好”活动，各级领导干部要率先垂范，认真抓好党风、局风建设，坚决纠正行业不正之风。要积极按照“一要坚决，二要持久，三要综合治理”的方针，把局风建设和深化改革，加快发展，加强企业管理结合起来，分阶段实现邮电行业风气根本好转的目标。

九十年代是我国通信事业大发展的关键时期，邮电部门各级领导无论在建设与改革方面，都要坚持实事求是的思想路线和求实务实的工作作风。一切改革措施都要从有利于加速通信发展出发，通过大胆试验，取得经验后再推广。要深入实际，调查研究，把功夫下在狠抓落实上。改革成功与否，主要看：（一）不适应邮电生产力发展的那一部分上层建筑和生产关系已经破除，邮电通信能力增强，尽可能地适应经济发展的需要；（二）“三大制度”的改革有大的突破，基本形成干部能上能下、职工能进能出、工资能升能降的局面；（三）企业应有的权限已经下放，相对形成了“自主经营、自负盈亏、自我约束、自我发展”的机制；（四）社会效益和企业经济效益显著提高，职工收入逐年增加，质量服务工作得到社会好评；（五）干部、职工的风险意识、承受能力得到了增强，有效地调动了全员的积极性。

全省邮电部门的干部职工，要振奋精神、解放思想、真抓实干、开拓进取，为胜利实现全省邮电发展目标而努力奋斗！

1992 年 8 月 20 日

四川省邮电通信管理条例

四川省人大常委会第72号公告

第一章　总　则

第一条　为了加强邮电通信管理，提高邮电通信服务质量，保障邮电通信安全畅通，发展邮电通信事业，以适应社会主义现代化建设和人民生活的需要，根据国家有关法律、法规，结合四川实际，制定本条例。

第二条　本省行政区域内的邮电通信工作及通信行业管理，适用本条例。

第三条　各级人民政府应坚持统筹规划、条块结合、分层负责、联合建设的方针，将邮电通信建设纳入国民经济和社会发展计划，优先发展邮电通信事业。

第四条　省邮电管理局主管全省邮电通信和通信行业管理。市（地、州）、县（市、区）邮电局按照省邮电管理局授权管理本行政区域内的邮电通信工作。计划、建设、工商、技术监督、公安、交通等行政管理部门应按职责分工，各司其职，协同省邮电管理局实施本条例。

第五条　邮电部门应坚持人民邮电为人民的宗旨，加快邮电通信设施建设和更新改造，提高邮电通信能力，为社会提供迅速、准确、安全、方便的邮电通信服务。

第六条　通信自由和通信秘密受法律保护。除法律另有规定外，任何组织或个人均不得以任何理由侵犯他人的通信自由和通信秘密。

第二章　邮电通信设施建设

第七条　计划、建设行政主管部门编制国民经济和社会发展计划、城市或村镇总体规划及市政工程年度建设计划，应当包括邮电通信发展计划和建设计划。

第八条　新建住宅区、开发区，旧城成片改造、扩建城市以及进行村镇建设，应将邮电局（所）和通信管线按国家有关规定统一规划，同步建设，并保证通信设施质量。未列入的，建设、规划行政主管部门不予审批。

第九条　新建、改建和扩建车站、机场、港口、码头，应当建设配套的邮电通信设施。

新建、改建和扩建民用建筑，应按民用建筑通信设施及管线设计标准，埋设通信管线，设置信报箱或收发室，其所需费用由建设单位承担。民用建筑通信设施及管线设计标准和验收办法，由省建设行政主管部门会同省邮电管理局制定。

第十条　新建、改建和扩建道路、桥梁、隧道时，有关部门应会同邮电部门，按照国家邮电通信技术标准，预设通信管线或预留位置，并与主体工程同步设计、同步施工、同步验收。

邮电部门应参加有关设计鉴定会审和竣工验收。

第十一条　新建居民区、距离邮电局（所）较远的大型企事业单位及高层建筑物，建设单位应根据邮电网点设置规划要求，提供必要的通信机房和邮电通信服务场所。所需费用，由建设单位与邮电部门协商解决。

第十二条　有关部门应当支持邮电部门在方便群众的地方设置信筒（箱）、报刊亭、公用电话亭等设施。

第十三条　通信线路需要经过桥梁、隧道、城市道路、人防工程、公路、铁路、地下铁道等构筑物时，邮电部门应事先与有关部门协商，有关部门应当支持。

第十四条　邮电部门持有效证件进行邮电通信设施建设、维护等施工作业，任何单位或个人不得刁难、阻挠。邮电部门进行通信线路设施建设、维护等施工作业时，损坏农作物、林木和其他设施，应按规定赔偿。

第三章　邮电通信设施安全与管理

第十五条　通信设施受法律保护。禁止侵占、哄抢、盗窃、破坏通信设施，危害通信安全。

第十六条　任何单位或个人不得侵占、损毁下列邮电通信设施。

（一）邮电局（所）、邮电标志牌、邮政编码牌、宣传栏（牌）、邮电车（船）及其他邮电运输工具；（二）邮亭、信筒（箱）、信报间（箱）、报刊和集邮销售门市部，机场、车站、港口的邮件处理（转运）场（站）；（三）公用电话亭（点）、无线电台、微波站、机务站、增音站、中继站、线路房、卫星通信地球站、天线、移动通信机站及其他附属设施；（四）通信线路及其设备，包括架空线路、杆路、埋设线路、电缆（光缆）、标石、人（手）孔、无线通信的天馈线及其他附属设备。

第十七条　任何单位或个人不得在通信线路、微波通信站、卫星通信地球站、移动通信机站等通信通道的技术保护区域内兴建妨碍通信畅通和危害通信安全的建筑物及其他设施。

邮电部门应将通信通道的技术保护区域报送当地有关行政主管部门备案。

第十八条　因工程建设确需迁移、改变邮电通信设备的，建设单位应事先征得邮电部门同意，所需费用，由建设单位承担。

第十九条　凡在通信线路沿线附近建筑施工、筑路，进行农田水利建设、敷设管道、水下作业、砍伐树木、钻探、爆破、开山取石等，危及通信线路安全的，应事先通知邮电部门，在采取确保通信安全的措施后，方可动工。邮电部门可监督施工。

第二十条　有关单位布设高压输电线路、电站网路、电车线路、电气化铁路接触网、能信线路以及使用干扰性电器设备、排放腐蚀性物质，可能危及邮电通信设施及通信安全的，必须事先通知邮电部门，采取必要的安全措施，并承担所需要费用。

第二十一条　邮电通信用户应遵守下列规定：（一）接入公用通信网的传真机、调制解调器、用户交换机及电话机等通信终端设备，必须符合国家技术标准，并附有省以上邮电部门按规定权限颁发的进网许可证或使用批文；（二）按照核准的项目使用通信设施、设备；（三）不得擅自在公用通信网内接装通信终端设备或影响公用通信网安全运行的设施、设备，并不得擅自扩大或改变通信设施、设备使用性质；（四）按规定缴纳邮电通信资费。

第二十二条 禁止无证收购废旧通信电缆、电线和其他通信器材。废品收购单位收购废旧通信电缆、电线和其他通信器材，必须按规定查验出售单位的证明，并登记出售单位的名称、住址、出售经办人的身份证号码及出售物品的品名、数量。

第四章 邮电通信运输保障

第二十三条 铁路、公路、水运、航空等运输单位应当根据邮电运输合同优先发运邮件，并保障邮电件的安全。

第二十四条 邮电部门在车站、机场、港口、码头转运邮件，有关部门应统一安排装卸或转运的作业场所和出入通道。

第二十五条 执行邮电通信任务的车辆，凭公安机关核发的邮电专用通信证，在确保安全的前提下，不受禁行路线和禁停路段的限制，但应服从交通警察的指挥。执行邮电通信任务的车辆和工作人员违反交通安全法规时，由交通警察登记后放行，待其完成邮电通信任务后再行处理。

第二十六条 持邮电专用通行证执行邮电通信作业的车（船）在进出港口、通过渡口时，应优先放行。

第二十七条 禁止非法拦截、扣留标有邮电专用标志的邮电车（船）。

第五章 通信市场管理

第二十八条 邮电企业经营下列邮电通信业务：（一）信件和其他具有信件性质的物品的寄递；（二）邮票发行、普通邮票出售和集邮品的制作；（三）电话号码簿、邮政编码簿的编印发行；（四）电信公用网的市内电话、农村电话、长途电话、电报、无线移动电话、无线电寻呼、数据通信、可视图文、传真、电视会议电话、可视电话、信息等；（五）电话磁卡的制作、发行和销售；（六）其他邮电通信业务。

第二十九条 非邮电企业和单位经营国务院或邮电部批准放开经营的邮电通信业务，应向省邮电管理局提出申请，经批准取得经营许可证或批文并依法办理工商、税务登记后方可经营；申请经营无线电通信业务的，还须按《中华人民共和国无线电管理条例》的规定办理审批手续。省邮电管理局应在收到申请书之日起30日内予以答复。禁止无证经营邮电通信业务。禁止转让、伪造经营许可证或批文。

第三十条 公用通信网和专用通信网应当统筹规划、协调发展，提倡联合建设。除军队、铁路等有特殊需要的部门或单位可建专用通信网外，其他部门或单位应充分利用公用通信网，避免重复建设。

第三十一条 专用通信网只限内部使用。在公用通信网不能满足需要的地区，经省以上邮电管理部门批准取得批文，并办理工商、税务登记后，可运用专用通信网临时经营部份公用通信业务。

第三十二条 生产、进口、销售通信设备、产品，须符合国家规定的产品质量标准和国家批准进网的标志。不符合标准、无进网标志的，不准进入公用通信网，也不得生产、进口、销售和安装使用。

第三十三条 禁止盗用移动电话号码进行非法复制、倒卖或并机使用。禁止盗用他人长途电话账号、号码偷打电话。禁止偷接他人电话线路并机使用。

第三十四条 任何单位或个人不得伪造或冒用邮电专用标志、名称、邮电日戳、邮政夹钳、邮袋等邮电专用品。

第三十五条 印制邮政通信使用的信封必须符合国家标准，并由省邮电管理局监制。

第三十六条 需要仿印邮票图案的，必须按照仿印邮票图案的有关规定报省邮电管理局审核批准。印制单位不得承印未经批准的仿印邮票图案或与邮票相似的印件。

第六章 邮电通信服务与监督

第三十七条 邮电营业网点必须在明显位置公布营业时间、业务种类、收费项目和标准，为用户无偿提供正确使用邮电通信业务的咨询服务。邮政信箱（筒）应标明开启次数和时间。

第三十八条 邮电企业应设置用户监督意见簿，公布监督电话号码，受理用户来信来访，接受社会监督。

第三十九条 邮电企业受理安装、迁移电话等申请后应根据机线条件、规定的用户类别和提出申请的顺序，在规定时限内安装、迁移。逾期不能安装、迁移的，应向用户说明原因。对交付初装费后超过 3 个月仍未安装并开通电话的，自交款之日起的电话初装费（含工料费）的利息，应返还给交款人。

第四十条 电话发生故障，邮电企业应在规定时限内修复。超过 15 日不能修复的，用户免交当月的基本月租费。

第四十一条 乡（镇）以下的邮件、电报投递，由乡镇人民政府与邮电企业协商，实行民办公助直接投递到户或由乡镇人民政府承包投递等妥投办法。

第四十二条 禁止利用邮电车（船）进行走私、贩毒等违法犯罪活动。邮电部门应当协助有关机关查处利用邮政运输进行走私、贩毒等违法犯罪活动。

第四十三条 邮电通信工作人员应当遵守法律、法规，忠于职守，廉洁奉公，文明服务，恪守职业道德和通信纪律，并遵守下列规定：（一）不得无故拒绝办理、拖延办理邮电通信业务或无故中止邮电通信服务，不得强迫用户使用某项邮电通信业务或强迫搭售任何邮品或其他物品；（二）不得隐匿、毁弃和私自开拆他人邮件、电报和撕揭邮票；（三）不得故意延误邮件、电报传递；（四）不得违反规定乱收费用；（五）不得借工作之便徇私舞弊、刁难、勒索用户或泄露用户的通信秘密；（六）不得无故拖延汇款兑付，不得利用汇款代扣欠款。

第四十四条 经批准经营放开的通信业务的单位及邮电通信业务代办点应当接受邮电部门的监督检查，严格执行邮电通信行业和服务标准和资费标准，不得乱收费用。邮电通信业务代办点、单位收发室收到不属于本单位的邮件、电报时应及时退回当地邮电部门。

第七章 法律责任

第四十五条 邮电企业因自身原因而造成给据邮件丢失、损毁或汇款误兑的，应依照《中华人民共和国邮政法》承担赔偿责任；造成电报稽延或错误以致失效的，应按照有关规定退回所收资费。用户因损失赔偿同邮电企业发生争议的，可以要求邮电企业的上级主管部门处理，对处理不服的可以向人民法院起诉；也可以直接向人民法院起诉。

第四十六条　非法经营信件或其他具有信件性质的物品的寄递业务的，由邮电部门提请工商行政管理部门责令其退回所收的信件或其他具有信件性质的物品，可并处5000元以上10万元以下罚款。

第四十七条　违反本条例第二十九条规定的，按下列规定分别处理：（一）未经批准擅自利用专用通信网对外经营通信业务的，由市（地、州）以上邮电部门决定停止中继线服务；（二）超过批准的通信业务范围经营的，由县级以上邮电部门给予警告，没收违法所得，可并处2000元以上1万元以下罚款，直至由省以上邮电管理部门吊销其通信业务经营许可证或撤销其批文；（三）转让通信业务经营许可证或批文的，由县级以上邮电部门没收违法所得，可并处5000元以上2万元以下罚款，并由省以上邮电管理部门吊销其通信业务经营许可证或撤销其批文；（四）伪造通信业务经营许可证或批文的，由县级以上邮电部门没收违法所得和非法物品，并可处5000元以上2万元以下罚款；构成犯罪的，依法追究刑事责任。

第四十八条　生产、销售、进口不符合国家技术标准和国家批准进网标志的通信设备、产品的，由技术监督、工商行政管理和邮电部门按各自职责依法处理。擅自将没有进网许可证的通信终端设备接入公用通信网的，由县级以上邮电部门责令改正。拒不改正的，没收通信终端设备，直至由市（地、州）以上邮电部门决定停止中继线服务。

第四十九条　违反本条例第三十三条规定的，由县级以上邮电部门责令其赔偿损失，可并处5000元以上10万元以下罚款；构成犯罪的，依法追究刑事责任。

第五十条　违反本条例第三十四条规定的，由县级以上邮电部门没收有关物品，并处200元以上1500元以下罚款。

第五十一条　违反本条例第三十五条、第三十六条规定的，由省邮电管理局责令其停止生产、销售，没收违法所得和非法印制品，可并处违法所得1—5倍的罚款。

第五十二条　邮电通信工作人员违反本条例第四十三条规定的，由邮电部门给予行政处分；构成犯罪的，依法追究刑事责任。

第五十三条　拖延缴纳邮电资费超过规定期限或拒绝缴纳邮电资费的，邮电部门可以中止通信服务，并按规定加收滞纳金。

第五十四条　破坏邮电通信设施，盗窃邮件，盗卖或非法收购通信电缆、电线和其他通信器材的，由公安机关依照《中华人民共和国治安管理处罚条例》的规定处罚，构成犯罪的，依法追究刑事责任。

第五十五条　违反本条例第四十四条第一款规定，擅自提高收费标准的，由县级以上邮电部门责令改正，没收违法所得，可并处500元以上1万元以下罚款，拒不改正的，取消其代办资格。

第五十六条　违反本条例造成邮电通信设施损坏或阻断通信的，有关责任单位或个人应承担赔偿责任；构成犯罪的，依法追究刑事责任。

第五十七条　依照本条例实施的行政处罚，按照《中华人民共和国行政处罚法》的规定执行。

第五十八条　当事人对行政处罚决定不服的，可以依法申请行政复议或提起行政诉讼。当事人逾期不申请复议，不起诉，又不履行处罚决定的，由作出处罚决定的机关申请人民法院强制执行。

第八章 附 则

第五十九条 本条例实施中的具体问题，由省邮电管理局负责解释。

第六十条 本条例自一九九七年三月一日起施行。

1996 年 12 月 24 日

四川省电信网间通信故障处理管理规定（试行）

川通局〔2002〕144 号

第一条 为规范网间通信故障处理流程，保证网间通信故障处理及时和有效，提高各电信运营商之间网间通信质量，四川省通信管理局制定本规定。

第二条 省内各电信运营公司应当按照本规定要求对网间通信出现的故障及时采取有效措施进行处理，加强协调和配合，缩短故障历时，不得拖延时间和推诿责任。

第三条 本规定所称网间通信故障是指互联的交换、传输或其他互联有关设备故障，互联线路故障，互联电路故障，互联信令故障，网间通信严重不畅，以及各公司内部网络故障造成与之互联的其他运营公司的用户业务不通或有明显感知的、频发性的断话、错话等情况。

本规定所称网间通信严重不畅，是指接通率（名词解释见后）低于 30%，网间接通率（名词解释见后）低于 80%。

第四条 电信网间通信故障等级：

1. 重大事故：网间通信全阻历时大于 60 分钟（包括 60 分钟）；

2. 一般中断事故：网间通信全阻历时小于 60 分钟；

3. 严重故障：

·某一局向中继故障历时大于 90 分钟；

·某一业务故障历时大于 90 分钟；

·接通率低于 30%；

·网间接通率低于 80%；

·各个公司自身网络内部原因造成与之互联的其他公司网络的用户业务不通或用户有明显感知的、频发性的断话、错话等情况。

4. 一般故障：除重大事故、一般中断事故和严重故障外的其他故障。

第五条 各个电信运营公司应提供各自市州分公司的用于网间通信故障处理的24小时报障电话，并相互交换维护管理责任人、工作人员名单和联系方式，便于各公司进行相互联系和工作协调。各省级公司汇总后报四川省通信管理局备案。若24小时保障电话、人员或联系方式发生变化，必须在一周内通知相关其他电信运营公司并报四川省通信管理局备案。

各市州分公司的24小时报障电话应承担24小时受理网间通信故障申告并作出相应通知、安排的义务；各市州分公司相关责任人应承担及时协调处理网间通信故障的义务。

第六条 各市州电信运营公司一旦发现网间通信故障，应立即向对方公司的24小时报障电话申告。

报障电话负责做好故障申告记录，并负责立即通知本方相关部门或人员采取措施、配合故障申告方共同排查故障、按照处理时限要求、尽快恢复通信。

第七条 在故障处理过程中，双方应建立故障分析制度，互联双方有责任和义务配合对方开展故障分析和排查故障等工作。双方应加强沟通，紧密配合，积极主动采取各种措施排查故障，缩短故障历时。

对于难度大、技术要求高的故障，省级公司应积极主动给予技术、人才、物资等各方面的大力支持与支撑。

在故障处理过程中，双方应对有关局数据、信令数据、话务量数据以及各种设备状态数据进行采集、记录、保存和交换，并对故障处理过程、处理方法以及双方配合情况进行书面记录。书面记录至少保存半年。四川省通信管理局进行相关调查、处理时有权调阅各种相关记录。

第八条 各公司发生网间通信故障时，应遵照如下的网间通信报告制度：

1. 当发生电信网间通信重大事故时，相关公司必须按照《公用电信网间互联管理规定》（信息产业部9号令）和《电信运营业重大事故报告规定（试行）》（信部电〔2002〕114号）规定的时限、程序向信息产业部和四川省通信管理局报告。

2. 当发生电信网间通信一般中断事故时，相关公司必须向四川省通信管理局报告，报告时限参照《电信运营业重大事故报告规定（试行）》（信部电〔2002〕114号）的报告时限。

3. 当发生电信网间通信严重故障和一般故障时，若规定时限内网间通信故障仍未排除的，应在24小时内由省级公司向四川省通信管理局作出简要书面报告，网间通信故障完全恢复后的三日内由省级公司向四川省通信管理局作出专题书面报告。

4. 当同一互联点同一故障一个月内出现3次以上时，相关省级公司向四川省通信管理局作出同一故障频发书面报告。

第九条 各公司发生网间通信故障，双方省公司经过多次分析仍然有异议，由省级公司向四川省通信管理局申请互联故障争议协调，省局将对重大事故、典型、频发性的故障组织召开故障分析调查会，必要时将召开专家听证会。

第十条 电信网间通信故障处理时限：

1. 互联设备（包括交换、传输、信令、电源等互联有关的设备，包括软、硬件系统）瘫痪的处理时限为6小时；

2. 互联光缆中断故障的处理时限为12小时；

3. 互联中继故障的处理时限为6小时；

4．互联信令故障的处理时限为6小时；

5．由于多种原因造成接通率低于30%，网间接通率低于80%，以及各公司内部网络故障造成与之互联的其他运营公司的用户业务不通或用户有明显感知的、频发性的断话、错话等情况的处理时限为24小时。

第十一条 互联各方在处理网间通信故障时，应积极配合，及时采取有效措施，按照处理时限要求尽量缩短故障历时，保证网间通信畅通，对拖延处理故障、超过故障处理时限的，省局视情节及态度给予通报批评；对故障情节严重的，省局将按照《中华人民共和国电信条例》进行处罚；对人为原因造成的，触犯刑律、构成犯罪的，根据《中华人民共和国刑法》第一百二十四条、《全国人民代表大会常务委员会关于维护互联网安全的决定》第一条第三款的规定，移交司法机关依法追究其刑事责任。

名词解释：

1．接通率=（被叫用户应答总次数/网间中继呼叫占用总次数）×100%

2．网间接通率=（网间中继呼叫占用总次数/网间中继呼叫试占总次数）×100%

2002年8月19日

四川省通信管理局通信执法管理办法（试行）

川通局〔2002〕174号

一、为了规范通信行政执法行为，保障公民、法人和其他组织的合法权益，推进依法行政，根据《中华人民共和国行政处罚法》、《通信行政处罚程序规定》，制定本办法。

二、通信行政执法应遵循公开、公正的原则，有法可依，执法必严。

三、通信行政执法，包括执法检查及依法调查、询问、取证时，应主动出示执法证件，执法人员一般不得少于2人。

四、对公民处50元以下、对法人或其他组织处1000元以下罚款或者警告的通信行政处罚，适用简易程序，即可以当场作出处罚决定，当场收缴罚款，并向当事人出具罚款收据。

五、通信行政案件的查处，一般包括立案、调查、取证、处理意见报告、处罚意见告知、听证、听证会报告、正式处罚决定等程序。

六、立案。通信行政案件应当在7日内立案。立案时，办案人员应当填写《行政处罚立案呈批表》，经部门负责人同意，报局长审定。

七、调查取证。调查取证包括依法询问当事人、现场勘验、专门鉴定、抽样取证或登记保存等方式。前往有关单位调查时，应事先书面通知。

1. 询问当事人应做有《询问笔录》，询问完毕后执法人员应要求被询问人核对后签名或盖章，涉及重大案件时可加盖手印。询问人员亦应签名或盖章。

2. 因查案需要，执法人员有权进行现场勘验。现场勘验时，应通知当事人到场，制作《勘验检查笔录》。《勘验检查笔录》由执法人员、当事人签名确认。当事人拒不到场的，可以邀请其他人到场签名作证。

3. 查案中涉及的专门性问题，交由法定鉴定部门进行鉴定；没有法定鉴定部门的，应当提交公认的鉴定机构或组织专家小组进行鉴定。

4. 涉案的重要书证、视听资料、物证，执法人员有权进行复制、抽样取证或登记保存。登记保存的物品，应当制作《证据登记保存清单》，并在7日内依法对该物品作出处理决定。

八、案件调查结束后，办案人员应根据查清的事实及相关法律、法规，提出并制作《案件处理意见报告》，经本部门负责人、法规部门负责人审核同意后，报局长审批。

九、《案件处理意见报告》经局长审查同意后，办案人员应按规范文书格式要求，制作《行政处罚意见告知书》，内容包括拟给予的行政处罚的理由和依据、处罚措施以及当事人在收到该告知书后3日内陈述、申辩的权利，符合听证条件的，可以要求听证。《行政处罚意见告知书》的局内审批过程同第八条。

十、拟对公民罚款1万元以上、对法人或其他组织罚款10万元以上的行政处罚，当事人可以要求听证。

十一、听证由法规部门负责组织。法规部门应在举行听证7日前送达《行政处罚听证会通知书》，告知当事人听证会时间、地点、主持人名单及可以依法申请回避和可以委托代理人等事项，并通知案件调查人员。

十二、依法举行听证会后，听证主持人应根据听证情况，制作《行政处罚听证会报告书》并提出处理意见，连同听证笔录，报局长审查。

十三、通信管理局已决定实施行政处罚的，由办案人员依规范文书格式要求，起草《行政处罚决定书》，经本部门负责人、法规部门负责人审核后，报局长审定。

十四、《行政处罚决定书》送达当事人时，应要求当事人在送达回证上签名或盖章，并记明日期。当事人拒绝接收《行政处罚决定书》的，送达人应邀请第三方代表到场见证，将该决定书留其单位或住所，在送达回证上记明拒收事由，由送达人、见证人签名或盖章。

十五、行政处罚决定中有罚款的，将《行政处罚决定书》同《四川省政府非税收入缴款凭证》（一式四联）一起送达当事人。由当事人在银行办理缴款手续后，持转账回单到通信管理局财务部领取罚款收据。直接现金缴纳罚款的，由通信管理局账户划转到财政罚没专户。

十六、当事人对行政处罚决定不服可申请行政复议或者提起行政诉讼，行政处罚不停止执行，法律另有规定的除外；申请行政复议的期限为《行政处罚决定书》送达之日起60日内，提起行政诉讼的期限为《行政处罚决定书》送达之日起90日内。

十七、当事人逾期不履行行政处罚决定的，通信管理局可依法申请人民法院强制执行。申请执行书应当自当事人收到《行政处罚决定书》之日起270日内向法院提出。处罚决定中有罚款的，可依法从到期之次日起，每日加处罚款数额3%的罚款。

十八、通信行政处罚案件的查处工作，应当自立案之日起60日内完成；经局长批准，可以延长至90日；特殊情况下仍不能完成，须报经信息产业部批准，可延长至180日。

十九、通信行政处罚案件终结后，办案人员应填写《行政处罚结案表》，将全部材料立卷归档，依照当场处罚程序的在3日内、依照一般性处罚程序的在7日内报法规部门备案。

二十、本管理办法自2002年10月1日起执行。本管理办法解释权属省通信管理局法规部门。

2002年10月16日

四川省通信短信息服务管理暂行办法

川通局〔2004〕119号

第一条 为了规范我省通信短信息服务业务，促进通信短信息服务业务健康有序发展，保障通信短信息服务业务用户权益，根据《中华人民共和国电信条例》和相关法律、法规，制定本办法。

第二条 本省从事通信短信息服务业务经营活动的组织和个人，必须遵守本办法。

第三条 本办法所称通信短信息服务业务是指移动电话、固定电话的增值电信业务之一，其表现形式为通信短信息服务业务经营者、移动电话用户、固定电话用户以及互联网用户所制作、复制、发送、接收的文字、数据、图像等形式的信息内容，通过移动通信网或固定电话网向电信终端设备传递信息和数据检索等信息服务的业务。

第四条 四川省通信管理局对本省的通信短信息服务业务经营活动实施监督管理。

第五条 根据《中华人民共和国电信条例》的规定，对通信短信息服务业务实行许可证管理，凡在本省从事通信短信息服务业务的均须获得四川省通信管理局颁发的通信短信息服务业务经营许可证；跨省从事通信短信息服务业务的须向信息产业部申请通信短信息服务业务经营许可证，并在取得许可证后到四川省通信管理局备案。

第六条 申请经营通信短信息服务业务除须具备信息产业部《电信业务经营许可证管理办法》规定的条件，还须符合下列要求：

（一）设有信息安全管理岗位和网络管理岗位，岗位人员必须持证上岗；

（二）取得当地公安部门的备案证明。

第七条 申请通信短信息服务业务经营许可证，除提交申请增值电信业务必须的材料外，还须提交下列材料：

（一）通信短信息服务业务经营许可证申请表和信息安全责任书；

（二）信息安全保障措施，包括网站安全保障措施、信息安全保密管理制度、编发稿审核制度、用户信息安全管理制度；

（三）从事新闻、游戏等内容的服务业务，持有相关主管部门的前置批准文件；

（四）信息安全管理领导岗位人员和信息安全管理岗位人员的上岗证书；

（五）本地化客户服务、受理用户投诉的客服电话。

第八条 四川省通信管理局受理通信短信息服务业务经营许可证申请后，在60个工作日内审查完毕，并作出批准或不予批准的决定。批准的，颁发经营许可证；不予批准的，书面通知申请人并说明理由。

第九条 基础电信业务经营者应当配合四川省通信管理局对通信短信息服务业务的信息安全进行管理。基础电信业务经营者应与通信短信息服务业务经营者签订协议，明确双方的权利和义务。对违反法律、法规和本办法的通信短信息服务业务经营者，应按四川省通信管理局的要求中断连接；发现有害信息应及时采取措施，防止扩散，保存有关记录，并向有关国家机关报告。

基础电信业务经营者不得为未取得通信短信息服务业务经营许可证或未办理备案手续的通信短信息服务业务经营者提供连接。

第十条 基础电信业务经营者、通信短信息服务业务经营者和短信用户不得利用通信短信息服务制作、复制、发布、传播含有《互联网信息服务管理办法》（国务院令第292号）中明令禁止的信息内容。

第十一条 任何组织和个人不得利用通信短信息恶意骚扰他人，基础电信业务经营者和通信短信息服务业务经营者对用户发送的群发短信应予以限制，每次群发不得超过二条。

第十二条 各基础电信业务经营者及通信短信息服务业务经营者的服务系统应当自动记录通信短信息的发送与接收时间、发送端和接收端的电话号码或者代码并保存5个月。

各基础电信业务经营者及通信短信息服务业务经营者的服务系统在发送通信短信息服务时，应当将发送端电话号码或者代码一并传送，使接收端能够显示发送端相关信息。不得发送缺少发送端电话号码或者代码的通信短信息。

第十三条 基础电信业务经营者及通信短信息服务业务经营者在进行各种形式的业务宣传时，应突出提醒用户收费标准、订制方式和退订方法。特别是为用户通过短信参与电视、广播等媒体举办的节目提供服务时，在告知用户使用方式的同时，必须明示相应收费标准和收费方式，且包月服务必须经用户确认。

第十四条 基础电信业务经营者及通信短信息服务业务经营者在提供通信短信息服务时，包月类、订阅类短信服务，必须事先向用户请求确认，且请求确认消息中必须包括收费标准。若用户未进行确认反馈，视为用户撤销服务要求。

第十五条 严格按照用户要求的服务内容向用户提供通信短信息服务，不得擅自改变发送通信短信息的数量和频次，不得擅自改变收费方式和降低服务质量。对用户要求的单条即时通信短信息服务，如因传输容量等原因需要回送多条短信内容的，只能收取一条相应信息的信息费。

第十六条 用户要求退订所订制的通信短信息服务的，通信短信息服务业务经营者应当按照约定停止收费。未就收费停止时间作出约定的，通信短信息服务业务经营者应立即停止收费。

第十七条 在全省范围内实现方便用户退订短信的以下措施：

（一）用户通过手机终端编辑“0000”发送到通信短信息服务业务经营者的服务代码，可查询到由该通信短信息服务业务经营者提供的所有通信短信息服务订制情况及相应资费标准，并可以根据返回菜单进行选择退订；

（二）用户编辑“00000”发送到通信短信息服务业务经营者的服务代码，可一次性退订由该通信短信息服务业务经营者提供的所有通信短信息服务业务；

（三）各移动通信企业客服中心在进行用户鉴权的前提下，应能够提供代查询、代退订短信服务。

第十八条 基础电信业务经营者在向用户提供电话业务收费单据时，若存在为通信短信息服务业务经营者代收的信息费，应同时向用户提供通信短信息服务业务经营者的名称、代码和代收金额，并注明“代收费”字样。

用户要求提供信息服务收费清单的，基础电信业务经营者和通信短信息服务业务经营者应免费提供。

第十九条 用户对通信短信息服务费产生异议或对服务质量不满意时，基础电信业务经营者与通信短信息服务业务经营者均应遵循“首问负责”的原则，共同协商处理，不得互相推诿。受理用户投诉后，在15日内无法确定责任时，基础电信业务经营者应先行向用户做暂退费处理。

第二十条 用户如对基础电信业务经营者、通信短信息服务业务经营者的投诉处理结果不满意或者投诉后15个工作日内未得到答复的，可以向四川省电信用户申诉受理中心12300提出申诉。

第二十一条 实行通信短信息服务业务季报登记制度，各基础电信业务经营者每季度第一个月15日前须将上一季度的《通信短信息业务季报登记表》报四川省通信管理局。

第二十二条 基础电信业务经营者、通信短信息服务业务经营者和短信用户违反本办法规定的，四川省通信管理局将依据《中华人民共和国电信条例》等有关法律、法规予以处罚。

第二十三条 本办法由四川省通信管理局负责解释。

第二十四条 本办法于公布之日起施行。

2004年7月26日

四川省突发公共事件通信应急专项预案

川通局〔2004〕123号

第一章 总 则

第一条 为了做好突发公共事件（包括自然灾害突发事件、事故灾难突发事件、突发公共卫生事件和突发社会安全事件等）情况下的通信保障工作，确保在应急期间党政军领导机关及现场指挥的通信畅通，根据《国务院有关部门和单位制定和修订突发公共事件应急预案框架指南》，及信息产业部《战备应急通信管理规定》，结合我省实际，特制订本预案。

第二条 突发公共事件中，通信应急工作原则为：统一领导、分级负责；严密组织、联合协作；反应灵敏、运转高效；资源共享、保障有力。

第三条 本预案适用于四川省范围内基础电信运营企业，在突发事件情况下的通信应急指挥、协调和保障工作，以最大限度降低各种突发事件产生的不利影响，维护国家安全和社会稳定。

第四条 四川省内各基础电信运营企业应在本预案指导下，制定企业应急通信保障预案。

第二章 通信应急保障机构及职责

第五条 四川省突发公共事件通信应急组织架构为：

1. 设立四川省突发公共事件通信应急工作领导小组，负责配合省政府及突发公共事件相关主管部门，制定和修订突发公共事件应急通信预案，指挥协调我省电信运营企业做好应急通信组织和保障工作。负责决定和处理突发事件中通信应急的重大事宜，协调、调度我省电信运营企业通信网络资源用于应急通信。领导小组由四川省通信管理局主要负责人任组长，四川省电信公司、四川移动通信公司、联通四川分公司、四川省通信公司、铁通四川分公司、卫通四川分公司的主管副总经理、四川省通信管理局主管副局长及四川省专用通信局局长任副组长。

2. 四川省突发公共事件通信应急领导小组下设办公室。由省通信管理局、各电信运营公司、省专用通信局主管应急通信的部门负责人任成员。

3. 各电信运营企业和省专用通信局应设立各自的突发公共事件通信应急领导和工作机构。

4. 四川省通信应急保障队伍，由四川省电信公司及四川省机动通信局，四川移动通信公司、联通四川分公司、四川省专用通信局的应急机动通信保障队伍组成。

第六条 四川省突发公共事件通信应急办公室职责主要包括：

1. 贯彻执行省政府处置突发公共事件的规章制度和政策规定；

2. 执行突发公共事件通信应急工作领导小组安排布置的各项工作；

3. 组织和协调各电信运营企业完成突发公共事件的通信应急任务；

4. 审定各电信运营企业通信应急保障预案和应急物资储备计划，指导通信应急队伍的建设；

5. 督促检查通信应急工作完成情况和通信应急物资的保管、维护和使用情况。

第七条 各电信运营企业和省专用通信局通信应急保障机构职责包括：

1. 服从突发公共事件通信应急工作领导小组统一指挥调度，执行上级主管部门下达的通信应急保障任务，确保在应急期间党政军领导机关及现场指挥的通信畅通；

2. 制定企业通信应急保障制度和保障预案，建立本单位通信应急保障队伍及机动应急保障队伍；

3. 完成负责通信应急设备和设施维护管理；

4. 组织对本企业通信应急保障人员进行业务培训，提高通信应急管理和操作水平。

第八条 四川省通信应急保障队伍职责包括：

1. 执行下达的应急机动通信保障任务，协助政府有关部门保证应急现场指挥的通信畅通；

2. 完成归属电信运营企业的通信应急保障任务；

3. 负责对机动通信设备、车辆的维护；

4. 组织对本单位通信应急保障人员进行业务培训，提高业务技能。

第三章 突发公共事件通信应急响应流程

第九条 依据突发事件制定如下保障预案：

1. 突发自然灾害的应急响应

当突发自然灾害事件，省政府或省政府救灾办向突发公共事件通信应急工作领导小组提出通信保障要求后，通信应急工作领导小组及办公室通知相关运营公司的通信应急工作领导小组和办公室成员，相关运营公司立即启动企业通信应急预案。突发自然灾害造成通信网络中断的，各公司要立即组织进行通信网络抢修，迅速到达现场组织抢通，并架设通信应急设备，架设临时专用线路，优先保证灾害现场指挥部与上级救灾指挥部的通信畅通，优先保证党政军的通信畅通，尽快恢复民用通信。突发自然灾害未造成通信网络中断的，要确保灾难现场指挥部与上级处置指挥部的通信畅通；要确保相关党政军通信线路正常、通信畅通，若必要就要架设临时专用线路；及时向上级指挥部和省通信应急工作领导小组及办公室报告情况；省通信应急工作领导小组及时向省政府和省政府救灾办报告。

2. 突发事故灾难的应急响应

当突发事故灾难事件，省政府或省安监局向突发公共事件通信应急工作领导小组提出通信保障要求后，通信应急工作领导小组及办公室通知相关运营公司的通信应急工作领导小组和办公室成员，相关运营公司立即启动企业通信应急预案。优先保证灾难现场指挥部与上级处置指挥部的通信畅通；要确保相关党政军通信线路正常、通信畅通，若必要就要架设临时专用线路；及时向上级指挥部和省通信应急工作领导小组及办公室报告情况；省通信应急工作领导小组及时向省政府和省安监局报告情况。

3. 突发公共卫生事件的应急响应

当突发公共卫生事件，省政府或省卫生厅向突发公共事件通信应急工作领导小组提出通信保障要求后，通信应急工作领导小组及办公室通知相关运营公司的通信应急工作领导小组和办公室成员，相关运营公司立即启动企业通信应急预案。优先保证灾害现场指挥部与上级救灾指挥部的通信畅通；要确保相关党政军通信线路正常、通信畅通，若必要就要架设临时专用线路；及时向上级指挥部和省通信应急工作领导小组及办公室报告情况；省通信应急工作领导小组及时向省政府和省卫生厅报告情况。

第四章 通信应急保障制度

第十条 突发公共事件导致通信设施损坏或通信系统过负荷。通信异常状态的划分，按通信设施破坏性、以及系统过负荷情况划分一级、二级、三级，其含义如下：

1. 一级异常状态：影响省际或省内的通信中继，如通信枢纽遭到破坏或部分传输干线阻断；或者影响全省性的交换、信令核心节点、枢纽局出现过负荷情况。

2. 二级异常状态：影响一个地市到外界的通信，如地市局的枢纽遭到破坏或省内部分干线阻断；或者影响某一地区的交换、信令核心节点、枢纽局出现过负荷情况。

3. 三级异常状态：影响某个本地网内、部分用户的通信，如某个汇接局、重要端局受到破坏，造成局部通信中断；或者部分交换、信令节点出现过负荷情况。

第十一条 通信出现重大中断时，通信应急保障及抢修应遵循先中央、省上、后地方，先重点、后一般，先急后缓，以迂回恢复为主，抢修为辅助手段；先省际电路，后省内电路；先长途电路，后市话电路；先长途交换，后市话交换；先应急通信和党政军通信，后民用通信。

电路调度顺序如下：

1. 首长专线：中央首长、省（区、市）首长专线；
2. 突发事件处理指挥联络通信电路；
3. 党政专网电路；
4. 首都至各省（区、市），或省至市、州、县应急直达电路；
5. 保密、机要、安全、公安、武警、军区、民航等重要电路；
6. 对地震、防火、气象、水利等单位与地震、防火、防汛有关的电路；
7. 银行、证券、民航、海关等与国民经济密切相关的部门电路；
8. 其他重要通信电路。

第十二条 各电信企业要根据通信异常状态等级制定相应保证措施和预案，特别对重大公共突发事件引发通信设施过负荷情况下，各电信企业要制定细致的通信网络迂回路由调度方案，重要系统和设备过负荷应急处置方案等相应措施，确保通信网络正常运行。

第十三条 为确保紧急情况下各电信企业通信网络的正常运行，根据需要，四川省突发公共事件通信应急工作领导小组有权调用相关电信企业传输、电源等资源。

第十四条 通信应急必备资料：

1. 1∶600 万全国地图、1∶50 万四川省地图、市（州）地图、县（市）地图、四川省各电信运营企业网络拓扑图；
2. 长途及本地通信网络拓扑图、通信应急保障预案、异常情况处理流程图；
3. 通信应急保障物资储备器材的型号、数量、存放地点等清单；
4. 相关单位、部门及主管领导联系方式。

第五章　后勤保障

第十五条 各单位平时须储备一定数量的通信应急及抢修时用的通信器材和设备，作为储备物资，在自然灾害、突发事件等情况下抢险救灾用。如果储备的通信设备平时为社会提供服务，遇有异常情况，必须优先保证通信应急用。

第十六条 列入储备物资的范围有：各种通信应急用的机动通信车，光缆、电缆、油机、微波、PDH 光传输设备、SDH 光传输设备、GSM 基站设备、微蜂窝和电源设备等。

2004 年 7 月 29 日

四川省电信网间互联结算争议协调程序

川通局〔2004〕126号

为促进我省电信业务市场的有序竞争，进一步理顺各电信运营企业网间互联结算的关系，加强各电信运营企业的合作，明确职责，根据信息产业部《公用电信网间互联结算及中继费用分摊办法》（信部电〔2003〕454号）和《电信网间互联争议处理方法》（信产部第15号令）的规定，现就各电信运营企业申请协调电信网间互联结算争议有关事项的程序规定如下：

一、电信网间结算争议协调处理程序：

第一阶段：市、州一级电信运营企业协商处理阶段

（一）当电信运营企业发生电信网间互联结算争议或问题时，首先应在市、州一级进行沟通和协商，商请对方公司协商应以正式文件或文函的书面形式按照双方互联协议条款规定，确定协商的内容和时间；

（二）协商会由双方分公司主要负责人牵头组织，双方负责网间互联结算的业务和技术人员要认真核对和分析差异原因，双方分公司负责人应对每次协商会的会议纪要当场进行签字确认，复印给双方备查；

（三）市、州分公司之间必须就争议问题召开协商会的次数在三次以上；

（四）若经15个工作日和争议双方三次以上协商仍未能达成一致意见，则由提出问题的一方将争议内容、双方各自提出的协商处理意见及理由等真实纪录，填报《四川省电信网间互联结算争议协调申请表》，由双方分公司负责人签字确认后，报双方省公司，同时必须附上双方分公司沟通和协商的会议纪要、往来函件、相关数据资料等。

第二阶段：省级电信运营企业协商处理阶段

（一）提出争议方的省级电信运营公司在收到分公司报送的申请表后，应及时与对方的省级电信运营公司进行协商，其程序和要求与第一阶段相同；

（二）若双方协商失败，则由提出争议方的省公司填报《四川省电信网间互联费结算争议协调申请表》，以正式文件提请省通信管理局进行协调，所提交申请表须附上双方市、州分公司、省公司协商的全部会议纪要、往来文（函）件和相关数据资料等。

第三阶段：省通信管理局协调阶段

（一）省通信管理局在收到提请协调的正式文件和《四川省电信网间互联结算争议协调申请表》后，对协调申请的内容进行初步审查，经审查发现申请协调争议的内容不符合“电信网间互联有关的费用而产生的争议”时，省通信管理局在5个工作日内书面答复不予受理或告知由相关机构处理。

（二）经审查符合信息产业部《电信网间互联争议处理方法》（第15号令）及我省有关电信网间互联结算争议协调相关规定要求的，省通信管理局在7个工作日内正式按下列程序开始进行协调：

1. 听取争议双方的陈述，确定主要分歧，开展必要的调查研究，省通信管理局提出初步协调意见。争议双方如接受初步协调意见，结束协调工作。

2. 如争议一方或双方均不接受初步协调意见，在征求“四川省电信网间互联争议论证专家”意

见后，省通信管理局提出协调意见，争议双方如无异议，结束协调工作。

3. 上述协调不能使争议双方达成协议的，由省通信管理局组织“四川省电信网间互联争议论证专家”（5 人以上）和争议双方当事人进行论证。在论证期间，对需要进一步由有关方面说明的情况或需要现场调查的项目，由省通信管理局组织调查研究，并请专家再次论证和提出网间互联争议的解决方案。省通信管理局在充分根据专家的公开论证结论和提出的网间互联结算争议的解决方案，在 45 个工作日内由省通信管理局主要负责人签署后，发争议双方执行，并报备信息产业部。

4. 争议双方如对省通信管理局作出的网间结算争议解决方案不服，可按相关法规的规定向上级行政机关提出行政复议。

5. 省通信管理局在协调的每一阶段，均形成《四川省通信管理局会议纪要》，发争议双方和省内其他主要电信运营企业。

6. 各电信运营企业向省通信管理局提交申请协调处理网间结算费争议的报告时，应做到尊重事实，客观公正，陈述的事实、报送的资料和数据真实完整，不得歪曲或隐瞒事实。否则，按有关规定处罚当事人和负责人。

二、在对有争议网间互联结算的协商和论证期间，任何一方不得阻碍其他按双方协议进行的正常网间互联结算工作。

三、提请上级主管部门协调网间互联费结算争议的一方，在上级主管部门进行协调和论证期间，如与对方达成了一致的协商意见，可以向上级主管部门撤回协调申请，同时应提交双方负责人签字的相关文件资料。

四、对省内各电信运营企业不按双方网间互联协议规定的结算周期进行网间互联费进行结算，拖欠或无正当理由拒绝支付网间结算费的，省通信管理局在组织相关专业人员调查论证后，省通信管理局可根据有关法规进行处罚，并可建议信产部或相关电信企业集团总部对企业的责任人和主要领导给予行政处分。

2004 年 8 月 3 日

四川省电信网码号资源管理细则（暂行）

川通局〔2004〕号

第一章　总　则

第一条　为合理配置和有效利用电信网码号资源，促进电信市场健康发展，根据《中华人民共和国行政许可法》、《中华人民共和国电信条例》和《电信网码号资源管理办法》(信息产业部令第28号),制定本管理细则。

第二条 在四川省行政区域范围内使用电信网码号资源(以下简称码号资源),应当遵守本细则规定。

第三条 四川省通信管理局管理的码号资源范围包括:

(一)核配四川省内本地电话网局号;

(二)审批四川省内使用的电信业务接入码、客户服务中心接入码、智能网业务接入码等短号码;

(三)核配四川省内专用网单位、增值电信业务经营者使用的国内七号信令点编码;

(四)对信息产业部审批,在四川省内使用的1字头号码、95×××短号码及其他短号码、国内No. 7信令点编码进行备案;

(五)对采用固定电话用户号码或者移动用户号码作为电信业务接入号码进行备案。

第二章 码号资源的申请与审批

第四条 申请使用码号资源的条件:

(一)短号码申请:

1. 必须是具有独立法人资格的电信业务经营者、社会团体、政府部门和其他企事业单位。

2. 申请电信业务接入码的,必须具备相关电信业务经营许可证。

3. 申请全省性96×××短号码的,申请人必须在四川省内三个(或以上)的市州准备开通相关业务。申请成都市962×××短号码的,申请人须在成都市准备开通相关业务。

(二)本地电话网局号申请:申请人为基础电信业务经营者或专用电信网单位;专用电信网单位设有两个或以上交换点,交换机容量达到3000门以上,才可以单独申请使用局号。

(三)国内七号信令点编码申请:申请人为获得使用本地网局号的四川省内专用电信网单位;或者省内增值电信业务经营者。

第五条 申请人按申请码号用途,提交以下申请材料:

短号码申请应填报的格式文本;本地电话网局号申请表;国内七号信令点编码申请表:

第六条 码号资源审批程序:

(一)申请人向省通信管理局递交完整的申请材料,并对申请材料实质内容的真实性负责。申请材料不齐全或者不符合法定形式的,应按要求及时补交;

(二)申请材料齐全、符合法定形式的,省通信管理局予以受理,并出具加盖省局专用印章和注明日期的书面凭证;

(三)四川省通信管理局对申请人提交的申请材料进行审查,必要时对申请人的业务设备、线路准备情况、营业服务场地等进行实地考察核实;

(四)对申请人的申请符合法定条件、标准的,四川省通信管理局向申请人颁发码号资源批准文件,依法作出不予批准使用码号资源的,说明其理由;

(五)四川省通信管理局自受理码号申请之日起二十日内作出批准决定。二十日内不能作出决定的，经省局负责人批准，可以延长十日，并将延长期限的理由告知申请人；

（六）四川省通信管理局自作出批准码号的决定之日起十日内向申请人颁发批准文件。

第三章 码号资源的备案

第七条 申请备案条件：

（一）申请人已经获得信息产业部核配的1字头号码、95×××短号码及其他短号码、移动H码、国内No.7信令点编码的批准文件；

（二）用于增值电信业务接入码的备案，申请人还须完成省内电信业务经营许可证的备案；

（三）对采用本地网固定电话用户号码或者移动用户号码作为电信业务接入号码的，应充分说明使用该号码的理由和必要性。

第八条 申请人按申请码号用途，应提交的申请材料：

（一）短号码备案申请格式文本；

（二）移动H码备案：申请报告，备案的移动网网号、H0H1H2H3、使用地本地网名称；

（三）电信业务经营者使用的国内七号信令点编码备案：申请报告，使用七号信令点编码的本地网名称、使用地、设备名称等。

第九条 码号资源备案程序：

（一）申请人向省通信管理局递交完整的的申请材料，并对申请材料实质内容的真实性负责，材料不齐全或者不符合法定形式的，应按要求及时补交；

（二）四川省通信管理局对申请人提交的申请材料进行审查；

（三）对申请人的申请符合法定条件、标准的，四川省通信管理局自受理备案申请之日起二十日内，向申请人和相关电信业务经营者发出码号资源备案通知书。

第四章 码号资源开通和使用

第十条 码号资源的开通应按以下程序：

（一）码号资源使用者从四川省通信管理局获得码号使用权或经过码号备案后，向相关省级基础电信业务经营者提出开通码号的书面要求，并附省通信管理局的批准或备案文件；

（二）码号资源使用者可以书面委托其接入方的电信业务经营者办理在其他电信业务经营者网内的开通手续。受委托电信业务经营者应持码号资源使用者的委托书，向相关电信业务经营者提出开通码号的书面要求；

（三）对于本地电话网局号、移动H码、七号信令点编码及用于客户服务中心业务短号码，省级电信业务经营者应自收齐码号资源使用者或委托者要求开通码号书面材料之日起，通知其码号开通范围内所有子公司或其他分支机构在二十日内开通码号；

（四）对于开通四川省内增值电信业务接入号码的，码号使用者应与相关省级基础电信业务经营者协商签署码号开通协议。相关省级基础电信业务经营者原则上应在二十日内与码号使用者签署协议，并自协议签署之日起十日内，通知其码号开通范围内所有子公司或其他分支机构开通码号。

第十一条　码号使用者与相关电信运营企业在开通码号资源中发生争议，应相互协商解决。因相关基础电信业务经营者原因，未在规定期限内开通码号资源的，码号使用者可以向省通信管理局正式申请协调。

第十二条　码号使用者在获得码号使用权后，应在六个月期限内启用相关码号资源。

第十三条　码号使用者应当严格按照码号主管部门审批时规定的码号结构、位长、用途、用户拨号方式和使用范围使用码号。

码号使用者不得转让或出租码号，不得超范围或跨本地网使用码号，不得将码号作为商标进行注册；未经码号主管部门批准，码号使用者不得擅自改变码号用途。

第十四条　码号使用者需终止使用码号的，应提前三个月通知省通信管理局，并报送善后事宜处理方案，善后事宜处理完结后，省局发出码号停用和收回码号资源的通知书。

第十五条　码号启用后，码号使用者应于每年三月底前向四川省通信管理局报送码号资源使用年审情况表。

第五章　码号资源的调整

第十六条　电信业务经营者对局部用户号码进行调整的，应制订周密的调整方案，并将实施方案和用户权益保障措施提前二十日向四川省通信管理局备案。

第十七条　短号码使用者需要拓展短号码位长的，应向四川省通信管理局提交书面申请，报送相应拓展方案、技术实施方案和用户权益保障措施，省通信管理局自收到申请之日起二十日内，作出批准或者不予批准的决定。

第十八条　短号码位长拓展和局部用户号码调整的，码号使用者应至少提前 45 天向用户公告，并提供不少于 45 天的来话提示服务，需提供新旧号码并存的，相关基础电信业务经营者应予配合。

第十九条　四川省通信管理局在码号资源管理中，发现有下列情形之一的，可以收回已分配的码号资源：

（一）已终止占用码号资源的业务的；

（二）在规定时间内未启用码号资源的；

（三）以欺诈手段获得码号资源的；

（四）超过规定期限使用码号资源的；

（五）改变电信主管部门规定的码号结构、位长、拨号方式和使用范围使用码号资源的；

（六）擅自启用、扩大范围、改变用途、改变长途编号区或跨本地网使用用户号码资源的；

（七）转让、出租码号资源或将码号作为商标进行注册的；

（八）拒不按照规定缴纳码号资源使用费的；

（九）拒不执行电信主管部门的码号调整要求的。

第六章　附　则

第二十条　对于违反码号资源管理规定的码号使用单位，四川省通信管理局依据《中华人民共和国电信条例》、《电信网码号资源管理办法》（信息产业部令第28号）进行处理或处罚。

第二十一条 本细则由四川省通信管理局负责解释。

第二十二条 本细则自发布之日起施行。

2004年12月14日

四川省电信运营企业联合拨测实施办法（试行）

川通局〔2005〕328号

一、联合拨测组织机构

各电信运营企业省级公司要指定相关部门专人负责联系、协调和开展联合拨测工作，各市州分公司要设立专门的联合拨测联系人，各市州分公司至少安排两人参加，明确为第一联系人、第二联系人等，要保证随时有人能联系上，能马上指派现场拨测人员参与联合拨测，并协调做好联合拨测组织实施或配合工作。

现场拨测人员应由负责网络交换和互联互通的技术人员组成，应具备2年以上网络和互联互通测试经验，具有较强的测试能力和分析能力。现场拨测人员，必须服从联合拨测组织方的调度安排，并提供必要的测试装备和诸如拨测号码等各种准备条件。

各电信运营企业省级公司将上述联合拨测联系人名单、联系方式汇总后，相互交换；人员发生变化后，要在2个工作日内通知其他公司。

二、联合拨测适用范围

1. 指定抽查拨测：

（1）根据每月互联互通联席会反映的网间通信质量问题，由四川省通信管理局指定相关市州下月开展相关业务的联合抽查拨测。拨测组织方由省局指定，在管局指定的期限内完成联合拨测后的3个工作日内相关省公司汇总拨测情况报管局。

（2）开展专项检查、公开检查等情况下，四川省通信管理局指定相关公司作为拨测组织方开展指定业务和内容的联合抽查拨测。

2. 企业间网间障碍申告情况下的联合拨测：

（1）市州分公司层面：各市州级分公司收到对方公司关于网间障碍申告时可采取联合拨测的方式迅速对网间障碍进行核查和处理；或者是在网间障碍解决后双方采取联合拨测的方式对网间质量当前状况予以确认。

（2）省公司层面：各省级公司收到对方公司关于市州网间障碍申告时，可立即联合对方省公司，共同要求各自市州分公司相互间进行联合拨测，并据此协调市州分公司解决网间障碍；或者是在协调市州分公司解决网间障碍后，联合对方省公司共同要求各自市州分公司相互间进行联合拨测的方式对市州本地网内的网间质量当前状况予以确认。

（3）在一方提出联合拨测要求后，另一方应在2日内响应并配合完成联合拨测工作。

3. 管局协调处理网间障碍情况下的联合拨测：

管局协调网间障碍争议时，根据需要，可自行组织进行明查暗访的拨测，也可委托第三方电信运营企业组织进行联合拨测，由拨测组织方负责收集、整理拨测记录，并在拨测完成2日内将拨测报告提交四川省通信管理局；

4. 联合拨测的数据都将作为协调处理网间障碍的依据。

三、联合拨测的规范要求

1. 每次联合拨测，拨测组织方都要提前拟定拨测方案，方案中要明确拨测准备条件、拨测业务、拨测局向、拨测时间、拨测联系人、拨测号码及拨测情况记录表等的各项具体安排；拨测双方要严格按照拨测方案完成拨测。

2. 拨测业务分类及表格：

（1）基本业务：固话—固话、固话—移动电话、移动电话—移动电话。这类业务的拨测主要是验证基本业务通话间的话音质量及接通率情况。拨测时参照基本业务拨测表，由主叫拨打被叫号码，记录主、被叫号码及每次通话状况；

（2）IP、长途业务。这类业务的拨测主要是验证IP、长途业务在异网上的开放情况，是否存在被拦截现象。拨测时参照IP、长途业务拨测表，由主叫直接拨打IP接入号或19×028114（特例），听语音提示来判断主叫信令是否已送到IP、长途平台，是否存在被拦截现象；

（3）短信业务。这类业务的拨测主要是验证短信发送情况是否正常，接通率是否达标，是否存在延迟情况。拨测时参照短信业务拨测表执行即可；

（4）互联网业务。这类业务的拨测主要是验证互联网业务在异网的开放情况及接入成功率是否达标。拨测时参照互联网业务拨测表，由主叫直接拨打对方互联网接入号来判断该业务的开放情况及接入成功率。

3. 拨测准备条件：

（1）各市州分公司要以本地网为单位提供固定的拨测号码（最好是机房拨测号码），例行抽查拨测原则上使用固定的拨测号码；对网间障碍可根据具体情况，由障碍申告方提供测试号码；

（2）各公司应准备好相应的拨测工具、七号信令仪表或七号信令监测系统等；

（3）各公司应准备好各种业务测试所需的IP卡、长途卡、移动电话卡、上网卡，以及各种通信终端（如手机、固话话机）等。

4. 拨打测试时，必须要保证主被叫号码在拨测期间处于空闲状态，同时信令监测系统要在拨测的同时对拨测信令进行跟踪和分析。

5. 拨测时段选择：根据业务的不同选择不同的拨测时段，一般安排在白天工作时间，具体拨测时间由拨测组织方根据情况确定。

6. 拨测局向选择：拨测局向数量选择一般要在2个以上，具体数量由拨测组织方根据情况确定。

7. 每组电话拨测不少于20次，呼叫频次不小于20次/小时、不大于40次/小时；每组短信拨测不少于10次，呼叫频次不小于10次/半小时、不大于30次/半小时。

8．如实记录每次拨测的通信状态，及信令跟踪资料。

9．拨测完毕后双方联合拨测人员要在“拨测情况记录表”上签字，并将拨测时间、拨测情况记录及信令跟踪等情况填于表中。

拨测组织方必须在规定时间内收集、汇总并上报拨测报告，可同时上报拨测过程中出现的其他问题。

2005年8月25日

四、参考文献

[1]四川省地方志编纂委员会. 四川省志·邮政电信志[M]. 成都：四川辞书出版社，1993.12.

[2]《四川电信史》编委会. 四川电信史（1886—2015)上册[M]. 北京：人民邮电出版社，2016.5.

[3]《四川电信史》编委会. 四川电信史（1886—2015)下册[M]. 北京：人民邮电出版社，2016.5.

[4]四川省邮电管理局. 四川邮电腾飞纪实[M]. 北京：北京希望电子出版社，1999.6.

[5]大跨越——中国电信业三十春秋[M]. 北京：人民出版社，2008.11.

[6]《天府通信谱华章——四川省通信管理局成立十周年纪念图文集》.

[7]重庆市通信管理局：重庆市志·电信志（1986—2005）[M]. 重庆：西南师范大学出版社，2009.6.

[8]四川省发改委，四川省统计局. 四川经济社会发展60年[M].

[9]四川通信报（1986—2004).

[10]四川统计年鉴（1986—2006).

[11]四川年鉴社：四川年鉴（1987—2006).

[12]四川省国民经济及社会发展公报（部分年度).

[13]四川省地方志编纂委员会. 四川省志·发展改革志（1986—2005）[M]. 北京：方志出版社，2015.7.

[14]四川省地方志编纂委员会. 四川省志·测绘志（1986—2005）[M]. 北京：方志出版社，2018.3.

[15]《四川省电信公司财务统计资料汇编》(部分年度).

[16]中国移动通信集团四川有限公司. 雄关漫道，2009.7.

编 后 记

2005 年 12 月 23 日，中共四川省委办公厅、四川省人民政府办公厅印发《关于全面开展四川省第二轮修志工作的通知》（川委厅〔2005〕47 号），决定从 2005 年 12 月起，全面开展四川省第二轮修志工作；2006 年 2 月 10 日，中共四川省委办公厅、四川省人民政府办公厅印发《关于印发〈四川省志〉（1986—2000）编纂方案的通知》（川委厅〔2006〕4 号）。《四川省志・通信志（1986—2005）》（以下简称《通信志》）由四川省通信管理局（牵头）、中国电信集团四川省电信公司、四川移动通信有限责任公司、中国联合网络通信有限公司四川分公司承编。

2008 年 12 月，四川省通信管理局成立《通信志》编纂委员会，下设总编室，由省通信管理局和各通信运营企业的综合部门负责人担任总编室的具体工作人员。2015 年 2 月，调整《通信志》编纂委员会及总编室。2019 年 4 月，完成《通信志》初稿编纂；10 月 30 日，通过初审；11 月 29 日，通过终审；2020 年 3 月，正式出版。

本志编纂工作，大致分为三个阶段：

第一阶段：资料收集。2009 年 3 日，《通信志》总编室举办编纂业务培训会，邀请省地方志编纂委员会专家对总编室成员进行业务培训。5 月，召开《通信志》编纂座谈会，集思广益。随后，拟定篇目，查阅档案，采集资料，并对收集到的资料进行初步整理。到 2011 年，形成的资料主要有：2001—2005 年四川省通信管理局文书档案资料，1986—2005 年《四川年鉴》有关通信方面的内容，1986—2004 年 3000 多期 2 万多版《四川通信报》资料摘录；同时，四川电信、四川移动、四川联通、四川铁通及省通信专用局、省通信学会、省通信行业协会、省互联网协会等单位和部门按照《通信志》总编室要求，及时报送各自相关资料。编纂人员初步整理出 30 余万字的资料长编。所有这些资料，全部由纸质转换成可供电脑编辑的 word 文档，为《通信志》编纂奠定坚实的资料基础，提供便利。

此后，由于机构多次调整，人员变动频繁，《通信志》编纂工作进展缓慢。

第二阶段：初稿编纂。2018 年 5 月，经四川省地方志工作办公室（以下简称“省地方志办”）推荐，特请从事地方志编纂工作 20 余载、多次承担《四川省志》相关分卷编纂工作的熊江华编纂《通信志》。6 月，编纂人员对已有资料进行初步梳理、分类后，补充查阅四川省通信管理局 2006 年文书档案，收集《四川邮电腾飞纪实》《大跨越——中国电信业三十春秋》、四川电信刚出版的《四川电信史》(1886—2015),并拷贝其相关章节40余万字文字和297幅图片资料。同时,收集大部分年度的《中国电信四川公司财务统计资料汇编》等资料。

方志的核心价值在于资料性。方志资料主要来源于档案,需要站在更高的层次,采用科学的方法,对每份资料反复研读,读清事物起因。明了发展和状况,再先粗后细,去伪存真,分类整合,依时记述。这就是整个志书编纂的过程,漫长而繁琐,没有捷径可走。那段时间,编纂人员与时俱进,创方志编纂新模式,逐份、逐段、逐字研读资料,不断比对、梳理、整合资料,从志书“存史、育人、资治”角度出发,仔细考量、权衡资料的信息含量和价值,寻找关键的主题词,删繁就简,去同存异,渐进优化,将资料拆分到志书记述的最小信息单元。然后,按时间先后排序,据事直书。同时,重点注意事物之间内在联系,彰显事物发展的脉络和轨迹,廓清事物的发端、发展和现状。

做到这一步,也只是将粗糙的毛石,打造成一颗颗珠子。要想将这些珠子精加工后串在一起,穿成精美的项链,仍需一段漫长的过程。此时,编纂人员反复阅读邮电部编辑出版的《大跨越——中国电信业三十春秋》。四川通信业的发展亦同全国,这20年大致经历从人工向自动、模拟向数字、单一业务向多元业务跨越式发展。站在省志的高度,结合省通信管理局各时期的职能、职责,逐渐构建出《通信志》的框架结构。同时,按照事物发展的内在逻辑,从四川通信业发展实际情况出发,将“通信建设”创新地设置为第一篇,浓墨重彩,着重记述。

2019年3月22日,《通信志》总编室召集建设、财务、运营、通信学会等部门相关人员座谈,为编纂人员答疑解惑,理清思路。到4月中旬,历经11个月的艰苦努力,《通信志》初稿终成,共5篇、23章、81节,75万余字。

5月20日、21日,编纂人员分别到四川移动、四川联通查漏补缺,收集近百幅图片,充实资料,使志书记述内容更加系统、完整。6月上旬,完善前置彩页和随文插图。同时,聘请青岛大学外国语学院副教授、翻译学硕士研究生指导教师岳玉庆翻译该志英文目录;6月下旬,编排打印成册,在送局领导、局机关各处室、离退休老领导及通信运营企业全面征求意见的同时,编纂人员3次对志稿精心打磨,统一文本、规范行文,妥善处理记述交叉与重复。

第三阶段:审定出版。2019年10月30日,四川省通信管理局召开《通信志》初审会,有关局领导、机关各处室负责人,四川电信、四川移动和四川联通相关人员,《通信志》责任总编、责任编辑等参会。原四川省邮电管理局局长张居平,四川省通信管理局原局长邓琴甫、王钢等老领导对志稿提交书面审查意见。会议从政治、史实和体例等方面对《通信志》初稿进行评审,认为该志真实、客观地记述1986—2005年四川省通信事业发展的历史和现状,展现通信事业在四川国民经济与社会发展中发挥的基础和推动作用。志稿体例完备、资料翔实、语言简练,数据使用符合规定,表格规范。与会人员一致同意《通信志》通过初审验收。随后编纂人员再次修改完善,精益求精。11月

10日，四川省通信管理局将修改后的《通信志》报四川省人民政府《四川省志（1986—2005）》审核委员会终审。

2019年11月29日，《四川省志（1986—2005）》审核委员会第四十次终审会召开。审核委员会人员采取审查志稿、听取汇报、会议终审的形式对《通信志》涉及的政治、保密、体例、史实等内容进行评议。会议认为：《通信志》政治观点正确，体例完备，资料翔实，内容丰富，志稿质量基本达到编纂、出版要求，同意通过终审。12月20日，编纂人员严格按终审意见修改完善志稿后，交省地方志办统一出版发行。

《通信志》的编纂工作，全程得到四川省地方志工作办公室的悉心指导和帮助；《四川省志》副总编、《通信志》责任总编张兆法和责任编辑陈婧妮等在每个关键阶段及时指导，使整个编纂工作得以顺利进行，少走弯路。马国栋在志稿编纂阶段曾提出宝贵意见。《四川电信史》编辑部提供大量珍贵的图文资料，在《通信志》中被大量借鉴和选用，并对志稿多次提出很好的修改意见和建议。在此特别感谢《四川电信史》主创团队任彬、陈艳艳、邓健、王学成、缪玲和尤欣6人。同时，四川省通信管理局和直属单位为此项工作戮力同心，艰辛付出；四川电信、四川移动和四川联通不遗余力，通力配合。在此一并致以诚挚的谢意！

编纂《通信志》涉及的通信单位较多，演变频繁，囿于资料收集困难和编纂人员水平的局限，志书难免出现疏漏、不妥之处，尚祈广大读者批评指正！

《四川省志·通信志（1986—2005）》编纂委员总编室

2020年3月